A PROTECÇÃO DA PROPRIEDADE PRIVADA
PELO DIREITO INTERNACIONAL PÚBLICO

FAUSTO DE QUADROS
Professor Catedrático Jubilado
da Faculdade de Direito da Universidade de Lisboa

A PROTECÇÃO DA PROPRIEDADE PRIVADA PELO DIREITO INTERNACIONAL PÚBLICO

*The protection of private property
by the International Law*

English Summary

(Reimpressão; reprint)

ALMEDINA
2017

A PROTECÇÃO DA PROPRIEDADE PRIVADA
PELO DIREITO INTERNACIONAL PÚBLICO

AUTOR
Fausto de Quadros

EDITOR
EDIÇÕES ALMEDINA, S.A.
Rua Fernandes Tomás, nºs 76-80
3000-167 Coimbra
Tel.: 239 851 904 · Fax: 239 851 901

www.almedina.net · editora@almedina.net

IMPRESSÃO E ACABAMENTO
PAPELMUNDE

1.ª Edição: Maio, 1998
Reimpressão: Maio, 2017

DEPÓSITO LEGAL
122853/98

Os dados e as opiniões inseridos na presente publicação são da exclusiva responsabilidade do(s) seu(s) autor(es).
Toda a reprodução desta obra, por fotocópia ou outro qualquer processo,
sem prévia autorização escrita do Editor, é ilícita e passível de procedimento
judicial contra o infrator.

À memória de meu Pai

APRESENTAÇÃO

As razões que presidiram à elaboração desta monografia serão explicadas na Introdução com que o livro abre.

Neste lugar têm cabimento apenas algumas breves palavras de reconhecimento.

Em primeiro lugar, ao Instituto Max-Planck para o Direito Público Comparado e o Direito Internacional, de Heidelberga. À sua excelente Biblioteca (sem dúvida, uma das melhores do Mundo, se não a melhor, nas áreas do Direito Público e do Direito Internacional), à sua organização e à sua grande eficiência devo a possibilidade de ter podido ter acesso a bibliografia e a documentação que, de outro modo, dificilmente me teria sido possível consultar em tão curto espaço de tempo para a preparação deste ensaio. Aos seus actuais Directores, os Professores Jochen Abr. Frowein e Rüdiger Wolfrum, agradeço, não só o tratamento privilegiado e extremamente cordial que há muito me dispensam, como também as frutuosas trocas de impressões que com eles pude manter sobre diversos aspectos ligados ao tema deste livro.

Ao Professor Louis Henkin, da Faculdade de Direito da Universidade de Columbia, em Nova Iorque, e ao Professor Karl Doehring, da Universidade de Heidelberga e ex-Director do citado Instituto Max-Planck, agradeço os para mim muito enriquecedores diálogos, por vezes longos, que com eles pude travar acerca de preocupações comuns em torno do objecto deste estudo.

Também não posso esquecer o inestimável apoio logístico que, presencialmente ou não, me foi concedido pelas Bibliotecas das Faculdades de Direito de Michigan (Ann Arbor), Harvard, Columbia, Estrasburgo e Munique. Aos respectivos Directores expresso aqui a minha profunda gratidão.

Os mesmos sentimentos quero eu estender aos Secretariados da Comissão e do Tribunal Europeus dos Direitos do Homem (que este ano se fundirão num único Tribunal), à Biblioteca comum aos dois órgãos e à Secretaria-Geral do Tribunal Arbitral de Haia, criado para julgar os litígios entre o Irão e os Estados Unidos.

Deixei, de propósito, para o fim uma palavra de muita simpatia aos meus já velhos Amigos Professores Rudolf Dolzer, da Faculdade de Direito de Bona, Torsten Stein, do Instituto Europeu da Universidade do Sarre, e Meinhard Hilf, da Faculdade de Direito de Hamburgo. Há muito que me ligam aos três laços de estima pessoal e de estreita cooperação científica. A preparação deste livro deu-me oportunidade de ainda mais intensificar com eles um intercâmbio de ideias, que foi para mim extremamente enriquecedor. A todos eles renovo aqui o testemunho da minha profunda amizade.

A investigação levada a cabo para a elaboração desta monografia foi encerrada em 31 de Dezembro de 1997.

Lisboa, 1 de Janeiro de 1998.

MODO DE CITAÇÃO DE BIBLIOGRAFIA
E DE JURISPRUDENCIA

Para se aligeirar o livro e tornar mais fácil a sua leitura utiliza-se ao longo dele uma forma simplificada de citação de bibliografia, que se passa a indicar.

Quando do Autor citado constar do rol de bibliografia que figura no fim do livro uma única obra, esta será citada ao longo do livro apenas pelo nome do Autor, e quase sempre somente pelo seu apelido.

Ao contrário, quando do Autor citado constar do referido rol de bibliografia mais do que uma obra, a obra em cada caso citada sê-lo-á por uma das primeiras, ou pelas primeiras, palavras da respectiva epígrafe.

Quanto à jurisprudência citada ao longo da monografia, o rol completo dos casos estudados, bem como a sua identificação total, constam da lista da jurisprudência que, igualmente, figura no fim do livro.

ABREVIATURAS UTILIZADAS

AD = Acórdãos Doutrinais do Supremo Tribunal Administrativo

AE = Annuaire Européen

AFDI = Annuaire Français de Droit International

AJ-DA = Actualité Juridique – Droit Administratif

AJCL = American Journal of Comparative Law

AJIL = American Journal of International Law

Am. Soc. Int. L. Proc. = American Society of International Law – Proceedings

AmBAJ = American Bar Association Journal

Anales = Anales de la Real Academia de Ciencias Morales y Políticas

Ann IDI = Annuaire de l'Institut de Droit International

AöR = Archiv des öffentlichen Rechts

AUJILP = The American University Journal of International Law and Policy

AVR = Archiv des Völkerrechts

bibl. = bibliografia

BMJ = Boletim do Ministério da Justiça

BVerfGE = Entscheidungen des Bundesverfassungsgerichts (Colectânea de Acórdãos do Tribunal Constitucional federal alemão)

BVerwGE = Entscheidungen des Bundesverwaltungsgerichts (Colectânea de Acórdãos do Supremo Tribunal Administrativo federal alemão)

BYIL = British Yearbook of International Law

CADH = Convenção Americana dos Direitos do Homem

CAfrDH = Convenção Africana dos Direitos do Homem

CDDEE = Carta dos Direitos e Deveres Económicos dos Estados

CEDH = Convenção Europeia dos Direitos do Homem

XIII

A protecção da propriedade privada

CIDH = Colectânea de Jurisprudência do Tribunal Inter-Americano dos Direitos do Homem

CJ = Colectânea de Jurisprudência

CJTL = Columbia Journal of Transnational Law

CLJ = Cambridge Law Journal

CLR = Columbia Law Review

CMLRev = Common Market Law Review

Colóquio Sarre 1996 = Georg Ress/Torsten Stein (eds.), Der diplomatische Schutz im Völker- und Europarecht, Baden-Baden, 1996

Comentário Groeben = Hans von der Groeben/Jochen Thiesing/Klaus-Dieter Ehlermann (eds.), Kommentar zum EU – /EG-Vertrag, 4 vols., 4.ª e 5.ª eds., Baden-Baden, 1991-1997

Comentário Pettiti = Louis-Edmond Pettiti (ed.), La Convention européenne des droits de l'homme, Paris, 1995

Comentário Simma = Bruno Simma (ed.), The Charter of the United Nations – A Commentary, Oxford, 1995

Comentário Wolfrum = Rüdiger Wolfrum (ed.), Handbuch Vereinte Nationen, 2.ª ed., Munique, 1991

CPA = Código do Procedimento Administrativo

Dicionário Basdevant = Dictionnaire de la Terminologie du Droit International Public, dirigido por J. Basdevant, Paris, 1960

DJAP = Dicionário Jurídico da Administração Pública

DöV = Die öffentliche Verwaltung

DPCI = Droit et pratique du commerce international

DR = Décisions et rapports de la Commission européenne des droits de l'homme

DUDH = Declaração Universal dos Direitos do Homem

DV = Die Verwaltung

DVBl = Deutsches Verwaltungsblatt

EA = Europa Archiv

ED = Enciclopedia del diritto

EGRZ = Europäische Grundrechte Zeitschrift

EJIL = European Journal of International Law

ELR = European Law Review

Encyclopedia = Rudolf Bernhardt (ed.), Encyclopedia of Public International Law, 12 ts., 1981-1990

XIV

Abreviaturas utilizadas

Encyclopedia – NS = Rudolf Bernhardt (ed.), Encyclopedia of Public International Law – Nova Série, 3 vols., já publicados, 1992-1997

Essays Louis Sohn = Thomas Buergenthal (ed.), Contemporary Issues in International Law – Essays in Honour of Louis Sohn, Kehl, 1984

Essays Panhuys = Essays on the Development of the International Legal Order in Memory of Haro Van Panhuys, Alphen an Der Rijn, 1990

Essays Tieya = Ronald Macdonald (ed.), Essays in Honour of Wang Tieya, Dordrecht, 1994

ETAF = Estatuto dos Tribunais Administrativos e Fiscais

Et al. = et alia

Festschrift Bernhardt = Recht zwischen Umbruch und Bewahrung- Festschrift für Rudolf Bernhardt, Berlim, 1995

Festschrift Börner = Staat und Wirtschaft in der EG - Festschrift für Bodo Börner, Baden-Baden, 1987

Festschrift Schambeck = Für Staat und Recht - Festschrift für Herbert Schambeck, Berlim, 1994

Festschrift Zeidler = Festschrift für Wolfgang Zeidler, 2 ts., Berlim, 1987

GYIL = German Yearbook of International Law

HICLR = Hastings International and Comparative Law Review

HRJ = Human Rights Journal

HRLJ = Human Rights Law Journal

ICJ Reports = International Court of Justice Reports

ICLQ = The International and Comparative Law Quarterly

ICSID Rev. – For. Inv. L. J. = ICSID Review - Foreign Investment Law Journal

IJ = Información Juridica

IL = The International Lawyer

ILM = International Legal Materials

ILR = International Law Reports

IR = Irish Jurist

Iran-U.S.C.T.R. = Iran-United States Claims Tribunal Reports

IYHR = Israel Yearbook on Human Rights

JDI = Journal du Droit International

JILP = New York University Journal of International Law and Politics

XV

A protecção da propriedade privada

JJ = Juristen-Jahrbuch

JöRG = Jahrbuch des öffentlichen Rechts der Gegenwart

JT = Journal des Tribunaux

JWTL = Journal of World Trade Law

JZ = Juristenzeitung

LJIL = Leyden Journal of International Law

Mélanges Carré de Malberg = Mélanges R. Carré de Malberg, Paris, 1933

MLR = Minnesota Law Review

n. = nota de fundo de página *ou* nota

NedTIR = Nederlands Tijdschrift voor International Ret

NILR = Netherlands International Law Review

NJW = Neue juristische Wochenschrift

NLJ = New Law Journal

no m. sent. = no mesmo sentido

NYIL = Netherlands Yearbook of International Law

ÖZöR = Österreichische Zeitschrift für öffentliches Recht

PCIJ Reports = Permanent Court of International Justice Reports

PILJ = Philippine International Law Journal

RA = La Revue Administrative

RAP = Revista de Administración Pública

RdC = Recueil des Cours de l'Académie de Droit International

RDI = Revue de Droit International, de Sciences Diplomatiques et Politiques

RDP = Revue du Droit Public et de la Science Politique

REDI = Revista Española de Derecho Internacional

Restatement = Restatement of the Law (The Foreign Relations Law of the United States) Third, 2 vols., St. Paul, 1987

RevDC = Revue de droit contemporain

RevEgypt = Revue Egyptienne de Droit International

RFDUC = Revista da Faculdade de Direito da Universidade de Coimbra

RFDUL = Revista da Faculdade de Direito da Universidade de Lisboa

RGDIP = Revue générale de Droit International Public

XVI

Abreviaturas utilizadas

RIAA = Reports of International Arbitral Awards

RivDI = Rivista di diritto internazionale

RIW = Recht der internationalen Wirtschaft

ROA = Revista da Ordem dos Advogados

ROW = Recht in Ost und West

RSA = Recueil des sentences arbitrales (edição das Nações Unidas)

RSPI = Rivista di studi politici internazionali

RTDE = Revue trimestrielle de Droit Européen

RUDH = Revue universelle des droits de l'homme

Studies Wiarda = Franz Matscher (ed.), Protecting Human Rights: The European Dimension, Colónia, 1988

T. = tomo

TConst. = Tribunal Constitucional

TEDH = Tribunal Europeu dos Direitos do Homem

TIJ = Tribunal Internacional de Justiça

TILF = Texas International Law Forum

TILJ = Texas International Law Journal

TJ = Tribunal de Justiça das Comunidades Europeias

TLR = Texas Law Review

TOJI = Tribunal Permanente de Justiça Internacional

Ts = tomos

TUE = Tratado da União Europeia

UILR = University of Illinois Law Review

UNTS = United Nations Treaties Series

UPLR = University of Pittsburgh Law Review

V. = ver

VJIL = Virginia Journal of International Law

VVDStRL = Veröffentlichungen der Vereinigung der deutschen Staatsrechtslehrer

YBWA = The Year Book of World Affairs

YILC = Yearbook of the International Law Commission

YLJ = The Yale Law Journal

ZaöRV = Zeitschrift für ausländisches öffentliches Recht und Völkerrecht

XVII

INTRODUÇÃO

1. Importância actual do tema

Foram principalmente duas as razões que presidiram à escolha do tema para esta monografia.

Em primeiro lugar, o esquecimento quase total, na doutrina portuguesa, quer do objecto deste estudo, quer da matéria que lhe está subjacente.

Para começar, a doutrina juspublicista portuguesa tem ignorado quase por completo a problemática do Direito Internacional dos Direitos do Homem, dito doutra forma, da protecção pelo Direito Internacional dos direitos fundamentais. Para além de um curso monográfico de JORGE MIRANDA[1], nada mais encontramos na doutrina nacional, com carácter geral, sobre aquele domínio.

E essa omissão é surpreendente, a mais que a um título: em primeiro lugar, porque, em matéria de direitos fundamentais, o Direito Internacional desempenha hoje um importante papel de complemento ou enriquecimento das Ordens Jurídicas estaduais, no que toca tanto ao rol dos direitos fundamentais como ao conteúdo e ao âmbito destes; em segundo lugar, porque a tendência actual do Direito Internacional para atribuir carácter imperativo, em certas condições, a algumas das suas normas sobre direitos fundamentais, bem como o regime mais favorável concedido por algumas Constituições à vigência na ordem interna de normas internacionais sobre Direitos do Homem (de que é exemplo o artigo 16.º da nossa Constituição), obrigam os estudiosos

---

[1] *Direitos fundamentais*, Parte I. Essa matéria o Autor desenvolve-a hoje em *Direito Internacional*, Cap. VI.

A protecção da propriedade privada

do Direito interno a compreender melhor o conteúdo e o alcance das regras que no Direito Internacional visam proteger os direitos fundamentais. Esse esquecimento da parte da doutrina não constitui, porém, desculpa para o facto de também os órgãos de aplicação do Direito e os profissionais da prática do Direito quase não levarem em consideração em Portugal o Direito Internacional vigente em matéria de direitos fundamentais.

A segunda razão da escolha do tema deste livro prende-se, mais concretamente, com a opção pelo direito de propriedade privada (ou direito *à* propriedade privada, essa distinção para nós é irrelevante) como sendo o direito fundamental a estudar aqui.

Já quando, no ano lectivo de 1987-88, adoptámos para tema monográfico do longo e pormenorizado Seminário que regemos na disciplina de Direito Administrativo, do Mestrado em Ciências Jurídico-Políticas, na Faculdade de Direito de Lisboa, o *Direito Administrativo da Propriedade Privada*, ficáramos definitivamente convencidos de que o estudo do regime da propriedade privada no Direito interno, particularmente no Direito Público, e, ainda mais especialmente, no Direito Administrativo (englobando este, para este efeito, designadamente, os ramos especiais do Direito do Ordenamento do Território, do Direito do Urbanismo, do Direito do Ambiente, e do Direito dos Contratos Administrativos), não fica completo, nem nos conduz a conclusões exactas, se não levarmos em conta o regime a que o Direito Internacional Público submete modernamente a propriedade privada. E o tempo entretanto decorrido só veio reforçar em nós essa convicção.

É que o Direito Internacional da Propriedade Privada, como este livro vai mostrar, tem sido uma das áreas em que o Direito Internacional mais tem vindo a evoluir nos últimos anos, particularmente na última década, e de modo progressivo, tanto por via do Direito Internacional positivo, como pela da prática internacional dos Estados (inclusive os da Europa Central e do Leste e os do Terceiro Mundo), como, ainda, através da jurisprudência internacional, e com consequências que, pelas razões acima apontadas, o Direito interno não pode ignorar. De facto, a protecção da propriedade privada de estrangeiros foi-se tornando numa das maiores preocupações do Direito Internacional contemporâneo. É que, como nos revelam qualificados

Introdução

especialistas na matéria[2], o investimento directo estrangeiro constitui, de há muitos anos a esta parte, a maior fonte das finanças externas dos Estados em vias de desenvolvimento ou embrionariamente industrializados. O incremento do investimento estrangeiro nesses Estados, particularmente já na década de 90, ficou a dever-se a um clima favorável ao investimento externo, provocado por uma série de reformas económicas e jurídicas, de entre as quais se destacam, entre muitas outras, as privatizações ou reprivatizações de empresas estatais, a liberalização do comércio internacional à escala mundial, mas, não menos, a maior protecção pelo Direito Internacional à propriedade privada de estrangeiros.

Também Portugal tem entrado nessa corrente.

Ora, desde a dissertação de habilitação para Professor de RUDOLF DOLZER, na Universidade de Heidelberga, nos inícios da década de 80[3], nenhum estudo pretendeu conceder um tratamento global e coerente às mais importantes questões que, no moderno Direito Internacional, suscita o regime jurídico da propriedade privada. Fazia, pois, falta na doutrina, em Portugal e no estrangeiro, um trabalho que se debruçasse sobre o estado actual do Direito Internacional na matéria, já que a dissertação de DOLZER entretanto se desactualizou.

Por que é que essa obra não seria escrita em Portugal e em língua portuguesa?

Como se vê, há muitas e boas razões que justificam a publicação, agora, desta monografia.

2. Delimitação do objecto do estudo. Conceitos de Direito interno e de Direito Internacional

Portanto, o que vamos estudar nesta monografia é o modo como o Direito Internacional disciplina e protege hoje a propriedade privada. Primeiro, só de estrangeiros; depois, também de nacionais, se e na medida em que o respectivo Estado nacional estiver obrigado a

---

[2] Ver DOLZER/STEVENS, pg. XI; e SHIHATA, *Legal Treatment*, pgs. 237 e segs.

[3] *Eigentum*.

aplicar também aos seus cidadãos o Direito Internacional que disciplina a propriedade privada.

Quando dizemos que vamos estudar o regime da protecção da propriedade privada em Direito Internacional, estamos a pensar, obviamente, apenas no *Direito Internacional Público*[4]. Nem outra podia ser a metodologia da nossa investigação se se levar em consideração que a nossa formação é juspublicista e que somos Doutor em Direito pela menção de Ciências Jurídico-Políticas da Faculdade de Direito de Lisboa.

Daí que não se deva esperar deste livro que ele se preocupe com a construção jusprivatista do direito de propriedade privada, que teremos que dar como adquirida, muito menos com a relevância que a questão da propriedade privada pode assumir em face do Direito Internacional Privado. Pela mesma razão não nos debruçaremos neste livro sobre a protecção internacional da chamada "propriedade intelectual", no sentido amplo que a esta expressão dá o artigo 1303.º do nosso Código Civil: desde logo, e esta é para nós a razão decisiva, porque, como demonstra qualificada doutrina[5], a "propriedade intelectual" não é uma verdadeira propriedade; mas também porque o chamado "Direito Internacional do Autor" regula relações jurídicas de Direito *Privado*[6] e porque, talvez exactamente em consequência das duas razões anteriores, não encontrámos, nem na doutrina, nem na jurisprudência, nem na prática internacional dos Estados, qualquer inquietação em relação a essa matéria por confronto com o plano desta obra.

Mas se este trabalho não versa sobre o regime jusprivatista da propriedade privada, também não se preocupa com as suas facetas economicistas, ou de Direito Económico. Assim, por exemplo, a noção de investimento estrangeiro, de que nos teremos que socorrer instrumentalmente ao longo deste livro, será por nós entendida no seu

---

[4] Esta opção terminológica foi realizada de harmonia com o mesmo critério que adoptámos no *Manual*, publicado em co-autoria por GONÇALVES PEREIRA e FAUSTO DE QUADROS, pgs. 41 e segs.

[5] Por todos, veja-se OLIVEIRA ASCENSÃO, *Tipicidade*, pgs. 260 e segs., especialmente 282-285.

[6] OLIVEIRA ASCENSÃO, *Direito Autoral*, pgs. 32 e segs.

Introdução

sentido juspublicista, melhor, no entendimento que lhe dá o Direito Internacional Público[7] (e não qualquer Direito interno), isto é, como "a transferência de fundos ou materiais de um Estado (chamado Estado de exportação de capital) para um outro Estado (chamado Estado de acolhimento) para ser usada na gestão de uma empresa neste Estado, em consequência da participação, directa ou indirecta, no capital da empresa"[8]. É este o conceito com que o Direito Internacional Público da Propriedade Privada lida.

Portanto, e em resumo, esta monografia é um trabalho de *Direito Público* e versa sobre a protecção da propriedade privada em *Direito Internacional Público*.

Por sua vez, no âmbito do Direito Público, como se verá, a construção que o Direito Internacional concede ao regime do direito à propriedade privada revela alguma subsidiariedade, embora nunca assumida de forma expressa, em relação ao tratamento jurídico que lhe é dado pelo Direito Administrativo dos Estados mais evoluídos. Por isso, este livro manterá, em algumas questões, uma relação estreita com o Direito Administrativo.

Todavia, este ponto impõe que esclareçamos de imediato com que conceitos iremos lidar ao longo deste livro. E isso prende-se, desde logo, com o esclarecimento da própria noção de propriedade privada de que faremos uso ao longo desta monografia.

Nenhuma regra de Direito Internacional positivo e nenhuma sentença internacional nos dizem o que é propriedade privada para o Direito Internacional. Do mesmo modo, nunca se afirma que o conceito de propriedade privada seja subsidiário dos conceitos de Direito interno em vigor na matéria. Sente-se que o Direito Internacional quer manter aí uma total autonomia.

Por isso, é só através de um critério analítico que se extrai o sentido e o conteúdo concretos que o Direito Internacional concede à expressão propriedade privada: ou seja, para atingirmos esse resultado temos que nos debruçar, outra vez, sobre o Direito Internacional positivo, sobre a prática internacional dos Estados, mas, sobretudo, sobre a

---

[7] RIESENFELD, pg. 246.
[8] Por todos, RIESENFELD, *loc.cit.*

jurisprudência internacional. Dizemos *sobretudo* sobre a jurisprudência internacional, porque tem sido vasta e rica a recente jurisprudência internacional arbitral sobre a matéria e a grande densificação do regime jurídico da propriedade privada no moderno Direito Internacional deve-se sobretudo a essa jurisprudência arbitral.

Assim, podemos dizer que por propriedade privada se entende, em Direito Internacional, um conjunto vasto de direitos, que engloba, desde logo:

1 – o direito de propriedade como direito real máximo, sobre bens móveis e, sobretudo, sobre imóveis;

2 – direitos reais menores;

3 – direitos obrigacionais emergentes de contratos que, à face do Direito interno, são contratos administrativos, especialmente na modalidade de contratos de concessão;

4 – direitos sociais, isto é, direitos sobre participações sociais em sociedades de capitais privados ou de capitais mistos.

Para se abarcar os direitos indicados nos n.ᵒˢ 1 e 2 fala-se, geralmente, em *"property rights"*; para se referir o somatório dos direitos de que se ocupam os n.ᵒˢ 1 a 3, englobando, por vezes, também os direitos referidos no n.ᵒ 4, utiliza-se a expressão (que O'CONNELL parece ter criado na doutrina[9] e que os tratados bilaterais sobre investimento (TBI), que entraram hoje na prática quase quotidiana dos Estados, têm vindo a consagrar[10]), de *"adquired rights"*; para se designar abreviadamente só os direitos indicados nos n.ᵒˢ 3 e 4 utiliza-se, por vezes, a expressão *"contractual rights"*. É, pois, em todos estes sentidos que a expressão "propriedade privada" ou "direito de propriedade privada" é empregue pelo Direito Internacional na matéria que constitui objecto do estudo nesta monografia. Só em função de cada caso concreto se poderá concluir em qual dos sentidos ela é utilizada. Em princípio, porém, repete-se, ela engloba o conjunto das referidas quatro categorias de direitos (sendo certo que o padrão clássico da propriedade privada em Direito Internacional continua a ser,

---

[9] *International Law*, II, pgs. 762 e segs.

[10] V. DOLZER/STEVENS, pgs. 26 e segs.

Introdução

apesar de tudo, o direito real máximo sobre imóveis). Note-se, todavia, que este conceito de propriedade privada para o Direito Internacional se encontra em franco processo de alargamento, com o intuito claro de, dessa forma, melhor se proteger o direito de propriedade privada contra a interferência dos Estados. Assim, por exemplo, os Tratados Bilaterais sobre Investimento que a França vem ultimamente concluindo com outros Estados afirmam proteger *"os bens, direitos e interesses de qualquer natureza"*[11]. Por seu lado, o *Acordo Multilateral de Investimento*, que está a ser negociado sob a égide da OCDE de modo a ser assinado em Abril de 1998, e que estará aberto à ratificação de todos os Estados, sejam ou não membros daquela Organização, interpreta investimento e propriedade privada como o conjunto de *"todos os sectores económicos"*[12]. Trata-se de um índice do carácter verdadeiramente inovador daquele Tratado, o primeiro tratado multilateral especificamente dedicado à matéria.

Podemos, por isso, dizer, sem exagero, que o conceito de propriedade privada em Direito Internacional é tão vasto que, pelo menos vocacionalmente, coincide com aquele que acertadamente MENEZES CORDEIRO encontra no artigo 62.º da nossa Constituição, isto é, o conceito de *direitos subjectivos de conteúdo ou natureza patrimonial*, englobando direitos muito diversos, de natureza real ou não, melhor ainda, todas as "situações jurídicas privadas de conteúdo económico"[13].

Duas notas finais.

A primeira, para se deixar dito que não nos ocuparemos neste livro da questão das privatizações ou reprivatizações de sociedades. Não obstante o tema se encontrar muito na moda, especialmente no continente europeu, ele não coloca problemas em sede do objecto deste livro e no âmbito do plano que adoptámos.

---

[11] Exemplo: TBI França-Nigéria de 1990, artigo 1.º, n.º 1, com itálico nosso. Cfr. DOLZER/STEVENS, pgs. 26-27. Note-se que os tratados internacionais que formos citando ao longo deste livro encontram-se publicados, se outra coisa não for dita, na colectânea de tratados das Nações Unidas (UNTS) ou na colectânea ILM, com referência ao ano da sua assinatura.

[12] O itálico é nosso. V. os documentos do Simpósio do Cairo, de 20-10-97, documentos, todavia, não classificados nem numerados, e o ponto II-2 do Projecto do Acordo na sua versão de 9-9-97 – Doc. DAFFE/MAI/NM(97)1.

[13] *Constituição*, pgs. 371-372, e bibl. aí cit.

A segunda, para ficar esclarecido que, apesar de esta monografia incidir sobre o regime jurídico da propriedade privada em Direito Internacional, levaremos em conta também, pelo menos em questões importantes (embora isso não seja feito por estudos homólogos na doutrina), o contributo que o Direito Comunitário fornece para o tema – contributo que, adiante-se desde já, é fraco, porque o Direito Comunitário ainda não possui um regime jurídico *próprio* de protecção à propriedade privada.

3. Sistematização adoptada

Este livro divide-se em três Partes.

Na Parte I estudaremos a História do Direito Internacional no que toca à definição do regime jurídico da propriedade privada de estrangeiros.

A História do Direito Internacional da Propriedade Privada atenderá, antes de mais, no Capítulo I, ao Direito Internacional positivo, de raiz consuetudinária, convencional ou outra. Depois, no Capítulo II, ver-se-á qual tem sido a prática internacional dos Estados na matéria. Essa prática internacional é importante, designadamente porque pode servir de base à formação do costume internacional. Por fim, no Capítulo III, estudaremos alguns traços marcantes da evolução da jurisprudência internacional acerca do objecto deste livro. Como há pouco dissemos, sobretudo nos tempos mais recentes tem sido muito vasta e densa a jurisprudência internacional sobre o tema deste livro.

Com base nos dados carreados na Parte I, procederemos depois, na Parte II, à construção dogmática do regime de protecção da propriedade privada em Direito Internacional.

Começaremos essa Parte por algumas considerações, no seu Capítulo I, acerca do estatuto jurídico dos estrangeiros no Direito Internacional.

Veremos a seguir, no Capítulo II, se o Direito Internacional reconhece directamente ao indivíduo um direito fundamental à propriedade privada.

Depois, no Capítulo III, estudaremos o tratamento jurídico que o Direito Internacional concede à ingerência no direito de propriedade

Introdução

privada do indivíduo. Ou seja, examinaremos o regime jurídico de um conceito muito lato de expropriação, que engloba diferentes tipos de actos, a saber, a expropriação propriamente dita, a nacionalização e diversos tipos de actos análogos ou equivalentes à expropriação e à nacionalização, desde servidões de Direito Público sobre bens imóveis a violações pelo Estado de contratos administrativos ou interferências do Estado em situações jurídicas de Direito Privado, como, por exemplo, na gestão de empresas privadas ou em direitos sobre participações sociais. Também aí interrogar-nos-emos sobre o fundamento do direito do Estado de expropriar e sobre se esse direito é renunciável.

No Capítulo seguinte, o Capítulo IV, veremos quais são as condições que o Direito Internacional postula para a licitude da expropriação, entendida nesse sentido muito amplo. Merecer-nos-á especial atenção a indemnização, considerando as especiais dificuldades que o problema coloca e atendendo-se à recente evolução do Direito Internacional na matéria.

Por fim, no Capítulo V, debruçar-nos-emos sobre a expropriação ilícita e sobre o regime da responsabilidade internacional que ela gera para o Estado. Este Capítulo vai colocar-nos questões complexas, densas e difíceis, mas esperamos dar-lhes, a todas elas, resposta adequada.

Finalmente, na Parte III, formularemos as conclusões da investigação levada a cabo nas duas Partes anteriores. Para além dessas conclusões, e sem quebra da natureza destas, mas ainda no quadro de um pleno aproveitamento dos resultados a que o livro nos venha a permitir chegar, veremos se elas assumem relevância para o Direito interno português.

4. Plano da obra

Nestes termos, podemos enunciar deste modo o plano geral deste livro:

INTRODUÇÃO

PARTE I – A PROPRIEDADE PRIVADA DE ESTRANGEIROS
       E O DIREITO INTERNACIONAL AO LONGO DA HISTÓRIA

    Capítulo I   – A História do moderno Direito Internacional
                da Propriedade Privada

A protecção da propriedade privada

Capítulo II – A prática internacional dos Estados
Capítulo III – A jurisprudência internacional

PARTE II – A CONSTRUÇÃO DOGMÁTICA DO REGIME DA PROTECÇÃO DA PROPRIEDADE PRIVADA EM DIREITO INTERNACIONAL

Capítulo I – O problema geral dos estrangeiros em Direito Internacional
Capítulo II – O direito de propriedade privada como direito fundamental do indivíduo para o Direito Internacional
Capítulo III – A expropriação
Capítulo IV – A expropriação lícita
Capítulo V – A expropriação ilícita

PARTE III – CONCLUSÕES

PARTE I

A PROPRIEDADE PRIVADA
DE ESTRANGEIROS
E O DIREITO INTERNACIONAL
AO LONGO DA HISTÓRIA

CAPÍTULO I

A HISTÓRIA
DO MODERNO DIREITO INTERNACIONAL
DA PROPRIEDADE PRIVADA

1. Introdução

Não é possível compreender-se o tratamento que hoje o Direito Internacional concede à propriedade privada sem primeiro estudarmos as grandes linhas da evolução da matéria ao longo da História. Por isso, começaremos por definir, tanto quanto isto nos interessar para a investigação que nos propomos levar a cabo neste livro, as grandes fases daquela evolução.

Em nosso entender, a História do Direito Internacional da Propriedade Privada fica retratada com rigor se a dividirmos nas seguintes fases:

a) Os primórdios;

b) Do século XIX até à Revolução Russa de 1917;

c) De 1917 até 1948;

d) De 1948 até 1962;

e) De 1962 até 1986;

f) De 1986 até hoje.

Vamos examinar o conteúdo de cada uma destas fases.

2. Os primórdios

Já no velho Direito Romano o estatuto jurídico dos estrangeiros e, ainda mais concretamente, as relações jurídicas entre os *cives* e os *peregrini*, eram disciplinadas pelo Direito, neste caso, pelo Direito interno, e aqui, pelo *ius gentium* [14].

Pelo menos no que especificamente respeita à propriedade privada de estrangeiros, pode-se dizer que até ao século XVIII essa situação se manteve: ou seja, até então a protecção da propriedade privada de estrangeiros era matéria reservada exclusivamente ao Direito interno dos Estados. E, mesmo assim, eram raros os casos em que as normas internas se preocupavam em, de modo expresso, conferir a estrangeiros garantias quanto à sua propriedade privada.

Em bom rigor, só no século XVIII se começa a enraizar na Ciência do Direito a ideia de que um estrangeiro, pelo simples facto de se encontrar no território de um Estado em situação jurídica legal, tinha direito à protecção, da parte deste, à sua pessoa e à sua propriedade [15]. Pouco antes, no século XVII, GRÓCIO tentara já uma explicação para essa construção ao afirmar que a protecção da propriedade privada de uma pessoa no território de um Estado estrangeiro fazia parte da protecção da propriedade privada do próprio Estado de que ele era nacional, pelo que a violação pelo Estado de acolhimento da propriedade privada do estrangeiro equivalia à violação da propriedade do próprio Estado da nacionalidade do indivíduo lesado [16].

3. Do século XIX até à Revolução Russa de 1917

Mas foi no século XIX que o regime de protecção à propriedade privada de pessoas estrangeiras começou a aprofundar-se e passou a ser assegurado pelo costume internacional [17]. Foi com esse funda-

---

[14] ANDRÉ GONÇALVES PEREIRA/FAUSTO DE QUADROS, pg. 19.

[15] OPPENHEIM, I, pg. 904; e KELSEN, pg. 248 segs.

[16] Assim, VERDROSS, *Quellen*, pgs. 95 e segs.; e GUGGENHEIM, *Contribution*, pgs. 85 e segs.

[17] Cfr. WILLIAMS, pgs. 5 e segs.

O moderno Direito Internacional da Propriedade Privada

mento, por exemplo, que, para a doutrina, a França se sentiu obrigada a indemnizar os cidadãos ingleses pelos prejuízos causados à sua propriedade privada durante a dominação napoleónica[18]; e, mais seguramente, foi com essa justificação que o Chanceler BISMARCK, em 1871, assumiu, em nome da Alemanha, a obrigação de indemnizar os proprietários de navios ingleses pelos prejuízos causados a estes pelas Forças Armadas do seu país[19].

Mas, ainda no século XIX, também o Direito Internacional convencional acolheria o princípio da protecção e da garantia da propriedade privada de estrangeiros. O exemplo mais expressivo é o do Tratado concluído em 1850 entre os Estados Unidos e a Suíça sobre Investimento Estrangeiro. O seu artigo 2.º, n.º 3, estabelecia que "Em caso de expropriação (...) por utilidade pública, os cidadãos de qualquer dos Estados signatários, que residirem e estiverem estabelecidos no outro, serão tratados em pé de igualdade, com os cidadãos do Estado onde residam, no que toca a indemnizações devidas pelos prejuízos que tiverem sofrido"[20]. Note-se que este Tratado já transpõe para o Direito Internacional institutos, como o da expropriação por utilidade pública e o da responsabilidade por prejuízos causados por expropriação, que até então eram exclusivos do Direito interno, e com um grau de elaboração não muito distante do que até há pouco era conhecido pelo Direito Internacional contemporâneo.

Todavia, talvez porque não se suscitassem dificuldades ou resistências no respeito pelo princípio da protecção da propriedade privada de estrangeiros, a doutrina não acompanhou, com o seu interesse, a evolução do Direito Internacional consuetudinário e convencional na matéria, pelo menos até à proclamação da *Doutrina Calvo*[21].

A *Doutrina Calvo* deve o seu nome ao diplomata e jurista argentino CARLOS CALVO, que a exprimiu em 1868[22]. Ela defendia que os estrangeiros que se fixassem no território de um Estado deviam

---

[18] DOLZER, *Eigentum*, pg. 15; e WILLIAMS, *loc.cit.*

[19] *British and Foreign State Papers*, vol. LX-I-61, pg. 580. Cfr. DOLZER, *op.cit.*, pg. 16.

[20] WILSON, pg. 111.

[21] Assim, BULLINGTON, pg. 695.

[22] Vol. 6, pg. 231.

O Direito Internacional ao longo da História

gozar dos mesmos direitos que os nacionais deste Estado e não tinham direito a uma maior protecção do que estes últimos[23]. Pretendia-se, desta forma, subtrair o regime da propriedade privada dos estrangeiros ao Direito Internacional e sujeitá-lo ao Direito interno, como acontecia com os nacionais. Por isso, aquela Doutrina aparece também designada de Doutrina do *tratamento nacional dos estrangeiros* ou do *tratamento igual dos estrangeiros*. E o objectivo imediato desta Doutrina – que, como mostra em estudo recente GARCÍA-AMADOR, não pode ser confundida com a *cláusula Calvo*[24,25] – era o de travar a progressão, que, como se referiu, então se verificava, da protecção da propriedade privada de estrangeiros pelo Direito Internacional.

Entretanto, as Conferências de Haia sobre a Paz, de 1899 e 1907, assinalam um grande progresso na elaboração de um Direito Internacional da Propriedade Privada, na medida em que nelas foi levada a cabo a codificação das regras de Direito Internacional sobre protecção da propriedade privada de estrangeiros. DOLZER lamenta o facto de, nos poucos estudos históricos sobre a matéria, este ponto ser frequentemente ignorado[26].

As duas Conferências desembocaram, cada uma delas, numa Acta Final, que trazia anexa a si várias convenções[27]. Merece destaque especial, para este livro, a 4.ª Convenção anexa às Actas Finais quer de uma, quer de outra Conferência, e dedicada ao Direito Internacional da Guerra. No seu artigo 46.º, n.º 2, dispunha a 4.ª Convenção, de ambas as vezes, de forma categórica, que "(...) a propriedade privada (...) tem de ser respeitada. (Ela) não pode ser confiscada"[28]. A circunstância de este preceito ter obtido facilmente consenso entre os Estados

---

[23] Nas palavras de CALVO essa ideia aparecia expressa desta forma: "Os estrangeiros que se estabelecem num Estado gozam dos mesmos direitos à protecção que os nacionais e não podem aspirar a uma protecção maior do que estes" – *loc.cit.*

[24] *Calvo Doctrine*, t. 8, pgs. 62 e segs. Para maiores desenvolvimentos sobre a matéria, ver especialmente OSCHMANN, pgs. 44 e segs.; FREEMAN, *Recent Aspects*, pgs. 121 e segs.; D. SHEA, *passim*; e IPSEN, pgs. 613 e segs.

[25] Cfr. *infra*, Parte II, Cap. I, n.º 5.2.

[26] *Op.cit.*, pg. 17.

[27] Ver os resultados das duas Conferências em MÖSSNER, pgs. 206 e 209.

[28] *Treaties and other International Agreements of the USA 1776-1949*, compilados sob a direcção de CHARLES BEVANS, Washington, vol. I, pgs. 247 e 631.

partes naquela Convenção mostra que havia entre eles o desejo profundo de manter o respeito pela propriedade privada de pessoas estrangeiras à margem das vicissitudes dos conflitos armados[29].

Esta primeira fase da evolução do Direito Internacional da Propriedade Privada termina, pois, com o reconhecimento formal, pelas citadas Convenções de Haia, de que os Estados devem protecção jurídica à propriedade privada de pessoas estrangeiras e que essa protecção deve ser igual à que é concedida à propriedade privada dos respectivos nacionais – embora ficasse em aberto o problema do *quantum* da protecção conferida pela regra internacional.

4. A fase de 1917 a 1948

A Revolução Russa de 1917 veio alterar profundamente esta situação. Depressa ela passou a ignorar o princípio da protecção à propriedade privada de pessoas estrangeiras, ainda que sem formal e expressamente o recusar.

Esta atitude veio romper com o consenso que dava a impressão que se tinha instalado na Comunidade Internacional em redor do princípio da protecção da propriedade privada de estrangeiros, pelo menos em tempo de Paz. E parece ter servido de mau exemplo.

De facto, no mesmo ano de 1917, o México tentou servir-se de uma revisão constitucional para formalmente renunciar à protecção pelo Direito Internacional da propriedade privada de estrangeiros residentes no seu território, o que teria deixado estes sem a garantia da sua propriedade privada porque o Direito interno não lha conferia[30].

Pouco tempo depois, em 1925, foi a vez de a Roménia se exprimir contra a existência de um regime de protecção pelo Direito Internacional à propriedade privada. Segundo o Professor DOLZER[31], esta

---

[29] Neste sentido, DOLZER, *op.cit.*, pgs. 17-18; WEHBERG, pgs. 533 e segs.; WILLIAM HULL (que nada tem a ver com o autor da *Fórmula Hull*), pgs. 169 e segs.; e SCUPIN, pgs. 199 e segs. Acerca da evolução do Direito Internacional da Guerra, veja-se MÜNCH, pg. 326.

[30] DOLZER, *op.cit.*, pg. 19; e BULLINGTON, *loc.cit.*

[31] *Op. e loc.cits.*

posição da Roménia esteve na origem imediata da Resolução votada pelo Instituto de Direito Internacional, em 1929, pela qual este aprovou a Declaração dos Direitos Fundamentais do Homem[32], e que se seguia a uma outra Resolução, de 1926, esta, da Associação de Direito Internacional, em que ela tentara fixar um *"nível mínimo"* de protecção internacional da propriedade privada[33], embora até 1930 não lhe tivesse sido possível entender-se sobre o montante da indemnização devida, no âmbito daquele nível mínimo, em caso de expropriação[34].

Perante a crise aberta em torno da estabilização do Direito Internacional da Propriedade Privada em tempo de Paz, impunha-se a sua codificação. Foi o que tentaram vários Estados europeus na Conferência de Codificação promovida pela Sociedade das Nações, em 1930[35]. Mas em vão: não foi possível obter-se o acordo necessário para o efeito. Em face disso, os Estados da América Latina foram progressivamente aderindo à *Doutrina Calvo*, que, dessa forma, se foi transformando num instituto típico e tradicional do Direito Internacional latino-americano. O caso mais assinalável foi o do México, que enfaticamente reafirmou a sua preferência por aquela Doutrina quando teve que fixar a indemnização aos estrangeiros pela nacionalização da indústria petrolífera levada a cabo em 1937 e 1938[36].

Foi, aliás, esse comportamento do México que esteve na origem da chamada *Fórmula Hull* ou *Doutrina Hull*. Ela foi proposta por CORDELL HULL, Secretário de Estado norte-americano, numa dura nota diplomática enviada ao Governo mexicano na sequência da expropriação por este de concessões petrolíferas e outros bens de cidadãos americanos no México, em 1938[37]. Segundo aquela Fórmula, as expropriações de bens de estrangeiros só são lícitas se, independentemente do que dispuser o Direito interno para os nacionais do Estado expropriante, elas forem acompanhadas de indemnização e esta for

---

[32] *Annuaire de l'IDI*, sessão de Nova Iorque, 1929, t. 2, pgs. 298 e segs.

[33] 34th Conference Report, 1926.

[34] 36th Conference Report, 1930.

[35] DOEHRING, *Regeln*, pgs. 76 e segs.

[36] Cfr. DOEHRING, *op.cit.*, pgs. 86 e segs.

[37] AJIL 1938, Suppl., pg. 193.

O moderno Direito Internacional da Propriedade Privada

"prévia, integral e efectiva" ("*prompt, adequate and effective*", na célebre máxima de HULL) [38,39].

Diga-se, todavia, por amor à verdade, que nem sempre a adopção do princípio da igualdade entre nacionais e estrangeiros em matéria de regime da propriedade privada quis significar o afastamento, ao menos total, quanto aos últimos, das regras do Direito Internacional. Isso ficou muito claramente decidido nos casos, julgados com recurso a arbitragem, dos *proprietários de navios noruegueses* [40], dos *bens britânicos no Marrocos espanhol* [41] e *Sabla* [42], assim como no Acórdão do TPJI no caso de *certos interesses alemães na Alta Silésia polaca* [43].

Como não podia deixar de ser, o período entre as duas Guerras assinalou um enfraquecimento da protecção da propriedade de estrangeiros. Os nacionais dos Estados vencidos na 1.ª Guerra passaram a ser considerados, também nesta matéria, como "inimigos", e, portanto, os seus bens situados em território dos Estados vencedores ficaram sujeitos unicamente ao que o Direito interno sobre eles veio a dispor, não obstante nunca tenha havido, da parte de qualquer Estado vencedor, uma formal rejeição das normas sobre protecção da propriedade privada em tempo de Guerra, codificadas nas Conferências de Haia, como atrás se referiu. Todavia, os casos mais significativos de privação, com indemnização, de propriedade de estrangeiros tiveram sempre como base acordos, celebrados para o efeito, entre os Estados vencedores e os Estados vencidos [44].

Esses mesmos traços continuaram a presidir à evolução do regime jurídico-internacional da propriedade privada após a 2.ª Grande Guerra. A solução dos litígios por via negocial manteve-se,

---

[38] Veremos mais tarde que a tradução rigorosa do adjectivo "*adequate*" nessa Fórmula é o de "*integral*" ou "*total*".

[39] Sobre a *Fórmula Hull*, v. especialmente IPSEN, pgs. 614-615; e OSCHMANN, pg. 64, onde se contém o texto integral da *Fórmula Hull*.

[40] Ac. 13-10-22, pgs. 307 e segs.

[41] Ac. 1-5-25, pgs. 615 e segs. Ver o comentário de STEINER in *Encyclopedia*, t. 2 (1981), pgs. 271 e segs.

[42] Ac. 29-6-33, pgs. 358 e segs.

[43] Ac. 25-5-26, pg. 42. Ver o comentário de SEIDL-HOHENVELDERN, in *Encyclopedia*, t. 2 (1981), pgs. 111 e segs.

[44] Assim, DOLZER, *op.cit.*, pg. 21, e bibl. aí citada.

O Direito Internacional ao longo da História

agora sob a forma, mais solene, de *"acordos de indemnização global"*, que ficaram conhecidos na terminologia universal do Direito Internacional por *lump sum agreements*. Esses acordos foram sendo celebrados entre o Estado expropriante e o Estado da nacionalidade do expropriado. Eles procuraram resolver os problemas resultantes de actos de expropriação, quase sempre actos de confisco, praticados durante a Guerra, ou logo após o seu termo, por Estados vencedores, de bens pertencentes a cidadãos nacionais de Estados vencidos. Aqueles acordos não obedeciam a um modelo fixo e, por isso, variavam muito de conteúdo entre si, mas o que importa reter aqui é que eles reconheciam em tais situações direito à indemnização aos titulares dos bens expropriados (sem nunca discutirem, no seu articulado, se o verdadeiro sujeito desse direito era o indivíduo expropriado, fosse pessoa singular ou colectiva, ou o Estado da sua nacionalidade) e conferiam-lhes uma indemnização, que se situou em regra, e conforme os casos, entre 20% a 80% do valor de mercado dos bens em questão[45,46].

Para concluirmos a caracterização desta segunda fase, podemos, pois, afirmar que até ao termo da 2.ª Grande Guerra, por ironia do destino, a propriedade privada de estrangeiros estava melhor protegida pelo Direito Internacional em tempo de Guerra do que em tempo de Paz, porque nunca fora possível codificar as regras do Direito Internacional da Propriedade Privada em tempo de Paz como o fora em tempo de Guerra, através das Conferências de Haia de 1899 e 1907.

5. A fase de 1948 a 1962

De qualquer modo, o que começa por marcar o período posterior à 2.ª Grande Guerra é a circunstância de a Organização das Nações Unidas ter tomado consciência, e depressa, da importância do problema.

Refira-se, desde logo, que a Carta, em mais uma distinção substancial que a separava do Pacto da Sociedade das Nações, e dentro do

---

[45] DOLZER, *op.cit.*, pgs. 22 e 45 e segs.

[46] Sobre os acordos *lump sum*, e sem embargo do seu estudo mais aprofundado que oportunamente faremos, a obra básica, e que confirma as primeiras ideias que sobre eles deixamos escritas no texto, é a de LILLICCH/WESTON.

O moderno Direito Internacional da Propriedade Privada

espírito que a norteava, de conceber a cooperação internacional ao nível económico, social, cultural e humanitário como uma condição essencial para a preservação da paz e da segurança internacionais, tão essencial como o desenvolvimento, impôs aos Estados membros da ONU "o respeito universal e efectivo dos Direitos do Homem e das liberdades fundamentais". Essa exigência surge-nos como um fim geral da Organização, enunciado no artigo 1.º, n.º 3, e, depois, como uma obrigação dos Estados, imposta pelo artigo 55.º, al. *c*, da Carta[47].

Concretizando esses preceitos, a Assembleia Geral aprovou em 10 de Dezembro de 1948, através da Resolução 217(III), mediante 48 votos a favor, 9 contra e 8 abstenções, a Declaração Universal dos Direitos do Homem (DUDH). A história desta Declaração mostra-nos que se quis que ela tivesse o valor de uma verdadeira *"Carta Internacional dos Direitos do Homem"* (*"International Bill of Human Rights"*), expressão utilizada, nos trabalhos preparatórios da DUDH, pela primeira vez, pelo Conselho Económico e Social, na sua Resolução 5(I), de 16 de Fevereiro de 1946[48].

Um dos direitos reconhecidos pela DUDH era exactamente o direito à propriedade privada. Com efeito, o seu artigo 17.º dispõe:

Artigo 17.º

1. Toda a pessoa, individual ou colectivamente, tem direito à propriedade.
2. Ninguém pode ser arbitrariamente privado da sua propriedade.

Era a primeira vez que uma regra escrita de Direito Internacional geral, em termos expressos, conferia ao indivíduo o direito à *sua* propriedade privada e, correspondentemente, impunha aos Estados a obrigação de respeitar a propriedade privada de estrangeiros colocados sob

---

[47] Além desses preceitos, referem-se também aos Direitos do Homem em geral os seguintes artigos da Carta: 56.º, 62.º, 68.º e 76.º. Sobre a história da elaboração da Carta em matéria de Direitos do Homem, v. especialmente *Comentário Simma*, pgs. 776 e segs.; e CARRILLO SALCEDO, *Human Rights*, pgs. 303 e segs.

[48] V. um exaustivo estudo da DUDH em *Comentário Simma*, pgs. 782 e segs.; CARRILLO SALCEDO, *op.e loc.cits.*; e CASSIN, pgs. 237 e segs.

a sua jurisdição (veremos oportunamente se também dos nacionais do respectivo Estado)[49].

Na sequência desta Resolução, várias outras iriam sendo sucessivamente aprovadas pelos órgãos das Nações Unidas, especialmente pela Assembleia Geral da Organização, sobre a matéria da propriedade privada de estrangeiros. Todas elas, e praticamente até aos anos 80, reflectem a tensão entre, por um lado, a necessidade, reclamada pelos Estados industrializados, de protegerem os bens dos seus cidadãos nos Estados do Terceiro Mundo (onde aqueles iam aumentando progressivamente os seus investimentos em diversos domínios, mas de forma não menos importante, até pelo volume dos investimentos envolvidos, no domínio da exploração dos recursos petrolíferos), e, por outro lado, a exigência, que ia sendo formulada de forma cada vez mais intensa, pelos Estados que iam nascendo da descolonização, de disporem livremente do seu território, dos seus recursos naturais e dos bens e direitos de estrangeiros constituídos no seu território[50]. A inclinação de cada Resolução para um ou outro desses pólos viria a depender muito das maiorias conjunturais que se iam formando nos diversos órgãos da Organização.

Até 1962 a Assembleia Geral das Nações Unidas foi aprovando sobre a matéria Resoluções de âmbito muito geral. Mesmo assim, algumas delas não fugiam a questões de princípio sobre a propriedade privada de estrangeiros.

Assim, a primeira Resolução aprovada por aquele órgão sobre essa questão, a Resolução n.º 523(VI), de 1952, vinha estimular os Estados em vias de desenvolvimento a promoverem o seu crescimento económico de harmonia com os seus próprios planos económicos. Todavia, reconhecia ser importante, para o efeito, a conclusão, por esses Estados, de tratados de comércio com outros Estados.

Em Dezembro desse mesmo ano de 1952, a Resolução n.º 626 (VII) veio afirmar o direito dos povos a utilizarem e a "disporem livremente dos seus recursos naturais, como um direito inerente à sua soberania". Isso, porém, não excluía, segundo os autores da Resolução, a

---

[49] Veja-se um exame muito desenvolvido desta disposição da DUDH em EIDE, pgs. 255 e segs.

[50] Cfr. BANZ, pg. 139; e HOSSAIN, pgs. 33 e segs.

necessidade de os Estados em vias de desenvolvimento respeitarem o investimento e a propriedade de estrangeiros, cumprirem os compromissos assumidos e indemnizarem os estrangeiros em caso de privação forçada da sua propriedade privada[51]. Por isso, a Resolução manda que os Estados conciliem o seu direito sobre os seus recursos naturais "com a necessidade de manterem o afluxo de investimento estrangeiro em condições de segurança, recíproca confiança e cooperação económica entre as nações".

Por sua vez, o Conselho Económico e Social das Nações Unidas (ECOSOC), que, já em 1951, pela sua Resolução n.° 368-B(XIII), destacara o importante papel do investimento estrangeiro no fomento do crescimento dos Estados em vias de desenvolvimento e, por isso, apelara à conclusão de tratados bilaterais de promoção de investimento a levar a cabo por Estados industrializados nos Estados em vias de desenvolvimento, viria a aprofundar o conteúdo dessa Resolução na sua nova Resolução, n.° 512-B(XVII), de 1954, onde rodeava o investimento estrangeiro de algumas garantias, incluindo a da não-discriminação por confronto com o investimento nacional, a da indemnização em caso de nacionalização e a da repartição do capital e dos lucros. A Assembleia Geral, logo a seguir, pela Resolução n.° 824(IX), do mesmo ano, de 1954, fazia seu o conteúdo da Resolução n.° 512-B do ECOSOC, recomendando aos Estados que revissem a sua legislação nacional de modo a porem-na em conformidade com aquela Resolução e que celebrassem, entre si, os tratados "apropriados" para incrementarem reciprocamente o investimento estrangeiro.

Mais importante, porém, viria a ser a Resolução n.° 837(IX), aprovada ainda nesse mesmo ano de 1954 pela Assembleia Geral das Nações Unidas. Ela utiliza aí, pela primeira vez, o conceito de *"Soberania Permanente dos Povos sobre os seus Recursos Naturais"*, que concebia como um corolário do direito dos povos à autodeterminação[52]. O adjectivo "permanente" queria dizer que a soberania, nesses termos, pertencia mesmo *aos povos* ainda não independentes e que ela era irrenunciável. Todavia, essa "soberania permanente" devia ser

---

[51] SEIDL-HOHENVELDERN, *Investitionen*, pg. 26; e BANZ, *loc.cit.*
[52] BANZ, pg. 140; e VERWEY/SCHRIJVER, pgs. 33 e segs.

exercida, acrescentava a Resolução, "com respeito pelos direitos e deveres dos Estados reconhecidos pelo Direito Internacional"[53].

As Resoluções da Assembleia Geral n.° 1314(XIII), de 1958, 1514(XV) e 1515(XV), de 1960, viriam a desenvolver e completar o conteúdo – repete-se: inovador – da Resolução n.° 837[54,55].

Todavia, seria catorze anos volvidos sobre a Declaração Universal dos Direitos do Homem, em 1962, que a Assembleia Geral das Nações Unidas, através da Resolução n.° 1803(XVII), expressamente dedicada, e, desta vez, de modo desenvolvido, à "Soberania Permanente dos Povos sobre os seus Recursos Naturais", viria a definir regras concretas sobre a protecção internacional da propriedade privada de estrangeiros. Era a primeira vez que uma Organização Internacional ia tão longe, na matéria, em tempo de Paz[56].

Essa Resolução sofreu uma forte influência dos Estados que iam sendo admitidos nas Nações Unidas por efeito da descolonização do pós-guerra, muito maior do que as Resoluções anteriormente citadas. Eles punham em causa o Direito tradicional, bem resumido pelo Tribunal Permanente de Justiça Internacional no Parecer dado no caso dos *colonos alemães na Polónia*: "os direitos adquiridos por indivíduos segundo o Direito em vigor não se extinguem com uma mudança de soberania"[57]. Ou seja, o Estado sucessor deve respeitar os direitos adquiridos sob o império do Estado predecessor[58].

Ora, os Estados saídos da descolonização contestavam essa tese, defendendo que, *ainda no exercício do seu direito à autodeterminação*, não se sentiam obrigados a respeitar, entre o mais, os direitos adquiridos por empresas estrangeiras por via de contratos celebrados

---

[53] HYDE, pg. 859; e BANZ, pgs. 140-141.

[54] A Resolução n.° 1514 consiste numa trave-mestra da política anticolonialista das Nações Unidas – v. GONÇALVES PEREIRA/FAUSTO DE QUADROS, pgs. 539 e segs.

[55] V. sobre a matéria do texto as *ops.cits.* na penúltima nota, *locs.cits.*

[56] Um estudo pormenorizado desta Resolução, inclusive da sua génese, encontramo-lo em BROMS, pg. 307; e DIEZ DE VELASCO, pgs. 606 e segs.

[57] Parecer de 10-9-23. V. o comentário de WEIL, in *Encyclopedia*, t. 2, pg. 118.

[58] No mesmo sentido do texto, HIGGINS, pg. 287. Sobre o estado actual da problemática da sucessão de Estados veja-se, em língua portuguesa, GONÇALVES PEREIRA/FAUSTO DE QUADROS, pgs. 335 e segs.

com os antigos Estados colonizadores, de entre os quais se destacavam contratos de exploração de recursos naturais, e, dentro destes, contratos de concessão de exploração de jazidas petrolíferas. Esses contratos deveriam, pois, reger-se *exclusivamente* pelo Direito nacional do Estado de acolhimento. Os princípios *pacta sunt servanda* e do respeito pelos direitos adquiridos por estrangeiros, com o consequente dever de pagamento de uma indemnização justa pela expropriação desses direitos, deveriam ser substituídos pelo novo conceito da "Soberania Permanente dos Povos sobre os seus Recursos Naturais". Era a consagração plena do princípio do tratamento nacional dos estrangeiros.

Como bem notam ROSALYN HIGGINS [59] e IAN BROWNLIE [60], a Resolução n.º 1803 conseguiu, porém, adoptar uma solução de compromisso entre as duas orientações, isto é, a do Direito tradicional e a dos novos Estados, *sem postergar o Direito Internacional*. Para tanto, o seu artigo 1.º contém sobre a matéria uma Declaração com oito princípios, um dos quais manda aplicar ao investimento estrangeiro e à propriedade privada estrangeira o Direito interno *e o Direito Internacional* (art. 1.º, n.º 3). Isto significa que aquela Resolução rejeita, em princípio, a tese da equiparação do estrangeiro ao nacional em matéria de regime jurídico da propriedade privada. Como tal, reconhece que, pela apropriação dos seus bens será paga (*"shall* be paid") [61] ao estrangeiro, em qualquer caso, uma indemnização "apropriada" (*"appropriate"*, art. 1.º, n.º 4), e pretende definir um *nível mínimo* de protecção pelo Direito Internacional à propriedade privada de estrangeiros [62].

Por outro lado, em caso de litígio em torno da sua propriedade, o estrangeiro é obrigado a exaurir os meios internos do Estado de acolhimento mas, por acordo entre este e o Estado nacional, pode-se convencionar o recurso à arbitragem internacional para se dirimir

---

[59] Pgs. 285 e segs.

[60] *Legal Status*, pgs. 255 e segs.

[61] Sublinhamos este pormenor semântico – assim, também BANZ, pg. 142; e SCHWEBEL, *Story*, pg. 466.

[62] LILLICH, *Current Status*, pgs. 100 e segs.; BROWNLIE, *System*, I, pgs. 11 e segs.; e BISHOP, pgs. 408 e segs.

O *Direito Internacional ao longo da História*

esses litígios[63]. Note-se que, para certo sector da doutrina, encabeçado por TEBE[64], os autores da Resolução n.º 1803 deram à expressão "indemnização apropriada" o mesmo sentido que, mais modernamente, os §§ 185 e 187 do 3.º *Restatement* concederam à expressão "indemnização prévia, integral e efectiva" ("*prompt, adequate and effective compensation*"), e que já vem da *Fórmula Hull*.

Essa Resolução corrigiu, portanto, a orientação das anteriores Resoluções sobre a Soberania Permanente sobre os Recursos Naturais, particularmente as Resoluções n.ºs 626, 837 e 1314, já atrás citadas. Todas essas três Resoluções, cuja iniciativa coubera já aos novos Estados africanos e asiáticos que iam nascendo da descolonização do pós-guerra, e que, quase todos, adoptavam uma filosofia política de cariz colectivista, não só em matéria de propriedade privada, mas fundamentalmente quanto a ela[65], haviam afirmado o direito dos Estados em vias de desenvolvimento de usar dos seus recursos naturais, entendendo que "o direito dos povos de livremente usar e explorar os seus recursos naturais é inerente à sua soberania e está de acordo com a Carta das Nações Unidas". Todas elas absolutizavam esse direito, *subtraindo, praticamente, ao Direito Internacional* o regime da propriedade privada de estrangeiros. Ao contrário, como se mostrou, a Resolução n.º 1803 fez depender o exercício da Soberania Permanente sobre Recursos Naturais *do respeito por regras do Direito Internacional* sobre propriedade privada, embora evitando sempre referir--se a um direito de propriedade privada reconhecido pelo Direito Internacional *directamente ao indivíduo*[66].

Esta fase pode, pois, ser caracterizada como iniciando-se com o reconhecimento pelo Direito Internacional de um direito à propriedade privada (sem prejuízo de no local próprio[67], irmos discutir o ver-

---

[63] BROMS, *op.cit.*, pgs. 307-308; e BROWNLIE, *op.e loc.cits.*

[64] Pgs. 304 e segs.

[65] Alguns deles, poucos, invocavam doutrinas voluntaristas para não respeitarem regras internacionais em cuja formação não haviam participado.

[66] Para além das ops.cits. nas ns. anteriores, ver, nesse sentido, sobretudo, KIMMINICH, pgs. 2 e segs.; DOLZER, *Eigentum*, pgs. 24 e segs., com vasta bibliografia e documentação; BROWNLIE, *op.e loc.cits.*; e DIEZ DE VELASCO, pgs. 607 e segs.

[67] *Infra*, Parte II, Cap. II, n.º 2.2, II, e n.º 2.3.

O moderno Direito Internacional da Propriedade Privada

dadeiro alcance desse reconhecimento); continuando com a tentativa, por ora, ainda tímida e sem congruência, de subtrair a propriedade privada de estrangeiros ao Direito Internacional em nome do direito à autodeterminação dos povos, para o que inclusive, não raro, se foi substituindo, na terminologia do Direito Internacional da Propriedade Privada, o conceito de expropriação pelo de nacionalização, a fim de se poder acentuar o interesse público no acto de privação, para mais facilmente o legitimar e para diminuir as garantias do particular contra esse acto; por fim, e especificamente com a Resolução n.º 1803, concluindo com um esforço no sentido de se conciliar essa última corrente com o Direito Internacional, retomando, pelo menos parcialmente – como enfatiza WESTON[68] –, o Direito Internacional consuetudinário geral na matéria.

Note-se, porém, que, no plano do Direito Internacional regional, foi nesta fase que a Convenção Europeia dos Direitos do Homem, de 1950, através do artigo 1.º do seu Protocolo Adicional n.º 1, de 1952, e embora com as insuficiências na sua redacção que adiante referiremos, veio consagrar o direito de propriedade privada, não só de estrangeiros como também de nacionais.

6. A fase de 1962 a 1986

A recuperação das Economias destruídas pela Guerra levava, porém, à intensificação crescente das relações económicas e financeiras internacionais, particularmente entre os Estados industrializados da Europa Ocidental e da América do Norte com os Estados da América do Sul e os Estados que iam nascendo da descolonização nos continentes africano e asiático. Esse fenómeno impunha, quanto aos estrangeiros, o alargamento da protecção quer da propriedade privada, quer do investimento estrangeiro. Por outras palavras, se se queria incrementar aquelas relações era necessário conceder garantias aos investidores estrangeiros. Foi por isso que, tendo como suporte, no plano político, a reafirmação progressiva levada a cabo pelas Nações Unidas do direito do indivíduo à propriedade privada, na esteira da

---

[68] *Charter*, pgs. 448 e segs.

DUDH, através do artigo 5.º, al. *d*, V, da *Convenção Internacional sobre a Eliminação de todas as Formas de Discriminação Racial*, aprovada pela Resolução da Assembleia Geral n.º 2106 (XX), de 1965, do artigo 6.º da *Declaração sobre a Eliminação da Discriminação contra Mulheres*, aprovada pela Resolução da Assembleia Geral n.º 2263 (XXII), de 1967, do n.º 11 da *Declaração dos Direitos das Pessoas Deficientes*, aprovada pela Resolução da Assembleia Geral n.º 2447 (XXX), de 1975, e dos artigos 15.º e 16.º da *Convenção sobre a Eliminação de todas as Formas de Discriminação contra Mulheres*, de 1979[69], o Banco Mundial aprovou, em 18 de Março de 1965, a *Convenção sobre a resolução dos diferendos relativos aos investimentos, entre Estados e nacionais doutros Estados*, mais conhecida por *Convenção de Washington*. Ela entrou em vigor a 14 de Outubro de 1966.

A finalidade daquela Convenção era, exactamente, a de proteger o investimento estrangeiro. Para tanto, ela criou o *Centro Internacional para a resolução dos diferendos sobre os investimentos* (com a sigla francesa CIRDI e a sigla inglesa ICSID)[70,71].

Note-se que a Convenção em causa define regras processuais próprias para a protecção do investimento estrangeiro, mais concretamente, regras específicas de Direito Internacional sobre conciliação e arbitragem[72].

É esta última, exactamente, a principal vantagem da Convenção para o investidor estrangeiro, que assim vê os litígios em que se envolve com o Estado de acolhimento subtraídos à eventual ineficácia dos meios judiciais que este último propicia.

Sem prejuízo de na Parte II termos que voltar a este assunto, importa aqui, desde já, sublinhar que o CIRDI promove a conciliação

---

[69] LAWSON, pgs. 1240 e segs.

[70] A Convenção de Washington foi completada pela *Convenção de Seul*, de 11 de Outubro de 1985, que criou a Agência Multilateral de Garantia de Investimentos (com a sigla inglesa MIGA), que, todavia, não tem interesse para nós neste livro.

[71] Sobre esta matéria, v. GONÇALVES PEREIRA/FAUSTO DE QUADROS, *op.cit.*, pg. 180; CARREAU/FLORY/JUILLARD, pgs. 559 e segs., e bibl. aí cit.; BROCHES, *Convention*, pgs. 331 e segs.; e HERDEGEN, pgs. 209 e segs.

[72] V., especialmente, DOLZER/STEVENS, pgs. 129 e segs.; e BANZ, pgs. 101 e segs.

O moderno Direito Internacional da Propriedade Privada

ou a arbitragem como soluções para esses litígios, mas, ele próprio, não concilia nem arbitra. Ele é, essencialmente, um "secretariado" – como lhe chama AMERASINGHE[73] –, com sede em Washington. Possui uma lista de Conciliadores e de Árbitros, dos quais cada Estado contratante (o Estado de acolhimento ou o Estado da nacionalidade do investidor) poderá escolher os necessários para os processos de "conciliação" ou de "arbitragem"[74].

A pouca importância que o CIRDI tem tido, traduzida no pequeno número de casos em que tem sido solicitado a intervir e na pouca importância das decisões que tem proferido, tem-no tornado pouco relevante para o desenvolvimento do Direito Internacional em matéria de investimento estrangeiro e, menos directamente, de propriedade privada, ao contrário do que fora desejado quando da sua criação[75].

Todavia, novas Resoluções das Nações Unidas viriam a afastar outra vez, quando não totalmente, o Direito Internacional da disciplina da propriedade privada dos estrangeiros.

Primeiro, foi a Resolução n.° 45(III), aprovada em 1972 pela Conferência das Nações Unidas para o Comércio e o Desenvolvimento (CNUCED), de novo sobre a Soberania Permanente sobre Recursos Naturais. Essa Resolução dispunha que a indemnização a pagar ao indivíduo estrangeiro por expropriação ou nacionalização respeitaria apenas o Direito do Estado expropriante e que os litígios suscitados em torno do regime da propriedade privada de estrangeiros seriam julgados necessariamente pelos tribunais nacionais. Desaparecia, desta forma, a referência ao Direito Internacional[76].

Depois, foram as Resoluções n.ᵒˢ 3171(XXVIII), de 1973, e 3201 (S-VI), de 1974, ambas da Assembleia Geral, a segunda das quais foi aprovada na 6.ª Sessão Especial daquele órgão.

---

[73] *Investment*, pgs. 1447 e segs.

[74] Veja-se, sobre esta matéria, além da obra cit. na nota anterior, HERDEGEN, pgs. 212 e segs. e bibl. aí seleccionada; CARREAU/FLORY/JUILLARD, pgs. 559 e segs.; BROCHES, *op.cit.*, pgs. 331 e segs.; RIESENFELD, pgs. 246 e segs.; e BANZ, pgs. 101 e segs.

[75] OUAKRAT, pgs. 278 e segs.; DOLZER, *Eigentum*, pgs. 23-24; DOLZER/ /STEVENS, *loc.cit.*; CARREAU/FLORY/JUILLARD, *loc.cit.*; e HERDEGEN, *loc.cit.*

[76] DOLZER, pg. 28; e HIGGINS, pgs. 285 e segs.

O Direito Internacional ao longo da História

A Resolução n.° 3171, da iniciativa da Argélia, do Iraque e da Síria, também ela se debruçava sobre a Soberania Permanente sobre Recursos Naturais. Mas ela distanciava-se da Resolução n.° 1803 num ponto importante: segundo aquela, em caso de privação da sua propriedade, os estrangeiros só tinham direito à indemnização que fosse "possível" – um adjectivo novo e intencionalmente vago. Ainda por cima, essa indemnização "possível" seria fixada por aplicação do Direito interno, que também poderia dispor sobre o modo de pagamento. Os litígios que surgissem nessa matéria seriam necessariamente decididos pelos tribunais nacionais.

Esta Resolução afastava, pois, e completamente, o Direito Internacional, da definição do regime da propriedade privada dos estrangeiros. Por isso, e embora ela faça referência à Resolução n.° 1803, é correcto concluir-se que, em bom rigor, ela se quis substituir a esta. O grau da protecção conferida pelo Direito Internacional à propriedade privada de estrangeiros deixava, pois, de constituir limite para o exercício pelos Estados da sua "Soberania Permanente sobre Recursos Naturais"[77].

Mas ainda pior viria a ser o regime definido pela Resolução n.° 3201, de 1 de Maio de 1974, que veio aprovar uma *Declaração sobre a criação de uma Nova Ordem Económica Internacional (NOEI)*[78,79]. Com fundamento na "total" e "permanente" "Soberania dos Estados sobre os seus Recursos Naturais" (que passava a ser o conceito-chave do regime jurídico da NOEI), esta Resolução elimi-

---

[77] Assim, GARCÍA-AMADOR, *Proposed*, sobretudo pgs. 30 e segs., onde se explicam também os fundamentos políticos desta Resolução; DOLZER, *Eigentum*, pg. 28; HIGGINS, pgs. 285 e segs.; WESTON, *Charter*, pg. 450; e IPSEN, pg. 616.

[78] Sobre a NOEI, v., na doutrina portuguesa, GONÇALVES PEREIRA/ /FAUSTO DE QUADROS, pg. 179; FAUSTO DE QUADROS, dissertação de doutoramento, pgs. 354 e segs. Na doutrina estrangeira, um apanhado actual da evolução do regime jurídico da NOEI pode ver-se em WOLFRUM, *Comentário Simma*, pgs. 767 e segs., em anotação ao artigo 55.°, als. *a* e *b*, da Carta da ONU, e exaustiva e seleccionada bibl. aí cit.

[79] Entretanto, tanto o ECOSOC como a Assembleia Geral viriam a aprovar algumas outras Resoluções sobre a matéria, mas sem quase nada adiantarem de substancial às Resoluções anteriormente citadas. Para mais pormenores, v. BANZ, pgs. 143 e segs.

O moderno Direito Internacional da Propriedade Privada

nou, por completo, e pela primeira vez no Direito derivado das Nações Unidas, a referência ao dever de indemnizar um acto de privação da propriedade privada de estrangeiros. Curiosamente, a única referência à indemnização era para se conferir aos Estados em vias de desenvolvimento o direito de serem indemnizados, *eles*, pelos danos causados aos seus recursos naturais ... [80]

Como bem observa WESTON [81], mas não é vulgarmente referido na doutrina, essa Resolução não foi aprovada pela Assembleia Geral mediante votação formal, pelo que os Estados que se lhe opunham – os Estados Unidos, a Alemanha, a França, o Reino Unido e o Japão – se viram obrigados a formular "reservas" quanto ao seu conteúdo.

A Declaração aprovada pela Resolução n.º 3201 foi completada pelo *Programa de Acção na Criação da NOEI*, aprovada pela Resolução da Assembleia Geral n.º 3202(S-VI). Por sua vez, mais recentemente, dois documentos vieram actualizar e aprofundar o regime da NOEI: a *Declaração sobre a Cooperação Económica Internacional*, aprovada pela Resolução n.º S-18/3, de 1 de Maio de 1990, e a *Estratégia de Desenvolvimento para a Quarta Década de Desenvolvimento*, aprovada pela Resolução n.º 45/199, de 21 de Dezembro de 1990 [82]. Pelo que toca, porém, à matéria que nos interessa neste livro, nenhuma dessas Resoluções trouxe algo de novo em relação à Resolução n.º 3201 [83].

Com a Resolução n.º 3201, como acertadamente observa o Professor DOLZER, tinha-se atingido o apogeu da politização do Direito Internacional das Expropriações. E não deixou de ter ligação com o movimento a que nos acabámos de referir o facto de poucos meses antes, ainda em 1973, os Estados membros da OPEC, entre os quais se encontravam os três que haviam tomado a iniciativa da Resolução n.º 3171, haverem elevado desmesuradamente os preços do petróleo e, com isso, provocado uma gravíssima crise no mercado petrolífero, que se reflectiu no sistema financeiro à escala internacional [84].

---

[80] WOLFRUM, *loc.cit.*; e WESTON, *loc.cit.*

[81] *Loc.cit.*

[82] WOLFRUM, *op.cit.*, pgs. 767-768.

[83] Assim, WOLFRUM, *loc.cit.*; e DOLZER, *Eigentum*, pg. 29.

[84] DOLZER, *Eigentum*, pg. 28; e GARCÍA-AMADOR, *op.e loc.cits.*

O Direito Internacional ao longo da História

Nesse mesmo caso de 1974, a 12 de Dezembro, a Assembleia Geral aprovou, através da Resolução n.° 3281(XXIX), a *Carta dos Direitos e Deveres Económicos dos Estados.*

O objectivo que os autores dessa Carta pretendiam alcançar era o de aprofundar a Declaração sobre a NOEI, aprovada pela citada Resolução n.° 3201, e codificar as regras sobre a matéria[85]. Daí a grande extensão da Carta: ela tem trinta e quatro artigos, divididos por quatro capítulos.

Na matéria que nos interessa neste livro, essa Carta inspirou-se na já referida Resolução da CNUCED n.° 45(III), de 1972[86], e tentou incorporar o conteúdo da Declaração Económica que fora aprovada pela Conferência de Argel dos países não-alinhados, de Setembro de 1973. Nesta última, declarava-se, entre o mais, que, quanto aos actos de expropriação ou nacionalização de bens e direitos de estrangeiros, "é aos Estados (entenda-se: aos Estados de acolhimento) que cabe fixar o montante da indemnização possível e o seu modo de pagamento". Por isso, não admira que tenha sido esta a matéria mais controvertida na discussão do projecto da Carta, tendo, todavia, a maioria afro-asiática conseguido ver triunfar as suas ideias também neste domínio[87].

Com efeito, a Carta começa por dispor, no seu artigo 2.°, n.° 1, que todos os Estados têm o direito de exercer a sua "plena e permanente"[88] soberania sobre os seus recursos naturais, incluindo o direito de definir as suas actividades económicas.

Concretizando esta ideia geral, o mesmo artigo 2.°, acrescenta, no seu n.° 2, que todos os Estados têm o direito de "regular" e "exercer a autoridade" sobre o investimento estrangeiro, sujeito à sua jurisdição, de "harmonia com as suas leis e os seus regulamentos" e "em con-

---

[85] Assim, BROMS, pg. 308; TEBE, pgs. 300 e segs.; e WOLFRUM, *loc.cit.*

[86] BANZ, pg. 147.

[87] Como no-lo demonstra DOLZER, *loc.cit.*

[88] Como isoladamente nota SALEM, pg. 783, passou despercebida à doutrina o facto de a Carta acrescentar o adjectivo "plena" à expressão "Soberania permanente", por comparação com as Resoluções anteriores sobre a mesma matéria, talvez porque, não obstante, como bem nota aquele Autor, os dois adjectivos não serem sinónimos, o acrescentamento do adjectivo "plena" pouco trazia de novo à substância do conceito em causa.

formidade com os seus objectivos e as suas prioridades nacionais", não sendo obrigados a conferir tratamento preferencial ao investidor estrangeiro (al. *a*); e o direito de "nacionalizar, expropriar ou transferir a titularidade" sobre a propriedade de estrangeiros, devendo nesse caso ser paga uma "indemnização adequada" (*"appropriate compensation"*), levando-se em conta "as suas leis e os seus regulamentos aplicáveis, bem como todas as circunstâncias que o Estado considerar pertinentes" (al. *c*).

Note-se, todavia, que o pagamento da indemnização resultava menos de uma *obrigação* imposta ao Estado, como estipulava a Resolução n.º 1803, como atrás vimos, do que de uma mera proposta ou de uma simples sugestão: "uma indemnização *deverá* ser paga" ("a compensation (...) *should be* paid", em vez de, como atrás mostrámos, *"shall be* paid", na fórmula da Resolução n.º 1803)[89].

No caso de a questão da indemnização dar lugar a litígio, este será dirimido segundo o Direito interno do Estado que nacionaliza e pelos seus tribunais, a não ser que todos os Estados acordem, livremente e em regime de reciprocidade, na adopção de outros meios de solução pacífica para os conflitos, na base da igualdade soberana dos Estados e em conformidade com o princípio da livre escolha de meios" (a mesma al. *c*).

Embora na doutrina se encontrem, por vezes, divergências na interpretação deste artigo 2.º, n.º 2[90], parece poder afirmar-se com segurança que, exprimindo-se dessa forma, a Carta recusou o Direito Internacional na disciplina do regime jurídico da propriedade privada, inclusive na estipulação de um dever de indemnizar o estrangeiro em caso de privação da propriedade e na fixação do montante da indemnização[91]. Com efeito, como observa HIGGINS[92], embora aparente-

---

[89] Desse modo, BANZ, pg. 148. Diferentemente, VERDROSS/SIMMA, pgs. 813 e segs.

[90] Cfr. CASTAÑEDA, pgs. 31 e segs.; SEIDL-HOHENVELDERN, *Charta*, pgs. 237 e segs.; TOMUSCHAT, *Charta*, pgs. 446 e segs.; SCHACHTER, *Question*, pgs. 8 e segs.; WESTON, *Charter*, pgs. 437 e segs.; e HIGGINS, pgs. 285 e segs.

[91] Expressamente nesse sentido, TEBE, pgs. 295 e segs.; BANZ, 149; e OPPERMANN, *Grundlagen*, pg. 15.

[92] Pg. 291.

O *Direito Internacional ao longo da História*

mente a Carta recupere a afirmação "indemnização apropriada", utilizada pela Resolução n.° 1803 (expressão que, como vimos, fora abandonada pelas Resoluções n.ᵒˢ 3171 e 3201), ela dispõe claramente que a indemnização se regerá *exclusivamente* pelo Direito nacional do Estado de acolhimento, o que não exclui a ausência total de indemnização se nesse sentido dispuser aquele Direito ou decidirem os tribunais daquele Estado.

E a rejeição do Direito Internacional pela Carta é confirmada também pelo recurso ao elemento histórico da interpretação. Com efeito, como no-lo revela TEBE, na elaboração da Carta foi recusada uma proposta dos Estados Unidos que expressamente mandava regular a questão da indemnização pelo Direito Internacional[93].

A Carta assinalou, portanto, um retrocesso em relação à Resolução n.° 1803, fazendo reviver, na sua plenitude, a *Doutrina Calvo*[94].

É também essa a interpretação que daquele preceito, o artigo 2.°, n.° 2, nos fornece o Presidente do Grupo de Trabalho que redigiu a Carta: o Professor CASTAÑEDA. Escreve ele a propósito, especificamente, do referido artigo 2.°, n.° 2, al. *c*: "(...) eles [os Estados autores do projecto do artigo] não quiseram criar a impressão de que a sua capacidade de agir nesses domínios dependia, de alguma forma, de uma instância diferente e superior à sua própria vontade soberana"[95,96].

Em face de tudo isto, pode-se concluir que com a aprovação da Carta dos Direitos e Deveres Económicos dos Estados regressamos ao período anterior ao da Resolução n.° 1803 da Assembleia Geral das Nações Unidas, durante o qual, como mostrámos, a propriedade privada dos estrangeiros se encontrava na total disponibilidade do Estado de acolhimento. O que isso significava no fundo era que, em matéria de regime da propriedade privada, o Direito Internacional não era con-

---

[93] Pg. 307, onde se contém o texto da referida proposta.

[94] Assim, de forma expressa, WESTON, *Charter*, pg. 438; e BANZ, pgs. 147-150.

[95] Pg. 54. Todavia, o A. incorre, na mesma página, em contradições, como bem sublinha DOLZER, *Eigentum*, pg. 31, n. 56.

[96] É curioso notar qual foi a votação obtida pela Resolução que aprovou a Carta: 120 votos a favor, nalguns casos com declarações de voto, 6 votos contra (Alemanha, Bélgica, Dinamarca, Estados Unidos, Luxemburgo, Reino Unido) e 10 abstenções. Portugal votou a favor. Recorda-se que estávamos em Dezembro de 1974.

cebido pelas Nações Unidas como um limite à "Soberania Permanente sobre os Recursos Naturais", conceito que ela própria criou.

Adiante-se desde já que as Resoluções da Assembleia Geral n.ºs 3362(S-VII), 3486(XXX), de 1975, 35/37, de 1980, e 39/163, de 1984, que se louvam na referida Carta, nada adiantaram, na sua substância, ao conteúdo desta[97].

Após a aprovação pela ONU daquela Carta, a primeira vez que a protecção da propriedade privada pelo Direito Internacional foi acesamente discutida foi num quadro regional, no âmbito das negociações da 2.ª Convenção de Lomé, mais conhecida por *Convenção de Lomé II*, concluída entre a CEE e os então 58 Estados ACP, isto é, da África, das Caraíbas e do Pacífico. A referida Convenção foi assinada em 31 de Outubro de 1979 e aprovada pelo Regulamento CEE n.º 3225/80, de 25 de Novembro de 1980[98].

A CEE quis que essa questão fosse debatida a fim de se garantir a protecção do investimento dos seus Estados membros nos Estados ACP. Mas nenhum resultado substantivo foi obtido nessas negociações acerca desse ponto[99].

No plano para-universal, a questão seria retomada em 1983, quando da preparação do *Código de boa conduta das Sociedades Financeiras*, de iniciativa da OCDE, mas fomentada pelas Nações Unidas[100]. De início, os Estados industrializados pareciam dispostos a só aprovar aquele Código se ficassem claros, não só os deveres, como também os direitos das sociedades transnacionais e se, entre estes, figurasse o direito à protecção pelo Direito Internacional dos seus bens no estrangeiro. Todavia, divisões entre eles impediram-nos de serem firmes nessa exigência e, portanto, de verem esse ponto de vista triun-

---

[97] Assim, BANZ, pg. 147; e DOLZER, *Eigentum*, pgs. 28 e segs.

[98] JOCE n.º L 347, de 22-12-80.

[99] SIMMONDS, *Lomé Conventions*, pgs. 252 e segs., com a história daquela Convenção; especificamente no sentido do texto, e de forma desenvolvida, v., do mesmo Autor, *The Second Lomé Convention*, pgs. 417 e segs., e OPPERMANN, *Europarecht*, pgs. 253 e segs., mas quando já vigorava, para o período de 1990-2000, a *Convenção de Lomé IV*.

[100] WELLENS, pgs. 685 e segs.; e GONÇALVES PEREIRA/FAUSTO DE QUADROS, pg. 400.

O Direito Internacional ao longo da História

far. O melhor que eles conseguiram foi que o Código contivesse sobre aquela matéria uma cláusula com a seguinte redacção: "Fica estabelecido que os Estados têm o direito de nacionalizar ou expropriar bens pertencentes a sociedades transnacionais que actuam no seu território e que deve ser paga a estas uma indemnização de acordo com o Direito aplicável".

Só aparentemente se pode encontrar nesta fórmula algum progresso em relação ao artigo 2.º, n.º 2, al. *c*, da Carta dos Direitos e Deveres Económicos dos Estados. De facto, na sua substância, aquela redacção continuava a deixar o pagamento da indemnização totalmente na disponibilidade dos Estados, dos seus critérios nacionais e dos seus tribunais.

Em resumo, e concluindo a caracterização desta fase da História do Direito Internacional da Propriedade Privada, podemos dizer que ao longo dela se enfatiza a rejeição da protecção pelo Direito Internacional da propriedade privada de estrangeiros. Esta fica sujeita unicamente à vontade soberana do Estado de acolhimento, que pode chegar ao extremo de não indemnizar o estrangeiro pela privação da sua propriedade. Todavia, note-se que, como se viu, o percurso do Direito Internacional positivo que nos leva a chegar a esta conclusão é fértil em dissonâncias, em contradições e em incoerências. Isso explica que, como iremos ver adiante, a prática dos Estados, mesmo dos Estados comunistas, não se tenha alinhado pela exclusão do Direito Internacional na definição do regime da propriedade privada dos estrangeiros [101]. E não consistirá numa das menores contradições e incoerências a que aludimos o facto de ter sido no continente onde a *Doutrina Calvo* mais depressa ganhou adeptos – o continente americano – que o Direito Internacional regional, materializado na Convenção Americana de Direitos do Homem, de 1969, veio reconhecer o direito de propriedade privada, prescrevendo o pagamento de "justa indemnização" em caso de expropriação (art. 21.º, n.ºs 1 e 2, daquela Convenção).

---

[101] Assim, também WESTON, *Charter*, pg. 450.

7. A fase de 1986 até aos nossos dias

As Nações Unidas voltaram a debruçar-se sobre a matéria em 1986, através da Resolução n.º 41/132, de 4 de Dezembro. E de forma bastante diferente daquela com que elas haviam encarado a matéria até aqui.

Isso é-nos revelado, desde logo, pela epígrafe daquela Resolução, que reza: "Respeito pelo direito de cada um à sua própria propriedade, sozinho ou em associação com outros, e a sua contribuição para o desenvolvimento económico e social dos Estados membros".

De facto, a Resolução toma como ponto de partida a existência, no Direito Internacional geral, de um direito à propriedade privada. Com efeito, para ela, há três formas de propriedade: a "privada", a "municipal" e a "estadual". No que toca ao direito de propriedade privada, na titularidade de pessoas singulares ou colectivas, ela resulta da invocação expressa do artigo 17.º da DUDH, com esse sentido (considerandos 2 e 6 do preâmbulo e n.ᵒˢ 4 e 5, *a*, daquela Resolução); da reiterada referência ao "direito de cada um à sua propriedade" e ao "gozo pleno" desse direito (n.ᵒˢ 5, 6 e 8 do preâmbulo e n.ᵒˢ 3, 4, 5 e 10); da absorção do que sobre aquele direito se dispõe noutras Organizações Internacionais, inclusive o Conselho da Europa, o que não pode deixar de ser interpretado como uma adopção pelas Nações Unidas da densa construção jurídica do direito à propriedade privada tal como, à data, já lhe havia sido dada pelos órgãos da Convenção Europeia dos Direitos do Homem, à sombra do artigo 1.º do Protocolo Adicional n.º 1 àquela Convenção (considerando 8 do preâmbulo); e do expressivo "convite" à Comissão dos Direitos Humanos das Nações Unidas para que considerasse esse "direito".

Mas a Resolução n.º 41/132 também reconhece o "direito dos Estados de livremente escolherem e desenvolverem o seu sistema político, social, económico e cultural, bem como o seu direito de elaborar as suas leis e os seus regulamentos", e ainda o direito dos "povos" de "livremente disporem dos seus recursos" (considerandos 3.º e 4.º).

Todavia, o grande mérito desta Resolução sobre as Resoluções que atrás estudámos acerca da propriedade privada, aprovadas no quadro da definição da "Soberania Permanente sobre Recursos Naturais" ou sobre a "Nova Ordem Económica Internacional", e com exclusão da Resolução n.º 1803, é o de ter conseguido o equilíbrio entre, por

O Direito Internacional ao longo da História

um lado, o reconhecimento do direito dos Estados e dos povos sobre os seus recursos naturais e, por outro lado, as exigências do Direito Internacional. Estas últimas exigências encontram-se enunciadas pela própria Resolução: o direito à propriedade privada e o seu pleno gozo, tal como eles são admitidos pelo artigo 17.° da Declaração Universal dos Direitos do Homem e pelo demais Direito Internacional, inclusive no quadro do Conselho da Europa, como atrás se viu; e o Direito Internacional em geral, como expresso limite ao direito dos povos de disporem livremente dos seus recursos naturais (considerando 4.° da Resolução). E é como expressão desse equilíbrio que o escopo principal da Resolução se encontra enunciado nos seus n.°s 4.° e 5.°, *a* e *b*: "convidam-se" aí as comissões regionais das Nações Unidas e "requere-se" ao Secretário-Geral da Organização que "considerem a relação entre o pleno gozo pelos indivíduos dos seus direitos e das suas liberdades fundamentais, em particular o direito à propriedade privada (...), e o desenvolvimento económico e social dos Estados membros", e que "assegurem a plena e livre participação dos indivíduos no desenvolvimento económico e social dos Estados".

Ou seja, pela primeira vez no Direito derivado das Nações Unidas, e de forma muito mais completa e elaborada do que na Resolução n.° 1803, a soberania dos Estados e dos povos sobre os seus recursos naturais aparece-nos limitada pelo Direito Internacional e, mais especificamente ainda, pelo direito de propriedade privada, que a própria Resolução apelida de "direito fundamental". Ou, se quisermos ver o problema a partir do direito de propriedade privada, como o faz, aliás, a epígrafe da Resolução, podemos dizer que, também pela primeira vez no Direito daquela Organização, o direito de propriedade privada nos surge proclamado como direito fundamental do indivíduo mas, simultaneamente, e como acontece hoje de modo pacífico no Direito Constitucional e no Direito Administrativo dos Estados mais desenvolvidos, fica limitado pela sua função social, qual seja, a do desenvolvimento económico e social dos Estados.

Este justo equilíbrio entre o direito de propriedade privada, concebido como um direito fundamental pelo Direito Internacional, e a sua função social, que se traduz no desenvolvimento económico e social dos Estados, viria a ser aprofundado depois pela Resolução 1987/18, de 10 de Março de 1987, da Comissão dos Direitos Huma-

O *moderno Direito Internacional da Propriedade Privada*

nos, pelas Resoluções n.ᵒˢ 42/114 e 42/115, da Assembleia Geral, ambas de 7 de Dezembro de 1987, pela Resolução n.º 1988/19, de 7 de Março de 1988, outra vez da Comissão dos Direitos Humanos, pelas Resoluções n.ᵒˢ 43/123, de 8 de Dezembro de 1988, e 45/98, de 14 de Dezembro de 1990, e pela Resolução n.º 1991/19, de 1 de Março de 1991, todas da Assembleia Geral [102].

A nível do Direito Internacional regional, o regime da propriedade privada foi objecto de profundo debate no âmbito das negociações da já referida *Convenção de Lomé IV*, assinada em 15 de Dezembro de 1989, e que hoje liga 70 Estados ACP aos da União Europeia [103]. Essa Convenção constitui o mas vasto acordo colectivo de cooperação jamais concluído entre Estados do Norte e do Sul. Basta recordar que as suas primeiras antecessoras, as Convenções de Yaoundé I e II, haviam sido assinadas, respectivamente, em 1963 e em 1969, do lado ACP, por somente 18 Estados.

Mas, se a Convenção de Lomé IV era o mais vasto acordo de cooperação em razão do número de Estados signatários, também o era em razão das matérias abrangidas. De facto, às matérias englobadas pelas anteriores Convenções de Lomé a Convenção de Lomé IV acrescentou as seguintes: a protecção do ambiente, a cooperação na agricultura e segurança alimentar, na indústria e nos serviços; a cooperação cultural e social; e "outras disposições", o que engloba, de modo particular, um programa de ajuda a Estados ao Sul do Saará em situação económica e financeira mais débil. Além disso, ela reforça os mecanismos de ajuda aos Estados ACP que se encontravam já previstos nas Convenções anteriores, especialmente, os sistemas STABEX e SYSMIN [104].

Entre as inovações trazidas pela Convenção de Lomé IV por confronto com as anteriores Convenções de Lomé figura a matéria dos

---

[102] V. *Comentário Simma*, pg. 768.

[103] Em bom rigor, os Estados ACP que assinaram aquela Convenção eram 69. Mas entretanto aderiu à Convenção a Eritreia, após a sua independência.

[104] Sobre a Convenção de Lomé IV, v. Comissão Europeia, *La Coopération UE-ACP*, texto bilingue (fr.-ingl.), Bruxelas, 1994, pgs. 7-15. Na doutrina, veja-se ARTIS/LEE, pgs. 398 e segs.; TONNERRE, t. 2, pgs. 141 e segs.; OPPERMANN, *op.e loc.cits.*; SIMMONDS, *Lomé Conventions*, pgs. 249 e bibl. aí citada; e RIDEAU, pg. 38.

O Direito Internacional ao longo da História

Direitos do Homem, que as Convenções anteriores, como, aliás, as Convenções de Yaoundé, ignoravam em absoluto.

Note-se que em nenhum dos preceitos daquela Convenção se contém menção expressa ao direito de propriedade privada, nem mesmo aos bens de cidadãos ou investidores estrangeiros; por outro lado, nenhum deles acolhe formalmente o Direito Internacional na matéria. É certo que no preâmbulo se invoca a Carta das Nações Unidas, a Declaração Universal dos Direitos do Homem, os Pactos de 1966 e a Convenção Europeia dos Direitos do Homem, para se afirmar a "fé" dos subscritores da Convenção nos "direitos fundamentais do homem, em todos os aspectos da dignidade da pessoa humana"; é verdade que no texto da Convenção se exprime a adesão dos subscritores da Convenção a "todos" os Direitos do Homem, considerados como "direitos económicos, sociais e culturais" (art. 5.º, n.ºs 1 e 2); é igualmente certo que aos investidores estrangeiros é prometido tratamento justo e equitativo (art. 258.º, al. *b*) e que existe a preocupação de proteger e estimular o investimento estrangeiro (art. 258.º, als. *a* e *g*, art. 259.º, corpo, als. *a*, *c* e *e*, e art. 260.º); não menos exacto é que se pretende evitar a discriminação em razão da nacionalidade, transpondo-se para a Convenção um dos princípios fundamentais do Direito Comunitário, enunciado então no artigo 7.º CEE, hoje no artigo 12.º CE, após a revisão trazida pelo Tratado de Amesterdão, de 1997, ao Tratado da União Europeia (art. 274.º, n.º 1). Todavia, mesmo esses princípios – repetimos, formulados com um mero carácter programático – são atenuados pela garantia aos indivíduos, no país de acolhimento, de uma "protecção da lei", entenda-se, lei *interna*; pela enfatização da soberania do Estado em matéria de protecção de investimentos (art. 261.º, n.º 2); e pela excepção fácil ao princípio da não-discriminação (art. 274.º, n.º 1, 2.ª parte).

A única referência ao Direito Internacional no articulado da Convenção é levada a cabo em termos indirectos e quase irrelevantes: quando, no art. 261.º, n.º 3, se confere aos Estados partes o direito de desrespeitar o princípio da não-discriminação por imposição de "obrigações internacionais".

Isso permite-nos concluir que, não obstante a Convenção de Lomé IV ter acolhido o princípio da salvaguarda dos Direitos do Homem em termos inéditos nas relações entre Estados do Norte e do

O *moderno Direito Internacional da Propriedade Privada*

Sul, e de a sua filosofia se apresentar como fortemente favorável ao investimento estrangeiro, não encontramos no seu texto qualquer vinculação dos Estados contratantes a regras de Direito Internacional sobre a Propriedade Privada. E, nesse ponto, a situação não se alterou com a sua revisão intercalar de 1994[105].

Mais recentemente, porém, aprofundou-se e aperfeiçoou-se sensivelmente o regime de protecção da propriedade privada no Direito Internacional. Para tanto, contribuiu bastante o termo da guerra fria e a consequente adesão a esse movimento, como adiante veremos, da parte dos Estados da Europa Central e do Leste, inclusive os que foram resultando do desmembramento de antigos Estados marxistas, a começar pela ex-URSS, e, por um inevitável arrastamento, também dos Estados do Terceiro Mundo, em geral, como também melhor veremos daqui a pouco. Os grandes traços desse aprofundamento são os seguintes: a já referida aprovação, em 1986, pelo Banco Mundial, da Convenção que criou a *Agência Multilateral para a Garantia do Investimento*; o *NAFTA*, assinado em 1992; as disposições contidas na reforma do ex-GATT na sequência do *Uruguay Round*, e a subsequente substituição daquela Organização pela *Organização Mundial do Comércio*; a *Carta Europeia da Energia*, assinada pela União Europeia e por 51 Estados, inclusive Portugal, em 1991; e, na sua esteira, visando dar-lhe forma jurídica, o *Tratado sobre a Carta de Energia*, assinado em Lisboa, em Dezembro de 1994, pela União Europeia e por 49 Estados, incluindo Portugal, e aberto à assinatura doutros Estados por um período de seis meses (art. 38.°)[106,107]; mas, sobretudo, as *Directivas do Banco Mundial sobre o Investimento Estrangeiro*, de 1992[108]. Estas últimas Directivas, não obstante à partida não terem

---

[105] V. o Parecer do Comité Económico e Social CES(93) 1017, de 21-10-93, especialmente pgs. 1 e 5-6.

[106] Portugal já ratificou o Tratado – *Diário da República*, Série I-A, de 15-11--96. Este Tratado ainda não entrou em vigor porque ainda não se encontram depositados 30 instrumentos de ratificação, como o exige o seu artigo 44.°, n.° 1, embora esteja em vias de se o atingir. Note-se que o depositário é o Estado Português.

[107] O principal objectivo do Tratado consiste na criação de condições favoráveis à cooperação económica entre empresas ocidentais e do Leste, visando ajudar à recuperação económica da Europa do Leste.

[108] Veja-se a obra do BANCO MUNDIAL constante do rol de bibl. consultada.

41

carácter obrigatório para os Estados, foram aceites e estão a ser cumpridas pela generalidade dos Estados membros do Banco Mundial[109] (inclusive por Portugal[110]), que, como se sabe, são a grande maioria dos Estados da Comunidade Internacional[111].

Não nos referiremos aqui à preparação do *Acordo Multilateral de Investimento*, que, como se disse já, a OCDE espera ter concluído em Abril de 1998, porque faz mais sentido estudarmo-lo adiante, no quadro da prática internacional dos Estados industrializados. Ele constitui, sem dúvida, como também já se disse, a mais acabada tentativa levada a cabo no Direito Internacional de adoptar um regime evoluído de protecção à propriedade privada.

Podemos, portanto, concluir, quanto a esta fase, que se assiste nela, primeiro, à referida evolução no Direito das Nações Unidas, depois, ao alastramento a outras Organizações Internacionais, em consequência, sobretudo, do termo da guerra fria, do desejo de liberalizar o comércio internacional e o investimento estrangeiro sem preconceitos ideológicos. Esse desejo vai materializar-se no aprofundamento acentuado da protecção à propriedade privada de estrangeiros. Tal movimento vai correr em paralelo com a prática internacional dos Estados, como vamos ver no Capítulo seguinte.

Estudaremos na Parte II o significado e o alcance dessa evolução. Mas desde já adiantaremos que é neste período da História que se vai sedimentar todo o moderno Direito Internacional da Propriedade Privada, fundado num equilíbrio entre o reconhecimento ao indivíduo do direito de propriedade privada e as exigências do interesse público, ou seja, a função social daquele direito.

---

[109] Assim, SHIHATA, *Trends*, pgs. 47 e segs.; e DOLZER/STEVENS, sobretudo pgs. 111 e segs.

[110] Informação gentilmente prestada pelo Serviço Jurídico do Banco Mundial, com base em documentos oficiais. Infelizmente, não conseguimos que nenhum dos departamentos interessados da Administração Pública portuguesa nos confirmasse oficialmente essa informação. Mas isso é irrelevante, porque, como veremos ao longo deste livro, Portugal *já se sentia obrigado* pelo conteúdo das Directivas do Banco Mundial através de outras vias de vinculação internacional.

[111] Veja-se essa evolução mais recente do Direito Internacional muito bem compendiada na actualíssima obra de WÄLDE, pgs. XIX e segs. e 1 e segs.

CAPÍTULO II

A PRÁTICA INTERNACIONAL DOS ESTADOS

1. Razão de ordem

Depois de termos visto como evoluiu ao longo dos tempos o Direito Internacional positivo em torno do regime de protecção da propriedade privada vamos examinar agora qual tem sido o comportamento dos Estados, do ponto de vista jurídico, e no plano internacional, perante a propriedade privada de estrangeiros sujeitos à sua jurisdição. Essa pesquisa tem um duplo objectivo: primeiro, o de tentar conhecer como é que os Estados, independentemente do respectivo sentido de voto nas Nações Unidas, se foram, de facto, comportando perante o regime da propriedade privada à luz do Direito Internacional, e, concretamente, como é que iam reagindo ao Direito Internacional positivo que, no quadro das Nações Unidas, ia sendo criado; segundo, o de averiguar, depois, se o comportamento dos Estados, qualquer que venha a ser o seu sentido, permite que se fale numa prática internacional repetida e acompanhada de *opinio iuris*, por forma a eventualmente se extrair dela um costume internacional. Esta questão só será aflorada nesta Parte I, porque o lugar adequado para o seu estudo é a Parte II.

A nossa investigação começará no período posterior à 2.ª Grande Guerra, porque só a partir de então é que os seus resultados se apresentam como relevantes para este trabalho.

2. A prática dos Estados durante o período da guerra fria

2.1. *A prática dos Estados ocidentais*

Durante e após a 2.ª Grande Guerra os Estados da Europa Central e de Leste nacionalizaram maciçamente, sem indemnização, bens de cidadãos estrangeiros, particularmente de cidadãos de Estados que, em face da divisão geopolítica do Mundo após a Guerra, se passaram a designar de Estados "ocidentais". Essa atitude provocou a reacção de alguns dos Estados de que os lesados eram nacionais, especialmente do Reino Unido, da França, dos Estados Unidos, da Suíça, da Suécia, da Noruega e dos Países Baixos, que começaram por propor que os Estados de Leste indemnizassem os lesados ao menos segundo o critério do "nível (ou grau) mínimo internacional" ("*international minimum standard*"), sobre o qual adiante nos debruçaremos.

Os Estados de Leste depressa rejeitaram a proposta dos Estados ocidentais: primeiro, invocando as dificuldades económicas e financeiras alegadamente provocadas pelas destruições da Guerra; mais tarde, porque os partidos comunistas chegaram ao Poder em todos esses Estados e, como bem observa THOMAS HEFTI [112], em vez de optarem por reconstruir a Economia dos respectivos Estados na base da iniciativa privada – o que os teria levado a pôr termo às nacionalizações e a iniciar depressa um processo de reversão dos bens já confiscados –, instalaram neles sistemas económicos de economia planificada, inspirados no modelo soviético, e, portanto, baseados no princípio da apropriação colectiva dos meios de produção. Em consequência disso, aqueles Estados recusaram totalmente, por princípio, a ideia da indemnização pelas nacionalizações levadas a cabo. E, também aqui, foi forte a tentação, de todos eles, de copiarem o exemplo da ex-União Soviética, que, ela própria, se recusara a indemnizar entidades privadas em idênticas circunstâncias, embora as nacionalizações levadas a cabo pelos demais Estados da Europa Central e do Leste tenham assumido dimensão muito menor do que as efectuadas pela União Soviética e tenham quase todas sido resolvidas, mais ou menos

---

[112] Pgs. 133-134.

A prática internacional dos Estados

cedo, pelo pagamento, aos Estados dos lesados, de uma indemnização global, com recurso ao conceito dos acordos *lump sum*, já por nós atrás referido e que daqui a pouco estudaremos com mais pormenor.

Portanto, a reacção dos Estados ocidentais neste período vai-se traduzir, primeiro, em prevenir para o futuro, com apoio no Direito Internacional, novas situações similares, de nacionalizações sem o pagamento de uma indemnização apurada por critérios extraídos do Direito Internacional, e, depois, em resolver, segundo o Direito Internacional, os referidos casos de ofensa à propriedade privada dos seus cidadãos ocorridos durante e depois da Guerra.

Veremos daqui a pouco como o fizeram.

2.2. *A prática dos Estados comunistas*

É muito difícil ao investigador encontrar elementos sobre a prática seguida pelos antigos Estados comunistas em matéria do tratamento jurídico da propriedade privada após a 2.ª Grande Guerra. Mesmo nesses próprios Estados os estudos doutrinários sobre essa matéria rareiam. Tivemos, pois, que nos cingir aos textos dos acordos internacionais divulgados por LILLICH e WESTON[113] e ao estudo que deles fizeram DRUCKNER[114] e HEFTI[115,116] a propósito da prática dos Estados comunistas antes da *Perestroika* na ex-URSS e do movimento de democratização iniciado simbolicamente com o derrube do Muro de Berlim. Cremos que é quase tudo aquilo de que podíamos dispor.

Ao contrário do que se poderia inferir da posição clássica dos Estados comunistas acerca do Direito Internacional da Propriedade Privada, eles não adoptaram uma orientação liminarmente adversa à indemnização dos estrangeiros atingidos por actos de nacionalização ou de expropriação ao longo da Guerra e depois dela.

De facto, a análise dos acordos concluídos sobre a matéria por Estados comunistas – o primeiro dos quais parece ter sido o assinado

---

[113] Vol. II.

[114] Pgs. 238 e segs. e 904 e segs.

[115] Pgs. 147 e segs.

[116] V. também as referências passageiras à matéria contidas no estudo de SEIDL-HOHENVELDERN, *Communist Theories*, pgs. 541 e segs.

entre a Polónia e a Roménia em 29 de Março de 1958, e que entrou em vigor em 1959 [117] – mostra-nos que, no essencial, eles adoptaram as mesmas soluções acolhidas nos acordos entre os Estados ocidentais, inclusive, o recurso aos acordos *lump sum*, de que adiante nos ocuparemos [118]. Talvez o melhor exemplo disso seja um dos primeiros acordos no género, o celebrado entre a Roménia e a Checoslováquia, em 9 de Janeiro de 1959. O artigo 2.º desse Acordo estipulava que:

> A Checoslováquia renuncia a todas as queixas que tenham sido apresentadas até ao dia da assinatura deste Tratado com origem em quaisquer medidas de nacionalização, reforma agrária, ou de expropriação, bem como de quaisquer outras medidas que tenham afectado (limitado ou retirado) propriedades, direitos e interesses do Estado Checoslovaco e de pessoas colectivas ou singulares no território da República Popular da Roménia. [119]

Igual cláusula continha esse Acordo sobre a matéria recíproca, ou seja, sobre a propriedade do Estado romeno e dos seus cidadãos no território da Checoslováquia.

Este Acordo merece ser destacado por duas ordens de razões: primeiro, porque ele se ocupa de actos de apropriação de bens pertencentes tanto aos respectivos Estados como a particulares; depois, porque ele encerra um acordo global recíproco, isto é, ele contém uma recíproca renúncia, pelos dois Estados signatários, das queixas, que um tinha contra o outro, em relação às nacionalizações levadas a cabo.

Portanto, à partida, os Estados comunistas aceitavam que o acto de privação de propriedade privada pertencente a estrangeiros gerava, *à face do Direito Internacional*, o dever de indemnizar. Desse ponto de vista, portanto, a posição dos Estados comunistas não diferia da dos Estados ocidentais.

Mas isso já não se passava assim no que tocava aos critérios de pagamento da indemnização e, sobretudo, no que dizia respeito à determinação do beneficiário último da indemnização. De facto, enquanto que os Estados ocidentais entendiam que a indemnização era devida ao próprio proprietário lesado, os Estados comunistas, por

---

[117] V. a lista desses acordos em LILLICH/WESTON, II, e em HEFTI, pg. 148.
[118] Assim, DRUCKNER, pg. 252.
[119] Cfr. DRUCKNER e HEFTI, *locs.cits.*

A prática internacional dos Estados

força do respectivo Direito interno, atribuíam aquela indemnização, na sua totalidade ou em grande medida, *a si próprios* e não aos particulares proprietários dos bens de que haviam sido desapropriados [120].

Talvez por isso não surpreenda que o critério da quantificação da indemnização devida pelo acto de privação fosse, nesses casos, o definido pelo Direito Internacional, ou seja, o critério do "nível internacional". De facto, como eram os Estados, e não os particulares expropriados, os beneficiários, de facto, das indemnizações, aqueles foram-se inclinando para convencionar indemnizações, devidas a estrangeiros, de montante mais elevado do que as que pagavam aos respectivos nacionais, quando os respectivos Direitos internos reconheciam aos nacionais direito à indemnização por nacionalizações ou expropriações. Isso significava, em bom rigor jurídico, a recusa, *por esses Estados, da regra do "tratamento nacional"* [121]. Ou então, como acertadamente observa VERDROSS [122], o facto de o Direito interno desses Estados quase sempre não conferir aos respectivos cidadãos nacionais direito à indemnização por actos de privação da propriedade não lhes deixava grande margem de escolha: ou adoptavam os critérios de cálculo da indemnização fixados pelo Direito Internacional ou, seguindo a regra do "tratamento nacional", não lhes reconheciam direito a qualquer indemnização – e, nesta última hipótese, iriam prejudicar as relações económicas e comerciais entre os Estados comunistas, das quais todos eles, no quadro fechado do COMECON ou fora dele, dependiam.

3. Os instrumentos dessa prática

3.1. *Introdução*

Foram fundamentalmente três os instrumentos de que os Estados se serviram nas suas relações para protegerem a propriedade privada de estrangeiros sujeitos à sua jurisdição: os primeiros dois deles visa-

---

[120] HEFTI, pgs. 149-150; e DRUCKNER, pg. 250.

[121] V. exemplos em DRUCKNER, pg. 244.

[122] *Règles*, pg. 371.

O Direito Internacional ao longo da História

vam prevenir actos ilícitos de privação, limitando, se não eliminando, o direito do Estado de acolhimento de nacionalizar ou expropriar propriedade privada de estrangeiros[123] – são os "Tratados Bilaterais sobre Investimento" e as "cláusulas de estabilização"; o último tinha por objectivo reparar a ilicitude de uma privação já consumada – são os acordos *lump sum*[124].

Vamo-nos debruçar separadamente sobre cada um desses meios.

3.2. *Os tratados bilaterais sobre investimento*

O incremento progressivo do investimento estrangeiro ao qual logo no início deste livro nos referimos tem tido como base jurídica fundamental tratados bilaterais sobre investimento (TBI). São tratados bilaterais concluídos entre Estados com vista a fomentar o investimento estrangeiro entre eles e, por isso, e fundamentalmente, a proteger o investidor estrangeiro no Estado de acolhimento.

A sua natureza jurídica é, pois, a de tratados internacionais que, segundo o Direito Constitucional de cada Estado, revestirão a forma de tratados solenes ou de acordos em forma simplificada[125], embora, na generalidade dos Estados, eles se limitem a ser meros *executive agreements*.

Foram os Estados Unidos a criar este tipo de tratados, quando concluíram os dois primeiros deles, com a França, em 6 de Fevereiro de 1778[126].

Mas eles só se desenvolveram mais recentemente, a partir dos fins da década de 50, tendo a sua importância vindo a aumentar com o decurso do tempo, na medida em que têm sido utilizados para os Estados mais ricos aumentarem os seus investimentos em Estados

---

[123] É matéria que oportunamente desenvolveremos – veja-se, porém, e desde já, HERDEGEN, pg. 206; e RIESENFELD, pg. 249.

[124] Para uma visão geral do problema nestes termos, SHIHATA, *Trends*, pgs. 47 e segs.

[125] GONÇALVES PEREIRA/FAUSTO DE QUADROS, pgs. 171 e segs., 182 e segs. e 213 e segs.

[126] BLUMENWITZ, pgs. 484-485.

A prática internacional dos Estados

subdesenvolvidos ou em vias de desenvolvimento, da África ou da Ásia. O primeiro dos TBI desta era moderna é apontado como tendo sido o concluído entre a Alemanha e o Paquistão, em 1959[127].

Os Estados que mais se têm socorrido destes tratados têm sido, na Europa, a Alemanha (sob a designação de *"Verträge über die Förderung und den gegenseitigen Schutz von Kapitalanlagen"*, ou, simplesmente, *"Investitionsschutzverträge"*), o Reino Unido (onde são conhecidos por *"Treaties for the Promotion and Protection of Investments"*), a França (onde eles têm a denominação de *"Accords pour la protection et la promotion des investissements"*) e a Suíça. Fora do continente europeu, têm-se servido muito deles os Estados Unidos, sob o rótulo de *"Treaties of Friendship, Commerce and Navigation"*, ou sob a sigla FCN, e, mais recentemente, o Japão e a China[128].

Em Portugal este tipo de tratados, pelos dados que nos foi possível obter, é relativamente recente. Eles têm entre nós a designação oficial de *Acordos de promoção e protecção recíproca de investimentos*. Em Junho de 1997 estavam em vigor cerca de uma dezena de TBI concluídos por Portugal, embora estivessem já assinados ou em negociação mais cerca de quatro dezenas[129] –, número manifestamente pequeno se o compararmos com a prática internacional dos outros Estados com o nosso nível de desenvolvimento, como se pode ver pelo levantamento feito por Dolzer e Stevens[130] ou por Banz[131]. O mais antigo TBI concluído por Portugal, que está em vigor, é o que liga o nosso País à Alemanha: foi assinado em 16 de Setembro de 1980. É também o mais completo e perfeito dos TBI concluídos por Portugal.

Neste livro vamos designar esses tratados assim mesmo: tratados bilaterais sobre investimento, com a sigla TBI. É, aliás, a moderna

---

[127] DOLZER/STEVENS, pg. 1.

[128] Acerca da história dos tratados bilaterais sobre investimento, HEFTI, pgs. 153 e segs.; RIESENFELD, pgs. 246 e segs.; BANZ, pgs. 19 e segs.; HERDEGEN, pgs. 205 e segs., VERDROSS/SIMMA, pg. 811; SHIHATA, *Trends*, pg. 47 e segs.; mas, sobretudo, DOLZER/STEVENS, pgs. 10 e segs. Esta última obra contém uma lista completa dos modernos tratados bilaterais sobre investimento, desde 1959.

[129] Fonte: ICEP-Investimentos, Comércio e Turismo de Portugal, Direcção Jurídica. Agradece-se aqui a informação prestada.

[130] Pgs. 267 e segs. e 286 e segs.

[131] Pgs. 175 e segs.

O Direito Internacional ao longo da História

designação que se lhes dá na doutrina e na prática dos Estados Unidos e, por sua influência, da generalidade dos Estados de língua inglesa (*"Bilateral Investment Treaties"*) [132].

A importância destes tratados para a formação do Direito Internacional reside no facto de em 1994 eles haverem atingido o número de 700 [133] e de em meados de 1997 já haverem ultrapassado o número de 1100 [134]. Ora, daí resultam importantes consequências no domínio das fontes de Direito. Queremos prevenir desde já que os TBI vão ter um papel importante na formação do costume internacional, mesmo geral ou comum, sobre diversas matérias relacionadas com o nosso estudo ao longo deste livro. De facto, a generalização dos TBI, quando constituir demonstração da existência de uma prática constante e for acompanhado da *opinio iuris*, dará lugar ao nascimento do costume. É que, como notam FRIEDMANN [135] e BAXTER [136], *mesmo os tratados bilaterais podem revelar-se como fontes do costume internacional geral "através de um alargado processo de transformação do Direito dos Tratados no Direito consuetudinário internacional"* [137].

Os TBI obedecem, particularmente nos Estados Unidos e na Alemanha, sobretudo desde os anos 50, a um modelo fixo [138], que, todavia, pode sofrer adaptações às condições concretas de cada tratado. Alguns deles, excepcionalmente, prevêem a sua aplicação a situações ocorridas no passado, isto é, têm efeito retroactivo. Mas os Estados do Terceiro Mundo que têm concluído TBI têm oferecido resistência à atribuição de efeito retroactivo a esses acordos e, quando o aceitam, exigem que a retroactividade fique reduzida ao mínimo, tanto em razão da matéria como do tempo, e, em qualquer caso, não têm aceite que os TBI se apliquem ao período colonial.

Bom exemplo de TBI com aplicação retroactiva é o que foi concluído entre a Suécia e a China em 1982 e que, no seu artigo 8.º,

---

[132] Cfr. DOLZER/STEVENS, seguramente a mais completa e a mais actual obra sobre a matéria.

[133] DOLZER/STEVENS, pg. 1.

[134] Informação gentilmente prestada pelo Serviço Jurídico do Banco Mundial.

[135] Pg. 1163.

[136] Pg. 276.

[137] V. também SHIHATA, *Trends*, pgs. 47 e segs. O itálico é nosso.

[138] BLUMENWITZ, *loc.cit.*; e HEFTI, pg. 158.

A prática internacional dos Estados

prevê a sua aplicação a todos os investimentos realizados depois de 1 de Julho de 1979.

O período de vigência dos TBI varia, embora a Suíça prefira celebrá-los por um ano e a Alemanha por cinco anos. O referido TBI entre a Suécia e a China foi concluído por quinze anos. Os prazos de vigência são prorrogáveis [139].

Como se imagina, o texto de um TBI é vasto e complexo, começando ele, desde logo, pelas definições de investimento, investidor, etc. Um TBI constitui um modelo evoluído de tratado-contrato. De facto, ao disciplinar a promoção e a protecção do investimento de um dos Estados partes noutro, um TBI prossegue um objectivo que vai muito para além da definição de obrigações recíprocas da parte dos seus subscritores em caso de privação da propriedade privada e actos análogos [140], incluindo cláusulas expressas sobre as garantias reconhecidas ao investidor estrangeiro, englobando elas os meios de se resolver os diferendos que venham a surgir nessa matéria [141].

O âmbito de aplicação de cada TBI costuma ficar definido logo no início do respectivo texto. Por exemplo, o modelo de TBI concluído por Portugal (que, quer na sua concepção, quer na sua redacção, não é ainda um modelo perfeito e com elevado rigor jurídico, sobretudo se o confrontarmos com modelos análogos dos mais evoluídos Estados europeus ou dos Estados Unidos) dispõe no seu artigo 1.º:

ARTIGO 1.º
Definições

Para efeitos do presente Acordo,

1. O termo "investimentos" compreenderá *toda a espécie de bens e direitos aplicados em empreendimentos de actividades económicas por investidores de qualquer das Partes Contratantes no território da outra Parte Contratante*, nos termos da respectiva legislação aplicável sobre a matéria, incluindo em particular:

   a) propriedade sobre bens móveis e imóveis, bem como quaisquer outros direitos reais, tais como hipotecas e penhores;

---

[139] Cfr. HEFTI, pg. 166.
[140] Veja-se esta terminologia esclarecida *infra*, Parte II, Cap. III, n.º 3.
[141] BLUMENWITZ, pgs. 486 e segs. e 489.

O Direito Internacional ao longo da História

b) acções, quotas ou outras partes sociais que representem o capital de sociedades ou quaisquer outras formas de participação e/ou interesses económicos resultantes da respectiva actividade;

c) direitos de crédito ou quaisquer outros direitos com valor económico;

d) direitos de propriedade industrial e intelectual tais como direitos de autor, patentes, modelos de utilidade e desenhos industriais, marcas, denominações comerciais, segredos comerciais e industriais, processos técnicos, *know-how*, e clientela (aviamento);

e) aquisição e desenvolvimento de concessões conferidas nos termos da lei, incluindo concessões para prospecção, pesquisa e exploração de recursos naturais;

f) bens que no âmbito e de conformidade com a legislação e respectivos contratos de locação, sejam colocados à disposição de um locador no território de uma Parte Contratante em conformidade com as suas leis e regulamentos.

Qualquer alteração na forma de realização dos investimentos não afectará a sua qualificação como investimentos, desde que essa alteração seja feita de acordo com as leis e regulamentos da Parte Contratante no território da qual os investimentos tenham sido realizados.

(...) [142]

Este conceito vasto de investimento coincide com o sentido amplo de propriedade privada, com o qual, como explicámos na Introdução [143], lida hoje o Direito Internacional, e que vai para além daquilo que DOLZER e STEVENS [144] designam de "direitos tradicionais de propriedade", isto é, os direitos arrolados acima nas alíneas *a*, *b* e *e*, ou seja, o direito de propriedade e os direitos reais menores sobre bens móveis e imóveis; os direitos sociais; e os direitos emergentes de contratos de concessão, especialmente concessões para exploração de jazidas petrolíferas.

No que especificamente respeita à protecção da propriedade privada, é vulgar os TBI conterem uma chamada *"cláusula de expropriação"*, destinada a prevenir as condições em que serão lícitos os actos

---

[142] O itálico é nosso.

[143] *Supra*, Introdução, n.º 2.

[144] Especialmente pgs. 26 e segs., e com grande desenvolvimento. Note-se que o conceito de investimento, no modelo de TBI, engloba o "direito de propriedade intelectual", e recorde-se o que sobre isso deixámos escrito *supra*, *loc.cit.* na n. anterior.

de expropriação e de nacionalização ou os actos análogos a uma e a outra, e visando, especialmente, definir o montante da indemnização devida por tais actos e o modo de o computar.

Além dessas matérias, os TBI prevêem também os meios de resolver os litígios emergentes da sua violação, designadamente, a arbitragem.

Como se vê de tudo o que fica exposto neste número, são três as grandes vantagens que os Estados pretendem alcançar com os TBI.

A primeira é a de obter a certeza do Direito aplicável ao investimento estrangeiro e ao investidor. Perante as dúvidas suscitadas pela prática de alguns Estados, sobretudo do Terceiro Mundo e do antigo Leste europeu, sobre o âmbito do Direito Internacional aplicável à matéria, particularmente sobre o saber-se o que é que nesse domínio é costume internacional após as Resoluções das Nações Unidas sobre a "Soberania Permanente" e a NOEI, os TBI querem definir e fixar, de modo claro e definitivo, o Direito pelo qual se rege o investimento estrangeiro e, concretamente, a propriedade privada do investidor. Só assim este se sente seguro. Com esta orientação, pretende-se, concretamente, garantir o tratamento da propriedade privada do estrangeiro de harmonia com o "grau mínimo internacional", evitando, designadamente, que a ele seja aplicado o princípio do "tratamento nacional" [145].

Mas – e esta é a segunda vantagem – a certeza do Direito aplicável ao investimento estrangeiro não se coloca apenas no plano do Direito Internacional. Ela pretende também evitar ao investidor estrangeiro a instabilidade do próprio Direito interno do Estado de acolhimento na matéria, instabilidade essa que muito vulgarmente era fruto de meras convulsões políticas internas ou de mudanças súbitas de governo. A opção pelos TBI significa, portanto, em último lugar, a recusa pelo Estado de acolhimento em aplicar ao investidor estrangeiro a lei nacional [146].

Por fim, com a cláusula sobre a resolução dos litígios, particularmente com a previsão da arbitragem (atribuída a um tribunal *ad hoc* ou ao CIRDI), os TBI têm em vista, não só furtar o investidor à longa

---

[145] Assim, HERDEGEN, pgs. 205-206; e FRICK, pgs. 250 e segs.

[146] HERDEGEN, pg. 206; RIESENFELD, pgs. 248-249; e BUXBAUM/ /RIESENFELD, pg. 1440.

O Direito Internacional ao longo da História

e penosa exaustão dos meios internos no Estado de acolhimento, como também exprimir a sua desconfiança sobre a eficácia e a isenção desses meios, inclusive dos meios judiciais – desconfiança que era fundada, desde sempre, e de modo particular, nos Estados da Europa Central e do Leste e nos Estados do Terceiro Mundo.

3.3. *As cláusulas de estabilização*

O segundo meio que temos de estudar acerca da prática dos Estados em matéria de protecção da propriedade privada, no quadro atrás definido, é composto pelas chamadas "cláusulas de estabilização".

São disposições incluídas em contratos de investimento celebrados entre o Estado de acolhimento e o investidor estrangeiro. Distinguem-se, por isso, dos TBI, desde logo, porque estes são tratados internacionais, enquanto que as cláusulas de estabilização são estipulações inseridas em contratos administrativos, particularmente em contratos de concessão, celebrados de harmonia com o Direito interno do Estado de acolhimento.

As cláusulas de estabilização proíbem uma alteração unilateral pelo Estado de qualquer das outras cláusulas do respectivo contrato. De modo particular, através delas o Estado de acolhimento renuncia ao seu direito de nacionalizar ou expropriar os direitos emergentes do contrato ou aceita submeter o exercício desse direito a condições, a principal das quais consiste no pagamento de uma justa indemnização, que quase sempre se exprime pela *Fórmula Hull*, da indemnização "prévia, integral e efectiva"[147]. Foi com esse intuito que elas se generalizaram, particularmente depois da 2.ª Guerra, sendo um dos seus primeiros exemplos a cláusula 13.ª do contrato de concessão celebrado entre o Koweit e a *Aminoil*, em 1948.

O principal efeito das cláusulas de estabilização é o da internacionalização dos respectivos contratos – por isso, também são chamadas de *"cláusulas de internacionalização"*[148]. Ou seja, são sobretudo estas

---

[147] Veja-se HERDEGEN, pg. 206.
[148] Assim, RIESENFELD, pg. 249; HERDEGEN, pg. 206; FISCHER, *passim*; ASANTE, pgs. 401 e segs.; e BUXBAUM/RIESENFELD, pg. 350.

cláusulas que conferem aos contratos administrativos de investimento com investidores estrangeiros, particularmente aos contratos de concessão, a natureza de *quase-tratados*, deixando-os sujeitos, ao menos parcialmente, ao regime do Direito Internacional Público, e subtraindo--os, nesse domínio, ao império do Direito Administrativo interno [149]. Esta questão foi amplamente discutida em dois dos mais importantes casos de jurisprudência arbitral em matéria de propriedade privada, que mais tarde estudaremos, os casos *Topco* [150] e *Amoco* [151]. O Instituto do Direito Internacional, na sua já longínqua reunião de 1979, concluiu pela validade dessas cláusulas com o aludido efeito [152]. Daí, ter nascido na doutrina o conceito de *"concessões internacionais"* [153].

Uma das questões controvertidas quanto aos efeitos das "cláusulas de estabilização" tem sido a de saber se a responsabilidade pela violação daquelas cláusulas constitui ilícito internacional e, portanto, faz incorrer o respectivo Estado em responsabilidade à face do Direito Internacional (o que, aliás, consiste num dos motivos que determinam o investidor a incluir no respectivo contrato uma cláusula desse tipo), ou se, ao contrário, aquela violação gera responsabilidade aferível apenas pelo respectivo Direito interno. Como nos mostra MATHIAS HERDEGEN [154], a questão não é pacífica, mas a jurisprudência arbitral nos casos das nacionalizações líbias, onde essa matéria foi pela primeira vez intensamente discutida, acerca dos contratos de concessão petrolífera em que os direitos dos concessionários foram nacionalizados pela Líbia – particularmente nos casos *Liamco* e *Topco*, que daqui a pouco examinaremos –, condenou esta em responsabilidade *internacional* por desrespeito pelas respectivas cláusulas de estabilização [155]. A igual conclusão chegou, e com ainda maior con-

---

[149] Para maiores desenvolvimentos, GONÇALVES PEREIRA/FAUSTO DE QUADROS, pgs. 180-181, e bibl. aí citada.

[150] *Infra*, Cap. III, n.º 3, *c*. V. os §§ 54 e segs. dessa sentença.

[151] *Infra*, Cap. III, n.º 3, *f*. Ver os §§ 1165 e segs.

[152] Institut de Droit International, *Les accords entre un État et une personne privée étrangère*, Ann IDI 1979, pgs. 42 e segs.

[153] FISCHER, sobretudo pgs. 5 e segs.

[154] Pgs. 206-207.

[155] Assim, e de modo concordante, DOLZER, *Lybia-Oil*, pgs. 168 e segs.; e RIESENFELD, pg. 249.

O *Direito Internacional ao longo da História*

vicção, o Tribunal Arbitral de Haia, criado para julgar os processos emergentes do litígio entre o Irão e os Estados Unidos na sequência da ocupação pelo Irão da Embaixada dos Estados Unidos em Teerão, processos aos quais teremos que dedicar grande atenção ao longo deste livro[156].

3.4. *Os acordos* lump sum

Se os TBI e as cláusulas de estabilização pretendem *prevenir* violações ao regime a que o Direito Internacional sujeita o direito de propriedade privada de estrangeiros, rodeando este, previamente, de certas garantias, os acordos *lump sum*, diferentemente, visam *reparar* actos ilícitos, já consumados, de privação daquele direito.

Estes acordos não esgotam a sua função no quadro da responsabilidade internacional emergente da violação de propriedade privada de estrangeiros: eles constituem um meio geral de efectivação da responsabilidade internacional do Estado por factos ilícitos. É o que nos mostra a mais exaustiva obra dedicada ao tema, e da autoria de dois dos maiores nomes da doutrina do Direito Internacional deste século: os Professores LILLICH e WESTON[157]. Por aí se vê, por exemplo, que, logo a seguir à 2.ª Grande Guerra, foram muitos os acordos *lump sum* concluídos entre Estados com o objectivo de reparar prejuízos causados por operações militares[158]. Nessa lista surge-nos, inclusivamente, um acordo *lump sum* celebrado entre Portugal e os Estados Unidos, em 4 de Agosto de 1949 (o único acordo deste tipo até hoje concluído pelo nosso País, pelo que pudemos apurar)[159], e pelo qual os dois Estados resolveram o litígio resultante do bombardeamento de Macau por aviões da Força Aérea dos Estados Unidos, em 1945[160].

---

[156] Para uma primeira abordagem da matéria do texto, v., por todos, MOURI, sobretudo pgs. 177 e segs.

[157] V., especialmente, pgs. 111 e segs.

[158] LILLICH/WESTON, II, Apêndice A.

[159] *Loc.cit.*, n.º 5, e UNTS, t. 15.

[160] Não deixa de ser estranho que a dois Autores americanos não tenha escapado o facto e que, ao contrário, enciclopédias e obras de carácter geral sobre a nossa História Diplomática, escritas em português, salvo erro ou omissão, o ignorem.

A prática internacional dos Estados

Mas, concentrando-nos neste tipo de acordos no quadro da protecção da propriedade privada de estrangeiros, há que sublinhar que a principal razão que preside ao seu aparecimento reside na dificuldade que os Estados sentem em se entenderem sobre o montante da indemnização devida em caso de nacionalização ou expropriação de propriedade estrangeira.

Um *lump sum agreement* traduz-se para português por acordo de *indemnização global*. Assim procede também a doutrina de língua castelhana [161]. Nós, por razões de brevidade, e também devido ao facto de a expressão *lump sum* já ter entrado no léxico jurídico de todas as línguas, referir-nos-emos a ele, preferencialmente, como acordo *lump sum*. Através dele, um Estado paga a outro, por prejuízos que causou a este ou aos seus cidadãos, um montante global (*"une somme globale et forfaitaire"*, dizem os franceses [162]), para a reparação de um conjunto de queixas, montante esse que, em regra, mas *não sempre, nem necessariamente* [163], é inferior à soma dos montantes indemnizatórios devidos pelo Estado infractor por cada uma das queixas em causa [164]. Depois, o Estado que receber o montante global reparti-lo-á pelos lesados, ou não [165], segundo o seu respectivo Direito interno [166].

A origem remota destes acordos deve ser encontrada no Tratado de Amizade, Comércio e Navegação, assinado em 1794 pelos Estados Unidos e pelo Reino Unido (e mais conhecido por *Jay Treaty*, em homenagem ao seu principal negociador, o *Chief Justice* norte-americano *John Jay*) [167]. Esse Tratado marcou o início de uma prática con-

---

[161] Neste sentido, por último, DIEZ DE VELASCO, pg. 612. Por isso, é errado designar aquele acordo por *acordo global de indemnização* – MEDINA, pgs. 79 e segs.

[162] Cfr. HEFTI, pg. 137.

[163] Assim, LILLICH/WESTON, I, pgs. 216 e segs.

[164] HERDEGEN opina que o montante da indemnização acordada nos acordos *lump sum* oscila entre os 20% e os 80% do valor global das indemnizações devidas, segundo o valor do mercado – pgs. 196-197. Mas essa conclusão não tem valor absoluto nem definitivo, como decorre do que demonstram LILLICH/WESTON, *loc.cit.*

[165] Oportunamente explicaremos a afirmação segundo a qual o Estado pode não distribuir pelos lesados o montante recebido.

[166] Assim, por todos, LILLICH, *Lump sum agreements*, pg. 368.

[167] Sobre a história desse Tratado, ver JESSUP, pg. 94; DE LA PRADELLE/ /POLITIS, pgs. 1 e segs.; SCHLOCHAUER, pgs. 108 e segs.; LILLICH, *Lump sum agreements*, pg. 368; e LILLICH/WESTON, I, pgs. 9 e segs.

junta daqueles dois Estados, através da qual eles criavam comissões mistas para decidirem de queixas de cidadãos de cada um deles contra o outro e para, inclusive, fixarem as indemnizações devidas pelo Estado infractor, no quadro da sua responsabilidade internacional. Depressa outros Estados aderiram a essa prática.

Todavia, seria com o fim da 2.ª Grande Guerra que tais acordos viriam a conhecer um sensível incremento. Dois tipos de razões presidiram a esse facto.

Em primeiro lugar, a disponibilidade manifestada por alguns Estados do Leste europeu em indemnizar as nacionalizações levadas a cabo durante e após a Guerra, mas a sua recusa em o fazer através do critério da indemnização "prévia, integral e efectiva".

Em segundo lugar, a divergência entre a doutrina sobre o conceito de "grau mínimo" ("*minimum standard*"), mesmo quando se chegava a acordo em que deveria ser por esse grau que tais nacionalizações deveriam ser indemnizadas[168].

Com efeito, certo sector da doutrina, inspirando-se na prática diplomática da Suíça desde o último quartel do século passado[169], entendia que, em matéria de protecção da propriedade privada estrangeira, o "grau mínimo" era respeitado desde que a indemnização atribuída a estrangeiros pelo Direito nacional não fosse inferior à que seria concedida a nacionais que se encontrassem em circunstâncias idênticas. Caso contrário, o Estado respectivo incorria em responsabilidade internacional. Esta corrente doutrinária teve como expoente máximo o Professor alemão KARL STRUPP[170]. Note-se que esta orientação acaba por se reconduzir à *Doutrina Calvo*, embora não fosse formalmente apresentada como tal.

Ao contrário, para a maioria dos Autores, o "grau mínimo" é estabelecido pelo Direito Internacional, e não pelo Direito interno. Portanto, os Estados só podiam conceder aos estrangeiros o mesmo tratamento que aos seus nacionais, em matéria de protecção à propriedade privada, se o tratamento dos primeiros respeitasse o Direito

---

[168] V. HEFTI, pgs. 134 e segs.

[169] Por todos, a dissertação de STOFFEL, pgs. 68 e segs.

[170] Pg.140. Sobre esta orientação da doutrina, cfr. BINDSCHEDLER, pgs. 173 e segs.

Internacional aplicável. Por outras palavras, se o "grau mínimo" fosse determinado exclusivamente pelo princípio do "tratamento nacional" os estrangeiros ficariam lesados e o Direito Internacional seria infringido pelos Direitos nacionais. O maior representante desta corrente foi o Professor BINDSCHEDLER [171].

A oposição entre estas duas teses, como se disse, foi ultrapassada através dos acordos *lump sum*, que foram sendo celebrados, para casos análogos, desde o fim da década de 40 e que nos nossos dias atingiu um montante que ultrapassa largamente as duas centenas [172]. Segundo WESTON [173], embora não revele as suas fontes, cerca de 95% dos litígios emergentes, após a 2.ª Grande Guerra, no plano do Direito Internacional, da privação ilícita de propriedade privada de estrangeiros, foram resolvidos por acordos *lump sum*.

Um acordo *lump sum* é concluído geralmente por via diplomática. Através dele, o Estado responsável pelo acto de privação compromete-se a pagar ao Estado queixoso um montante fixo e global, devido por diversas queixas, após a procedência e a quantificação destas haverem sido, em regra, determinadas por uma comissão criada para o efeito pelo Estado queixoso. Em troca, este compromete-se a renunciar a todos os meios jurisdicionais para efectivar os direitos dos respectivos cidadãos e a não conceder protecção diplomática a estes para o efeito de fazerem valer o seu direito à indemnização pelos danos sofridos com os actos aos quais o respectivo acordo se refere. Por isso, RE, que durante muitos anos foi Presidente da Comissão dos Estados Unidos para a Resolução de Queixas de Estrangeiros (*Foreign Claims Settlement Commission*) chama ao acordo *lump sum* também acordo *em bloco* [174].

Como se disse, o Estado queixoso repartirá depois, se assim o entender, o montante acordado, pelos seus cidadãos que tiverem demonstrado, segundo o respectivo Direito interno, ter direito à reparação. E os dois Estados partes no acordo *lump sum* podem acordar no

---

[171] Pg. 189.

[172] LILLICH, *Lump sum agreements*, estimava, já em 1985, esse número em "cerca de 200" – *loc.cit.*

[173] Pág. 456.

[174] Pg. 40.

pagamento diferido do respectivo montante ao longo de um prazo mais ou menos dilatado, porventura até de muitos anos[175].

Os acordos *lump sum* foram muito utilizados para resolverem, após a 2.ª Grande Guerra, os litígios emergentes da nacionalização, por vezes maciça, levada a cabo por novos Estados nascidos da descolonização, de propriedade pública e privada, sobretudo do antigo Estado colonizador e de seus cidadãos, e, às vezes, também de terceiros Estados e de seus nacionais. Talvez isso explique o elevado número de acordos *lump sum* para o qual aponta WESTON, como atrás se disse. Note-se, porém, e a mero título de curiosidade, que a nossa pesquisa exaustiva permitiu-nos concluir que Portugal não se serviu, até agora, em condições análogas, de qualquer acordo *lump sum* para resolver os litígios, ainda pendentes, com origem em actos de expropriação ou nacionalização, sem indemnização, quando não de actos de confisco confessado, de bens de pessoas públicas e privadas portuguesas nos antigos territórios ultramarinos descolonizados em 1974-75 ou nos territórios de Goa, Damão e Diu, ocupados pela Índia em 1961 (já que a conclusão de acordos desse género com a Indonésia, por actos similares praticados por ela no território de Timor-Leste, se afigura por ora impossível, por inexistência de relações diplomáticas entre os dois Estados).

4. A moderna prática dos Estados

4.1. *Introdução*

O termo da guerra fria, ao conduzir à Democracia os Estados da Europa Central e do Leste, levou-os a, voluntariamente, se preocuparem em assegurar um elevado grau de protecção aos estrangeiros. Se até então, como vimos, a protecção aos investidores estrangeiros se ficava a dever a razões de ordem meramente pragmática, e não ideológica, que era a ditada pela necessidade de atrair, por carências económicas, o investimento estrangeiro, agora ela era imposta pela própria

---

[175] Assim, RE, *loc.cit.*; e LILLICH, *op.cit.*, pg. 368.

concepção filosófica dos novos regimes políticos vigentes naqueles Estados, que se baseavam no primado do Direito e, portanto, também no primado do Direito Internacional.

Esse comportamento dos Estados do Leste europeu não poderia deixar de influenciar o dos Estados do Terceiro Mundo, particularmente na África, dado que estes viviam, como é sabido, sob forte influência política dos Estados do leste europeu, a começar pela ex-União Soviética.

Vamos então ver os traços fundamentais dessa transfiguração.

4.2. *A prática dos Estados da Europa Central e do Leste*

A evolução da prática dos Estados da Europa Central e do Leste (que, por vezes, designamos abreviadamente apenas por Estados do Leste europeu) traduz-se, sobretudo, na multiplicação dos TBI que eles vão celebrar com os Estados industrializados do Ocidente europeu e da América e com o Japão e, o que é curioso, entre eles próprios e com os Estados do Terceiro Mundo. DOLZER e STEVENS [176] mostram-nos que, logo a seguir ao derrube do Muro de Berlim, o número de TBI concluídos à escala do globo subiu vertiginosamente para 700 em Setembro de 1994. Como dissemos, esse número ultrapassara já, em 1997, os 1100. E, para esse aumento, contribuiu fortemente o incremento dos TBI concluídos pelos Estados do Leste europeu, como se pode ver pelo rol dos TBI constantes da imprescindível obra de DOLZER e STEVENS [177].

Veremos na Parte II deste livro que esses TBI acolhem as mais modernas concepções sobre a propriedade privada de estrangeiros segundo o Direito Internacional, designadamente a indemnização, em caso de privação de propriedade ou de actos análogos, devida *ao próprio expropriado*, e calculada segundo a *Fórmula Hull*. Todos eles, por exemplo, rejeitaram formalmente a *Doutrina Calvo*, o que é particularmente notável quanto aos Estados que resultaram do desmem-

---

[176] Pg. 1. Cfr. SEIDL-HOHENVELDERN, *International Economic Law*, pgs. 3 e segs.

[177] Sobretudo pgs. 276 e segs. Cfr. também pgs. 9-10.

bramento da ex-URSS, dado que esta, por motivos, desde logo, de carácter ideológico, fora sempre uma fiel adepta daquela Doutrina.

Note-se, porque tem sido ainda raro ver-se escrito isso nos Estados da antiga Europa Ocidental, que essa alteração significativa da posição filosófica dos Estados do Leste europeu em matéria de prática internacional quanto à protecção da propriedade privada de estrangeiros tem raízes muito mais profundas: ela entronca na garantia do direito da propriedade privada pelas respectivas Constituições aos seus nacionais, mas, muitas vezes, estendida expressamente aos estrangeiros, e, não raro, com a indicação de esse direito ser reconhecido como um direito *pessoal* e não como um mero direito económico (ao contrário do que, diga-se de passagem, e para o efeito de um confronto curioso, faz desde 1976, e ainda hoje, o artigo 62.º da Constituição Portuguesa), e, além disso, na garantia do direito à "justa indemnização" em caso de expropriação ou nacionalização [178]. Acrescentaremos ainda que é nesse quadro que deve ser interpretada a prática recente daqueles Estados, em geral, no sentido de, como no-lo revela um Relatório do *Instituto de Direito do Leste* ("*Institut für Ostrecht*"), de Munique, se repararem as expropriações e as nacionalizações levadas a cabo durante o período da Ditadura comunista através da indemnização ou, preferencialmente, da reversão dos bens expropriados, concedida *aos próprios indivíduos lesados*, nacionais ou estrangeiros [179,180].

4.3. *A prática dos Estados do Terceiro Mundo*

A subida do grau de protecção da propriedade privada nos Estados do Leste europeu não podia deixar de se reflectir, pelas razões já indicadas, no comportamento dos Estados do Terceiro Mundo.

---

[178] Demonstra-o, por todos e por último, ROGGEMANN, pgs. 17 e segs. e 219 e segs. Voltaremos a este ponto adiante, especialmente na Parte II, Cap. II, n.º 2.2, II.

[179] *Rückgabe oder Entschädigung in den osteuropäischen Staaten*, ROW 1992, pgs. 321 e segs.

[180] Ver mais desenvolvidamente este ponto do livro em CONNER, pgs. 241 e segs.; MAHMASSANI, pgs. 65 e segs.; e ROGGEMANN, pgs. 85 e segs. Especificamente quanto aos Estados nascidos do desmembramento da ex-URSS, v. BOGUSLAWSKIJ, especialmente pgs. 60 e segs.

A prática internacional dos Estados

Esse comportamento vai traduzir-se na adesão crescente por parte dos Estados da África, da Ásia e da América Central e do Sul à prática dos TBI, concluídos, não só, como tradicionalmente, com os Estados industrializados, mas também com os Estados do Leste europeu e, o que é absolutamente novo, entre eles próprios, Estados do Terceiro Mundo: é o que começa a ser designado por *"diálogo"* ou *"cooperação Sul-Sul"*[181]. Esse fenómeno, perfeitamente novo, dado que era usual falar-se até agora apenas no *"diálogo Norte-Sul"*, vai marcar profundamente a Teoria das Relações Internacionais e o Direito Internacional nesta viragem do século.

Os referidos TBI de um modo geral, mas, de forma particular os concluídos entre os próprios Estados do Terceiro Mundo, acolhem as cláusulas mais importantes em matéria de protecção da propriedade privada, constantes dos TBI clássicos, inclusive a estipulação do direito do investidor a uma indemnização integral (*"full compensation"*) em caso de expropriação ou nacionalização da sua propriedade pelo Estado de acolhimento[182].

Nesse sentido, merece destaque, desde logo, o estímulo dado a essa orientação pela *Convenção de Lomé IV* e pela *Comunidade do Caribe* (CARICOM)[183].

De facto, e para começar, o artigo 258.º da Convenção de Lomé IV incita os Estados ACP que nela são partes a fomentarem o "investimento privado estrangeiro", com respeito por algumas condições obrigatórias, uma das quais é a do "tratamento justo e equitativo" dos investidores.

A Declaração Anexa à Convenção como seu Anexo LIII desenvolve essa cláusula, prevendo que o "tratamento justo e equitativo" dos investidores inclua, entre o mais, "a protecção em caso de expropriação e de nacionalização". Note-se que uma Declaração aprovada

---

[181] DOLZER/STEVENS, pg. 9.

[182] Assim, por todos, DOLZER/STEVENS, especialmente pgs. 9 e segs. e 108 e segs.

[183] Criada em 1973, a CARICOM tem hoje como membros, a Anguilla, a Antigua-Barbuda, as Bahamas, os Barbados, o Belize, a Dominica, Granada, a Guiana, a Jamaica, o Monserrate, a São Kitts-Nevis, a Santa Lúcia, a São Vicente e Granadinas e a Trinidade-Tobago.

pelo Conselho CEE em 4 de Outubro de 1992 sobre os princípios da Protecção do Investimento nos Estados ACP acolhe e consolida essa orientação [184].

Por sua vez, a CARICOM concluiu em 1992 um Tratado com a Venezuela, em cujo artigo 9.º se encoraja a promoção de investimentos dos nacionais dos Estados membros da CARICOM na Venezuela através de TBI a celebrar entre aqueles e esta.

Note-se que igual comportamento já adoptara alguns anos antes, em 1984, o *Comité Jurídico Consultivo Afro-Asiático*, que tem a sigla inglesa AALCC (*Asian-African Legal Consultative Committee*). Aquele Comité publicou então um modelo de TBI, em duas variantes [185].

Especial destaque merece a prática dos Estados membros da *Organização da Conferência Islâmica* e do *Pacto Andino*.

A primeira aprovou um Tratado para a Promoção, Protecção e Garantia do Investimento, que entrou em vigor em 1988 (o *"Tratado OIC"*) [186]. Note-se que os Estados membros desta Organização se incluíam entre os tradicionalmente adversos à aplicação do Direito Internacional ao investimento estrangeiro no seu território.

Por sua vez, os Estados membros do Pacto Andino, que, por razões históricas, constituíam o mais sólido bastião da *Doutrina Calvo*, também eles, particularmente o México, a Argentina e o Peru, começaram, nos anos 90, quer a aprovar legislação interna, quer a celebrar TBI, pelos quais renunciavam àquela Doutrina e garantiam ao investidor estrangeiro protecção de harmonia com o Direito Internacional tradicional, inclusive em matéria de expropriação e nacionalização [187].

Destaque não menor merece a adesão da República Popular da China à prática dos TBI, ela que estivera sempre arredia deste tipo de actuação diplomática. É certo que os primeiros TBI foram concluídos pela China ainda nos anos 80. Mas esse número aumentou substancialmente nos anos 90 e, o que é mais importante, as cláusulas dos TBI assinados pela China neste período não têm diferido das constantes dos comuns TBI concluídos pelos demais Estados, mesmo pelos

---

[184] Doc. ACP-CEE 2172/92.
[185] ILM 1984, pg. 254.
[186] ICSID Rev. – For. Inv. L. J. 1986, pgs. 407 e segs.
[187] Cfr. DOLZER/STEVENS, pg. 9.

A prática internacional dos Estados

Estados tradicionalmente democráticos do Ocidente, inclusive em matéria de garantias a conceder ao investidor em caso de privação da sua propriedade privada [188],[189].

Note-se que a moderna prática internacional dos Estados do Terceiro Mundo, tal como acontece com os Estados do Leste europeu, em matéria de regime de propriedade privada de estrangeiros, não podia deixar de ser acompanhada pela mudança, nalguns casos profunda, nos respectivos Direitos internos sobre a matéria, inclusive sobre o problema geral do regime do investimento estrangeiro. Essa mudança teve como causa, mais uma vez, a alteração da filosofia dos respectivos regimes políticos, causada, só ou principalmente, pelo termo da guerra fria.

Bom exemplo disso é a nova *Lei de Angola sobre o Investimento Estrangeiro*, de 1988 [190], que, nos artigos 14.º, n.º 2, al. *c*, e 22.º, estabelece, respectivamente, que a expropriação dará lugar a uma "indemnização justa" e que esta será determinada por um tribunal arbitral *ad hoc*, composto por três árbitros [191].

4.4. *A prática dos Estados industrializados*

Os Estados industrializados, esses, não tiveram que modificar muito a sua prática internacional tradicional em matéria de protecção à propriedade privada de estrangeiros que, como mostrámos (tanto quanto isso interessa a esta Parte I), já atingira um elevado grau.

Todavia, há a registar os progressos que na matéria se estão a verificar com a elaboração, em curso, pela OCDE de um *Acordo Multilateral de Investimento (AMI)* ao qual já nos referimos atrás. Esse Tratado obrigará os Estados membros daquela Organização a observarem-no entre si, mas está prevista a adesão a ele de Estados

---

[188] Assim, expressamente, depois de um exame detalhado do modelo chinês de TBI, DOLZER/STEVENS, pgs. 9-10.

[189] Sobre a prática da China em matéria de TBI, v. especialmente MO, pgs. 43 e segs.

[190] Lei n.º 13/88, de 16 de Julho.

[191] Sobre o assunto, v. ANDERSON, pgs. 292 e segs.

não membros da Organização. De entre estes, têm participado nas negociações para a conclusão do Acordo, e, portanto, presume-se que a ele aderirão, Estados e territórios como o Brasil, o Chile, Hong Kong, etc. Note-se que é a primeira vez que uma Organização Internacional toma a iniciativa de, mediante um tratado multilateral onde irão ser partes Estados e territórios dos mais industrializados do Mundo, disciplinar de modo uniforme os diversos aspectos relativos ao investimento estrangeiro entre os seus Estados membros, já que o AMI é muito mais ambicioso do que o *Tratado da Carta de Energia*, que também já conhecemos.

A última versão do Projecto daquele Acordo data de Setembro de 1997, e foi já submetida ao Conselho de Ministros da Organização, depois de ter sido objecto de um amplo debate no Simpósio que, para o efeito, teve lugar em Seul em Abril de 1997.

Aquele Acordo Multilateral conterá cláusulas sobre definições dos conceitos com que lida, a começar pelo de investimento, sobre expropriação, indemnização por expropriação e actos equivalentes, sobre tributação, sobre transferência de lucros, sobre solução de diferendos e sobre outras questões que se prendem com a disciplina do investimento estrangeiro [192].

No Simpósio entretanto promovido sobre o AMI, mais recentemente, em 20 de Outubro de 1997, no Cairo, ficou assente que por "investimento" aquele Acordo entenderá o conjunto de "*todos os sectores económicos*" (estando, todavia, ainda em discussão se englobará também a propriedade intelectual), por forma a conceder protecção jurídica a uma noção muito ampla de propriedade privada, consolidando-se, desse modo, a definição de propriedade da qual parte o Projecto de Setembro de 1997, como atrás vimos.

Portugal está a participar activamente, como membro da OCDE, na negociação do AMI.

O progresso trazido pelo AMI ao Direito Internacional da Propriedade Privada, para além de aperfeiçoar ainda mais a protecção da propriedade privada de estrangeiros entre os Estados membros da OCDE (extensível, como se disse, a Estados terceiros que queiram

---

[192] V. o documento OECD/MAI Report 1997 e, por último, o já referido Projecto de Setembro de 1997.

aderir àquele Acordo), que, como se sabe, se situam entre os mais desenvolvidos do Mundo, acaba por se reflectir também, embora mais dilatadamente no tempo, nos outros espaços regionais da Comunidade Internacional, já que os Estados que fazem parte desses espaços vão tendo a tentação de aproximar o regime de protecção da propriedade privada definido nos TBI que celebram do regime, mais evoluído, estabelecido pela prática internacional dos Estados industrializados. Foi um processo análogo que os Estados do Leste europeu e do Terceiro Mundo observaram depois do termo da guerra fria, como se disse atrás [193].

5. Conclusão

Teremos que retomar e aprofundar, na Parte II, e a cada instante, a prática dos Estados em matéria de protecção da propriedade privada. Mas podemos, desde já, extrair, do que ficou estudado neste Capítulo, algumas primeiras conclusões.

Na sua prática internacional os Estados têm observado, como uma constante, a sujeição da propriedade privada dos estrangeiros ao Direito Internacional. Isso aconteceu, note-se, mesmo quando nas Nações Unidas muitos deles votavam em sentido oposto. Nesse aspecto, particular destaque merece o facto de os Estados comunistas, desde sempre, e logo a seguir à 2.ª Grande Guerra, terem passado a celebrar TBI onde submetiam a propriedade privada dos estrangeiros, e os actos de privação da propriedade, ao Direito Internacional, inclusive no que tocava ao regime da indemnização devida pela privação e ao julgamento dos litígios emergentes de actos de privação.

Portanto, e como acertadamente observam também HIGGINS [194] e WESTON [195], se é certo que, como na devida altura sublinhámos, o Direito derivado das Nações Unidas que tentou subtrair o regime da propriedade privada de estrangeiros ao Direito Internacional não firmou nenhuma orientação nesse sentido, porque foi contrariado por

---

[193] Cfr. DOLZER/STEVENS, pgs. 1 e segs. e 10 e segs.

[194] Pg. 293.

[195] *Charter*, pgs. 453-454.

Direito contemporâneo, da mesma fonte, não menos certo é que, mesmo assim, *essa corrente nunca foi seguida pela prática internacional dos Estados*, que nunca afastou o Direito Internacional da disciplina da propriedade privada de estrangeiros.

Esta é a primeira grande conclusão a extrair do exame da prática desses Estados a que acima procedemos, e que se revestirá de grande interesse para a Parte II deste livro.

Mas foi sobretudo a partir do termo da guerra fria que mais se acentuou na prática internacional dos Estados, e de um modo crescentemente generalizado, a penetração do Direito Internacional, e de um elevado grau de protecção por si definido, na fixação do regime da propriedade privada de estrangeiros. Nesse aspecto, merece referência especial o facto de os Estados do Terceiro Mundo terem passado a concluir *entre si* TBI onde se concedem reciprocamente, ao respectivo investimento estrangeiro, um grau de protecção que não se distancia do grau de protecção que os Estados industrializados reconhecem há muito nas suas relações.

Aquilo a que estamos a assistir hoje, e sobretudo através dos TBI, é, por um lado, a um aperfeiçoamento do regime de protecção à propriedade privada que os Estados industrializados se concedem entre si e, o que era inimaginável há duas décadas, a um nivelamento progressivo, *por esse nível*, do grau de protecção que à propriedade privada de estrangeiros concedem Estados do Leste europeu, do Terceiro Mundo ou a própria República Popular da China. Neste último caso, sublinhe-se o paradoxo, dado que a China teima em não aderir nem à DUDH nem aos Pactos de 1966, mantendo-se, portanto, à margem dos principais textos do Direito Internacional positivo geral ou comum sobre Direitos do Homem.

Com esse comportamento, repete-se, cada vez mais generalizado, os Estados, antes de mais, rejeitam as suas leis nacionais sobre investimento estrangeiro, substituindo-as pelo Direito Internacional do Investimento Estrangeiro, materializado nos TBI. Os Códigos nacionais sobre Investimento Estrangeiro cada vez mais se resumem a meras compilações do costume internacional sedimentado sobre a matéria [196].

---

[196] Nesse sentido, especialmente, BUXBAUM/RIESENFELD, pg. 1440.

A prática internacional dos Estados

É essa a explicação para o facto de eles estarem hoje tacitamente uniformizados entre si pelos respectivos Estados, mesmo antes de, no quadro de Organizações Internacionais para-universais, se promover, de forma expressa, a uniformização dos Direitos nacionais aplicáveis ao investimento estrangeiro – como vimos estar à beira de ser alcançado no âmbito da OCDE, com o alcance que já estudámos.

Mas, através dessa conduta, os Estados, também, e cada vez mais (o que é uma outra forma de se ver o mesmo problema), vão definindo critérios e padrões comuns para o regime jurídico-internacional da propriedade privada, em termos tais que vão conduzir à progressiva formação, ou consolidação, de costume internacional nas várias áreas reguladas nos TBI [197]. Saber como e onde é que isso acontece, no que toca ao objecto do estudo deste livro, constitui um dos maiores desafios que a Parte II nos vai colocar.

---

[197] Assim, SHIHATA, *Trends*, pgs. 47 e segs.

CAPÍTULO III

A JURISPRUDÊNCIA INTERNACIONAL

1. Introdução

Para conhecermos o estado actual do Direito Internacional quanto ao regime da propriedade privada de estrangeiros há que examinar, também, a jurisprudência internacional sobre a matéria, de forma a extrairmos dela, e particularmente da jurisprudência mais recente, as grandes linhas que a norteiam.

A jurisprudência internacional neste domínio é bastante antiga. Em bom rigor, e como no-lo demonstra RITCHESON[198], pode-se dizer que já a Guerra da Independência nos Estados Unidos provocou um número significativo de sentenças arbitrais sobre esta questão.

De facto, durante aquela Guerra, vários Estados aprovaram medidas de confisco de bens de lealistas[199].

No Tratado preliminar de Paz, assinado em Novembro de 1782, os negociadores americanos e britânicos chegaram, dificilmente, a acordo sobre o texto de dois artigos relativos aos lealistas. Segundo um deles, o Congresso recomendava aos Estados a restituição das propriedades confiscadas aos *"real British subjects"* durante a Guerra; segundo o outro, ficavam proibidos novos confiscos e todo o tipo de discriminações contra os bens dos cidadãos britânicos. Mas esses compromissos não foram cumpridos, devido, em grande parte, à incapacidade do

---

[198] Pgs. 49 e segs.

[199] As mais importantes dessas medidas encontram-se arroladas em W. BROWN, pgs. 115 e segs., 196 e segs. e 214 e segs.

O Direito Internacional ao longo da História

Governo central dos Estados Unidos para os fazer respeitar pelos Estados. Eram especialmente os Estados do Sul que mais se opunham ao respeito pelo acordado, talvez não por acaso, já que eram eles que mais maciçamente haviam praticado actos de confisco[200].

Mas esse comportamento depressa obteve o repúdio de figuras importantes da vida política americana. Um dos mais inconformados era ALEXANDER HAMILTON, que aceitou defender a causa dum lealista. No "Mayor's Court" de Nova Iorque, Hamilton proclamou bem alto que o *Trespass Act* (a lei que estava em causa naquele processo) constituía "uma *violação do Direito Internacional em vigor* (...) e do Tratado de Paz"[201].

HAMILTON ganhou a causa. E o facto de o ter conseguido com expressa invocação do Direito Internacional obteve grande repercussão nos meios políticos e diplomáticos europeus, que passaram a pressionar os Estados Unidos no sentido de adoptar medidas que globalmente resolvessem, de vez, o litígio com os cidadãos britânicos. O próprio JOHN JAY, Embaixador em Paris, pediu expressamente ao seu Governo que revisse a sua atitude na matéria. Foi assim que em 1794 foi possível aos Estados Unidos e ao Reino Unido concluírem um Tratado, o *Jay Treaty*, com vista a regular em definitivo o contencioso pendente entre os dois Estados. Já nos referimos a ele atrás. O Tratado criava, entre o mais, duas comissões mistas, com competência para conhecer de reclamações apresentadas por cidadãos dos Estados partes por causa de medidas tomadas durante a Guerra. Essas comissões, que funcionavam como tribunais arbitrais, proferiram um grande número de sentenças[202].

Todavia, neste livro não nos preocuparemos com o seu estudo. Ao estado actual do Direito Internacional da Propriedade Privada não interessa uma jurisprudência formada há dois séculos, quando, como vimos nos Capítulos anteriores, ele evoluiu profundamente no século actual. Por isso, concentrar-nos-emos no exame da jurisprudência do Tribunal Permanente de Justiça Internacional (TPJI) e do seu sucessor, o Tribunal Internacional de Justiça (TIJ), e da jurisprudência arbitral,

---

[200] RITCHESON, pg. 64; HEFTI, pg. 85.
[201] Cit. em RITCHESON, pgs. 61-62.
[202] RITCHESON, *loc.cit.*; e HEFTI, pg. 86.

A jurisprudência internacional

inclusive do Tribunal Arbitral de Haia, criado para resolver o complexo e vasto contencioso emergente do litígio nascido entre o Irão e os Estados Unidos na sequência da ocupação da Embaixada dos Estados Unidos em Teerão, em 1979.

Só por prudência, deixaremos aqui a seguinte prevenção. Na sequência das nacionalizações cubanas, nos anos 60, de bens de estrangeiros, o *Supreme Court* dos Estados Unidos julgou alguns litígios que lhe foram apresentados por cidadãos americanos lesados por aquelas nacionalizações. De entre esses litígios destacaram-se os casos *Sabbatino* e *Alfred Dunhill*. Todavia, esses e outros litígios similares não nos interessam neste livro, e por duas razões muito evidentes: o *Supreme Court* julgou-os à luz do Direito dos Estados Unidos e não do Direito Internacional; e não estava nesses casos em questão, concretamente, a protecção da propriedade privada, mas a relevância, ou não, da teoria do "acto do Estado" (*"Act of State"*), o que constitui matéria que manifestamente extravasa do tema deste livro [203].

Qual vai ser, então, o critério de selecção da jurisprudência que vamos de seguida analisar?

O estudo pormenorizado da jurisprudência relevante para o tema deste livro será levado a cabo na Parte II, a propósito dos vários Capítulos em que esta se divide. Neste lugar apenas nos interessa dar conta ao leitor, a título exemplificativo, de algumas sentenças que nos revelam o modo como diferentes tribunais internacionais têm reagido às questões suscitadas em torno do objecto deste estudo. Por isso, os casos que a seguir vamos estudar devem ser considerados protótipos de uma certa forma de abordar questões de índole diferente entre si, suscitadas no âmbito do Direito Internacional da Propriedade Privada.

Nem sempre se pode esperar das sentenças que vamos apreciar uma grande elaboração doutrinária dos seus fundamentos ou das suas conclusões. Por exemplo, é evidente que a jurisprudência arbitral, sobretudo a mais recente, concedeu sempre maior densidade jurídica e científica às suas sentenças do que a jurisprudência dos tribunais internacionais judiciais permanentes com os quais vamos de seguida lidar. Mas nem por isso o conhecimento das sentenças também destes últimos se reveste de

---

[203] Assim, VERDROSS/SIMMA, pgs. 764 e 776.

menor interesse para se conhecer o que é que os tribunais internacionais, na sua respectiva época, têm pensado da propriedade privada em Direito Internacional e para se entender, também pela via da jurisprudência, a evolução do Direito Internacional na matéria.

2. A jurisprudência do Tribunal Permanente de Justiça Internacional

O TPJI foi chamado a decidir alguns casos sobre matérias que se integram no tema deste livro. Vamos ver os mais importantes deles.

a) O caso da *fábrica de Chorzow*

Este caso insere-se numa série de processos instaurados no TPJI com vista a obter a interpretação do *Tratado sobre a Alta Silésia*, concluído, sob os auspícios da Sociedade das Nações, entre a Alemanha e a Polónia, e assinado em Genebra, em 15 de Maio de 1922. O conjunto global destes processos é conhecido por casos de *certos interesses alemães na Alta Silésia Polaca*[204], e o caso da *fábrica de Chorzow*, que nos interessa aqui, foi apenas o mais importante desse conjunto de casos.

Em 15 de Março de 1915, o Governo do Reich cedeu à sociedade alemã *Bayerische Stickstoffwerke AG*, da Baviera, um terreno em Chorzow, na Alta Silésia, para esta aí instalar uma fábrica de nitratos. Esse terreno fora adquirido pouco antes pelo Reich e iria continuar inscrito a seu favor no registo predial. O contrato com a sociedade alemã devia durar até 31 de Março de 1941.

Em 14 de Julho de 1920, a Polónia aprovou a *Lei de Liquidação*, segundo a qual passavam para o património polaco todos os imóveis situados no território cedido à Polónia nos termos do Tratado de Paz e eram declaradas nulas todas as transacções levadas a cabo depois de 11 de Novembro de 1918, data do Armistício, sobre esses imóveis. Na sequência dessa Lei, a partir de 1 de Julho de 1922 todos os imóveis em

---

[204] V. o estudo global desses casos no comentário de I. SEIDL-HOHENVEL-DERN, in *Encyclopedia*, t. 2, pgs. 111 e segs.

causa foram registados em nome do Estado polaco, incluindo a fábrica que entretanto a sociedade alemã pusera a funcionar.

Depois de uma efémera passagem do litígio pelo Tribunal Arbitral misto franco-alemão, ele foi submetido ao TPJI, ao abrigo do artigo 23.° do citado Tratado sobre a Alta Silésia, que previa que, em caso de divergência no seio daquele Tribunal Arbitral, o litígio seria dirimido pelo TPJI.

Este, no seu já citado Acórdão de 25 de Maio de 1926, decidiu que a Alemanha era livre de dispor da sua propriedade até à transferência da soberania sobre o respectivo território para a Polónia. Por isso, interpretando a Lei de Liquidação e as medidas de expropriação levadas a cabo pela Polónia em face tanto dos princípios gerais do Direito Internacional como do Tratado sobre a Alta Silésia, o Tribunal entendeu que uma e outras constituíam "uma derrogação de regras geralmente aplicadas em matéria de tratamento de estrangeiros e ao princípio do respeito pelos direitos adquiridos".

A Polónia respondeu que a Lei de Liquidação estava a ser aplicada de modo igual a nacionais e a estrangeiros. O Tribunal rejeitou esse argumento: "Mesmo se tivesse sido provado (...) que, nesta matéria, a Lei fora aplicada de modo igual a nacionais polacos e alemães, não se seguiria que a derrogação dos direitos civis, concretamente dos cidadãos alemães, não violava a Parte III do Tratado de Genebra[205]. *Uma expropriação sem indemnização é, seguramente, contrária à Parte III do Tratado de Genebra*; e uma medida proibida pelo Tratado não se torna legal pelo simples facto de ser aplicada aos seus próprios nacionais"[206].

Há quem interprete este Acórdão como consagrando a tese de que a expropriação não pode violar os princípios da *boa fé* e a *proibição do abuso do Direito*, que valem como princípios gerais do Direito Internacional[207].

Na sequência desse Acórdão, a Alemanha requereu ao TPJI que condenasse a Polónia a indemnizar os prejuízos sofridos, por si e pelos

---

[205] O Tratado de Genebra em causa era o citado Tratado sobre a Alta Silésia, assinado em Genebra.

[206] Pgs. 32-33 do Acórdão. O itálico é nosso.

[207] SEIDL-HOHENVELDERN, *loc.cit.*, pg. 112.

seus cidadãos. O Tribunal, por novo Acórdão, de 26 de Julho de 1927, reconheceu o direito da Alemanha à indemnização, mas, já num outro Acórdão, de 21 de Novembro desse mesmo ano, não deferiu o pedido do Reich de, a título provisório, ser paga, a ele e aos seus cidadãos lesados, uma indemnização de trinta milhões de marcos.

Novo Acórdão, de 13 de Setembro de 1928, fixaria em definitivo o direito da Alemanha à indemnização, vindo a indemnização definitiva a ser paga, por comum acordo, mais tarde, após o que o TPJI daria, mediante novo Acórdão, de 25 de Maio de 1929, por definitivamente terminado o litígio entre os dois Estados[208].

Note-se que em nenhum dos Acórdãos referidos o TPJI se pronunciou sobre o montante devido a título de indemnização pelas medidas de expropriação que estavam em discussão. Mas a afirmação do princípio de que a expropriação deve respeitar os direitos adquiridos e outros princípios gerais do Direito Internacional permite à doutrina concluir que, implicitamente, o Tribunal estava a aderir à solução do *minimum standard*, isto é, do grau mínimo definido pelo Direito Internacional[209]. E foi essa a interpretação que dos Acórdãos sobre o caso *Chorzow* foi dada, mais recentemente, em 1977, na sentença arbitral proferida no caso *Topco*, a que adiante nos referiremos[210].

Por seu lado, o caso *Chorzow* ficou célebre por nele, pela primeira vez, no referido Acórdão de 1928, um tribunal internacional ter definido *a função da reparação no quadro da responsabilidade internacional do Estado nascida de uma expropriação ilícita*. De facto, a esse propósito, o TPJI deixou decidido aí que: "(...) a reparação deve, na medida do possível, remover todas as consequências do acto ilícito e restabelecer a situação que teria provavelmente existido se o referido acto não tivesse sido praticado. Restituição em espécie, ou, se ela não for possível, pagamento de uma importância igual ao valor que teria a restituição em espécie; e pagamento, se for o caso, de prejuízos por perdas e danos sofridos e que não foram cobertos pela restituição em espécie ou pela importância paga em lugar dela"[211].

---

[208] Ver mais pormenores em SEIDL-HOHENVELDERN, *op.e loc.cits.*
[209] Assim, SEIDL-HOHENVELDERN, *op.cit.*, pg. 114; e GIDEL, pgs. 76 e segs.
[210] Cfr. SEIDL-HOHENVELDERN, *op.e loc.cits.*
[211] Pg. 47.

Como se verá ao longo deste livro[212], esta doutrina viria mais tarde, e até hoje, a servir de matriz na matéria, designadamente influenciando a jurisprudência internacional posterior.

b) O caso *Oscar Chinn*

De conteúdo não menos rico para a nossa investigação se apresenta o caso *Oscar Chinn*, que opôs a Bélgica e o Reino Unido.

O cidadão britânico Oscar Chinn estabelecera-se em 1929 no então Congo belga, para aí explorar uma empresa de transporte fluvial e construção e reparação naval, nas margens do rio Congo. Até então, a maior parte do serviço de transporte fluvial nesse rio era assegurada pela empresa UNATRA, cujas acções eram detidas, na sua maioria, pelo Estado belga.

Os efeitos da grande depressão de 1929 chegaram também ao Congo belga, afectando o seu comércio. Por isso, o Governo belga, por Decreto de 20 de Junho de 1931, impôs uma redução geral das tarifas de transporte, que, para alguns produtos, atingiu os 75%. A UNATRA foi reembolsada pelo Governo belga pelos prejuízos sofridos com aquela medida. Mas, quanto a Chinn, este, vendo-se incapaz de levar por diante o seu negócio com as novas tarifas, cessou a sua actividade.

Por um acordo concluído em 13 de Abril de 1934, a Bélgica e o Reino Unido perguntaram ao TPJI se as medidas tomadas pelo Governo belga não violavam as obrigações internacionais que sobre este pendiam. O Reino Unido entendia que aquelas medidas haviam conferido, *de facto*, um monopólio à UNATRA e que, portanto, era devida uma indemnização a Chinn, quer em face do Direito Internacional consuetudinário, quer à luz do Tratado de Saint Germain-en-Laye, de 10 de Setembro de 1919, que as duas partes haviam ratificado, e que consagrava a liberdade de comércio no Congo belga. No entender do Reino Unido, embora não estivéssemos formalmente perante uma expropriação, o referido decreto belga produzira efeitos *equivalentes* aos de uma expropriação, porque tinha havido uma evidente relação de causalidade entre aquele decreto e o fim das actividades de Chinn.

---

[212] Sobretudo, *infra*, Parte II, Cap. V, n.º 5.4, § 1.º

O Direito Internacional ao longo da História

Por Acórdão de 12 de Dezembro de 1934[213], o TPJI, por seis votos contra cinco, decidiu que o Decreto belga não ofendia o Direito Internacional.

O Tribunal reconheceu que o artigo 5.° do citado Tratado de 1919 prescrevia que a navegação no curso do rio Congo era "totalmente livre para navios mercantes e para o transporte de mercadorias e passageiros". Mas, para ele, esta cláusula não obrigava a Bélgica a manter as mesmas tarifas e as mesmas condições de transporte. Além disso, Chinn conhecia o estatuto especial da UNATRA e as suas fortes ligações com o Estado belga, pelo que era improcedente a alegação britânica de violação do princípio da não-discriminação, já que os dois concorrentes, logo à partida, não se encontravam em situação de igualdade.

Por sua vez, também não ocorrera, segundo o Tribunal, qualquer violação do Direito consuetudinário, particularmente, do princípio do respeito pelos direitos adquiridos. Este não cobre, para o Tribunal, as meras expectativas aleatórias de lucro ou o direito de manter uma clientela[214].

Tal como aconteceu com os juízes, também a doutrina se dividiu profundamente quanto às conclusões do Tribunal, particularmente quanto à conformidade, com o Direito Internacional dos nossos dias, dos conceitos de direitos adquiridos, expropriação e discriminação, de que o Acórdão se serviu há mais de seis décadas[215,216].

3. A jurisprudência do Tribunal Internacional de Justiça: o caso *Barcelona Traction*

Este processo figura, sem dúvida, no rol dos mais importantes processos que correram perante tribunais internacionais ao longo deste século.

---

[213] Pgs. 65 e segs.

[214] Pg. 88.

[215] Cfr. o comentário de DOLZER ao Acórdão, in *Encyclopedia*, t. 2, pgs. 52-53; EISELE, pgs. 7 e segs.; ROTH, pgs. 167 e segs.; e HEFTI, pgs. 88 e segs.

[216] Note-se que entre os Juízes vencidos no Acórdão se encontrava ANZILOTTI, cuja declaração de voto merece ser lida - pgs. 46 e segs.

Barcelona Traction, Light & Power Co., Ltd., era uma sociedade holding, constituída em 1911, e que estabelecera a sua sede em Toronto, Canadá. O seu objecto social era a criação de uma rede de produção e distribuição de energia eléctrica na Catalunha, Espanha. Para tanto, criou uma série vasta de filiais e sociedades subsidiárias, que estavam sujeitas, umas, ao Direito canadiano, outras, ao Direito espanhol. Após o termo da 1.ª Guerra, uma grande maioria das suas acções passou a ser detida por pessoas singulares e colectivas de nacionalidade belga.

Em Fevereiro de 1948, três cidadãos espanhóis, que pouco antes haviam adquirido acções da sociedade, pediram e obtiveram do Tribunal de Réus (comarca situada perto de Barcelona) declaração de falência daquela sociedade, com o fundamento de que ela se encontrava em dificuldades para pagar juros devidos pelas obrigações por si emitidas. Consequentemente, em 1951 o juiz autorizou os síndicos da falência a vender as acções das filiais a uma sociedade espanhola, que, dessa forma, obteve o controlo total das filiais e das sociedades subsidiárias da *Barcelona Traction* estabelecidas em Espanha.

Para os accionistas da Barcelona Traction, a declaração de falência mais não fora do que um pretexto para se obter a transferência das filiais para a sociedade espanhola, o que se explicava, viria mais tarde a dizer a Bélgica, pela "relação pessoal daquela sociedade com algumas personalidades do governo (espanhol)"[217].

Tentou-se resolver o litígio através dos meios diplomáticos e, depois, mediante processos que, em nome dos accionistas da *Barcelona Traction*, foram instaurados pelos governos britânico, canadiano, norte-americano e belga[218]. Tudo em vão. Por isso, em 1958, a Bélgica decidiu unilateralmente submeter o litígio ao TIJ, ao qual pediu que declarasse "que o Estado espanhol é responsável pelo prejuízo sofrido pelo Estado belga nas pessoas dos seus cidadãos, accionistas da *Barcelona Traction*, em resultado de actos contrários ao Direito Internacional praticados pelos seus órgãos e que conduziram ao esbulho total do grupo da *Barcelona Traction*"[219].

---

[217] WALLACE, no comentário ao Acórdão, in *Encyclopedia*, t. 2, pgs. 30 e segs. (30).

[218] WALLACE, *op.cit.*, pg. 31; e HEFTI, *op.cit.*, pg. 91.

[219] Ac. 5-7-64, § 25.

Sobre o litígio foram proferidos dois Acórdãos, um sobre as questões preliminares, em 5 de Julho de 1964, e outro, sobre a questão de fundo, em 5 de Fevereiro de 1970.

Infelizmente para a Ciência do Direito Internacional, e, mais concretamente, para o regime jurídico da protecção internacional da propriedade privada, o TIJ não se pronunciou, em nenhum dos Acórdãos, sobre o verdadeiro fundo do litígio, porque entendeu, no julgamento das questões preliminares, que a Bélgica não tinha legitimidade para propor a acção de fundo. De facto, para o Tribunal, é um princípio geral do Direito Internacional que a protecção diplomática de uma sociedade só lhe pode ser concedida pelo Estado da sua nacionalidade. Ora, o Estado da nacionalidade da *Barcelona Traction* era o Canadá, e este não tivera a iniciativa de propor a acção, podendo tê-lo feito, se o tivesse querido[220].

Note-se que os Acórdãos foram votados só com um voto contra, embora com várias declarações de voto, de Juízes como, por exemplo, BUSTAMANTE, FITZMAURICE, JESSUP, MORELLI e GROS.

Apesar de o processo ter terminado através de um julgamento sobre uma questão processual, o Tribunal, mesmo assim, aproveitou a oportunidade para deixar escrito que "a partir do momento em que um Estado admite no seu território investimentos estrangeiros ou cidadãos estrangeiros, sejam eles pessoas singulares ou colectivas, fica obrigado a outorgar-lhes a protecção da lei e assume determinadas obrigações quanto ao seu tratamento. Todavia, essas obrigações nem são absolutas nem excluem reservas"[221]. É pouco e não deixa de ser algo ambíguo. Mais expressivo foi o Juiz FITZMAURICE, na sua declaração de voto, para quem "em poucas palavras, o que ocorreu parece ter tido a natureza de uma *expropriação disfarçada* do imóvel"[222]. De qualquer modo, é insuficiente para que dos Acórdãos se possa extrair o que o TIJ pensa acerca da protecção da propriedade privada no Direito Internacional.

Por isso, dos dois Acórdãos proferidos neste caso a única conclusão a reter é que aquela protecção não depende apenas de regras de

---

[220] Ac. 5-2-70, § 96. Para maiores desenvolvimentos, WALLACE, *op.cit.*, pg. 33.

[221] *Ibidem*, § 33.

[222] *Ibidem*, § 71. O itálico é nosso.

fundo, mas também da questão de saber quem tem legitimidade para as invocar e para as fazer respeitar[223].

Note-se que seria precipitado encontrar-se uma identidade de fundo entre o caso *Barcelona Traction* e o caso *Nottebohm*, para, logo de seguida, se criticar a disparidade entre o julgamento dos dois casos. A verdade é que, neste último caso, estava em questão saber-se se a pessoa singular Friedrich Nottebohm tinha ou não a cidadania do Liechtenstein[224], enquanto que no caso *Barcelona Traction* ninguém pusera em causa que a nacionalidade da sociedade era a do Canadá.

4. A jurisprudência arbitral

Como já se disse atrás, tem sido bastante mais rico o contributo da jurisprudência arbitral para a formação do Direito Internacional da Propriedade Privada. O que não admira: não tendo o direito à propriedade privada dos estrangeiros tido durante muito tempo profunda elaboração dogmática no Direito Internacional, os Juízes do TPJI e do TIJ não se sentiram nunca especialmente vocacionados para o aprofundamento do estudo dos litígios que tinham que decidir em torno daquela matéria. Ao contrário, os tribunais arbitrais, porque constituídos por individualidades especialmente escolhidas para essa função em cada caso concreto, e que já haviam demonstrado possuir especial interesse científico por esse domínio, estavam mais à vontade para conceder maior densidade jurídica às questões que tiveram que julgar. E este livro vai demonstrar quanto é que, sobretudo nos nossos dias,

---

[223] Assim, por todos, WENGLER, *Aktivlegitimation*, pg. 1473; LILLICH, *Perspectives*, pgs. 522 e segs.; WESTON, *Constructive Takings*, pgs. 103 e segs.; e HEFTI, pg. 94. Note-se que parte da doutrina recebeu mal a decisão do TIJ de não entrar no julgamento do fundo do litígio: o mais crítico foi o Professor suíço BINDSCHEDLER, para quem, "com pequeno exagero, podia-se falar em lotaria" – cit. por HEFTI, *loc.cit.*

[224] Pgs. 4 e segs. Não estudaremos aqui o caso *Nottebohm* porque a matéria de direito que nesse processo se discutiu era apenas a da relação entre o princípio da protecção diplomática e a nacionalidade do indivíduo. Sobre aquele caso, v. o comentário de VON MANGOLDT, in *Encyclopedia*, t. 2, pgs. 213 e segs.; LOEWENFELD, pgs. 387 e segs.; e DE VISSCHER, pgs. 238 e segs.

O Direito Internacional ao longo da História

o actual regime jurídico-internacional da propriedade privada fica a dever aos tribunais arbitrais.

Neste lugar, e como já anunciámos no início deste Capítulo, vamos escolher, a título exemplificativo, apenas alguns casos, que, a nosso ver, são casos paradigmáticos, porque, de forma diferente, nos permitem apreender o contributo que a jurisprudência arbitral deu à formação do Direito Internacional da Propriedade Privada.

a) *O caso das* **propriedades expropriadas a congregações religiosas em Portugal**

O primeiro caso com relevância segundo o critério que acabamos de enunciar diz, curiosamente, respeito a Portugal. Opôs ao nosso País a França, o Reino Unido e a Espanha[225].

Depois da instauração da República, em 5 de Outubro de 1910, o Governo Provisório da nova República dissolveu as associações religiosas e confiscou os seus bens. Alguns cidadãos franceses, ingleses e espanhóis, membros das associações atingidas, queixaram-se de serem eles os proprietários de alguns dos bens confiscados e pediram protecção diplomática aos seus Governos.

Em Junho de 1913, Portugal e os outros Estados envolvidos celebraram um compromisso arbitral, pelo qual submetiam o litígio a um tribunal arbitral, constituído no quadro do Tribunal Permanente de Arbitragem. O Tribunal deveria debruçar-se sobre cada queixa de per si e decidi-la "segundo as regras gerais e os princípios do Direito e da equidade".

Nos processos, os Estados em causa qualificaram a actuação de Portugal como "confisco de propriedade legalmente adquirida por estrangeiros" e consideraram-na "contrária ao Direito Internacional". Além disso, acrescentavam, os estrangeiros lesados não dispunham em Portugal das mesmas garantias que os cidadãos nacionais.

---

[225] Existe pouca doutrina sobre este caso, desde logo sobre a descrição da matéria de facto e de direito envolvidas. Para a reconstituirmos, servimo-nos apenas do próprio texto do Acórdão, bem como do comentário de KAUSCH na *Encyclopedia*, t. 2, pgs. 92 e segs.

A jurisprudência internacional

Por seu lado, Portugal alegava que os verdadeiros proprietários dos bens eram as associações religiosas, mesmo se, formalmente, não eram elas os respectivos possuidores.

Os processos foram interrompidos durante a 1.ª Guerra, finda a qual os Governos de Portugal, do Reino Unido e da França celebraram, em 13 de Agosto de 1920, um acordo pelo qual o Tribunal era autorizado a julgar as queixas "segundo a equidade e mediante uma só, ou várias, sentenças".

Em 2 de Setembro do mesmo ano, o Tribunal julgou separadamente, mas do mesmo modo, as queixas do Reino Unido e da França. Ou seja, o Tribunal condenou Portugal a pagar *"indemnizações globais"* (*"lump sums"*) ao Reino Unido e à França, como compensação aos queixosos pelo confisco dos seus bens. Em síntese, os Árbitros fundamentaram as suas sentenças em dois argumentos: por um lado, Portugal não agira com a intenção de prejudicar os estrangeiros lesados nem de obter lucro com as medidas adoptadas; por outro lado, os queixosos haviam sempre cumprido as leis portuguesas e ajudado a economia portuguesa.

A Espanha, porém, não outorgara no Acordo de 13 de Agosto de 1920 porque não concordara com a sua redacção. Por isso, as suas queixas processaram-se separadamente, de harmonia com o compromisso arbitral de 1913. Na sua sessão de 4 de Setembro de 1920, o Tribunal rejeitou liminarmente dezassete queixas da Espanha, na sua maioria de Jesuítas, com o fundamento de os queixosos não haverem feito prova da nacionalidade espanhola, o que os impedia de beneficiarem da protecção diplomática do Estado espanhol.

A solução encontrada pelo Tribunal Arbitral, para os litígios de fundo que veio a resolver, foi considerada équa e justa por todas as partes envolvidas, designadamente, por ter encontrado um justo equilíbrio entre os interesses em disputa e ter dado guarida aos princípios gerais do Direito Internacional relevantes para o caso[226].

---

[226] Veja-se, sobre este caso, FACHIRI, pgs. 159 e segs.; e KAUSCH, *loc.cit.*

O Direito Internacional ao longo da História

b) O caso dos **proprietários dos navios noruegueses**

Este litígio opôs a Noruega aos Estados Unidos e nasceu durante a 1.ª Guerra Mundial.

A Noruega havia encomendado e pago alguns navios aos Estados Unidos. Durante a construção dos navios, os Estados Unidos entraram na Guerra e precisaram de os requisitar. O Governo norte-americano dispôs-se de imediato a indemnizar os proprietários noruegueses, mas estes não aceitaram a indemnização oferecida, que consideraram demasiado baixa.

Estávamos, portanto, perante um caso curioso e inédito, porque a medida que atingia a propriedade do lesado não era uma expropriação, nem uma nacionalização, mas uma requisição.

O Tribunal Arbitral, criado para o efeito pelo compromisso de 30 de Junho de 1921, proferiu a sua sentença em 13 de Outubro de 1922[227].

A principal observação a fazer à fundamentação do Acórdão é a de que o Tribunal não subestima o acto de privação pelo facto de este se ter traduzido numa requisição e não numa nacionalização ou numa expropriação. De facto, diz o Acórdão: "Há que recordar aqui que no exercício da propriedade eminente tem de ser totalmente respeitado o direito da pacífica propriedade estrangeira. Aqueles que privam alguém da sua propriedade sem o pagamento imediato de uma justa indemnização ou, pelo menos, sem um processo judicial adequado (*"due process of law"*), devem ser punidos pela sua acção"[228].

Por isso, não admira que o Tribunal tenha condenado os Estados Unidos a pagar à Noruega um montante superior àquele que os Estados Unidos se haviam disposto a pagar. Aqui ficam as razões do Tribunal: "A indemnização justa implica uma completa reposição (*"a complete restitution"*) do *status quo ante*, com base, não em ganhos futuros dos Estados Unidos ou de outros poderes, mas na perda de benefícios pelos proprietários noruegueses em comparação com outros titulares de propriedades similares"[229].

---

[227] Pgs. 307 e segs.

[228] *Loc.cit.*

[229] Pgs. 310 e segs.

A *jurisprudência internacional*

Para o Tribunal, a responsabilidade dos Estados Unidos nascia do *costume internacional*, que os obrigava a indemnizar no quadro da protecção da propriedade privada.

A doutrina deste Acórdão arbitral seria retomada e desenvolvida em três casos mais recentes, que, todavia, não merecem ser autonomizados: os casos *David Goldenberg*[230], *bens britânicos no Marrocos espanhol*[231] e *Saphire International Petroleum Limited c. National Iranian Oil Company*[232].

No caso *Goldenberg*, os Árbitros deixaram escrito que "o respeito pela propriedade privada e pelos direitos adquiridos dos estrangeiros faz, sem qualquer dúvida, parte dos princípios gerais admitidos pelo Direito das Gentes (...). Todavia, se o Direito das Gentes autoriza um Estado, por razões de utilidade pública, a derrogar o princípio do respeito pela propriedade privada dos estrangeiros, fá-lo na condição *sine qua non* de que os bens expropriados ou requisitados serão equitativamente pagos o mais rapidamente possível"[233].

Por sua vez, o Árbitro MAX HUBER escrevia, em 1925, na Sentença sobre os *bens britânicos no Marrocos espanhol*: "Pode dar-se como adquirido que em Direito Internacional um estrangeiro não pode ser privado da sua propriedade sem justa indemnização, sob reserva, naturalmente, do Direito convencional em vigor"[234].

Por fim, no caso da *Saphire International Petroleum*, o Tribunal Arbitral deixou decidido que "O respeito pelos direitos resultantes de uma concessão não constitui mais do que um dos aspectos do respeito pelos direitos adquiridos, o qual se traduz indubitavelmente num dos princípios gerais de Direito reconhecidos pelos tribunais internacionais"[235].

---

[230] Pgs. 903 e segs.

[231] Pgs. 696 e segs.

[232] Pgs. 136 e segs. V. o comentário de MARTENS, in *Encyclopedia*, t. 2, pgs. 250 e segs.

[233] *Loc.cit.*

[234] *Loc.cit.*

[235] *Loc.cit.*

*c) O caso **Topco***

Mas, de entre os Acórdãos arbitrais posteriores à 2.ª Grande Guerra, merecem destaque, para nós, os que vamos estudar de seguida. Eles são um bom indicador da evolução do Direito Internacional da Propriedade Privada nesse período. E reparar-se-á que existe alguma analogia entre a matéria de facto dos quatro casos.

O primeiro, no tempo, foi o caso *Topco*, também conhecido por caso *Texaco* ou *Texaco/Calasiatic*[236].

Entre 1955 e 1966 a *Texaco Overseas Petroleum Company* e a *California Asiatic Oil Company* (abreviadamente, *Calasiatic*) celebraram doze acordos de concessão petrolífera com a República Árabe da Líbia. Além disso, adquiriram participações sociais em duas concessões dadas à *Lybian Clark Oil Company*[237].

Todas essas concessões haviam respeitado o contrato-tipo anexo a Lei líbia sobre o Petróleo, de 1955. A cláusula 16.ª daquele contrato-tipo, depois da sua revisão em 1966, estipulava que "O Governo da Líbia adoptará todas as medidas necessárias para assegurar que a Sociedade possa exercer todos os direitos que lhe são conferidos por esta concessão. Os direitos contratuais criados expressamente por esta concessão só poderão ser alterados por mútuo acordo das partes". Tratava-se, portanto, claramente, de uma cláusula de estabilização, tal como atrás a definimos.

Entre 1963 e 1971, foram introduzidas, por acordo, quatro modificações nos vários contratos de concessão, com o objectivo imediato de os harmonizar com as alterações havidas na legislação líbia.

Na sequência da crise petrolífera de 1973, a OPEP propôs aos Estados que eram seus membros que revissem as cláusulas dos contratos de concessão que haviam celebrado com empresas petrolíferas ocidentais ou que "nacionalizassem" essas concessões[238].

---

[236] Pgs. 1 e segs. V. o comentário ao caso em DOLZER, in *Encyclopedia*, t. 2, pgs. 168 e segs. V. também R. WHITE, pgs. 1 e segs.; HIGGINS, pgs. 298 e segs.; GREENWOOD, pgs. 27 e segs.; VERDROSS/SIMMA, pgs. 805 e segs.; e VON MEHREN/KOURIDES, pgs. 533 e segs.

[237] A relevância deste tipo de concessões para o Direito Internacional foi estudada por VERDROSS/SIMMA, pgs. 809-811, e já foi por nós examinada atrás.

[238] VERDROSS/SIMMA, pg. 363.

Foi neste quadro que, em 1 de Setembro de 1973, a Líbia, por decreto, nacionalizou e transferiu para uma sociedade estatal 51% de todas as "propriedades, direitos e participações sociais" das empresas concessionárias. A indemnização a ser paga seria fixada por uma Comissão a criar pelo Governo líbio.

Começava assim o caso que ficaria conhecido no Direito Internacional como o caso das *"nacionalizações líbias"*[239].

Pouco antes da nacionalização, aquelas empresas concessionárias haviam criado uma nova sociedade, a *Amoseas*, para agir em seu nome na Líbia. Por força do Decreto de 1973, dois dos três membros do Conselho de Administração da *Amoseas* tinham que ser representantes do Governo da Líbia.

Aquele Decreto atingia várias outras empresas petrolíferas estrangeiras com interesses na Líbia, mas nem todas.

Um ano mais tarde, em 11 de Fevereiro de 1974, novo Decreto retirou às sociedades em causa os bens remanescentes. Este Decreto visava somente as sociedades comerciais; portanto, não se aplicou à *Amoseas*, que tivera o cuidado de previamente se transformar em sociedade sem interesse lucrativo.

As empresas contestaram também este decreto e reafirmaram a sua vontade de ver o litígio resolvido por arbitragem, conforme previa o compromisso arbitral constante de todos os contratos de concessão. Mas a Líbia recusou-se a indicar para o efeito o seu árbitro, o que, nos termos do referido compromisso arbitral, fez deferir a competência para a indicação de um único árbitro para o Presidente do TIJ. Este escolheu para essa função o Professor francês RENÉ-JEAN DUPUY. Em Julho de 1974, a Líbia fez saber que não aceitaria qualquer arbitragem, porque as medidas que tomara eram "actos de soberania". Por isso, nunca participou no processo de arbitragem.

O Árbitro proferiu em 27 de Novembro de 1975 a sua sentença sobre as questões prévias. Nela, decidiu: que tinha competência para julgar de fundo; que, concretamente, tinha competência para decidir se os contratos de concessão continuavam em vigor, e, portanto, ainda

---

[239] Ver um apanhado global desses casos em DOLZER, *Lybia-Oil*, pgs. 168 e segs., e na demais bibl. aí cit.; e em VON MEHREN/KOURIDES, pgs. 533 e segs.

obrigavam as partes, e também para decidir se a Líbia, com os actos de nacionalização, havia ou não violado os contratos de concessão; e que o compromisso arbitral não deixava de vigorar pelo facto de uma das partes no contrato de concessão o ter mais tarde denunciado.

Em face disso, o Tribunal Arbitral julgou de fundo o litígio por sentença de 19 de Janeiro de 1977.

Nessa sentença, o Árbitro começa por discutir se procede a alegação da Líbia de que as medidas por si tomadas eram "actos de soberania" que escapavam ao Direito Internacional.

O Árbitro dá a essa interrogação uma resposta claramente negativa. Pelo facto de a Líbia haver concluído com as empresas privadas um contrato com uma cláusula de estabilização, portanto, um "acordo internacionalizado", "o Estado *colocou-se na Ordem Jurídica Internacional* para subscrever, em relação ao seu co-contratante estrangeiro, um acordo que lhe garantia uma situação jurídica e económica durante um certo tempo"[240]. Por isso, acrescenta o Tribunal, a Líbia, que se comprometera nesse acordo a não nacionalizar unilateralmente, não pode desrespeitar esse compromisso com a invocação da sua soberania. A tanto a obriga o princípio *pacta sunt servanda*. É certo que o acordo em questão não era um tratado internacional em sentido clássico, porque uma das partes consistia numa empresa privada. Mas isso não significava "que um Estado não possa comprometer-se internacionalmente, por actos de outra natureza, com entidades não estaduais, (...) ou entidades privadas estrangeiras (...)"[241]. Para a sentença, um contrato entre um Estado e um sujeito privado, cidadão de um outro Estado, constitui um acordo relevante para o Direito Internacional, estando sujeito a muitas das regras que regem os tratados de Direito Internacional, inclusive a regra *pacta sunt servanda*[242]. O Árbitro perfilhava, dessa forma, a teoria da internacionalização desse tipo de contratos, já abordada, aliás, por nós neste livro[243]. E o acordo em causa não equivaleria ao abandono da "soberania permanente", invocada pela Líbia,

---

[240] § 62 da sentença. O itálico é nosso.

[241] § 66.

[242] Assim, escrevendo sobre este caso concreto, LALIVE, pg. 330.

[243] A sentença fala em *"contrato internacionalizado"* – § 66. Ver HEFTI, pg. 99, e FATOUROS, pgs. 136 e segs.

A jurisprudência internacional

porque, através dele, a Líbia teria autolimitado temporariamente o *exercício* da sua soberania, sem, todavia, perder a sua *titularidade* e o seu *gozo*[244]. Ou, como dissemos a outro pretexto, a Líbia teria limitado a sua soberania *quantitativa*, sem afectar a sua soberania *qualitativa*[245].

O Tribunal invoca, de seguida, o princípio da boa fé, consagrado tanto na Resolução 1803 como na Carta dos Direitos e Deveres Económicos dos Estados[246], para afirmar que o direito de um Estado de nacionalizar não é, para o Direito Internacional, um direito absoluto e, muito menos, faz parte do *ius cogens*. Se assim não fosse, ficaria gravemente afectada a credibilidade dos Estados nas suas relações com estrangeiros. Por isso, ao nacionalizar, o Estado soberano encontra-se condicionado pelos compromissos jurídicos previamente assumidos de modo livre. Caso contrário, estes ficariam "destituídos de qualquer valor jurídico e de toda a força obrigatória", o que violaria o referido princípio da boa fé[247].

Por tudo isso, o Árbitro decide que "a restauração natural constitui, tanto segundo os princípios do Direito líbio como conforme os princípios do Direito Internacional, a sanção normal para a inexecução de obrigações contratuais e ela só pode ser afastada na medida em que a reposição do *status quo ante* for absolutamente impossível"[248]. Segundo ele, tem sido mais vulgar em situações análogas optar-se pela *restitutio in pristinum*, mediante uma compensação monetária. Mas, em face das especificidades do caso concreto, particularmente, do tipo da citada cláusula incluída nos contratos de concessão, a sanção mais adequada a este caso era a da *restauração natural*, e a Líbia tinha a possibilidade de a realizar.

Como se vê, e como reconhece qualificada doutrina[249], nesse ponto nuclear da sentença era evidente a influência da construção do TPJI no caso *Chorzow*.

---

[244] §§ 77 e 78 da sentença.
[245] V. a nossa dissertação de doutoramento, pgs. 338 e segs.
[246] WESTON, *Charter*, pgs. 437 e segs.
[247] § 91 da sentença.
[248] § 109.
[249] DOLZER, *Lybia-Oil, loc.cit.*

O Direito Internacional ao longo da História

Como nos revelam LALIVE[250] e DOLZER[251], o litígio acabou por ser resolvido mediante acordo entre as partes, concluído em Setembro de 1977, e através do qual a Líbia se comprometeu a fornecer às empresas lesadas uma grande quantidade de petróleo, no equivalente a 150 milhões de dólares, durante 15 meses, o que cumpriu[252].

A comparação desta sentença com a proferida no caso que imediatamente a seguir vamos estudar, mostra, porém, como a jurisprudência na matéria não era ainda, à época, unânime[253].

*d) O caso **Aminoil***

As partes neste litígio foram o *Koweit* e a *American Independent Oil Company*, mas conhecida por *Aminoil*.

Também este caso nasceu na sequência da crise petrolífera de 1973 e do referido apelo da OPEP aos seus membros. O Koweit resolveu proceder à modificação unilateral dos contratos de concessão petrolífera, entre os quais o celebrado com a empresa *Aminoil*.

O Tribunal Arbitral foi composto por PAUL REUTER, que presidiu, e por HORNELL SULTAN e GERALD FITZMAURICE.

O Tribunal proferiu o seu Acórdão em 24 de Março de 1982[254]. Vejamos rapidamente as linhas essenciais do litígio que nos interessam neste estudo.

O contrato de concessão em causa, celebrado por um período de sessenta anos, dispunha na cláusula 17.ª, al. *a*: "O Soberano não aprovará nenhuma lei, geral ou especial, nem nenhuma medida administrativa, nem qualquer outro acto para anular este Acordo, salvo em conformidade com o artigo 11.° Nenhuma modificação será introduzida no texto deste Acordo seja pelo Soberano, seja pela Sociedade, excepto

---

[250] *Op.cit.*, pg. 319.

[251] *Op. cit.*, pg. 170.

[252] Cfr. VERDROSS/SIMMA, pgs. 810-811.

[253] No mesmo sentido da interpretação que demos ao Acórdão no caso *Topco*, DOLZER, *op.e loc.cits.*; COHEN-JONATHAN, *L'arbitrage*, pgs. 452 e segs.; BOWETT, pgs. 5 e segs.; TESAURO, *Contratto*, pgs. 267 e segs.; GRUSS, pgs. 782 e segs.; FATOUROS, pgs. 134 e segs.; e VERDROSS/SIMMA, pg. 810.

[254] Pgs. 1036 e segs.

nos casos em que aquele e esta chegarem à conclusão de que é desejável, no interesse das duas partes, proceder a modificações, supressões ou acrescentamentos a este Acordo".

E acrescentava a al. *b* da mesma cláusula: "Sem embargo do que ficou dito acima, este Acordo não cessará antes da expiração do período fixado na cláusula 1.ª deste Acordo[255], salvo por renúncia, tal como ela se encontra prevista na cláusula 12.ª, ou salvo se a Sociedade estiver em falta em relação às disposições relativas à arbitragem, prevista na cláusula 18.ª".

A Sociedade interpretava estas cláusulas de estabilização como querendo significar que elas impediam de todo a nacionalização. Mas o Governo do Koweit pensava de modo oposto. Como decidiu então o Tribunal Arbitral? Ele responde à Sociedade que a sua interpretação "(...) constitui uma interpretação possível sob o plano puramente formal. Mas, pelas razões seguintes, ela não é perfilhada pelo Tribunal"[256].

E o Tribunal especifica a seguir essas razões.

Ele não nega que um Estado possa, por tratado ou por contrato, outorgar "garantias, qualquer que seja a sua natureza, quanto ao exercício da autoridade pública em relação aos seus recursos naturais". Para ele, a afirmação segundo a qual a Soberania Permanente sobre os Recursos Naturais o impediria de fazer, designadamente porque o *ius cogens* o proibiria, "é destituída de fundamento". De facto, "mesmo se a Resolução 1803 da Assembleia Geral das Nações Unidas, de 1962, deve ser considerada, em razão das circunstâncias em que foi aprovada, como reflectindo o estado do Direito Internacional à data, *não é esse o caso das Resoluções subsequentes*, que se não revestiram do mesmo grau de autoridade. (...). De facto, pode ser útil que os Estados de acolhimento tenham a faculdade de se comprometer a não nacionalizar uma empresa estrangeira *num período limitado de tempo*; e nenhuma regra de Direito Internacional Público lho impede"[257].

Todavia, no entender do Tribunal, o compromisso do Estado de acolhimento de não nacionalizar durante um determinado período de tempo é um compromisso pesado para o Estado e que, por isso, deve

---

[255] Repetimos: de 60 anos.

[256] § 94.

[257] § 90. Os itálicos são nossos.

ser acompanhado de algumas exigências de carácter formal. Nesta orientação, o Tribunal distingue as cláusulas de estabilização em *ordinárias* e *qualificadas*, sendo estas últimas também designadas, por alguns Autores, por cláusulas de *"não-nacionalização"*[258]. As primeiras, não impedem verdadeiramente o Estado de nacionalizar, mesmo durante o período de tempo em questão, e apenas conferem ao lesado direito a indemnização; as segundas, ao contrário, impedem o Estado de nacionalizar durante o lapso de tempo concreto, desde que – e aqui está a especial exigência de índole formal – essa renúncia à nacionalização durante esse período temporal seja formulada *de modo expresso*.

No caso concreto, o Tribunal interpreta a cláusula de estabilização como sendo uma cláusula *ordinária*, exactamente porque não figura no contrato de concessão, diz ele, qualquer compromisso expresso de não nacionalizar. Ouçamos os Árbitros: "Sem qualquer espécie de dúvida, as limitações contratuais do direito do Estado de nacionalizar são juridicamente possíveis, mas isso implicaria um compromisso particularmente grave, que *deveria estar expressamente estipulado* e que deveria conformar-se com as regras que disciplinam a conclusão de contratos com um Estado; e, como regra, aquelas limitações deveriam referir-se *apenas a um período de tempo relativamente limitado*. Contudo, no caso presente, a existência de uma estipulação desse tipo *deveria presumir-se como sendo imposta pelos termos gerais das cláusulas de estabilização* e como dizendo respeito a *todo o período de vigência* de uma concessão que foi celebrada por um prazo longo, ou seja, por sessenta anos"[259].

Este raciocínio do Tribunal estava eivado de algumas contradições, reconheçamo-lo. Ele visava preparar o seu juízo sobre o fundo do litígio submetido à sua apreciação: "Esta concessão era um contrato cujo regime, progressivamente modificado, conferia direitos especiais ao Estado, que englobavam a faculdade de este pôr termo ao contrato se a protecção do interesse público o justificasse, e na condição de ser paga uma indemnização adequada"[260].

---

[258] KAHN, pg. 852.
[259] § 95. Os itálicos são nossos.
[260] § 113.

Esta afirmação, assim produzida, provocava alguma inquietação em face das regras clássicas aplicáveis à matéria[261]. De facto, se a cláusula de estabilização dita ordinária obrigava apenas ao pagamento de uma indemnização justa, podia-se deduzir implicitamente, da construção do Tribunal, que, na ausência de qualquer cláusula de estabilização, era válida para o Direito Internacional uma nacionalização sem indemnização. Por outras palavras, a simples não estipulação de qualquer cláusula de estabilização legitimaria o confisco ou o esbulho.

Não era, porém, esse o verdadeiro entendimento do Tribunal. Com os Autores que se pronunciaram sobre este Acórdão[262], pensamos que o Tribunal, com o raciocínio acima exposto, apenas quis interpretar o concreto contrato de concessão que estava a ser discutido, não teve a intenção de estipular o que é que, em abstracto, o Direito Internacional prescrevia sobre a relação entre o direito de nacionalizar e o dever de indemnizar. E quando, de passagem, teve a oportunidade de enfrentar a questão, ele não deixou dúvidas: "O caso da nacionalização constitui precisamente um dos tais actos, já que há outros, que, segundo o Direito Internacional, estão sujeitos ao pagamento de uma indemnização adequada"[263]. Desta divergência, para o Tribunal, entre a interpretação do contrato de concessão que estava em apreciação e a doutrina que ele reconhecia advir do Direito Internacional resultam, no texto da sentença, e como acima acentuámos, algumas contradições.

O Árbitro Gerald Fitzmaurice produziu uma declaração de voto[264], que tem de ser interpretada, no seu conjunto, como uma opinião dissidente. De facto, ele discorda da distinção entre cláusulas de estabilização ordinárias e qualificadas, porque entende que o regime da nacionalização estabelecido em cada contrato é, acima de tudo, uma questão das "regras normais de interpretação". Depois, Fitzmaurice entende que a nacionalização não é admitida, não só quando a cláusula

---

[261] Assim, BURDEAU, pgs. 454 e segs.; HEFTI, pg. 103; e KAHN, loc.cit.

[262] Para além dos As. cits. na nota anterior, TESÓN, State Contracts, pgs. 323 e segs.; e HIGGINS, pgs. 301 e segs.

[263] § 93.

[264] Pgs. 1043 e segs. Julgamos que é essa a tradução rigorosa, atendendo ao conteúdo e ao sentido daquela declaração, de "separate opinion" ou "opinion individuelle", termos utilizados nas versões inglesa e francesa, respectivamente, para designar a declaração daquele Árbitro.

de estabilização expressamente a proíbe, como também quando do contrato resulta, implicitamente, a sua proibição. Por isso, e quanto ao caso concreto, entende que, não obstante a nacionalização da sociedade *Aminoil* tenha sido "perfeitamente conforme ao Direito", como "acto do Estado" ("*Act of State*"), ela era, contudo, incompatível com as cláusulas de estabilização da concessão, que estavam ainda em vigor à data da nacionalização[265].

e) O caso **Liamco**

Este caso não se distingue muito do anterior em função das questões de Direito que estavam nele em causa. Mas constitui, a nosso ver, de entre os processos sujeitos à jurisdição arbitral antes dos casos nascidos no litígio entre o Irão e os Estados Unidos, de que falaremos logo a seguir, aquele em que mais claramente ficou definido o que é que o moderno Direito Internacional dispõe em matéria de protecção da propriedade privada de estrangeiros. Designadamente, a jurisdição arbitral desenvolveu e aprofundou neste processo a doutrina que o Árbitro LAGERGREN afirmara na sentença proferida num caso análogo, poucos anos antes, em 10 de Outubro de 1973, no caso *British Petroleum Exploration Co. Libya c. o Governo da Líbia* (conhecido também, apenas, por caso *BP*)[266]. Precisamente por isso, o estudo do caso *Liamco* dispensa hoje o exame do caso *BP*[267].

É pelo facto de esta sentença ser muito mais profunda do que a anterior que a deixámos para agora, não obstante ela ser, no tempo, anterior à proferida no caso *Aminoil*.

Os contendores no caso ora em apreço eram a Líbia e a *Libyan American Oil Company*, vulgo *Liamco*. O sistema de arbitragem escolhido foi o de um árbitro único, e o Árbitro escolhido para o efeito foi SOBHI MAHMASSANI.

---

[265] Pg. 1053. Cfr. HIGGINS, pg. 305.

[266] Pgs. 297 e segs.

[267] V. o confronto dos dois casos em VERDROSS/SIMMA, pgs. 810-811; e RAMBAUD, *Concession*, pgs. 222 e segs.

A jurisprudência internacional

A questão em litígio, também a da modificação unilateral, neste caso, pelo Governo da Líbia, de um contrato de concessão de exploração petrolífera, foi decidida por sentença de 12 de Abril de 1977[268]. Este contrato de concessão continha uma cláusula de estabilização do seguinte teor: "Os direitos contratuais criados, de forma expressa, pela concessão não serão alterados a não ser por mútuo acordo entre as partes"[269].

A sentença começa por uma longa investigação acerca do regime do direito de propriedade privada à face do Direito muçulmano e das Resoluções, já nossas conhecidas, da Assembleia Geral da ONU, n.ºs 1803 e 3281 (esta última, recordamo-lo, aprovou a Carta dos Direitos e Deveres Económicos dos Estados), para de seguida rematar: "(...) o Tribunal Arbitral chegou à conclusão de que as referidas Resoluções, mesmo se porventura não constituírem uma fonte unânime de Direito, exprimem o estado recente e dominante da doutrina internacional acerca da soberania estadual sobre recursos naturais, e de que *ela se encontra sempre subordinada ao respeito pelos compromissos contratuais e à obrigação de indemnizar (...)*"[270].

Desta afirmação, sobretudo se a integrarmos no seu contexto, vemos que o Árbitro quis sublinhar duas importantes ideias: a primeira é a de que as citadas Resoluções das Nações Unidas *têm força jurídica e mantêm a plenitude dos seus efeitos* – e, neste ponto, embora sem nos comprometermos, por ora, com essa posição, que examinaremos na Parte II deste livro, concordamos com THOMAS HEFTI[271], quando sublinha que esta sentença foi ainda mais longe do que as que haviam sido proferidas nos casos *Topco* e *Aminoil*, no que toca à definição dos efeitos jurídicos daquelas Resoluções; a segunda é a de que a Carta dos Direitos e Deveres Económicos dos Estados é interpretada pelo Tribunal como sujeitando, sem dúvida, o direito de nacionalizar ao dever de indemnizar e ao respeito por aquilo que a sentença designa de "com-

---

[268] Pgs. 140 e segs. Os mais profundos comentários que conhecemos a esta sentença são os de RAMBAUD, *Un arbitrage pétrolier*, pgs. 274 e segs.; e VON MEHREN/KOURIDES, *loc.cit.* Cfr. também VERDROSS/SIMMA, *loc.cit.*

[269] Pg. 143.

[270] Pg. 200. O itálico é nosso.

[271] Pg. 10.

O Direito Internacional ao longo da História

promissos contratuais"[272]. E, na definição do âmbito do respeito devido pela regra *pacta sunt servanda*, a sentença era muito clara: "O princípio do respeito pelos compromissos assumidos é, portanto, aplicável aos vulgares contratos bem como às concessões, e vincula tanto os particulares como os governos. O mesmo é aceite pelo Direito islâmico (...)"[273].

O que é que então, concretamente, o Direito Internacional postula no caso em apreço? Ouçamos o Árbitro:

> "(...)
>
> *c*) O direito de cada Estado de nacionalizar a sua riqueza e os seus recursos naturais é um direito soberano, *que está sujeito à obrigação de indemnizar pela cessação antecipada dos contratos de concessão*;
>
> *d*) A nacionalização dos direitos resultantes da concessão, se não for discriminatória e se não for acompanhada de um acto ou de um comportamento ilegal, não é, por si, ilícita, e não constitui um delito, mas gera a *obrigação de indemnizar o concessionário pela referida cessação prematura do contrato de concessão*"[274].

A sentença distingue, portanto, entre as nacionalizações lícitas e ilícitas. São *lícitas* as nacionalizações de direitos emergentes de uma concessão, mesmo se levadas a cabo antes do termo das concessões, se as nacionalizações não forem discriminatórias, não infringirem um acordo internacional anterior e forem acompanhadas do pagamento de uma indemnização[275]. Ao contrário, são *ilícitas* as nacionalizações que contrariarem expressamente uma obrigação resultante de um acordo internacional, bem como as nacionalizações discriminatórias e as nacionalizações não acompanhadas de indemnização[276]. O Árbitro vai ao ponto, numa atitude talvez pouco compatível com uma sentença jurisdicional, de formular o voto de que as nacionalizações ilícitas se tornem cada vez mais raras[277].

---

[272] Pg. 290.

[273] *Loc.cit.*

[274] Pg. 301. Os itálicos são nossos.

[275] Pg. 313.

[276] Pg. 199.

[277] Pg. 210.

A jurisprudência internacional

No caso *sub judice*, a nacionalização fora, pois, à face do critério acima enunciado pelo próprio Tribunal, lícita, mas com a condição de a Líbia cumprir a sua obrigação de indemnizar a *Liamco* pela cessação unilateral do contrato de concessão[278]. O Tribunal fazia, dessa forma, uma interpretação generosa do requisito do pagamento "imediato" da indemnização, contido na *Fórmula Hull*, que, todavia, nunca foi invocada pelo Tribunal.

Questão importante para o Árbitro foi, a seguir, a do cálculo da indemnização. Esta questão não teve que ser discutida nas sentenças que imediatamente antes examinámos. Foi-o, porém, neste caso, e, também nesta matéria, o Árbitro foi muito claro ao expor o seu pensamento. Entendeu ele que, à luz da Carta dos Direitos e Deveres Económicos dos Estados, bem como da Resolução n.° 1803, toda a nacionalização dá direito a uma indemnização "apropriada" (*"appropriate compensation"*)[279]. Contudo, segundo o Árbitro, o Direito Internacional não contém regras precisas sobre a fixação do montante da indemnização e, especificamente (porque esta questão concreta estava em discussão neste litígio), sobre se ela deve ou não atender aos lucros cessantes, mas não se serve dessa circunstância para escamotear a questão: defende que os critérios a utilizar para a determinação do montante da indemnização devem ser encontrados nos princípios gerais do Direito e devem conduzir à obtenção de uma "indemnização equitativa"[280].

Aplicando esta doutrina ao caso *sub judice*, o Tribunal decidiu o seguinte: quanto aos danos emergentes, "(...) não há dúvida de que a *Liamco* tem direito à indemnização por *damnum emergens*, traduzido no valor das instalações e dos equipamentos nacionalizados", apurado pelo *"valor de mercado"* (*"market value"*) destes[281]; no que se refere à indemnização pelo *lucrum cessans* das concessões, "é justo e razoável adoptar a fórmula da *indemnização equitativa* (*"equitable compensation"*) como medida para o cálculo dos prejuízos no presente litígio,

---

[278] Pg. 207.

[279] RAMBAUD, *Un arbitrage pétrolier*, *loc.cit.*; VERDROSS/SIMMA, pg. 811; HIGGINS, *loc.cit.*; e GREENWOOD, pg. 30.

[280] Pg. 216.

[281] Pg. 219. Os itálicos em português são nossos.

funcionando a fórmula clássica da «indemnização prévia, integral e efectiva» como um guião máximo e prático para esse cálculo"[282].

A Líbia respeitou a sentença e satisfez a indemnização devida, cujo montante exacto, todavia, nunca foi conhecido[283,284].

Neste caso, bem como nos dois anteriores, como no local próprio fizemos notar, estava em causa matéria de facto similar. Por isso, e antes que passemos aos casos seguintes, ocorridos numa época e num contexto diferentes, convém que sublinhemos aqui umas breves notas quanto à comparação deste caso com os casos *Topco* e *Aminoil*.

Nenhum desses três Acórdãos apresenta grande densidade doutrinária: como era usual na jurisprudência arbitral até essa altura, eles pretendem sobretudo decidir os casos concretos.

Todavia, convém sublinhar que, não obstante – repetimos – a matéria de facto envolvida nos três processos ser análoga, nem o percurso do raciocínio nem os argumentos utilizados para fundamentar as três sentenças foram idênticos. Como vimos, é visível um desencontro entre a fundamentação dos Acórdãos proferidos nos casos *Topco* e *Aminoil*, para além das contradições internas que apontámos à fundamentação deste último[285]. Precisamente por isso, convirá que, em breves palavras, vejamos o que aproxima as três sentenças e quais os contributos que devemos reter deles para o desenvolvimento deste nosso estudo.

O primeiro ponto em comum entre as três sentenças, embora mais entre as duas primeiras, é que elas se acolhem quase exclusivamente à sombra do Direito derivado das Nações Unidas – as referidas Resoluções da sua Assembleia Geral – e não do Direito Internacional em geral.

Depois, há que sublinhar que para todas as três sentenças as nacionalizações de propriedade privada de estrangeiros são matéria de Direito Internacional e o Estado que nacionaliza propriedade de estrangeiros está constituído *pelo Direito Internacional* no dever de indem-

---

[282] Pg. 226. Os dois últimos itálicos são nossos.

[283] VERDROSS/SIMMA, pg. 811; e LALIVE, pgs. 320 e segs.

[284] Para além das *ops.cits.* nas ns. anteriores, veja-se sobre este caso também CATRANIS, pgs. 19 e segs.

[285] Assim, também, KAHN, pg. 859.

nizar o lesado. Nesta matéria, as divergências são meramente formais: enquanto que no caso *Topco* ficou decidido que a indemnização deve ser, segundo a Resolução n.° 1803, "adequada"[286], para o Tribunal que julgou o caso *Aminoil* ela deve ser "apropriada"[287], e no caso *Liamco* ficou entendido que a Resolução n.° 1803 impunha uma indemnização "adequada", e a Resolução n.° 3281, uma indemnização "apropriada", o que era confirmado, segundo o Tribunal, pelos princípios gerais do Direito[288,289]. Como oportunamente sublinhámos, no caso *Liamco* aceitou-se que a indemnização englobava os lucros cessantes, e no caso *Aminoil* a argumentação constante da sentença permite-nos concluir que o Árbitro, pelo menos em abstracto, os não excluiu[290].

As três sentenças também estão de acordo em que um contrato internacional de concessão que contenha uma cláusula de estabilização obriga o Estado concedente, e impede-o de nacionalizar nos termos constantes daquela cláusula, sem embargo da distinção levada a cabo no caso *Aminoil* entre cláusulas ordinárias e qualificadas e dos diferentes efeitos jurídicos atribuídos a umas e a outras, já que, segundo aquela sentença, só uma cláusula qualificada pode impedir a nacionalização. Desde já se diga, porém, que esta distinção entre aquelas duas categorias de cláusulas de estabilização, designadamente, para a atribuição de efeitos diferentes a uma e a outra, não a encontramos retomada pela jurisprudência posterior.

f) O caso **Amoco**

Este caso, bem como o que se lhe segue, nasceram no quadro do longo, penoso e complexo conflito que opôs o Irão e os Estados Unidos a seguir à Revolução islâmica no Irão, em 1979. O único vencedor desse conflito terá sido o Direito Internacional, ao menos no que toca à protecção da propriedade privada.

---

[286] §§ 109 e segs.

[287] §§ 143 e segs.

[288] § 67.

[289] O Tribunal parece, deste modo, recusar a interpretação desta Resolução como recuperando a *Doutrina Calvo*, como mostrámos atrás ser a opinião corrente na doutrina, com base no próprio texto daquela Resolução.

[290] Assim, também, HEFTI, pg. 107.

O Direito Internacional ao longo da História

De facto, os dois casos que aqui vamos estudar pertencem a uma vasta jurisprudência arbitral, que, vista em globo, nos fornece das melhores páginas de sempre da jurisprudência internacional. E por duas razões. Primeiro, porque poucas vezes esta, mesmo a jurisprudência do TPJI e do TIJ, fora tão longe na densificação jurídica das questões de Direito que lhe foram colocadas. Depois, porque o Tribunal Arbitral em causa não se limitou a julgar: para o fazer, criou, ou reelaborou, Direito, dando um assinalável contributo para o progresso do Direito Internacional, particularmente no domínio do regime jurídico da propriedade privada de estrangeiros, e, muito especialmente, sobre o conceito e o regime de expropriação e sobre a indemnização devida tanto por expropriação lícita como por expropriação ilícita.

Reconhece-o um dos primeiros Presidentes do Tribunal Arbitral, o sueco GUNNAR LAGERGREN, que acrescenta que a sua jurisprudência, vista no seu todo, representava, já em 1988, "o maior conjunto de casos jurisprudenciais sobre comércio internacional" desde sempre[291].

E, mais recentemente, confirma-o outro renomado Juiz daquele Tribunal, GEORGE ALDRICH[292], que resume nestes dois pontos a importância da jurisprudência daquele Tribunal: primeiro, o seu volume e a enorme diversidade das situações de facto sobre as quais o Tribunal se debruçou levou-o a afirmar o Direito Internacional sobre questões que, algumas delas, este nunca antes tivera que enfrentar; depois, a profundidade e o pormenor que aquela jurisprudência concedeu às matérias jurídicas sobre as quais teve que se debruçar fazem com que ela tenha de ser vista doravante como um forte precedente na definição do moderno Direito Internacional da Propriedade Privada, mesmo antes de se concluir que ela se limitou a consolidar costume internacional pré-existente.

Ao longo deste livro teremos necessidade de, a vários títulos, invocar essa jurisprudência. Todavia, e sem nunca nos afastarmos dos objectivos desta Parte I, vejamos rapidamente o que é que estes dois casos trouxeram de novo para o Direito Internacional.

O sucesso da Revolução islâmica no Irão, em Fevereiro de 1979, a seguir à partida para o exílio, no mês anterior, do Imperador REZA PAHLAVI, traduziu-se, porventura, como observa MAPP, no "maior revés

---

[291] Pgs. 5-6.
[292] *What Constitutes*, pg. 586.

100

para os interesses políticos e comerciais dos Estados Unidos no Médio Oriente em todo este século"[293].

De facto, em 1978 o Irão era o maior parceiro económico dos Estados Unidos em todo o Mundo[294]. Todavia, com a reorganização do sistema económico iniciada a seguir à Revolução, o Governo iraniano e os Guardas Revolucionários cedo resolveram assumir o controlo sobre todos os interesses económicos americanos no seu território.

A ocupação por civis da Embaixada dos Estados Unidos em Teerão, em 4 de Novembro de 1979, e a tomada como reféns dos sessenta e um diplomatas que aí se encontravam, iniciaram uma autêntica guerra económica entre os dois Estados. O fracasso das diligências diplomáticas visando a libertação dos reféns levou os Estados Unidos a uma intervenção militar para o efeito, em Abril de 1980, intervenção essa que falhou, o que ainda mais agravou o conflito. Logo a seguir à ocupação da Embaixada, os Estados Unidos congelaram os bens do Irão e dos seus cidadãos, que se encontravam, de algum modo, sob a sua jurisdição. Como represália, o Irão confiscou os bens dos cidadãos americanos no seu território ou rescindiu unilateralmente contratos que celebrara com cidadãos ou empresas americanas relativas a recursos naturais ou a bens que, de algum modo, se encontravam em conexão com o território do Irão.

O TIJ, em Maio de 1980, deu provimento à queixa dos Estados Unidos no que toca à ocupação da Embaixada, considerando, designadamente, que ela violara as Convenções de Viena de 1961 e 1963 sobre relações diplomáticas e consulares. Por isso, ordenou ao Irão a libertação dos reféns, a devolução do edifício da Embaixada aos Estados Unidos e a reparação de todos os prejuízos causados aos Estados Unidos com a ocupação[295]. Todavia, essa sentença não foi acatada pelo Irão[296].

---

[293] Pg. 3.

[294] Fonte: MAAP, *loc.cit.*

[295] Ac. 24-5-80, caso do *pessoal diplomático e consular dos Estados Unidos em Teerão*, onde se contém também uma descrição pormenorizada dos factos em litígio. Explicação mais desenvolvida do processo que correu no TIJ encontramo-la em MAAP, pgs. 7 e segs. Veja-se também o comentário ao Acórdão, de OELLERS-FRAHM, in *Encyclopedia*, t. 2, pgs. 282 e segs.

[296] V. MOURI, pgs. 4-5.

Seria por via diplomática que a crise dos reféns seria resolvida. A Argélia, aceite como medianeira pelas duas partes, viria a conseguir a aprovação, em Janeiro de 1981, de duas Declarações, conhecidas por *Declarações de Argel*[297]. As Declarações não eram tratados internacionais; por isso, designadamente, não foi necessária a sua ratificação pelo Irão e pelos Estados Unidos. Elas consistiram em Declarações unilaterais do Governo da Argélia às quais "aderiram" os Governos do Irão e dos Estados Unidos[298].

A primeira Declaração visava a restauração do *status quo ante* anterior à ocupação da Embaixada, isto é, a devolução ao Irão de todos os seus bens congelados, a devolução aos Estados Unidos dos seus cidadãos tomados como reféns, o termo de todos os processos instaurados por cidadãos dos Estados Unidos em tribunais norte-americanos contra o Irão e a sua transferência para um tribunal arbitral internacional. A segunda, chamada *Declaração sobre a Resolução dos Litígios* ("*Claims Settlement Declaration*"), criou o *Tribunal Arbitral para a Resolução dos Litígios entre o Irão e os Estados Unidos* ("*Iran-United States Claims Settlement Tribunal*")[299].

Ambas as Declarações entraram em vigor em 19 de Janeiro de 1981.

A função principal que era atribuída ao referido Tribunal, segundo o artigo II da segunda das duas citadas Declarações, era a de resolver todos os litígios emergentes de queixas que lhe fossem dirigidas pelos cidadãos de um dos dois Estados contra o outro Estado e que dissessem respeito a "dívidas, contratos (incluindo transacções relativas a títulos de crédito e garantias bancárias), expropriações ou outras medidas que afectassem o seu direito de propriedade ("*property rights*")" – ou seja, uma função vastíssima, embora a prática tivesse demonstrado que a maior parte das queixas eram provindas da violação de contratos, especialmente contratos de concessão (e, dentro destes, de modo especial, contratos de concessão de exploração de recursos petrolíferos ou derivados), e de expropriações de bens móveis e imóveis, nacionalizações ou outras, muito díspares, medidas equivalentes. Para tanto, o Tribunal

---

[297] Iran-U.S.C.T.R. 1 (1981-82), pgs. 3 e segs.
[298] Mais pormenores em MAPP, *loc.cit.*
[299] V. MAPP, pgs. 13 e segs., e MOURI, pgs. 3 e segs.

deveria ser composto por nove Árbitros, ou por um número superior, sempre múltiplo de três, dos quais um terço seria designado por cada um dos dois Estados em litígio, e outro terço seria cooptado por eles de entre cidadãos de Estados terceiros. Em princípio, o Tribunal ficaria dividido em três Secções, cada uma das quais seria composta por dois Árbitros, dos indicados, cada um, pelos Estados em litígio, e um Árbitro-Presidente, escolhido por aqueles de entre os Árbitros nacionais de Estados terceiros. O Tribunal decidiria os litígios segundo o Direito Internacional e as regras processuais aplicáveis à arbitragem seriam as da Comissão das Nações Unidas para o Direito Comercial Internacional (UNCITRAL) (art. III).

As queixas que foram sendo apresentadas ao Tribunal ultrapassaram o número de 4000. Na sua esmagadora maioria, cerca de 95% delas, eram queixas de cidadãos ou empresas dos Estados Unidos contra o Irão, sendo, as restantes, queixas de cidadãos do Irão contra os Estados Unidos. Um número elevadíssimo dessas queixas foi sendo resolvido por acordos *lump sum* entre os respectivos Estados, o que levou o Irão a pagar aos Estados Unidos uma volumosíssima soma, nunca oficialmente divulgada. Os outros casos foram sendo julgados, e continuam a ser julgados, pelo Tribunal[300]. A actuação do Tribunal foi marcada por diversas peripécias, das quais a mais insólita terá sido o assalto e o espancamento do Árbitro sueco NILS MANGARD (pertencente ao terço cooptado) por dois Árbitros do Irão, à entrada do Tribunal, em 3 de Setembro de 1984, o que levou à suspensão provisória, pelo Presidente, dos trabalhos do Tribunal ...[301].

Como já se disse, toda a jurisprudência do Tribunal, no seu conjunto, assinala um marco importante no progresso do Direito Internacional. Iremos vendo isso ao longo deste livro, dentro dos parâmetros do objecto do nosso estudo. Mas, nesta Parte I, interessam-nos, para os objectivos que aqui visamos, dois dos casos julgados pelo Tribunal, considerados dos mais importantes de toda essa jurisprudência[302].

---

[300] Veja-se MAPP, pgs. 29 e segs.; e ALDRICH, *Jurisprudence*, pgs. 9 e segs.

[301] Os documentos demonstrativos desta crise constam do Iran-U.S.C.T.R. 7 (1984), pgs. 281-316. V., também, MAPP, pgs. 53 e segs.

[302] Sobre a jurisprudência do Tribunal, existem três obras básicas: as de MAPP, ALDRICH, *Jurisprudence*, e MOURI, especialmente a deste último.

O Direito Internacional ao longo da História

O primeiro foi o proferido, em 14 de Julho de 1987, no caso *Amoco International Finance Corporation c. Governo da República Islâmica do Irão e outros*, conhecido também só por caso *Amoco*.

Neste caso, como na generalidade dos casos julgados por aquele Tribunal, pelo menos de entre os provocados por queixas dos cidadãos dos Estados Unidos, discutiam-se três questões jurídicas: o conceito de expropriação; a distinção entre a expropriação lícita e a expropriação ilícita; e o montante da indemnização devida num caso e noutro.

A *Amoco* celebrara um acordo de *joint venture* com a *National Petrochemical Company* do Irão, pela qual se criava a sociedade *Khemco*. Esta, por sua vez, obtivera, em 1970, por acordo celebrado com o Governo do Irão, a concessão da exploração e da comercialização de gás natural e dos seus derivados pelo período de trinta e cinco anos. Este contrato, como todos os contratos similares de concessão de exploração de recursos naturais, inclusive os relativos a jazidas petro-líferas, foi "anulado" unilateralmente pelo Irão em Janeiro de 1980. Em consequência desta atitude da parte do Governo do Irão, a *Amoco* pretendeu ser ressarcida dos 50% do capital que detinha na *Khemco*.

Como nota o Tribunal repetidamente[303], as duas Partes sempre estiveram de acordo sobre a matéria de facto acabada de enunciar; o desacordo incidia sobre a caracterização jurídica da atitude do Irão e sobre os efeitos do acto de denúncia ou rescisão unilateral, chamado de "anulação".

Para a *Amoco*, o Irão rescindira ilegalmente o contrato e essa rescisão equivalia a uma "nacionalização ilícita". Para o Irão, ao contrário, a "anulação" do contrato fora devida a "força maior": ou seja, a Revolução de 1979 "frustrara totalmente, por razões de força maior", o contrato de concessão. Por isso, mesmo que se pudesse falar aqui em nacionalização, o que o Irão nunca aceitou, para ele esta seria lícita[304].

O Tribunal reconheceu, sem dificuldade, que a rescisão do contrato, nos moldes em que fora levada a cabo, equivalia a uma "*ruptura do contrato*" ("*breach of the contract*") e "*deve ser considerada uma nacionalização*"[305]. Ele deixou enfaticamente dito que em Direito

---

[303] §§ 2 e 77.

[304] §§ 77-86.

[305] Pg. 221, com itálicos nossos. V. MOURI, pg. 38; e MAPP, pgs. 172-173.

Internacional o direito emergente de um contrato pode ser objecto de uma expropriação[306]. Passou, por isso, a apreciar de imediato a questão da licitude da expropriação e do montante da indemnização devida. Quanto à primeira, o Tribunal faz notar que, quer em face do Tratado de Amizade concluído pelos dois Estados em 15 de Agosto de 1955[307], e que entrou em vigor em 16 de Junho de 1957[308], quer em face de "regras gerais do Direito Internacional consuetudinário"[309], as condições de licitude da expropriação a ponderar neste caso são duas: a prossecução do interesse público (a chamada "utilidade pública" da expropriação) e o "pagamento imediato [melhor, e segundo a terminologia jurídica portuguesa tradicional, pagamento prévio (*"prompt"*)] de uma justa indemnização (*"just compensation"*)". Ora, o Tribunal rejeita que a "força maior" invocada pelo Irão substitua essas condições de licitude[310]. Parecia, portanto, que estavam criadas as condições para que o Tribunal, em face das premissas que ele próprio definira, considerasse a nacionalização como um acto ilícito. Mas não. O Tribunal não aprofundou a discussão sobre se no caso *sub judice* se preenchera o requisito da utilidade pública. Mas, no que tocava ao pagamento prévio da indemnização, o Tribunal entendeu que a *"Lei de Nacionalização da Indústria Petrolífera"*, de Janeiro de 1980, mais conhecida por *Single Article Act Nullifying Oil Agreements*, ou, simplesmente, *Single Article Act*, com base na qual o Irão "anulara" o contrato com a *Khemco*, previa o pagamento de uma indemnização e que, por isso, se considerar respeitado o direito da *Amoco* à indemnização, não obstante à data do Acórdão essa indemnização ainda não haver sido paga[311]. Veremos na Parte II se neste ponto concreto o Tribunal decidiu bem, mas adiantaremos desde já que ele, para chegar a essa conclusão, parece ter-se deixado influenciar pelo facto de o contrato de concessão em causa não ter incluído nenhuma "cláusula de

---

[306] § 73. A mesma interpretação dá-a MOURI, pg. 45.

[307] UNTS, n.° 4132, 933.

[308] MOURI, pg. 35, n. 105.

[309] Pg. 222.

[310] Pgs. 232-233.

[311] Pgs. 232-233. Assim, MAPP, pg. 173. Interpretação diferente do Acórdão sobre este ponto é-nos dada, embora sem convencer, por MOURI, pgs. 233-234.

estabilização" que, essa, diz o Tribunal, teria tornado, só por si, ilícita a denúncia do contrato[312].

Faltava o problema do cômputo da indemnização devida. Para o abordar, o Tribunal deixou escritas talvez as melhores e mais densas páginas da jurisprudência internacional sobre a matéria.

O Tribunal sente, para o efeito, a necessidade de distinguir, de modo claro, a expropriação lícita da ilícita. Fá-lo, louvando-se no Acórdão do TPJI no caso *Chorzow*, que já conhecemos, e que o Tribunal considera o caso-modelo (*"leading case"*) na matéria. Partindo daí, o Tribunal entende que a expropriação *lícita* dá direito a uma indemnização "justa", que deve ser computada pelos "danos emergentes", isto é, deve corresponder ao "preço justo do bem expropriado", ou, o que é o mesmo, ao "valor do bem expropriado à data da expropriação". Isso, acrescenta o Tribunal, é prescrito pelo Direito Internacional tradicional em matéria de Expropriações, de raiz consuetudinária[313]. Ao contrário, a expropriação *ilícita* confere direito à reparação no quadro da teoria da responsabilidade internacional do Estado por actos ilícitos, portanto, segundo a fórmula definida para a reparação no caso *Chorzow*, e que atrás descrevemos. Nestes termos, a indemnização por expropriação ilícita deve cobrir tanto os danos emergentes como os lucros cessantes[314].

Voltaremos a estas complexas questões no lugar próprio da Parte II.

g) O caso **Ebrahimi**

Este caso é bastante diferente do anterior – daí, desde logo, o interesse que apresenta neste Capítulo deste livro. Foi julgado muito mais recentemente, em 12 de Outubro de 1994, não estando, por isso, ainda publicado[315], nem havendo praticamente ainda bibliografia sobre ele. Não pode ser confundido com o Acórdão interlocutório, sobre uma

---

[312] Pgs. 242-244. No mesmo sentido, MAPP, pgs. 173-174.

[313] §§ 193 e 196-197. Cfr. AMERASINGHE, *Assessment*, pg. 56, e MAPP, pg. 175.

[314] §§ 197-204. V. AMERASINGHE, *op.cit.*, especialmente pg. 59, e MAPP, *loc.cit.*

[315] Processo n.º 560-44/46/47-3, 3.ª Secção.

A jurisprudência internacional

questão prévia, proferido no mesmo processo em 16 de Junho de 1989, e onde o Tribunal decidiu que os queixosos eram parte legítima porque tinham nacionalidade americana, o que o Irão havia posto em causa[316]. *Shahin Ebrahimi*, *Cecilia Ebrahimi* e *Christina Ebrahimi*, como filhos de *Ali Ebrahimi*, queixaram-se no Tribunal de o Governo do Irão haver nomeado, sucessivamente, a partir de 13 de Novembro de 1979, Administradores (*"Directors"*) para a sociedade *Gostaresh Maskan*, uma importante empresa de construção iraniana, e de, desse modo, os haver "privado da propriedade e de direitos conexos", como herdeiros do principal accionista daquela empresa, o citado Ali. Por isso, pediram ao Tribunal uma indemnização por referência aos 19% do capital social que detinham naquela empresa, ou seja, cerca de 20 milhões de dólares[317].

A nomeação dos Administradores fora levada a cabo pelo Conselho Revolucionário Islâmico, com invocação da *"Lei Relativa à Designação de Administradores Provisórios para Supervisionar Entidades dos Sectores Público e Privado de carácter Produtivo, Industrial, Comercial, Agrícola e de Serviços"*, de 16 de Junho de 1979. Essa Lei permitia a nomeação daqueles administradores provisórios com fundamento no facto de "os administradores e/ou os proprietários das empresas haverem abandonado a empresa ou cessado a sua actividade, ou terem passado a estar inacessíveis, por qualquer razão, ao contacto com os proprietários ou os administradores" (art. 1.º daquela Lei). Acrescentava depois a mesma Lei – e este ponto reveste-se de muita importância – que a designação pelo Governo de um administrador, "esvaziava (os administradores eleitos pelos sócios) da sua competência" e fazia cessar o direito de os sócios "designarem administradores da sua confiança" (art. 2.º). Os administradores designados pelo Governo "representarão legalmente, em todos os aspectos, os originários administradores (da empresa) e terão todos os poderes (*"authorities"*) que forem necessários à gestão dos assuntos normais e correntes (da empresa)" (art. 3.º)[318].

---

[316] Processo n.º ITL 71-44/45/46/47-3, Iran-U.S.C.T.R. 22, pgs. 138 e segs. Cfr. §§ 17 e 53 e segs. do Acórdão em apreço. Sobre o Acórdão interlocutório, v. MAPP, pg. 79.

[317] § 1 do Acórdão.

[318] § 62.

O Direito Internacional ao longo da História

De harmonia com a citada Lei, o Governo do Irão designara, em 13 de Novembro de 1979, um primeiro Administrador para a empresa *Gostaresh*. Ora, os queixosos, com base em depoimentos dos Administradores por eles eleitos, alegavam que essa nomeação tivera como consequência que "os sócios da empresa haviam sido privados do uso, do controlo e dos rendimentos dos seus direitos de propriedade (*"ownership rights"*), particularmente do seu direito de gerir a empresa"[319] – o que, aliás, a própria Lei citada previa, como vimos, no seu artigo 2.º

O Governo do Irão contestou essa posição, alegando que a nomeação se fundara no artigo 1.º da citada Lei de 16 de Junho de 1979, já que, com a partida para o estrangeiro de Ali Ebrahimi, como se disse, o principal accionista e Administrador da empresa, a administração desta fora abandonada e haviam sido os restantes Administradores a pedir ao Governo a designação de um Administrador da sua confiança para a empresa[320].

O Tribunal deu como provado que o Governo do Irão nomeara, sucessivamente, a partir da referida data de 13 de Novembro de 1979, Administradores para a empresa; e que não se preenchera a previsão do artigo 1.º da referida Lei de 16 de Junho de 1979, dado que nem houvera abandono da empresa pelos seus restantes administradores eleitos nem a designação dos Administradores por parte do Governo fora requerida pelos Administradores eleitos pelos respectivos sócios mas sim pelos *trabalhadores* da empresa[321].

Em face disso, o Tribunal decidiu que a nomeação dos Administradores tinha de ser assimilada, em termos *objectivos*, a uma "nacionalização", mesmo não havendo provas de que, *subjectivamente*, o Governo tivera a intenção de nacionalizar a empresa – repetindo, deste modo, a doutrina já por si antes enunciada no caso *Tippetts*[322].

Por isso, de harmonia com a doutrina defendida pelo Tribunal neste caso, e que, com maior ou menor desenvolvimento, já fora por si

---

[319] §§ 63-66.

[320] §§ 67-68.

[321] §§ 71-72.

[322] Ac. 29-6-84, pgs. 225-226. Cfr. sobre este ponto DOLZER, *Indirect Expropriation*, pg. 50.

A jurisprudência internacional

expendida nos casos *Tippetts*[323], *Motorola*[324], *Sedco*[325], *Birnbaum*[326] e *Starrett*[327], estamos perante uma expropriação "quando o proprietário é privado dos direitos fundamentais que integram o direito de propriedade e se torna claro que essa privação não é meramente efémera. (...). A expropriação de um bem pode ter lugar, segundo o Direito Internacional, através da interferência de um Estado no *uso* do bem ou na *fruição* dos seus rendimentos ("*benefits*"), *mesmo não sendo afectado o título jurídico da propriedade*"[328]. Aplicando essa doutrina ao caso *sub judice*, o Tribunal decidiu que "(...) é difícil negar que, a partir da data em que o Governo nomeou um Administrador temporário ao abrigo da Lei de 16 de Junho de 1979 e aquele Administrador iniciou funções, o proprietário ("*owner*"), ficou *desprovido da capacidade de participar na administração e no controlo da sua empresa*"[329]. Por isso, a nomeação dos Administradores pelo Governo do Irão constituía "um indício altamente significativo de expropriação, porque retirara ao proprietário o seu direito de administrar a empresa"[330].

Sublinhe-se que, como se mostrou, o Tribunal, em abstracto, só atribui efeitos expropriativos à nomeação pelo Estado de Administradores para a empresa a partir do momento em que dela resulta a empresa "*cair sob o controlo do Governo*" e "não há expectativa razoável de recuperação do controlo" da parte dos administradores eleitos e dos sócios da empresa[331]. Ora, ele entende que, neste caso, essa situação se verificou *logo a partir de 13 de Novembro de 1979*, data da nomeação do primeiro Administrador escolhido pelo Governo. O Tribunal extraiu, desse modo, todas as consequências do citado artigo 2.º da Lei de 16 de Junho de 1979. E, em coerência com essa

---

[323] Pg. 225.

[324] Pg. 85, § 58.

[325] Pgs. 277-278.

[326] Ainda não publicado, § 29.

[327] Pgs. 154-156.

[328] § 76. Os itálicos são nossos.

[329] § 76, com itálico nosso. Essa mesma frase consta do contemporâneo Acórdão proferido no caso *Birnbaum*, § 29, onde a matéria de direito em discussão era idêntica.

[330] §§ 76 e 79.

[331] Citado § 76 e §§ 70 e 79. O itálico é nosso.

posição, considerou que o dever de indemnizar os sócios pelo acto análogo à nacionalização nascera na referida data de 13 de Novembro de 1979[332].

Curiosamente, neste caso o Tribunal não sentiu a necessidade de discutir se o acto equivalente à nacionalização levado a cabo era lícito ou ilícito. É que, diz o Tribunal[333], pensando no citado caso *Amoco*, embora sem o citar, aquela distinção releva para o efeito do cômputo da indemnização devida ao expropriado: em caso de expropriação *lícita*, o expropriado tem direito apenas à reparação dos danos emergentes; ao contrário, em caso de expropriação *ilícita*, a reparação deve cobrir também os lucros cessantes. Ora, no caso vertente, os queixosos, estranhamente, haviam pedido uma indemização apenas pelos *danos emergentes*. O Tribunal entendeu que esse era o mínimo a que os queixosos tinham direito a título de reparação pela nacionalização, pelo que não perdeu tempo em discutir a licitude da medida expropriativa e concedeu aos queixosos uma indemnização correspondente ao *"valor de substituição"* (*"sum of the replacement cost"*) dos activos corpóreos e incorpóreos da empresa à data de 13 de Novembro de 1979[334].

Como atrás escrevemos, a jurisprudência arbitral nos casos Irão-Estados Unidos será por nós retomada na Parte II sempre que isso interessar ao objecto do estudo neste livro.

---

[332] §§ 78-79.
[333] § 96.
[334] §§ 98 e 104.

PARTE II

A CONSTRUÇÃO DOGMÁTICA
DO REGIME DA PROTECÇÃO
DA PROPRIEDADE PRIVADA
EM DIREITO INTERNACIONAL

CAPÍTULO I

O PROBLEMA GERAL DOS ESTRANGEIROS EM DIREITO INTERNACIONAL

1. Razão de ordem. Questão de método

Após havermos retratado a evolução do Direito Internacional na matéria da definição do regime da propriedade privada de estrangeiros chegou a altura de tentarmos a construção dogmática desse regime. O plano da exposição que se segue nesta Parte II já ficou exposto no início do livro.

Aquela construção impõe que iniciemos esta Parte II com breves referências ao tratamento que o Direito Internacional confere aos estrangeiros. Mas só o faremos na estrita medida do que for necessário para o objecto desta monografia. Concretamente, não está nos nossos propósitos, porque não precisamos de o fazer neste livro, entrarmos no estudo *ex professo* de um sector do Direito que se tem desenvolvido particularmente na Alemanha sob a designação de "Direito dos Estrangeiros" ("*Ausländerrecht*") e que, aliás, é mais um capítulo do Direito Constitucional do que do Direito Internacional[335].

O Direito dos Estrangeiros, visto em globo, não tem merecido a simpatia da doutrina juspublicista portuguesa. E é pena, porque a dois títulos esse sector do Direito se reveste de enorme importância para Portugal.

---

[335] V., por todos, HAILBRONNER, *passim*; QUARITSCH, pgs. 663 e segs.; STERN, I, pgs. 217 e segs. e 316 e segs.; e MAUNZ/DÜRIG, anotações 91 e segs. ao artigo 1.°, n.° 3.

A construção dogmática

Primeiro, porque Portugal é ainda, e fundamentalmente, um país de emigração. Encontramos portugueses espalhados por quase todo o Mundo. Nuns casos, por necessidade; noutros, por fidelidade à nossa tradicional vocação ecuménica e ao nosso peculiar gosto de nos relacionarmos com outros povos. Por isso, a Ciência Jurídica portuguesa deveria preocupar-se mais com o estudo do regime do tratamento jurídico que aos seus cidadãos é concedido no estrangeiro.

Mas também porque a abertura de Portugal ao Mundo (sobretudo, mas não só, através da sua adesão à União Europeia) fez Portugal transformar-se, embora só embrionariamente, também num país de imigração e, o que é ainda mais importante, tornou Portugal num País muito procurado pelos investidores estrangeiros. Ora, isso imporia um estudo pormenorizado dos vários e complexos aspectos do estatuto jurídico de que os estrangeiros gozam em Portugal, quer em absoluto, quer em relação com os cidadãos portugueses. Mas, salvo erro ou omissão, nada se encontra na nossa doutrina com essa ambição, se não um relatório, aliás infelizmente já desactualizado, de LUÍS SILVEIRA, publicado na Alemanha[336].

O problema do estatuto dos estrangeiros pode ser encarado sob duas perspectivas: a do Direito Constitucional e a do Direito Internacional[337].

Sob o prisma do Direito Constitucional, a definição do estatuto dos estrangeiros tem a sua sede no Capítulo da protecção dos direitos fundamentais. Ou seja, o que se discute então é o problema de saber quais são os direitos, as liberdades e as garantias de que gozam, no território de um Estado, os estrangeiros (englobando-se nestes, para este efeito, também os apátridas), questão essa que forçosamente suscita o confronto entre os direitos, as liberdades e as garantias que o Direito Constitucional reconhece aos estrangeiros e aqueles que são atribuídos por ele aos nacionais do Estado respectivo. É disso que se ocupa, por exemplo, o artigo 15.º da nossa Constituição[338].

---

[336] Pgs. 1257 e segs.

[337] É o que nos demonstra com pormenor, por exemplo, DOLZER, como se pode ver logo pela epígrafe do seu estudo *Menschenrechte*, e também as suas pgs. 73-74.

[338] Expressamente no mesmo sentido da metodologia que adoptámos, e com um estudo exaustivo do "Estatuto dos estrangeiros do ponto de vista dos direitos fundamentais", QUARITSCH, pgs. 663 e segs.; e STERN, III/1, pgs. 1033 e segs.

O problema geral dos estrangeiros em Direito Internacional

Mas o prisma que nos interessa neste trabalho é o do Direito Internacional. Ou seja, para estudarmos o regime da protecção da propriedade privada no Direito Internacional e, portanto, o regime a que este submete a propriedade privada de estrangeiros sujeitos à jurisdição de determinado Estado, só nos interessa o estatuto que o próprio Direito Internacional define para os estrangeiros.

Os dois prismas são distintos e conduzem normalmente a resultados diferentes, desde logo porque, por mais generoso que seja o Direito Constitucional, por norma aos estrangeiros, pelo menos vistos estes em geral, não é reconhecida capacidade de gozo de todos os direitos fundamentais atribuídos aos cidadãos do Estado de acolhimento. Mais uma vez podemos trazer à colação o artigo 15.º da nossa Constituição.

Todavia, continuando a manter-se a separação entre esses dois prismas, sublinhamo-lo, essa distinção vai-se atenuando com o decurso do tempo, por uma das seguintes três razões: ou porque o Direito Constitucional vai recebendo, de forma expressa, na ordem interna o Direito Internacional dos Direitos do Homem, de fonte costumeira ou pactícia, dando-lhe até, porventura, grau constitucional ou supraconstitucional (é o caso dos arts. 8.º, n.º 1, e 16.º, da nossa Constituição[339]); ou porque, mesmo quando não o faz, se consegue fazer triunfar, ou pela própria Constituição ou, ao menos, pela via dos princípios gerais do Direito, ou, pela doutrina, ou pela jurisprudência, o *princípio da harmonia da Constituição com o Direito Internacional*, em mais do que uma faceta[340]; ou porque, nos Estados membros da União Europeia, o Direito Comunitário contém um princípio geral e absoluto de proibição de discriminação em razão da nacionalidade, embora, obviamente, ele vigore apenas no âmbito do domínio material já coberto pelo Direito Comunitário e que, actualmente, é, ainda, predominantemente económico (antigo artigo 6.º do Tratado CE[341], hoje, artigo 12.º do mesmo Tratado, após a sua revisão pelo Tratado de Amesterdão, à luz da qual serão citados neste livro os Tratados Comunitários).

---

[339] GONÇALVES PEREIRA/FAUSTO DE QUADROS, pgs. 108 e segs. e 116 e segs.

[340] V. *infra*, Parte III, N.º 2.3.

[341] V., por último, GRABITZ/HILF, anotações àquele artigo.

115

2. As origens da protecção dos estrangeiros no Direito Internacional

Desde o Direito Romano e até à 2.ª Guerra Mundial o estatuto jurídico dos estrangeiros situados no território de um Estado, ou que de algum modo se encontravam sujeitos a sua jurisdição, era definido pelo Direito interno deste último, o Estado de acolhimento. No velho Direito Romano era esse, aliás, o objecto do *ius gentium*, que em grande parte foi sendo moldado pelo *praetor peregrinus* e que buscava as suas raízes no Direito Natural[342].

Para os criadores do moderno Direito Internacional, VITÓRIA, SUAREZ e GRÓCIO, aquele tinha uma concepção universalista e, por isso, o Estado era apenas uma parcela de toda a Humanidade. Sendo assim, todos os Estados deviam respeitar todos os seres humanos, inclusive os estrangeiros, reconhecendo-lhes personalidade jurídica[343]. É nesse sentido que tinha de ser interpretado o trecho de VITÓRIA segundo o qual "é conforme com a justiça e a humanidade tratar bem os estrangeiros" e "identificá-los com os nacionais", desde que eles se sujeitem às "regras comuns" do respectivo Estado. VITÓRIA suscitava esta posição a propósito do direito dos indivíduos a emigrar (*ius peregrinandi*)[344].

Não iam em sentido diferente as reflexões de GRÓCIO sobre a matéria[345].

Como nota ALFRED VERDROSS, parece ter sido EMMERICH VATTEL quem primeiro se sensibilizou para a necessidade de os estrangeiros verem o seu estatuto regulado pelo Direito Internacional, quando, na sua obra clássica que o tornou célebre, dedicou um capítulo inteiro às "regras aplicáveis a estrangeiros"[346]. Todavia, em VATTEL essa ideia encontrava-se elaborada de forma ainda muito rudimentar: a preocupação do Direito Internacional pelos estrangeiros não ia tanto no sentido

---

[342] GONÇALVES PEREIRA/FAUSTO DE QUADROS, pgs. 19-20 e as fontes romanas aí cits., especialmente *Digesto*, I.I, tít. I, 9. Um estudo mais aprofundado da evolução histórica do estatuto jurídico dos estrangeiros pode ver-se em VERZIJL, Partes V e VI; e ARNOLD, pgs. 6-8.

[343] Veja-se esta questão desenvolvida em VERDROSS, *Règles*, pgs. 348 e segs.; e WOLFRUM, *Migration*, pgs. 192 e segs.

[344] *De indis*, pgs. 642 e 705. Cfr. WOLFRUM, *op.cit.*, pg. 192.

[345] Livro II, Cap. 5, n. XXIV.2.

[346] Cap. VIII.

de estes deverem gozar de um estatuto próprio conferido pela norma internacional mas, sim, no de eles carecerem de "protecção" e de "segurança" da parte do Soberano[347].

E, ainda baseando-nos em VERDROSS, podemos dizer que foi essa a concepção que perdurou até, pelo menos, aos anos 30, passando pelos trabalhos do Instituto de Direito Internacional e da melhor doutrina internacionalista do início deste século, a começar por ANZILOTTI[348,349].

É praticamente após a 2.ª Grande Guerra que o estatuto dos estrangeiros e, concretamente, dos seus direitos fundamentais, passam a ser objecto do Direito Internacional, de tal modo que se começa então a falar em Direito Internacional dos Direitos do Homem como um capítulo do moderno Direito Internacional Público[350].

Note-se que, por definição, e como já se disse atrás, o Direito Internacional só se preocupa com os direitos fundamentais na perspectiva da relação de um Estado com pessoas estrangeiras, singulares ou colectivas. A protecção dos direitos fundamentais de um indivíduo pelo Estado da sua nacionalidade não é matéria de Direito Internacional mas, sim, do seu Direito interno, salvo se o Estado estiver vinculado a regras internacionais que conferem direitos também a nacionais dos respectivos Estados, por alguma das vias a que há pouco aludimos.

3. Algumas questões fundamentais em torno do estatuto dos estrangeiros em Direito Internacional

O Direito Internacional geral ou comum lentamente vai ultrapassando os postulados clássicos e tradicionais em que assentava, e

---

[347] Cap. VIII, §§ 101, 104, 106 e 108.

[348] A 1.ª ed. do *Corso* do Autor italiano é de 1912, mas essa orientação perdurou até à última ed. da obra, a 4.ª, de 1955 – pgs. 111 e segs.

[349] Assim, VERDROSS, *Règles*, pgs. 349 e segs. No m. sentido, WOLFRUM, *op.cit.*, pgs. 192 e segs., apoiando-se, complementarmente, em PUFENDORF, KANT e BLACKSTONE.

[350] *Restatement*, vol. 2, pgs. 144 e segs.; BROWNLIE, *Principles*, pgs. 564 e segs.; IPSEN, pgs. 662 e segs.; VERDROSS/SIMMA, pgs. 72 e segs.; e, para uma visão em conjunto do problema, BUERGENTHAL, *International Human Rights*, *passim*.

segundo os quais ele regulava relações apenas entre Estados e, portanto, o indivíduo não era sujeito autónomo do Direito Internacional.

Hoje o indivíduo já é sujeito do Direito Internacional geral ou comum, embora com capacidade jurídica limitada[351]. A personalidade jurídica, como *qualidade*, isto é, como susceptibilidade de se ser sujeito de direitos e obrigações, não é quantificável. O indivíduo, em face do Direito Internacional, tem essa susceptibilidade, logo é sujeito. O que pode estar, e está, limitada, porque consiste, não nessa qualidade, mas numa *medida*, é a sua capacidade de gozo e, sobretudo, a sua capacidade de exercício: a primeira, porque ela se mede pelos direitos que o Direito Internacional geral ou comum efectivamente confere ao indivíduo, pelo menos por confronto com a capacidade de gozo que lhe é reconhecida pelo Direito interno dos Estados mais desenvolvidos, e que, pelo menos para certa corrente, são poucos e em áreas muito localizadas; a segunda, porque ela se encontra tolhida com a ausência ou insuficiência de efectiva garantia jurisdicional desses direitos[352,353]. Diga-se, todavia, de passagem, que qualquer destas duas afirmações não é pacífica: a primeira, pelas razões que exporemos melhor no Capítulo II, a propósito do direito à propriedade privada; a segunda, porque, no plano do Direito Internacional geral ou comum, se é verdade que não existe, de facto, um órgão jurisdicional ao qual o indivíduo tenha acesso pessoal e directo para fazer valer os seus direitos, não menos verdade é que ele tem, contudo, acesso, através de um "direito de queixa individual", à Comissão dos Direitos Humanos das Nações Unidas, à qual compete uma acção de fiscalização, ainda que não de carácter jurisdicional, sobre o respeito pelos direitos consagrados na Carta e no Direito derivado das Nações Unidas[354].

---

[351] Mantemos, portanto, a orientação que adoptámos no *Manual*, pgs. 299 e segs., que já constava das primeiras duas edições da obra, da responsabilidade exclusiva do Professor ANDRÉ GONÇALVES PEREIRA, e que é a dominante na doutrina – v., nesse sentido, a bibl. aí cit.

[352] Essa distinção entre personalidade e capacidade jurídicas deve-se entre nós ao Professor PAULO CUNHA, pgs. 102 e segs.

[353] No sentido do que dizemos no texto, por todos, MOSLER, *Subjects*, pg. 443. Cfr. o *Manual* cit. na penúltima n., pgs. 398 e 405 e segs.

[354] Assim, por último, *Comentário Wolfrum*, pg. 552.

O problema geral dos estrangeiros em Direito Internacional

Por tudo isso, e como já noutro local dissemos[355], não estamos com o sector da doutrina que, como a Escola de Berlim, formada em torno do ensino do Professor WENGLER[356], entende que o indivíduo não é, em geral, sujeito do Direito Internacional só porque não goza, em princípio, de garantia jurisdicional dos direitos que o Direito Internacional lhe confere; ou com os Autores que, como FRÉDÉRIC SUDRE[357], não obstante reconhecerem que o Direito Internacional particular convencional (ele está a pensar na Convenção Europeia dos Direitos do Homem e na Convenção Americana dos Direitos do Homem) já confere garantias jurisdicionais aos direitos que outorga ao indivíduo, entendem que ele continua, mesmo então, a não ser sujeito de Direito porque essas garantias são "precárias", dado que se encontram "subordinadas à vontade dos Estados", pois, se estes denunciarem os respectivos tratados, aquelas garantias desaparecem. Se fôssemos por esse caminho, teríamos então que concluir que o indivíduo também não é sujeito de muitas Ordens Jurídicas internas, em Estados, particularmente anglo-saxónicos, mas não só, e até na Ordem Jurídica portuguesa, onde lhe são conferidos direitos com, *de jure* ou *de facto*, restrita, se não inexistente, garantia jurisdicional. Ora, ninguém deseja essa conclusão.

Nem mesmo estamos com os Autores como, por exemplo, IPSEN[358] e MCDOUGAL, LASSWELL e CHEN[359], que, para exprimirem a capacidade jurídica de gozo limitada do indivíduo, pelo menos perante o Direito Internacional geral ou comum, falam de "personalidade jurídica parcial".

O indivíduo é sujeito do Direito Internacional geral ou comum[360] pelo simples facto de este lhe atribuir directamente direitos. É certo que, como se disse, a sua capacidade tanto de gozo como de exercício

---

[355] GONÇALVES PEREIRA/ FAUSTO DE QUADROS, pg. 301.

[356] *Begriff*, pgs. 128 e segs.

[357] *Droit International*, pg. 57. Note-se, todavia, que o A. acaba, na mesma pg., por reconhecer que o indivíduo é sujeito do Direito Internacional, embora um "sujeito menor".

[358] Pg. 626.

[359] Pgs. 275 e segs.

[360] GONÇALVES PEREIRA/FAUSTO DE QUADROS, pgs. 382 e segs. e bibl. e jurisprudência conformes aí cits.

A construção dogmática

estão limitadas no estado actual do Direito Internacional geral ou comum àqueles direitos que de facto lhe são conferidos por ele (capacidade de gozo) ou que ele pode exercer de harmonia com meios próprios daquele ramo de Direito (capacidade de exercício). Por sua vez, no Direito Internacional particular, de base convencional, nem isso assim acontece, porque a capacidade de gozo do indivíduo engloba um rol vasto de direitos e, pelo menos em certos espaços regionais, o Direito Internacional confere ao indivíduo meios jurisdicionais para efectivar os seus direitos.

Veremos, adiante, no Capítulo seguinte, se o direito de propriedade privada se inclui entre esses direitos que integram a capacidade de gozo do indivíduo segundo o Direito Internacional, ou seja, se existe um direito à propriedade privada conferido ao estrangeiro pelo Direito Internacional.

Isto quer dizer que, quando um Estado pratica um acto ilícito (por ora contentemo-nos com esta hipótese, veremos mais tarde se o problema não se coloca mesmo quando o acto é lícito), traduzido numa acção ou omissão, dirigido a um cidadão de um outro Estado, ele constitui-se em responsabilidade internacional *directamente* perante o indivíduo caso esse acto viole um direito conferido *directamente* a esse indivíduo pelo Direito Internacional. Mas, à margem dessa relação entre o Estado autor do acto e o indivíduo lesado por esse acto, este faz também, e simultânea e paralelamente, nascer uma relação jurídica entre o Estado infractor e o Estado nacional do indivíduo lesado, ao abrigo da protecção diplomática que, segundo o Direito Internacional, o Estado da nacionalidade tem o direito de exercer em relação aos seus nacionais[361].

Estudaremos mais adiante, em local mais adequado, o instituto da protecção diplomática[362]. Mas diremos, desde já, que à face do Direito Internacional, a protecção diplomática é um direito, e apenas um *direito*, do Estado nacional. Saber-se se ela constitui também um *dever*, e, porventura, um *dever constitucional*, do Estado para com o seu cidadão, é algo que escapa ao Direito Internacional e constitui matéria

---

[361] GECK, pg. 100.
[362] *Infra*, Cap. V, n.° 5.3, §§ 2.° e 3.°

O problema geral dos estrangeiros em Direito Internacional

do Direito interno do respectivo Estado[363]. A existir esse dever, a sua violação gera responsabilidade do Estado perante o seu respectivo cidadão, a efectivar, essa, nos tribunais nacionais e segundo o respectivo Direito interno. No plano internacional, o Direito Internacional consuetudinário tanto confere ao Estado da nacionalidade o direito de protecção diplomática como impõe ao Estado de acolhimento a obrigação, perante o primeiro Estado, de respeitar os direitos dos cidadãos deste – e isso é assim quer abordemos a matéria do ponto de vista do Direito Internacional dos Direitos do Homem, quer a encaremos sob o prisma da Responsabilidade Internacional do Estado[364]. A violação dessa obrigação, referida em último lugar, configura um acto ilícito dirigido contra o Estado da nacionalidade do indivíduo e gera, segundo o costume internacional, responsabilidade internacional do Estado de acolhimento, o Estado infractor, perante o Estado da nacionalidade do indivíduo lesado, seja este pessoa singular ou colectiva[365].

Mesmo quando o Estado de acolhimento se constitui directamente em responsabilidade internacional para com o indivíduo lesado, por violação de um direito fundamental que o Direito Internacional confere *a este*, o indivíduo não poderá efectivar directamente essa responsabilidade no quadro do Direito Internacional geral ou comum, porque este não reconhece o acesso pessoal do indivíduo a meios jurisdicionais próprios do Direito Internacional, para fazer valer os seus direitos. Quer por isso, quer porque a responsabilidade internacional do Estado infractor perante o indivíduo lesado pela violação de um direito fundamental corre paralelamente à responsabilidade internacional daquele perante o próprio Estado de nacionalidade, em face do direito deste à protecção diplomática dos seus nacionais, é o Estado nacional do lesado que deve efectivar a responsabilidade do Estado infractor, embora o indivíduo lesado tenha (salvo se o Direito nacional do Estado infractor dispuser o contrário), por imposição de outra regra do costume internacional, que exaurir previamente os meios internos do sistema jurídico do Estado infractor antes de o Estado da sua nacionalidade poder, de harmonia com o Direito Internacional, efectivar a

---

[363] Assim, GECK, pgs. 105-106.

[364] GECK, pg. 100. É essa também a posição do *Restatement*, vol. 2, pgs. 146 e segs.

[365] ARNOLD, pg. 9.

responsabilidade internacional do Estado infractor, isto é, antes de ele poder requerer ao Estado infractor a reparação dos prejuízos resultantes do facto ilícito, e tudo isso no exercício do seu referido direito de protecção diplomática para com o seu cidadão[366].

O problema do estatuto dos estrangeiros apresenta-se-nos mais fácil à face do Direito Internacional convencional, pelo menos de âmbito regional. Nesse caso, por vezes, e como já atrás dissemos, não só o Direito Internacional enuncia com maior clareza, rigor e amplitude os direitos que confere ao indivíduo como também define, ele próprio, as garantias que outorga ao indivíduo para efectivar a responsabilidade internacional do Estado que os infringe. Todavia, mesmo então, e com base nas mesmas razões que acima expusemos quanto ao Direito Internacional geral ou comum, o Estado da nacionalidade do estrangeiro continua a ser titular do direito de assegurar protecção diplomática a este, devendo o estrangeiro exaurir os meios internos, antes tanto de efectivar, ele próprio, a responsabilidade internacional do Estado de acolhimento, como de ser o Estado da nacionalidade a fazê-lo. Note-se, todavia, que, pelo menos a nível do Direito Internacional convencional bilateral (estamos a pensar nos TBI), pode acontecer que se admita o acesso directo do indivíduo a meios jurisdicionais internacionais sem a necessidade prévia da exaustão de meios internos[367].

Falta uma nota final para melhor precisarmos o objecto do estudo neste Capítulo: uma nota sobre o conceito de estrangeiro. Como pormenorizadamente observam ARNOLD[368] e DIEZ DE VELASCO[369], quem diz quem é estrangeiro ou não é o Estado de acolhimento. Ou seja, será o respectivo Direito nacional que, ao definir os requisitos da respectiva nacionalidade, estará a estabelecer, expressa ou tacitamente, quem é estrangeiro.

Por sua vez, o estrangeiro não se confunde com o apátrida, nem conceptualmente, nem no respectivo estatuto segundo o Direito Internacional[370].

---

[366] Mais uma vez, v. *infra*, Cap. V, n.ºs 5.2 e 5.3.
[367] Como nos mostram DOLZER e STEVENS, pgs. 122 e segs. e 130 e segs.
[368] Pg. 6.
[369] Pgs. 601 e segs.
[370] ARNOLD, *loc.cit.*; e OPPENHEIM, I, pgs. 903 e segs.

O problema geral dos estrangeiros em Direito Internacional

Todavia, há uma zona comum do Direito Internacional que se aplica tanto a estrangeiros como a apátridas.

Para os efeitos deste livro, é indiferente a distinção entre uns e outros. Por outras palavras, o Direito Internacional da Propriedade Privada não distingue e não precisa de distinguir os estrangeiros dos apátridas. Por isso, só estabeleceremos uma separação entre uns e outros quando ela se impuser de todo para o tratamento do objecto desta monografia. Nestas circunstâncias, quando falarmos em estrangeiros estaremos a pensar indistintamente em estrangeiros e apátridas[371].

4. O estatuto dos estrangeiros e o Direito Internacional dos Direitos do Homem

O estatuto dos estrangeiros à face do Direito Internacional, isto é, o regime jurídico a que os sujeita o Direito Internacional, pode ser abordado, em teoria, sob dois prismas.

Antes de mais, sob o prisma da responsabilidade internacional dos Estados por ofensas (*"injuries"*) dirigidas a estrangeiros. É essa a tradição do Direito Internacional desde JESSUP[372]. Mais uma vez se está perante uma consequência de a doutrina clássica não reconhecer personalidade jurídica de Direito Internacional ao indivíduo. Um dos melhores intérpretes desta corrente clássica, formulada nesses termos, foi, no início deste século, VON LISZT[373]. Por isso, o indivíduo não é visto como sujeito de direitos mas apenas como "lesado", no sentido de objecto do ilícito internacional.

É a via *patológica* da abordagem do problema do estatuto dos estrangeiros segundo o Direito Internacional.

---

[371] Na mesma orientação, HAILBRONNER, pgs. 11 e segs.; QUARITSCH, pgs. 663 e segs.; e STERN, III-1, pgs. 217 e segs. Para uma resenha histórica deste problema no Direito Internacional, ARNOLD, pgs. 6 e segs.

[372] Cfr. LILLICH, *Duties*, pgs. 373 e segs.; ID., *Current Status*, pgs. 3 e segs.; GARCÍA-AMADOR/SOHN/BAXTER, pgs. 7 e segs.; e, mais recentemente, BUERGENTHAL, *International Human Rights*, pgs. 13 e segs.

[373] Pgs. 47 e segs.

A construção dogmática

Mas ele pode ser tratado também sob o ponto de vista do chamado *Direito Internacional dos Direitos do Homem.*

A expressão Direito Internacional dos Direitos do Homem, muito embora seja do agrado da doutrina norte-americana[374], nunca foi objecto de elaboração rigorosa da parte dos especialistas. A doutrina europeia, salvo algumas excepções[375], evita-a. Não é por acaso que na *Encyclopedia* de Rudolf Bernhardt essa expressão não é objecto de tratamento autónomo.

Essa menor simpatia pela noção de Direito Internacional dos Direitos do Homem deve-se ao facto de ela apresentar mais um intuito metodológico do que um conteúdo dogmático ou científico. De facto, através dela pretende-se abranger todas as normas do Direito Internacional, qualquer que seja a sua fonte, que se ocupem dos direitos do indivíduo, primeiro, do estrangeiro e, depois, também do nacional, mas independentemente de elas conferirem directamente direitos ao indivíduo ou de apenas, na visão tradicional da matéria, imporem obrigações aos Estados. Ou seja, aquela expressão tem o mérito de demarcar uma área importante do moderno Direito Internacional, que muito se tem desenvolvido nas duas últimas décadas e que constitui, sem dúvida, um dos grandes desafios à elaboração do Direito Internacional nesta viragem do século[376]; mas carece, ainda, de densidade dogmático-jurídica.

Assim delimitado, o Direito Internacional dos Direitos do Homem funda-se no artigo 55.º, al. *c*, da Carta das Nações Unidas[377]. Com base nesse preceito, ele é composto, no plano do Direito Internacional geral, antes de mais, por aquilo que THOMAS BUERGENTHAL[378] designa de "Magna Carta dos Direitos do Homem" ("*International Bill of Human Rights*"), ou seja, pela DUDH e pelos Pactos de 1966 e respectivos

---

[374] Por todos, v. o *Restatement*, vol. 2, pgs. 153 e segs., mas também BUERGENTHAL, *International Human Rights*, loc.cit., e HENKIN/HARGROVE, *passim*.

[375] Para só citar um Autor de grande nomeada, SUDRE, *Droit international*, sobretudo pgs. 17 e segs.

[376] Ver sobre isso as excelentes obras de HENKIN/HARGROVE, *passim*, e de HENKIN, *International Law*, pgs. 97 e segs., esta última, sem dúvida, uma das melhores obras científicas da actualidade sobre os problemas filosófico-jurídicos dos Direitos do Homem.

[377] *Restatement*, vol. 2, pgs. 154 e 173; KLAUS STERN, III/1, pgs. 247 e segs.

[378] *International Human Rights*, pgs. 28 e segs. e 248 e segs.

O problema geral dos estrangeiros em Direito Internacional

Protocolos. Depois, ele engloba as diversas Convenções concluídas sob a égide das Nações Unidas sobre Direitos do Homem, e pelo Direito Internacional Humanitário; e, no plano do Direito Internacional, pelos Pactos regionais sobre Direitos do Homem, isto é, na Europa, pela CEDH, pela Carta Social Europeia, e pelas normas sobre Direitos do Homem constantes do Documento de Copenhaga de 1990, que constitui hoje o catálogo de direitos da nova Organização para a Cooperação e para a Segurança Europeia[379], e, fora da Europa, pela Convenção Americana dos Direitos do Homem (CADH) e pela Carta Africana dos Direitos do Homem e dos Povos (CAfrDH)[380].

A doutrina e a jurisprudência norte-americanas dividem-se hoje entre duas posições, uma, segundo a qual todo o Direito Internacional dos Direitos do Homem seria, *de modo abstracto*, costume internacional geral e comum, outra, de harmonia com a qual sê-lo-ia pelo menos o conjunto composto pelo artigo 55.º, al. *c*, da Carta da ONU, pela DUDH, pelos Pactos de 1966 e pelas Resoluções e Convenções mais importantes aprovadas pelas Nações Unidas sobre Direitos do Homem. Num e noutro caso, o costume geral, assim demarcado, obrigaria todos os Estados da Comunidade Internacional[381]. A primeira das duas correntes louva-se no Acórdão do TIJ no caso *Barcelona Traction*[382].

Não precisamos de nos embrenhar neste livro nessa discussão, aliás, bastante complexa. Para chegarmos sobre ela a uma conclusão rigorosa teríamos, a nosso ver, que colocar o problema em relação a cada um dos textos em causa e quanto a cada um dos direitos fundamentais em questão – não cremos que o caminho possa ser outro. De qualquer modo, podemos adiantar que, no estado actual de evolução do

---

[379] BUERGENTHAL, *CSCE Meeting*, pgs. 218 e segs.

[380] V. esta questão, em globo, em DOLZER, *Menchenrechte*, pgs. 69 e segs., HENKIN, *Human Rights*, pgs. 268 e segs., e BUERGENTHAL, *International Human Rights*, pgs. 28 e segs., 58 e segs., 102 e segs., 151 e segs., 159 e segs., 174 e segs., 228 e segs. Cfr., também, com a pretensão de um tratamento exaustivo da matéria, o *Restatement*, locs.cits.

[381] Veja-se um apanhado geral desta posição no *Restatement*, sob o § 701, vol. 2, pgs. 155 e segs. Cfr. HENKIN, *International Bill of Rights*, pgs. 72-73, e MCDOUGAL/LASSWELL/CHEN, pgs. 15 e 326-327; BUERGENTHAL, *International Human Rights*, pgs. 311 e 315 e segs.

[382] Pgs. 3 e segs.

A construção dogmática

Direito Internacional, nos parece demasiado ambiciosa a tese segundo a qual todo o Direito Internacional dos Direitos do Homem já se encontra coberto, sem mais, pelo costume internacional.

A nós, contudo, só nos interessa o direito de propriedade privada, ou seja, só nos interessa saber se o Direito Internacional reconhece ao indivíduo aquele direito e qual é a sua natureza. É o que faremos no Capítulo seguinte.

Regressando, pois, ao início deste número, diremos que a melhor via para o estudo do estatuto dos estrangeiros no Direito Internacional, e que será a que adoptaremos a seguir, do ponto de vista metodológico, será a última indicada, ou seja, a do regime a que o Direito Internacional dos Direitos do Homem sujeita esse estatuto e não a via patológica da responsabilidade internacional.

Por seu lado, neste Capítulo abordaremos o estatuto dos estrangeiros em geral e em abstracto e tão-somente com o intuito de carrearmos para a investigação os elementos necessários ao prosseguimento, nos Capítulos seguintes, do estudo de questões que mais directamente se prendem com o objecto deste livro. Por exemplo, não nos preocuparemos com regimes especiais de tratamento de estrangeiros, como é o caso do regime dos refugiados[383] e dos prisioneiros[384].

5. O grau de protecção dos estrangeiros no Direito Internacional

5.1. *Enunciado do problema*

Se é muito antiga a ideia de que o Direito Internacional deve proteger os estrangeiros, o mesmo não acontece com a questão de saber qual o grau de protecção que o Direito Internacional lhes deve conferir.

Segundo parece, foi VATTEL, no século XVIII, o primeiro a sustentar também a ideia de que o Direito Internacional deveria garantir um "grau mínimo" de protecção aos estrangeiros[385]. E essa questão

---

[383] Cfr. WOLFRUM, *Migration*, pgs. 191 e segs.

[384] Sobre o grau mínimo do tratamento de prisioneiros, v. a Resolução do Conselho Económico e Social da ONU, de 31-7-57, UN.DOC.E/3048(1957).

[385] I, pgs. 3 e segs. Cfr. VEROSTA, pg. 173; e VAGTS, pgs. 383 e segs. Quanto à citada obra de VATTEL, queremos sublinhar que os estudiosos são unânimes em con-

O problema geral dos estrangeiros em Direito Internacional

sempre surgiu, a partir daí, acoplada ao instituto da protecção diplomática, visto como meio de os Estados assegurarem aos seus cidadãos o respeito, pelo menos, por esse grau mínimo de protecção da parte dos Estados de acolhimento.

Mas estava por definir o conteúdo desse grau mínimo. De forma ainda tímida, pouco mais se integrava nele, nessa época, do que o direito do estrangeiro a um processo civil e criminal equitativo, o direito ao tratamento "decente" na prisão e – note-se, de modo especial – o direito a só se ver privado da sua propriedade para um fim de interesse público e mediante justa indemnização[386].

Todavia, embora com contornos e conteúdo por definir, pelo menos o princípio da necessidade de um grau mínimo de protecção para os estrangeiros entrou então no Direito Internacional e passou a ser observado como costume internacional.

5.2. *A teoria do tratamento nacional*

À ideia, que nascera no século XVIII, do grau mínimo de protecção que o Direito Internacional deveria conceder aos estrangeiros, e, acessoriamente, do direito que o Estado nacional tinha de lhes assegurar protecção diplomática para lhes garantir o respeito pelo Estado de acolhimento desse grau mínimo, opôs-se, nos finais do século passado, a concepção segundo a qual todos os Estados tinham de observar o respeito pelos princípios da igualdade entre os seus cidadãos e os estrangeiros, pelo que eles não podiam aceitar a sujeição destes últimos ao Direito Internacional. Tais como os nacionais, os estrangeiros regiam-se apenas pelo Direito nacional do respectivo Estado de acolhimento. Daí esta orientação ser conhecida, de forma feliz, por *teoria do "tratamento nacional"*[387].

---

siderá-la um "clássico do Direito Internacional", sobretudo pela magnífica síntese que, para a época, ela produz entre "elementos filosóficos, históricos e jurisprudenciais" – v., p.ex., VEROSTA, *loc.cit.*

[386] É a opinião dominante na interpretação que os Autores dão do pensamento de VATTEL – ver VAGTS, pg. 383, e ROTH, pgs. 10 e segs.

[387] Veja-se esta teoria descrita em IPSEN, pgs. 663 e segs. e bibl. aí citada; BROWNLIE, *Principles*, pgs. 523 e segs.; e SCHRIJVER, pgs. 705 e segs.

A construção dogmática

O fundamento último desta corrente reside no princípio da igualdade soberana dos Estados. E o objectivo que ela pretende alcançar é o da reacção contra o que os seus partidários entendiam ser o exercício abusivo do direito de protecção diplomática pelos Estados quanto aos seus cidadãos que se encontravam sob a jurisdição de outros Estados[388].

Como já se disse atrás, foi CARLOS CALVO quem melhor soube interpretar esta corrente, assumindo-se, em 1868, como o porta-voz do que, à época, era o pensamento dominante na Diplomacia dos Estados latino-americanos, particularmente da Argentina e do México[389].

CALVO rejeitava em absoluto a ideia de um mínimo de protecção dos estrangeiros pelo Direito Internacional e defendia um regime jurídico igual para a responsabilidade do Estado no tratamento quer dos seus nacionais, quer dos estrangeiros, devendo, por isso, também estes, ficar sujeitos, de modo igual àqueles, ao Direito nacional do Estado de acolhimento e aos respectivos tribunais. E adiantava ele: "É certo que os estrangeiros que se estabelecem num Estado têm direito à mesma protecção que os nacionais, mas não podem exigir uma protecção maior"[390]. Admitir-se um grau mínimo de protecção conferido pelo Direito Internacional aos estrangeiros significaria criar-se "um privilégio exorbitante e fatal, essencialmente favorável aos Estados mais poderosos e ignominioso para os Estados mais fracos, vindo a estabelecer-se uma injustificada desigualdade entre nacionais e estrangeiros"[391]. Para além de violar o princípio da igualdade soberana dos Estados, a teoria do grau mínimo internacional infringiria também, para CALVO, um dos elementos essenciais da "independência dos Estados", a saber, a sua "soberania territorial"[392].

Assim enunciada, a *Doutrina Calvo* apresentava três corolários: era o Direito nacional do Estado de acolhimento que regia os direitos e

---

[388] Cfr. GRAHAM, pgs. 292 e segs.; GARCÍA-AMADOR, *Calvo Doctrine*, pgs. 62 e segs.; e OSCHMANN, pg. 29.

[389] IPSEN, pgs. 613, 617 e 663; OSCHMANN, pgs. 7 e segs. e 25 e segs.

[390] Vol. 6, pg. 231. Cfr., *supra*, Parte I, Cap. I, n.º 3.

[391] Vol. 3, pg. 142.

[392] *Loc.cit.* Cfr. GARCÍA-AMADOR, *op.cit.*, pg. 62; OSCHMANN, pgs. 25 e segs.; e GRAHAM, *loc.cit.* Uma muito actual interpretação da *Doutrina Calvo*, no sentido do texto, é-nos dada por SCHRIJVER, pgs. 707 e segs.

O problema geral dos estrangeiros em Direito Internacional

os deveres dos estrangeiros; só os tribunais nacionais daquele Estado tinham competência para conhecer os litígios em que interviessem estrangeiros; e era ilegítima a resolução desses litígios por via do Direito Internacional[393].

Por sua vez, as implicações daquela Doutrina eram evidentes: se no plano do Direito Internacional ela conduzia à exclusão deste, no plano interno ela não reconhecia aos estrangeiros um tratamento *mais favorável* do que aos nacionais, mas, ao contrário, garantia-lhes um tratamento *não mais desfavorável* do que a estes[394].

A *Doutrina Calvo* espalhou-se, com maiores ou menores reticências, por quase toda a América Latina[395]. Tendo sido recebida com simpatia logo na 1.ª Conferência dos Estados Americanos, que teve lugar em Washington, em 1889-1890, ela viria a ser adoptada, quando da 9.ª Conferência daqueles Estados, que se reuniu em Montevideu, em 1933, no artigo 9.º da Convenção sobre os Direitos e Deveres dos Estados, então aprovada, e praticamente pelas mesmas palavras com que CALVO formulara a Doutrina, e que acima transcrevemos[396]. Todavia, ela não foi tendo aplicação uniforme da parte dos Estados que a ela aderiram. Assim, e como nos revela um Ilustre Autor, que durante uma certa fase do seu pensamento esteve perto das ideias de CALVO, o Professor GARCÍA-AMADOR[397], alguns Estados entendiam que a *Doutrina Calvo* não os dispensava de conceder aos estrangeiros um tratamento mais favorável do que aos nacionais, pelo menos quando esse tratamento fosse imposto por fontes superiores do Direito Internacional, embora esta questão nunca tivesse tido um esclarecimento definitivo.

Note-se, até porque isso não é vulgarmente referido pelos Autores, que a *Doutrina Calvo* não pode ser confundida com a *Cláusula Calvo*[398]. Esta pretende, sem dúvida, completar a primeira e reforçar os seus efeitos, mas não a substitui[399].

---

[393] OSCHMANN, pgs. 29 e segs.

[394] OSCHMANN, *loc.cit.*

[395] Ver pormenores em GARCÍA-AMADOR, *op.e loc.cits.*; e IPSEN, *loc.cit.*

[396] Cfr. GARCÍA-AMADOR, *op.e loc.cits.*

[397] *Op.cit.*, pgs. 62-63.

[398] BROWNLIE, *Principles*, pg. 545; SCHRIJVER, *loc.cit.*; OSCHMANN, pgs. 7-8.

[399] GRAHAM, pgs. 289 e segs.

A construção dogmática

Com efeito, a *Cláusula Calvo* (que passou a assumir a expressão de uma autêntica cláusula inserida em contratos entre Estados e investidores estrangeiros, nomeadamente em contratos de concessão) pretende, não apenas prevenir o exercício abusivo do direito de protecção diplomática, mas, mais do que isso, "eliminar, em globo"[400], aquele instituto, especialmente eliminar o direito de o Estado nacional efectivar perante alguma instância internacional, jurisdicional ou não, a responsabilidade internacional do Estado de acolhimento por danos causados aos cidadãos do primeiro.

Por isso, como dissemos, a *Cláusula Calvo* completa a *Doutrina Calvo*: ela é utilizada quando se pretende levar a igualdade entre nacionais e estrangeiros até ao seu extremo, e quando se pretende, não apenas limitar o exercício, mas privar totalmente o Estado nacional do exercício do direito à protecção diplomática. Num caso destes, ao estrangeiro só restará, para a defesa dos seus direitos, o acesso aos tribunais nacionais, e nas mesmas condições que os cidadãos nacionais[401].

Uma nota final para a compreensão rigorosa da teoria do tratamento nacional dos estrangeiros. Ela não reconhece aos estrangeiros direito a um tratamento mais favorável do que aos nacionais; mas também, como se disse atrás, ela não os quer desfavorecer em relação a estes. Por isso, se fala em teoria do "tratamento nacional" e se diz que ela se funda na regra da *igualdade* entre nacionais e estrangeiros. Mas reconhecer-se isso não exclui que, em nome dessa mesma igualdade, o estrangeiro possa, por esta teoria, ficar totalmente desprotegido, quer do ponto de vista dos direitos substantivos, quer do ponto de vista dos direitos processuais (por exemplo, acesso à justiça, regime de detenção, etc.), bastando, para o efeito, que seja esse o regime que o Direito nacional do Estado de acolhimento estabelece para os respectivos nacionais[402].

---

[400] GARCÍA-AMADOR, *Calvo Doctrine*, pgs. 63-64.

[401] BROWNLIE, *Principles*, pgs. 545-546.

[402] Nos nossos dias, v. uma apreciação da teoria do tratamento nacional em SCHRIJVER, pgs. 707 e segs.

5.3. *A teoria do grau mínimo internacional*

A *Doutrina Calvo* não teve, todavia, impacto significativo no Direito Internacional.

Em primeiro lugar, e como os Autores são unânimes em reconhecer, aquela Doutrina só foi seguida, como prática constante e repetida, por alguns Estados da América Latina[403]. Mesmo esses, aliás, já a abandonaram em definitivo, como, em local mais adequado deste livro, teremos oportunidade de demonstrar[404]. Maior êxito não teve aquela corrente na doutrina e na jurisprudência: como o demonstra BROWNLIE[405], foram muito poucos os Autores de fora da América Latina em quem ela despertou algum interesse, e, mesmo isso, sempre antes de 1940, bem como data de 1928 o último dos poucos Acórdãos arbitrais que se aproximaram daquela Doutrina.

Depois, falhou a tentativa de alguns dos novos Estados saídos da descolonização no sentido de recuperarem a *Doutrina Calvo* através da Carta dos Direitos e Deveres Económicos dos Estados. Como dissemos na Parte I, quando nos referimos a esta Carta, ela foi interpretada como acolhendo a *Doutrina Calvo*. Todavia, como também nessa altura escrevemos, esse resultado não foi conseguido, porque aquela Carta tem de ser interpretada no contexto global de uma série de Resoluções das Nações Unidas incoerentes e contraditórias entre si, para além de, em geral, não terem a natureza jurídica de actos obrigatórios para os Estados e de algumas delas, como, por exemplo, a referida Carta, não haverem obtido os votos favoráveis de alguns dos mais importantes Estados membros da Organização, como mostrámos.

Por tudo isso, e como observa a doutrina[406], a *Doutrina Calvo* nunca conseguiu ser aceite como costume internacional.

Todavia, o simples facto de a teoria clássica do grau mínimo internacional ter sido alvo de ataque da parte dos partidários da *Doutrina Calvo* e de os novos Estados saídos da descolonização haverem tentado

---

[403] IPSEN, *loc.cit.*; OPPENHEIM, I, pg. 904, e bibl. aí cit.; antes, ROTH, pgs. 7 e segs.

[404] *Infra*, Cap. IV, n.º 7.4, § 4.º, I.

[405] *Op.cit.*, pgs. 523-524.

[406] Por último, IPSEN, pg. 663. Também ROTH, *loc.cit.*

A construção dogmática

invocá-la, algumas vezes, a partir dos anos 60, designadamente no quadro das expropriações que foram levando a cabo de bens dos respectivos Estados colonizadores ou dos seus cidadãos, ou no âmbito das expropriações e nacionalizações de concessões petrolíferas – foi o caso de Cuba, da Líbia e do Koweit –, situação em que o Estado expropriante frequentemente tentou negar tanto o direito à protecção diplomática da parte do Estado do indivíduo expropriado como a submissão do litígio ao Direito Internacional[407], levou este a preocupar-se mais com a definição de um grau mínimo de protecção dos estrangeiros. E, adiante-se desde já, aqui está-se a pensar apenas nos estrangeiros e não nos apátridas, porque se entende que o mínimo internacional não beneficia os apátridas[408].

O princípio do reconhecimento pelo Direito Internacional de um grau mínimo de protecção aos estrangeiros é hoje – o princípio, em si – um princípio obrigatório do Direito Internacional, nascido por via do costume. Por outras palavras, é o costume internacional geral que impõe hoje a existência de um grau mínimo de Direito Internacional de protecção dos estrangeiros[409].

Naquilo sobre o qual não há consenso, como acertadamente observa, desde logo, um ilustre constitucionalista – o Professor KLAUS STERN – é sobre o âmbito desse grau mínimo[410]. Essa falta de consenso resulta do facto de o Direito Internacional nunca ter querido definir normas expressas sobre o assunto, apesar dos apelos da doutrina nesse sentido[411]. A melhor prova do que acabámos de dizer é-nos dada pelo último Projecto sobre Responsabilidade Internacional dos Estados, submetido pela Comissão do Direito Internacional à Assembleia Geral das Nações Unidas para votação e deliberação[412]. Nesse Projecto não se tenta a definição do grau mínimo internacional, limitando-se, sob o prisma da responsabilidade internacional, a estipular que o acto

---

[407] Ver maiores desenvolvimentos em VAGTS, pg. 383; SCHWEITZER, pgs. 349 e segs.; e RUDOLF, pgs. 3 e segs.

[408] Assim, especialmente, ARNOLD, pg. 9.

[409] Assim, especialmente, *Restatement*, vol. 2, pg. 186; OPPENHEIM, *loc.cit.*; WOLFRUM, *Migration*, pgs. 200-201; STERN, III/1, pg. 1036; VERDROSS/ /SIMMA, pgs. 801 e segs.; HAILBRONNER, pgs. 17 e segs.; e ROTH, pgs. 10 e segs.

[410] *Loc.cit.*, com mais bibl. aí citada no mesmo sentido.

[411] Por todos, BROWNLIE, *op.cit.*, pg. 527; OPPENHEIM, *loc.cit.*

[412] Doc. A/51/332.

ilícito internacional gera o dever para o Estado responsável de satisfazer uma "reparação total" (arts. 41.º e seguintes).

Por isso a decisão acerca da definição do nível mínimo internacional tem ficado entregue exclusivamente à discricionariedade da doutrina. Por sua vez, esta tem utilizado critérios diferentes na tentativa do encontro do tal grau mínimo.

Vejamos quais têm sido esses critérios.

I – O mínimo internacional absoluto

Para a doutrina dominante, o grau mínimo internacional de protecção dos estrangeiros é curto. E o ser ele curto resulta do facto de se entender que ele deve assegurar um nível "absoluto"[413] de protecção aos estrangeiros, isto é, deve ser respeitado por todos os Estados e de modo igual. Por isso, embora os Autores não o digam expressamente, esse grau mínimo é composto por alguns dos mais elementares Direitos do Homem que fazem parte, segundo um largo consenso, do *ius cogens* internacional, e que, por isso, são, designadamente, indisponíveis e irrenunciáveis[414].

É por isso que se compreende que esse grau mínimo, assim reduzido ao *mínimo essencial*, seja qualificado de "mínimo internacional de civilização e de justiça"[415] ou "nível moral para Estados civilizados"[416].

ROTH[417] faz-nos um balanço deste problema logo a seguir à 2.ª Guerra Mundial e mostra-nos que, já então, era esta a orientação de Autores como ANZILOTTI, BORCHARD, OPPENHEIM, GUGGENHEIM, DE VISSCHER, SCELLE e JESSUP.

---

[413] KLAUS STERN, pg. 1036.

[414] Os Direitos do Homem que fazem parte do *ius cogens* estão estudados por KADELBACH, pgs. 284 e segs.

[415] SCHWARZENBERGER, *Foreign Investment*, sobretudo pgs. 7 e segs.; SCHRIJVER, pgs. 705 e segs.; VERDROSS/SIMMA, *loc.cit.*; ROTH, pgs. 7 e segs.; e BUERGENTHAL, *International Human Rights*, pgs. 12-13. A expressão foi também adoptada pelo último Acórdão da Comissão Geral de Litígios ("*General Claims Commission*"), de 2-11-26, caso *Harry Roberts (USA) v. United Mexican States*, in RIAA, vol. IV, pg. 80, cit. em VERDROSS/SIMMA, pg. 586.

[416] BROWNLIE, *Principles*, pg. 524.

[417] Pg. 88.

A construção dogmática

Hoje, essa metodologia é adoptada por outros grandes nomes da moderna doutrina do Direito Internacional, como IPSEN[418], SEIDL- -HOHENVELDERN[419], BUERGENTHAL[420] e BROWNLIE[421].

IPSEN fundamenta a sua definição do grau mínimo na prática internacional. De harmonia com esta, e para aquele Autor, o grau mínimo internacional seria constituído pelos seguintes direitos:

– o direito à personalidade jurídica e à capacidade jurídica (o que exclui, desde logo, a escravatura);
– o direito à vida, à integridade física e à segurança da pessoa;
– e a igualdade perante a lei e a justiça, que inclui o direito ao processo equitativo e ao contraditório.

Aquele Autor classifica este grau mínimo como mínimo "essencial" e de raiz costumeira[422].

SEIDL-HOHENVELDERN vai um pouco mais longe, e acrescenta aos direitos que IPSEN elenca os seguintes:

– a protecção dos direitos privados adquiridos;
– a não-discriminação;
– o direito à reparação pelos factos ilícitos;
– o direito à participação na actividade económica[423].

BUERGENTHAL, não obstante acabe por temperar a sua posição com a que iremos demonstrar ser a do *Restatement*, contenta-se, em princípio, com o seguinte mínimo, que designa, já o vimos, de "mínimo internacional de civilização e de justiça":

– o direito à indemnização;
– o direito de acesso a tribunais permanentes ou tribunais *ad hoc*[424].

---

[418] Pgs. 663 e segs.
[419] *Völkerrecht*, pgs. 357 e segs.
[420] *Op.e loc.cits.*
[421] *Op.cit.*, pgs. 524 e segs.
[422] Pg. 664.
[423] *Op.e loc.cits.*
[424] *Op.cit.*, pgs. 13-14.

O problema geral dos estrangeiros em Direito Internacional

Por sua vez, BROWNLIE começa por criticar as posições que pretendem conceder um âmbito muito vasto ao "grau mínimo internacional" e defende que ele deve ser objecto de codificação expressa, exactamente para se evitar uma indeterminação na definição do seu conteúdo. Enquanto isso não acontecer, embora se incline para incluir no grau mínimo internacional todos os Direitos do Homem que fazem parte do costume internacional – o que, de certo modo, contraria os seus propósitos redutores do mínimo internacional –, acaba por referir expressamente apenas os seguintes:

– o direito à não-discriminação, que, todavia, para o Autor, não se confunde com "o tratamento diferente de situações não comparáveis";
– a proibição do genocídio;
– a proibição da tortura;
– a proibição de tratamento e castigos desumanos ou degradantes;
– a não denegação de justiça[425].

II – O mínimo internacional relativo

Outros Autores seguem uma metodologia diferente na definição do conteúdo do grau mínimo internacional.

Comecemos pelo Professor WOLFRUM, pelo prestígio de que goza na moderna doutrina internacionalista e pelo peso de que a sua opinião se reveste em virtude de ser membro da Comissão dos Direitos do Homem das Nações Unidas[426].

Num estudo recente, dedicado fundamentalmente à protecção devida pelo Direito Internacional aos refugiados – que, diga-se de passagem, porque o assunto é totalmente alheio ao objecto deste livro, o Autor entende que, pela sua condição, carecem de um nível de protecção pelo Direito Internacional superior ao devido aos estrangeiros em geral[427] –, aquele Autor é da opinião de que o grau mínimo de protecção internacional dos estrangeiros é composto pelo rol dos Direitos

---

[425] *Op.cit.*, pgs. 524 e segs.
[426] *Migration*, pgs. 192 e segs.
[427] *Op.cit.*, pg. 200.

A construção dogmática

do Homem que fazem parte do Direito Internacional consuetudinário[428]. Em face disso, e colocado perante a necessidade de se demarcar o costume internacional nesta matéria, entende WOLFRUM que ele é composto pelos direitos enunciados pela DUDH e, depois, desenvolvidos ou completados pelos Pactos de 1966.

Chegado, porém, a esta posição de princípio, o Autor sente a necessidade de tecer algumas observações complementares.

Em primeiro lugar, ele confere ao Estado de acolhimento o direito de não reconhecer determinados direitos económicos aos estrangeiros, dos constantes do Pacto sobre Direitos Económicos, Sociais e Culturais, entre os quais figuram o direito de entrada e o direito ao emprego[429]. Também no que toca ao Pacto sobre Direitos Civis e Políticos, aquele Professor aceita derrogações, quanto aos estrangeiros, de alguns dos direitos aí arrolados. Entre esses direitos, inclui alguns direitos "políticos", cujo não reconhecimento aos estrangeiros não viola, em seu entender, o princípio da não-discriminação por confronto com os nacionais: o direito de participação política, a capacidade eleitoral activa e passiva e o direito de livre acesso a cargos públicos. Para a admissão da possibilidade de recusa desses direitos aos estrangeiros, o Autor louva-se no artigo 25.º do Pacto sobre Direitos Civis e Políticos e no artigo 23.º da CADH, que reservam esses direitos aos "cidadãos" do Estado parte[430].

Todavia, o Autor não exclui do grau mínimo internacional o direito de "actividade política", indo neste ponto para além da CEDH, cujo artigo 16.º autoriza os Estados partes naquela Convenção a restringir aqueles direitos quanto aos estrangeiros[431].

Em segundo lugar, o Autor vê-se confrontado com o facto de o direito de propriedade, embora figure na DUDH, não estar incluído em qualquer dos dois Pactos. Parece que isso o iria levar à exclusão daquele direito do conteúdo do costume internacional geral e, por aí, e dentro da sua construção, do grau mínimo internacional. Mas não.

---

[428] *Op.cit.*, pg. 201.

[429] *Op.cit.*, pgs. 196 e 201-202.

[430] WOLFRUM, *op.cit.*, pg. 204; e NOVAK, pg. 445.

[431] *Op.cit.*, pg. 203. Sobre o artigo 16.º da CEDH nesta matéria, v. NOVAK, pgs. 751 e 755.

O Autor entende que aquele direito faz parte do costume internacional geral e que, portanto, por força tanto do costume, como da jurisprudência internacional, como do Direito Internacional convencional (o Autor cita o artigo 13.º da Convenção sobre o Estatuto dos Refugiados e o artigo 1.º do Protocolo Adicional n.º 1 à CEDH), também está incluído no mínimo internacional o direito do estrangeiro a uma indemnização "imediata, total (*"full"*) e efectiva" em caso de expropriação[432].

Ainda mais extenso é o grau mínimo internacional de protecção dos estrangeiros para o *Restatement* – que, recordamos, exprime a posição dos Estados Unidos em face do Direito Internacional, posição essa que é extraída da sua jurisprudência e da sua doutrina, e que é coligida por grandes nomes da doutrina do Direito Público daquele País. Para o *Restatement*, o grau mínimo internacional parece identificar-se com o conjunto global do Direito Internacional dos Direitos do Homem. Dizemos *parece*, porque encontramos nele algumas hesitações sobre a matéria: depois de ter atribuído um conteúdo demasiado amplo ao Direito Internacional dos Direitos do Homem, para considerar que todo ele vale como costume internacional, o *Restatement* dá mostras de tanto querer considerar grau mínimo internacional todo esse vasto conjunto do Direito Internacional dos Direitos do Homem como de pretender restringir o grau mínimo internacional de protecção dos estrangeiros apenas à parte essencial do conteúdo que dá ao Direito Internacional dos Direitos do Homem, ou seja, aos direitos reconhecidos no artigo 55.º, al. *c*, da Carta das Nações Unidas, na DUDH e nos dois Pactos de 1966[433].

Note-se que a única certeza que se extrai dessa hesitação é a de que, em qualquer caso, para o *Restatement* todo o conteúdo do grau mínimo internacional se encontra coberto pelo costume internacional geral e, por isso, obriga, nesses termos, o Estado de acolhimento[434]. E é essa a prática internacional dos Estados Unidos[435].

---

[432] *Op.cit.*, pgs. 203-204.

[433] Cfr. o § 702, comentário *a* e anotações 1 e segs., pgs. 161 e segs., com os §§ 711-713, comentários *b* e *c* e anotações 1 e segs., pgs. 184 e segs., com vastas doutrina e jurisprudência.

[434] Pg. 190.

[435] *Restatement, loc.cit.*

A construção dogmática

Não muito longe desta posição do *Restatement* está um qualificado especialista em Direito Internacional Público dos Estrangeiros, o Professor HAILBRONNER.

Para este Autor, o mínimo internacional deve abranger o costume internacional. Este tem o seu último fundamento na DUDH, que, não obstante, para o Autor, não tenha, à partida, força obrigatória, por ter sido aprovada por uma Resolução da Assembleia Geral e, portanto, por um acto com o valor de mera recomendação aos Estados, "deve ser vista como a primeira pedra do Direito Internacional consuetudinário" em matéria de Direitos do Homem[436].

Pelo que nos interessa, para os seguidores desta orientação o direito à propriedade privada faz parte do mínimo internacional assim construído, exactamente porque constitui um direito reconhecido pelo costume internacional geral[437].

Por que é que designámos este mínimo internacional de mínimo *relativo*?

Porque, tal como esta corrente é apresentada, o grau mínimo internacional pode não ser igual para todos os Estados.

De facto, só obrigam verdadeiramente todos os Estados os direitos reconhecidos aos estrangeiros por normas internacionais de *ius cogens*. Quanto aos outros direitos, das duas uma: ou a sua fonte são tratados internacionais, e os direitos em causa não vinculam os Estados que neles não sejam partes se também não houver fundamentos jurídicos para se concluir que eles obrigam os Estados em causa através de uma outra fonte, por exemplo, pelo costume – é o caso da China, que não se sente vinculada à DUDH ou aos Pactos de 1966, vistos em globo; ou a sua fonte é o costume, e os direitos respectivos não obrigam os Estados que, por não haverem participado na prática, ou se haverem oposto expressamente a ela (para as correntes que não admitem que o costume geral se pode formar independentemente da vontade dos Estados), ou haverem rejeitado a sua obrigatoriedade, se deve entender que não

---

[436] Pgs. 17 e 21. Parece aproximar-se desta posição, embora com evidentes hesitações, VAGTS, pgs. 385.

[437] Comentário *k* ao § 702 do *Restatement*, pgs. 165 e segs.

O problema geral dos estrangeiros em Direito Internacional

estão vinculados ao costume[438] – é ainda o caso da China, se se entender que a DUDH e os Pactos fazem parte do costume internacional geral.

III – Posição adoptada

A posição dos Autores que abraçam um conceito, que designámos de relativo, do grau mínimo internacional enferma, a nosso ver, de um vício de perspectiva, que os leva a confundir duas questões diferentes.

De facto, uma coisa é saber-se qual é o Direito Internacional que em matéria de Direitos do Homem obriga o Estado de acolhimento; outra, muito diferente, é a da delimitação de um mínimo de protecção jurídica que esse Estado deve reconhecer aos estrangeiros. É esta delimitação que se procura encontrar com a teoria do mínimo internacional. Como a própria terminologia utilizada na matéria sugere, trata-se de encontrar apenas o grau *mínimo* de protecção conferido pelo Direito Internacional aos estrangeiros – não mais do que isso.

Ora, a metodologia utilizada pelos Autores que adoptam um critério extensivo do grau mínimo não pretende demarcar, em bom rigor, esse grau mínimo, mas, sim, arrolar as normas de Direito Internacional que constituem costume internacional (é o caso da construção de WOLFRUM) ou, pura e simplesmente, estabelecer as balizas de todo o Direito Internacional dos Direitos do Homem (como parace fazer o *Restatement*).

São, portanto, questões completamente diferentes, por um lado, a definição do grau mínimo internacional, e, por outro lado, o esclarecimento sobre qual é o Direito Internacional dos Direitos do Homem que obriga o respectivo Estado, designadamente, por fazer parte do costume internacional, ou sobre qual é o Direito Internacional dos Direitos do Homem que se encontra em vigor na Comunidade Internacional. O que se pretende com a fixação do grau mínimo internacional é tão-só definir-se o núcleo mínimo (sublinhamos: *mínimo*) de protecção que, segundo o Direito Internacional, qualquer Estado deve conceder a

---

[438] Cfr. GONÇALVES PEREIRA/FAUSTO DE QUADROS, pgs. 163, 165 e 167-168; e BERNHARDT, pgs. 61 e segs.

A construção dogmática

todo o estrangeiro que se encontre sob a sua jurisdição. Se, por acaso, se descobrir que o Direito Internacional que vincula o respectivo Estado em matéria de Direitos do Homem, pelos processos normais de vinculação desse Estado ao Direito Internacional, tem um conteúdo mais amplo do que o mínimo internacional, tanto melhor: isso significa que o estrangeiro, em boa verdade, está mais protegido pelo Estado de acolhimento do que é imposto pela teoria do mínimo internacional[439].

Esta orientação tem duas vantagens.

A primeira é a de que o estabelecimento de um muito amplo grau mínimo internacional ou vai dificultar as relações internacionais, pelos obstáculos que vai colocar aos Estados, com menor cultura democrática, em se comprometerem a respeitá-lo (será o caso da China e de muitos dos Estados do Terceiro Mundo) ou vai ser ineficaz, porque esses Estados vão, em princípio, aceitar cumpri-lo sabendo de antemão que o não podem fazer[440].

A segunda vantagem é a de que, quanto mais restrito for o grau mínimo, maiores garantias existem de ele ser cumprido. E é esse, no fundo, o escopo de toda a teoria do mínimo internacional: o de assegurar, de facto, ao estrangeiro um acervo de direitos elementares que, em qualquer caso, o Estado de acolhimento deve respeitar em relação à sua pessoa.

É dentro deste espírito que perfilhamos a tese segundo a qual o grau mínimo internacional deve englobar apenas os direitos que o Direito Internacional reconhece em absoluto ao estrangeiro. Reconhecer *em absoluto*, quer dizer, aqui, reconhecer independentemente da vontade do Estado de acolhimento e da nacionalidade do estrangeiro. Por isso, esse grau mínimo deve tentar não ir para além dos direitos que constituem Direito Internacional imperativo, isto é, *ius cogens*. Por aí conseguir-se-á também que o grau mínimo seja uniforme para todos os Estados, independentemente da vontade do Estado de acolhimento, o que terá a vantagem suplementar de respeitar a igualdade de tratamento entre os estrangeiros em qualquer Estado em que eles se encontrem.

---

[439] STERN, I, pg. 1038.
[440] Próximo deste pensamento, BROWNLIE, *Principles*, pgs. 527-528.

O *problema geral dos estrangeiros em Direito Internacional*

Note-se que era esse o caminho que seguira o Projecto da Comissão de Direito Internacional sobre a Responsabilidade dos Estados, da autoria de García-Amador, quando defendia que o grau mínimo internacional fosse composto pelos "Direitos fundamentais do Homem", embora nunca tivesse dito quais eles eram[441]. Já vimos que a última versão daquele Projecto foi muito mais modesta quanto a essa matéria.

Seguindo pelo caminho que propomos, qual deve ser então o conteúdo concreto do grau mínimo internacional?

Levando-se em conta os direitos básicos de entre os direitos que a DUDH codifica e que, independentemente dos efeitos jurídicos desta, que oportunamente analisaremos, são considerados como fazendo parte do *ius cogens*[442]; os direitos que foram reconhecidos aos estrangeiros pela Resolução da Assembleia Geral das Nações Unidas n.º 40/144, de 13 de Dezembro de 1985[443], (que, pela primeira vez no Direito Internacional, tentou codificar os direitos dos estrangeiros perante o Estado de acolhimento), e que, por isso, devem ser considerados como um gérmen de costume internacional[444]; a prática dos Estados[445]; e os contributos científicos fornecidos pela doutrina nesta matéria, como atrás mostrámos, particularmente os Autores que propõem para o mínimo internacional um conteúdo que chamámos de absoluto – atendendo a tudo isso, é possível encontrarmos um largo consenso no sentido de incluirmos no grau mínimo internacional os seguintes direitos:

– o direito à personalidade e à capacidade jurídicas (designadamente, com a proibição da escravatura) (arts. 6.º e 4.º da DUDH);
– o direito à vida, à liberdade, à integridade física e à segurança pessoal (art. 3.º da DUDH);
– a proibição do genocídio;
– a proibição de discriminação (art. 55.º, al. *c*, da Carta da ONU e art. 7.º da DUDH), mas, como bem observam Brownlie[446] e

---

[441] YILC 1957, t. II, pg. 122.
[442] IPSEN, *loc.cit.* e bibl. aí cit.
[443] Veja-se HAILBRONNER, pgs. 17 e segs.
[444] Assim, HAILBRONNER, pg. 21.
[445] IPSEN, pg. 664.
[446] *Op.cit.*, pg. 528.

SCHACHTER[447], sem se excluir a *diferenciação* (coisa diferente de discriminação) perante situações não idênticas ou não comparáveis. A discriminação proibida é a discriminação arbitrária e a que se funda unicamente na qualidade do estrangeiro como tal, mas a proibição da discriminação não impõe, obviamente, o reconhecimento aos estrangeiros de todos os direitos conferidos pelo Direito interno aos nacionais;

– o direito ao *"due process of law"*, isto é, e desde logo, ao acesso, em pé de igualdade com os nacionais, ao procedimento administrativo e à justiça, com a garantia, neste último caso, de um julgamento célere e equitativo por um tribunal independente, permanente ou *ad hoc*, e com respeito pelo princípio do contraditório e de todas as garantias de defesa (arts. 8.° e 10.° da DUDH)[448];

– o direito a não ser objecto de tortura ou a tratamento ou penas cruéis, desumanas ou degradantes (art. 5.° da DUDH);

– o direito a não ser arbitrariamente detido, preso, exilado ou extraditado (arts. 9.° e 14.° da DUDH);

– o direito à reparação dos danos causados por violação dos direitos acima indicados e dos demais direitos que lhes sejam reconhecidos.

No que toca à proibição do genocídio, note-se que ela não figura na DUDH, mas no caso *Barcelona Traction* (*2.ª fase*) o TIJ considerou-a como fazendo parte do mínimo internacional[449].

Por sua vez, quanto ao direito à reparação, o *princípio da reparação* faz, sem dúvida, parte do *ius cogens*, embora não seja esse o caso do *direito à reparação* propriamente dito, porque este, como veremos, é um direito disponível pelo Estado.

Não fazem parte do mínimo internacional, e ao contrário do que pretende WOLFRUM, como atrás mostrámos, direitos de natureza

---

[447] *International Law*, pgs. 9 e segs.

[448] A citada Resolução de 1985 vai ao pormenor de exigir a presença de tradutor-intérprete em processo penal – cfr. HAILBRONNER, pg. 20.

[449] Ac. 5-2-70, pg. 32. V. o comentário ao Acórdão em WALLACE, *Encyclopedia*, t. 2(1981), pgs. 30 e segs. (32).

O *problema geral dos estrangeiros em Direito Internacional*

política[450], nem o direito de exercer profissões concretamente determinadas. Por outro lado, o reconhecimento do mínimo internacional aos estrangeiros pressupõe que estes estejam em situação legal sob a jurisdição do Estado de acolhimento, pelo que não engloba os direitos de entrada no seu território nem à permanência nele[451].

Esta orientação, exactamente pela objectividade de que se pretende nortear, e por não alargar o mínimo internacional para além de limites razoáveis, cativou parte importante da doutrina de língua alemã[452].

Como se disse, esta lista, para encontrar um fundamento tão objectivo quanto possível, engloba os mais fundamentais dos direitos elencados na DUDH, aqueles que, de modo consensual, a doutrina entende que fazem parte do *ius cogens*, e que o TIJ já qualificou de "direitos básicos da pessoa humana"[453]. É essa também, por exemplo, e com o mesmo espírito, a definição que para o mínimo internacional nos propõem VERDROSS e SIMMA, no seu *Manual*[454].

Note-se que, pelo critério que adoptámos, não faz parte do nível mínimo internacional o direito de propriedade privada de estrangeiros. De facto, segundo o nosso propósito de apenas incluir no mínimo internacional os mais importantes dos Direitos do Homem e que, por isso, fazem parte indiscutivelmente do *ius cogens*, não integramos nele aquele direito. Foi o mesmo resultado a que chegou o TIJ no citado caso *Barcelona Traction*, em cujo *obiter dictum* o Tribunal insinua que o direito de propriedade privada não faz parte do mínimo internacional, exactamente por não pertencer ao citado grupo dos "direitos básicos da pessoa humana"[455].

Todavia, se o direito de propriedade privada não faz parte do grau mínimo internacional, entra no seu conteúdo, seguramente, o direito a uma indemnização justa pelo acto ilícito de privação da propriedade

---

[450] Assim, CARRILLO SALCEDO, *Curso*, pg. 268.

[451] STERN, I, pg. 1036.

[452] V. ARNOLD, pg. 9; RANDELZHOFER, pg. 20, e, sob a sua influência, de modo especial, STERN, *loc.cit.*, para além da bibl. arrolada nesta última obra.

[453] Caso *Barcelona Traction* (2.ª *fase*), cit., pg. 32.

[454] *Loc.cit.*, com indicação de vasta jurisprudência no mesmo sentido.

[455] *Loc.cit.* Aplaudindo a posição do TIJ veja-se SEIDL-HOHENVELDERN, *International*, pg. 132.

A construção dogmática

ou acto análogo, incluído como está no último dos direitos acima elencados, ou seja, o direito à reparação[456]. Outro teria sido o resultado, quanto ao direito de propriedade privada, se, na sequência do que anteriormente defendemos[457], tivéssemos concluído que *todos* os direitos arrolados na DUDH eram Direito cogente. Hoje, porém, entendemos que o direito de propriedade, apesar de constar da DUDH, não faz parte do *ius cogens*, pelo menos do *ius cogens* universal. De qualquer forma, adiantaremos desde já que a não inclusão do direito à propriedade privada no elenco do mínino internacional será irrelevante para o regime de protecção que o Direito Internacional confere àquele direito, e, concretamente, quanto ao grau dessa protecção, como demonstraremos nos capítulos seguintes.

Como nota final, restará apenas acrescentar que este mínimo internacional absoluto que defendemos vigora como Direito Internacional consuetudinário geral. Se, como vimos, o é, para a doutrina dominante, o mínimo internacional relativo, por maioria de razão o será o mínimo internacional absoluto, desde logo, em consequência da natureza jurídica e da fonte dos direitos que o compõem[458].

5.4. *A superação actual das duas teorias*

A oposição entre as duas teorias, a do tratamento nacional e a do grau mínimo internacional, tem vindo, todavia, a perder importância e a diluir-se. Por duas razões.

Para começar, como se disse, praticamente nenhum Estado invoca hoje a *Doutrina Calvo*. Na pesquisa que levámos a cabo pela prática dos Estados e pela jurisprudência, não encontrámos nos últimos tempos, salvo erro ou omissão, nem mesmo na vasta jurisprudência arbitral produzida por causa do litígio entre os Estados Unidos e o Irão, nenhum caso onde o Estado acusado de violar direitos de estrangeiros tenha invocado a seu favor a teoria do tratamento nacional.

---

[456] Expressamente assim, por exemplo, CARRILLO SALCEDO, *Curso*, pg. 267.
[457] GONÇALVES PEREIRA/FAUSTO DE QUADROS, pgs. 109 e 283.
[458] Cfr. o *Restatement*, vol. 2, pg. 186.

Mas a segunda razão não é menos importante. É que cada vez mais os Estados, mesmo os do Terceiro Mundo, reconhecem aos estrangeiros um grau de protecção que ultrapassa as exigências da teoria do mínimo internacional.

Para começar, o problema da fixação do mínimo internacional perdeu interesse, de um modo geral, para os Estados industrializados, enquanto está em causa a protecção que eles devem conceder a estrangeiros. De facto, sem prejuízo de eles aderirem à teoria do nível mínimo internacional, eles reconhecem que aquela teoria deixou de ter utilidade, se é que não perdeu sentido, quando o Direito interno for mais generoso para os estrangeiros do que o é o Direito Internacional, isto é, se o Direito interno reconhecer aos estrangeiros um nível de protecção superior ao mínimo internacional.

É, para começar, o caso, muito expressivo, da Alemanha. Os direitos fundamentais (*"Grundrechte"*) enunciados na Lei Fundamental de Bona são, em princípio, *"direitos fundamentais de todos"* (*"Jedermann--Grundrechte"*), salvo se a própria Lei Fundamental os reconhecer apenas aos cidadãos alemães, o que é questão que só pode ser decidida mediante a interpretação de cada um dos seus preceitos atributivos de direitos fundamentais[459]. Esta concepção é fruto da noção de que os direitos fundamentais são uma emanação da *"dignidade da pessoa humana"* (*"Menschenwürde"*), a que se refere a epígrafe do artigo 1.° da Lei Fundamental, e de que, por isso, eles são *"invioláveis e inalienáveis"* e, consequentemente, constituem "fundamento de *qualquer comunidade humana*, da Paz e da Justiça"[460,461]. É nesse contexto que deve ser interpretado QUARITSCH, quando afirma que, na Lei Fundamental, a regra são os *Jedermann-Grundrechte* e a excepção os direitos "reservados" aos alemães (*"Deutschen-Grundrechte"*)[462]. Para esse Autor, são, seguramente, "direitos fundamentais de todos" os direitos constantes dos artigos 1.° a 7.°, 10.°, 13.° a 19.° e 101.° a 104.° da Lei Fundamental[463].

---

[459] KLAUS STERN, I, pgs. 1038 e segs.; QUARITSCH, pgs. 708 e segs.; SACHS, pgs. 85-86.

[460] BADURA, *Staatsrecht*, pgs. 74-75.

[461] Os itálicos são nossos.

[462] Pg. 709.

[463] *Loc.cit.*

A construção dogmática

Note-se, com interesse para nós, que entre eles se inclui o direito à propriedade privada, previsto no artigo 14.°

É também, e outra vez a título de exemplo, o caso de Portugal. A Constituição, no seu artigo 15.°, e desde logo pela fórmula ampla do seu n.° 1, sem embargo das restrições contidas no n.° 2, reconhece aos estrangeiros um rol vastíssimo de direitos, que inclui manifestamente os direitos integrados no grau mínimo internacional de protecção.

Mas dir-se-á, e com razão, que o problema não deixou de interessar os Estados industrializados, na medida em que os seus cidadãos podem ver-lhes negada protecção aos seus direitos no Estado de acolhimento e também aqueles Estados podem ver-lhes recusado o direito de protecção diplomática aos seus cidadãos[464]. E, sob este ponto de vista, o problema interessa cada vez mais àqueles Estados porque, com o decurso do tempo, têm vindo a aumentar, de modo crescente, os investimentos de nacionais desses Estados nos Estados em vias de desenvolvimento ou em Estados subdesenvolvidos[465].

Todavia, também deste ponto de vista a querela entre as duas teorias tem vindo a ficar ultrapassada.

O problema tem de ser compreendido num quadro muito mais vasto, marcado, sobretudo, pelo termo da guerra-fria e, através disso, pela democratização dos Estados do Leste europeu e pelo fim da influência do comunismo nos sistemas jurídicos de protecção dos Direitos do Homem nos Estados do Terceiro Mundo. Uns e outros foram aproximando, de modo célere, as suas Ordens Jurídicas nacionais em relação aos modelos jurídicos das velhas Democracias do mundo ocidental quanto à protecção dos Direitos do Homem.

Em relação a este último aspecto são de realçar os resultados conseguidos pela Convenção de Lomé IV, já por nós referida na Parte I, no domínio da salvaguarda e da protecção dos Direitos do Homem. Os Estados da África, das Caraíbas e do Pacífico que são partes naquela Convenção comprometeram-se perante a Comunidade Europeia e entre eles próprios, a respeitar, quanto aos seus nacionais e quanto aos

---

[464] RUDOLF, *loc.cit.*; SCHWEITZER, *loc.cit.*

[465] DOLZER/STEVENS, pgs. 1 e segs.; BANZ, pgs. 27 e segs.; HEFELE, pgs. 116 e segs.; e CARREAU/FLORY/JUILLARD, pgs. 545 e segs., e bibl. aí citada.

O *problema geral dos estrangeiros em Direito Internacional*

estrangeiros nacionais dos outros Estados partes, um rol de direitos, liberdades e garantias que ultrapassa largamente o grau mínimo internacional com o conteúdo com que este é actualmente entendido no Direito Internacional. Depois, e por um inevitável efeito de contágio, quando não por via da actuação da cláusula de Nação mais favorecida, viram-se obrigados a reconhecer os mesmos direitos, as mesmas liberdades e as mesmas garantias a cidadãos de alguns Estados terceiros, não partes naquela Convenção.

Para além disso, porém, tanto os Estados do Leste europeu como os Estados do Terceiro Mundo, em geral, pela necessidade de acolher investimentos estrangeiros de que não podem prescindir para o seu desenvolvimento, têm aceite, sobretudo através de tratados bilaterais de investimento, conceder aos investidores estrangeiros níveis de protecção que vão para além, quando não muito para além, daquele que lhes seria imposto pela estrita observância da teoria do mínimo internacional. Isso tem acontecido inclusive nas relações dos Estados do Terceiro Mundo entre si próprios, o que é perfeitamente surpreendente e novo. Já nos referimos a isso; mostrámos então que nem a China tem escapado a esse movimento[466].

Por seu lado, e não obstante o Direito Comunitário não faça parte das nossas cogitações neste livro, convém, mesmo assim, que se sublinhe que na Ordem Jurídica da União Europeia se atingiu o nível máximo até hoje alcançado na Comunidade Internacional para a protecção de estrangeiros.

Desde logo, há três razões de base que explicam esse fenómeno: por um lado, a proibição de discriminação entre os nacionais dos Estados membros em razão da nacionalidade, no domínio material dos Tratados (art. 12.º CE); depois, o facto de, a partir do Tratado da União Europeia, ter passado, por disposição expressa (art. 6.º, n.º 2), a ser muito elevado o acervo dos direitos que os Estados membros da União se concedem aos respectivos cidadãos; por fim, a circunstância de os estrangeiros, nacionais dos Estados da União Europeia, dentro da União Europeia serem cada vez mais concidadãos do que estrangeiros. Queremos com esta última afirmação dizer que o simples facto de os

---

[466] *Infra*, Parte I, Cap. II, n.ᵒˢ 4.2 e 4.3.

A construção dogmática

nacionais dos Estados membros da União Europeia gozarem, acima da sua cidadania nacional, de uma comum cidadania europeia (arts. 17.° e seguintes CE), mesmo se, por ora, ainda de âmbito estrito, mas englobando já direitos políticos (como os previstos nos arts. 19.° a 21.° CE), faz aproximar ainda mais o seu estatuto e, por essa via, o acervo de direitos fundamentais de que todos eles gozam[467].

Dentro da União Europeia assistimos, pois, a um progressivo nivelamento do tratamento que os Estados membros concedem entre si, aos respectivos nacionais, e que começa a entrar no domínio dos direitos políticos.

Podemos, pois, concluir este número com a constatação de que o grau de tratamento jurídico que os Estados membros da Comunidade Internacional outorgam aos estrangeiros sujeitos à sua jurisdição vai sendo crescentemente superior ao grau mínimo que o Direito Internacional lhes impõe.

Por sua vez, da *Doutrina Calvo*, como bem observa BROWNLIE[468], resta apenas um vestígio: o princípio da prévia exaustão dos meios internos. Só que ele não vigora hoje como expressão daquela Doutrina mas como regra autónoma do Direito Internacional no domínio do instituto da protecção diplomática[469].

---

[467] Assim, GRABITZ/HILF, anotações aos artigos 8.° e seguintes CE.
[468] *Principles*, pgs. 494 e segs.
[469] V. *infra*, Cap. V, n.° 5.3.

CAPÍTULO II

O DIREITO DE PROPRIEDADE PRIVADA COMO DIREITO FUNDAMENTAL DO INDIVÍDUO PARA O DIREITO INTERNACIONAL

1. Razão de ordem

Uma vez esclarecidas algumas questões básicas que se prendem com o regime jurídico dos estrangeiros em face do Direito Internacional, chegou a altura de nos debruçarmos especificamente sobre o regime da propriedade privada no Direito Internacional, com o âmbito e segundo a metodologia que definimos logo no início do livro.

E, segundo essa orientação, a primeira questão que se coloca é a de saber se existe no Direito Internacional um direito fundamental à propriedade privada, ou, melhor dito, se o Direito Internacional reconhece, na titularidade do indivíduo, um direito fundamental à propriedade privada. Em caso afirmativo, haverá que definir os contornos desse direito e estabelecer o seu valor jurídico. É o que vamos tentar logo de seguida.

2. Reconhece o Direito Internacional ao indivíduo um direito fundamental à propriedade privada?

2.1. *Introdução*

Como se disse, a primeira questão que se coloca quando nos ocupamos do regime jurídico da propriedade privada de estrangeiros em Direito Internacional é a de saber se este ramo do Direito confere directamente ao indivíduo um direito à propriedade privada ou se, ao contrário, a protecção à propriedade privada pelo Direito Internacional tem lugar sem a inclusão na esfera jurídica do indivíduo desse direito.

A pesquisa tem de se orientar separadamente para o Direito Internacional geral ou comum e para o Direito Internacional particular.

2.2. *A resposta do Direito Internacional geral ou comum: as teses em presença*

No que toca ao Direito Internacional geral ou comum, existe consenso no sentido de que o costume internacional de carácter geral não confere, *ele próprio*, *directamente*, ao indivíduo um direito à propriedade privada. Dito doutra forma, não nasceu, de raiz consuetudinária, um direito do indivíduo à propriedade privada no Direito Internacional geral. Há algumas vozes, e respeitáveis, em sentido contrário, como adiante veremos; mas encontram-se isoladas e não convencem das suas razões.

A questão é mais controversa no tocante ao Direito Internacional geral de base convencional. Há que examinar aí se do Direito Internacional convencional geral decorre para o indivíduo o direito de propriedade privada e, em caso afirmativo, se, com base nesse Direito, se terá formado costume internacional na matéria.

Por tudo isso, temos que nos debruçar mais demoradamente sobre este assunto.

I – A tese clássica. Crítica

Para uma posição clássica, o Direito Internacional geral de raiz convencional não cria na titularidade do indivíduo um direito à propriedade privada.

Qualificámos esta posição de "clássica" porque ela se entronca na orientação mais geral, a que já nos referimos atrás, segundo a qual o

O direito de propriedade privada

indivíduo, em regra, não é, e, para alguns, *nunca* é sujeito do Direito Internacional comum e, talvez, até do Direito Internacional em geral[470]. Esta corrente não ignora que tratados internacionais de carácter geral, como a Carta das Nações Unidas, desde logo no seu artigo 55.°, al. *c*, ou actos unilaterais nele fundados, como, por exemplo, a Declaração Universal dos Direitos do Homem, elencam um rol de direitos a favor do indivíduo. Todavia, para esta posição, esses preceitos têm de ser interpretados como *impondo obrigações aos Estados* e não como *conferindo direitos ao indivíduo*. Dentro desta orientação, não deixa, todavia, de haver Autores que a exprimem com sérias dúvidas[471].

No que toca aos preceitos em causa da Carta da ONU, esta corrente invoca a seu favor o Parecer do TIJ de 1971, no caso da *Namíbia*[472], que, para a maior parte da doutrina, se terá orientado nesse sentido[473].

E o mesmo extrai ela dos Pactos de 1966, um, sobre *direitos civis e políticos*, e, outro sobre direitos *sociais, culturais e económicos*, ressalvadas, quanto a este último, as minorias, às quais ele reconhece personalidade internacional[474].

Se esses tratados e esses actos unilaterais neles fundados não conferem direitos a indivíduos, também, logicamente, não lhes reconhecem o direito à propriedade privada. O estrangeiro seria mero *beneficiário* de uma simples *protecção* à propriedade privada através da obrigação imposta nesses textos aos Estados de a proteger, não seria titular de um direito fundamental à propriedade privada conferido directamente pelo Direito Internacional.

Note-se, todavia, que há alguns Autores que entendem que o indivíduo é sujeito do Direito Internacional geral mesmo de base convencional, mas que não o é de um direito à propriedade privada. Bom

---

[470] É a metodologia de PARTSCH, numa obra básica sobre a matéria, embora, na sua substância, não seja essa a posição do Autor – *Individuals*, pg. 316.

[471] V. pormenores em PARTSCH, *Individuals*, pg. 319.

[472] Pg. 57. V. o comentário a este Acórdão de KLEIN, *Encyclopedia*, t. 2, pgs. 260 e segs. (267).

[473] PARTSCH, porém, não está seguro de que seja essa a interpretação correcta do Acórdão – *op.e loc.cits.*

[474] Cfr. PARTSCH, *op.e loc.cits.*; GONÇALVES PEREIRA/FAUSTO DE QUADROS, pgs. 387-388; e o nosso estudo *Minderheitenschutz*, pgs. 855-856, e bibl. aí cit.

A construção dogmática

exemplo desta orientação é ROSALYN HIGGINS[475]. Esta Autora começa por admitir que o artigo 17.° da DUDH conferiu ao indivíduo um direito à propriedade privada. Todavia, em seu entender, nos anos 60 o conceito de "Soberania permamente sobre os recursos naturais" tornou-se incompatível com o reconhecimento daquele direito. E a Autora, embora não o diga de modo expresso, vê no silêncio dos Pactos de 1966 sobre o direito à propriedade privada o abandono da tese de que aquele direito é reconhecido directamente ao indivíduo, se não a ab-rogação tácita pelos Pactos do artigo 17.° da DUDH[476].

Por seu lado, há outros Autores que recusam a existência de um direito à propriedade privada "considerado um direito absoluto e ina-lienável". Neste caso, o melhor exemplo é SORNARAJAH, aliás, um Autor que se ocupa desta matéria sob uma forte carga ideológica[477]. Portanto, para se refutar esta ideia, bastará demonstrar-se que o direito de propriedade privada, a existir no Direito Internacional, não é conce-bido por este nem como "absoluto" nem como "inalienável".

II – A tese da afirmação do direito do indivíduo à propriedade privada; posição adoptada

Para uma corrente mais recente, ao contrário da anterior, o Direito Internacional geral de fonte convencional (devendo entender-se que, neste caso, esta expressão engloba também os actos unilaterais fun-dados em tratados internacionais para-universais, como a Carta das Nações Unidas) confere direitos ao indivíduo e, concretamente, con-fere-lhe o direito à propriedade privada. Este direito faz, pois, parte de um rol de direitos fundamentais atribuídos *directamente* ao indivíduo pelo Direito Internacional, e cujo respeito, portanto, o estrangeiro pode exigir do Estado de acolhimento.

No que toca ao reconhecimento de que o Direito Internacional convencional geral cria, em abstracto, direitos na esfera jurídica do indivíduo, são fundamentalmente dois os argumentos aduzidos pelos adeptos desta corrente.

---

[475] Sobretudo, pg. 356.
[476] Pgs. 357 e segs.
[477] *Pursuit*, pgs. 32 e segs. e 315 e segs.

O direito de propriedade privada

Em primeiro lugar, os preceitos em causa, tanto da Carta da ONU, como da DUDH, como dos Pactos de 1996, desde logo na sua redacção, conferem direitos *concretamente ao indivíduo*, que mencionam expressamente por "*todos*", "*todos os seres humanos*", "*toda a pessoa*", "*todo o indivíduo*", "*ninguém*" (na versão inglesa dos textos, "*everyone*", "*anyone*", "*no one*"): é o caso dos artigos 1.º, n.º 3, e 55.º, al. *c*, da Carta[478], que consistem nos preceitos básicos daquele Tratado sobre a matéria de Direitos do Homem; de vários preceitos da DUDH, como, a título exemplificativo, os artigos 1.º, 2.º, 3.º, 6.º, 7.º, 8.º, 10.º, 11.º, 13.º, 14.º, 15.º, 17.º, 18.º, 19.º, 20.º; e também de diversas disposições, por exemplo, do Pacto de 1966 sobre direitos civis e políticos, como, outra vez a título de exemplo, os seus artigos 6.º, n.º 4, 7.º, 8.º, 9.º, 10.º, 11.º, 12.º, 14.º, 16.º, e merecendo referência especial o artigo 2.º do Protocolo Facultativo àquele Pacto, que dispõe que "(...) *os particulares* que se considerem vítimas de violação de qualquer dos direitos enunciados no Pacto e que tenham esgotado todos os meios internos disponíveis podem apresentar uma comunicação escrita ao Comité para que este a examine"[479].

Com base nessas disposições, Autores de nomeada como SCHACHTER[480] e TOMUSCHAT[481] não hesitam em afirmar que o indivíduo é o "directo destinatário" dos respectivos direitos e que, portanto, foi desejo dos preceitos em causa reconhecer personalidade jurídica *ao próprio indivíduo*.

Outro argumento importante para essa corrente é o de que algumas Constituições estaduais, no respectivo rol de direitos fundamentais, acolheram, por remissão, os direitos e as liberdades reconhecidos por aqueles textos, por exemplo, pela DUDH. Os Autores em questão não citam, a propósito disso, a Constituição Portuguesa, mas parece que poderiam invocar a favor dessa tese o seu artigo 16.º

Ora, concluem esses Autores, se as Constituições remetem para o Direito Internacional geral de raiz convencional a definição dos direi-

---

[478] V. o comentário exaustivo e actual daqueles artigos no *Comentário Simma*, respectivamente, pgs. 49 e segs. e 777 e segs.

[479] O itálico é nosso.

[480] *Obligation*, pg. 322.

[481] *Implementation*, pars. 20-43.

tos fundamentais a observar pelo respectivo Estado, isso quer dizer que interpretam as respectivas fontes do Direito Internacional como conferindo verdadeiros direitos aos indivíduos e não como apenas impondo obrigações aos Estados.

Nós estamos hoje com esta corrente – depois de no nosso ensino e no *Manual* de que somos co-autor com o Professor ANDRÉ GONÇALVES PEREIRA termos defendido a tese contrária[482]. Foi exactamente uma mais profunda investigação, que este livro nos obrigou, que nos convenceu de que o primeiro dos dois argumentos indicados é irrebatível, e ainda melhor isso se compreenderá quando, daqui a pouco, o aplicarmos especificamente ao direito à propriedade privada.

O segundo argumento referido já nos convence menos. De facto, nada impede, em teoria, que os Estados, pela remissão para os tratados internacionais com vocação para-universal, concedam a natureza de direitos fundamentais a institutos que o não são nesses tratados, porque, por exemplo, constituem meras obrigações dos Estados. Os Estados, ao remeterem para esses tratados, podem interpretá-los como contendo eles um rol de direitos fundamentais do indivíduo. Mas continua em aberto a questão de saber se, para o Direito Internacional, os direitos aí enunciados são verdadeiros direitos do indivíduo. Esta questão tem de ser resolvida *pelo Direito Internacional*; não cabe ao Direito interno resolvê-la.

Por exemplo, e voltando ao caso do artigo 16.º, n.º 2, da nossa Constituição, é óbvio, desde logo pelos trabalhos preparatórios da Constituição, que ele está a pressupor que a DUDH confere direitos a indivíduos e não se limita a impor obrigações aos Estados, como o reconhece a nossa melhor doutrina[483]. Mas não é pelo facto de o legislador constituinte nacional os qualificar de direitos dos indivíduos que eles passam a sê-lo *para o Direito Internacional*, se este assim não o entender.

É por isso que dizemos que este segundo argumento dos citados Autores nos convence menos. Mas, como afirmámos, é suficiente para nós o primeiro dos argumentos referidos.

---

[482] Pgs. 392-393.

[483] JORGE MIRANDA, *Manual*, IV, pgs. 146 e segs., *A Constituição*, pgs. 186 e segs., e *DIP-I*, pgs. 393 e segs.; e GOMES CANOTILHO/MOREIRA, pgs. 137-139.

O direito de propriedade privada

Mas esta corrente, para além de defender que, em abstracto, o indivíduo é sujeito do Direito Internacional geral convencional, entende que ele é sujeito, concretamente, do direito de propriedade privada, ou seja, que o Direito Internacional geral convencional confere directamente ao indivíduo aquele direito. Dito ainda melhor, há no Direito Internacional geral convencional um direito à propriedade privada na titularidade do indivíduo. Também neste ponto estamos com esta orientação, embora com diferenças de pormenor, que, no momento adequado, serão indicadas.

Autores de nomeada, como FREEMANN[484], WALDOCK[485] e LILLICH[486], não hesitam em afirmar que o direito à propriedade privada é "expressamente" reconhecido ao indivíduo pelo "Direito Internacional tradicional", ou seja, "pelo costume internacional". O único aspecto que o Direito tradicional deixou por resolver foi o do "montante da indemnização", o que, segundo aqueles Autores, não se confunde com o próprio reconhecimento da existência do direito à propriedade.

Nesse aspecto, opinam os mesmos Autores, a DUDH nada trouxe de novo por confronto com o Direito tradicional.

Não aparece fundamentada a ideia de que o direito de propriedade privada nasceu no costume internacional geral antes da DUDH. Mas isso não assume importância aqui. Basta reconhecermos que, pelo menos a partir da DUDH, há um direito fundamental à propriedade privada conferido ao indivíduo, desde logo, pelo Direito Internacional geral de raiz convencional, porque, através da DUDH, pela primeira vez o Direito Internacional veio a incluir um preceito escrito sobre a matéria.

Com efeito, o artigo 17.º da DUDH dispõe que

> 1. *Toda a pessoa*, individual ou colectivamente, tem *direito* à propriedade.
> 2. *Ninguém* pode ser arbitrariamente privado da sua propriedade. [487]

Ora, desde logo com recurso ao elemento literal, parece não fazer dúvida de que este preceito confere *ao indivíduo* um verdadeiro *direito*

---

[484] *Human Rights*, pgs. 124-125.
[485] Pgs. 2-3.
[486] *Duties*, pgs. 406 e segs.
[487] Os itálicos são nossos.

A construção dogmática

à propriedade privada e não se limita a impor aos Estados a obrigação de proteger a propriedade privada. De facto, faz-se referência a um *direito* à propriedade, conferido a *toda a pessoa*, e dispõe-se que *ninguém* (*"no one"*) pode ser privado da propriedade que é *"sua"*. Mesmo Autores à partida avessos à admissão da personalidade internacional do indivíduo e da existência, em abstracto, do direito de propriedade privada, vêem neste preceito um claro reconhecimento do "direito de propriedade" directamente ao indivíduo[488]. E, note-se, a outorga desse direito ao indivíduo é feita pelo Direito Internacional sem qualquer dependência em relação ao Direito estadual[489].

Ver, perante aquela redacção do citado artigo 17.º, a imposição de uma mera obrigação aos Estados signatários da DUDH de protegerem a propriedade do indivíduo e não a atribuição a ele de um direito à propriedade equivaleria a dar a mesma interpretação, por exemplo, ao artigo 62.º, n.º 1, da nossa Constituição quando este, numa redacção muito semelhante, dispõe que "a *todos* é garantido o direito à propriedade privada (...)"[490]. Ora, ninguém defende essa interpretação que, seria, aliás, absurda.

Mesmo Autores que interpretam com restrições o citado artigo 17.º, não têm dúvidas em reconhecer que pelo menos os artigos 3.º a 20.º da DUDH criam verdadeiros "direitos" ou "liberdades fundamentais" na titularidade do indivíduo[491,492].

Note-se que, em bom rigor, o reconhecimento do direito à propriedade pelo artigo 17.º da DUDH em nada ficou afectado pelo facto

---

[488] Tome-se como exemplo SORNARAJAH, *Pursuit*, pg. 33.

[489] Sobre a história da elaboração do artigo 17.º da DUDH, que confirma o que se diz no texto, v. CARRILLO SALCEDO, *Human Rights*, pg. 306; e EIDE, pgs. 256 e segs.

[490] O itálico é nosso.

[491] Por todos, PARTSCH, in *Comentário Simma*, pg. 783.

[492] Mais entusiaticamente defendem essa posição, por último, BUERGEN-THAL, *International Human Rights*, pgs. 30-31; e o *Comentário Wolfrum*, que inclui o artigo 17.º entre os artigos que conferem "liberdades *fundamentais* ao indivíduo" – pg. 551 e bibl. aí cit. É também essa a posição do *Restatement*, vol. 2, pgs. 187 e segs., onde, a pg. 156, se demonstra que os tribunais americanos extraem a atribuição do direito de propriedade ao indivíduo da própria Carta da ONU, concretamente, do artigo 55.º, al. *c*, que consideram *self executing* perante os tribunais nacionais.

O direito de propriedade privada

de a DUDH o conceber, segundo alguns Autores, como um direito económico e não como um direito pessoal[493], nem pelo facto de, para certo sector da doutrina, a DUDH não ser "obrigatória" (*"binding"*), em virtude de ter sido aprovada formalmente por uma Resolução da Assembleia Geral[494]. Quanto ao primeiro argumento, ele, a proceder – e veremos que não procede –, sem dúvida que enfraqueceria o direito, mas não afectaria a sua existência[495]; quanto ao segundo, ele não é verdadeiro.

De facto, e começando por este segundo argumento, a DUDH, logo após aprovada, tornou-se num texto obrigatório, e por duas razões.

Para começar, não obstante, na realidade, ter sido formalmente aprovada por uma Resolução, a DUDH tem natureza convencional – são, aliás, vários os exemplos de convenções aprovadas por Resoluções da Assembleia Geral das Nações Unidas. A prová-lo está o facto de o processo de vinculação internacional dos Estados à DUDH ter sido idêntico ao seu processo de vinculação aos tratados internacionais.

Em segundo lugar, e como já dissemos atrás, a DUDH é um tratado codificador[496]: ela codifica os Direitos do Homem, já existissem ou não eles, à data, no costume internacional. É ela própria a confessar a sua função codificadora, quando afirma, no seu preâmbulo, pretender exprimir uma "concepção comum" e um "ideal comum" em matéria de Direitos do Homem. Ora, os tratados de codificação são obrigatórios e, "normalmente", revelam costume internacional pré-existente[497]. Aliás, é este o grande argumento de parte importante da doutrina norte-ameri-

---

[493] Assim, por exemplo, CARRILLO SALCEDO, *Human Rights*, pgs. 305-306.

[494] Assim, *Comentário Wolfrum*, pg. 547; PARTSCH, *op.cit.*, pg. 784; HAILBRONNER, pgs. 17 e 21.

[495] A qualificação do direito à propriedade privada como mero direito económico pela DUDH, no entendimento de certo sector da doutrina (que não no nosso, conforme adiante mostraremos), parece ter tido influência no legislador constituinte português de 1976, como se vê pela localização do artigo 62.º da CRP. Criticando essa posição, v. a nossa comunicação *Omissões legislativas*, pg. 63.

[496] CARRILLO SALCEDO, *Human Rights*, pg. 307; MCDOUGAL/LASSWELL/CHEN, pgs. 326-327; e o *Restatement*, vol. 2, pg. 149.

[497] Assim, BAXTER, pgs. 286-287; e o *Restatement*, vol. 2, pg. 156.

[498] V. o *Restatement*, vol. 2, pgs. 168 e segs.; e BUERGENTHAL, *op.cit.*, pgs. 28 e segs.

cana, que sustenta que, com base na DUDH, *todo* o Direito Internacional dos Direitos do Homem (ou, para alguns Autores, pelo menos os direitos elencados nos arts. 3.º a 20.º daquela Declaração) tem hoje a natureza de costume internacional geral[498].

É certo que pouco depois da aprovação da DUDH, sobretudo nos anos 60, as Nações Unidas criaram e desenvolveram o conceito de "Soberania Permanente sobre os Recursos Naturais" que, como vimos na Parte I, veio permitir, em certos casos, que os Estados expropriassem e nacionalizassem bens de estrangeiros sem levarem em conta o Direito Internacional. Contemporaneamente, os Pactos de 1966, ao contrário da DUDH, não incluíram, no rol de direitos que vieram consagrar, o direito à propriedade privada. Pode-se concluir, dum facto e doutro, que o Direito Internacional geral convencional e, particularmente, o Direito das Nações Unidas, deixaram de admitir o direito do indivíduo à propriedade privada, como querem alguns Autores[499]?

Seguramente que não.

Do conceito de "Soberania Permanente" e do direito, dela decorrente para o Estado, de expropriar ou nacionalizar bens de estrangeiros sem consideração pelo Direito Internacional, não se pode extrair a eliminação do direito à propriedade privada conferido pelo Direito Internacional.

Primeiro, e desde logo, não é correcto associar-se necessariamente o conceito de "Soberania Permanente sobre os Recursos Naturais", no léxico das Nações Unidas, à rejeição do Direito Internacional. Como mostrámos na Parte I, não procedia assim, logo para começar, a Resolução que pretendeu ser o texto básico sobre a "Soberania Permanente" e, de um modo geral, sobre a propriedade privada de estrangeiros: referimo-nos à Resolução n.º 1803.

Depois, há que reconhecer que, se, muito especialmente, as Resoluções n.ºs 3171 e 3201 e a Carta dos Direitos e Deveres Económicos dos Estados vieram subtrair ao Direito Internacional o regime de propriedade privada de estrangeiros (tudo isso no quadro de um emaranhado de contradições internas no seio do Direito derivado das Nações Unidas nos anos 60 e 70, como na Parte I sublinhámos), isso ficou a

---

[499] Parece ser essa a posição de HIGGINS, pgs. 356, e é decerto a de SORNARAJAH, *Pursuit*, pg. 33.

dever-se principalmente ao desejo de recuperar a *Doutrina Calvo*, isto é, à vontade de conceder aos estrangeiros um tratamento idêntico aos nacionais, impedindo que os Estados saídos da descolonização fossem obrigados a respeitar algum grau mínimo internacional de protecção da propriedade privada; não ficou a dever-se ao desejo expresso de negar a existência daquele direito na Ordem Jurídica internacional[500].

Alguns factos confirmam o que acabámos de afirmar.

Em primeiro lugar, os termos em que foram celebrados os Pactos de 1966 – que, por isso, impõem um raciocínio exactamente contrário àquele que, como dissemos, alguma doutrina[501] deles pretende extrair.

De facto, na elaboração daqueles Pactos a Comissão dos Direitos Humanos da ONU propôs que o direito à propriedade privada fosse incluído no Pacto sobre Direitos Civis e Políticos como direito do indivíduo e como *direito civil*, isto é, *direito pessoal*[502]. Nenhum dos Estados membros da Organização se opôs a essa proposta. E esta só não vingou porque a Comissão teve dificuldade em redigir o respectivo preceito, *sem que, no entanto, o princípio de base tivesse sido posto em causa*[503].

Depois, há que acentuar que a omissão da referência nos Pactos ao direito à propriedade privada quis significar, quando muito, um "decréscimo"[504] da protecção àquele direito naquela época, mas não a recusa em o considerar como um direito fundamental do indivíduo em face do Direito Internacional.

De facto, e invocando expressamente como seu fundamento jurídico o artigo 17.° da DUDH – o que reforça a tese, atrás defendida, segundo a qual, a DUDH constitui, para o Direito Internacional, um texto obrigatório e o artigo 17.° confere ao indivíduo o direito à propriedade privada –, diversas Resoluções das Nações Unidas e convenções internacionais entretanto concluídas sob a égide daquela e doutras Organizações vieram reconhecer formalmente ao indivíduo o direito à

---

[500] Assim, também WESTON, *Charter*, pgs. 450 e segs.

[501] Como parece ser o caso de HIGGINS, pg. 356.

[502] Report of the Commission on Human Rights (Tenth Session), UN DOC. E/2573/E/CN 4/705, § 40.

[503] Assim, PARTSCH, *Comentário Simma*, pg. 787; NOVAK, pg. 227; EIDE, pg. 259; e HENKIN, *Human Rights*, pg. 271. É essa também a posição do *Restatement*, vol. 2, pg. 157.

[504] LILLICH, *Duties*, pg. 406.

A construção dogmática

propriedade privada[505]. Já nos referimos na Parte I às Resoluções das Nações Unidas e às convenções concluídas sob os auspícios dessa Organização que nos interessam para o efeito[506]. Agora acrescentaremos, na mesma orientação, de entre as convenções, as Convenções 107, de 1957, e 169, de 1989, aprovadas pela Oganização Internacional do Trabalho; e diversas convenções internacionais concluídas sob a égide da Organização Internacional da Propriedade Intelectual[507] e da Sociedade Financeira Internacional[508].

Todavia, de todas essas Convenções destacaremos, pelo impacto que obteve também para a nossa matéria, a citada *Convenção Internacional para a Eliminação de Todas as Formas de Discriminação Racial*[509]. O seu artigo 5.°, al. *d*, V, exige dos Estados signatários que assegurem a todas as pessoas o gozo "do direito à *sua própria propriedade*, sozinhas ou em associação com outras pessoas", estando esse direito incluído na categoria dos direitos "*civis*"[510]. A importância dessa Convenção para este ponto do nosso livro advém do facto de ela, com o referido teor, ter sido aprovada contemporaneamente aos Pactos de 1966 e em meados da década de 60[511], e também da circunstância de ela ter ganho depressa um grande peso na Comunidade Internacional, desde logo devido ao elevado número de ratificações que obteve – 129 em 1990, último ano quanto ao qual pudemos obter dados, embora, dos

---

[505] MCDOUGAL/LASSWELL/CHEN, pgs. 15 e 326-327; e o útil apanhado geral de LAWSON, pgs. 1240 e segs.

[506] *Supra*, Parte I, Cap. I, n.° 6.

[507] Na primeira dessas Convenções, a Convenção de Berna sobre a protecção de obras literárias e artísticas, assinada em 9 de Setembro de 1986, já se continham disposições sobre a protecção do direito à propriedade privada – assim, EIDE, pg. 258.

[508] V. essas Resoluções e Convenções elencadas e estudadas em EIDE, pgs. 257-258.

[509] *Supra*, Parte I, Cap. I, n.° 6.

[510] Os itálicos são nossos. Aquela Convenção entrou em vigor em 4-1-69, obtidas as 27 ratificações exigidas para o efeito. Ela fora precedida de uma *Declaração sobre a eliminação de todas as formas de discriminação racial*, aprovada pela Resolução n.° 1904 (XVIII), de 20-11-63.

[511] A Convenção foi aprovada pela Resolução n.° 2106 (XX) da Assembleia Geral das Nações Unidas, de 21-12-65.

O direito de propriedade privada

grandes Estados, nem os Estados Unidos nem o Japão a ela tenham ainda aderido[512].

Mas, como dissemos, não foram apenas Convenções que foram renovando o carácter obrigatório da DUDH e reafirmando o reconhecimento ao indivíduo do direito à propriedade privada, levado a cabo pelo seu artigo 17.º: também procederam assim Resoluções da Assembleia Geral das Nações Unidas.

De entre elas, merece destaque especial a Resolução n.º 41/132, de 1986, a cujo conteúdo e a cuja grande importância para o Direito Internacional já fizemos referência[513]. Como então dissemos, ela confere ao indivíduo o direito de propriedade privada, fundando-se expressamente, para o efeito, no artigo 17.º da DUDH[514].

Note-se, porém, que ainda mais expressiva fora antes a Resolução n.º 1904 (XVIII), pela qual havia sido aprovada em 1963 a já citada *Declaração das Nações Unidas sobre a Eliminação de todas as formas de discriminação racial.* No seu artigo 11.º, aquela Resolução remetia para "o dever dos Estados de *respeitar, na íntegra e de boa fé*, as disposições da Declaração Universal dos Direitos do Homem"[515,516].

O terceiro facto que prova que o desenvolvimento do conceito de "Soberania Permanente" não levou o Direito Internacional a eliminar o direito do indivíduo à propriedade privada extrai-se da prática dos Estados. Com efeito, mesmo nos anos 60 e 70 os Estados do Terceiro Mundo não deixaram de concluir com os Estados industrializados acordos *lump sum* para resolverem situações decorrentes de expropriações ou nacionalizações pelos primeiros de bens de cidadãos dos segundos, o que só se concebia se se partisse do princípio de que estes eram titulares, à luz do Direito Internacional, de um direito à propriedade privada sobre os bens em causa. Esta conclusão é verdadeira, embora os

---

[512] Veja-se um estudo aprofundado desta Convenção, inclusive dos seus trabalhos preparatórios e do seu conteúdo, no *Comentário Wolfrum*, pgs. 649 e segs., e em PARTSCH, *Racial*, pgs. 447 e segs.; e TÉNÉKIDÈS, pgs. 269 e segs.

[513] *Supra*, Parte I, Cap. I, n.º 7.

[514] Assim, LAWSON, pg. 1241.

[515] O itálico é nosso.

[516] V., no mesmo sentido, *United Nations Action in the Field of Human Rights –* UN/Doc.ST/HR/2/Rev. 1 (1983), pgs. 8-15; e cfr. o *Restatement*, vol. 2, pgs. 155-158.

A construção dogmática

termos em que ela pode ser formulada tenham de ser mais pormenorizadamente elaborados por nós na altura própria[517].

O quarto e último facto, não menos relevante do que os anteriores, consiste em, no âmbito da codificação do Direito Internacional em matéria de Responsabilidade Internacional, os vários projectos do Professor GARCÍA-AMADOR, elaborados para a Comissão do Direito Internacional, terem incluído na lista desses direitos, que aí eram apelidados de "essenciais" ou "fundamentais", "o direito à sua (do indivíduo) propriedade" (art. 1.°, n.° 2, *b*)[518]. É certo que o sucessor de GARCÍA--AMADOR, o Professor AGO, no seu projecto, punha em causa essa posição, não especificamente quanto ao direito de propriedade privada, mas porque AGO se incluía no sector da doutrina que recusava, por princípio, que o indivíduo fosse sujeito do Direito Internacional e, portanto, pudesse ser titular de "direitos subjectivos internacionais", como ele lhe chamava[519]. Os membros da CDI dividiram-se perante esta divergência entre os dois projectos, tendo a BARONESA ELLES ficado encarregada de encontrar uma terceira solução para o problema. Mas, curiosamente, o Projecto da BARONESA ELLES seria ainda mais ousado do que o de GARCÍA-AMADOR: reproduziria integralmente o artigo 17.° da DUDH, mas acrescentando-lhe o direito do estrangeiro à "indemnização justa" (*"just compensation"*) no caso de privação da propriedade[520,521].

Isto quer dizer que, com base no artigo 17.° da DUDH, nunca houve solução de continuidade no reconhecimento pelo Direito Internacional ao indivíduo de um direito à propriedade privada. Tudo o que acaba de ser escrito confere grande solidez a esta conclusão. Mas

---

[517] *Infra*, Cap. V, n.° 5.3, § 2.°

[518] *Sixth Report on State Responsibility*, UN. Doc. A/CN.4/134 e Add. 1, de 1961. V. sobre isso LILLICH, *Duties*, pgs. 373 e segs. e 407. Este Relatório, juntamente com os cinco que o antecederam e o prepararam, todos da autoria do mesmo Autor, encontram-se publicados em GARCÍA-AMADOR/SOHN/BAXTER.

[519] *Eigth Report on State Responsibility. The internationally wrongful act of the State, source of international responsibility (continued)*, UN. Doc. A/CN.4/318, YILC 1979-II, Parte I, pgs. 3 e segs.

[520] UN. DOC. E/CN. 4/Sub. 2/369 e Add. 1-3, de 1976.

[521] Sobre estes trabalhos da CDI, v. LILLICH, *Duties*, pgs. 373 e segs. e 407-408; SORNARAJAH, *Pursuit*, pgs. 29 e segs.; e, num plano mais geral do Direito Internacional, por todos, e por ser das obras mais actuais, IPSEN, pgs. 508 e segs., e bibl. aí citada.

O direito de propriedade privada

se ainda subsistissem, por absurdo, dúvidas nesse sentido, elas teriam ficado definitivamente dissipadas com a Resolução da Assembleia Geral n.º 41/132, de 1986.

De facto, recorda-se que na própria epígrafe da Resolução se contém referência ao *"direito de cada um à sua própria propriedade*, sozinho ou em associação com outros", retomando ela, aliás, dessa forma, a terminologia já adoptada pela Convenção sobre a Eliminação da Discriminação Racial, como há pouco vimos, inclusive na protecção tanto da propriedade singular como da propriedade conjunta; e que, quer no seu longo preâmbulo como no seu articulado, aquela Resolução, repetidamente, reconhece o direito do indivíduo à propriedade privada, fundando-se, desde logo, e outra vez, no artigo 17.º da DUDH, para qualificar aquele direito de *"direito fundamental"* do indivíduo[522]. Além disso, a Resolução veio compatibilizar o reconhecimento do direito do indivíduo à propriedade privada com o direito dos Estados sobre os seus recursos naturais, sem negar aquele – e esse, como sublinhámos na Parte I, foi o grande contributo inovador daquela Resolução para o Direito Internacional.

As Resoluções posteriores da Assembleia Geral e o demais Direito derivado das Nações Unidas não mais abandonariam essa orientação, como também ficou demonstrado na Parte I[523].

Por isso, tornou-se hoje absolutamente estéril a discussão sobre a força obrigatória da DUDH, inclusive do seu artigo 17.º[524], força obrigatória que, aliás, fora ao longo dos anos tacitamente reconhecida pelo Direito Constitucional de alguns Estados membros das Nações Unidas – veja-se, como caso dos mais expressivos, o artigo 16.º, n.º 2, da nossa Constituição[525].

Portanto, é-nos possível responder já à interrogação que colocámos neste Capítulo, logo no início do n.º 2.2., mas concretamente, no seu § 1.º

---

[522] O itálico é nosso.

[523] *Supra*, Parte I, Cap. I, n.º 7.

[524] Assim, CARRILLO SALCEDO, *Human Rights*, pgs. 305-306; e o *Restatement*, vol. 2, pg. 194.

[525] Veremos o alcance da relação entre este preceito e a DUDH, *infra*, Parte III, n.º 2.

A construção dogmática

O direito à propriedade privada é reconhecido ao indivíduo pelo Direito Internacional geral convencional, com fundamento último no artigo 17.º da DUDH, sem mesmo se ter de discutir, como atrás se disse, se esse preceito criou, por via convencional, um direito novo ou se se limitou a acolher e codificar costume internacional anterior. Independentemente disso, parece certo que, com base nesse preceito, a prática das Organizações Internacionais, a começar pelo Direito derivado das próprias Nações Unidas, e a prática dos Estados, transformaram esse direito, de raiz convencional, em costume internacional geral[526].

Note-se que a prática internacional mais recente dos Estados só consolida e reforça esse costume internacional geral.

De facto, e desde logo, os TBI (cuja progressiva generalização à escala mundial já foi por nós destacada[527]), ao definirem o regime de protecção ao investidor estrangeiro, começam por partir do princípio de que ele é titular do direito de propriedade privada. É só assim que, designadamente, se compreendem as cláusulas neles usuais, que, como já dissemos e voltaremos a estudar mais desenvolvidamente, prevêem antecipadamente o regime da expropriação da propriedade *do investidor* e o da indemnização nesse caso devida *directamente a ele*[528].

Depois, as cláusulas de estabilização, que atrás estudámos, ao internacionalizarem os respectivos contratos, não só conferem à parte privada, o investidor estrangeiro, a qualidade de sujeito do Direito Internacional, como também reconhecem que este é titular de um direito à propriedade privada, conferido pelo Direito Internacional[529]. Também essas cláusulas, como mostrámos, se generalizaram na prática internacional dos Estados[530]. Sublinhe-se que o crescimento e a pro-

---

[526] A questão encontra-se muito bem compendiada dessa forma no *Restatement*, sob o § 701, anotações 2 a 6, sob o § 702, comentário K; em HENKIN, *Human Rights*, pg. 271; e em LILLICH, que, contudo, é firme na defesa de que o artigo 17.º da DUDH se limitou a "reflectir" o Direito Internacional *tradicional*, de carácter *consuetudinário* – *Duties*, pg. 406.

[527] *Supra*, Parte I, Cap. II, n.os 3.2 e 4.

[528] Assim, SHIHATA, *Trends*, pgs. 47 e segs.; DOLZER/STEVENS, pgs. 98 e segs.; RIESENFELD, pg. 248; BUXBAUM/RIESENFELD, pg. 344; FRICK, pgs. 250 e segs.; HERDEGEN, pg. 205; e BANZ, pgs. 74 e segs.

[529] HERDEGEN, pgs. 206-207.

[530] *Supra*, Parte I, Cap. II, n.º 3.3.

O direito de propriedade privada

gressão da prática internacional dos Estados geradora do costume internacional que reconhece ao indivíduo o direito à propriedade privada não podem ser dissociados do cada vez mais frequente reconhecimento do direito à propriedade privada, indistintamente a nacionais e a estrangeiros, pelas Constituições dos Estados, o que merece destaque especial quando se trata de Estados que ainda há poucos anos não reconheciam o direito de propriedade privada, nalguns casos, nem mesmo aos respectivos nacionais, como se passa com os Estados da Europa Central e do Leste: ver as novas Constituições da Albânia, de 29 de Abril de 1991, revista em 13 de Novembro de 1992 (art. 11.°), da Bulgária, de 12 de Julho de 1991 (art. 17.°, n.° 3), da Estónia, de 28 de Junho de 1992 (art. 18.°), da Croácia, de 22 de Dezembro de 1990 (art. 48.°), da Hungria, de 24 de Agosto de 1990 (art. 13.°, n.° 1), da Letónia, de 10 de Dezembro de 1991 (art. 21.°, n.° 3), da Lituânia, de 25 de Outubro de 1992 (art. 23.°), da Macedónia, de 17 de Novembro de 1991 (arts. 8.°, 30.° e 31.°), da Moldávia, de 28 de Julho de 1992 (arts. 9.° e 46.°), de Montenegro, de 13 de Outubro de 1992 (art. 45.°, n.° 1), da Polónia, de 2 de Abril de 1997 (art. 64.°), da Roménia, de 21 de Novembro de 1991 (art. 41.°), da Rússia, de 12 de Dezembro de 1993 (art. 35.°, n.° 3), da Sérvia, de 28 de Setembro de 1990 (art. 34.°, n.° 1), da República Checa e da Eslováquia, de 16 de Dezembro de 1992 (art. 11.°, n.° 1) e da Ucrânia, de 8 de Junho de 1995 (art. 5.°). Muitas dessas Constituições vão ao ponto de qualificar expressamente o direito de propriedade privada de *direito civil* ou *direito de personalidade*, recusando-lhe, por essa via, a natureza de mero direito económico, concepção que era cara ao marxismo, que todos elas repudiaram, quando o marxismo consentia no reconhecimento do direito de propriedade privada[531].

2.3. *A resposta do Direito Internacional particular*

Muito mais fácil ainda é a conclusão de que o direito à propriedade privada é conferido directamente ao indivíduo pelo Direito Internacional particular.

---

[531] Veja-se este ponto desenvolvido em ROGGEMANN, *passim*, mas especialmente pgs. 17 e segs. e 219 e segs.

A construção dogmática

De facto, no Direito Internacional convencional de âmbito regional encontramos manifestações expressas do reconhecimento desse direito.

Antes de mais, na *Convenção Europeia dos Direitos do Homem*[532]. Uma parte dos negociadores do projecto daquela Convenção tudo tentou para incluir o direito de propriedade privada no rol dos direitos e das liberdades constante daquele projecto. Eles estavam conscientes de que a menção expressa desse direito no texto da Convenção era necessária para que esta cumprisse a função que a si próprio se impunha, e que era a de catalogar os valores essenciais que, na feliz expressão do 4.º considerando do preâmbulo da Convenção, caracterizam "um regime político verdadeiramente democrático". Por isso, a consagração do direito de propriedade na Convenção ter-lhe-ia dado, na opinião feliz do Comentário da autoria do Juiz PETTITI, uma "conotação emblemática"[533]. Mas não foi possível obter-se o consenso dos signatários da Convenção nesse sentido. Por isso, aquele direito teve que se resignar com o seu "exílio"[534] para o 1.º Protocolo Adicional (PA) àquela Convenção, que seria assinado em 20 de Março de 1952 e entrou em vigor em 18 de Março de 1954.

Hoje não faz dúvida de que aquele preceito confere ao indivíduo um autêntico *direito à propriedade privada*.

Os trabalhos preparatórios do preceito orientam-nos, sem dificuldade, nesse sentido[535].

Todavia, a 1.ª frase do parágrafo 1.º daquele preceito, intencionalmente vaga, para ser compromissória, suscitou, no início, algumas incertezas na matéria: essa frase refere-se, nas duas versões que fazem fé, a *"respect de ses biens"* e *"peaceful enjoyment of his possessions"*[536]. Por

---

[532] Veja-se o estudo da Convenção, em língua portuguesa, em GONÇALVES PEREIRA/FAUSTO DE QUADROS, pgs. 603 e segs., onde se contém indicação de bibl. seleccionada sobre a matéria.

[533] *Comentário Pettiti*, pg. 972.

[534] *Comentário Pettiti*, pg. 971. Cfr. FROWEIN/PEUKERT, pgs. 764-765.

[535] Assim, CONDORELLI, *Proprietà*, pgs. 175 e segs.; FROWEIN/PEUKERT, pgs. 766 e segs.

[536] Todavia, a versão oficial alemã emprega, mais rigorosamente, a expressão "direito ao respeito pela sua propriedade" (*"ein Recht auf Achtung ihres Eigentums"*) – v. FROWEIN/PEUKERT, pg. 763.

O direito de propriedade privada

sua vez, a 2.ª frase desse parágrafo resolve em definitivo essa incerteza: se a versão francesa diz aí *"propriété"*, essa palavra aparece traduzida na versão inglesa por *"possessions"*[537]. Como se isso fosse pouco, no par. 2.º à expressão francesa *"usage des biens"* corresponde, na versão inglesa, a expressão *"use of property"*.

Esta disparidade terminológica das duas versões linguísticas que fazem fé não podem passar sem um claro reparo. Pior do que a sua assinatura com estas divergências, que são substanciais, tem sido a não rectificação das discrepâncias, que se apresentam como demasiado evidentes.

Todavia, e pelo que nos interessa de modo directo neste trabalho, a jurisprudência do Tribunal Europeu dos Direitos do Homem (TEDH) depressa veio a esclarecer em definitivo que o artigo 1.º do PA n.º 1 "confere, na sua substância, o direito de propriedade". Dos primeiros arestos nesse sentido, o mais expressivo foi o proferido no caso *Marckx*[538]. Contudo, essa posição seria reafirmada depois em *todos* os Acórdãos posteriores onde o problema se suscitou[539].

O segundo espaço regional onde o Direito Internacional convencional reconheceu ao indivíduo o direito à propriedade privada foi o continente americano, através da *Convenção Americana sobre Direitos do Homem* (CADH). A Convenção foi aprovada pelo *Pacto de São José*, assinado no termo da Conferência Inter-Americana Especializada sobre Direitos do Homem, promovida pela Organização dos Estados Americanos, e que teve lugar de 7 a 22 de Novembro de 1969, em S. José da Costa Rica. Embora logo no dia da sua abertura à assinatura doze dos dezanove Estados que a negociaram a tivessem assinado, ela só reuniu o número de ratificações necessário à sua entrada em vigor em 1978. A CADH tem dois Protocolos Adicionais: um, sobre direitos económicos, sociais e culturais (conhecido por *Protocolo de São Salvador*), aprovado em 14 de Novembro de 1988; outro, especifica-

---

[537] E, na versão oficial alemã, por "propriedade" (*"Eigentum"*) – FROWEIN/ /PEUKERT, *loc.cit.*

[538] Ac. 13-6-79, § 63.

[539] Os mais claros são os Acs. 24-10-86, caso *Agosi*, § 48, e 28-10-87, caso *Inze*, § 38. O mesmo foi afirmado pelo TEDH no único Acórdão que ele proferiu sobre o artigo 1.º do PA n.º 1 com respeito a Portugal – caso *Matos e Silva, Lda.*, Ac. 16-9-96, § 81.

A construção dogmática

mente sobre a abolição da pena de morte, aprovado em 8 de Junho de 1990[540].

As principais fontes da CADH foram a Declaração Americana sobre Direitos e Deveres do Homem, aprovada pela 9.ª Conferência Internacional dos Estados Americanos, que teve lugar em Bogotá, de 30 de Março a 2 de Maio de 1948 (e que aprovou também a *Carta de Bogotá*, pela qual foi criada a Organização dos Estados Americanos[541]), e, sobretudo, a Convenção Europeia dos Direitos do Homem.

A influência desta última e dos seus Protocolos Adicionais entretanto assinados fez-se notar na inclusão de muitos dos direitos e liberdades civis, políticos, sociais, culturais e económicos, consagrados na CADH e nos seus Protocolos. Entre esses direitos figura o "direito de propriedade", que está acolhido no artigo 21.° da CADH[542], situado no Capítulo II da Parte I desta, que tem por epígrafe "direitos civis e políticos".

Hoje não faz dúvida, nem na prática dos Estados signatários da Carta, nem na da Comissão Inter-Americana de Direitos do Homem e do Tribunal Inter-Americano de Direitos do Homem, que são os órgãos da CADH, segundo o seu artigo 33.°[543], e que foram modelados segundo o figurino da Comissão e do Tribunal Europeu dos Direitos do Homem, que o direito de propriedade é um verdadeiro direito fundamental à luz daquela Convenção e que, ainda por cima, está sujeito, na sua observância, a uma cláusula geral de não-discriminação no respeito pelos direitos e pelas liberdades nela consagrados (art. 1.°)[544]. Mais: é justo

---

[540] Ver a história da elaboração da CADH, bem como da sua entrada em vigor, em BUERGENTHAL/NORRIS, especialmente vol. 2; e, mais recentemente, BUERGENTHAL, *American Convention*, pgs. 131-132, NACIMIENTO, pgs. 54 e segs., e BUERGENTHAL/SHELTON, sobretudo pgs. 37 e segs.

[541] A Carta de Bogotá foi objecto de uma revisão pelo Protocolo de Buenos Aires, de 1967 – v., BUERGENTHAL, *op.cit.*, pg. 132; e GONÇALVES PEREIRA/ /FAUSTO DE QUADROS, pgs. 635 e segs.

[542] V. FROWEIN, *European*, pgs. 46 e segs.; BUERGENTHAL, *op.cit.*, pgs. 132-133.

[543] GROS-ESPIELL, pgs. 23 e segs.; KOKOTT, *System*, pgs. 177 e segs.; especificamente sobre o Tribunal, DAVIDSON, pgs. 7 e segs.

[544] Sobre a matéria do texto, e no mesmo sentido, v. as obras básicas de GROS--ESPIELL, pgs. 1 e segs.; SEPÚLVEDA, pgs. 46 e segs.; e BUERGENTHAL, *American Convention*, pg. 133, e bibl. aí cit. Uma avaliação da aplicação da CADH ao longo destes anos consta da última das ops.cits., pg. 135, e de NACIMIENTO, pgs. 181 e segs.

dizer-se que a CADH valoriza e garante o direito de propriedade privada mais do que a CEDH. Por várias razões: porque fala expressamente, na epígrafe da versão oficial do artigo 21.º da Convenção, em "direito à propriedade privada"; porque inclui este direito no próprio texto da Convenção; porque expressamente qualifica o direito de propriedade como um direito "civil"; porque, segundo a doutrina ligada à CADH, o direito de propriedade privada é visto por ele como uma expressão do próprio direito à vida[545]; e, finalmente, porque, como veremos no Capítulo V, o sistema de garantias do particular contra as violações aos direitos reconhecidos na CADH acaba por ser mais eficaz do que o sistema definido para o mesmo efeito na CEDH. E, todavia, note-se que inicialmente a inclusão do direito de propriedade no rol dos direitos reconhecidos pela CADH não foi pacífica, como no-lo revela GROSS ESPIELL, que foi um dos Autores que discordou dessa inclusão, com o fundamento de que nem todos os Estados que negociaram a Convenção tinham a mesma concepção da propriedade privada[546].

Também no continente africano o direito de propriedade é reconhecido pelo Direito Internacional regional de base convencional.

Logo no preâmbulo da Carta da Unidade Africana, que em 1963 criou a Organização da Unidade Africana[547], os Estados signatários afirmavam as duas ideias-força da nova Organização: "lutar contra o neocolonialismo em todas as suas manifestações" e afirmar a sua convicção de que "a liberdade, a igualdade, a justiça e a dignidade são objectivos essenciais à concretização das legítimas aspirações dos povos de África". Este último desiderato era muito influenciado pela Carta das Nações Unidas e pela DUDH de 1948[548].

Foi na sequência do propósito da Carta de Unidade Africana de salvaguardar os direitos e as liberdades fundamentais do indivíduo que a Cimeira dos Chefes de Estado e de Governo da OUA de Nairobi, de 1981, aprovou – sublinhe-se: por unanimidade – a *Carta Africana de*

---

[545] BUERGENTHAL/SHELTON, pg. 427.

[546] Pg. 40.

[547] GONÇALVES PEREIRA/FAUSTO DE QUADROS, pg. 641; e BELLO, pg. 287.

[548] MBAYA, pgs. 54 e 57.

Direitos do Homem e dos Povos (CAfrDH). Segundo o artigo 63.º, n.º 3, da Carta da OUA, a CAfrDH entraria em vigor três meses depois da sua ratificação pela maioria simples dos Estados membros daquela Organização, o que só aconteceu em 21 de Outubro de 1986[549].

Os direitos reconhecidos pela CAfrDH constam do Capítulo I da sua Parte I, que praticamente abre com a proibição de discriminação no gozo desses direitos (art. 2.º). A lista dos direitos, como acertadamente observa EMMANUEL BELLO[550], aproxima-se muito do conjunto dos direitos elencados nas Constituições de muitos Estados africanos e em alguns tratados internacionais sobre Direitos do Homem que eram anteriores àquela Carta. Por seu lado, o artigo 1.º da Carta obriga os Estados a "adoptar as medidas legislativas ou outras que forem necessárias para dar eficácia àqueles direitos".

Os tratados internacionais sobre Direitos do Homem que inspiraram fortemente a CAfrDH foram a Carta das Nações Unidas, a DUDH, a CEDH e a CADH[551]. Todavia, houve a preocupação de conjugar aquilo que desses tratados resultava na matéria de Direitos do Homem com o que haviam disposto as Resoluções da Assembleia Geral das Nações Unidas, desde a sua criação, particularmente sobre a Soberania Permanente sobre Recursos Naturais. Foi um equilíbrio difícil de se vazar no texto da Carta, mas que ela parece ter alcançado.

Isso mesmo transparece da disciplina a que a Carta sujeita o direito de propriedade.

Ela reconhece ao indivíduo o "direito à propriedade". Mas sujeita--o a restrições "no interesse da utilidade pública ou no interesse geral da comunidade, de harmonia com as disposições das leis aplicáveis" (art. 14.º). Além disso, entre os direitos dos Povos, a Carta inclui o direito ao desenvolvimento económico e social (art. 22.º) e, dentro do mesmo espírito, confere aos Estados o direito de livremente disporem dos seus recursos naturais "com vista a reforçarem a unidade e a solidariedade na África" (art. 21.º).

---

[549] Sobre as vicissitudes da elaboração da CAfrDH e da sua entrada em vigor, v. BELLO, pgs. 290-291; e MBAYA, pg. 54.

[550] Pg. 291.

[551] MBAYA, pg. 54.

O direito de propriedade privada

Ou seja, ao reconhecer o direito de propriedade, a CAfrDH seguiu de perto, como se disse, a DUDH, a CEDH e a CADH. Mas ela não pôde ignorar o intenso labor das Nações Unidas na elaboração do princípio da "Soberania Permanente" e na definição da NOEI. Afinal, haviam sido os Estados africanos e asiáticos os principais artífices das Resoluções das Nações Unidas sobre aquelas matérias, em frontal oposição aos Estados industrializados do Ocidente. Daí resultou uma tentativa de equilíbrio, entre o direito à propriedade privada, por um lado, e a "Soberania Permanente" e o desenvolvimento económico e social dos Estados e dos Povos, por outro[552].

Resta acrescentar que, para zelar pelo cumprimento da CAfrDH, ela instituiu uma Comissão, que goza de poderes muito mais limitados do que a Comissão Europeia ou a Comissão Americana dos Direitos do Homem. Os autores da Carta recusaram expressamente a ideia da criação de um Tribunal.

De tudo isto, e como se imagina, resulta um sistema de protecção dos Direitos do Homem, em geral, e do direito de propriedade, em particular, que fica muito aquém dos resultados obtidos pela CEDH e pela CADH, ao que se deve somar a incapacidade da grande maioria dos Estados e dos Povos da África de compreender os Direitos do Homem no sentido e com o alcance com que o fazem os Estados e os Povos europeus, sobretudo da antiga Europa Ocidental, e até a maior parte dos próprios Estados e dos Povos do continente americano, isto é, e desde logo, de compreender que o respeito pelos Direitos do Homem exige, antes de tudo, a adesão plena ao princípio de Democracia política, económica, social e parlamentar[553]. Trata-se de um problema filosófico-cultural. Todavia, a evolução da situação após o termo da guerra fria permite augurar uma evolução em África no sentido do aprofundamento do princípio da Democracia e, por essa via, do sistema de protecção dos Direitos do Homem. A África do Sul é um bom exemplo dessa evolução.

---

[552] Assim, MBAYA, pgs. 54-55; BELLO, pgs. 907 e segs.; CHEHAB, pgs. 149 e segs.; MUCH, pgs. 17; MOTALA, pgs. 376 e segs.; PALMIERI, pgs. 64 e segs.; GITTLEMAN, pgs. 667 e segs.; e KUNIG, pgs. 138 e segs.

[553] Assim, MBAYA, pgs. 56-58; KUNIG, pgs. 166 e segs.; GITTLEMAN, pgs. 711 e segs.; e MOTALA, pgs. 405 e segs.

A construção dogmática

De qualquer modo, o direito de propriedade privada é expressamente reconhecido ao indivíduo pela Carta – e isso é o que nos interessa neste lugar.

2.4. *A questão no Direito Comunitário*

Este livro não versa sobre o Direito Comunitário em especial, mas só sobre o Direito Internacional, independentemente da relação entre as duas Ordens Jurídicas, que não estão aqui em causa[554]. Contudo, temos estado atentos, ao longo da nossa investigação, aos contributos específicos que o Direito Comunitário nos pode dar no tratamento do objecto deste estudo. É com esse espírito que vamos averiguar se o Direito Comunitário reconhece ao indivíduo o direito de propriedade privada.

Não existe nenhum preceito de *lex scripta*, especificamente de fonte comunitária, que reconheça, com carácter obrigatório, ao indivíduo, sujeito do Direito Comunitário, aquele direito. Não pode ser considerado como tal o artigo 9.º da *Declaração sobre Direitos e Liberdades Fundamentais*, aprovada pelo Parlamento Europeu em 1989, que estabelece que "É garantido o direito de propriedade". De facto, essa Declaração não obriga juridicamente, não tendo senão valor meramente político.

Por isso, deve-se entender que a primeira tentativa no sentido de se inscrever no Direito Comunitário uma norma expressa sobre a matéria foi levada a cabo recentemente, pelo Projecto de Constituição da União Europeia, que, através da sua Resolução de 10 de Fevereiro de 1994, o Parlamento Europeu aprovou e que baixou à Comissão Institucional do Parlamento[555]. No Título VIII, dedicado aos *"Direitos humanos reconhecidos pela União"*, o n.º 10 dispunha: "É garantido o direito de propriedade". Todavia, esse Projecto não teve seguimento, designadamente, o Tratado de Amesterdão, de Junho de 1997, ao rever o Tratado da União Europeia (TUE), não o acolheu.

---

[554] Dessa matéria ocupou-se a nossa dissertação de doutoramento, *Direito das Comunidades Europeias e Direito Internacional Público*.

[555] Acta da sessão de 10-2-94, PE 179.662.

O direito de propriedade privada

A ausência de preceito expresso não tem impedido, porém, que se entenda, de modo pacífico, e desde o início da integração europeia, que a Ordem Jurídica Comunitária reconhece o direito de propriedade privada. Inicialmente, esse direito teria o seu fundamento, segundo a doutrina, no princípio da Economia Social de Mercado, que se encontraria implícito na Constituição Económica das Comunidades[556]; segundo a jurisprudência do Tribunal de Justiça (TJ), no facto de as Constituições de todos os Estados membros reconhecerem o direito de propriedade[557] ou no facto de os tratados internacionais sobre Direitos do Homem, a começar, no nosso caso, pelo artigo 1.º do PA n.º 1 à CEDH, deverem ser levados em conta para a protecção dos direitos fundamentais no Direito Comunitário, juntamente com as Constituições e a prática constitucional dos Estados membros. Neste sentido, é particularmente expressivo o Acórdão proferido no caso *Hauer*, onde o TJ, pronunciando-se sobre uma questão prejudicial, ao abrigo do artigo 177.º CE, entendeu que "o direito de propriedade é garantido na Ordem Jurídica comunitária em conformidade com as concepções comuns às Constituições dos Estados membros, reflectidas igualmente pelo 1.º Protocolo Adicional à CEDH"[558].

Note-se que esta posição jurisprudencial deve ser relacionada com a orientação do TJ, que atingiu o seu apogeu, nos anos 70, no caso *Internationale Handelsgesellschaft*[559], de harmonia com a qual "o respeito pelos direitos fundamentais faz parte dos princípios gerais de Direito, cujo respeito compete ao Tribunal assegurar" e, por conseguinte, a CEDH vigorava na Ordem Jurídica comunitária pela via dos princípios gerais de Direito, à margem da querela, que já então era aguda, sobre a maneira formal de as Comunidades se vincularem àquela Convenção[560].

---

[556] Assim, KRÖGER, pg. 101; mas, sobretudo, a obra básica de SCHERER, pg. 205. Sobre a Economia Social de Mercado na Constituição Económica das Comunidades ver os nossos *Sumários de lições*, ponto 44.

[557] Ac. 14-5-74, caso *Nold*, pgs. 491 e segs.

[558] Ac. 13-12-79, pgs. 3745 e segs., chamando nós a atenção especial para as conclusões do Procurador-Geral F. CAPOTORTI. Veja-se COHEN-JONATHAN, *Incidence*, pg. 85.

[559] Ac. 17-12-70, pg. 1135.

[560] Ver os nossos referidos *Sumários*, pontos 41 e 42. Hoje, veja-se essa questão em RENGELING, sobretudo pgs. 32 e segs. e 40 e segs.

A construção dogmática

Mais tarde, a doutrina passou a fundamentá-lo no "princípio de uma Economia Social de Mercado aberta", acolhido, agora, de forma expressa, pelo TUE, que o integrou no artigo 3.°-A, n.° 1, do Tratado CE[561]. A jurisprudência, por sua vez, mesmo antes do TUE, descobrira já que o direito de propriedade se convertera em "princípio geral do Direito Comunitário"[562].

Nós entendemos, contudo, que, após o TUE, o direito de propriedade privada no Direito Comunitário encontra, pela via do actual artigo 6.°, n.° 2, daquele Tratado, fundamento directo no artigo 1.° do PA n.° 1 à CEDH, que se deve considerar como fazendo parte integrante da Ordem Jurídica comunitária. É essa a interpretação a extrair daquele preceito quando dispõe que "a União respeitará os direitos fundamentais *tal como os garante a Convenção Europeia de Salvaguarda dos Direitos do Homem e das Liberdades Fundamentais*, assinada em Roma em 4 de Novembro de 1950, e tal como resultam das tradições constitucionais comuns aos Estados membros, enquanto princípios gerais do Direito Comunitário". Esse preceito ultrapassou, com essa redacção, a necessidade, que se fazia sentir por pressão da doutrina e da jurisprudência, de se acolher formalmente na Ordem Jurídica comunitária a CEDH antes mesmo de se resolver o problema, que continua em discussão[563], da adesão formal da União Europeia a esse texto. E, no que toca às tradições constitucionais dos Estados membros, aquele artigo, tendo partido do princípio de que, como demonstra RENGELING[564], todos os Estados membros reconhecem nas suas Constituições o direito à propriedade privada, quis enriquecer a protecção dos direitos reconhecidos pela Convenção, e concretamente, pelo que nos interessa, o direito à propriedade privada, com o contributo do Direito Comparado[565,566].

---

[561] Por último, KRÖGER, *loc.cit.*

[562] Ac. 11-7-89, caso *Schräder*, pg. 2237. Veja-se toda a jurisprudência do TJ sobre o direito de propriedade privada arrolada por KRÖGER, n. 111, e estudada com desenvolvimento em RENGELING, pgs. 40 e segs.

[563] Assim, por último, KRÖGER, aliás, demasiado crítico na matéria – pgs. 107 e segs.

[564] Pgs. 30 e segs.

[565] KRÖGER, pg. 103.

[566] Sobre os problemas aqui suscitados quanto ao artigo 6.°, n.° 2, do TUE, v., por último, GRABITZ/HILF, anotações 20 e segs. e 24 e segs. ao artigo F, n.° 2, antes do Tratado de Amesterdão.

O direito de propriedade privada

De qualquer modo, estamos longe de ter alcançado a plena consagração do direito de propriedade privada no Direito Comunitário[567]. No fundo, não há nada de surpreendente nisso: também em matéria de protecção dos direitos fundamentais, pese embora todos os progressos já alcançados, a integração europeia respeita o seu carácter evolutivo, co-natural ao próprio princípio do gradualismo da integração[568].

2.5. *Conclusão*

A título de conclusão acerca da titularidade do direito de propriedade privada segundo o Direito Internacional podemos, pois, afirmar que aquele direito é hoje reconhecido directamente ao indivíduo pelo Direito Internacional tanto geral como particular.

No plano do *Direito Internacional geral* o direito à propriedade privada como direito fundamental do indivíduo tem como fundamento jurídico o Direito das Nações Unidas e, dentro deste, como fundamento último, o artigo 17.º da DUDH. Com base nesse Direito o direito de propriedade passou a valer como costume internacional geral na matéria, pelos motivos e nos termos acima referidos.

No âmbito do *Direito Internacional particular*, o direito à propriedade privada é reconhecido ao indivíduo por via convencional, designadamente pelos referidos pactos regionais sobre Direitos do Homem, a começar pela CEDH.

O modo e o âmbito desse reconhecimento, num caso e noutro, e até a sua intensidade, podem variar, mas não põem em causa o princípio de base da existência do direito.

Por vezes, a doutrina tem dificuldade em aceitar esta conclusão apenas porque algumas normas em causa não se referem à indemnização devida pela privação da propriedade. De facto, nem o Direito das Nações Unidas nem o mais importante pacto regional sobre Direitos do Homem – a CEDH – estabelecem uma ligação necessária entre a atribuição do direito de propriedade e de um direito à indemnização

---

[567] KRÖGER, pgs. 107 e segs.

[568] Já o explicáramos há mais de quinze anos nos nossos *Sumários*, p.ex., no ponto 192.

A construção dogmática

justa pela privação da propriedade. No quadro das Nações Unidas o único documento que tentara estabelecer uma conexão entre os dois direitos fora o Projecto da BARONESA ELLES sobre Responsabilidade Internacional do Estado, que, todavia, não passou disso mesmo, ou seja, de um Projecto, que foi entretanto ultrapassado.

Contudo, para além de esse argumento não ser absoluto, porque, por exemplo, a CADH, no seu artigo 21.°, atribui ao indivíduo, de forma expressa, direito à indemnização justa em caso de expropriação, estamos aqui, em qualquer caso, perante duas questões distintas, que não se devem confundir.

Por um lado, temos a questão do reconhecimento e da atribuição, propriamente ditos, do direito de propriedade. Essa questão resolve-se através da interpretação da norma positiva concreta do Direito Internacional. E parece que conseguimos demonstrar, quanto aos preceitos que estão em causa, que eles são claros em atribuir ao indivíduo o direito à propriedade (*"droit de propriété"*, *"right of property"*). Mesmo quando a redacção do preceito não esclarece em definitivo esse problema – das disposições que examinámos foi o caso apenas do artigo 1.° do Protocolo Adicional n.° 1 à CEDH –, a prática da aplicação do preceito bem como a doutrina e a jurisprudência formadas em seu redor depressa esclareceram a questão a favor da existência do direito de propriedade.

E, pelo que toca, por sua vez, às regras do costume internacional extraídas da prática dos Estados, quer os TBI, quer as cláusulas de estabilização, tratam o investidor estrangeiro como sujeito autónomo e directo do direito de propriedade. Nos TBI, essas regras são ainda mais incisivas na matéria do que o Direito das Nações Unidas ou do que os pactos regionais sobre Direitos do Homem, porque se extraem de cláusulas diversas, nomeadamente, sobre a expropriação e sobre a indemnização.

Outra é a questão de saber se o direito de propriedade inclui o direito à indemnização pela privação da propriedade.

É certo que os preceitos que analisámos, particularmente os de fonte convencional, geral ou particular, e com a exclusão, dentro destes, da CADH, dos TBI e, por vezes, das cláusulas de estabilização, não acrescentam, formalmente, à atribuição do direito de propriedade, o reconhecimento do direito à indemnização pela privação daquele direito. Mas isso só pode ser interpretado, a nosso ver, como querendo significar que, à face do Direito Internacional, o direito de propriedade tem como co-natural a si o direito à indemnização pela privação de propriedade. E foi nesse sentido que se orientou quer a prática dos Estados, como vimos, quer a das Organizações Internacionais, com apoio na doutrina e na jurisprudência internacionais, neste último caso, sempre que há órgãos jurisdicionais internacionais – é o caso, para este efeito, do Tribunal Europeu dos Direitos do Homem como dos tribunais arbitrais.

Os problemas que persistem quanto à indemnização, no plano do Direito Internacional, são outros: são, especialmente, o do montante da indemnização devida e o de se saber se ele tem de ser igual para nacionais e estrangeiros. Mas esses problemas não escamoteiam a regra de base, que é a da aceitação do direito à indemnização pela privação da propriedade privada. E a questão simplifica-se ainda mais se nos recordarmos de que a indemnização faz parte do grau mínimo internacional de protecção dos estrangeiros e se levarmos em conta que, como mostraremos, o Direito Internacional faz depender a licitude de qualquer acto expropriativo ou equivalente, entre outros requisitos, do pagamento ao particular de uma indemnização.

Isso significa, portanto, que, dada a grande dificuldade que o Direito Internacional foi encontrando, pelo menos até dada altura, em chegar a um consenso entre as várias teses que se digladiavam em torno dos critérios à luz dos quais devia ser computada a indemnização devida pelo acto de privação da propriedade privada, e para que essa incerteza não se contagiasse ao próprio reconhecimento, em si, do direito de propriedade ao indivíduo, ele preferiu, primeiro, deixar sedimentar e consolidar o problema da titularidade do próprio direito de propriedade no indivíduo de modo a poder dizer-se, como o fazem hoje FROWEIN e PEUKERT[569], que aquele direito já pertence hoje, também, no Direito Internacional, aos direitos fundamentais clássicos.

Como remate final, há, pois, que sublinhar que o Direito Internacional reconhece directamente ao indivíduo o direito à propriedade privada.

Note-se, porém, que os sujeitos desse direito são, em princípio, apenas os estrangeiros sujeitos à jurisdição do Estado concretamente considerado. O problema do reconhecimento do direito de propriedade privada aos *nacionais* de um Estado nas suas relações com esse Estado

---

[569] Pg. 764.

não é matéria do Direito Internacional mas do respectivo Direito interno. A não ser que o próprio Direito Internacional postule a obrigação de os Estados reconhecerem esse direito aos seus cidadãos e o respeito por esse direito seja exigível aos respectivos Estados (é o caso do artigo 1.° do PA n.° 1 à CEDH, que reconhece aos cidadãos dos Estados partes naquele Protocolo o direito à propriedade privada[570,571]), ou que o sistema de vinculação do Estado ao Direito Internacional conduza ao reconhecimento, também aos nacionais, do direito de propriedade privada com o mesmo regime pelo qual este se encontra definido como direito fundamental pelo Direito Internacional (é o caso de Portugal, através dos arts. 8.°, n.° 1, e 16.°, n.ºs 1 e 2, da Constituição, como oportunamente veremos[572]).

3. A função social da propriedade privada no Direito Internacional

O direito de propriedade privada não é um direito absoluto. Foi-o no Direito Romano. Mas, logo a seguir, deixou de o ser nos 7.° e 10.° Mandamentos e no Velho Testamento[573].

Escrevendo sobre a densa e rica teoria do direito de propriedade privada formulada por S. TOMÁS DE AQUINO na sua *Summa Theologica*, HALLEBEEK[574] mostra que, para aquele Doutor da Igreja, o direito de propriedade privada, não obstante se apresentar como "uma instituição do Direito Natural eterno e imutável", não era um direito absoluto e ilimitado.

---

[570] Assim, DOLZER, *Eigentum*, pgs. 170 e segs.; VELU/ERGEC, § 825 e segs.; *Comentário Pettiti*, pgs. 973-974; FROWEIN/PEUKERT, pgs. 765-766; e FROWEIN, *Eigentumschutz*, pgs. 49-50.

[571] Note-se que o preceito em causa impõe aos Estados partes naquele Protocolo a obrigação de respeitarem a propriedade privada dos seus nacionais mesmo quando estes residam em Estados terceiros, e inclusive em Estados que não sejam partes na Convenção ou naquele Protocolo – assim decidiu a Comissão em várias queixas, a mais importante das quais foi a n.° 8.916/80, Relatório de 7-12-80, in *DR* 21, pg. 250. Ver esta questão desenvolvida em VELU/ERGEC, pgs. 827-828.

[572] *Infra*, Parte III, n.° 2.

[573] Assim, SEIDL-HOHEVENDELRN, *Social Function*, pgs. 80 e segs.

[574] Pgs. 99 e segs., e excelente bibl. aí citada.

O direito de propriedade privada

Na moderna Ciência do Direito não faz dúvida de que o direito de propriedade privada se encontra limitado pela consideração do interesse da colectividade em que o indivíduo se encontra inserido. E, se é certo que em matéria de propriedade privada ainda há "conceitos em transição", decerto que não é esse o da sua função social, sem prejuízo da ideia de que as exigências e os limites desta podem variar, e variam, com o tempo[575].

A função social da propriedade privada, que no Direito interno é considerada pela moderna dogmática do Direito Público como "imanente" à propriedade privada[576], estende-se ao Direito Internacional. Dito de outra forma, o direito de propriedade privada, reconhecido pelo Direito Internacional, encontra-se sujeito a restrições e a limitações impostas pelo próprio Direito Internacional. Este princípio não é hoje posto em causa pela doutrina[577], e foi aceite, sempre que a questão se colocou, pela jurisprudência internacional[578].

O Direito Internacional positivo aceita pacificamente a função social da propriedade privada.

Quanto ao *Direito Internacional geral*, e começando pela DUDH, é certo que esta não sujeita o direito de propriedade, em especial, a limitações em nome do interesse da colectividade, quando o prevê, no artigo 17.º Mas o seu artigo 29.º, n.º 2, estabelece, *para todos os direitos e liberdades previstos naquela Declaração*[579], o seguinte:

> No exercício destes direitos e no gozo destas liberdades ninguém está sujeito senão às limitações estabelecidas pela lei com vista exclusivamente a procurar o reconhecimento e o respeito dos direitos e das liberdades dos outros e a fim de satisfazer as justas exigências da moral, da ordem pública e do bem-estar numa sociedade democrática.

---

[575] CRIBBET, sobretudo pgs. 39 e 41.

[576] Esta construção tem sido desenvolvida, de modo especial, na Alemanha, à sombra do artigo 14.º, n.º 2, da Lei Fundamental – por último, MAUNZ/DÜRIG, anotações 298 e segs. ao artigo 14.º; BADURA, *Staatsrecht*, pgs. 185 e segs.; e NÜSSGENS/ /BOUJONG, pg. 69.

[577] Veja-se, muito desenvolvidamente, DOLZER, *Eigentum*, pgs. 184 e segs.

[578] Ac. do TPJI no caso *Oscar Chinn*, pgs. 175 e segs., e Ac. do TIJ no caso *Barcelona Traction*, pgs. 121 e segs. – v. *supra*, Parte I, cap. III, n.ºs 2, *b*, e 3.

[579] Cfr. HENKIN, *Human Rights*, pg. 271.

Depois, seria a Resolução n.º 1803, embora sem reconhecer formalmente o direito de propriedade privada, a exigir que a nacionalização, a expropriação ou a requisição se fundassem em "razões de *utilidade pública, segurança* ou *interesse nacional*"[580] – uma forma indirecta de se afirmar que a propriedade está sujeita a essas limitações.

Mas viria a ser com a Resolução n.º 41/132 que, pela primeira vez, se formularia, de forma muito elaborada, a função social da propriedade privada. De facto, depois de, como vimos, reconhecer ao indivíduo, com base no artigo 17.º da DUDH, o direito de propriedade como seu "direito fundamental", aquela Resolução condiciona-o ao "*desenvolvimento económico e social dos Estados*"[581].

Contudo, tem sido no *Direito Internacional regional* que a função social da propriedade privada tem vindo a ser definida de modo mais claro e incisivo.

É nesse sentido que deve ser interpretado, para começar, o *artigo 1.º do Protocolo n.º 1 à CEDH*, e em dois passos diferentes: primeiro, quando, no parágrafo 1, dispõe que

> (...) Ninguém pode ser privado do que é sua propriedade *a não ser por utilidade pública* (...);

e quando, logo a seguir, no par. 2, estabelece que:

> As condições precedentes entendem-se sem prejuízo do direito que os Estados possuem de pôr em vigor as leis que julguem necessárias para a regulamentação do uso dos bens, *de acordo com o interesse geral* (...).[582,583]

O par. 1 considera, pois, lícita a ingerência na propriedade privada para um fim de "utilidade pública". Por sua vez, o par. 2 entende que o reconhecimento do direito de propriedade privada consente na regulamentação do seu uso quando tal for imposto pelo "interesse geral".

De modo semelhante, a *Convenção Americana dos Direitos do Homem* admite que "a lei pode subordinar esse uso e fruição (da propriedade) ao *interesse da sociedade*" (art. 21.º, n.º 1, 2.ª parte)[584].

---

[580] Os itálicos são nossos.

[581] O itálico é nosso.

[582] Os dois itálicos são nossos.

[583] No mesmo sentido, FROWEIN/PEUKERT, pgs. 252 e segs.

[584] O itálico é nosso.

O direito de propriedade privada

Por sua vez, a *Carta Africana dos Direitos do Homem e dos Povos*, ao reconhecer, como vimos, no seu artigo 14.º, o direito de propriedade ao indivíduo, sujeita-o "à *utilidade pública* ou ao *interesse geral* da comunidade"[585].

Daqui se pode, pois, extrair, a conclusão de que, no Direito Internacional tanto geral como particular, se encontra consagrado o princípio segundo o qual o direito à propriedade privada conferido ao indivíduo se encontra limitado pela sua função social. Melhor: para o Direito Internacional, a função social faz parte *intrínseca* do reconhecimento do direito de propriedade privada ao indivíduo. Outra coisa não se quer dizer quando se afirma que uma das condições da *licitude* da privação da propriedade privada em Direito Internacional é o interesse público (*"public interest"*). Ou seja, a privação *por utilidade pública* da propriedade é, em si mesma, *lícita*, desde que a essa condição da licitude se somem outras condições análogas, como oportunamente estudaremos[586].

Também o *Direito Comunitário* só reconhece o direito à propriedade privada submetendo-o à sua função social. E a jurisprudência do TJ é muito elucidativa na matéria.

Assim, no caso *Nold*[587], o Tribunal decidiu que o direito de propriedade só pode ser levado em conta à luz da sua função social, que também chama de "vinculação social". Depois, no caso *Hauer*[588], o Tribunal refere-se à "função social inerente ao direito de propriedade" e é nesse quadro que aprecia a proibição pela Comunidade da plantação de novas vinhas, que se discutia no processo. Mais tarde, no caso *Wachauf*[589], o TJ admite como lícitas limitações ao direito de propriedade "sempre que elas dêem resposta efectiva ao interesse geral da Comunidade e não constituam uma intervenção desproporcionada e inaceitável que lese este direito na sua essência".

Por essas razões, a função social terá o mesmo lugar nas fontes do Direito Internacional que o respectivo direito de propriedade. Assim, se, como vimos, esse direito é reconhecido pelo costume no Direito Interna-

---

[585] Os itálicos são nossos.
[586] *Infra*, Cap. IV.
[587] Pgs. 491 e segs.
[588] Pgs. 3745 e segs.
[589] Ac. 13-7-89, pg. 2609.

cional geral, esse costume abarca também a função social imposta ao mesmo direito.

Mais uma vez, a prática dos Estados confirma o que acabámos de dizer.

De facto, as cláusulas de expropriação contidas nos TBI permitem a expropriação da propriedade do investidor estrangeiro por motivo de *"fim público"* (*"public purpose"*, *"public benefit"*, ou *"national purpose"* são, em língua inglesa, as fórmulas mais vulgarmente utilizadas)[590].

E, também aqui, a prática internacional dos Estados encontra, quase sempre, correspondência directa no respectivo Direito interno. Assim, os preceitos, que indicámos no capítulo anterior, das Constituições de diversos Estados da Europa Central e do Leste, aprovados após a *Perestroika* ou, mesmo, depois da democratização recente dos respectivos regimes políticos, preceitos esses que reconhecem o direito de propriedade tanto a nacionais como a estrangeiros, sujeitam expressamente, quase todos, esse direito ao interesse público[591].

4. Valor jurídico do direito de propriedade privada no Direito Internacional

Tem-se discutido se o Direito Internacional considera o direito de propriedade privada um *direito pessoal* (designado na terminologia do Direito Internacional, como vimos, por *direito "civil"*) ou um *direito económico*. A questão não é irrelevante: os direitos civis são considerados *direitos da personalidade*, portanto, direitos que emanam intrinsecamente da própria personalidade do indivíduo[592]. Por isso, há uma tendência na doutrina internacionalista para se considerar os Direitos do Homem de natureza económica mais frágeis e, por isso, menos protegidos e garantidos, do que os direitos civis, embora nem sempre

---

[590] DOLZER/STEVENS, pgs. 104-106; DOLZER, *Eigentum*, pgs. 189 e segs.; e BANZ, pgs. 75 e segs.

[591] Assim, ROGGEMANN, *loc.cit.*

[592] Veja-se, no plano do Direito Privado, esta questão tratada por CAPELO DE SOUSA, pgs. 124-125, n. 88.

O direito de propriedade privada

sejam perceptíveis as consequências práticas dessa distinção[593]. Não foi por acaso que, quando da preparação dos Pactos de 1966, foi objecto de vivo debate, na Comissão dos Direitos Humanos da ONU, a inclusão do direito de propriedade no primeiro deles, como direito civil, ou no segundo, como direito económico. Esta segunda corrente era defendida por alguns Estados afro-asiáticos sob manifesta influência de filosofias colectivistas. Todavia, triunfou a corrente que entendia que o direito de propriedade era um direito pessoal, isto é, um direito civil, e que, como tal, deveria ser inscrito no Pacto sobre Direitos Civis e Políticos[594]. Todavia, pelas razões já explicadas atrás, mas que não tinham nada a ver nem com a existência do direito nem com a sua natureza, ele acabou por não figurar em qualquer desses Pactos.

A primeira vez que a questão foi debatida foi-o a propósito do artigo 17.º da DUDH. Esta Declaração arrola os direitos sem os qualificar, deixando esse trabalho à doutrina. Por exemplo, BUERGENTHAL integra o direito de propriedade no rol dos direitos inscritos na DUDH que considera direitos civis[595], enquanto que CARRILLO SALCEDO o vê como direito económico[596].

Os trabalhos preparatórios dos Pactos de 1966, como se disse, vieram dar razão à primeira orientação, o que ajudou a desfazer as dúvidas sobre a interpretação da DUDH nesta matéria.

Essa orientação solidificou-se com a contemporânea *Convenção Internacional para a Eliminação de todas as formas de Discriminação Racial*. No seu artigo 5.º, al. *d*, garante-se a todas as pessoas (*"everyone"*) o "gozo" de "outros direitos *civis*, em particular (...)" os que nessa alínea se discriminam. E, entre estes, no n.º V, refere-se expressamente "o direito à sua própria propriedade (...)"[597].

Como mostrámos atrás, esta Convenção foi ratificada por um grande número de Estados, para além de ser evidente que se ocupa de

---

[593] Reconhecem-no CARRILLO SALCEDO, *Human Rights*, pg. 305-306, um dos defensores da natureza meramente económica do direito de propriedade; e NOVAK, pg. XVI.

[594] Veja-se o Relatório da Comissão dos Direitos Humanos citado sobre a matéria neste Capítulo, *supra*, no n.º 2.2, § 1.º-II.

[595] *International Human Rights*, pg. 30.

[596] *Op.e loc.cits.*

[597] LAWSON, pg. 1240.

A construção dogmática

uma matéria que se tornou importantíssima no moderno Direito Internacional.

Hoje, como nos demonstram BUERGENTHAL e SHELTON[598], a própria Comissão dos Direitos Humanos das Nações Unidas não hesita em afirmar a "indivisibilidade" dos direitos económicos, sociais e culturais, vendo, dentro deste espírito, o direito de propriedade privada do indivíduo, segundo o Direito Internacional, como "um corolário do direito à vida".

Por sua vez, no Direito Internacional regional, só a CADH se pronuncia sobre o assunto. O Capítulo II da Convenção elenca "direitos civis e políticos" e nesse rol inclui, como direito civil, o "direito à propriedade", previsto no artigo 21.° É essa também a interpretação da doutrina especializada na matéria[599]. E, como já se disse atrás[600], a interpretação que tem sido dada à caracterização, nesses termos, do direito de propriedade vai no sentido de o conceber como expressão do *direito à vida* – o que, convenhamos, enobrece sobremaneira o direito de propriedade como direito pessoal.

Quanto à CEDH, ela não arruma os direitos segundo categorias, nem no seu texto nem no dos respectivos Protocolos, nem se encontra na jurisprudência dos respectivos órgãos qualquer dado que nos permita concluir que essa questão os preocupou alguma vez. O facto de o TEDH sustentar que o *objecto* do direito de propriedade reconhecido no artigo 1.° do PA n.° 1 pode ser de natureza variada, económica ou não – o que tem a ver com a interpretação do conceito de "bem" para os efeitos do par. 1.° daquele artigo[601] –, em nada releva para a caracterização *do próprio direito*. Também a doutrina não tem sentido a necessidade de se debruçar sobre essa questão[602], o que revela, sem

---

[598] Pg. 427. Ver o mais recente documento daquela Comissão nesse sentido, E/CN. 4/1994/19, de 25-II-93, §§ 110, 111 e 117.

[599] BUERGENTHAL, *American Convention*, pg. 24; e SOHN/BUERGEN-THAL, pgs. 1356 e segs.

[600] *Supra*, n.° 2.3. Cfr., *infra*, Parte III, n.° 1.

[601] Assim, por exemplo, Ac. 7-7-89, caso *Tre Traktören*, § 53. No mesmo sentido, *Comentário Pettiti*, pgs. 975-979.

[602] É significativo que omitam qualquer referência a ela os dois mais recentes e dos mais vastos Comentários à Convenção – os de PETTITI, *loc.cit.*, e de FROWEIN/ /PEUKERT, pgs. 766 e segs.

O direito de propriedade privada

dúvida, um défice na elaboração dogmática do direito de propriedade na CEDH, sobretudo quando a confrontamos com a CADH. Todavia, esse défice, nesta matéria, não aproveita a ninguém, porque, por um lado, os órgãos da CEDH devem respeitar a DUDH e, por outro lado, os Estados signatários do PA n.º 1 são partes tanto na DUDH como na citada Convenção Internacional para a Eliminação de todas as Formas de Discriminação Racial, que atribuem, uma e outra, ao direito de propriedade o valor de direito pessoal.

CAPÍTULO III

A EXPROPRIAÇÃO

1. Razão de ordem

Uma vez afirmada a existência de um direito à propriedade privada reconhecido ao estrangeiro pelo Direito Internacional cabe-nos agora, segundo a metodologia que definimos para este livro, estudar o regime jurídico da ingerência do Estado nesse direito.

Isso obriga a que nos debrucemos sobre a expropriação em Direito Internacional e sobre o direito que o Estado tem de expropriar.

2. Questão terminológica

O acto de ingerência imputável ao Estado no direito de propriedade privada é designado, no Direito Internacional, com recurso a uma terminologia muito variada. Essa disparidade terminológica deve-se ao facto de serem díspares as modalidades que essa ingerência pode assumir, como iremos ver, mas deve-se também, logo à partida, à circunstância de noções básicas nesta matéria nos aparecerem designadas por palavras ou expressões diferentes.

Assim, e obviamente sem entrarmos ainda na distinção das modalidades do acto de expropriação, encontramos na doutrina, na jurisprudência e no Direito Internacional positivo, para se designar o simples acto de ablação da titularidade do direito de propriedade (independentemente da sua natureza jurídica, do seu conteúdo, do seu objecto e do seu regime, questões que nos surgem como logicamente posteriores

A construção dogmática

àquela), as expressões *expropriação* ("*expropriation*"), *nacionalização* ("*nationalization*"), *privação* ("*taking*", "*privation*", "*deprivation*"), *desapossamento* ("*dispossession*"), etc.

Todas essas expressões, sem prejuízo, repetimos, de alguma diferença que deva ser estabelecida entre elas em função da sua natureza, do seu conteúdo, do seu objecto e do seu regime jurídico, pretendem designar um acto ablativo da *titularidade* da propriedade ou de um outro direito (de natureza real ou não, como logo na Introdução deste livro fizemos notar), ou seja, um acto em que o titular de um direito deixa de o ser.

É velho o ditado segundo o qual o rigor terminológico deve ser a primeira qualidade do jurista. Também aqui esse rigor se impõe, sobretudo porque, por ausência de doutrina em língua portuguesa neste domínio do Direito Internacional, essa terminologia ainda está por criar. Por isso, com vista a uniformizarmos e a disciplinarmos o uso da terminologia nesta matéria, utilizaremos, como género mais vasto, a palavra *expropriação*. Julgamos que, desse modo, e desde logo, nos mantemos fiéis à própria raiz etimológica da palavra, que vem do latim *expropriare*, que significa *tirar a propriedade*, *privar alguém da propriedade*, *desapropriar*, mas que com o tempo tem sido utilizada para exprimir o acto de privação da titularidade também de outros direitos, designadamente, direitos reais menores, ou direitos contratuais, ou direitos sociais, para além do direito de propriedade como direito real máximo. Indistintamente, poderemos, com o mesmo entendimento, utilizar a palavra *privação*, que, todavia, não possui o rigor jurídico da palavra expropriação. Qualquer desses dois vocábulos parece-nos, contudo, mais rigoroso do que a palavra "interferência", que parte da doutrina britânica utiliza para o mesmo efeito[603]. Como já dissemos neste livro, este alargamento da noção de expropriação em Direito Internacional é, só por si, um sintoma do alargamento do próprio conteúdo do direito de propriedade privada e, por aí, da maior extensão que o Direito Internacional quer conceder à protecção e à garantia do direito fundamental à propriedade privada.

---

[603] O melhor exemplo é o de O'CONNELL, *International Law*, II, pgs. 768 e segs.

A expropriação

Essa noção genérica de expropriação apresentará diversas manifestações, as mais importantes das quais (mas não as únicas) serão a expropriação, no sentido estrito que à palavra é dada em alguns sistemas administrativos, e que, por isso, designaremos de expropriação *stricto sensu*, e a nacionalização. Um dos atractivos das páginas seguintes será, aliás, o de saber se no moderno Direito Internacional existe diferença de conceito e de regime jurídico entre a expropriação *stricto sensu* e a nacionalização.

Mas as manifestações do conceito genérico de expropriação em Direito Internacional não se ficam por aqui. Designadamente, elas estendem-se a actos que afectam o gozo e o exercício do respectivo direito sem, todavia, tocarem na respectiva titularidade. Trata-se ainda de uma ideia muito inicial desses actos, que, por ora, é suficiente; mas não se trata de uma ideia nova neste livro, porque já encontrámos referência a esse tipo de actos na Parte I, no estudo quer da prática dos Estados, quer da jurisprudência internacional.

Portanto, sempre que falarmos, de um modo geral, em expropriação estaremos a pensar, em abstracto, na ingerência (*"ingérence"*, em francês, *"interference"*, em inglês, *"Eingriff"*, na terminologia alemã), por qualquer das várias formas que ela vier a assumir, e que adiante estudaremos, no respectivo direito subjectivo.

Note-se que a metodologia que estamos a adoptar no plano terminológico é confirmada, a nosso ver para melhor, pela moderna prática internacional. De facto, DOLZER e STEVENS, na sua exaustiva obra sobre os TBI, mostram-nos que as expressões *"taking"*, *"privation"* e *"deprivation"* são, exactamente por se apresentarem como as mais amplas e vagas, as mais comummente utilizadas pelos Estados nos TBI para abrangerem a expropriação, a nacionalização e outras formas de ingerência no direito de propriedade privada de estrangeiros, com ou sem transferência de propriedade[604]. E a prática diplomática, por exemplo, dos Estados Unidos e da Dinamarca, vai ainda mais longe. Os TBI concluídos por ambos esses Estados designam, de modo genérico, por *"expropriação"* (*"expropriation"*) a expropriação propriamente dita, a

---

[604] Pgs. 97 e segs.

A construção dogmática

nacionalização e outras medidas de interferência na propriedade que consideram "equivalentes ou análogas" àquelas[605].

Note-se que, em complemento a estas matérias, alguns Autores utilizam a palavra "indigenização" (*"indigenization"*). Este termo não nos interessa de todo neste livro. Através dele pretende-se referir o ingresso no património de cidadãos nacionais do Estado de acolhimento (daí "indigenização") de bens expropriados ilicitamente por aquele a estrangeiros com o intuito declarado de depois os transferir para seus nacionais. Isso aconteceu sobretudo com alguns Estados logo a seguir à sua ascensão à independência no quadro da descolonização do pós-guerra[606]. Alguns TBI, ao prevenirem as expropriações ilícitas, incluíam disposições que também impedissem este fenómeno da indigenização dos bens dos cidadãos dos Estados partes em benefício dos nacionais do Estado de acolhimento[607].

3. Definição e modalidades de expropriação: o conceito amplo de expropriação para o Direito Internacional

Não encontramos no Direito Internacional positivo escrito nenhuma regra que nos defina a expropriação ou outros termos utilizados como suas manifestações[608].

O mesmo se aplica à prática dos Estados. Os TBI mostram-nos que, embora os vocábulos usados possam sê-lo sós ou combinados – por exemplo, expropriação e nacionalização –, nunca se tentou sequer uma distinção entre o conceito geral de expropriação e outros conceitos conexos. Por exemplo, a grande maioria dos TBI não distingue

---

[605] Exemplos, respectivamente: o TBI EUA-Tunísia, de 1990, artigo III, e o TBI Dinamarca-Hungria, de 1988, artigo 5.º, n.º 1. Fonte: DOLZER/STEVENS, pg. 99, n. 266.

[606] V. DOLZER/STEVENS, pg. 98; SORNARAJAH, *International Law*, pgs. 291 e segs. O Estado que mais lançou mão dessas medidas de "indigenização" foi a Nigéria, como nos é revelado pela primeira das obras citadas, *loc.cit.*

[607] DOLZER/STEVENS, *loc.cit.*

[608] BROWNLIE, *Principles*, pg. 531; BINDSCHEDLER, pgs. 179 e segs.; HIGGINS, pgs. 259 e segs.; AMERASINGHE, *State Responsibility*, pgs. 121 e segs.; FOUILLOUX, pgs. 10 e segs.; WORTLEY, pgs. 29 e segs.; e IPSEN, pgs. 612 e segs.

A expropriação

entre expropriação e nacionalização[609]. As diferenças que se pretende estabelecer, aqui ou acolá, entre expropriação e nacionalização, são mais de regime do que de conceito. E mesmo essas, como se disse, têm vindo a atenuar-se progressivamente.

Qual é a razão que se encontra para o facto de haver uma relutância em se definir a expropriação nos TBI? Só pode ser a seguinte: o Estado de acolhimento pode adoptar uma série vasta e diferenciada de medidas que têm um efeito idêntico ou análogo ao da expropriação e ao da nacionalização, embora elas não constituam *de jure* actos de expropriação *stricto sensu* ou de nacionalização, isto é, actos de *privação*, *hoc sensu*, da propriedade. Essas medidas aparecem-nos, por vezes, designadas nos TBI por *"expropriações indirectas"*. Veremos isso daqui a pouco.

Por isso, as cláusulas que prevêem a expropriação (*"cláusulas de expropriação"*) na maior parte dos TBI englobam, comummente, as expropriações *stricto sensu*, mais as nacionalizações, mais as expropriações indirectas, e, para o fim pretendido pelos TBI, dão a todas elas igual tratamento e o mesmo regime jurídico. É o que faz o modelo de TBI adoptado por Portugal (onde ele é designado por *Acordo sobre a promoção e protecção recíproca de investimentos*). Na cláusula 4.ª desse tratado-modelo, intitulada "Expropriação", previnem-se, reciprocamente, os investimentos contra *"expropriações"*, *"nacionalizações"* ou *"outras medidas com efeitos equivalentes à expropriação ou nacionalização, adiante designadas como expropriação"*, que só podem ter lugar "por força da lei, no interesse público, sem carácter discriminatório e mediante pronta indemnização"[610].

É preciso compreender que a grande preocupação das cláusulas desse tipo é a de impor a indemnização por aqueles actos e a de, simultaneamente, definir as fronteiras entre os actos indemnizáveis e os actos não indemnizáveis. O investidor, para investir, precisa de ver esses problemas previamente esclarecidos e é isso que o respectivo Estado nacional deseja que fique clarificado no respectivo TBI. Por seu

---

[609] Confirmam-no DOLZER/STEVENS, pg. 99; e BANZ, pgs. 27 e segs.

[610] Os itálicos são nossos. Agradece-se à Direcção Jurídica e à Direcção de Investimento Internacional do ICEP – Investimentos, Comércio e Turismo de Portugal, o terem-nos facultado esses elementos.

A construção dogmática

lado, o Estado de acolhimento fica a saber quando e em que condições é que pode interferir na propriedade privada de estrangeiros.

É tudo isso que explica que os TBI se preocupem pouco com definir a expropriação e as medidas idênticas ou análogas a ela e cuidem mais de estabelecer o respectivo regime, particularmente para efeitos indemnizatórios.

Mas, nos TBI, não basta interpretar as cláusulas de expropriação para se ficar a conhecer o regime dos actos expropriativos: é necessário também, como nos advertem DOLZER e STEVENS[611], fixar o entendimento a dar às noções de "investimento", "estrangeiro", "cidadão nacional", "sociedades", etc., noções essas que, pelo seu âmbito, podem influenciar a fixação do conteúdo que no respectivo TBI se quer conceder à própria cláusula de expropriação[612].

Em face da indefinição conceptual do Direito Internacional positivo e da prática dos Estados em matéria de expropriações não admira que a doutrina se tenha afadigado um pouco mais no esclarecimento dos conceitos que aqui estão em causa. Assim, o penúltimo *Restatement*, o 2.°, partia de uma noção ampla de expropriação, que definia como "toda e qualquer conduta imputável a um Estado, e que visa privar, e priva, um estrangeiro da substância do proveito (*"benefit"*) que ele tira da sua propriedade, mesmo se o Estado não lhe retirar totalmente o interesse jurídico na propriedade"[613].

No actual *Restatement*, o 3.°, afirma-se que a doutrina, a jurisprudência e a prática dos Estados Unidos mantêm aquela definição, mas enfatizam-na com a sua pormenorização[614]. Assim, quando o seu § 712 estabelece as condições de licitude da expropriação[615], os comentadores daquele parágrafo afirmam, de forma expressa e desenvolvida, que o vocábulo expropriação, para os efeitos daquele preceito, engloba, não apenas "as expropriações confessadas (*"avowed"*), em que o Estado retira formalmente a titularidade da propriedade ao particular, mas tam-

---

[611] Pgs. 98 e segs.

[612] Note-se que aqueles Autores publicam, a pgs. 165 e segs., alguns modelos, dos mais aperfeiçoados, de TBI. Entre eles não figura o modelo português.

[613] *Restatement of the Law Second*, 1965, comentários aos §§ 187-190.

[614] Vol. 2, pg. 198.

[615] Pgs. 196 e segs.

A expropriação

bém outras medidas do Estado que têm o mesmo efeito da privação ("*taking*") da propriedade, no seu todo ou em larga medida, e de uma vez ou por fases"[616]. Esta última categoria de medidas o Direito norte-americano designa-as preferencialmente, e de forma unitária, por "*creeping expropriation*"[617]. Veremos isso adiante.

Mas os mesmos comentadores, logo de seguida, acrescentam que ainda estamos perante o conceito de expropriação "quando o Estado sujeita a propriedade de estrangeiros à fiscalidade, à regulamentação do uso, ou a outra medida que seja confiscatória, ou que afecte, interfira desproporcionadamente com, ou atrase excessivamente ("*unduly*"), o gozo efectivo de um bem de um estrangeiro ou a sua remoção do território do Estado", entenda-se, do Estado de acolhimento[618]. Como se vê, esta noção de expropriação vai mais longe do que a anteriormente citada, englobando actos muito diversificados, embora ela cubra parcialmente o conteúdo desta última. Mas adianta o *Restatement*: "a privação a um estrangeiro do controlo da sua propriedade, como, por exemplo, através de uma ordem de congelamento das suas acções, pode tornar-se numa expropriação se tiver uma extensão vasta"[619].

Vários outros Autores propõem classificações do conceito genérico de expropriação para os efeitos do Direito Internacional. Nem sempre essas classificações aparecem fundamentadas em critérios explícitos, embora se note, na posição de alguns desses Autores, alguma influência dos respectivos sistemas jurídicos nacionais em matéria de Direito Administrativo da Propriedade Privada. É o caso, designadamente, da doutrina alemã, que se sente tentada a transferir para o Direito Internacional da Propriedade Privada toda a rica, profunda e evoluída elaboração dogmática que, à sombra da garantia da propriedade privada que a Lei Fundamental de Bona estabelece no artigo 14.°, n.° 1, o Direito Administrativo, por via da doutrina e da jurisprudência, concedeu à protecção da propriedade privada[620].

---

[616] Pg. 200, comentário *g*.

[617] *Loc.cit.*

[618] *Loc.cit.*

[619] *Loc.cit.*

[620] Uma visão actual e exaustiva da matéria, com um levantamento pormenorizado da jurisprudência e da bibliografia relevantes, encontramo-la em MAUNZ/DÜRIG, anotações 530 e seguintes àquele preceito; AUST/JACOBS, pgs. 65 e segs.; e OSSEN-

A construção dogmática

Portanto, amparando-nos nas classificações propostas por Autores de nomeada como Böckstiegel[621], García-Amador[622], Kokott[623], Higgins[624], Pecourt García[625], classificaremos em três as grandes modalidades da expropriação da propriedade privada em Direito Internacional:

– a expropriação *stricto sensu*;
– a nacionalização;
– os actos análogos ou equivalentes à expropriação e à nacionalização.

Esta última categoria, de actos análogos ou equivalentes, da qual já vimos alguns exemplos na Parte I, engloba actos muito díspares entre si, dentro dos quais se destacam requisições, servidões de Direito Público, modificações, rescisões unilaterais ou outras formas de violação de contratos administrativos[626] e interferências em direitos sociais em sociedades de capitais privados ou mistos, inclusive na administração e na gestão de empresas.

Vamos ver essas três categorias, na medida exacta em que cada uma delas se reveste de importância para o moderno Direito Internacional.

4. Idem: a expropriação *stricto sensu* e a nacionalização

A expropriação *stricto sensu* e a nacionalização são duas espécies do mesmo género, ou seja, da expropriação, mas as suas diferenças

---

BÜHL, Partes IV e V. Mas veja-se também BADURA, *Eigentum*, pgs. 327 e segs.; AICHER, pgs. 7 e segs.; KROHN/LÖWISCH, *passim*; e KROHN/PAPIER, *passim*.

[621] Pg. 31.

[622] *Changing Law*, I, pg. 279.

[623] *Entwicklung*, pgs. 336 e segs.

[624] Pg. 267.

[625] Pgs. 11 e segs.

[626] Sublinhe-se, de passagem, que, no Direito Administrativo francês, mais uma vez por influência do Conselho de Estado, a rescisão unilateral pela Administração de contratos administrativos (embora se esteja a pensar sobretudo nos contratos de concessão de serviços públicos) é equiparada a uma expropriação, para todos os efeitos, inclusive para a definição do regime da indemnização devida em tal caso pela Administração ao concessionário – v. RICHTER, pgs. 188 e 227.

A expropriação

quer conceituais, quer de regime, têm vindo a esbater-se progressivamente, de tal forma que hoje as duas noções estão praticamente identificadas no Direito Internacional.

Recordamos que já as Resoluções das Nações Unidas sobre a Soberania Permanente e sobre a NOEI utilizavam indistintamente os vocábulos "expropriar" e "nacionalizar" e não estabeleciam qualquer diferença entre os dois para efeitos do seu regime jurídico. E, quando a Carta dos Direitos e Deveres Económicos dos Estados, no seu artigo 2.º, n.º 2, al. *c*, que examinámos na Parte I, se serve das duas expressões, isto é, confere ao Estado o "direito de *nacionalizar, expropriar* ou transferir a propriedade sobre propriedade de estrangeiros (...)", esse argumento só fica reforçado, porque aquele preceito atribui *idêntico* regime aos dois actos, inclusivamente em matéria de indemnização.

Igual percurso veio a ser seguido pela jurisprudência e pela doutrina.

Começando pela jurisprudência, registe-se o caso singular de MOURI haver escrito uma obra de quase seiscentas páginas sobre a jurisprudência arbitral no litígio Irão-Estados Unidos em matéria de expropriações sem praticamente ter tido a necessidade de distinguir, no quadro daquela vastíssima jurisprudência, a expropriação *stricto sensu* e a nacionalização, englobando as duas sob o mesmo vocábulo de "expropriação"[627]. Aliás, quando na Parte I, estudámos o caso *Amoco*, vimos que o respectivo Tribunal Arbitral considerava a denúncia do contrato, que estava aí em causa, indistintamente como uma *nacionalização* e uma *expropriação*[628]. E, para confirmar em definitivo essa conclusão, leia-se aquela que é, como já sublinhámos, uma das melhores peças processuais dessa jurisprudência, ou seja, a opinião dissidente do Juiz ALLISON no caso *Ebrahimi*[629]. Nem mesmo para os efeitos do regime das condições da *licitude* dos dois actos, particularmente da indemnização devida por um ou pelo outro, ou para os efeitos do regime da responsabilidade internacional por actos *ilícitos* de expropriação e de nacionalização, se consegue extrair daquela jurisprudência qualquer distinção entre as duas figuras.

---

[627] V., especialmente, pgs. 65 e segs., 100 e segs., 363 e segs. e 501 e segs.

[628] Pgs. 221 e segs., especialmente § 73.

[629] Sobretudo, §§ 18 e segs. e 76 e segs.

A mesma orientação é adoptada pelo *Restatement*. No seu § 712, ao se regular a questão geral da responsabilidade do Estado por prejuízos causados a estrangeiros, o que engloba, desde logo, a definição das condições da licitude da expropriação, emprega-se a palavra *"privação"* (*"taking"*) sem nunca se distinguir expropriação e nacionalização. E, concretamente no que toca à indemnização devida pela "privação", nem aí se distinguem os dois institutos, só se permitindo que a indemnização não seja "total" (*"full"*), ou seja, equivalente ao valor de mercado da propriedade expropriada, no caso de ocorrerem "circunstâncias excepcionais". Ora, como sublinham os Comentadores daquele §, essas circunstâncias nada têm a ver com a distinção entre os conceitos de expropriação e nacionalização, mas englobam apenas dois casos: a reforma agrária e a expropriação em período de guerra[630]. Portanto, tem sido essa a posição da doutrina, da jurisprudência e da prática internacional dos Estados Unidos.

Por influência do Direito norte-americano, que nele foi muito forte[631], também o PA n.º 1 à CEDH se refere, na 2.ª parte do par. 1, a "privação", mas sem distinguir entre a expropriação e a nacionalização[632]. Embora isso não exclua que, como se verá, à margem da letra do preceito, a jurisprudência do TEDH estabeleça uma distinção entre uma e outra, particularmente para o efeito de reconhecer que, em caso de nacionalização, a indemnização devida é de montante inferior ao da indemnização a pagar por uma expropriação. Foi o que o Tribunal decidiu no célebre caso *Lithgow*[633], onde se discutia se a nacionalização da indústria aeronáutica e naval levada a cabo pelo Governo trabalhista britânico, por Lei de 1977, violava o artigo 1.º do PA n.º 1[634].

Invocando a prática de certos Estados, e concretamente, alguns TBI, parte da doutrina teima ainda em encontrar entre as duas figuras uma última distinção: a expropriação *stricto sensu* traduzir-se-ia numa

---

[630] Anotação 3, pgs. 208-209.

[631] KOKOTT, *op.cit.*, pgs. 337 e segs.

[632] Assim, FROWEIN/PEUKERT, pg. 781; e BÖCKSTIEGEL, pg. 31.

[633] Ac. 8-7-86. V., sobretudo, §§ 121 e 122. Cfr. SUDRE, *Protection*, sobretudo, pg. 75-77.

[634] Idêntico juízo defendeu o Tribunal no caso *James*, quanto a medidas de "reforma económica" e "justiça social" – § 54.

A expropriação

medida "individual", porque é tomada pelo Estado quanto a uma pessoa e tem por objecto um bem específico, sendo indiferente que o bem se conserve na propriedade do Estado ou seja transferido por este para outra pessoa jurídica de Direito interno; de modo diverso, a nacionalização consistiria numa privação de "larga escala" (*"large-scale taking"*) de um ou alguns sectores de produção. Portanto, esta última distinguir-se-ia da expropriação apenas porque não seria uma medida limitada, e individualizada, no âmbito do domínio material da sua aplicação e do valor. É esta a conclusão a que chegam, repete-se, com base na prática de alguns Estados, VERDROSS e SIMMA[635], LAVIEC[636], FRANCIONI[637], HEFELE[638], BANZ[639], e DOLZER e STEVENS[640], tendo as três últimas obras sido escritas há pouco tempo, exclusivamente sobre o regime de protecção do investimento estrangeiro nos TBI.

Mas nem mesmo essa distinção é procedente ou se reveste de alguma utilidade – como se vê, aliás, pelo facto de um dos Autores citados e de maior nomeada (o Professor RUDOLF DOLZER[641]), quando escreveu sobre o conceito de expropriação do ponto de vista doutrinário, em abstracto, e, portanto, não teve que se basear nos TBI, ter definido a expropriação como a "privação formal da propriedade" e ter incluído dentro desse conceito, indistintamente, tanto a expropriação *stricto sensu* como a nacionalização (além de outros actos que neste momento não vêm aqui ao caso).

Em primeiro lugar, como dissemos, essa distinção não é procedente.

De facto, a prática internacional mostra-nos que os Estados não têm designado de expropriações exclusivamente medidas de carácter individual, assim como não têm utilizado o qualificativo de nacionalização unicamente para medidas de "larga escala" ou que têm visado um inteiro sector económico ou sectores económicos. É o que nos mostram as chamadas "cláusulas de expropriação" contidas nos TBI: veja-se, a título de

---

[635] Pgs. 805 e segs. e 812-813.

[636] Pgs. 159 e segs.

[637] Pg. 257.

[638] Pgs. 73 e segs.

[639] Pgs. 6-7.

[640] Pgs. 98 e segs.

[641] *Expropriation*, pgs. 217 e segs.

A construção dogmática

exemplo, a citada cláusula 4.ª do modelo português de TBI; ou os modelos de TBI seleccionados por DOLZER e STEVENS, e aos quais ainda há pouco nos referimos. Nenhuma distinção desse tipo é estabelecida aí entre expropriação *stricto sensu* e nacionalização.

Também é essa a orientação da jurisprudência internacional. Por exemplo, nos casos *Amoco* e *Ebrahimi*, para só citarmos casos já por nós estudados neste livro, o Tribunal Arbitral em causa considerou, respectivamente, que a denúncia de um concreto contrato de concessão com uma empresa e a nomeação de Administradores para outra empresa equivaliam a uma "nacionalização"[642].

Portanto, nada impede, do ponto de vista conceptual, nem os Autores citados demonstram o contrário, que se qualifique de expropriação o acto de ablação do direito de propriedade privada de estrangeiros sobre um inteiro sector económico, ou sobre sectores económicos, ou dos seus direitos em sociedades "em larga escala", assim como, igualmente, nada proíbe que se nacionalizem sociedades individualizadas, ou apenas uma sociedade, ou apenas algumas acções representativas do capital de uma sociedade.

Isto significa que não há nada que impeça que tanto as expropriações como as nacionalizações possam revestir a forma de actos legislativos, porque gerais e abstractos, ou a de actos administrativos, porque individuais e visando produzir efeitos em caso ou em casos concretos[643]. E fazemos notar que não será o facto de a expropriação ou a nacionalização, do ponto de vista formal, ser de "grande escala" ou cobrir várias sociedades ou um ou mais sectores económicos, que lhe vai dar, só por si, natureza legislativa. De facto, se o acto de ablação tiver natureza verdadeiramente geral e abstracta (como será, por exemplo, a referência a todo um sector económico abrangido, como o sector bancário ou o sector cervejeiro), ele apresentar-se-nos-á como um acto legislativo; mas se ele, abrangendo, de facto, uma pluralidade de destinatários, o fizer de forma não geral e abstracta, mas de tal forma que os

---

[642] *Supra*, Parte I, Cap. III, n.º 3, respectivamente, *f* e *g*.

[643] GARRIDO FALLA, ao estudar a nacionalização em Direito Administrativo Comparado, dá-nos exemplos de nacionalizações individuais: por exemplo, a nacionalização, no Reino Unido, em 1946, do Banco de Inglaterra, pelo *The Bank of England Act* – vol. II, pg. 318.

A expropriação

seus destinatários estejam determinados ou sejam determináveis (como será, só como exemplo, o caso de, em vez de se expropriar ou nacionalizar um sector económico em abstracto, se elencarem todas as entidades que o compõem), nesse caso o acto, apesar de se apresentar como de "grande escala", revestirá a natureza de acto administrativo. É a diferença que vai entre *acto legislativo* e *acto administrativo plural*, e que em Portugal só vemos claramente estabelecida por FREITAS DO AMARAL[644,645].

Mas a distinção também não se reveste hoje de utilidade.

De facto, se ao longo de um certo período, até há não muito tempo, o regime da nacionalização apresentou, no Direito Internacional, especificidades em relação ao da expropriação – por exemplo, quanto à aplicação do princípio da não-discriminação e ao montante da indemnização[646] –, hoje esse regime praticamente se uniformizou. No que toca concretamente à questão mais difícil e sensível, do montante da indemnização, quer da prática dos Estados através dos TBI, como vimos[647], quer da jurisprudência arbitral no litígio Irão-Estados

---

[644] III, pg. 91. Esta distinção tem revestido grande importância no Direito português do Ordenamento do Território, como demonstrámos na nossa comunicação *Princípios fundamentais*, pg. 289.

[645] O que dizemos no texto obriga-nos a repensar a qualificação do acto de nacionalização como acto da função política, que levámos a cabo há alguns anos – *Expropriação*, pg. 311. Já no nosso estudo sobre o *Direito de reversão* corrigíramos esse pensamento – pg. 102. Pensamos hoje que ele, tal como a expropriação, poderá traduzir-se no exercício da função legislativa ou da função administrativa, sem prejuízo de se reconhecer que, pelo menos em termos clássicos, à nacionalização preside, em regra, uma motivação política, que, também em regra, está ausente no acto de expropriação. Só que, por um lado, essa motivação política não é suficiente, nem no Direito interno nem no Direito Internacional, para se estabelecer uma distinção entre ela e a expropriação, nem do ponto de vista da sua natureza jurídica, nem do ponto de vista do seu regime jurídico. Por seu lado, no Direito Internacional deixou-se de atender por completo a essa pretensa motivação política da nacionalização para a distinguir de um conceito amplo de expropriação e o mesmo aconteceu na moderna prática, interna e internacional, dos Estados. Veja-se, por exemplo, que actos manifestamente com motivação política, no quadro da "reforma agrária" em Portugal, levados a cabo a partir de 1975, foram designados indistintamente, pelo legislador, de "nacionalização" ou de "expropriação".

[646] BANZ, pgs. 154 e segs., especialmente 156-157.

[647] Cfr. o levantamento pormenorizado da matéria tal como ele é levado a cabo por DOLZER/STEVENS, pgs. 108 e segs.

A construção dogmática

Unidos[648], se extrai que já não há diferenças entre o regime jurídico da expropriação *stricto sensu* e a nacionalização. Aliás, uma e outra aparecem-nos designadas, aí, unitariamente, por "privação" (*"privation"*, *"deprivation"*, *"taking"*). Veremos isso oportunamente[649].

Uma palavra final se impõe quanto à ideia da privação, que se encontra no âmago do conceito de expropriação *stricto sensu* e no de nacionalização.

A privação não tem de consistir na tomada *formal* de posse administrativa do bem pelo Estado ou na transferência *formal* da propriedade do bem para o expropriante. O que interessa aí para o Direito Internacional não é a *privação formal* mas a *constituição da relação jurídica de expropriação* que conduz à privação formal, quando a primeira precede no tempo a segunda. Nesse caso, *é no momento da constituição da relação jurídica de expropriação*, mesmo que a privação formal da propriedade fique para mais tarde, que deve ser aferida a licitude do acto de expropriação para o efeito de se saber se o Estado se constituiu ou não em responsabilidade internacional por acto ilícito resultante do desrespeito pelas condições da licitude da expropriação. Por outras palavras, é nesse momento que se devem reunir as condições de licitude que o Direito Internacional exige para o acto de expropriação.

Esta questão é uma questão de *Direito interno* do Estado expropriante, ou seja, do modo como este regula o processo expropriativo no respectivo Direito Administrativo.

Este problema tem interesse especial para o Direito português. De facto, em Portugal, na tradição do sistema administrativo de tipo francês, a relação jurídica expropriativa nasce, não com o acto formal de expropriação, ou seja, da *transferência formal do título de propriedade* do expropriado para o expropriante, mas com o acto de *declaração de utilidade pública* da expropriação. É a declaração de utilidade pública o acto "constitutivo" da relação de expropriação, é ela que desencadeia o procedimento expropriativo, e, portanto, é nesse momento que se inicia a expropriação *de iure*. O acto posterior de privação formal da propriedade, isto é, de investidura do expropriante na titularidade formal da propriedade sobre o bem, e da sua tomada de posse pelo expro-

---

[648] Veja-se, com pormenor, MOURI, pgs. 351 e segs.
[649] *Infra*, Cap. IV, n.º 7.4.

A expropriação

priante (quando a tomada de posse não é contemporânea à declaração de utilidade pública) vem simplesmente consumar a expropriação. Como tal, é um mero *acto de execução* da declaração de utilidade pública para expropriação.

Por isso, coerentemente com essa construção, é logo no momento da declaração de utilidade pública que a expropriação produz os seus efeitos jurídicos, nomeadamente: o de onerar e tornar precário o direito de propriedade do expropriado sobre o bem; o de extinguir o direito do expropriado de dispor do bem, passando, portanto, o bem a ficar na disponibilidade do expropriante; a afectação do bem ao fim público para que foi expropriado; e o nascimento do direito à indemnização devida pela expropriação. E, na sequência mais uma vez lógica e coerente dessa construção, a lei sujeita a registo a própria declaração de utilidade pública, como *"restrição* ao direito de propriedade" e como *"encargo"* que sobre ele recai (arts. 2.°, n.° 1, *u* do Código do Registo Predial, e 15.°, n.° 6, do Código das Expropriações)[650].

É por isso que se compreende que os tribunais administrativos admitam recurso contencioso do acto de declaração de utilidade pública, como acto definitivo e executório, considerando a expropriação propriamente dita, ou seja, a privação formal da propriedade sobre o bem, através da investidura do expropriante na titularidade formal da propriedade sobre o bem, como se disse, um simples acto de execução da declaração de utilidade pública.

É esse o sentido tradicional da nossa doutrina, desde as sucessivas edições do *Manual* do Professor Marcello Caetano[651].

E é essa a orientação unânime, sem excepção, da nossa melhor jurisprudência, tanto comum como administrativa.

Assim, para o Supremo Tribunal de Justiça, "é a declaração de utilidade pública *o facto jurídico que estabelece a relação jurídica de expropriação por utilidade pública. Ela tem por efeito em relação ao particular designadamente a extinção do direito de dispor dos bens*

---

[650] Os itálicos são nossos.

[651] II, pg. 996 e n. 2. V., mais modernamente, MARQUES GUEDES, *Natureza jurídica*, pgs. 332 e segs.; ALVES CORREIA, *Garantias*, pgs. 110 e segs.; FAUSTO DE QUADROS, sobretudo *Expropriação*, pg. 207; e PERESTRELO DE OLIVEIRA, pgs. 18 e 52.

expropriados e o *nascimento do direito à indemnização*. A expropriação, em si, é um simples *acto de execução* ou *concretização* do acto de declaração de utilidade pública"[652].

No mesmo sentido tem decidido o Supremo Tribunal Administrativo[653].

Note-se, todavia, que o aresto que mais ao pormenor levou a elaboração doutrinária do acto de declaração de utilidade pública foi o Acórdão do Supremo Tribunal de Justiça de 3 de Fevereiro de 1961[654], num processo em que o expropriante era um município. Nesse processo decidiu aquele Tribunal que: "A transferência para uma Câmara Municipal da propriedade e da posse dum prédio, em consequência de expropriação por utilidade pública, não é afectada pelo facto de os expropriados terem vendido, no decurso do processo de expropriação, esse prédio a outros particulares. A declaração de utilidade pública importa a *indisponibilidade* do prédio; e os primitivos proprietários, se o venderem, só transmitem um direito de propriedade e um direito de posse *precários, a extinguirem-se* logo que, depositada a indemnização nos termos legais, eles são transferidos para a entidade expropriante"[655]. A lei portuguesa, como se disse, acolhe hoje expressamente essa doutrina, porque o Código do Registo Predial, no seu artigo 2.º, n.º 1, *u*, estabelece que está sujeita à inscrição naquele registo "toda e qualquer *restrição ao direito de propriedade* e todo e qualquer *encargo* sujeitos ao registo nos termos da lei". Por seu lado, o artigo 15.º, n.º 6, do Código das Expropriações de 1991, dispõe: "A declaração de utilidade pública (...) *será inscrita na conservatória do registo predial*"[656].

É interessante saber-se como é que, à face do Direito Internacional, o Direito interno português na matéria foi interpretado. A questão foi há pouco discutida, para os efeitos do reconhecimento do direito de propriedade privada pelo artigo 1.º do Protocolo Adicional n.º 1

---

[652] V., especialmente, e quase sempre pelas mesmas palavras, os Acs. 26-5-72, pg. 60, 31-1-75, pg. 161, 4-1-79, pg. 175, 26-4-83, pgs. 412 e segs., 5-5-88, pgs. 495 e segs. e 18-1-96, pgs. I-45. Os itálicos são nossos.

[653] V., por todos, os Acs. 19-6-80, pg. 1265, 13-10-88, pgs. 285 e segs., 19-1-89, pgs. 580-581, e 14-11-96, n.º III do Sumário.

[654] Pg. 231.

[655] Os itálicos são nossos.

[656] Os itálicos são nossos.

A expropriação

à CEDH, perante o Tribunal Europeu dos Direitos do Homem, no já citado caso *Matos e Silva, Lda.*[657], que foi até hoje o único caso julgado por aquele Tribunal por violação pelo Estado Português, entre outros direitos, do direito à propriedade privada, ainda que de nacionais. Discutia-se aí, em sede daquele artigo, a conformidade com esse preceito de três actos sucessivos de declaração de utilidade pública para expropriação e dois actos posteriores, e também sucessivos, de constituição de servidões de Direito Público, chamadas de reservas, todos sobre um mesmo imóvel. A Comissão Europeia dos Direitos do Homem, no seu Relatório[658], deliberara, por 22 votos contra 1, que o Estado Português violara aquele direito, tal como ele se encontra reconhecido pelo artigo 1.º do PA n.º 1 (entre outras violações), com o fundamento, entre outros, de não ter sido paga ao proprietário do imóvel qualquer indemnização, que a Comissão entendeu ser devida *desde a data* das declarações de utilidade pública, e quer pelas declarações de utilidade pública, quer pelas reservas[659]. O Tribunal confirmou essa conclusão, por unanimidade, e com iguais fundamentos, embora ainda mais sólidos no que toca à indemnização devida pela criação das reservas[660]. Todavia, ele deixou escrito que "não houve no caso expropriação formal"; "embora tenha perdido a sua substância, o direito em causa não desapareceu"[661]. Pouco depois, quando teve que computar a indemnização a atribuir aos queixosos à luz do artigo 50.º da CEDH, o Tribunal entendeu que "não houvera expropriação nem situação assimilável a uma privação da propriedade, mas apenas uma diminuição da disponibilidade dos bens em causa"[662]. Desse modo, remeteu a consumação da privação formal da propriedade para o Estado Português, com o consequente pagamento por este da indemnização devida pelas expropriações e pelas servidões segundo o respectivo Direito interno.

---

[657] Ac. de 16-9-96.

[658] De 21-2-95, queixa n.º 15.777/89. A parte do Relatório relativa à matéria de direito (portanto, §§ 67 e segs.) está publicada em anexo ao Ac. do TEDH de 16-9-96, pgs. 1119 e segs.

[659] §§ 104, 110 e 111.

[660] Sobretudo, § 79.

[661] § 85.

[662] § 101.

A construção dogmática

Ora, à face do Direito português, como acima demonstrámos, essa decisão do Tribunal está inquinada de um grave erro de Direito. Ao reconhecer que houvera três declarações de utilidade pública para expropriação (seguidas da constituição de duas servidões visando criar duas reservas, tudo sobre o mesmo imóvel) e que era devida indemnização ao expropriado desde a primeira declaração, o Tribunal tinha de reconhecer que já se tinha iniciado a expropriação do imóvel (em bom rigor, desde a primeira declaração de utilidade pública, no longínquo ano de 1983). É que esta questão o Tribunal tinha que a decidir à face dos conceitos e do regime jurídico da expropriação *em vigor no Direito interno* (como a Comissão deixara claro no caso *Papamichalopoulos*, de que adiante falaremos) e o Direito português aplicável na matéria, que acima se resumiu, havia sido com muito pormenor explicado pelos queixosos: primeiro, nas Observações perante a Comissão[663], depois nas alegações escritas perante o Tribunal[664], por fim, na audiência de julgamento[665].

Era ao Juiz português que competia, no julgamento, fazer ver ao Tribunal o Direito português aplicável, porque naquele Tribunal é sobre o juiz nacional que incumbe o dever de elucidar os seus pares sobre o Direito interno que está em discussão em cada processo. Todavia, neste caso, ele, ou não o fez, ou fê-lo e não foi escutado pelo Tribunal. No contexto do Acórdão é, todavia, mais plausível a primeira hipótese, quer porque o Juiz português votou o Acórdão, quer porque este não contém qualquer declaração de voto daquele Juiz. Ora, se ele tivesse dado a conhecer ao Tribunal o verdadeiro regime da declaração de utilidade pública para expropriação no Direito interno português (sufragado, como se viu, inclusive pelo Supremo Tribunal de Justiça, onde o Juiz português é Juiz, e pelo Supremo Tribunal Administrativo, onde ele já foi Juiz), como o Tribunal não adoptou essa posição e interpretou erradamente o Direito português na matéria, seria normal que o Juiz português, pelo menos, fizesse constar isso numa declaração de voto, como usualmente acontece no Tribunal.

---

[663] Sobretudo, § 28.

[664] §§ 76 e 170.

[665] Todas as peças do processo podem ser livremente consultadas no Secretariado do Tribunal.

5. Os actos análogos à expropriação *stricto sensu* e à nacionalização

5.1. *Enunciado da questão*

Por estranho que possa parecer, dentro do conceito amplo de expropriação que adoptámos, são estes os actos que modernamente despertam maior interesse da parte da doutrina e da jurisprudência do Direito Internacional, e pelas seguintes razões: porque há que descobrir qual a verdadeira relação que se estabelece entre eles e os actos de expropriação *stricto sensu* e de nacionalização, que justifique que se fale aqui em "equivalência" ou "analogia" com estes últimos, por forma a permitir melhor definir os primeiros; e porque, depois, é necessário estabelecer-se o regime jurídico desses actos, sobretudo confrontando--os com as duas zonas vizinhas: por um lado, os actos ablativos acabados de referir, por outro, e num extremo oposto, os actos de ingerência que já não merecem ser vistos como actos análogos àqueles.

Ainda só para situarmos o problema, diremos que estes actos consistem em medidas de diversa natureza, adoptadas pelos Estados, de fonte legislativa, regulamentar ou administrativa, que afectam (diminuem ou esvaziam) as faculdades incluídas no direito de propriedade de estrangeiros, isto é, as faculdades de usar, de fruir e de dispor do bem, sem todavia retirarem formalmente ao particular o direito de propriedade, inclusivamente afectam (diminuem ou esvaziam), do mesmo modo, direitos emergentes de contratos ou direitos sociais. Tradicionalmente, os actos análogos referem-se sobretudo a bens imóveis e a direitos que sobre eles incidem, mas, como já vimos na Parte I, e melhor veremos ao longo desta Parte II, na moderna jurisprudência internacional têm-se discutido também actos análogos relativamente a direitos emergentes de contratos, particularmente contratos de concessão, e a direitos sociais.

As razões que levam o Direito Internacional a preocupar-se com estes actos são as acima referidas. Todavia, torna-se evidente que o grande objectivo da doutrina e da jurisprudência quando se ocupam destes actos não é tanto o de fixar o seu conceito ou o seu âmbito mas, sim, o de lhes determinar o regime, particularmente, o de saber se eles dão ao particular direito a indemnização e, em caso afirmativo, segundo qual critério.

5.2. *Observações de natureza terminológica*

Também nesta matéria é muito díspar a terminologia que tem vindo a ser adoptada.

A expressão mais utilizada é a de *"expropriações indirectas"* (*"indirect takings"*)[666]. Mas há quem prefira falar em expropriações *"informais"* ou *"indirectas"* (por oposição às verdadeiras expropriações, as expropriações *formais* ou *directas*[667]), *"expropriações por arrastamento"* (*"creeping expropriations"* ou *"creeping nationalisations"*), embora esta expressão seja preferencialmente reservada para medidas de efeito progressivo no tempo, digamos que medidas que vão produzindo os seus efeitos por fases[668], ou *"expropriações construtivas"* (*"constructive takings"*)[669].

No Direito convencional, vemos que numerosos TBI prevêem estes actos sob a designação geral de *"medidas com efeito equivalente à nacionalização ou à expropriação"* [*"measures having effect equivalent to nationalisation or expropriation (...)"*][670]. É o caso do modelo português de TBI, que se refere a "medidas *com efeitos equivalentes* à expropriação ou nacionalização, *adiante designadas como expropriação"*.

Por sua vez, o NAFTA[671], no seu artigo 1110, emprega simultaneamente as expressões "nacionalizar ou expropriar *directa ou indirectamente* um investimento ou um investidor" e *"medida equivalente* (*"tantamount"*) à nacionalização ou à expropriação"*[672].

A jurisprudência internacional mostrou começar a ter alguma sensibilidade para a relevância deste tipo de actos nos casos, estudados na parte I, *Oscar Chinn* e *Barcelona Traction*. No primeiro, encontramos uma referência aos *"efeitos equivalentes"* aos de uma expropriação[673]

---

[666] DOLZER/STEVENS, pg. 99; DOLZER, *Indirect Expropriation*, pgs. 41 e segs.; HIGGINS, pgs. 267 e segs. e 332 e segs.

[667] Cfr. MOURI, pgs. 70 e segs.

[668] É o caso de HIGGINS, quando não utiliza a expressão referida na penúltima n. – pgs. 332 e segs.; e SEIDL-HOHENVELDERN, *Aliens*, pg. 21.

[669] SEIDL-HOHENVELDERN, *loc.cit.*

[670] DOLZER/STEVENS, pgs. 98 e segs.

[671] V. GONÇALVES PEREIRA/FAUSTO DE QUADROS, pgs. 647 e segs.

[672] Os itálicos são nossos.

[673] Pg. 65.

A expropriação

e, no segundo, o Juiz FITZMAURICE fala em *"expropriação disfar-çada"*[674]. E, para DOLZER, o mesmo se poderia dizer do caso dos *proprietários dos navios norueguueses*[675].

Indo mais ao fundo do problema, a recente jurisprudência arbitral nos casos Irão-Estados Unidos, como nos mostra o apanhado geral levado a cabo por MOURI[676] e por ALDRICH[677], refere-se geralmente às *"medidas que afectam os direitos de propriedade"* (*"expropriation or other mesures affecting property rights"*), ou às *"expropriações discretas"* (*"discrete expropriations"*), ou às *"expropriações informais"* (*"informal expropriations"*)[678].

Não é fácil decidir em abstracto sobre as várias expressões referidas, porque muitas vezes elas foram criadas para as particulares circunstâncias dos diversos casos concretos que estavam em exame. Além disso, essa diversidade terminológica reflecte apenas as especificidades dos sistemas jurídicos de que parte quem dela se serve e a sua diferente formação jurídica. De qualquer modo, podemos falar em "expropriações *indirectas*" (como prefere fazer a prática dos Estados) ou "*discretas*", desde que com o uso da palavra expropriação não se queira dar a entender que nesses casos há, na realidade, no sentido etimológico da palavra na sua raiz latina, uma *formal* privação ou ablação da titularidade do direito, concretamente, do direito de propriedade. É que a categoria de actos que está em causa pretende abranger, exactamente, actos que não têm *formalmente* efeito ablativo sobre o respectivo direito, mas apenas, no plano *substancial*, têm um efeito equivalente ou análogo à privação ou ablação.

Poderemos falar, também, dentro do mesmo espírito, em *quase--expropriações, actos equivalentes à expropriação* ou *actos análogos à expropriação*.

Sem embargo de quase todas essas expressões serem praticamente sinónimas, mesmo do ponto de vista etimológico, preferiremos, em

---

[674] Pg. 162.

[675] *Indirect*, pgs. 45 e 47.

[676] Pgs. 70 e segs. e 100 e segs.

[677] *Jurisprudence*, pgs. 171 e segs.

[678] Especialmente, os casos *Sedco*, pg. 187, e *Starrett*, pgs. 1115 e segs.

princípio, a última: *actos análogos à expropriação*. Temo-la adoptado nos nossos escritos de Direito Administrativo[679]. Ela apresenta duas vantagens.

Primeiro, esse conceito foi objecto de densa e profunda elaboração dogmática pela doutrina e pela jurisprudência alemãs, à sombra do artigo 14.° da Lei Fundamental de Bona, sob a expressão *enteignungsgleicher Eingriff*[680]. Todavia, queremos prevenir o leitor para o facto de a similitude da terminologia que adoptámos no Direito Internacional e no Direito interno não querer dizer que o conceito destes actos, definido pelo Direito Internacional, seja necessariamente idêntico ao conceito criado no Direito interno. Veremos isto adiante.

A segunda vantagem dessa expressão é que ela é suficientemente abrangente para englobar actos de diferente conteúdo e intensidade, como é o caso. Isso não exclui que, por vezes, a analogia com a expropriação seja mais do que isso, seja uma *equivalência*. Por isso, sem prejuízo de continuarmos a empregar nessa hipótese, em geral, a expressão genérica *actos análogos*, preferiremos então a expressão actos *equivalentes*, ou de efeito *equivalente*, à expropriação, como mostrámos, aliás, ser feito por certo sector do Direito Internacional quanto à generalidade dos casos de actos análogos.

Queremos, todavia, advertir para o facto de a expressão "expropriação indirecta", tal como ela nasceu no início do século na doutrina administrativista francesa com MAURICE HAURIOU[681], e é hoje utilizada naquele País por Autores como LAUBADÈRE, VENEZIA e GAUDEMET[682] e CHAPUS[683], não ter o mesmo sentido que acima lhe vimos ser atribuído, ou seja, de actos análogos à expropriação. Ao contrário, é com equivalência a este último conceito que, há quase meio século, utilizava aquela expressão entre nós, mesmo antes de ela se generalizar no

---

[679] *Breves reflexões*, *loc.cit.*; *Expropriação*, pg. 307; Introdução à obra *Responsabilidade civil*, pgs. 16-17.

[680] Por todos, MAUNZ/DÜRIG, anotações 687 e segs. ao artigo 1.° da Lei Fundamental de Bona; OSSENBÜHL, pgs. 173 e segs.; AUST/JACOBS, pgs. 79 e segs.; NÜSSGENS/BOUJONG, pgs. 182 e segs.

[681] Pg. 804.

[682] Pgs. 372 e segs.

[683] Pg. 376.

A expropriação

Direito Internacional, José Pinto Loureiro[684], que designa estes actos também de *pseudo-expropriações*[685].

5.3. *Definição de actos análogos*

Não existe uma definição acabada, clara e geral de actos análogos à expropriação. E o trabalho do investigador, quando tenta encontrá-la, é dificultado, de modo especial, por dois factores.

Em primeiro lugar, o Direito Internacional (inclusive a jurisprudência), quando lida com estes actos, nunca invoca o Direito interno, o que quer dizer que ele tem querido construir este conceito, pelo menos formalmente, com total independência em relação à elaboração que ele tem vindo a obter no Direito dos Estados.

Em segundo lugar, e como já dissemos, tem havido, e algo compreensivelmente, um grande pragmatismo nesta matéria, particularmente da parte da jurisprudência e da prática internacional dos Estados: tem sido maior a preocupação em saber se um dado caso concreto, em função das suas características específicas, se enquadra no conceito de acto análogo à expropriação, para se lhe aplicar o regime jurídico desta, designadamente o da indemnização, do que em se tentar a elaboração de uma definição doutrinária geral e abstracta daquele acto. E dizemos que este pragmatismo é compreensível porque, como aliás a infixidez terminológica no-lo demonstra, tem surgido no Direito Internacional uma enorme diversidade de actos análogos à expropriação, talvez maior do que no Direito interno dos Estados.

Todavia, julgamos ser possível encontrar uma definição de actos análogos. Vamos tentá-lo.

O melhor contributo para essa tentativa tem vindo da prática dos Estados, através dos TBI, e da jurisprudência.

---

[684] Sobretudo, pgs. LIII e segs. Na doutrina nacional, inclusive de Direito Público, há livros que, pelo seu rigor e pela sua elevada qualidade, não se percebe por que razão são ignorados pelos modernos estudiosos dos respectivos temas: é o caso desta obra.

[685] Pg. LIII.

A construção dogmática

Como demonstram BANZ[686] e DOLZER e STEVENS[687], as cláusulas de expropriação contidas quase sempre nos TBI previnem, em regra, não tanto a expropriação em si, mas *o seu efeito*. Assim, por exemplo, os TBI concluídos pelo Reino Unido estipulam que a expropriação engloba também medidas *"com efeito equivalente* à nacionalização ou à expropriação"[688].

Por sua vez, a Suécia exigiu que alguns TBI por si concluídos contivessem referência a "qualquer medida *directa ou indirecta"* (de nacionalização ou de expropriação) ou a "qualquer outra medida *da mesma natureza* ou que tenha *o mesmo efeito* contra o investimento"[689].

A França, por seu lado, utiliza em muitos TBI uma cláusula-tipo, onde previne "todas as medidas cujo efeito é o de desapossar, *directa ou indirectamente*, os investidores"[690] ou, então, "toda outra medida de desapossamento, *directo ou indirecto"*[691]. Mas no Protocolo anexo ao TBI de 1989 com a Bulgária, a França exigiu mais: ficou aí acordado que "as disposições do artigo 5.°, n.° 2, se aplicam às medidas de expropriação ou de nacionalização bem como a todas as medidas de privação ou de *restrição* de direitos reais que possam produzir consequências similares às da expropriação".

Mais exigente tem sido a Alemanha. O Protocolo anexo ao TBI concluído por ela com o Bangladesh, em 1981, contém uma cláusula que é quase uma cláusula-modelo nos TBI concluídos pela Alemanha. Dispõe-se aí que "as disposições do artigo 3.°, n.° 2 (sobre a expropriação) aplicar-se-ão também à transferência de um investimento para a propriedade pública, à sujeição de um investimento ao *controlo público*, ou a intervenções *similares* pelas autoridades públicas. Expropriação significará a privação ou a *restrição* de qualquer direito real que, sozinho ou em conjunção com outros direitos, constitui um investimento".

---

[686] Pgs. 79 e segs.

[687] Pgs. 98 e segs.

[688] O mais significativo é o TBI Reino Unido-Ucrânia, de 1993, artigo 6.°, n.° 1. O itálico é nosso tanto nesta transcrição como nas transcrições similares seguintes.

[689] P.ex., o TBI Suécia-Argentina, de 1991, artigo 4.°, n.° 1.

[690] P.ex., o TBI França-Hungria, de 1986, artigo 5.°, n.° 2.

[691] P.ex., os TBI França-Coreia, de 1977, artigo 3.°, e França-Malásia, artigo 3.° Cfr. DOLZER, *Indirect*, pg. 55.

A expropriação

Também os Estados Unidos possuem um modelo de TBI. Esse modelo, no seu artigo III, refere-se a "medidas *equivalentes* à expropriação ou à nacionalização"[692]. E alguns desses TBI vão mais longe e exemplificam essas medidas: "qualquer outra medida ou conjunto de medidas, *directa ou indirectamente equivalentes* à expropriação (incluindo a cobrança de um imposto, a venda forçada de todo ou de parte de um investimento, a diminuição ou a privação da sua gerência, do seu controlo ou do seu valor económico)"[693].

A própria União Soviética, ainda mesmo antes da sua dissolução, mas já na era da *Perestroika*, começara a render-se a esta filosofia. Ficou célebre o seu TBI de 14 de Dezembro de 1990 com a Coreia, em cujo artigo 1.° se dispõe: "Os investimentos de investidores de qualquer das Partes Contratantes não serão nacionalizados, expropriados ou *sujeitos a medidas de efeito equivalente à nacionalização ou à expropriação* (...)"[694].

Note-se que também o modelo de TBI elaborado por Portugal, como já se disse, contém uma cláusula de expropriação no artigo 4.°, onde se previne o investidor estrangeiro contra actos de expropriação, nacionalização e *"outras medidas com efeitos equivalentes à expropriação ou nacionalização"*, adiante designadas como expropriação (...)"[695]. E, no TBI celebrado entre Portugal e a Alemanha[696], dispõe-se, no ponto 4 do respectivo Protocolo, com referência à cláusula de expropriação contida no artigo 4.° do TBI, o seguinte:

> *a)* Por "expropriação" considera-se toda a privação ou *toda a limitação* resultante de actos de soberania sobre quaisquer bens ou direitos que constituam o todo ou parte de um investimento, bem como outros actos de soberania que tenham *efeitos de expropriação definitiva*;
>
> *b)* Poderá ser também pedido o pagamento de uma indemnização, em caso de *intervenção* por parte do Estado na empresa que é objecto do investimento, *quando a sua situação económica ficar gravemente comprometida em exclusivo resultado dessa intervenção*;
> (...)" [697]

---

[692] V. esse modelo de TBI transcrito em DOLZER/STEVENS, pgs. 240 e segs.

[693] P.ex., o TBI EUA-Zaire, de 1984, artigo III. O itálico é nosso.

[694] ILM 1991, pgs. 762 e segs. (766).

[695] O itálico é nosso.

[696] Decreto n.° 84/81, de 8 de Julho.

[697] Os itálicos são nossos.

A construção dogmática

Curiosamente, o Acordo para a Promoção, a Protecção e as Garantias de Investimento entre Estados membros da Organização da Conferência Islâmica, conhecido por *Acordo OIC*, inclui uma ampla cláusula de expropriação, que dispõe: "O Estado de acolhimento não adoptará, nem permitirá a adopção, por si ou por qualquer dos seus órgãos, instituições ou autoridades locais, de qualquer medida que possa, *directa ou indirectamente, afectar* a propriedade do capital ou do investimento dos investidores através da privação total ou parcial da sua propriedade ou de todos ou de parte dos seus direitos básicos ou do exercício da sua autoridade sobre a posse ou a utilização do seu capital ou do seu actual controlo sobre o investimento, e a sua administração, fazendo uso dele, tirando proveito dele, percebendo os respectivos lucros ou garantindo o respectivo desenvolvimento e crescimento"[698][699].

Referência muito especial merece o facto de o *Acordo Multilateral de Investimento*, que a OCDE prepara, e ao qual já nos referimos atrás[700], ir conter uma cláusula sobre "Expropriação e indemnização" que vai englobar "a expropriação, a nacionalização ou *outra medida com efeito equivalente*"[701]. Também o *Tratado da Carta da Energia*, assinado em Lisboa em 17 de Dezembro de 1994, e que também já conhecemos, na sua cláusula sobre "Expropriação" (art. 13.°), prevê a expropriação, a nacionalização "*ou medidas com efeito equivalente à nacionalização ou expropriação*"[702].

Por sua vez, na jurisprudência internacional, embora ela desde sempre aceite a existência de actos análogos à expropriação, como vimos na Parte I, podemos dizer que a primeira tentativa no sentido de se dar uma *definição* da noção de actos análogos foi levada a cabo no Acórdão arbitral proferido no caso *Starrett*, que opôs essa empresa norte-americana ao Irão, no quadro do contencioso aberto entre os dois

---

[698] Artigo 10.°, n.° 1, transcrito em DOLZER/STEVENS, pg. 102.

[699] Os TBI com os quais lidámos neste número estão publicados nos números respectivos da UNTS ou dos ILM, mas, pelo que aqui nos interessa, bastará a sua consulta através das obras já citadas de DOLZER/STEVENS e BANZ, *passim*. Cfr. também DOLZER, *Indirect, passim*.

[700] V. *supra*, Parte I, Cap. II, n.° 4.4.

[701] O itálico é nosso.

[702] O itálico é nosso.

A expropriação

Estados, em 1979. Aí foi decidido pelo Tribunal Arbitral que "(...) é reconhecido no Direito Internacional que medidas tomadas por um Estado podem interferir nos direitos reais com uma tal extensão que esses direitos ficam tão esvaziados *como se tivessem sido expropriados*, mesmo se o Estado não teve a intenção de os expropriar e o título jurídico da propriedade permaneceu formalmente no seu titular originário"[703]. A matéria de facto que estava em causa era análoga à que dera lugar ao caso *Ebrahimi*, por nós estudado na Parte I deste livro. Ou seja, a sociedade americana de construção imobiliária *Starrett* estabelecera-se no Irão em 1974 para construir um complexo residencial nos arredores de Teerão. Em Janeiro de 1980, o Irão nomeou um administrador temporário para a empresa, ao abrigo de uma Lei de 1979, que dispunha que os Administradores temporários "eram, para todos os efeitos, os substitutos legais dos Administradores originários", eleitos pelos accionistas, e "tinham os poderes necessários para a gestão quotidiana da sociedade (...) sem necessidade, para o efeito, de prévia autorização dos Administradores originários ou dos sócios".

Depois, essa orientação seria retomada no caso *Tippets*. Aí, o Tribunal decidiu que "*uma privação ou uma expropriação* de propriedade pode ocorrer em Direito Internacional através da *interferência* de um Estado *no uso* daquela propriedade ou *na fruição* dos seus lucros, mesmo se o título jurídico da propriedade não for afectado"[704]. E o Tribunal entendeu que cabia nesse tipo de interferência a nomeação pelo Irão de um Administrador temporário para a empresa em causa – pelos vistos, um meio que foi muito utilizado pelo Irão para passar a interferir na gestão de empresas norte-americanas sediadas no seu território, após a eclosão do litígio com os Estados Unidos, em 1979[705]. Pouco mais tarde, no caso *Amoco*, a rescisão de um contrato foi considerada violação do contrato ("*breach of the contract*") e equiparada a uma nacionalização[706].

---

[703] Pg. 156. O itálico é nosso. Veja-se, nesta perspectiva, o excelente estudo deste caso em DOLZER, *Indirect*, pg. 50; e também ALDRICH, *op.cit.*, pgs. 176-177.

[704] Pg. 225. Os itálicos são nossos.

[705] V., também, mas expressivamente, os casos *Payne*, pg. 10, *Motorola*, pg. 85, *Sedco*, pgs. 277-278; *Birnbaum*, ainda não publicado, § 29; e *Ebrahimi*, §§ 69 e segs.

[706] § 73.

A construção dogmática

Com base nestes contributos da prática dos Estados e da jurisprudência internacional podemos afirmar que em Direito Internacional são actos análogos à expropriação os actos praticados pelo Estado, no exercício do seu *jus imperii*, através dos quais ele, sem retirar a titularidade formal do direito ao seu titular, afecta, no sentido de que limita ou esvazia, o conteúdo do direito de tal modo que os seus efeitos, *do ponto de vista substancial*, se equiparam aos da expropriação ou da nacionalização.

Julgamos que a prática dos Estados, que cuidadosamente analisámos, e a jurisprudência internacional não nos permitem ir mais longe na formulação de uma definição de actos análogos. Ela está, aliás, perto das noções propostas pelos poucos Autores que se têm esforçado por encontrar uma definição geral para os actos análogos[707].

Todavia, a definição proposta carece de alguns esclarecimentos complementares.

Antes de mais, os actos em questão podem ser praticados no desempenho das funções legislativa e administrativa. E podem ter natureza geral ou individual.

A questão que exige um esclarecimento mais profundo, para tornar a definição ainda mais rigorosa e exacta, é a de saber quando é que o acto, sem retirar o direito ao seu titular, afecta, isto é, limita ou esvazia a sua substância.

O critério de que a prática dos Estados, através dos TBI, e a jurisprudência internacional se socorrem para o efeito é o de *intensidade da medida*. Isto é, para que esta seja considerada análoga à expropriação tem de ter uma certa intensidade, que simultaneamente a aproxime da expropriação e a afaste das limitações trazidas à propriedade do estrangeiro por medidas que se esgotam em meras concretizações da função social da propriedade no exercício do direito e que não cabem, por isso, como veremos, no conceito de actos análogos. São as medidas chamadas de simples "regulamentação do uso" dos bens[708].

E como é que se apura essa intensidade?

---

[707] Sobretudo, BANZ, pg. 138; e BÖCKSTIEGEL, pg. 149.
[708] Assim, por todos, BANZ, pg. 80.

A expropriação

O critério utilizado para o efeito pelos TBI atende, como nota BANZ[709], a factores que aparecem designados por terminologia diversa: ou aos *"efeitos"* da medida (como é mais vulgar e o faz, por exemplo, a prática do Reino Unido e da Suécia, tal como mostrámos), ou à sua *"extensão"* (é expressamente esse o vocábulo utilizado no caso *Starrett*, como há pouco vimos), ou ao seu *"alcance"*, ou à sua *"dimensão"*[710]. E, por esse critério, é necessário que a medida em causa atinja, isto é, afecte, limitando-a ou esvaziando-a, a *substância* do direito. Por outras palavras, a medida deve provocar uma, parcial ou total, *"perda de substância"* (*"Substanzverlust"*) do direito[711].

A questão que continua em aberto é a de saber quando é que se pode falar de "perda de substância" de um direito e, desde logo, como é que se mede e se delimita essa "substância".

A prática mais recente dos Estados e a doutrina tentam responder a essas interrogações em função do *"valor"* do direito ou da *"substância económica"* do direito. Assim, sempre que a medida em causa provocar um "considerável prejuízo"[712] ao valor ou à substância económica do direito estaremos perante um acto análogo à expropriação[713].

Note-se, só a título de curiosidade, que, ainda que sem manifestar, até hoje, qualquer sensibilidade para a admissão expressa da figura e do regime dos actos análogos, o legislador português há muito que possibilita ao intérprete uma posição próxima dessa.

De facto, desde a Lei n.° 2030 que o Direito pátrio, com alterações de pormenor na redacção que para aqui não relevam, estabelece que "as servidões constituídas por acto administrativo dão direito a indemnização quando envolverem *diminuição efectiva do valor e do rendimento dos prédios servientes*" (art. 3.°, n.° 3, dessa Lei[714], art. 3.°, n.° 3, do

---

[709] *Loc.cit.*

[710] Ver os exemplos dados por BANZ, pg. 80, ns. 430-435.

[711] Assim, BANZ, pg. 80; DOLZER/STEVENS, pgs. 98 e segs.; FRICK, pg. 215; e HIGGINS, que exige pelo menos a "perda de alguma substância" do direito de propriedade – pg. 367.

[712] BANZ, pg. 80, com apoio na bibl. mais atrasada aí cit.

[713] Isso está demonstrado na única obra em que a pesquisa na matéria é levada quase até à exaustão – BANZ, *loc.cit.*

[714] O itálico é nosso. Veja-se a querela doutrinária surgida em torno deste preceito nos seus trabalhos preparatórios em PINTO LOUREIRO, pgs. 414-415.

A *construção dogmática*

Código das Expropriações de 1976 e art. 8.º, n.º 3, do Código de 1991).
Este preceito acaba por permitir alcançar os mesmos resultados que os
que se obtêm com a admissão dos actos análogos, mas com as seguintes imperfeições de técnica jurídica: não se estabelece que a indemnização das servidões resulta da sua analogia com as expropriações, o
que teria a grande vantagem de demonstrar que é, desde logo, a garantia da propriedade privada (contida, no actual texto constitucional, no
art. 62.º, n.º 1) que confere *igual fundamento* ao dever de indemnizar
as expropriações e as servidões; precisamente porque o legislador português não tem entendido as servidões no quadro mais vasto de todos
os actos análogos à expropriação o preceito discrimina as servidões em
relação a outros actos análogos à expropriação que, pelas mesmas
razões jurídicas, devem ter regime idêntico ao das expropriações – é o
caso das "restrições de utilidade pública"[715]; como já antes demonstrámos[716], não há razões, quer em função da garantia da propriedade privada, quer em função do princípio da igualdade dos cidadãos perante
os encargos públicos, para que as servidões criadas por lei ou por regulamento administrativo não dêem lugar a indemnização, levando em
conta que para o regime do acto análogo à expropriação, em função das
exigências colocadas por aquela garantia e por aquele princípio, é indiferente a sua fonte jurídica; o legislador fugiu à dificuldade, que era
ultrapassável, de fornecer alguns critérios de interpretação do conceito,
muito vago e indeterminado, de "diminuição efectiva do valor ou do
rendimento". E não temos contado com o juiz para suprir a inércia do
legislador.

Mas, voltando ao Direito Internacional, julgamos que ele dá um
salto no raciocínio que o leva a apurar a afectação da substância do
direito através do valor desse direito ou do bem sobre o qual este
incide. De facto, em nosso entender, é decisivo, e mais rigoroso do
ponto de vista jurídico, para melhor se definir o conteúdo da noção de

---

[715] MARCELLO CAETANO/FREITAS DO AMARAL, pg. 1028; FREITAS
DO AMARAL/JOSÉ PEDRO FERNANDES, pg. 154; e FAUSTO DE QUADROS,
Expropriação, pgs. 312-313.

[716] *Breves reflexões*, pgs. 551 e segs., e *Expropriação*, *loc.cit.* V. também ALVES
CORREIA, *Garantias*, pg. 90; e PERESTRELO DE OLIVEIRA, pg. 49.

A expropriação

actos análogos, fixarmo-nos num momento lógico intermédio entre esses dois momentos, o da afectação da substância e o do cômputo do valor, partindo-se da noção de "substância" do direito e com vista a precisar em que é que ela consiste.

E, adoptando esse método, entendemos que o Direito Internacional deverá (ainda que respeitando-se a sua já referida determinação de construir todo o seu regime da propriedade privada sem referência, pelo menos expressa, às soluções sugeridas pelo Direito interno), fixar a "substância" do direito com base no *conteúdo essencial* do mesmo direito. A doutrina e a jurisprudência alemãs adoptam esta orientação, de modo especial, quanto ao direito de propriedade privada, no quadro do artigo 14.°, n.° 1, da Lei Fundamental[717].

Segundo uma e outra, a "substância" do direito de propriedade coincide com o seu *"conteúdo essencial"* (*"Wesensgehalt"*). E esse conteúdo essencial do direito de propriedade é identificado com o *"núcleo substancial"* (*"substantielles Kern"*) daquele direito, englobando, por esta via, a *"fruição para fins privados"* (*"Privatnützigkeit"*) do bem e o *"poder de dispor"* dele (*"Verfügungsbefugnis"*)[718]. A limitação de qualquer desses poderes significa a afectação desse conteúdo essencial e, por essa via, faz-nos estar perante um acto análogo à expropriação[719].

Só depois de se fazer corresponder a "substância" do direito ao seu "conteúdo essencial", e de, por essa via, se estar em condições de se averiguar se esse conteúdo essencial é ou não afectado, ou seja, se, na matéria que nos interessa, há ou não um acto análogo à expropria-

---

[717] V. MAUNZ/DÜRIG, anotações 325 e segs.; OSSENBÜHL, pgs. 173 e segs.; AUST/JACOBS, pgs. 79 e segs.; NÜSSGENS/BOUJONG, pgs. 182 e segs.; e KROHN/ /PAPIER, pgs. 79 e segs. Note-se que, no Direito alemão, onde o instituto do acto análogo à expropriação mais se encontra desenvolvido, ele foi criado por via jurisprudencial, exactamente *por analogia* com o instituto da expropriação, permitida, como acto lícito, no artigo 14.°, n.° 3, da Lei Fundamental, desde que preencha os requisitos de licitude aí enunciados – veja-se a jurisprudência analisada por OSSENBÜHL, pgs. 176 e segs. A não previsão expressa dos actos análogos à expropriação leva os tribunais e, por seu intermédio, a doutrina, a considerá-los sempre actos *ilícitos*, ainda que, repete- -se, sujeitando-os ao mesmo regime jurídico da expropriação – cfr. também a nossa Introdução à obra, por nós coordenada, *Responsabilidade civil*, pgs. 22 e segs.
[718] Veja-se, por último, MAUNZ/DÜRIG, anotações 325-327 e 407 ao artigo 14.°
[719] OSSENBÜHL, *loc.cit.*; e AUST/JACOBS, pgs. 79 e segs.

ção, é que a doutrina e a jurisprudência alemãs se socorrem do conceito de "valor" do bem, como critério de medição ou quantificação da afectação do conteúdo essencial do direito de propriedade sobre o bem[720]. A essa orientação dá um forte contributo a lei, mais concretamente, a *Lei da Construção* (*Baugesetzbuch – BauGB*). Esta Lei, cuja designação é enganosa, porque ela também codifica aspectos muito importantes do Direito do Ordenamento do Território e do Direito do Urbanismo, e tanto na perspectiva do Direito substantivo como na do Direito processual[721], é aquela onde, a nível de Federação, se contêm as regras fundamentais do Direito das Expropriações. Ora, o § 95 daquela Lei estabelece, quanto à expropriação, que a indemnização será calculada em função da "perda do direito" ("*Rechtsverlust*") (entenda-se: limitação ou privação total do direito), avaliada segundo o "valor de mercado" ("*Verkehrswert*") desse imóvel, para cujo cômputo o § 194 define regras específicas[722].

Como demonstram AUST e JACOBS[723], a jurisprudência alemã, que, como se disse, foi quem criou o conceito de actos análogos à expropriação, tem feito uma aplicação livre e casuística do critério acima referido. Mas, com base no levantamento da jurisprudência levado a cabo por aqueles Autores[724], por NÜSSGENS e BOUJONG[725], por KROHN e PAPIER[726], por MAURER[727], e por OSSENBÜHL[728], podemos verificar que

---

[720] MAUNZ/DÜRIG, anotações 621 e segs. ao artigo 14.º; e AUST/JACOBS, pg. 104.

[721] O legislador português devia pôr os olhos nessa Lei, para se aperceber da vantagem da existência de uma Lei codificadora com um tão grande espectro, que dê tratamento corrente, e com elevadíssimo nível técnico, a matérias tão interdependentes e complementares entre si.

[722] Veja-se esta matéria desenvolvida no comentário àquela Lei de BATTIS/KRAUTZBERGER/LÖHR, especificamente nas anotações aos dois citados preceitos; e também MAUNZ/DÜRIG, especialmente anotação 616 ao artigo 14.º da Lei Fundamental, e OSSENBÜHL, pgs. 128-129.

[723] Pgs. 86 e segs.

[724] *Loc.cit.*, pgs. 100 e segs. e 361-362.

[725] Especialmente, pgs. 70 e segs.

[726] Pgs. 5 e segs.

[727] Pgs. 672-676.

[728] Pgs. 187 e segs.

A expropriação

têm sido considerados como actos análogos à expropriação, segundo as circunstâncias do caso, actos que, a título de exemplo, aqui indicamos: limitação ao uso de um prédio urbano por obras levadas a cabo por um município na rede pública de abastecimento de água; limitações trazidas à actividade de uma sociedade industrial através de trabalhos na via pública não previstos no plano de ordenamento aplicável, ou não realizados em conformidade com esse plano; limitações à edificação trazidas pela abertura de estradas; "excessivo barulho" provocado pelo trânsito numa estrada e que, dessa forma, prejudica os residentes junto da estrada ou diminui o valor dos prédios confinantes; emissão de ruídos ou de cheiros provocada por estações públicas de depuração de águas ou outros resíduos; proibição ou limitação, *de jure* ou *de facto*, de edificação em terrenos onde, de harmonia com o Direito Geral da Construção, é possível edificar; revogação de uma licença válida de construção[729]; incêndio numa floresta privada provocado por exercícios militares, ainda que distantes; limitações à edificação impostas pela revisão de um plano de ordenamento, municipal ou não; limitações ao uso ou à fruição de bens por causa da "protecção da natureza ou da paisagem", onde se faz uma aplicação muito especial dos princípios da "igualdade" e da "proibição de excesso"[730]; etc.

Sublinhe-se que, para a jurisprudência alemã, um acto análogo à expropriação pode assumir a forma de um acto legislativo, um regulamento administrativo ou um acto administrativo[731].

Note-se que o Direito Comunitário criou uma mais forte consciência, do que o Direito Internacional, de que o direito de propriedade possui uma *"essência"* ou um *"conteúdo essencial"*, cuja afectação é ilícita. É essa a jurisprudência do Tribunal de Justiça, ainda que dessa orientação o Tribunal não tire quaisquer consequências, quer quanto à

---

[729] Esta revogação dá direito a indemnização, segundo a jurisprudência alemã, ou no quadro da teoria dos actos análogos à expropriação, ou no quadro da revogação ilegal de actos constitutivos de direitos.

[730] Este ponto é objecto de tratamento particularmente desenvolvido em NÜSSGENS/BOUJONG, pgs. 95 e segs., especialmente 97 e segs., e OSTERLOH, sobretudo pg. 910. Note-se que o dever de indemnizar essas limitações (por maioria de razão, as proibições) é imposto por leis dos *Länder* – NÜSSGENS/BOUJONG, pgs. 99-100.

[731] OSSENBÜHL, pgs. 192 e segs.

A construção dogmática

definição da existência de actos análogos à expropriação, quer quanto ao modo da sua indemnização[732]. Por outro lado, e logo à partida, como bem observa RENGELING[733], o Tribunal de Justiça ainda não cuidou de explicar o que entende por "conteúdo essencial" de um direito, inclusive, portanto, do direito de propriedade.

Portanto, podemos dizer que, para o Direito Internacional, acto análogo à expropriação é o acto que, sem privar o proprietário da titularidade do seu direito, afecta (isto é, limita ou esvazia) a sua substância, entendida como seu conteúdo essencial, quer dizer, o direito de uso, de fruição e de disposição do bem. As faculdades de *usar*, de *fruir* e de *dispor* do bem (ou do direito) compõem a *substância* do direito de propriedade privada, porque são elas que definem a *essência* desse direito, são elas que constituem as características *específicas* daquele direito. DOLZER, colocando o problema quanto às participações sociais, considera que existe acto análogo à expropriação quando é afectado o direito ao uso efectivo das participações sociais, ao controlo da sociedade, bem como aos seus lucros. O Autor não esgota, porém, a definição que dá, porque, quando escreve sobre esta matéria, avalia a jurisprudência no litígio Irão-Estados Unidos, particularmente nos casos, alguns dos quais já estudámos, em que houve a nomeação pelo Irão de administradores temporários para empresas americanas[734].

5.4. *Admissão do conceito de actos análogos no Direito Internacional*

O Direito Internacional acolhe o conceito de actos análogos à expropriação.

No que toca ao *Direito Internacional particular*, já mostrámos atrás que os TBI, especialmente os mais modernos, os prevêem de modo expresso. Mas não só.

---

[732] Casos *Nold*, Ac. 14-5-74, pgs. 491 e segs.; *Hauer*, Ac. 13-12-79, pgs. 3745--3749; *Schräder*, Ac. 11-7-89, pg. 2237; e *Kühn*, Ac. 10-1-92 – cfr., por último, o comentário a esses Acórdãos em KRÖGER, pgs. 103 e segs.

[733] Pg. 25.

[734] *Indirect*, pg. 51.

A expropriação

O Projecto de Convenção da OCDE sobre a Protecção da Propriedade Privada, já em 1968, no seu artigo 3.°[735], aceitava o conceito de "expropriações indirectas", e elencava alguns exemplos daquela noção. Ei-los: a "tributação excessiva ou arbitrária"; a "proibição da distribuição de dividendos acoplada a empréstimos forçados"; a "imposição de administradores"; a "proibição de despedimento de trabalhadores"; a "recusa de acesso a matérias-primas ou de licenças para importações ou exportações essenciais"[736]. Por sua vez, o Projecto de Acordo Multilateral de Investimento, que aquela Organização prepara, para ser assinado em Abril de 1998, e que, como já dissemos, conterá uma cláusula sobre expropriação[737], não deixa dúvidas de que aquele Acordo abrangerá, expressa ou tacitamente, esses actos, até por coerência com o facto, inédito no Direito Internacional, de ele, sob os vocábulos "investimento" e "propriedade privada", ir englobar *"todos os sectores económicos"*, ou seja, *todas as situações patrimoniais privadas"*[738].

O PA n.° 1 à CEDH, ao reconhecer o direito de propriedade, não contempla, na sua letra, os actos análogos. Mas a jurisprudência dos órgãos da Convenção tem entendido, veremos por que caminho, que eles cabem na 1.ª parte do 1.° parágrafo, sob a designação de "ingerências na substância" (*"atteintes substantielles"*), ou "expropriações indirectas".

O artigo 1.° do PA n.° 1 dispõe o seguinte:

> Qualquer pessoa singular ou colectiva tem direito ao respeito dos seus bens. Ninguém pode ser privado do que é sua propriedade a não ser por utilidade pública e nas condições previstas pela lei e pelos princípios gerais do direito internacional.
>
> As condições precedentes entendem-se sem prejuízo do direito que os Estados possuem de pôr em vigor as leis que julguem necessárias para a regulamentação do uso dos bens, de acordo com o interesse geral, ou para assegurar o pagamento de impostos ou outras contribuições ou de multas.[739]

---

[735] ILM 1968, pg. 117. Cfr. DOLZER/STEVENS, pg. 100, n. 270. Sobre o tema veja-se, mais desenvolvidamente, DOLZER, *Indirect Expropriation*, pg. 38.

[736] Veja-se DOLZER/STEVENS, pg. 106, n. 270.

[737] *Supra*, Parte I, Cap. II, n.° 4.4.

[738] Ver os documentos, não identificados nem numerados, produzidos pela OCDE na sequência do Simpósio do Cairo, de Outubro de 1997, ao qual já nos referimos.

[739] Tradução oficial portuguesa.

A construção dogmática

Este artigo tem sido dividido pelo Tribunal, particularmente desde o célebre caso *Sporrong e Lönnroth*[740], em três partes, que ele tem chamado de três "frases", às quais ele tem atribuído sentido e alcance diferentes.

A "2.ª frase", que é composta pela 2.ª parte do parágrafo 1.º do artigo, é, para o Tribunal, de interpretação pacífica: ela prevê a "privação" da propriedade ao particular. Por "privação" o Tribunal entende um acto ablativo, designadamente a nacionalização e a expropriação, embora o Tribunal mais recentemente tenha discutido se nela não cabiam também alguns actos que não procedem à privação *formal* do direito. Veremos isso daqui a pouco.

Na "3.ª frase", composta por todo o parágrafo 2.º do artigo, o Tribunal entende estar prevista, servindo-se, aliás, do próprio texto do preceito, a chamada "regulamentação do uso dos bens". A característica destes actos reside no facto de eles se encontrarem aí contemplados como actos que não violam o direito à propriedade privada, conferido por este artigo.

Resta a "1.ª frase", isto é, a 1.ª parte do parágrafo 1.º

É nesta frase que o Tribunal entende caberem os actos análogos que se não traduzam na expropriação *de facto* (à qual nos referiremos logo de seguida), ou seja, os actos que diminuem a substância do direito sem a esvaziarem ao ponto de no proprietário só ficar a titularidade formal do direito.

A esta conclusão o Tribunal chega por uma interpretação da 1.ª parte do parágrafo 1.º por exclusão de partes.

De facto, assente que a 2.ª frase se refere à "privação" do direito e a 3.ª frase à "regulamentação do uso de bens", o Tribunal entende que tudo o mais que interessa à garantia da propriedade privada está coberto pela 1.ª frase.

Esta construção pode ser pragmática, porque desse modo consegue abarcar situações que, estando contempladas no espírito do preceito como violações da garantia da propriedade privada, não estão previstas expressamente na letra nem da 2.ª nem da 3.ª frases. E, desse

---

[740] Ac. 23-9-82, § 61. Veja-se, depois, Ac. 21-2-86, *James*, § 37, e jurisprudência posterior constante.

A expropriação

ponto de vista, ela conduz ao resultado de assegurar uma protecção à propriedade privada mais vasta do que a que resulta, em geral, das Ordens Jurídicas dos Estados partes na Convenção, porque a ingerência indemnizável no direito de propriedade privada acaba por ter para aquele preceito do PA um conteúdo mais vasto do que o tem no Direito Administrativo interno de muitos desses Estados[741]. Mas, ainda que pragmática, essa construção é apresentada de forma artificiosa, porque o Tribunal, depois de afirmar que é a 1.ª frase que "reveste um carácter geral" e que "enuncia o princípio do respeito pela propriedade", acaba por, paradoxalmente, lhe atribuir um carácter meramente *residual*[742].

Além disso, esta divisão em 3 frases tem sido aplicada pelo Tribunal de forma rígida, tomando-a como matriz abstracta, sem qualquer preocupação de a adaptar às circunstâncias distintas dos vários casos concretos e, muitas vezes, com fundamentação inexistente, escassa ou incongruente – o que tem constituído um dos grandes defeitos da aplicação pelo Tribunal do artigo 1.º do PA n.º 1.

Segundo essa orientação, como se disse, os actos análogos foram integrados pelo Tribunal na previsão da 1.ª parte do parágrafo 1.º daquele artigo, ou seja, na 1.ª frase.

Como atrás se sublinhou, esses actos análogos o Tribunal, e, depois, a doutrina, com base na jurisprudência deste, chamam-nos de *"ingerências na substância"* (*"atteintes substantielles"*). A construção destes actos e a sua integração na previsão da referida 1.ª frase começaram a ser feitas exactamente no citado caso *Sporrong* (que adiante examinaremos mais em pormenor)[743], e por manifesta influência da jurisprudência contemporânea do Tribunal Arbitral de Haia, criado para resolver os litígios entre o Irão e os Estados Unidos. É o que nos revela um antigo Juiz dos dois Tribunais[744]. Mas o Tribunal não encara o problema das "ingerências na substância" de frente, ou seja, não tenta

---

[741] Neste sentido, DOLZER, *Eigentumschutz*, pgs. 1677 e segs. Como veremos, a afirmação assenta bem a Portugal.

[742] Assim, também, *Comentário Pettiti*, pg. 974, que fala em carácter "residual e intersticial".

[743] Pg. 30.

[744] LAGERGREN, pg. 12. No mesmo sentido, MAPP, pg. 154.

A construção dogmática

nunca a definição jurídica dessas ingerências como tais e a sua relação com o conceito de expropriação, salvo nos casos em que discute se não se verificará a situação extrema de equivalência com a expropriação, que é a da expropriação *de facto*, sobre a qual adiante nos debruçaremos. A forma de o TEDH abordar os actos análogos, em geral, é diferente: ele chega à conclusão de que eles violam a garantia do direito à propriedade privada, não pela via da "diminuição" ou da "perda da substância", o que configuraria um caminho similar ao seguido pelo Direito interno de alguns Estados, especialmente da Alemanha, como vimos, mas através da violação do princípio da proporcionalidade.

Por outras palavras, o Tribunal, nessa situação, e desde o caso *Sporrong*, sente-se na necessidade de averiguar "se foi respeitado um justo equilíbrio entre as exigências do interesse geral da comunidade e os imperativos da salvaguarda dos direitos fundamentais do indivíduo"[745]. "Justo equilíbrio" e "proporcionalidade" são para o Tribunal, para este efeito, expressões sinónimas[746].

Esta forma de abordar os actos análogos, não directamente, mas através do recurso ao princípio da proporcionalidade, revela manifesta, embora não confessada, influência da jurisprudência do Conselho de Estado francês, particularmente em matéria de Direito do Urbanismo[747]. Mas apresenta dois inconvenientes graves: o primeiro é o de que, em bom rigor, o Tribunal não se está a pronunciar sobre o âmbito, a natureza e o regime dos actos análogos, em si (salvo o que adiante se dirá sobre a expropriação *de facto*); depois, e como acertadamente se observa no *Comentário Pettiti*[748], dessa forma o Tribunal está a exigir muito mais do que o artigo 1.º do PA n.º 1, já que a 1.ª frase daquele artigo, só por si, não impõe, directamente, nem o justo equilíbrio nem a proporcionalidade, e o problema da violação da substância do direito de propriedade é distinto do da violação do princípio da proporcionalidade. Mas, como logo a seguir se acrescenta na mesma obra[749], a melhor forma de se aproveitar este caminho do Tribunal é o de, fun-

---

[745] § 69 do Acórdão. Da mesma forma, caso *Lithgow*, Ac. 8-7-86, § 120.
[746] Assim, expressamente, FROMONT, pg. 215; e SERMET, pgs. 29 e segs.
[747] LAUBADÈRE/VENEZIA/GAUDEMET, pg. 353.
[748] Pgs. 979-980.
[749] Pg. 980.

A expropriação

dando-nos na sua própria jurisprudência, concluir que dela resulta o reforço da garantia que a 1.ª frase do artigo 1.º do PA n.º 1 concede ao direito de propriedade privada, dado que é "inerente ao conjunto global da Convenção o intuito de assegurar aquele equilíbrio" e que "esse intuito se reflecte também na estrutura do artigo 1.º"[750]. Ou, então, dizer como o Professor SUDRE[751], que o princípio da proporcionalidade é o grande limite à "margem de apreciação" dos Estados na determinação dos limites ao direito de propriedade, garantido pelo artigo 1.º do PA n.º 1. Embora, como ele muito acertadamente logo a seguir sublinha[752], o Tribunal tenha, por vezes, dificuldade em assegurar o respeito por esse limite, como aconteceu no caso *Agosi*, onde claramente deixou o princípio da proporcionalidade ser atropelado pela "margem de apreciação" do Estado em causa[753,754].

De qualquer modo, e ainda que por esse recurso à proporcionalidade, o Tribunal já entendeu que cabiam na previsão da 1.ª frase do artigo 1.º do PA n.º 1 e que, por isso, davam lugar a indemnização como "*ingerências na substância*" do direito de propriedade, a limitação ou a privação do *ius aedificandi* ou do *ius alienandi* – assim decidiu ele, sobretudo, nos casos *Sporrong*[755], *Jacobson*[756] e *Mellacher*[757]. De modo idêntico, também no caso *Matos e Silva*, a Comissão foi do entender que a *proibição de edificação* cabia na 1.ª frase daquele artigo[758] e o mesmo entendeu o Tribunal quanto às *servidões* aí previstas, uma de fonte legislativa, outra, de fonte regulamentar, sob a designação de "*reservas naturais*"[759].

---

[750] § 69 do Acórdão *Sporrong* e, sobretudo, antes, § 5 do Acórdão de 23-7-68, no caso *Linguistique Belge*.

[751] *Protection*, pg. 73.

[752] *Op.cit.*, pg. 78.

[753] § 52.

[754] Sobre a doutrina da margem de apreciação na jurisprudência do TEDH, veja--se, por último, BREMS, pgs. 240 e segs.

[755] Ac. 23-9-82, §§ 60 e 72, embora estabelecendo uma relação entre a proibição de construir com a "autorização para expropriar" os terrenos, como daqui a pouco veremos. Assim, MAPP, pg. 154; e BARNES, pgs. 137-138.

[756] Ac. 25-10-89, § 163.

[757] Ac. 19-12-89, § 169.

[758] §§ 100-101 do respectivo Relatório.

[759] § 79.

Ainda ao nível do Direito Internacional regional, merece destaque, mais recentemente, a previsão expressa dos actos análogos no Tratado que criou o NAFTA, em 1992, como já atrás sublinhámos.

No *Direito Internacional geral*, as Directivas do Banco Mundial sobre Investimento Directo Estrangeiro, de 1992[760], no seu artigo 4.°, sob a epígrafe *"Expropriação e alterações unilaterais ou termo de contratos"*, proíbe, no seu n.° 1, que o Estado "exproprie" ou *"aprove medidas com efeitos análogos ("similar")"*. Entre essas medidas incluem-se, confessadamente, entre outros actos, as modificações ou as rescisões unilaterais, pelo Estado, de contratos[761]. Note-se que estas Directivas obrigam hoje quase todos os Estados membros da Comunidade Internacional, que são membros do Banco Mundial, o que as torna em importante fonte do costume internacional geral na matéria, logo depois dos TBI[762].

Na jurisprudência internacional, já encontrámos ao longo deste livro diversas concretizações de actos análogos à expropriação: na jurisprudência clássica, os Acórdãos proferidos nos casos *Oscar Chinn* e *proprietários dos navios noruegueses*[763] mostraram, ainda que timidamente, conhecer, como vimos, a analogia com a expropriação e a nacionalização, mesmo que sem dar dela qualquer caracterização jurídica.

Mas foi na jurisprudência arbitral nascida no quadro do litígio entre o Irão e os Estados Unidos que mais repetidamente se lançou mão do conceito de actos análogos à expropriação, e com a intenção de fornecer uma elaboração doutrinária profunda do conceito.

Já explicámos isso ao longo deste livro, mais do que uma vez. Primeiro, quando, na Parte I, mostrámos que, no caso *Amoco*[764], o Tribunal Arbitral de Haia considerou como expropriação ou nacionalização (os dois conceitos são utilizados) a denúncia pelo Irão do contrato que o ligava à *Khemco*, e, no caso *Ebrahimi*[765], decidiu que a simples

---

[760] ICSID Rev. – For. Inv. L. J. 1992, pgs. 297 e segs. O itálico é nosso.

[761] Veja-se o comentário àquele artigo em ICSID Rev. – For. Inv. L. J. 1992, pgs. 330.

[762] SHIHATA, *Legal Treatment*, *passim*.

[763] *Supra*, Parte I, Cap. III, respectivamente, n.os 2 *b* e 3 *b*.

[764] *Supra*, Parte I, Cap. III, n.° 3 *f*.

[765] Parte I, Cap. III, n.° 3 *g*.

"interferência de um Estado no uso da propriedade ou na fruição dos seus rendimentos" é expropriação para o Direito Internacional, "mesmo não sendo afectado o título jurídico da propriedade". Depois, quando há pouco, no número anterior, nos referimos ao panorama geral da jurisprudência daquele Tribunal sobre a matéria.

Com base, desde logo, na prática generalizada dos Estados (inclusive de Portugal), materializada nos TBI, mas também nas Directivas do Banco Mundial e na jurisprudência arbitral, podemos, pois, dizer que o moderno Direito Internacional reconhece, por via do costume, a existência de actos análogos à expropriação, com a definição que deles demos no número anterior.

Não é, portanto, só a doutrina a construir o conceito de actos análogos à expropriação no Direito Internacional; são também o costume, nascido nos termos referidos, e o próprio Direito Internacional escrito, universal ou regional, e, neste caso, particularmente de fonte convencional, que aceitam que o estrangeiro precisa de ser protegido, não só contra actos de formal privação da sua propriedade, como também contra actos que são análogos àqueles porque diminuem ou esvaziam a sua substância.

5.5. *A expropriação* de facto

Em certos sectores do Direito Internacional tem-se falado em expropriação *de facto* para se referir a situação extrema de analogia com a expropriação, sem haver perda formal do direito para o seu titular. Isto é, nestes actos análogos à expropriação, não obstante o titular do direito o continuar a ser, a situação em que, do ponto de vista material, é deixado o direito atingido é *idêntica*, no plano jurídico, à da privação da propriedade. Estamos perante uma situação em que é adequado falar-se, mais do que em actos análogos à expropriação, em actos *equivalentes* à expropriação. É o que, aliás, a expressão expropriação *de facto* pretende significar.

Por palavras ainda mais claras, nestes casos não estamos perante situações de diminuição da substância ou do conteúdo essencial do direito afectado mas do seu *esvaziamento*.

A construção dogmática

Este conceito é de criação jurisprudencial. Poucos são, por exemplo, os Autores que se lhe referem: quase o único que tenta uma definição deste tipo de actos é O'CONNELL, quando afirma que "uma forma típica de nacionalização consiste na aquisição das acções, deixando-se intocada a personalidade da empresa". E logo acrescenta: "do ponto de vista do Direito Internacional essa situação não difere daquela em que a própria empresa é liquidada e o seu activo apropriado"[766].

Mas vamos ver com que fidelidade é que aquela noção foi aplicada pelos tribunais a casos concretos.

I – A jurisprudência dos órgãos da Convenção Europeia dos Direitos do Homem

Foi no âmbito da CEDH, mais concretamente, do artigo 1.º do PA n.º 1, que a questão da expropriação *de facto* foi primeiro suscitada na jurisprudência internacional.

Já transcrevemos este artigo há pouco e já explicámos como é que ele se analisa no seu conteúdo.

Discute-se então se a "privação", a que se refere a 2.ª frase deste preceito, para além dos casos de privação formal ou real – é o caso das expropriações e das nacionalizações –, também engloba um acto análogo (neste caso, melhor dito, equivalente) à expropriação, onde só não há privação formal do título da propriedade.

Os primeiros casos em que a Comissão, ainda timidamente, decidiu em sentido afirmativo, foram os casos *Chipre c. Turquia*[767] e *Dierckx c. Bélgica*[768]. Neste último, a expropriação *de facto* surgia-nos ligada à violação do artigo 6.º, n.º 1, da CEDH. A Comissão entendeu que o não pagamento pelo Estado visado de uma dívida ao particular, acompanhado da impossibilidade, durante muitos anos, de este obter a execução de uma decisão que ele tinha a seu favor, equivalia à *privação* da propriedade.

---

[766] Pg. 769.
[767] Relatório de 10-7-76, §§ 471 e segs.
[768] Relatório de 6-3-90. Cfr., sobre os dois casos, FROWEIN/PEUKERT, pg. 781.

A expropriação

Mas foi perante o Tribunal que pela primeira vez teve lugar um debate profundo sobre o conceito de expropriação *de facto*, no caso *Sporrong e Lönnroth c. a Suécia*[769].

Examinemos o caso *Sporrong*.

Em 1956, o Governo concedeu à Câmara de Estocolmo uma "autorização de expropriação" de vários terrenos situados naquela cidade, entre os quais os dos herdeiros indivisos de M. E. Sporrong, para a construção de um viaduto[770]. A essa autorização somava-se a proibição de edificar, que já antes, em 1954, fora imposta a parte desses imóveis, inclusive a parte dos imóveis pertencentes aos herdeiros de Sporrong.

Por sua vez, em 1971, o Governo sueco "autorizou" a Câmara de Estocolmo a expropriar vários imóveis rústicos, entre os quais os da Senhora Lönnroth, para construir um parque de estacionamento fechado naquela cidade. Essa autorização fora antecedida, em 1968, de uma proibição de edificar nos respectivos terrenos.

As autorizações e as proibições em causa foram sendo sucessivamente renovadas a fim de não caducarem, sem o pagamento de qualquer indemnização aos particulares e, também, sem que os meios procedimentais e contenciosos de que eles se serviram tivessem sido eficazes, desde logo, porque os actos do Governo escapam, na Suécia, ao contencioso administrativo de anulação e a "autorização para expropriação" era um acto proveniente do Governo[771].

A Comissão de Estrasburgo encontrou aqui uma violação do artigo 13.º da CEDH (não reconhecimento ao particular de um "recurso efectivo"[772] contra os actos que lesem os seus direitos), mas não do artigo 1.º do Protocolo n.º 1: para ela, os actos em causa enquadravam-se na previsão da 3.ª frase daquele artigo, que prevê medidas que, como expressões da função social da propriedade, se limitam a regu-

---

[769] Ac. 23-9-82, §§ 61 e segs.

[770] Na fixação dos factos vamo-nos atender àqueles que são dados como provados pelo Tribunal no seu Acórdão, §§ 9 e segs.

[771] Demonstrado pelo Tribunal nos §§ 45 e seguintes do Acórdão.

[772] *"Recurso efectivo"*, como consta das versões autênticas da Convenção, em frânces e inglês, e não só *"recurso"*, como se lê na má tradução oficial portuguesa daquele texto – veja-se o nosso estudo *Princípio da exaustão*, pg. 129, n. 35.

lamentar o uso dos bens e, por isso, não impõem o dever de indemnizar o particular.

O Comissário Professor FROWEIN, um dos maiores especialistas na matéria, juntou à deliberação da Comissão uma declaração de voto, à qual se associaram também os Comissários TRECHSEL, MELCHIOR e o Comissário português JORGE SAMPAIO[773].

Embora chegasse à mesma conclusão, quanto ao artigo 1.º do PA n.º 1, que a maioria que fez vencimento na votação do Relatório da Comissão, FROWEIN acentuava que o seu raciocínio não coincidia com o da maioria.

No pensamento de FROWEIN era sensível a influência da contemporânea jurisprudência sobre a matéria do Tribunal Arbitral de Haia que estava a julgar os litígios entre o Irão e os Estados Unidos, e que analisaremos de seguida, neste Capítulo. Essa influência é expressamente confessada pelo Professor sueco LAGERGREN, que foi Juiz nos dois Tribunais e presidiu durante muito tempo ao Tribunal Arbitral de Haia[774].

FROWEIN baseava a sua construção num princípio nunca antes afirmado na jurisprudência da Comissão ou do Tribunal: o de que a "privação" a que se refere a 2.ª frase do artigo 1.º do PA n.º 1 *não englobava apenas a privação "no sentido tradicional da expressão"*[775]. Não obstante aquele Professor alemão se integrar na orientação geral do Direito Internacional segundo a qual este não é forçosamente subsidiário dos conceitos de Direito interno[776], neste ponto concreto FROWEIN atendia, para a sua tese, a que "muitos tribunais nacionais desenvolveram um conceito de expropriação que inclui medidas que, sem tocarem no direito de propriedade *formal*, impõem restrições *de tal gravidade* que o proprietário se encontra *impedido de fazer, realmente, uso do seu bem*. No Direito alemão, por exemplo, *uma proibição de construir pode ser assimilada a uma expropriação* a partir do momento em que ela tenha durado mais de quatro anos e se aplique a um imóvel onde era permitido edificar-se antes de ter sido praticado o acto de proibição (*Bundesbaugesetz,*

---

[773] Pgs. 71 e segs.

[774] Pg. 12.

[775] *Loc.cit.*, com itálico nosso.

[776] FROWEIN/PEUKERT, pgs. 763 e segs.

art. 18.°[777]). O proprietário é, nesse caso, indemnizado pelo prejuízo causado pela proibição de construir"[778].

Ora, acrescenta FROWEIN, "como a Convenção fornece uma protecção contra as medidas de expropriação mais importante do que contra as restrições ao uso dos bens[779], no sentido da 2.ª frase do artigo 1.°, o que decorre do confronto entre a redacção das frases daquele artigo, *não parece estar excluído que, na Convenção, se aplique esta noção alargada de expropriação*".

A referida "autorização para expropriação", dizemos nós, não tem, no Direito sueco, o efeito de constituir a relação jurídica de expropriação, como vimos atrás acontecer com o acto de declaração de utilidade pública no Direito português (art. 44.° da Lei sueca de Construção). Mesmo assim, e pensando no caso concreto, adiantava FROWEIN na sua declaração de voto: "A concessão de uma autorização para expropriação constitui a primeira fase de um processo que *pode ou não conduzir à expropriação real*. Essa medida *vai influenciar as decisões do proprietário e do eventual comprador*. Como não é posto em causa que ela teve, no caso concreto, *importantes consequências de direito e de facto*, eu considero que houve ingerência no direito dos queixosos ao uso dos bens". (...) Com efeito, "a abertura de um procedimento expropriativo produz um *efeito considerável* sobre o *uso possível* dos bens dos queixosos"[780].

Portanto, para o Professor FROWEIN, a 2.ª frase do artigo 1.° do PA n.° 1 abrange também *actos não formais de privação*, mas actos em que *o uso do bem fica "impedido"*. Mas não só: também engloba os actos em que fica tolhida a *disponibilidade* do bem. Acrescenta, de facto, aquele Professor: o "direito ao respeito dos bens" deve, de uma maneira geral, ser entendido como *incluindo a possibilidade de vender o seu bem*. Como o Tribunal sublinhou, o direito de dispor livremente do seu bem constitui um aspecto *constante* e *fundamental* do direito de propriedade (caso *Marckx*, pgs. 27 e segs.)"[781].

---

[777] Nota nossa: assim, o Comentário BATTIS/KRAUTZBERGER/LÖHR, especialmente anotações 2 e segs. ao artigo 18.°

[778] *Loc.cit.*, com itálicos nossos.

[779] O A. está a comparar a 2.ª e a 3.ª frases do artigo 1.° do PA n.° 1.

[780] Pg. 73.

[781] Pg. 74, com itálicos nossos.

A construção dogmática

Ou seja, no conceito de "privação", para os efeitos da 2.ª frase do artigo 1.º do PA n.º 1, cabe um conceito lato de expropriação (o Professor FROWEIN, nesta declaração de voto, nunca utiliza a expressão *expropriação de facto*, mas, mais recentemente, fazendo uma interpretação autêntica dessa declaração, não hesita em afirmar que, estava a pensar, quanto à matéria do texto, na expropriação *de facto*[782]) e não só a expropriação *real* ou *formal*, caracterizando-se aquele conceito lato por englobar o "impedimento" do uso do bem e a "afectação" da sua disponibilidade, inclusive, da sua venda.

Ao abrigo dos artigos 32.º e 44.º da CEDH, a Comissão e o Governo da Suécia requereram ao Tribunal que verificasse se havia violação, entre outros preceitos, do artigo 1.º do PA n.º 1.

Nas suas alegações perante o Tribunal, os queixosos vieram defender, louvando-se na construção do Professor FROWEIN, que, não obstante os actos litigiosos não lhes haverem retirado *formalmente* a propriedade dos terrenos, eles haviam imposto "limitações excessivas" à "livre fruição e ao poder de dispor dos terrenos", pelo que o direito de propriedade ficara "esvaziado da sua substância". Por isso, pretendiam que o Tribunal considerasse essa situação equiparável à "privação" do direito de propriedade sobre os terrenos e, portanto, uma situação de expropriação *de facto*[783].

O Governo, ao contrário, pretendia a confirmação da tese da Comissão: as medidas em causa eram meras medidas de "regulamentação do uso dos bens", previstas na 3.ª frase do artigo 1.º do PA n.º 1, e, como tais, não davam lugar a indemnização[784]. O Governo não o dizia expressamente, mas percebia-se pela leitura das suas peças no processo que essa conclusão ele fundamentava-a no facto, já por nós referido, de no Direito sueco a "autorização para expropriação" *não iniciar, por si, a relação jurídica expropriativa*, não sendo, portanto, por exemplo, equiparável à declaração de utilidade pública para expropriação no Direito português nem produzindo os mesmos efeitos que esta[785].

---

[782] *Protection*, pg. 518.

[783] § 58 do Acórdão.

[784] § 59.

[785] §§ 22 e 30.

A expropriação

Note-se que a questão de saber se a situação era simplesmente análoga à expropriação ou se ia, na realidade, ao extremo de uma expropriação *de facto* não era importante para a declaração de violação do artigo 1.º do PA n.º 1, que se verificaria num caso ou noutro.

Na realidade, como, aliás, já vimos, os actos análogos à expropriação que diminuem a substância do direito de propriedade, chamados na jurisprudência dos órgãos da Convenção, como vimos, "*ingerências na substância*" ("*atteintes substantielles*"), são enquadrados por aqueles na 1.ª frase do artigo 1.º do PA n.º 1; mas os actos análogos à expropriação reconduzíveis a expropriações *de facto* eram integrados pelo Professor FROWEIN na 2.ª frase do mesmo preceito, pela sua equivalência com a "*privação*" da propriedade.

Todavia, a distinção enunciada assumia uma grande relevância para o cômputo da indemnização pedida pelos queixosos ao Tribunal ao abrigo do artigo 50.º da Convenção.

O Tribunal, há que reconhecê-lo, não se sentiu à vontade perante a questão que lhe foi colocada. Isso extrai-se, desde logo, do seu raciocínio sobre a matéria. Ele reconhece que as "autorizações de expropriação" mais as "proibições de edificar", se é certo que, em seu entender, "deixaram *juridicamente intacto* o direito dos particulares de dispor e de usar dos seus bens", todavia, "reduziram em larga medida a *possibilidade prática de o exercer*", ainda por cima, durante um "longo período"[786]. Contudo, diz o Tribunal, os queixosos "*em momento algum foram formalmente "privados da sua propriedade*"": eles puderam "usá-los, vendê-los, doá-los, hipotecá-los"[787]. Por isso, acrescenta o Tribunal, "na ausência de uma expropriação formal, isto é, de uma transferência de propriedade", e porque, reconhece ele, louvando-se no célebre caso *Airey*[788], a Convenção visa proteger direitos "concretos e efectivos", o Tribunal debruça-se, concretamente, sobre a questão de saber se houve ou não uma expropriação *de facto*. E aí decide ele o seguinte: houve, na realidade, "uma diminuição da possibilidade de dispor dos bens" (em contradição, note-se, com o que o

---

[786] § 60. Os itálicos são nossos.
[787] § 62, com itálico nosso.
[788] Ac. de 9-10-79, série A, n.º 32, § 24.

A *construção dogmática*

Tribunal pouco antes afirmara, como acima mostrámos[789]); isso resulta do facto de o direito de propriedade dos interessados se ter tornado "precário", bem como das consequências produzidas "sobre o valor dos imóveis" pelas limitações trazidas ao direito de propriedade; todavia, *"ainda que tenha perdido a sua substância*, o direito em causa não desapareceu", logo, conclui o Tribunal, "os efeitos das medidas em causa não são tais que seja possível assimilá-las a uma privação de propriedade". E, para reforçar essa afirmação, o Tribunal invoca o facto de, "segundo as informações prestadas pelo Governo, haverem sido feitas dezenas de vendas"[790].

Ou seja: o Tribunal, através de um fio de raciocínio eivado de hesitações e de contradições (destacando-se, entre as últimas, duas: o reconhecer e depois negar que os actos em causa haviam limitado o direito de dispor dos bens, e o começar por afirmar que o direito de propriedade dos queixosos ficara *"juridicamente intacto"* com aqueles actos para, pouco depois, reconhecer que ele se tornara *"precário"* e *"perdera a sua substância"*), considerou que o factor decisivo para julgar se houvera ou não uma expropriação *de facto* era saber se os queixosos tinham ou não sido *formal e realmente* privados do direito de propriedade. Ser alguém *formalmente* privado do direito de propriedade significa, para o Tribunal, embora ele não o queira dizer de modo expresso, deixar ele de ser *formalmente* o titular jurídico do direito de propriedade sobre o bem em causa, por exemplo, pela transferência *formal* desse direito para a titularidade de outrem, neste caso, do expropriante. Como os queixosos o não haviam sido, não obstante esse direito tenha "perdido a sua substância" e se tenha tornado "precário", concluiu o Tribunal que não houve expropriação *de facto*.

Por isso, o Tribunal decidiu, indo para além da Comissão, note-se, que houve violação do artigo 1.º do PA n.º 1, mas apenas no quadro da 1.ª frase daquele artigo, por violação do princípio da proporcionalidade entre as exigências do interesse público prosseguido pelos actos litigiosos e os direitos dos particulares, mas sem se chegar ao extremo de uma expropriação *de facto*[791]. Ou seja, estamos perante actos análogos

---

[789] Cfr. §§ 62 e 63.

[790] § 63. O itálico é nosso.

[791] § 74.

A expropriação

à expropriação (mais uma vez, aliás, e como atrás sublinhámos, não definidos como tais mas com recurso ao princípio da proporcionalidade), mas não na modalidade de expropriação *de facto*. Entretanto, o TEDH reafirmou essa posição em alguns outros casos menos conhecidos: os casos *Mellacher*, *Pine Valley*, *Tre Traktörer* e *Fredin*.

No caso *Mellacher*[792], o Tribunal tentou, o que não fizera no caso *Sporrong*, uma definição expressa de expropriação *de facto*, distinguindo-a, ao mesmo tempo, da "expropriação formal". O Tribunal entende por expropriação *formal* ou *real* uma medida que produz a "transferência da propriedade" para o Estado; enquanto que se pode falar de "expropriação *de facto*" quando os particulares foram "*desprovidos* ("*dépouillés*") *do direito de usar dos seus bens, de os locar ou de os vender*"[793]. Como entendeu que no caso concreto esses direitos não haviam sido afectados, o Tribunal concluiu que não houvera expropriação *de facto*.

Note-se a proximidade que existe entre a última frase transcrita do Acórdão e o que atrás, inclusive com recurso ao Direito alemão, vimos dever ser entendido como sendo o "conteúdo essencial" ou a "substância" do direito de propriedade.

Nos outros casos citados, o Tribunal limitou-se, sem enunciar esta distinção de forma tão clara, a aplicá-la aos casos concretos que teve que julgar.

Assim, no caso *Pine Valley*[794], decidiu que, embora o uso do bem pelo proprietário tenha ficado diminuído, essa diminuição "não tinha significado"; por isso, também aqui não havia situação análoga à privação[795].

Já antes, no caso *Tre Traktörer*[796], embora tenha reconhecido que o queixoso se vira privado de gerir o seu restaurante, entendeu que ele, todavia, "conservara algum interesse económico, traduzido na possibilidade de *leasing* (...)"[797].

---

[792] Ac. 19-12-89.
[793] §§ 43-44. Assim, MACDONALD/MATSCHER/PETZOLD, pg. 519.
[794] Ac. 29-11-91.
[795] § 56.
[796] Ac. 7-7-89.
[797] § 55.

A construção dogmática

Por fim, no caso *Fredin*[798], o Tribunal decidiu que, pelo menos numa parte do bem, o queixoso mantivera o direito de uso, pelo que não havia expropriação *de facto*[799] [800].

O conceito de expropriação *de facto* voltou a ser discutido num dos mais célebres casos da jurisprudência dos órgãos da Convenção, quer em abstracto, quer concretamente quanto ao artigo 1.º do PA n.º 1: o caso *Papamichalopoulos c. a Grécia*[801].

Aqui, tanto a Comissão, como o Tribunal, independentemente dos resultados a que chegaram, mostraram que já tinham uma noção mais elaborada da expropriação *de facto* do que nos casos anteriores, especialmente no caso *Sporrong*.

Os factos resumem-se de uma forma simples e merecem ser descritos, o que faremos com base no Acórdão do Tribunal sobre a questão de fundo[802].

Pouco depois do estabelecimento da "ditadura dos coronéis", uma lei de 1967 "cedeu" à Marinha uma vasta área junto da praia de Aghia Marina. Os proprietários de parte dessa área, com 165.000 m², ou seja, pouco mais de 16 hectares, pediram aos tribunais que "restabelecessem o Direito". Não esperando pela decisão dos tribunais, a Marinha *ocupou* os terrenos, começou a construir neles uma base naval e um local de vilegiatura para os Oficiais e classificou toda a área em causa como "fortaleza naval".

Depois da queda da Ditadura, em 1974, Petros Papamichalopoulos, pai dos dois queixosos, reivindicou em tribunal, em nome destes, a propriedade dos terrenos, que a Marinha dizia pertencerem ao domínio público. Em pouco mais de um ano, o Autor via o tribunal de 1.ª instância dar-lhe razão e o Tribunal de Relação de Atenas confirmar a sentença da 1.ª instância. Pelos vistos, a justiça grega é célere.

---

[798] Ac. 18-2-91.

[799] § 45.

[800] Sobre estes casos, v., mais pormenorizadamente, a obra muito actual de GELINSKY, pgs. 61 e segs. V. também FROWEIN/PEUKERT, pgs. 781-782; e *Comentário Pettiti*, pgs. 983 e segs.

[801] Ac. 24-6-93.

[802] §§ 6 e segs.

A expropriação

O Governo recorreu para o Supremo Tribunal, que, em 1978, decidiu que os terrenos em causa eram propriedade dos Autores, que os haviam adquirido por usucapião.

O Governo nunca cumpriu essas sentenças. Não foram bem sucedidas as diversas tentativas feitas pelo Governo – mas feitas – no sentido de se resolver o litígio amigavelmente, pela cedência aos particulares de outros terrenos em lugar dos terrenos ocupados. Tão pouco foram julgadas pelos tribunais, até 1991, as acções de responsabilidade que os particulares propuseram em tribunal contra o Estado.

Para decidir o litígio, a Comissão começa por sublinhar que "para examinar a questão de saber se houve, no caso concreto, privação de propriedade, a Comissão deve atender aos efeitos das medidas e situações visadas pela queixa *segundo o Direito grego*", como sendo o Direito *em face do qual os actos litigiosos haviam sido praticados*[803]. Faz-se notar que o encargo de prestar à Comissão as informações necessárias sobre o Direito nacional em causa em cada processo cabe ao Comissário do respectivo Estado e ao Secretariado da Comissão.

A Comissão, a pedido dos queixosos, concluiu, facilmente, e por unanimidade, que houvera aqui uma violação do artigo 1.º do PA n.º 1, sem entrar em mais pormenores[804]. Para a Comissão, bastava a fundamentação segundo a qual "a ocupação contínua dos terrenos e a impossibilidade da sua restituição aos seus legítimos proprietários impediram praticamente o livre exercício dos direitos de propriedade que, *pelo menos no papel, continuam formalmente intactos*"[805].

Para a compreensão desta última expressão é conveniente reconhecer que o artigo 17.º da Constituição grega de 1952, em vigor à data do acto litigioso, que disciplinava longa e exaustivamente o regime da expropriação por utilidade pública, terminava com o seguinte parágrafo:

(...) Antes do pagamento da indemnização fixada a título definitivo ou provisório, todos os direitos do proprietário *permanecem intactos*, não sendo permitida a ocupação da propriedade.[806,807]

---

[803] § 44.

[804] § 55.

[805] § 47. O itálico é nosso.

[806] O itálico é nosso.

[807] V. este preceito transcrito na íntegra no Acórdão, § 28.

A construção dogmática

O Comissário FROWEIN não se contentou com esta deliberação da Comissão. Por isso, numa "opinião concordante", à qual se juntaram outros três Comissários, deixou escrito o seguinte: "Não obstante o facto de os direitos de propriedade dos queixosos continuarem formalmente intactos, estes foram *totalmente esvaziados na sua substância*. Com efeito, a ocupação de longa duração dos terrenos, acompanhada da impossibilidade de deles se fazer qualquer uso e de uma proibição de a eles ter acesso, deve ser assimilada a uma *privação de propriedade* (...). Trata-se, pois, de uma expropriação *de facto*, tal como é admitida no Direito Internacional Público e num grande número de tribunais internos"[808].

Temos de fazer aqui duas observações.

A primeira é a de que FROWEIN mantinha-se fiel às suas ideias defendidas na declaração de voto no caso *Sporrong*, mas elas apareciam agora ainda mais elaboradas e mais incisivas.

A segunda é a de que a declaração de voto de FROWEIN agora em apreço, mesmo se "concordante" com o Relatório, não o subscrevia na íntegra – caso contrário, não teria sido produzida. O que separa o Relatório da Comissão da referida declaração de voto não é pouco: é que o Comissário FROWEIN é muito mais pragmático e menos formalista do que o Relatório. Ou seja, entende ele que, desde que o direito de propriedade tenha sido *"esvaziado na sua substância"*, há sempre expropriação *de facto*, sem ser necessário averiguar, num formalismo manifestamente desadequado a critérios jurídicos, se o direito só subsiste "no papel" ou não. Por outras palavras, FROWEIN é menos exigente do que o Relatório na definição da expropriação *de facto* e preenche este conceito através de um critério *substantivo* e não meramente formal.

E repare-se que a definição de FROWEIN estava mais próxima da definição de expropriação *de facto* que, anteriormente, o Tribunal dera no caso *Mellacher*, segundo a qual aquela consistia na privação ao particular do direito de usar e dispor do bem, independentemente de outras considerações de âmbito formal.

De qualquer modo, este Relatório dava um grande salto *qualitativo* em relação à posição enunciada pelo Tribunal no caso *Sporrong*:

---

[808] Opinião concordante anexa ao Acórdão. O itálico é nosso.

A expropriação

podia haver expropriação *de facto* sem que *formalmente* se verificasse a *privação* da propriedade de que era titular o "expropriado"[809].

Chamado a intervir, o Tribunal começa por esclarecer que não houve aqui apenas uma "regulamentação do uso dos bens", no sentido da 3.ª frase do artigo 1.° do PA n.° 1; mas declara que também não houve *expropriação formal*, porque nunca o Direito grego transferiu a propriedade sobre os terrenos para a Marinha[810]. Por isso, conclui que "a perda de toda a disponibilidade dos terrenos em causa, combinada com o insucesso das tentativas levadas a cabo até hoje para remediar a situação incriminada, provocou consequências muito graves, para que os interessados tenham sofrido uma expropriação *de facto* incompatível com o seu direito ao respeito dos seus bens"[811].

Convenhamos que se trata mais de uma decisão do litígio do que de uma definição de expropriação *de facto*. E já era altura de o Tribunal definir, em termos conclusivos e rigorosos, o conceito de expropriação *de facto*. De qualquer modo, é importante constatar que, na esteira da declaração de voto do Comissário FROWEIN, o Tribunal admitiu que tinha havido, no caso, expropriação *de facto*, mesmo sem ter ocorrido privação *formal* ou *real* da titularidade da propriedade[812].

A mesma questão foi discutida no único caso de violação do artigo 1.° do PA n.° 1 que o Tribunal teve, e recentemente, que julgar contra Portugal: o já referido caso *Matos e Silva*.

Primeiro, vejamos rapidamente os factos, sempre com base no Relatório da Comissão e no Acórdão do Tribunal (fazendo-se notar que este último, nalguns pontos, foi mais rigoroso quanto à definição da matéria de facto)[813] e, quando necessário, noutras peças processuais,

---

[809] Assim, também GELINSKY, pgs. 66 e segs.

[810] § 41 do Acórdão.

[811] § 45 do Acórdão.

[812] Cfr. GELINSKY, *loc.cit.*

[813] Relatório de 21-2-95, Queixa n.° 15.777/89, §§ 17 e seguintes, e Acórdão de 16-9-96, §§ 9 e segs. Note-se que os factos dados como provados pela Comissão foram objecto mais tarde de uma correcção, nalguns pontos, da parte dos queixosos, nas suas alegações escritas no processo perante o Tribunal, tendo o Tribunal aceite, no seu Acórdão, praticamente toda essa correcção, com influência directa na declaração das violações a que chegou. Recorda-se que todas as peças processuais, mesmo as não publicadas pelo Tribunal, são de consulta pública no Secretariado do Tribunal.

A construção dogmática

que serão expressamente citadas. De entre os factos, de uma enorme complexidade e vastidão, só nos cingiremos aqui aos que são necessários ao estudo da matéria sobre a qual estamos concentrados[814].

Um prédio rústico, com a extensão de 570 hectares (o que, só por si, lhe dava uma dimensão maior do que a que tinham os imóveis que estavam em causa em *todos* os processos até hoje pendentes perante os órgãos da Convenção ao abrigo do artigo 1.º do PA n.º 1, e incomensuravelmente maior do que os imóveis a que se referiam, por exemplo, os casos *Sporrong* e *Papamichalopoulos*), confinante com a Ria Formosa, nos concelhos de Loulé e Faro, foi objecto, no curto espaço de quinze meses, em 1983 e 1984, de três actos de expropriação: o Decreto-Lei n.º 121/83, de 1 de Março, o Despacho Conjunto do Primeiro-Ministro e dos Ministros das Finanças e da Qualidade de Vida, publicado a 4 de Agosto de 1983, e o Decreto-Lei n.º 173/84, de 24 de Maio. Os dois primeiros intitulavam-se expressamente "declaração de utilidade pública para expropriação", e o terceiro, "expropriação". Os dois primeiros incidiam, cada um deles, sobre uma metade do imóvel e visavam fins *diferentes* entre si: um, a instalação de uma estação de aquacultura; outro, uma reserva "integral". O terceiro acto incidia sobre todo o imóvel, e prosseguia um fim *não coincidente* com o que era prosseguido por qualquer das duas primeiras declarações de utilidade pública, embora ele consistisse também numa reserva "integral".

Todos os três actos previam expressamente o direito à indemnização dos expropriados, embora, o terceiro, apenas por benfeitorias úteis e necessárias, o que, todavia, equivalia ao valor de quase todo o imó-

---

[814] Não escondemos que fomos o Advogado dos particulares neste processo, tendo nós tido o privilégio de ter nele como Consultor o Professor RUDOLF DOLZER, cujas obras já foram tantas vezes citadas neste livro. Quer por isso, quer porque na data em que encerramos este livro a execução do Acórdão pelo Estado Português ainda não está concluída, ir-nos-emos debruçar estritamente sobre o que nele é necessário para este livro, baseando-nos sempre, e muito de perto, nas peças processuais produzidas, e (como, aliás, em qualquer circunstância, é nosso hábito), limitando-nos à abordagem meramente *científica* do caso. Note-se que, se é verdade que já está publicado o Relatório da Comissão, na parte da matéria de direito, e o Acórdão do Tribunal, as demais peças processuais autênticas não o serão, nem mesmo as alegações escritas e as alegações no julgamento. Mesmo assim, citá-las-emos, quando for necessário, porque, como já se disse, todo o processo está disponível para consulta do público no Secretariado do Tribunal.

A expropriação

vel, já que este, como ficou demonstrado por documentos oficiais no processo, havia resultado da conquista ao mar, como terrenos úberes, sobretudo para a agricultura e a salinicultura, e inclusive com a edificação de vários diques, de terrenos até então "salgadiços e alagadiços".

O segundo e o terceiro actos *autorizavam o Estado a tomar imediata posse administrativa dos terrenos*.

De cada um destes três actos foi interposto pelos expropriados, com diversos fundamentos, recurso contencioso de anulação para o Supremo Tribunal Administrativo. Ao mesmo tempo foi pedida a suspensão da "executoriedade" (como então dizia a lei) do segundo e do terceiro actos na medida em que eles autorizavam, como se disse, a imediata tomada de posse administrativa dos terrenos. A suspensão foi concedida quanto ao terceiro acto, mas não quanto ao segundo.

Entretanto, em 1987, o Decreto-Lei n.º 373/87, de 9 de Dezembro, que criou o Parque Natural da Ria Formosa, integrou todo o imóvel numa reserva "natural", tendo esse facto sido confirmado pelo Decreto Regulamentar n.º 2/91, de 24 de Janeiro, quando procedeu ao "zonamento" do Parque.

O estatuto da reserva natural – que, note-se, em bom rigor, não era igual nesses dois diplomas, daí que se pudesse falar, em boa verdade, em *dois estatutos diferentes para a reserva*, ou em *duas reservas* diferentes – era pesadíssimo para a área coberta por ela: ele consignava o imóvel "primordialmente" a fins da "conservação da natureza" e do "desenvolvimento de projectos específicos de *investigação científica*" (art. 10.º, n.º 1, do citado Decreto Regulamentar n.º 2/91); proibia, ou limitava, ou condicionava, a expansão das actividades agrícola, piscícola e de salinicultura que aí eram levadas a cabo; admitia inclusivamente a possibilidade da suspensão dessas actividades, tais como elas tinham lugar à data no imóvel; retirava totalmente o *jus aedificandi* aos expropriados, e autorizava a proibição, a todo o momento, de *toda a "intervenção humana"* nos terrenos[815].

Também estes dois actos foram impugnados, como actos administrativos, mediante recurso contencioso de anulação, para o Supremo Tribunal Administrativo.

---

[815] Os itálicos são nossos.

Até hoje não foi paga aos expropriados qualquer indemnização nem pelas três declarações de utilidade pública, nem pelas duas pesadas e extensas servidões criadas pelos quarto e quinto actos.

Do mesmo modo, até hoje não existe sentença transitada em julgado sobre qualquer dos cinco recursos, encontrando-se todos eles, quanto ao fundo, ainda em primeira instância. Aliás, a evolução dos processos contenciosos envolve episódios que se julgava que já não eram possíveis de acontecer num Estado de Direito: como foi o caso do desaparecimento da reclamação do terceiro acto para o Conselho de Ministros; como foi o caso da sonegação pelo Governo, até hoje, *quase quinze anos volvidos*, da petição inicial de um recurso contencioso para o Supremo Tribunal Administrativo, petição essa que deveria ter sido enviada pela autoridade recorrida, com o processo instrutor, ao Tribunal, no prazo de *trinta dias* (art. 2.°, n.ᵒˢ 1 e 3, do Decreto-Lei n.° 256-A/77, de 17 de Junho; note-se que, na altura, por força do artigo 2.°, n.° 1, do mesmo Decreto-Lei, a petição dava entrada na autoridade recorrida); como foi o caso de um processo instrutor (hoje, procedimento administrativo), que deveria ser enviado, repete-se, dentro de *trinta dias* ao Tribunal, ter-lhe sido enviado quase *dez anos depois*, em 1993, e constar de declaração de que, afinal, ... não havia processo instrutor; como foi o caso de o Tribunal ter assistido, passivamente, durante *cinco anos*, à ausência de resposta a *doze* ofícios em que requeria ao Governo o envio da petição, só depois se tendo decidido a intimar o Governo para o fazer, quando, do artigo 4.° do Decreto-Lei n.° 227/77, de 31 de Maio, e dos artigos 11.° e 84.° da Lei de Processo nos Tribunais Administrativos (LEPTA) de 1985, resultava que, caso o Tribunal não recebesse a petição e o processo instrutor dentro de *trinta dias* a contar da entrada da petição na autoridade recorrida, o juiz-relator tinha *trinta dias* para pedir ao M.°P.° que, dentro de *trinta dias*, requisitasse o envio em *trinta dias* dos elementos em falta, findo o que, se o Governo não remetesse esses elementos (portanto, logo à primeira recusa), o Tribunal devia intimar a autoridade recorrida a fazê-lo, sob pena da aplicação das sanções previstas no artigo 84.°, n.° 2, da LEPTA; como foi, finalmente, o caso de, quando foi intimado a fazê-lo, com todo o atraso acima referido, o Governo ter respondido ao Tribunal que a petição se "extraviara", que dela, todavia, guardava cópia, mas que *a não enviava ao Tribu-*

nal ..., após o que, a recorrente, juntou aos autos a sua própria cópia da petição ... [816].

Do mesmo modo, também, note-se, não foi feita nunca, durante o litígio, e até hoje, qualquer tentativa da parte do Estado no sentido de resolver o litígio extrajudicialmente. É importante sublinhá-lo, porque, do que fica exposto, já ressaltam neste caso pelo menos estes dois factos que o tornavam mais grave do que o caso *Papamichalopoulos*: neste caso, os tribunais gregos haviam decidido com celeridade pelo menos alguns processos, e, além disso, o Governo grego tinha tentado, mais do que uma vez, a solução amigável do litígio, embora ela se tivesse sempre frustrado por desacordo entre as partes.

Interessa à matéria de direito de que nos estamos a ocupar uma referência ao facto de os recursos interpostos dos cinco actos se fundarem em várias ilegalidades e inconstitucionalidades[817].

Com a justiça interna completamente parada e continuando a não receber qualquer indemnização por qualquer dos cinco actos, os expro-

---

[816] Ver estes factos dados como provados pela Comissão, no seu Relatório, §§ 26-29, 37-39, 46, 48, 52, 55-56, 59, e pelo Tribunal, no seu Acórdão, §§ 16, 18, 24-25, 30, 35, 37, 41, 44, 50-52, inclusive com transcrição dos referidos preceitos do Direito português.

[817] Por ter indirectamente a ver com a matéria que se discute no texto remetemos para esta nota de fundo de página o facto de um dos mais graves vícios que se apontavam aos cinco actos ser o da discriminação com os terrenos vizinhos: enquanto que nos terrenos dos queixosos se impunha um restritíssimo regime de proibições, restrições e condicionamentos, resultantes do estatuto da reserva natural, nos terrenos circundantes, *alguns deles cobertos pelos mapas das reservas naturais criadas*, e aproveitando a grande expansão do turismo de alta qualidade na zona a partir sobretudo de 1986, instalavam-se aldeamentos turísticos de densidade média e de alto rendimento, tirando proveito da extraordinária potencialidade turística do local. Porque não voltaremos a este assunto neste livro, fica já dito que esta discriminação seria mais tarde invocada perante os órgãos da Convenção, como "violação do artigo 14.º da Convenção combinado com o artigo 1.º do PA n.º 1", e demonstrada, com recurso, inclusive, a documentos fornecidos pela própria Administração Pública, nos §§ 175 e seguintes das alegações escritas ("*mémoire*") dos queixosos. Nem a Comissão (§§ 113-116) nem o Tribunal (§§ 94-96) recusaram a existência daquela violação, que, todavia, e na tradição da jurisprudência de um e do outro (v. FROWEIN/PEUKERT, pgs. 467 e segs.; e *Comentário Pettiti*, pgs. 482, 485 e 486-487), ambos consideraram integrada na violação do artigo 1.º do PA n.º 1, que ambos declararam existir (*locs.cits.* e também, respectivamente, § 120 e § 106, n.º 5).

A construção dogmática

priados dirigiram em 1989 uma queixa à Comissão, ao abrigo do artigo 25.° da CEDH, onde pretendiam a declaração de várias infracções à CEDH, entre outras, ao artigo 1.° do PA n.° 1 (a expressão "entre outras" engloba também, claro, a violação do art. 6.°, n.° 1, enquanto confere o direito a justiça célere, e a referida violação do art. 14.° combinado com o art. 1.° do PA n.° 1).

Na sua deliberação sobre a admissibilidade da queixa, a Comissão, por unanimidade de 18 Comissários, aceitou a queixa quanto a *todas* as infracções alegadas pelos queixosos, depois de rejeitar *todas* as excepções deduzidas pelo Estado Português, inclusive a da não exaustão dos meios internos.

Depois, no Relatório final, a Comissão adoptou igual posição. Especificamente quanto à violação do art. 1.° do PA n.° 1, os queixosos haviam pedido à Comissão a declaração de violação do direito à propriedade privada que lhes era reconhecido naquele preceito, com fundamento em que da combinação das três declarações de utilidade pública com os dois actos de criação das reservas havia resultado a constituição da relação de expropriação e o "esvaziamento da substância" do direito de propriedade sobre o imóvel, particularmente do direito de fruição do bem e do *ius aedificandi*[818]. Eles não sentiram a necessidade de construir formalmente a noção de expropriação *de facto* (dado que, como se disse atrás, a especificação desta construção só releva para efeitos da aplicação do artigo 50.° da CEDH, o que o Tribunal viria a reconhecer mais tarde, no caso *Papamichalopoulos*, no segundo Acórdão, isto é, no Acórdão sobre o artigo 50.°[819]).

A Comissão considerou verificadas *todas* as infracções requeridas pelos queixosos, ainda que, num ou noutro caso, com um diferente arranjo processual, tendo, de modo particular, considerado violado o artigo 1.° do PA n.° 1 (pela expressiva maioria de 22 votos contra 1), desde logo por "desproporcionalidade na ingerência" no direito de propriedade privada tanto pelas expropriações como pelas servidões, e pelo não pagamento da indemnização devida por força delas, tudo isso agravado pela "incerteza quanto ao destino definitivo da sua proprie-

---

[818] Especialmente, §§ 28 e 35 e segs. das *Observações* dos queixosos perante a Comissão, de 29-7-93.

[819] Ac. de 31-10-95, §§ 35 e segs.

A expropriação

dade" por causa da duração do litígio há já onze anos (à data) e, ainda mais, pelo *"bloqueio total"* (*"blocage total"*) dos processos contenciosos no Supremo Tribunal Administrativo[820]. De qualquer modo, a Comissão, *sponte sua*, suscitou a questão da expropriação *de facto*. Desta forma: "Ela (a Comissão) verifica, a esse respeito, que, não obstante os prejuízos que os queixosos sofreram pelo simples facto de uma expropriação ter sido visada, bem como pela situação de incerteza provocada pela longa duração dos processos contenciosos, os efeitos das medidas em questão não são tais que se possa assimilá-las a uma privação de propriedade. Com efeito, mesmo se as possibilidades de venda dos terrenos fracassaram por efeito dos actos em causa, *elas subsistem na íntegra*. Portanto, não houve no caso uma expropriação *de facto*"[821]. E a Comissão louvou-se, para o efeito, na interpretação *a contrario sensu* do citado Acórdão do TEDH no caso *Papamichalopoulos*, de 24 de Junho de 1993, sobre a matéria[822].

A Comissão, ao abrigo dos artigos 44.° e 48.° da CEDH, requereu ao Tribunal que verificasse se se confirmavam as infracções que ela declarara existir, particularmente aos artigos 6.°, n.° 1, da CEDH, e 1.° do PA n.° 1.

Perante o Tribunal, os queixosos, de entre a vasta argumentação invocada para confirmar e robustecer a violação do artigo 1.° do PA n.° 1, tal como a Comissão a declarara, defenderam, longa e pormenorizadamente, a existência de uma expropriação *de facto*[823], apelando à analogia com o caso *Papamichalopoulos*, e sustentando que, nalguns aspectos, este caso era, nesse domínio, mais grave do que o caso *Papamichalopoulos*.

Em síntese, os queixosos começavam por enfatizar que, tal como, aliás, a Comissão não tivera dificuldade em reconhecer no seu Relatório sobre o caso *Papamichalopoulos*[824], os efeitos dos actos litigiosos, para os efeitos do artigo 1.° do PA n.° 1, devem ser fixados e

---

[820] §§ 109-111. Note-se que esta severíssima expressão *"bloqueio total"* não a encontramos em qualquer Relatório anterior da Comissão, em nenhum outro caso onde se discutiu a violação do artigo 6.°, n.° 1, da CEDH, por infracção à celeridade na justiça.

[821] §§ 102-103. O itálico é nosso.

[822] § 45 deste último Acórdão.

[823] Alegações escritas, de 22-12-95, entradas no Tribunal a 3-1-96, §§ 96 e segs., 114 e segs., e, sobretudo, 140 e segs.

[824] Já citado § 44.

apreciados à luz *do respectivo Direito interno*, neste caso, o Direito português. De harmonia com essa orientação, os três primeiros actos eram verdadeiras expropriações, porque as duas declarações de utilidade pública haviam já constituído a respectiva relação de expropriação e o terceiro acto se autoqualificava de "expropriação", donde, designadamente, os expropriados haverem perdido o poder de dispor do bem e este ter passado para a disponibilidade do expropriante. Além disso, o segundo acto autorizava o Estado a tomar imediata posse dos terrenos. Pelo menos o terceiro acto, que se intitulava de "expropriação", tinha de ser considerado, só por esse facto, um acto de expropriação *de iure* e não meramente *de facto*, estando ele agravado pela circunstância de não prever indemnização pelo menos como acto de expropriação, como acima se mostrou. Por sua vez, os dois actos seguintes tinham retirado aos particulares o direito ao uso e à fruição do imóvel (que, em face dos três actos anteriores, eram já precários), trazendo consigo a iminência da proibição, a todo o momento, de toda a *"intervenção humana"* nestes.

Vistos, pois, os efeitos de cada um dos três actos de declaração de utilidade pública e, ainda por cima, os efeitos cumulados dos cinco actos em globo, estávamos, pois, segundo os queixosos, perante uma situação *equivalente à privação da propriedade*, apesar de ainda não se ter verificado a transferência formal do direito de propriedade sobre o imóvel para o Estado – dito doutra forma: *só faltando* essa transferência formal ou real. A agravar a situação para os particulares, o facto de continuar a ser eficaz uma das duas autorizações de imediata tomada de posse administrativa dos terrenos fazia com que o uso destes pelos expropriados, que já era, em si, precário e estava esvaziado, ainda mais precário se tornasse, porque podia cessar a todo o momento com a tomada de posse administrativa destes pelo Estado. Os queixosos reforçavam ainda mais essa construção[825] com o argumento de que, como o Tribunal já decidira nos casos *Handyside*[826] e *Marckx*[827], o direito de dispor do bem consistia num *"elemento fundamental"* do direito de propriedade[828]. Ora, por este critério, o direito de propriedade saíra da titu-

---

[825] § 116 das alegações escritas.
[826] Ac. 7-12-76, § 62.
[827] Ac. 13-6-79, § 63.
[828] Cfr. BERGER, pg. 44.

A expropriação

laridade da sociedade queixosa logo com a primeira declaração de utilidade pública, ao contrário do que, por lapso, decidira a Comissão. E invocavam a seu favor também a jurisprudência arbitral nos casos Irão-Estados Unidos, que já estudámos, mas à qual voltaremos em breve, segundo a qual pode haver privação da propriedade mesmo continuando formalmente intacto o título jurídico da propriedade[829].

Por fim, alegavam que se, de facto, a situação era equivalente à do caso *Papamichalopoulos*, ela acabava por se apresentar, no fundo, como mais grave do que neste, por três factores: a discriminação dos expropriados, por qualquer dos cinco actos, em relação aos terrenos confinantes, a ausência de qualquer tentativa da parte do Estado de resolver o litígio por via extrajudicial ou pelo pagamento das indemnizações devidas (recorde-se que, como dissemos, no caso *Papamichalopoulos*, o Estado grego tentara, mais do que uma vez, ceder aos lesados terrenos em troca dos terrenos ocupados) e a enorme dimensão do imóvel expropriado (570 hectares, em lugar dos 16 hectares no caso *Papamichalopoulos*), o que significava muito maiores prejuízos sofridos no caso em apreço, sob a forma tanto de danos emergentes como, sobretudo, e em função das especiais características do caso, de lucros cessantes, atendendo-se à localização do imóvel e ao aproveitamento dos terrenos vizinhos para fins turísticos – tudo isso somado, ainda por cima, ao facto de o imóvel ser o único bem da sociedade proprietária.

Como reagiu o Tribunal a esta argumentação?

O essencial do raciocínio do Tribunal consta do § 79 do Acórdão, que, por isso, se transcreve. Ouçamos os Juízes:

"(...) se é certo que os actos em apreço deixam *juridicamente intacto* o direito dos interessados de *dispor* e de *usar* o seu bem, não menos verdade é que *reduzem, em grande medida, a possibilidade prática de o exercer*. Eles *afectam a própria substância da propriedade* na medida em que três deles reconhecem antecipadamente a legalidade de uma expropriação. Os outros dois actos, um, que cria, e o outro, que organiza, a reserva natural da Ria Formosa, *limitam igualmente, sem dúvida, o direito a usar do bem*. Há cerca de *treze anos*, os queixosos encontram-se, deste modo, na *incerteza* quanto ao destino do seu bem.

---

[829] § 120 das referidas alegações escritas.

A construção dogmática

O *conjunto* dos actos litigiosos teve como resultado que *desde 1983* o seu direito sobre o bem em causa se tornou *precário*. *Apesar da existência, em teoria, de recurso contra os actos litigiosos, na prática tudo se passou como se para eles não existisse nenhum recurso disponível.*

"Em conclusão, os queixosos sofreram uma *ingerência* no seu direito de propriedade *cujas consequências foram, sem qualquer dúvida, agravadas pela utilização combinada das declarações de utilidade pública e da criação de uma reserva natural durante um tão longo período (...)*"[830].

Ou seja, e interpretando os trechos transcritos, há que concluir, desde logo, que o Tribunal confirmou, e por unanimidade, o juízo da Comissão de que houvera violação do artigo 1.º do PA n.º 1 (entre outras violações), também aqui reafirmando, e sempre por unanimidade, as conclusões do Relatório da Comissão, mas decidiu que essa violação era muito mais profunda e vasta do que o fizera a Comissão. De facto, do Relatório desta[831], e da interpretação que lhe dá o Acórdão do Tribunal[832], parece que a Comissão entendera que só o terceiro acto violava o artigo 1.º do PA n.º 1, porque os outros quatro actos se haviam resumido a meras "regulamentações do uso" do imóvel e, portanto, cabiam na previsão da 3.ª frase daquele preceito, com a consequência, designadamente, de não darem lugar a indemnização.

O Tribunal rejeitou esse entendimento, ao afirmar que *todos* os cinco actos, inclusive (e neste aspecto o Acórdão é quase inovador) *os dois que criaram as servidões chamadas reservas naturais*, violaram o direito de propriedade privada, tal como ele se encontra reconhecido no artigo 1.º do PA n.º 1.

Mas o Tribunal, com interesse para o que estamos aqui a estudar, diz mais. Diz que os actos litigiosos "*afectam a própria substância* da propriedade" (veremos adiante que com o sentido de *perda* da substância); que *todos* os cinco actos, incluindo os da criação das duas reservas, *dão direito a indemnização*; que "o conjunto" desses actos tornou "desde 1983 o seu (dos queixosos) direito sobre o bem *precário*" e

---

[830] Os itálicos são nossos.

[831] § 104.

[832] § 84.

"incerto"; que "apesar de os queixosos disporem do direito a um recurso contencioso contra os actos litigiosos, a situação era, na prática, *a mesma que seria se não dispusessem de qualquer recurso"*.

Mas, adiante, o Tribunal extraiu aquilo que eram para si as conclusões do seu raciocínio. Diz ele que *"não houve no caso em apreço nem expropriação formal nem expropriação de facto*. Os efeitos das medidas não são de tal ordem que se as possa assimilar a uma privação de propriedade. (...) A situação *não é irreversível* como o era no caso *Papamichalopoulos e outros c. a Grécia* (...) As limitações ao direito de propriedade resultam da *diminuição da disponibilidade* dos bens assim como dos prejuízos sofridos pelo facto de se ter visado uma expropriação. Embora tenha *perdido a sua substância*, o direito em questão *não desapareceu"*[833].

Que dizer desta construção do Tribunal (cingindo-nos neste lugar, claro, à questão da elaboração do conceito de expropriação *de facto*, que é a que nos interessa aqui)?

Para a doutrina defendida neste processo pelo Tribunal, parece que só há expropriação *de facto* quando existe *formal desapossamento* do bem, como acontecera no caso *Papamichalopoulos*: é o que o Tribunal chama situação "irreversível"[834]. Se a não houver, mesmo que o direito de propriedade tenha *"perdido a sua substância"*, como reconheceu ter acontecido no caso em exame, mesmo que ele se tenha tornado *"precário"*, ou *"incerto"*, e mesmo que, quanto à sua garantia, *tudo se tenha passado como se não existisse meio jurisdicional disponível*, para o Tribunal o direito *"não desapareceu"*. Logo, não há expropriação *de facto*, embora haja "ingerência" no direito de propriedade, enquadrável na 1.ª parte do artigo 1.º do PA n.º 1.

Ou seja, e resumindo o pensamento do Tribunal, se a titularidade do direito de propriedade e a posse do bem se mantêm no particular, ainda que *só no papel*, isto é, ainda que *"sem substância"*, *sem certeza* e *sem garantia contenciosa*, não há expropriação *de facto*, não há privação. Nesse aspecto, é lapidar a seguinte frase do Acórdão, que acima transcrevemos: *"Ainda que tenha perdido a sua substância, o direito em causa não desapareceu"*.

---

[833] § 85.
[834] Assim, SERMET, pg. 31.

Esta conclusão, e de um modo geral o raciocínio seguido pelo Tribunal, merecem-nos os seguintes comentários jurídicos.

Em primeiro lugar, este hiperformalismo não é um critério jurídico. Reconhecer-se que o direito existe só porque ele subsiste *no papel* – se é que subsiste –, ainda que tenha perdido o seu conteúdo, a sua substância, é, salvo o devido respeito, uma incoerência.

Além do mais, o Tribunal estava, dessa forma, a contrariar a sua anterior jurisprudência no caso *Mellacher*, atrás estudado, onde entendera que para que houvesse expropriação *de facto* bastava que se verificasse a privação dos direitos de *"usar"*, *"locar"* e *"vender"* o bem, sem se exigir o desapossamento formal do bem.

Afinal, como se vê, tinha razão o Professor FROWEIN para, ainda que em opinião concordante com o Relatório da Comissão no caso *Papamichalopoulos*, haver declarado, à margem dele, como mostrámos, que *bastava a perda da substância* do direito para que houvesse expropriação *de facto*, mesmo que, claro, o direito continuasse na titularidade de quem era o seu titular.

Além disso, porém, o Acórdão está eivado, no essencial, de algumas graves contradições internas. Reconhece que por virtude dos cinco actos o direito dos expropriados *"perdeu a sua substância"*; que ele se tornou *"precário"*; que daqueles actos resultou a *"diminuição"* do direito de dispor e de usar o bem; não desmente os factos, alegados e provados pelos queixosos, segundo os quais os actos litigiosos haviam deixado pendentes sobre os terrenos a *imediata tomada da sua posse administrativa* e a interdição de *toda a "intervenção humana"* neles, nem que a precariedade da propriedade e da posse tenha impossibilitado, ao longo de muitos anos, a venda dos terrenos. Mas, ao mesmo tempo, entende que o direito de *"dispor e usar"* o bem se conservou *"juridicamente intacto"* e que o direito de propriedade *"não desapareceu"*. Não se percebe como é que, do ponto de vista jurídico, se consegue compatibilizar estas afirmações, que, ainda por cima, não estão minimamente fundamentadas.

Por outro lado, o Tribunal não interpretou os efeitos dos actos litigiosos *à luz do Direito português* – como devia ter feito. Já explicámos que é assim que os próprios órgãos da Convenção entendem que devem proceder e não pode deixar de ser desse modo, sob pena de se cair numa situação de completa insegurança jurídica para os particulares e de errada aplicação da letra e do espírito da Convenção.

A expropriação

Ora, se tivesse adoptado esse método, o Tribunal teria concluído que, logo com a primeira declaração de utilidade pública, em 1983, o direito de propriedade dos expropriados só subsistira formalmente, o direito de dispor do bem desaparecera e a posse do bem só se mantivera nos expropriados provisória e precariamente.

De facto, a declaração de utilidade pública em Portugal inicia o procedimento expropriativo e *retira por completo ao expropriado a disponibilidade do bem*, que, a partir desse momento, *fica na disponibilidade do expropriante*. Tudo isso foi atrás demonstrado, com apoio na lei e na jurisprudência uniforme dos nossos mais altos Tribunais[835]. Por outro lado, não nos esqueçamos, um dos actos intitulava-se, não de declaração de utilidade pública, mas de verdadeira *"expropriação"*, pelo que, pelo menos ele, levava a cabo a expropriação *de iure* ou *formal* da propriedade e, pior, sem indemnização.

Além disso, porém, e neste caso concreto, a posse manteve-se só formalmente nos expropriados: o bem ficou afecto a "fins científicos", a prosseguir pelo Estado; foi proibida a expansão das actividades que nele tinham lugar; passou a pesar sobre ele a proibição das actividades económicas aí levadas a cabo bem como, em geral, de toda a "intervenção humana"; e o Estado estava autorizado a tomar, em qualquer momento, posse administrativa do bem.

Do ponto de vista *substantivo*, a situação não era, pois, juridicamente, mais favorável, neste caso, para os expropriados do que o era para os lesados no caso *Papamichalopoulos*. De facto, a precariedade e o esvaziamento da *posse* no caso em apreço não diferiam muito, no plano jurídico, do desapossamento formal e real dos terrenos no caso *Papamichalopoulos*: é que, no caso *Matos e Silva*, a posse estava completamente esvaziada e se tornara totalmente precária, desde logo, com a afectação dos terrenos a uma reserva "integral", com a sua consignação a "fins científicos", com a iminente, a todo o momento, tomada de posse administrativa dos terrenos pelo Estado e com a possibilidade de proibição, a todo o momento, de toda a "intervenção humana" neles. E o Tribunal, no fundo, estava consciente dessa equivalência ou, pelo menos, similitude, de situações, quando no caso *Matos e Silva* empregou uma expressão, aliás, rara na sua jurisprudência, porque só a

---

[835] *Supra*, neste Cap., n.° 4.

A construção dogmática

encontramos exactamente no caso *Papamichalopoulos*, e que, pela sua gravidade, deve ter sido devidamente pesada pelos Juízes: a *"perda de substância"* do direito de propriedade por força dos cinco actos litigiosos. E, por sua vez, no que toca especificamente à *titularidade do direito de propriedade* em si, verificamos que, no caso *Papamichalopoulos*, segundo o Direito grego, como atrás se provou, *ela não fora afectada*, enquanto que, no caso português, a simples declaração de utilidade pública *já amputara* aquele direito, que apenas ficara à espera da sua transferência formal para a titularidade do expropriante, o que aconteceria com o acto de expropriação propriamente dito, visto, como mostrámos, com mero acto de execução da declaração de utilidade pública, se não se entender, como foi defendido no Tribunal pelos queixosos que, repete-se, pelo menos o terceiro acto, chamado de "expropriação", levava a cabo a expropriação *formal* ou *de iure* (e não só *de facto*) do imóvel. Aliás, nada melhor para provar a similitude jurídica entre este caso e o caso *Papamichalopoulos* do que a constatação de que *toda* a fundamentação que o Tribunal utilizou neste último para concluir que aí houvera uma expropriação *de facto*, e que se resume a um só parágrafo[836], é transponível para o caso *Matos e Silva*. Bastava que o Tribunal se recordasse de que nos casos *Handyside* e *Marckx*, como vimos, entendera que, havendo privação do direito de dispor dos bens, *há sempre privação da propriedade*, para que reconhecesse que no caso concreto houvera expropriação *de facto*: na realidade, no Direito português, repete-se uma vez mais, a declaração de utilidade pública retira ao expropriado o direito de dispor do bem colocando-o na disponibilidade do expropriante.

Portanto, como se vê, o Tribunal não interpretou correctamente os factos do litígio, particularmente para o fim de qualificar juridicamente os actos litigiosos, nem interpretou devidamente o efeito dos actos litigiosos nos direitos dos queixosos sobre o bem, particularmente no direito de propriedade e no direito à posse. E, sobretudo, repete-se, não fez, como se impunha à face do próprio entendimento dos órgãos da CEDH, a interpretação jurídica daqueles actos *à luz do Direito português*. Na redacção do Acórdão é visível a influência, até literal, que, nele teve, em parte do seu *obiter dictum*, o texto dos Acórdãos proferi-

---

[836] § 45, atrás transcrito.

A expropriação

dos nos casos *Sporrong* e *Papamichalopoulos*. Designadamente, *nos três casos* o Tribunal partiu do princípio de que o direito de propriedade do particular, ou o seu direito de usar e de dispor do bem, se mantivera *"juridicamente intacto"*, não obstante o conteúdo dos actos litigiosos. Essa opinião podia ser procedente à luz do Direito sueco, onde, como se mostrou, a "autorização para expropriação" *não cria, só por si, a relação jurídica de expropriação*; podia ser também procedente à luz do Direito grego, onde, como se viu, a própria Constituição de 1952, no seu artigo 17.º, n.º 1, estabelecia que com a declaração de utilidade pública "todos os direitos do proprietário se mantêm *juridicamente intactos*" enquanto não lhes fosse paga a indemnização devida (sem termos que discutir aqui se esses preceitos foram correctamente interpretados nos dois casos referidos). Parece até poder concluir-se que esta expressão *"juridicamente intactos"* foi transcrita pelo Tribunal, daquele preceito do Direito *grego*, para os casos *Papamichalopoulos* e *Matos e Silva*. Mas, se é assim, os actos litigiosos neste último processo viram os seus efeitos fixados pelo Tribunal à luz do Direito *grego* (ou sueco) e não à face do Direito *português*, como o deviam ter sido. Porque, produzindo a declaração de utilidade pública em Portugal os efeitos jurídicos que já explicámos, não é aceitável a conclusão de que, logo a partir da primeira declaração de utilidade pública, em 1983, o direito de propriedade dos queixosos, no caso *Matos e Silva*, incluindo o seu direito de dispor e de usar o bem, tenha continuado *"juridicamente intacto"*, sem mesmo ser necessário atender também aos efeitos de todos os quatro actos seguintes.

Mas, se no caso *Matos e Silva* o Tribunal não apreciou os efeitos dos actos litigiosos segundo o Direito *português*, ainda por cima mesmo após estes lhe haverem sido insistente e pormenorizadamente explicados pelos queixosos, como atrás se demonstrou, tanto perante a Comissão como perante o Tribunal, então a situação é, simultaneamente, preocupante e intrigante: preocupante, porque faz os cidadãos portugueses correr o risco de verem actos do Estado português que lesem os seus direitos ser apreciados, nos seus efeitos, pelos órgãos da Convenção, à luz de uma Ordem Jurídica que não a portuguesa, neste caso, à luz dos Direitos sueco ou grego; e intrigante, porque, como já se explicou atrás, o Juiz português tinha o encargo de esclarecer o Tribunal sobre o regime jurídico do acto de declaração pública para

A construção dogmática

expropriação no respectivo Direito interno, encargo esse que era tanto mais exigível quanto é certo que os queixosos haviam suscitado a questão, com ênfase e pormenor, já perante a Comissão, mas sobretudo no Tribunal. Não repetiremos o que já escrevemos atrás sobre isso[837].

Em suma, à luz da jurisprudência anterior do próprio Tribunal, e como resultara das citadas declarações de voto do Comissário FROWEIN tanto no caso *Sporrong* como no caso *Papamichalopoulos*, a constatação pelo Tribunal de que o direito de propriedade *perdera, neste caso, substância*, era, só por si, suficiente para o obrigar a reconhecer que houvera no caso *Matos e Silva* expropriação *de facto*. Essa conclusão em nada ficaria prejudicada pela circunstância de os queixosos terem mantido formalmente a posse do bem – de qualquer maneira, no caso concreto, uma posse precária, sem conteúdo e, por isso, fictícia. Pelo contrário, se a expropriação *de facto* consente na subsistência do direito na titularidade meramente formal do "expropriado", o facto de esse direito ter sido atingido por um acto de expropriação *de iure* e duas declarações de utilidade pública, com os efeitos jurídicos que o Direito português lhes dá, mostra que, pela matriz definida pelo próprio Tribunal na sua jurisprudência, e corroborada com as citadas declarações de voto do Comissário FROWEIN, a matéria de facto e de direito no caso *Matos e Silva* terá ido até além das exigências colocadas por aquela jurisprudência para o preenchimento do conceito de expropriação *de facto*.

Note-se que, no caso *Matos e Silva*, como em alguns outros casos em que o Tribunal entendeu que não se verificava uma situação de expropriação *de facto* (portanto, enquadrável na 2.ª frase do artigo 1.º do PA n.º 1), mas em que nem por isso ele deixou de concluir que houvera violação daquele preceito, por haver uma limitação daquele direito, uma "ingerência na substância", ou seja, uma situação enquadrável na 1.ª frase daquele artigo, ele chegou àquele resultado, como se explicou atrás, não directamente, mas com recurso ao princípio da proporcionalidade. É certo que o Tribunal descreve a situação neste litígio como uma "*ingerência no seu (dos queixosos) direito ao respeito dos bens*"[838] e vê nele "*repercussões sérias e danosas que diminuíram a*

---

[837] V., *supra*, n.º 4.
[838] § 79.

A expropriação

fruição normal do seu direito"[839]. Mas não vai mais longe: o importante para o Tribunal é mesmo que "os queixosos tiveram que suportar um *peso especial e exorbitante* que rompeu o *justo equilíbrio* que devia reinar entre, por um lado, as exigências do interesse geral e, por outro lado, a salvaguarda do direito ao respeito dos bens"[840,841,842].

II – A jurisprudência arbitral nos casos Irão-Estados Unidos

Contemporaneamente, o instituto da expropriação *de facto* foi tendo acolhimento intenso e entusiástico da parte do Tribunal Arbitral de Haia, criado para julgar os processos surgidos no quadro do litígio Irão-Estados Unidos. Já explicámos atrás as circunstâncias em que foi instituído e em que tem funcionado este Tribunal[843].

Na matéria que agora nos ocupa, o Tribunal partiu do princípio geral de que estava adquirida no Direito Internacional "a regra segundo a qual podia ocorrer uma privação de propriedade mesmo na ausência de uma nacionalização ou expropriação formal". Como no-lo revela o Árbitro ALDRICH[844], o Tribunal extraía essa regra dos tempos em que o *Projecto de Harvard da Convenção sobre Responsabilidade Internacional dos Estados por Violações de Interesses Económicos de Estrangeiros*[845] dispunha, no seu artigo 10.º, n.º 3:

> *a)* Uma *"privação ("taking") de propriedade"* inclui, não apenas a ablação (*"outright taking"*) da propriedade, mas também qualquer interferência desproporcionada no *uso*, na *fruição*, ou no *poder de dispor* da propriedade, de tal modo que o proprietário *não seja capaz de usar, fruir ou dispor da propriedade* durante um período de tempo razoável após o início daquela interferência.

---

[839] § 92.

[840] Ibidem.

[841] Os itálicos de todas as transcrições são nossos.

[842] Já a Comissão, no seu Relatório, deixara escrito o mesmo – v., especialmente, o § 111.

[843] *Supra*, Parte I, Cap. III, n.º 3 *f.*

[844] *Jurisprudence*, pgs. 175-176.

[845] AJIL 1961, pgs. 545 e segs. Os itálicos são nossos.

A construção dogmática

b) Uma *"privação* (*"taking"*) *do uso da propriedade"* inclui, não apenas a ablação (*"outright taking"*) do uso, mas também *qualquer interferência desproporcionada no uso ou na fruição* da propriedade por um período limitado de tempo.

Assim, logo no primeiro caso em que abordou a questão, o caso *Harza Engineering*[846], aquele Tribunal tentou definir os elementos do conceito da expropriação *de facto*: primeiro, a tomada de posse do bem pelo Estado; segundo, a privação do uso do bem pelo proprietário. *Tomada de posse* e *recusa do uso do bem* pelo proprietário eram, portanto, neste caso, os elementos constitutivos do conceito de expropriação *de facto*.

Isto quer dizer que a única diferença que separava a expropriação *"de jure* ou formal" da expropriação *"de facto* ou informal" era a de que na segunda o expropriado apenas mantinha a titularidade formal do direito.

Vejamos como é que essa jurisprudência evoluiu a seguir. Num outro caso já nosso conhecido, o caso *Tippets*, o Tribunal deixou decidido que "pode haver, no Direito Internacional, privação ou desapossamento de bens pela ingerência de um Estado *no uso* do bem ou na fruição dos seus rendimentos, mesmo quando o título jurídico da propriedade permanece intacto"[847].

Depois, no caso *Sola Tiles, Inc.*, o Tribunal chegou à conclusão de que também aqui houvera uma expropriação *de facto* equivalente à "privação" do bem (*"deprivation"*), porque o Comité Revolucionário do Irão, a partir de 1979, tinha progressivamente tomado conta do inteiro "controlo de todo o activo, do inventário e dos negócios" da empresa[848].

No caso *Amoco*, como ainda há pouco recordámos, o Tribunal foi mais directo e claro: a rescisão unilateral pelo Irão de um contrato administrativo de concessão (mas um "contrato internacionalizado", isto é, um *quase-tratado*), rescisão essa que ele chamara de "anulação",

---

[846] Ac. 30-12-82. É também esta a interpretação de MOURI, na sua obra básica nesta matéria, já referida, pg. 88.

[847] Ac. 29-6-84, pg. 223.

[848] Ac. 22-4-87, pgs. 223, 230-231 e 233. Cfr. MOURI, pgs. 92-93.

A expropriação

era uma "violação" ou uma "ruptura" do contrato (*"breach of the contract"*) e devia ser considerada uma "expropriação" ou uma "nacionalização ilícita".

Vejamos agora o caso *Sedco*, aliás, também já nosso conhecido. Aí o Tribunal foi do entender de que a criação pelo Irão de uma empresa pública para exercer em exclusivo as actividades de perfuração petrolífera e o facto de ele, Irão, dessa forma, passar a "arquitecto--chefe da fortuna" da empresa *Sedco*, acrescido da designação de Administradores temporários para a empresa, "sem expectativa razoável para esta da recuperação do controlo", deve ser considerada uma "expropriação" e uma "privação conclusiva" da empresa[849].

O Tribunal observou essa mesma orientação nos casos *Phelps Dodge Corporation*[850] e *Thomas Earl Payne*[851], com a vantagem, porém, de em ambos ter tentado, de forma quase esquemática, fornecer os elementos do conceito de expropriação *de facto*.

Na realidade, no primeiro daqueles casos, o Tribunal averiguou, até ao pormenor, se se encontravam preenchidos aqueles que, ainda que sem o dizer expressamente, eram para si, nesta fase, os elementos essenciais daquele conceito: o controlo irreversível pelo Estado da gestão da empresa, de tal modo que esta pudesse ser conduzida em seu (do Estado) exclusivo proveito económico, o que, para o Tribunal, equivaleria a uma privação da posse de um bem corpóreo; e o efeito de privação da posse gerado por aquele controlo, traduzido na impossibilidade de o proprietário tirar qualquer provento da sociedade.

Partindo desta definição de expropriação *de facto*, o Tribunal decidiu que no caso concreto não a houvera, não só porque não se preenchera o segundo daqueles dois elementos do conceito, como também porque, quanto ao primeiro, a assunção do controlo sobre a gestão da empresa não era, no caso, irreversível, no sentido que, como mostrámos, o Tribunal dera a este adjectivo[852].

No outro dos casos referidos, o caso *Payne*, o Tribunal reafirmou aqueles elementos do conceito de expropriação *de facto*. Mas, ao con-

---

[849] Ac. 27-3-86, pgs. 201 e segs.
[850] Ac. 19-3-86, § 22, pgs. 130-132. Assim, ALDRICH, *Constitutes*, pg. 590.
[851] Ac. 8-8-86, pg. 3.
[852] Para mais pormenores, MOURI, pgs. 94 e segs.

trário do que decidiu no caso *Phelps Dodge*, foi do entender que neste processo se estava perante uma expropriação *de facto*, ou seja, que ambos aqueles elementos se encontravam aqui preenchidos, e com os seguintes fundamentos determinantes: não haviam sido pagos aos originários proprietários os dividendos nem fora mantida qualquer "forma de comunicação" entre eles e as empresas (estavam em causa duas sociedades anónimas); e a gestão de ambas as empresas fora entregue a um Administrador com o poder de "as controlar em nome do Governo da República Islâmica do Irão". A soma destes dois elementos, acrescida da "ausência de expectativa razoável da recuperação do controlo", constituía prova suficiente de que "naquela data (16 de Junho de 1979, data da assunção pelo Estado do controlo da gerência) ocorrera concludentemente uma *privação*"[853].

Note-se que idêntica doutrina resulta do caso *Ebrahimi* e dos casos análogos a ele, que estudámos pela primeira vez neste livro, ainda na Parte I, a propósito daquele caso[854], embora em todos esses casos o Tribunal, curiosamente, tenha preferido o uso da palavra "*privação*" da propriedade ("*deprivation*", "*taking*") para referir a "interferência no *uso* da propriedade ou na *fruição* dos seus rendimentos, mesmo que o título jurídico da propriedade não tenha sido afectado", sem nunca se socorrer da noção ou da expressão expropriação *de facto*.

Fazendo o balanço de toda a jurisprudência deste Tribunal em matéria de expropriação *de facto*, DOLZER começa por prevenir que, diferentemente do TEDH, que aplicou aquele conceito a direitos sobre bens *imóveis*, o Tribunal Arbitral de Haia tem sido chamado a aplicá-lo a "direitos contratuais", isto é, direitos emergentes *de contratos* e direitos *sobre participações sociais*. Levando em conta esta diferença, conclui aquele Professor que, embora o Tribunal nem sempre o afirme de modo expresso, para ele há expropriação *de facto* quando se está perante uma situação de "privação do *uso efectivo*, do *controlo* e dos *lucros* de (...) direitos de propriedade" ("*property rights*")[855]. E essa situação mede-se para o Tribunal, por exemplo, pelo "direito de livremente escolher a

---

[853] Pgs. 7 e 9-11. Cfr. MOURI, pgs. 96 e segs. O itálico é nosso.
[854] *Supra*, Parte I, Cap. III, n.º 4 *g*.
[855] *Indirect*, pg. 51.

A expropriação

gerência, a fiscalização e os subcontratantes", direito esse que "constitui um elemento essencial do direito de gerir um projecto".

À mesma conclusão chega o Juiz ALDRICH, num recente estudo dedicado à matéria[856].

Podemos, portanto, dizer, para concluir, que a expropriação *de facto*, como a própria designação indica, não se confunde com a expropriação *de jure* por um aspecto meramente formal, que é o da permanência, na primeira, da titularidade do direito de propriedade na esfera jurídica do expropriado. Trata-se, portanto, de uma situação extrema de analogia com a expropriação formal ou *de jure*, porque retira ao expropriado a substância do direito, sendo o critério dessa perda de substância dado pela perda da posse útil e efectiva do bem e, portanto, pela perda do seu uso e da sua fruição.

III – Conclusão

O exame da jurisprudência do TEDH e do Tribunal Arbitral de Haia mostra-nos que, do conjunto global daquela jurisprudência, não resultam com clareza os limites do conceito de expropriação *de facto*.

Quer da circunstância de ela ser apresentada por aquela jurisprudência como situação extrema de analogia com a expropriação *de iure*, ou *formal*, ou *real*, equivalente, em tudo, no plano substantivo, à "privação", quer do simples uso da terminologia expropriação *de facto*, poder-se-ia ser tentado a concluir que era claro que a única distinção que existiria entre uma e outra consistiria no facto de na primeira se verificar a ablação *formal* do título jurídico da propriedade ao expropriado, enquanto que, na segunda, a titularidade do direito se conservava, ainda que *só formalmente*, isto é, "*sem substância*", no "expropriado". Mas essa conclusão não é tão clara como isso e exige uma explicação complementar.

Começando pela jurisprudência dos órgãos da Convenção, é exacto dizer-se que o conceito de expropriação *de facto* nasceu na declaração de voto do Comissário FROWEIN no caso *Sporrong*, nos termos acima analisados. Todavia, não menos rigoroso é afirmar-se que

---

[856] *Op.cit.*, sobretudo, pgs. 588 e segs.

A construção dogmática

eles, e, em especial, o TEDH, só chegaram a esse resultado, de forma directa, no caso *Mellacher*. Aí, como vimos, o Tribunal foi do entender que estávamos perante uma expropriação *de facto* quando o particular tivesse sido *"desprovido"* dos direitos de *"usar"* e *dispor* ("locar" e "vender") do bem. Parecia, assim, que o Tribunal estava a adoptar a tese segundo a qual, como mostrámos atrás, era esse o conteúdo essencial ou a substância do direito de propriedade, pelo que, quando o direito do particular fosse esvaziado dessa substância, estaríamos perante uma situação de expropriação *de facto*.

Todavia, depois, no caso *Papamichalopoulos*, o Tribunal decidiu que havia expropriação *de facto* numa situação em que se verificara *formal (ou real) privação da posse* sobre o bem, embora aí se tenha ficado sem saber se a privação da posse do bem era, para o Tribunal, um requisito necessário da expropriação *de facto* ou, se ao contrário, ela aparecia como uma imposição da concreta matéria de facto ao Tribunal: a ser assim, o Tribunal teria constatado que naquele caso se havia dado, há anos, uma situação "irreversível" de ocupação dos terrenos pelo Estado, tê-la-ia qualificado de expropriação *de facto*, mas não consideraria indispensável essa privação formal da posse ao preenchimento deste último conceito. O Tribunal não procurou esclarecer essa dúvida.

A divergência assinalada ganha acuidade porque o Tribunal fora bem mais modesto na definição da expropriação *de facto* em casos anteriores: nos casos *Handyside* e *Marckx*, embora sem empregar aquela expressão, dera a entender que a privação do direito de *dispor* do bem equivalia, só por si, à privação do direito de propriedade, independentemente do uso, da fruição e da posse sobre o bem.

A infixidez da jurisprudência do TEDH na matéria, bem patente nos casos acabados de examinar, mais se agravou com a posição que ele tomou no caso *Matos e Silva*, e onde o Acórdão não escapou às consequências das suas profundas contradições internas e, pior, ao seu desconhecimento pelo Direito português, no que toca ao conteúdo e aos efeitos dos actos litigiosos.

De facto, neste processo, não obstante o Tribunal haver concluído, entre o mais, que o direito de propriedade dos queixosos *"perdera a sua substância"*, se tornara *"precário"* e *"incerto"*, não gozava, no caso concreto, de *qualquer garantia jurisdicional*, e tudo isso por um *"longo período*", todo esse raciocínio somado não foi suficiente para o Tribunal se convencer de que houvera expropriação *de facto*, posição que ele fundamentou no facto de a situação não ser "*irreversível*", como o havia sido no caso *Papamichalopoulos*, mas sem que tivesse explicado o que entendia por "irreversibilidade" neste caso. Se por tal ele entendeu o formal desapossamento do imóvel, nessa hipótese o Tribunal foi da opinião de que não lhe era equiparável, entre o mais, a iminência de tomada de posse administrativa do bem e a iminência de proibição de toda a "intervenção humana" no imóvel. Mas, pior, o Tribunal não considerou "irreversível", nas suas palavras, uma situação em que, segundo o Direito português, houvera mais do que um acto que, treze anos antes, desencadeara já o procedimento expropriativo e retirara juridicamente ao expropriado o direito de dispor do bem, e um acto que se auto-intitulara de "expropriação". Como se disse, o Tribunal parece ter-se agarrado aqui a um conceito hiperformalista de expropriação *de facto*, segundo o qual, não subsistindo, na realidade, substância para o direito de propriedade, conservando-se uma posse *meramente efémera*, *sem conteúdo*, *teórica*, *fictícia* e *formal*, e restando ao particular um direito de propriedade *só no papel* (o que nem isso é exacto, em face, insiste-se, do regime que o Direito português atribui aos três primeiros actos), mesmo assim não há expropriação *de facto* porque a posse formal não foi retirada ao particular. É a única interpretação que consente o facto de, fazendo o confronto com o caso *Papamichalopoulos*, ele ter entendido que no caso *Matos e Silva* a situação não era "irreversível" como no primeiro caso, sem que tivesse fundamentado também essa opinião e sem que tivesse, sequer, explicado o que entendia por "irreversibilidade".

Ou seja, também neste caso o Tribunal voltou a desviar-se da sua jurisprudência anterior na matéria. Ora, tudo isto mostra-nos que não é ainda possível extrair-se um critério acabado e coerente, da jurisprudência dos órgãos da Convenção para a definição de expropriação *de facto*, sendo certo que nunca se o atingirá enquanto eles não se agarrarem, com todo o rigor, à necessidade, por eles próprios reconhecida, de apreciar os actos litigiosos apenas à luz *do Direito interno* do Estado infractor.

Em bom rigor, não é fácil confrontar-se a jurisprudência do Tribunal Arbitral de Haia com a referida jurisprudência do TEDH, pela simples razão de que nesta última estavam em causa actos que incidiam

A construção dogmática

sobre *direitos de propriedade sobre imóveis* enquanto que na primeira se discutiam sobretudo *direitos emergentes de contratos* e *direitos sobre participações sociais*. Mas, mesmo assim, é possível afirmar-se que esta jurisprudência é muito mais coerente e constante, para além de ter havido sempre da parte do Tribunal (mas esta é uma das grandes qualidades deste Tribunal Arbitral) a preocupação de conceder uma forte e pormenorizada fundamentação às suas deliberações.

Para este Tribunal há expropriação *de facto* quando se verifica uma privação do *uso efectivo*, do *controlo* e dos *rendimentos* dos sócios quanto às suas participações sociais, incluindo o direito de eles *livremente gerirem* a empresa. Embora não se contenha aqui referência ao direito de alienação das participações sociais respectivas, podemos dizer que esta demarcação do direito do sócio está próxima do "conteúdo essencial" ou da "substância" do direito, como atrás os caracterizámos como critério de definição de um acto análogo à expropriação, inclusive na forma extrema de expropriação *de facto*.

Por isso, podemos concluir dizendo que a distinção entre a expropriação *de iure* e a expropriação *de facto* começa por ser uma distinção formal, mas não se esgota nela. É uma distinção *formal*, porque na primeira se retira ao particular o direito de propriedade enquanto que no segundo ele se mantém. Mas é uma distinção também com carácter *substantivo*: na expropriação *de facto* é necessário que o *conteúdo essencial* ou a *substância* do direito, com os limites que atrás lhes fixámos, seja esvaziada e não se possa exercer, independentemente de aspectos secundários com interesse apenas teórico, como é o de saber se formalmente subsiste ou não uma posse mais ou menos fictícia sobre o bem.

É neste quadro que deve ser lido um grande especialista na matéria, BANZ, quando chama à expropriação *de facto* "*confisco ou esbulho camuflado*" ("*getarnte Konfiskationen*"). Ele pretende, dessa forma, retratar o esvaziamento do "conteúdo económico" da propriedade, ficando apenas o título jurídico formal da propriedade no "confiscado"[857]. Não é, todavia, necessário que o esvaziamento da substância se traduza, formalmente, na privação da sua posse pelo particular.

---

[857] Pgs. 138 e segs.

A expropriação

Note-se que, quando BANZ fala em "confisco ou esbulho camuflado", não pretende ignorar que a expropriação *de facto* dá direito a indemnização. Veremos isso adiante.

5.6. *Os actos análogos e a regulamentação do uso dos bens*

Os actos análogos são, como vimos, actos que, sem privarem o particular do direito de propriedade sobre o bem, diminuem ou esvaziam a sua substância, com o sentido e o alcance que demos atrás a estes verbos.

Todavia, se os actos análogos não se confundem com os actos formais de privação, têm de ser também distinguidos, por outro lado, dos actos de mera regulamentação do uso dos bens. Digamos, em bom rigor, que os actos análogos se situam entre essas duas categorias. A demarcação entre os actos análogos e os actos de mera regulamentação do uso é muito importante: ela equivale à fixação da fronteira que separa os actos indemnizáveis dos actos não indemnizáveis, ou, dito doutro modo, dos actos que, interferindo uns, não interferindo outros, na substância da propriedade, respectivamente dão ou não direito à indemnização. De facto, os actos de regulamentação do uso não afectam a substância do direito de propriedade e, por isso, não relevam para efeitos indemnizatórios[858].

Este conceito teve origem no Direito norte-americano, que prevê limitações à propriedade privada com base no "*police power*" ("*poder de polícia*")[859] ou na "*regulamentação*" ("*regulation*"), que corresponde, nos Direitos alemão e francês, à mera *regulamentação* ou *disciplina do exercício* do direito de propriedade no âmbito da concretização da função social da propriedade[860]. São exemplos dessa regulamentação no Direito norte-americano, segundo o *Restatement*[861]: a perda da

---

[858] Por todos, BANZ, pg. 83; e DOLZER/STEVENS, pgs. 98 e segs.

[859] Por todos, EPSTEIN, pgs. 107 e segs. e 126 e segs.

[860] KOKOTT, *Entwicklung*, pgs. 336 e segs. e 360 e segs.; BANZ, *loc.cit.*; NÜSSGENS/BOUJONG, pgs. 68-70; e MAUNZ/DÜRIG, anotação 628 ao artigo 14.º da Lei Fundamental de Bona.

[861] Vol. II, pgs. 98 e segs.

A construção dogmática

propriedade ou outro prejuízo económico resultante da mera execução das regras gerais sobre tributação, aplicadas com respeito pelas regras da boa fé; o confisco como pena criminal; ou outra medida que o Estado demonstre que não excede a mera regulamentação do uso, caso não viole o princípio da não-discriminação com os nacionais.

No Direito norte-americano, não dão lugar a indemnização. Esta é mesmo, tradicionalmente, a razão da importância da distinção entre os actos análogos à expropriação, que conferem ao particular direito a indemnização, e os actos de mera regulamentação do uso, que não dão lugar a indemnização[862]. Ainda que não exista nenhuma regra escrita sobre a matéria, é nesse sentido que se orienta a jurisprudência nos Estados Unidos[863].

Por influência manifesta, embora nunca confessada, do Direito norte-americano, o artigo 1.º do PA n.º 1 acolheu, na 3.ª frase daquele preceito (ou seja, no seu parágrafo 2.º), a regulamentação do uso, como não dando direito a indemnização. Todavia, qual seja o conteúdo dessa regulamentação do uso, inclusive qual a diferença entre ela e a inge-rência que dá direito a indemnização, a coberto, desde logo, da regra geral da 1.ª frase do artigo 1.º do PA n.º 1, é algo sobre o qual os órgãos da Convenção não se querem comprometer[864], quando não acontece mesmo a Comissão e o Tribunal se desentenderem[865]. Para a distinção entre a mera regulamentação do uso e os actos análogos não pode dei-xar de se atender, uma vez mais, à "intensidade" (também chamada, às vezes, "gravidade") da medida em causa[866].

Assim, a tendência na doutrina é para se considerarem medidas de mera regulamentação do uso as interferências no direito de propriedade que não impliquem a diminuição do valor do bem ou que, mesmo que tendo esse efeito, conservem no proprietário os direitos de uso, de frui-ção exclusiva e de disposição do bem, no fundo, aquilo que o Direito

---

[862] Assim, *Restatement*, vol. 2, pg. 201.

[863] Veja-se o estudo exaustivo da questão no *Restatement*, loc.cit., e, na Europa, em KOKOTT, *Entwicklung*, pgs. 352-353 e 360-361, especialmente n. 87.

[864] *Comentário Pettiti*, pgs. 994 e segs.; FROWEIN/PEUKERT, pgs. 785-786.

[865] Bom e recente exemplo disso é o caso *Phocas*: Relatório da Comissão n.º 17869/91, de 4-7-94, e Ac. de 23-4-96. Cfr. FROWEIN/PEUKERT, pg. 786.

[866] DOLZER, *Expropriation*, pg. 217; e KOKOTT, *Entwicklung*, pgs. 336-337.

A expropriação

Internacional considera ser o conteúdo essencial ou a substância do direito de propriedade[867]. A Professora HIGGINS, ao fazer também sua esta corrente, recusa que se esteja a sair da mera regulamentação (designadamente, para efeitos de indemnização) sempre que a essência da propriedade, ou os direitos menores essenciais incluídos no direito de propriedade, continuem intactos, mesmo se o seu titular sofrer prejuízos (*"loss"*) de carácter substantivo. Ou seja, para se sair da mera regulamentação do uso e entrar nos actos análogos à expropriação, o que significa, em termos de relevância da distinção, para se sair dos actos não indemnizáveis e entrar nos actos indemnizáveis, pode, para esta corrente, não bastar só a diminuição do valor do bem[868]. Veremos isso adiante. Mas convenhamos que está quase tudo em aberto no que toca à definição da fronteira que separa a simples regulamentação e os actos análogos. Repare-se que se retraem perante esse problema mesmo as obras das quais, pelo seu âmbito e pela sua profundidade, se poderia esperar uma tentativa mais elaborada para se chegar àquela definição[869]. Essa indefinição não é útil à protecção do direito de propriedade privada porque gera insegurança jurídica no investidor; e só aparentemente pode interessar ao Estado de acolhimento, dado que o investidor sente-se menos inclinado a investir, porque receia, e justamente, que o Estado se sirva dessa indefinição para não o indemnizar.

Pensamos que tem de haver um limite máximo que o acto não deve ultrapassar para poder ainda ser considerado como um acto de mera regulamentação do uso: esse limite deve ser o da *substância* do direito, ou, dito doutra forma, o do *"conteúdo essencial"* do direito. Atingido esse limite, a medida deixa de ser de mera regulamentação para ser uma medida análoga à expropriação, com todas as consequências, inclusive em matéria de indemnização. E, dado que o princípio da indemnização por expropriação constitui hoje, como veremos, uma regra do costume internacional, aquele limite deve ser sempre interpretado, em caso de dúvida, em favor da substância do direito de propriedade.

Encontramos um paralelismo entre esta proposta e a solução fornecida para o problema pelo Direito interno de alguns Estados.

---

[867] BANZ, pgs. 83-84; HIGGINS, pgs. 277 e segs.

[868] HIGGINS, *loc.cit.*

[869] É o caso do *Comentário Pettiti*, *loc.cit.*, e de FROWEIN/PEUKERT, *loc.cit.*

A construção dogmática

Assim, o artigo 19.°, n.° 2, da Lei Fundamental de Bona, dispõe que

Em caso algum poderá ser afectado o *conteúdo essencial* de um direito fundamental.[870]

Este preceito é interpretado pela doutrina e pela jurisprudência constitucional alemãs no sentido de uma *"proibição da afectação do conteúdo essencial"* (*"Wesensgehalt"*) ou do "núcleo duro" (*"harter Kern"*) *dos direitos fundamentais*[871]. E, concretamente quanto ao direito de propriedade, reconhecido pelo artigo 14.°, n.° 1, da Lei Fundamental, o citado artigo 19.°, n.° 2, leva a que se conclua que todo o acto que afecta a "substância" do direito de propriedade confere ao interessado direito a indemnização[872].

Como é sabido, o artigo 19.° da Lei Fundamental de Bona inspirou a redacção do artigo 18.° da nossa Constituição. E o n.° 3 deste artigo, na sua parte final, revela, de modo particular, a influência do transcrito n.° 2 do artigo 19.° da Lei Fundamental de Bona.

Dispõe, com efeito, o artigo 18.°, n.° 3, da CRP, que

As leis restritivas de direitos, liberdades e garantias têm de revestir carácter geral e abstracto e não podem ter efeito retroactivo, *nem diminuir a extensão e o alcance do conteúdo essencial* dos preceitos constitucionais.[873]

Note-se que, tal como o artigo 19.°, n.° 2, da Lei Fundamental de Bona, também o artigo 18.°, n.° 3, da CRP não exige o *esvaziamento* do "conteúdo essencial"[874], contentando-se com a sua mera *redução* (*"diminuir* a extensão e o alcance do conteúdo essencial"). GOMES CANOTILHO e VITAL MOREIRA vêem naquele preceito a garantia do "conteúdo útil" ou da "utilidade constitucional" do respectivo direito[875].

Daqui deve-se extrair que *toda a diminuição do conteúdo essencial do direito de propriedade privada, reconhecido aos cidadãos por-*

---

[870] O itálico é nosso.

[871] Por todos, MAUNZ/DÜRIG, anotações 1 e segs. ao artigo 19.°, n.° 2; mais recentemente, SACHS, anotações 18 e segs. ao artigo 19.° Os itálicos são nossos.

[872] Exaustivamente, MAUNZ/DÜRIG, anotações 621 e segs. ao artigo 14.°

[873] O itálico é nosso.

[874] MAUNZ/DÜRIG, loc.cit.; e SACHS, loc.cit.

[875] Pgs. 149 e 154. Os itálicos são nossos.

A expropriação

tugueses pelo artigo 62.°, n.° 1, da CRP, dá lugar a indemnização, e não pode, pois, ser equiparado à mera regulamentação do uso do bem. Igual protecção do conteúdo essencial do direito de propriedade privada decorre do disposto no artigo 133.°, n.° 2, *d*, do Código do Procedimento Administrativo como, a outro título, será mais adequado vermos na Parte III.

Regressando à regulamentação do uso do bem em Direito Internacional, diremos que a afirmação do critério do conteúdo essencial do direito de propriedade não exclui que seja difícil, em cada caso concreto, definir esse conteúdo. Todavia, em nosso entender, haverá acto análogo à expropriação e não mera regulamentação do uso do bem sempre que a substância ou o conteúdo essencial do direito, isto é, as faculdades de uso, de fruição e de disposição, fiquem diminuídas – afinal como pretende ROSALYN HIGGINS, como vimos. Todavia, não podemos, pelo menos em princípio e em abstracto, acompanhar aquela Autora na tese segundo a qual a eventual diminuição do valor do bem (pelo menos uma diminuição sensível, que ultrapasse o simples funcionamento das regras do mercado) é irrelevante para a distinção entre o acto análogo à expropriação e a mera regulamentação do uso. Não só porque, como escrevemos atrás, a afectação da substância do direito se reflecte necessariamente no valor do bem; mas também porque a indemnização por expropriação atende, no moderno Direito Internacional, ao valor de mercado do bem e é calculado em função desse valor. Daí que a diminuição do valor do bem pela interferência no direito, em princípio, não possa deixar de relevar para efeitos indemnizatórios. E mostrámos, de passagem, que é possível extrair-se da lei portuguesa argumentos a favor dessa corrente.

Todavia, a aplicação de toda esta construção, designadamente, da própria linha de demarcação entre os actos análogos e a simples regulamentação do uso, depende das concretas circunstâncias de cada caso concreto. Parece-nos que não se pode ir mais longe na formulação de critérios abstractos. Não é por acaso que, como dissemos, a doutrina e a jurisprudência internacionais fogem ao estabelecimento desses critérios.

A construção dogmática

6. O direito do Estado de expropriar propriedade privada de estrangeiros: seu fundamento

A questão que agora há que colocar é a de saber qual é o fundamento jurídico do direito do Estado de expropriar propriedade privada de estrangeiros.

Esse direito é hoje reconhecido, de modo pacífico, como fazendo parte do costume internacional. E o seu fundamento deve ser encontrado, segundo a doutrina, na "jurisdição territorial" do Estado, ou seja, na jurisdição que o Estado exerce sobre o seu território. Portanto, a sua fonte última reside na *"competência das competências"* (*"Kompetenz-Kompetenz"*) ou na *"competência de regulamentação"* (*"Regelungs-Kompetenz"*) dos Estados, ou no seu *"poder de auto-organização"*[876]. É essa a posição, na moderna doutrina internacionalista, de TESAURO[877], BÖCKSTIEGEL[878], HARTMANN[879], KNUT IPSEN[880], DOLZER[881], JIMÉNEZ DE ARECHAGA[882] e HEFELE[883] [884].

De facto, tem origem no Direito Internacional consuetudinário o princípio segundo o qual todo o Estado, soberano ou não, tem o direito de disciplinar o regime jurídico da propriedade no seu território, inclusive o direito de definir as condições de exercício desse direito. E o Estado tem o direito de fixar esse regime tanto para os seus cidadãos como para os estrangeiros que se encontrem sob a sua jurisdição. Já assim entendia o *Supreme Court* norte-americano há mais de um século[885].

---

[876] Ver sobre este ponto os Sumários das nossas lições sobre *Direito das Comunidades Europeias*, ponto 3.

[877] *Nazionalizzazione*, pgs. 39 e segs.

[878] Pgs. 22 e segs.

[879] Pgs. 99 e segs.

[880] Pgs. 613-614.

[881] *Eigentum*, pg. 3.

[882] *State Responsibility*, pgs. 179 e segs.

[883] Pg. 12.

[884] Sobre a *Kompetenz-Kompetenz*, v. a nossa dissertação de doutoramento, pg. 100, e bibl. aí arrolada.

[885] Ac. de 1876 no caso *Kohl v. United States*, cit. em TESAURO, *op.cit.*, pg. 39, n. 1.

A expropriação

O problema, enunciado desta forma, parece-nos apresentar uma visão mais jurídica do que a que fora pretendida pelas Resoluções n.º 1803 e 3171 da Assembleia Geral das Nações Unidas sobre a Soberania Permanente e pela Carta dos Direitos e Deveres Económicos dos Estados, que fundamentavam o direito dos Estados de expropriar e nacionalizar na "Soberania Permanente" dos Estados sobre os seus recursos naturais e sobre o "direito alienável" de escolherem livremente a sua própria estrutura económica e social. De facto, este motivo, assim enunciado, resultou de uma politização pelos Estados afro-asiáticos do fundamento jurídico que acima enunciámos, para além de fazer apelo ao conceito de soberania, quando é certo que há Estados não plenamente soberanos que, por serem sujeitos do Direito Internacional, têm o direito de expropriar propriedade privada de estrangeiros[886]. De qualquer modo, alguma doutrina[887] e alguma jurisprudência[888] enunciam dessa forma o fundamento do direito dos Estados de expropriar.

A prática moderna dos Estados viria a consolidar progressivamente o referido princípio de raiz consuetudinária.

De facto, há que notar que, mesmo nas situações de grave litígio entre o Estado expropriante e o Estado da nacionalidade do particular expropriado, o direito do primeiro de expropriar propriedade de estrangeiros não foi posto em causa.

Assim, quando da nacionalização pelo Irão da *Anglo-Iranian Oil Co.*, a nota diplomática apresentada pelo Embaixador do Reino Unido em Teerão ao Primeiro-Ministro persa, em 19 de Maio de 1951, rezava, a certo passo: "O Governo de Sua Majestade não deseja questionar o exercício pelo Irão dos seus direitos soberanos, que ele pode soberanamente exercer. Ele mantém, porém, que a acção agora levada a cabo contra a Sociedade não traduz um exercício legítimo desses direitos"[889].

Depois, quando da nacionalização pelo Egipto da Companhia Universal do Canal de Suez, em 1956, através da Lei n.º 285, de 26 de Julho, a Declaração Conjunta da França, do Reino Unido e dos Esta-

---

[886] GONÇALVES PEREIRA/FAUSTO DE QUADROS, pgs. 347 e segs.

[887] P.ex., SCHACHTER, *International Law*, pgs. 299 e segs.

[888] P.ex., nos casos das nacionalizações líbias, o Acórdão arbitral no já citado caso *Topco*, pg. 20. V. sobre isso MOURI, pg. 321.

[889] WHITEMANN, vol. 8, pg. 1020.

dos Unidos, de 2 de Agosto seguinte, acentuava que eles não punham em dúvida "o direito do Egipto de (...), sob determinadas condições, nacionalizar (...)"[890].

Mais tarde, quando das nacionalizações de bens de cidadãos holandeses na Indonésia, em 1958-59, o Governo da ex-potência colonizadora, a Holanda, afirmava, de forma enfática, que "nunca negará o direito dos Estados soberanos de nacionalizarem propriedade de nacionais de outros Estados, desde que sejam respeitadas determinadas condições"[891].

Também na sequência das nacionalizações cubanas de 1959-60, a nota enviada pelo Departamento de Estado dos Estados Unidos, em 16 de Julho de 1960, ao Ministro dos Negócios Estrangeiros de Cuba, esclarecia que, no entender do Governo norte-americano, a ilicitude internacional das medidas expropriativas aprovadas pelo Governo de Cuba resultava apenas do seu carácter "discriminatório, arbitrário e confiscatório"[892].

Por fim, quando da nacionalização dos bens franceses na Argélia, em 1971, o Governo de Paris comunicou ao Governo argelino que "A França não contesta a soberania da Argélia, inclusive o direito soberano de proceder a nacionalizações"[893], e que "O Governo francês entende que não pode igualmente pôr em causa o direito da Argélia de nacionalizar sob certas condições (...) o património detido no seu território por empresas que actuam num determinado sector económico"[894,895].

Ainda mais longe foram os Estados Unidos, no caso *Interhandel*[896], e a França, no caso das *expropriações de propriedades fundiárias levadas a cabo em Marrocos*, em 1973[897], porque, em ambos os casos, reconheceram que o direito de expropriar os bens em discussão resultava da "competência exclusiva" dos respectivos Estados[898].

---

[890] WHITEMANN, vol. 8, pg. 1106.

[891] Ver a nota diplomática de 18-12-59, AJIL 1960, pg. 486.

[892] *Department of State Bull.*, XLIII, n.° 1101, 1-8-60, pg. 171.

[893] V. o discurso do Primeiro-Ministro CHABAN DELMAS na Assembleia Nacional, em 20-4-71 – *Le Monde*, 21-4-71.

[894] Memorando entregue ao Embaixador da Argélia em 9-3-71, in *Le Monde*, 11-3-71.

[895] V., sobre este caso, MANIN, pgs. 162 ss.

[896] *Dept. State Bull.*, 1957, pgs. 357 ss.

[897] Cfr. TESAURO, *Nazionalizzazione*, pg. 44.

[898] V. outros casos similares em TESAURO, *op.cit.*, pgs. 42 e segs.

A expropriação

Note-se que esta regra foi acolhida em *lex scripta*, mais concreta-mente, pelo Direito derivado das Nações Unidas. De facto, sucessivas Resoluções, especialmente da Assembleia Geral daquela Organização, aprovadas a seguir à descolonização do pós-guerra, e especialmente no quadro da Soberania Permanente e da NOEI, vieram reconhecer ao Estado o direito de expropriar e de nacionalizar propriedade privada de estrangeiros.

Todavia, o moderno Direito Internacional, tal como vimos ele ser interpretado pela prática dos Estados, encontra-se espelhado na Resolução n.º 41/132, cujo conteúdo estudámos na Parte I[899]. Como então dissemos, ela passou a exprimir, de forma sintética mas muito exacta, a verdadeira posição do Direito derivado das Nações Unidas sobre a matéria, que, como também temos vindo a vários títulos a demonstrar, nunca foi posta em causa pelo emaranhado de Resoluções incongruentes daquela Organização nos anos 60 e 70 em matéria de regime jurídico-internacional da propriedade privada de estrangeiros. A citada Resolução n.º 41/132 reafirma o direito dos Estados de expro-priar e nacionalizar, mas sujeita-o a um equilíbrio com o direito do estrangeiro à propriedade privada. Ou seja, se o direito do Estado de expropriar constitui uma manifestação da função social da propriedade dos estrangeiros e uma imposição daquilo que aquela Resolução designa de "desenvolvimento económico e social dos Estados", o seu exercício deve ser temperado pelo reconhecimento pelo Direito Inter-nacional ao indivíduo de um direito fundamental à propriedade pri-vada. Esse equilíbrio já era acolhido pelo Direito Internacional tra-dicional, mas foi reavivado e robustecido por aquela Resolução, que constitui o fundamento moderno do Direito Internacional con-suetudinário geral na matéria, amplamente confirmado, nos nossos dias, pela prática internacional dos Estados, designadamente atra-vés dos TBI e dos contratos de investimento, e pela jurisprudência internacional[900].

---

[899] *Supra*, Parte I, Cap. I, n.º 7.
[900] Como se demonstrou *supra*, especialmente *loc.cit.* na n. anterior.

7. Pode o Estado renunciar ao seu direito de expropriar propriedade privada de estrangeiros?

Para concluirmos o estudo do estatuto jurídico da expropriação falta-nos examinar se o Estado pode, em Direito Internacional, renunciar ao seu direito de expropriar propriedade privada de estrangeiros.

Como diz, numa dissertação dedicada à matéria nos anos 70, TESAURO[901], uma renúncia *absoluta*, *geral* e *total* do direito de expropriar "não é imaginável" – sem valer a pena discutir se é ou não possível. A verdade é que não se conhece qualquer caso em que um Estado tenha, por acordo ou por acto unilateral, renunciado ao seu direito de expropriar *toda e qualquer* propriedade de *todos e quaisquer* estrangeiros e em *qualquer* situação.

Ao contrário, tem vindo a ser cada vez mais vulgar o Estado renunciar ao seu direito de expropriar, por efeito de tratados internacionais concluídos com o Estado da nacionalidade do estrangeiro ou de cláusulas insertas em contratos celebrados com investidores estrangeiros.

A primeira hipótese concretiza-se sobretudo através dos TBI. Naqueles tratados, ou em tratados com efeito análogo, o Estado de acolhimento compromete-se, expressa ou tacitamente, a não expropriar, ou a só expropriar com respeito por determinadas condições, uma das quais será a do pagamento de justa indemnização. Nessa hipótese, a expropriação será ilícita se for levada a cabo com desrespeito por qualquer das condições prescritas por um tratado desse tipo[902].

Algumas das situações em que este problema se discutiu tornaram-se célebres no contencioso internacional.

Assim, a Polónia estava impedida de expropriar pelo *Tratado de Versalhes* e pela subsequente Convenção de Genebra de 1922. Por isso, no já referido caso da *fábrica de Chorzow*[903], o TPJI considerou contrárias ao Direito Internacional as expropriações levadas a cabo pela Polónia contra bens de alemães na Alta Silésia a seguir à 1.ª Grande Guerra[904].

---

[901] *Op.cit.*, pg. 59.

[902] FOUILLOUX, pgs. 228 e segs.

[903] Pg. 46.

[904] TESAURO, *op.cit.*, pg. 58.

A expropriação

Questão similar foi suscitada quanto à Roménia. O *Tratado de Trianou* estabelecia limites ao poder de expropriar a propriedade de cidadãos húngaros que viviam em território antes pertencente ao Império Austro-Húngaro e depois cedido à Roménia. Um tribunal arbitral misto pronunciou-se pela ilicitude daquelas expropriações, embora depois o Conselho da Sociedade das Nações, invocando razões de pragmatismo político, tenha aceite os motivos invocados pela Roménia[905].

Mas a renúncia do Estado ao seu direito de expropriar propriedade privada de estrangeiros também pode resultar das chamadas "cláusulas de estabilização", a que já nos referimos atrás[906].

Como então dissemos, são cláusulas incluídas em contratos de investimento, em regra, contratos de concessão, celebrados entre um Estado e um investidor estrangeiro, pelos quais se pretende garantir o investidor contra modificações unilaterais do contrato por parte do Estado de acolhimento. Para que se conclua que duma cláusula desse tipo resulta uma obrigação internacional para o Estado parte é necessário que se entenda que o contrato em questão se rege pelo Direito Internacional, ou seja, que ele se reconduz à categoria dos quase-tratados, como vimos atrás[907]. Aliás, como acertadamente observa HERDEGEN[908], a inclusão duma cláusula de estabilização num contrato de investimento tem exactamente, por parte do investidor estrangeiro, o objectivo de internacionalizar o contrato e o seu regime jurídico. É por isso que, como explicámos atrás[909], as cláusulas de estabilização também são designadas por "cláusulas de internacionalização" dos respectivos contratos.

Daqui resulta que a modificação unilateral de um contrato de investimento por parte do Estado de acolhimento, e, concretamente, a expropriação da propriedade do investidor em violação da renúncia ao direito de expropriar contida na referida cláusula configura um ilícito internacional.

---

[905] TESAURO, *op.cit.*, pg. 59; e G. WHITE, pg. 154.

[906] *Supra*, Parte I, Cap. II, n.° 3.3.

[907] *Supra*, ibidem.

[908] Pg. 206.

[909] *Supra,* ibidem. RIESENFELD, pg. 249; HERDEGEN, *loc.cit.*; ASANTE, pgs. 403 e segs.; BUXBAUM/RIESENFELD, pg. 350.

A construção dogmática

Esta questão foi discutida num caso clássico de jurisprudência internacional, já por nós referido: o caso *Anglo-Iranian Oil Co.*, que nasceu da nacionalização pelo Irão daquela sociedade, em 1951. O Reino Unido invocara perante o TIJ a ilicitude daquela nacionalização pelo facto de ela contrariar o contrato de concessão celebrado entre o Estado iraniano e aquela sociedade, no qual o Irão se comprometera a não a nacionalizar. O TIJ admitiu a validade da cláusula de renúncia ao direito de nacionalizar e, por isso, reconheceu que um Estado fica impedido de nacionalizar bens de estrangeiros se previamente acordou no contrário numa convenção internacional; mas, no caso concreto, não condenou o Irão, porque recusou natureza internacional ao contrato de concessão em causa[910]. É que à data ainda não triunfara no Direito Internacional a teoria dos quase-tratados para explicar a natureza jurídica desse tipo de contratos.

Mais recentemente, nos casos *BP*, *Topco*, *Aminoil* e *Liamco*[911], que tiveram origem em nacionalizações líbias, os Árbitros, embora nem sempre por raciocínios coincidentes, chegaram à mesma conclusão, de que as cláusulas de estabilização incluídas nos respectivos contratos de concessão de exploração de jazidas petrolíferas, impediam a Líbia de nacionalizar os direitos emergentes das respectivas concessões para as sociedades concessionárias. Dessa forma, os Árbitros contrariaram a tese do Governo líbio, segundo a qual o princípio da soberania estadual permitia à Líbia nacionalizar esses direitos não obstante as cláusulas de estabilização[912].

---

[910] Pg. 112. Este caso teve menos importância do que parece, porque o que se discutiu no processo judicial foi apenas a adopção de medidas provisórias e algumas questões processuais, inclusive a de saber se o TIJ tinha competência sobre a matéria. O Tribunal não se pronunciou neste Acórdão sobre qualquer questão substantiva específica do regime internacional da protecção da propriedade privada. Veja-se, sobre o Acórdão, e, concretamente, sobre a matéria do texto, o comentário de DOLZER, na *Encyclopedia*, t. 2, pgs. 15 e segs., com vasta bibl.; O'CONNELL, *Critique*, pgs. 267 e segs.; e G. WHITE, *op.e loc.cit.*

[911] Os casos *Topco*, *Aminoil* e *Liamco* foram por nós examinados *supra*, Parte I, Cap. III, n.º 4 *c, d* e *e*.

[912] Para mais pormenores, veja-se DOLZER, *Lybia-Oil*, pgs. 168 e segs.; e HERDEGEN, pgs. 206 e segs.

A expropriação

A questão que cabe examinar de seguida é a de saber se a cláusula de estabilização tem um âmbito tal que pode levar à renúncia prévia da invocação da cláusula *rebus sic stantibus*. É uma questão que a doutrina coloca quanto aos efeitos em geral da cláusula de estabilização.

A nosso ver, a questão deve ser decidida pela interpretação da cláusula de estabilização em cada caso concreto. Nada impede que as partes, através da cláusula de estabilização, renunciem previamente à invocação da alteração das circunstâncias para obterem a modificação do contrato[913]. Além disso, o artigo 45.º da Convenção de Viena sobre o Direito dos Tratados (CV) impede a invocação da cláusula *rebus* se as partes tiverem consentido previamente, de forma expressa ou tácita, na alteração fundamental de circunstâncias, ainda que imprevista e imprevisível. Este regime tem de ser entendido no quadro das grandes limitações que o Direito Internacional, hoje através da CV, põe à invocação da cláusula *rebus*[914]. Todavia, na dúvida, deve-se entender que a cláusula de estabilização não exclui a invocação da cláusula *rebus* sempre que se preencham os requisitos do artigo 62.º da CV, dado que a procedência daquela cláusula é imposta, também no Direito Internacional, pelo princípio da boa fé[915].

Diga-se, e por curiosidade, que o Contrato-tipo de Investimento que Portugal celebra com investidores estrangeiros não contém qualquer cláusula de estabilização. A cláusula 10.ª permite ao Estado rescindir o respectivo contrato por incumprimento do investidor, reconhecendo a este o direito de ver dirimido o litígio por arbitragem. Por sua vez, as cláusulas 12.ª e 14.ª permitem que qualquer das partes invoque a alteração das circunstâncias e dispõem que também o litígio sobre essa matéria será resolvido por via arbitral.

Por fim, a renúncia por um Estado ao seu direito de nacionalizar pode ser objecto também de um acto unilateral seu com esse sentido. Este ponto não carece de mais explicações[916].

---

[913] Assim, HERDEGEN, pg. 208.

[914] V. SCHWARZENBERGER, *Cláusula*, pgs. 26 e segs.; GONÇALVES PEREIRA/FAUSTO DE QUADROS, pgs. 253 e segs., e bibl. aí cit.

[915] SCHWARZENBERGER, *op.e loc.cits..*; e SEIDL-HOHENVELDERN, *International*, pg. 137.

[916] Veja-se a renúncia como acto unilateral do Estado e fonte do Direito Internacional em GONÇALVES PEREIRA/FAUSTO DE QUADROS, pg. 266.

CAPÍTULO IV

A EXPROPRIAÇÃO LÍCITA

1. Razão de ordem

Depois de, no Capítulo anterior, havermos fixado o conceito e o regime que o Direito Internacional define para o acto de expropriação (recorde-se: a expropriação *lato sensu*, englobando, portanto, sempre a expropriação *stricto sensu*, a nacionalização e os actos análogos a uma e a outra) vejamos agora quais são as condições da sua licitude.

Tal como no moderno Direito interno, como o Direito Administrativo Comparado o demonstra, também no Direito Internacional contemporâneo a expropriação não é, *per se*, um acto ilícito.

A licitude da expropriação decorre no Direito Internacional, como no Direito interno, da função social da propriedade privada. Esta retira carácter absoluto e ilimitado ao direito de propriedade privada, subordinando-o às exigências do interesse público. Todavia, se a função social da propriedade admite, como princípio, a licitude da expropriação, faz depender essa licitude de determinadas condições, ou, se se preferir, de certos requisitos. São essas condições que vamos de seguida estudar. E a importância desse estudo traduz-se, entre o mais, em que vai ser exactamente o desrespeito por qualquer dessas condições de licitude da expropriação que vai conferir carácter ilícito à expropriação. Em bom rigor, é a esse conjunto das condições de licitude da expropriação que se querem referir os poucos Autores que pretendem definir um "grau mínimo ("*minimum standard*") de protecção da propriedade privada" para os estrangeiros[917].

---

[917] IPSEN, pg. 614; HIGGINS, pg. 259; e DOLZER. *Foundations*, pg. 553.

A construção dogmática

2. As condições de licitude da expropriação

O comum da prática dos Estados, retratada nos TBI[918], e, com base nela, a generalidade da doutrina[919], definem três condições para a licitude da expropriação:

– a utilidade pública da expropriação;
– a não-discriminação dos estrangeiros em relação aos nacionais;
– e a indemnização.

Todavia, não obstante serem essas as condições de licitude mais importantes, um exame mais vasto da prática dos Estados, da doutrina e da jurisprudência arbitral[920], permite-nos concluir que, para sermos rigorosos, também devemos erguer a condições de licitude da expropriação os seguintes requisitos:

– um procedimento "equitativo";
– a não violação de compromissos internacionais anteriores assumidos pelo Estado de acolhimento;
– e a garantia prévia da sindicabilidade judicial do acto de expropriação, inclusive com prévia sujeição a arbitragem internacional dos litígios emergentes da expropriação[921].

Vamos estudar essas condições com a seguinte arrumação e pela seguinte ordem:

– a utilidade pública;
– a não-discriminação;
– a não violação de compromissos internacionais anteriores;
– a protecção jurídica do expropriado;
– a indemnização.

---

[918] Veja-se, nesse sentido, um dos mais recentes entre os mais importantes TBI concluídos pelos EUA: o Tratado Argentina-EUA, de 14-11-91, art. IV, n.º 1, pgs. 124 e segs. (131).

[919] Pela sua actualidade e pelo âmbito que pretendem cobrir são particularmente expressivas nesse sentido as obras de MOURI, pgs. 323-324, ALDRICH, *Jurisprudence*, pgs. 170 e segs., e IPSEN, pgs. 614 e segs.

[920] V., por exemplo, o caso *Liamco, supra*, Parte I, Cap. III, n.º 3 *e*.

[921] V., muito especialmente, O'CONNELL, *International Law*, II, pgs. 776 e segs.; e SCHWARZENBERGER, *Foreign Investments*, pgs. 162 e segs.

A expropriação lícita

3. Idem: A) **A utilidade pública da expropriação**

3.1. *A questão em geral*

Antes de tudo, o acto de expropriação deve visar um fim público, ou seja, um interssse público (*"public purpose"*, *"public interest"*, *"public use"*, *"general interest"*, *"public need"*, *"claims of society"*, *"community interest"*[922]). Dito de harmonia com a terminologia portuguesa tradicional, inspirada na terminologia francesa, a expropriação deve ter lugar "por utilidade pública" (hoje, o art. 62.°, n.° 2, da Constituição) ou, "por causa de utilidade pública" (hoje, desde logo, o art. 1.° do Código das Expropriações).

Como demonstra WESTON[923], a exigência deste requisito para a expropriação no Direito Internacional tem a sua origem em GRÓCIO. No Direito derivado das Nações Unidas este requisito era formulado pela Resolução n.° 1803, embora não figurasse depois na Carta dos Direitos e Deveres Económicos dos Estados[924].

O artigo 1.° do PA n.° 1 à CEDH exige, aliás, de forma expressa, na sua 2.ª frase, e na sua versão francesa, a *"causa de utilidade pública"* para a expropriação, acrescentando na 3.ª frase que também a mera regulamentação do uso dos bens deve visar o *"interesse geral"*.

A jurisprudência internacional há muito que impôs claramente esta condição para a licitude da expropriação, no caso dos *proprietários dos navios noruegueses*[925].

Hoje ela é reclamada com veemência na vasta jurisprudência arbitral no litígio Irão-Estados Unidos[926].

É o Estado que discricionariamente define o fim público para o qual expropria em cada caso concreto. A fiscalização efectiva da verificação da utilidade pública é impossível sem se cair na ingerência no

---

[922] Um levantamento actual da terminologia utilizada na matéria encontramo-lo em MOURI, pgs. 324 e segs.

[923] Pg. 439.

[924] Assim, IPSEN, pgs. 613 e segs.; e WESTON, *loc.cit.*

[925] Pg. 335. V. o comentário de DOLZER, in *Encyclopedia*, t. 2 (1981), pgs. 211 e segs. Cfr. TESAURO, *op.cit.*, pgs. 65-66, e HIGGINS, pgs. 274-275 e 289.

[926] V. MOURI, *loc.cit.*; e MAPP, pgs. 163 e segs.

A construção dogmática

domínio reservado dos Estados, isto é, na sua "margem de apreciação". Por isso, são raros os casos em que se tem alegado que uma expropriação não prossegue o interesse público, porque visa, por exemplo, interesses privados ou pessoais[927].

Não obstante isso, quase todos os TBI exigem o preenchimento da condição do "fim público", ou interesse público", para a licitude da expropriação, como nos revela a obra de DOLZER e STEVENS[928]. Também o exige o modelo português de TBI, no seu artigo 4.º, n.º 1.

O requisito da utilidade pública tem vindo a obter um desenvolvimento um pouco mais aprofundado na jurisprudência dos órgãos da CEDH, desde logo, porque, como se disse, o artigo 1.º do PA n.º 1 expressamente impõe o preenchimento daquela condição nas suas 2.ª e 3.ª frases ("utilidade pública", "interesse geral"). Tanto a Comissão como o Tribunal, porém, reconhecem que o preenchimento daquele requisito em cada caso está entregue à "margem de apreciação" do Estado (expressão que na terminologia da jurisprudência dos órgãos da Convenção quer significar discricionariedade)[929], que, ainda por cima, é alargada pelo facto de aquelas expressões configurarem alguns dos muitos conceitos indeterminados de que a CEDH e os seus Protocolos se tiveram que servir para se poder obter a adesão dos Estados signatários[930]. A margem de apreciação dos Estados reveste-se nesta matéria de enorme amplitude, porque, como entendeu o Tribunal no caso James[931], o legislador nacional deve gozar de uma "grande latitude para levar por diante uma política económica e social", o que impõe que se lhe reconheça uma vasta liberdade para a definição do que é, em cada caso, de "interesse geral". E acrescentou o Tribunal no mesmo Acórdão: "as autoridades nacionais encontram-se, em princípio, melhor colocadas do que o juiz internacional para decidir sobre o que é de utilidade pública"[932].

Isso explica, aliás, que nenhum litígio tenha sido levado à Comissão ou ao Tribunal onde se discutisse a questão específica da

---

[927] FROWEIN/PEUKERT, pgs. 791 e segs. e 794 e segs.; DOLZER/STEVENS, pg. 104; TESAURO, op.cit., pg. 74; e HEFELE, pg. 13.

[928] Pgs. 105-106.

[929] SAPIENZA, pgs. 571 e segs.; e BREMS, pg. 274.

[930] Assim, Comentário Pettiti, pgs. 982 e 988.

[931] Ac. 21-2-86, § 40.

[932] § 46. No mesmo sentido, caso Handyside, Ac. 7-12-76, § 39.

A expropriação lícita

existência da utilidade pública quanto a um determinado acto alegadamente praticado em infracção do artigo 1.º do PA n.º 1[933].

3.2. Utilidade pública e proporcionalidade

O Direito Internacional geral, como se disse, exige a utilidade pública para a expropriação mas conforma-se com a impossibilidade da fiscalização jurisdicional da sua verificação, que é entregue ao domínio reservado dos Estados. Concretamente, nenhuma relação é estabelecida entre a utilidade pública e o princípio da proporcionalidade, que não se vê sequer indicada no Direito Internacional geral como condição específica da licitude da expropriação ou, numa outra perspectiva, como limite ao poder de expropriar.

É diferente a visão do Direito Internacional particular, no quadro da CEDH. Reconhecendo não poderem exercer uma fiscalização *directa* sobre a verificação da utilidade pública, pelos motivos referidos, os órgãos da Convenção controlam *indirectamente* o preenchimento daquela condição, com recurso ao princípio da proporcionalidade[934].

Ou seja, a Comissão e o Tribunal socorrem-se da noção de "justo equilíbrio" (*"fair balance"*) entre as exigências do interesse público e os sacrifícios impostos aos direitos do particular para apreciarem da proporcionalidade da ingerência no direito de propriedade e, por aí, da verificação da própria utilidade pública da expropriação.

Note-se que, não obstante só na 2.ª e na 3.ª frases do artigo 1.º do PA n.º 1 se falar em "utilidade pública" e "interesse geral", o preenchimento desta condição é exigido pelos órgãos da Convenção para todas as interferências na propriedade cobertas pela previsão das três frases daquele artigo[935].

Dentro dessa orientação, a Comissão e o Tribunal têm entendido que a interferência no direito de propriedade é "manifestamente des-

---

[933] Assim, *Comentário Pettiti*, pg. 982.

[934] Uma visão actualíssima da matéria pode ver-se em FROWEIN/PEUKERT, pgs. 797 e segs.

[935] Assim, FROWEIN/PEUKERT, *loc.cit.*; COHEN-JONATHAN, *Convention*, pg. 525; e *Comentário Pettiti*, pgs. 979 e segs. e, sobretudo, 71 e segs.; e DE MEYER, Juiz do Tribunal, pgs. 72-73.

A construção dogmática

provida de base razoável", "manifestamente desrazoável", que o "justo equilíbrio" que deve existir entre o interesse geral e os direitos do expropriado foi "rompido" pelo facto de sobre este pender um "encargo especial e exorbitante"[936].

Assim, nalguns dos casos mais significativos decididos pela Comissão e pelo Tribunal, eles, para julgarem da violação do artigo 1.°, tiveram que examinar previamente a "justificação da ingerência" no direito de propriedade. Para tanto, sentiram-se na necessidade de "apurar se foi mantido o equilíbrio entre as exigências do interesse geral e o interesse dos particulares" e de verificar da própria oportunidade e da necessidade da ingerência na propriedade[937].

No caso *Matos e Silva*, a Comissão entendeu que "a longa duração dos processos judiciais, acrescida da impossibilidade de obter até hoje uma indemnização, ainda que parcial, pelos prejuízos sofridos, constitui uma ruptura do equilíbrio que deve reinar entre a salvaguarda do direito de propriedade e as exigências do interesse geral. Por conseguinte, os queixosos sofreram um sacrifício desproporcionado por confronto com o objectivo legítimo que os actos litigiosos prosseguiam"[938].

O Tribunal confirmou, mais tarde, este ponto de vista, ao afirmar, como já mostrámos, que "os queixosos sofreram um encargo excessivo e exorbitante, que rompeu o justo equilíbrio que deve ser respeitado entre, por um lado, as exigências do interesse geral e, por outro lado, a salvaguarda do direito ao respeito dos bens"[939].

Portanto, como se vê, e embora, acessoriamente, o princípio da proporcionalidade seja associado a outras condições da licitude da expropriação, como é o caso do pagamento da indemnização e da celeridade da justiça, através dele os órgãos da Convenção pretendem, fun-

---

[936] Acs. do TEDH de 23-9-82, 8-7-86 e 30-10-91, respectivamente, nos casos *Sporrong*, § 69, *Lithgow*, § 120, e *Wiesinger*, §§ 65-79. V. FROWEIN/PEUKERT, *Comentário Pettiti*, e DE MEYER, todos nos *locs.cits.*

[937] Para só falar no Tribunal, ver os Acórdãos *Lithgow*, § 120, *Sporrong*, § 69, *James*, §§ 46 e 50, *Agosi*, §§ 52-62, *Erkner*, § 78, *Van Marle*, § 43, *Poiss*, § 69, *Pine Valley*, § 59, *Raffineries Grecques*, § 74, *Pressos*, § 38, e *Matos e Silva*, § 92. Apoiando esta orientação, SERMET, pgs. 35 e segs.; SUDRE, *Protection*, pg. 75; BARNES, pg. 138; FROWEIN/PEUKERT, pgs. 797 e segs.; e DE MEYER, *loc.cit.*

[938] §§ 106-111 do Relatório da Comissão.

[939] § 92 do Ac. do Tribunal.

damentalmente, fiscalizar a verificação da utilidade pública da expropriação mediante a exigência do "justo equilíbrio" entre o interesse público concretamente prosseguido no caso concreto e o sacrifício do direito de propriedade causado pelo acto de expropriação.

4. Idem: B) A não-discriminação

4.1. *Enunciado do problema*

A segunda condição da licitude da expropriação consiste na não-discriminação dos estrangeiros.

Note-se que, quanto a este requisito da licitude, pouco se está a acrescentar de específico no domínio do regime jurídico geral da propriedade privada dos estrangeiros e, ainda mais concretamente, no domínio do regime da expropriação, já que, como oportunamente demonstrámos, o princípio da não-discriminação dos estrangeiros constitui um elemento do nível mínimo da protecção assegurada, em geral, pelo Direito Internacional aos estrangeiros. Portanto, do que se trata aqui é apenas de aprofundar o princípio da não-discriminação especificamente quanto à expropriação da propriedade privada de estrangeiros.

A não-discriminação de estrangeiros aparece, por vezes, identificada com a igualdade tanto entre estrangeiros e nacionais como com a igualdade entre todos os estrangeiros[940]. Esta concepção do princípio da não-discriminação em Direito Internacional, inclusivamente no Direito Internacional das Expropriações, é errada[941]. Já aflorámos esta questão no Capítulo I desta Parte II. Vê-la-emos melhor quando estudarmos de seguida as questões que, de modo diferente, a não-discriminação coloca no Direito Internacional geral e no Direito Internacional particular.

---

[940] JAENICKE, pgs. 3 e segs.; e VIERDAG, pgs. 17 e segs. Parece ser a mesma a posição do Professor PARTSCH quando estuda a não-discriminação como "forma negativa da regra da igualdade" – *Discrimination*, pg. 134.

[941] *Restatement*, vol. 2, pgs. 188, 194 e 195.

A construção dogmática

4.2. *O Direito Internacional geral*

A Carta dos Direitos e Deveres Económicos dos Estados, de 1974, atrás estudada, omite o princípio da não-discriminação dos estrangeiros quando, no artigo 2.º, n.º 2, *c*, reconhece aos Estados o direito de expropriar. Como com razão observa WESTON[942], trata-se de uma lacuna grave, porque já à data aquele princípio era reconhecido como uma regra assente no Direito Internacional consuetudinário, e com força de *ius cogens*. Aliás, como tal, esse princípio fora aplicado pelo TPJI, já em 1934, no caso *Oscar Chinn*[943].

Todavia, dessa omissão da Carta dos Direitos e Deveres Económicos não resulta qualquer prejuízo à vigência do princípio da não-discriminação no Direito Internacional geral, e quanto a todos os direitos reconhecidos por ele ao indivíduo, dado que o fundamento último daquele princípio no moderno Direito Internacional reside no artigo 55.º, *c*, da Carta da ONU, que codifica o costume internacional na matéria, e, como tal, não apenas impõe a não-discriminação como obrigação para os Estados, no que toca a todos os Direitos do Homem, como também a confere como um *direito* ao indivíduo[944]. Perante esse preceito, o artigo 2.º da DUDH, que também consagra o direito à não-discriminação, inclusive segundo a nacionalidade, deve ser interpretado como mera "repetição" do citado preceito da Carta das Nações Unidas[945]. É de tudo isto que resulta, como corolário do citado preceito da Carta, que, como atrás se disse, a não-discriminação faz parte do "nível mínimo internacional" de protecção dos estrangeiros[946] e do nível

---

[942] *Charter*, pgs. 441 e 447. No mesmo sentido, *Restatement*, *loc.cit.*, e TEBE, pg. 304. Note-se que a gravidade da omissão aumenta se repararmos que ele também não figura na al. *a* do mesmo artigo 2.º, n.º 2, nem nos princípios constantes do Capítulo I, locais onde a sua enunciação teria cabimento, se a sua consagração naquele texto tivesse sido desejada pelos seus Autores.

[943] Pg. 87.

[944] V., por último. *Comentário Simma*, pg. 783.

[945] Assim, *Comentário Simma*, *loc.cit.*

[946] *Restatement*, vol. 2, pgs. 185, 188-189, 196-197 e 200; TEBE, pg. 305, bem como a jurisprudência e a bibl. cits. nas n. 57 e 58; e MOURI, pgs. 328 e segs., com base na jurisprudência nos casos das nacionalizações líbias e no litígio Irão-Estados Unidos.

A expropriação lícita

mínimo de protecção internacional da propriedade privada, isto é, como condição de licitude da expropriação.

A não-discriminação em Direito Internacional geral deve ser interpretada em duas fases escalonadas[947].

Numa primeira fase, ela impõe que o estrangeiro não seja discriminado em relação ao nacional, também em matéria de expropriações. No fundo, é uma pretensão modesta, é o resultado a que conduz a *Doutrina Calvo*.

Mas, as exigências do Direito Internacional em matéria de não-discriminação não se ficam por aqui – é a tal segunda fase, mais avançada.

De facto, caso o tratamento por essa via obtido para o estrangeiro não atinja o nível mínimo internacional, tal como vimos o Direito Internacional construí-lo, nesse caso o princípio da não-discriminação só será respeitado se o tratamento dado ao estrangeiro atingir esse nível mínimo internacional, *mesmo que ele seja superior ao nível de protecção reconhecido pelo Direito do Estado de acolhimento aos respectivos nacionais*. Pense-se, por exemplo, no cômputo da indemnização devida por expropriação, apesar de ela consistir numa condição autónoma da licitude da expropriação: o princípio da não-discriminação exige que a indemnização por expropriação seja, no mínimo, de montante igual ao fornecido pelo critério do nível mínimo internacional, mesmo que o montante a apurar para os nacionais, em situação idêntica, seja inferior.

No Direito Internacional geral não existe forma de impedir essa discriminação dos nacionais, que em tal caso resultará por confronto com os estrangeiros, porque o Direito Internacional geral não se ocupa, por si, dos nacionais do Estado, como já explicámos neste livro. Ou seja, o Direito Internacional geral não conhece a proibição da discriminação "inversa" ou "ao contrário" (*"reverse discrimination"*)[948]. Melhor dito, perante o Direito Internacional geral o problema da discriminação inversa é um problema de Direito interno.

Resta acrescentar que o Direito Internacional não impede que os estrangeiros não tenham, todos, o mesmo tratamento no Estado de acolhimento. De facto, este pode estar obrigado a conceder a alguns estran-

---

[947] HARTMANN, pgs. 104-108.

[948] *Restatement*, vol. 2, pg. 186; e PARTSCH, *Discrimination*, pgs. 136 e segs.

A construção dogmática

geiros um tratamento mais favorável do que a outros: basta, por exemplo, que o Estado de acolhimento tenha concedido ao Estado nacional daqueles o estatuto de "Nação mais favorecida"[949].

O estatuto de Nação mais favorecida materializa-se na chamada *cláusula de Nação mais favorecida*, que é inserida num tratado e através da qual um Estado assume perante um outro Estado a obrigação de lhe conceder a ele, ou a pessoas ou bens a ele ligados, um tratamento mais favorável, numa dada matéria, em regra com reciprocidade, significando esse tratamento mais favorável um tratamento não menos favorável do que aquele que o primeiro Estado vier a conceder a qualquer terceiro Estado ou às suas pessoas ou aos seus bens na mesma matéria[950].

O TIJ já reconheceu que aquela cláusula, ao definir um regime de igualdade entre o Estado beneficiário da cláusula e o Estado terceiro, estabelece, todavia, uma desigualdade entre aquele e outros terceiros Estados. Por outras palavras, a cláusula de Nação mais favorecida não discrimina o Estado beneficiário e o Estado terceiro tomado como referência mas discrimina entre aquele e outros terceiros Estados. Mas o TIJ reconhece a validade daquela cláusula[951,952].

A cláusula de Nação mais favorecida é admitida pela Organização Mundial do Comércio (OMC, ex-GATT) e pela Organização das Nações Unidas para o Comércio e o Desenvolvimento (CNUCED), sendo por elas estimulada, de modo particular, em benefício dos Estados em vias de desenvolvimento[953]. E tem contribuído decisivamente para o incremento das relações comerciais, económicas e financeiras à escala universal[954].

---

[949] Cfr. *Restatement*, vol. 2, pgs. 188 e segs.

[950] USTOR, pg. 411; IPSEN, pgs. 141-142; e CARREAU/FLORY/JUILLARD, pgs. 106 e segs. É esse, aliás, o conceito com que tem lidado a Comissão de Direito Internacional – v. IPSEN, pg. 142.

[951] Ac. 27-8-52, caso dos *direitos dos nacionais dos Estados Unidos em Marrocos*, pg. 196. V. o comentário de SILAGI, in *Encyclopedia*, t. 2 (1981), pgs. 286 e segs.

[952] A cláusula de Nação mais favorecida nasceu na Idade Média, tendo-se generalizado sobretudo na Europa, a partir do século XV. Um dos primeiros tratados bilaterais onde foi incluída foi o Tratado entre o Reino Unido e Portugal, de 1692 – cfr. USTOR, pg. 412.

[953] CARREAU/FLORY/JUILLARD, *loc.cit.*; e USTOR, pgs. 413-414.

[954] Veja-se IPSEN, *loc.cit.*

A expropriação lícita

Como no-lo revela USTOR[955], um dos domínios em que mais vulgarmente se tem desenvolvido a cláusula de Nação mais favorecida tem sido o do estabelecimento de cidadãos de um Estado no território doutro Estado, o que arrasta consigo o regime da propriedade privada dos primeiros no território do segundo.

Daqui se conclui, portanto, que o princípio da não-discriminação não obriga a que, no território de um dado Estado, os estrangeiros sejam todos tratados por este último em pé de igualdade. Será necessário, porém, que o tratamento de todos eles não fique aquém do nível mínimo internacional de protecção dos estrangeiros e que a razão da discriminação seja fundada *no Direito Internacional*, por exemplo, numa cláusula de Nação mais favorecida concluída com respeito pelo Direito Internacional.

4.3. *O Direito Internacional particular*

No Direito Internacional particular, temos que começar por sublinhar que muito vulgarmente os TBI prevêem a não-discriminação como condição de licitude da expropriação. Tem sido especialmente o Reino Unido a exigir, nos TBI que celebra, que a expropriação dos bens dos seus cidadãos tenham lugar numa "base não discriminatória"[956]. Também a cláusula de expropriação contida no TBI-tipo de Portugal estipula que a expropriação, a nacionalização, e as medidas análogas, deverão ter lugar "sem carácter discriminatório" (art. 4.°, n.° 1).

Não obstante isso, os TBI têm muitas vezes incluído cláusulas de Nação mais favorecida em matéria de expropriação. É o comportamento tradicional da Alemanha. Por exemplo, o TBI concluído em 1992 entre aquele Estado e a Checoslováquia estabelece que "Os nacionais e as sociedades de cada uma das Partes Contratantes beneficiarão do tratamento de Nação mais favorecida no território da outra Parte contratante em relação às matérias referentes à expropriação no presente artigo"[957].

---

[955] Pg. 411.

[956] P.ex., TBI Reino Unido-Turquia, de 1991, artigo 5.°, n.° 1.

[957] DOLZER/STEVENS, pgs. 105-106, donde constam mais pormenores sobre este comportamento da Alemanha.

A não-discriminação como condição de licitude da expropriação de propriedade privada de estrangeiros também nos surge exigida pela CEDH, mais concretamente, pelo artigo 1.º do PA n.º 1.

De facto, logo nos trabalhos preparatórios deste preceito ficou claro que essa era uma das condições que aquele artigo colocava para a licitude de qualquer acto que caísse na sua previsão, quando o parágrafo 1, *in fine*, se refere aos "princípios gerais do Direito Internacional". Esses princípios englobavam o princípio da não-discriminação, e este aplicava-se ao conjunto global do artigo 1.º do PA n.º 1 e não apenas aos actos contemplados na 2.ª frase do preceito, segundo a análise que mostrámos ser feita pelos órgãos da Convenção daquele artigo em três "frases" distintas, com diferentes campos de aplicação[958].

A não-discriminação encontra-se prevista nessa remissão para os "princípios gerais do Direito Internacional", pelo critério do "nível mínimo internacional"[959].

Os termos em que, por essa via, a não-discriminação nos surge como condição de licitude da expropriação não foram nunca postos em causa pelos órgãos da Convenção. Todavia, uma questão complementar tem sido objecto de discussão quer naquela jurisprudência, quer na doutrina: podem só os estrangeiros, ou também os nacionais, invocar os "princípios gerais do Direito Internacional", a que se refere o artigo 1.º do PA n.º 1, contra uma expropriação?

Os órgãos da Convenção, louvando-se nos trabalhos preparatórios[960], e com o apoio de alguns Autores[961], têm entendido que aqueles princípios só se aplicam aos estrangeiros, dado que o Direito Internacional não regula o estatuto dos nacionais. Nem os autores da Convenção, ao longo dos respectivos trabalhos preparatórios, nem a doutrina que assim pensa, escrevem que, com essa orientação, o que se pretende, sobretudo, é evitar o reconhecimento aos nacionais, em caso de expro-

---

[958] Assim, *Comentário Pettiti*, pgs. 986 e segs.; COHEN-JONATHAN, *Convention*, pgs. 527 e segs.; e RUSSO, pg. 552.

[959] FROWEIN/PEUKERT, pg. 797; e RIEDEL, pgs. 335 e segs.

[960] V. *Comentário Pettiti*, pg. 986; HIGGINS, pgs. 356 e segs.; COHEN-JONATHAN, *Convention*, pg. 528; e VELU/ERGEC, pgs. 681-682.

[961] HIGGINS, *op.e loc.cits.*, sem grande convicção; e MENDELSON, pgs. 33 e segs.

priação, nacionalização ou actos análogos, de uma indemnização "prévia, integral e efectiva", ditada pela *Fórmula Hull*, porque, segundo eles próprios, a *Fórmula Hull* pertenceria, já à data da preparação daquela Convenção, aos "princípios gerais do Direito Internacional"[962]. Portanto, segundo esta orientação, os nacionais não poderiam invocar, ao abrigo do artigo 1.º do PA n.º 1, contra uma expropriação, o Direito Internacional, inclusive o nível mínimo internacional, o que engloba muito mais do que o princípio da não-discriminação, como mostrámos atrás.

Nesse sentido, são paradigmáticos os Acórdãos do TEDH nos casos *James*[963] e *Lithgow*[964]. Em ambos os casos – em que se discutiu, no primeiro, uma expropriação *stricto sensu*, e, no segundo, uma nacionalização – o Tribunal entendeu que os princípios gerais do Direito Internacional, referidos no artigo 1.º do PA n.º 1, não se aplicavam aos nacionais, inclusive os relativos à indemnização por expropriação[965].

Essa corrente tem sido, porém, combatida por alguns Juízes do próprio Tribunal[966] e pela doutrina dominante, nalguns casos com grande severidade[967], inclusive com a demonstração de que os trabalhos preparatórios conduzem a uma interpretação oposta à que deles extraem a Comissão e o Tribunal[968]. Se quisermos dar uma arrumação a toda a série de argumentos invocados por essa orientação, diremos que eles se agrupam, fundamentalmente, em três: um, de carácter geral em relação ao Direito Internacional visto em globo – o Direito Internacional cada vez mais se preocupa com os Direitos do Homem, enquanto *"ser humano"*, independentemente da sua nacionalidade;

---

[962] Reconhecem-no, no seu Comentário, VELU e ERGEC, pg. 681.

[963] §§ 58-66.

[964] §§ 111-119.

[965] Respectivamente, §§ 54 e 121. Cfr. SUDRE, *Protection*, pg. 77; e VELU/ERGEC, pg. 682.

[966] V. a opinião separada dos Juízes BINDSCHEDLER-ROBERT, GOLCÜKLÜ, MATSCHER, PETTITI, RUSSO e SPIELMAN no caso *James*.

[967] Como é o caso de JACOBS, pg. 165; VASAK, pg. 66; RUSSO, pg. 552; COHEN-JONATHAN, *Convention*, pg. 528; GURADZE, anotação 5 ao artigo 1.º do PA n.º 1; *Comentário Pettiti*, pg. 987; e, por último, GELINSKY, pgs. 108 e segs., e JACOBS/WHITE, 255.

[968] P.ex., CONDORELLI, pgs. 202 e segs.

A construção dogmática

outro, ainda de carácter geral, mas extraído do contexto global e concreto da CEDH – os Estados comprometem-se, no seu artigo 1.°, a reconhecer os direitos nela consagrados (e, entenda-se, também nos seus Protocolos Adicionais) "a *qualquer pessoa sujeita à sua jurisdição*", também aqui, portanto, independentemente da sua nacionalidade; por fim, um terceiro, extraído especificamente da própria interpretação literal do artigo 1.° do PA n.° 1 – este diz aplicar-se a "*toda a pessoa* singular ou colectiva" e estabelece que "*ninguém* pode ser privado (...)" [969],[970].

Da nossa parte, estamos totalmente de acordo com a posição defendida por esta última orientação, mas acrescentar-lhe-emos um novo argumento. Ele é invocado por muito poucos Autores que a seguem[971], mas parece-nos ser, do ponto de vista jurídico, mais decisivo do que todos os argumentos em que esta corrente se baseia: referimo--nos à proibição, pelo artigo 14.° da CEDH, de qualquer discriminação no gozo de todos os direitos reconhecidos pela Convenção, *inclusive com base na "origem nacional" das pessoas*. Dessa forma, o artigo 14.° segue a orientação do artigo 2.° da DUDH quanto aos direitos arrolados nesta[972]. Através do artigo 14.° da CEDH, os Estados partes na CEDH e nos seus Protocolos comprometem-se a reconhecer os direitos neles elencados *tanto aos seus nacionais como aos estrangeiros* sujeitos à sua jurisdição, sem discriminação. Aquele artigo contém, portanto, uma *cláusula geral de não-discriminação entre nacionais e estrangeiros*, obviamente pelo nível do Direito Internacional, quanto a *todos* os direitos reconhecidos pela Convenção e pelos seus Protocolos. Portanto, e concretamente quanto ao direito de propriedade, este é reconhecido, em todos os aspectos do seu regime jurídico, em termos iguais, aos nacionais e aos estrangeiros, pelo que, na aplicação do artigo 1.° do PA n.° 1, não pode ser estabelecida qualquer discriminação entre nacionais e estrangeiros, sob pena de se violar o artigo 14.° da CEDH[973].

---

[969] V. assim, por último, GELINSKY, pgs. 108 e segs.

[970] Os itálicos são nossos.

[971] P.ex., RUSSO, pgs. 547 e segs.

[972] Assim, *Comentário Simma*, pg. 783.

[973] Das obras mais recentes, veja-se o tratamento exaustivo deste artigo em FRO-WEIN/PEUKERT, pgs. 435 e segs., especialmente 467 e segs. Note-se, todavia, que

A expropriação lícita

Disto resulta que, feito o confronto do regime que a teoria do nível mínimo internacional confere aos estrangeiros ao abrigo do artigo 1.º do PA n.º 1 com o regime que o Direito do Estado de acolhimento reconhece aos seus nacionais, o artigo 14.º leva a que, de entre os dois, *o regime mais elevado* de protecção da propriedade privada do particular, no nosso caso, concretamente em matéria de expropriação, seja aplicado, *de modo igual*, tanto aos nacionais como aos estrangeiros. Dessa forma, para além de se respeitar o princípio da não-discriminação, está-se a enriquecer o conteúdo útil da Convenção, porque se está a elevar o grau de protecção que ela confere, neste caso concreto, ao direito de propriedade privada, e tanto de nacionais como de estrangeiros[974].

Restará acrescentar que também no quadro do artigo 1.º do PA n.º 1 se concebem cláusulas de Nação mais favorecida, ou explícitas ou implícitas. Entre estas últimas pode figurar a do artigo 12.º do Tratado CE, na redacção que lhe deu o Tratado da União Europeia, após a sua revisão pelo Tratado de Amesterdão.

De facto, este artigo proíbe, entre os 15 Estados membros da União Europeia (todos eles partes no PA n.º 1), e "no domínio de aplicação" daquele Tratado, "qualquer discriminação em razão da nacionalidade". Esta redacção, só por si, remove, entre os 15, qualquer das referidas dificuldades que têm surgido na interpretação do princípio da não-discriminação tal como ele consta do artigo 1.º do PA n.º 1. E se se concluir que, em função do aprofundamento da integração levada a cabo pelo Tratado CE, e que ainda é primordialmente económica, o grau de protecção à propriedade privada reconhecido por este, ou pelo Direito derivado com base nele, é superior àquele que o artigo 1.º do PA n.º 1 pemite aos mesmos 15 Estados obter, nesse caso vigorará entre os 15, em regime de reciprocidade, pelo funcionamento normal da cláusula de Nação mais favorecida, o nível de protecção, inclusive quanto ao regime da expropriação, garantido pelo Tratado CE. É difícil dizer-se se assim acontece efectivamente, porque tem sido quase nula a produção doutrinária ou jurisprudencial acerca da protecção con-

---

esses Autores não chegam à aplicação da não-discriminação entre nacionais e estrangeiros no âmbito do artigo 1.º do PA n.º 1 pela via do artigo 14.º, mas pela do princípio da proporcionalidade – pg. 809. Do exposto no texto, conclui-se que não os acompanhamos.

[974] Assim, também CONDORELLI e RUSSO, *ops.e locs.cits.*

A construção dogmática

ferida ao direito de propriedade privada na CE à margem do artigo 1.°
do PA n.° 1. Pelo contrário, o Tribunal de Justiça, no caso em que mais
profundamente foi chamado a pronunciar-se, até hoje, sobre o grau de
protecção devido à propriedade privada pelo Direito Comunitário,
remeteu-se para o artigo 1.° do PA n.° 1, que considerou como expri-
mindo o "nível comum europeu" na matéria e, como tal, obrigatório
também para as Comunidades[975].

Uma nota final para se sublinhar que, no que toca à interpretação
do artigo 12.° CE, não faz dúvida de que ele proíbe, de modo igual, a
discriminação de estrangeiros e dos próprios nacionais (chamada, neste
último caso, de discriminação "ao contrário" ou "inversa" – *"umge-
kehrte Diskriminierung", "discrimination à rebours", "reverse discrimination"*). Os órgãos de aplicação do Direito Comunitário chegaram,
muito mais depressa do que os órgãos de aplicação da CEDH quanto
ao artigo 1.° do PA n.° 1, à conclusão de que o artigo 12.° CE proíbe a
"discriminação *em razão da nacionalidade*" (qualquer que esta seja), e
não só "o tratamento *discriminatório dos estrangeiros*" – duas coisas
completamente diferentes, mas que o TEDH, por exemplo, nos casos
Lithgow e *James*, não soube distinguir. Por isso, o artigo 12.° CE
proíbe, no domínio material de aplicação daquele Tratado, toda a discriminação, fundada na nacionalidade, tanto de estrangeiros como de
nacionais[976]. Por outras palavras – e embora isso nem sempre seja dito
dessa forma clara –, ele impõe, dentro do domínio material do Direito
Comunitário, o respeito pelo princípio da igualdade, em razão da nacionalidade, entre nacionais e cidadãos de outros Estados membros da
União Europeia[977].

---

[975] Caso *Hauer*, pgs. 3727 e segs. V., de modo concordante, *Comentário Pettiti*,
pg. 997, e bibl. aí cit.; e KRÖGER, pgs. 104, 118 e 122.

[976] Assim, Acs. do TJ nos casos *Walt Wilhelm*, pgs. 15 e segs., *Auer*, pgs. 449-
-450, e *Knoors*, pg. 410.

[977] É a opinião pacífica na doutrina: ver, para só se citar obras básicas e expressivas,
GRABITZ/HILF, anotação 52 ao artigo 6.° (antes da revisão de Amesterdão) *Comentário
Groeben*, anotação 16 ao artigo 7.° (antecessor, até ao TUE, do art. 6.°); OPPERMANN,
Europarecht, pg. 161; ZULEEG, pgs. 475 e segs.; FEIGE, pgs. 7 e segs.; KON, pgs. 100
e segs. Do exposto no texto decorre que sempre tenhamos considerado sem sentido o
estudo da discriminação dos nacionais, ou discriminação inversa, no Direito Comunitário:
é uma questão que, em face do Tratado CE, pura e simplesmente não existe.

4.4. *Irrelevância da questão em face do Direito Constitucional dos Estados*

A exigência da não-discriminação como condição imposta pelo Direito Internacional para a licitude do acto de expropriação de propriedade privada de estrangeiros esgota-se, *no plano do Direito Internacional*, nos termos acima referidos.

Diga-se, todavia, que, no âmbito da sua aplicação prática, essa exigência perde muito do seu alcance em face do moderno Direito Constitucional Comparado. Vejamos o que se passa, por exemplo, com a nossa Constituição.

O artigo 15.° reconhece, no seu n.° 1, em princípio, a igualdade dos nacionais e dos estrangeiros em matéria de direitos fundamentais. Admite, contudo, as excepções a essa igualdade previstas no n.° 2 do mesmo artigo.

Ora, é manifesto que o direito de propriedade privada, consagrado no artigo 62.°, n.° 1, não se enquadra em qualquer dessas excepções. Ou seja, segundo o Direito Constitucional português, em matéria de expropriação, concebida esta no sentido muito amplo com o qual temos lidado ao longo deste livro, os cidadãos nacionais e os estrangeiros são tratados em pé de completa igualdade.

Essa conclusão ficará reforçada se se puder concluir que o princípio da não-discriminação em matéria de expropriação, *tal como o Direito Internacional o garante aos estrangeiros* (nos termos atrás estudados), vigora no Direito interno também para os nacionais. Nesse caso, também por via do Direito Internacional se chegará à igualdade de tratamento entre nacionais e estrangeiros em matéria de regime jurídico da expropriação por utilidade pública. É questão que veremos adiante, na altura própria[978].

5. Idem: C) **A não violação de compromissos internacionais anteriores assumidos pelo Estado de acolhimento**

A terceira condição de licitude impõe que a expropriação não viole compromissos internacionais previamente assumidos pelo Estado expropriante.

---

[978] *Infra*, Parte III, n.° 2, especialmente, 2.9.

A construção dogmática

Quando a doutrina formula este requisito para a licitude da expropriação está a querer dizer que, por força dele, o Estado só pode licitamente expropriar se não tiver anteriormente renunciado ao direito de o fazer ou nas condições a que tiver aceite sujeitar o exercício do seu direito de expropriar[979]. A renúncia, como atrás vimos, pode ser levada a cabo através de um TBI entre o Estado de acolhimento e o Estado nacional do interessado ou através de uma cláusula de estabilização inserida num contrato de investimento entre o Estado de acolhimento e o investidor estrangeiro.

Como se disse, esta condição de licitude deve a sua elaboração, em grande parte, à doutrina. Mas ela resume-se a ser um corolário do princípio *pacta sunt servanda*: se o Estado se comprometeu a não expropriar, ou a expropriar sob certas condições, a expropriação é ilícita, desde logo, por infracção àquele princípio.

Mesmo assim, a prática dos Estados tem acolhido a formulação, de modo expresso, daquela condição de licitude da expropriação. Dito doutra forma, muitos TBI têm incluído cláusulas expressas no sentido de que a expropriação não pode violar anteriores compromissos internacionais assumidos pelo Estado de acolhimento. Essa orientação é particularmente cara às diplomacias norte-americana[980] e francesa[981,982].

Um grande nome da doutrina, GEORG SCHWARZENBERGER, chama, porém, a atenção para o facto de, também nesta matéria, o princípio *pacta sunt servanda* no Direito Internacional não dever assumir um carácter "sacrossanto". De facto, para aquele Autor, "*pacta sunt servanda* é hoje uma *petitio principii*, porque existe uma contramáxima: *omnis conventio intelligitur rebus sic stantibus*"[983].

---

[979] Assim, HEFELE, pg. 14; VERDROSS/SIMMA, pgs. 805 e segs.; BERBER, pg. 426; ALT, pg. 426; DOLZER/STEVENS, pg. 107; SCHWARZENBERGER, *Foreign Investments*, pgs. 121-122; e SORNARAJAH, *International law*, pgs. 320 e segs.

[980] Dos mais recentes, ver os TBI EUA-Bangladesh, de 1986, e EUA-Tunísia, de 1990, artigo II, n.° 3.

[981] V. os TBI França-Polónia, de 1989, artigo 5.°, n.° 2, e França-Nigéria, de 1990, artigo 5.°, n.° 2.

[982] Cfr. DOLZER/STEVENS, pgs. 107-108.

[983] *Foreign Investments*, pgs. 121-122 e 164.

A expropriação lícita

Pensamos que todos estaremos de acordo com estas observações do renomado Professor inglês. Todos os tratados internacionais, e, portanto, também aqueles pelos quais o Estado de acolhimento se compromete a não expropriar, ou a expropriar sob certas condições, não obstante se regerem pelo princípio *pacta sunt servanda*, aliás acolhido hoje no artigo 26.º da Convenção de Viena sobre o Direito dos Tratados (CV), podem ser licitamente suspensos ou denunciados com invocação da cláusula *rebus sic stantibus*, isto é, com fundamento numa alteração fundamental das circunstâncias em que eles foram celebrados. Ponto é que na invocação desta cláusula o Estado respeite os estreitos limites em que o artigo 62.º da CV permite, hoje, que a ela se atenda, e não tenha previamente aceite a alteração fundamental das circunstâncias (art. 45.º da CV), dentro do espírito geral fortemente restritivo a que o Direito Internacional tradicional submete a invocação da cláusula *rebus*[984].

6. **Idem**: D) **A protecção jurídica do expropriado**

Esta condição de licitude da expropriação pretende englobar, na fórmula sintética em que a exprimimos[985], e em terminologia jurídica portuguesa, duas realidades distintas:

a) o direito a um procedimento equitativo, prévio ao acto de expropriação, designado, por vezes, simplesmente por *"direito ao procedimento"*;

b) garantias contenciosas adequadas, indicadas, às vezes, abreviadamente, por *"direito ao tribunal"*.

---

[984] V., modernamente, o estudo exaustivo de SCHWARZENBERGER, *Clausula*, especialmente pgs. 26 e segs., e VERDROSS, *Quellen*, pgs. 84 e segs. Entre nós, remete-se o leitor para o demorado estudo da matéria em GONÇALVES PEREIRA/ /FAUSTO DE QUADROS, pgs. 253 e segs. Note-se que um estudo excelente da cláusula *rebus sic stantibus*, vista como *"princípio geral de Direito"*, particularmente do Direito Público, foi há pouco publicado por KÖBLER – v., especialmente, as pgs. 74 e segs. e 159 e segs.

[985] Tal como o demonstra BANZ, pgs. 96 e segs.

A construção dogmática

Nas obras de língua inglesa, utiliza-se a expressão *"due process of law"* para se indicar, em globo, as duas realidades, ou só a primeira, deixando-se, então, para a segunda a expressão *"judicial review"*[986].

Os TBI previnem-se, quase todos, quanto à protecção jurídica do expropriado, assim entendida.

Pelo que toca ao procedimento equitativo prévio à expropriação, que pode não se traduzir num procedimento administrativo quando o acto de expropriação não assuma a forma jurídica de um acto administrativo, os TBI garantem ao expropriado (talvez, neste caso concreto, se deva melhor dizer *expropriando*) pelo menos o direito à notificação, o direito à informação, o direito à audiência prévia e o direito à decisão do procedimento num "prazo razoável", num sentido próximo daquele que, respectivamente, os artigos 61.º, 66.º, 100.º, e as disposições conjugadas dos artigos 9.º, 71.º e 107.º do Código português do Procedimento Administrativo conferem àqueles direitos[987]. Por vezes, os TBI estabelecem, eles próprios, as regras procedimentais, quando se pretende evitar que se aplique na matéria o Direito Procedimental do Estado de acolhimento[988].

Também a cláusula de expropriação contida no já referido Projecto de *Acordo Multilateral de Investimento* da OCDE garante ao investidor um *"due process of law"*, expressão que aí é utilizada no sentido amplo de protecção jurídica do expropriado.

Não encontramos nem na doutrina, nem na jurisprudência, nem no Direito positivo, qualquer tentativa no sentido de se definir um mínimo internacional em matéria de procedimento equitativo[989]. A construção do *"due process of law"*, mesmo que sob esta fórmula vaga, tem vindo a ser feita quase exclusivamente pela prática dos Estados, através dos TBI. Julgamos, contudo, que o carácter reiterado dessa prática já nos permite ver nas referidas exigências em matéria de procedimento equitativo um costume internacional, ainda que numa fase embrionária[990].

---

[986] Cfr. DOLZER/STEVENS, pg. 106; e SCHWARZENBERGER, *Foreign Investments*, pg. 119.

[987] V. exemplos em BANZ, pg. 97; e DOLZER/STEVENS, *loc.cit.*

[988] V. DOLZER/STEVENS, *loc.cit.*

[989] Reconhece-o BANZ, *loc.cit.*

[990] Assim, BANZ, pgs. 96 e segs.

A expropriação lícita

O mesmo se deve dizer das garantias contenciosas em caso de expropriação.

Os TBI privilegiam a solução amigável dos litígios, por via da negociação – é o caso, por exemplo, do TBI-tipo português, no seu artigo 2.° Para a hipótese de essa solução amigável não ser encontrada, eles prevêem o recurso a tribunais (*"judicial review"*). Há quem defenda, com base na prática diplomática dos Estados, que as garantias contenciosas já fazem parte de um "grau internacional de processo equitativo"[991]. Mas a doutrina ainda hesita em sufragar esse ponto de vista.

Todavia, é certo que muitos TBI prevêem o recurso pelo investidor a tribunais em caso de expropriação. E podem fazê-lo de diversas formas: ou impondo "um julgamento imediato, por um tribunal ou uma autoridade independente"[992]; ou incluindo no respectivo TBI uma cláusula compromissória segundo a qual os litígios sobre expropriações serão resolvidos por arbitragem de harmonia com a lei do Estado de acolhimento, ou por arbitragem internacional[993]. Nesta última hipótese, o TBI pode trazer anexa a respectiva convenção de arbitragem[994].

Se o TBI previr o recurso à arbitragem internacional, ele (ou um simples contrato de investimento entre um Estado e o investidor) pode contemplar o recurso à arbitragem sob a égide do CIRDI. Permite-o o artigo 25.° da Convenção do Banco Mundial de 18 de Maio de 1965, já por nós referida na Parte I deste livro. Só que nessa hipótese, aquele artigo impõe, entre outros, um requisito *ratione personae* e, outro, *ratione materiae*: *ratione personae*, pelo menos uma das partes contratantes no TBI deverá ser parte naquela Convenção ou, no caso do contrato de investimento, deverá sê-lo ou o Estado de acolhimento ou o Estado da nacionalidade do investidor; por sua vez, *ratione materiae*, a arbitragem por essa via só poderá ter por objecto uma "questão jurídica" e que resulte directamente de um "investimento" – expressão

---

[991] VANDEVELDE, pg. 121.

[992] P.ex., o TBI de 1988 entre a Dinamarca e a Hungria; e o TBI de 1990 entre os EUA e a Tunísia, artigo III, n.° 2.

[993] BANZ, pgs. 100 e segs.

[994] P.ex., o TBI entre a Argentina e os EUA, de 1991, artigo IV, n.° 1. Cfr. VANDEVELDE, pg. 125; DOLZER/STEVENS, pgs. 106-107 e 119 e segs.

que, todavia, aquela Convenção não define, com as consequências nefastas que se imaginam[995].

Contudo, é raro os TBI preverem expressamente o recurso ao CIRDI. Também isso explica, aliás, como já se disse, que, não obstante em 1 de Abril de 1991 já 92 Estados haverem ratificado a Convenção de 1965, apenas lhe tenham sido submetidas 26 arbitragens[996].

Note-se que, nesta matéria, o modelo português de TBI se afasta da orientação geral. O seu artigo 2.°, depois de privilegiar as negociações como forma de resolução de litígios entre o Estado de acolhimento e o investidor estrangeiro, admite, *em alternativa*, caso esse meio não resulte, o recurso ou aos tribunais nacionais do Estado de acolhimento *ou* ao CIRDI.

Talvez por isso, também nesta matéria Portugal se veja obrigado frequentemente pela outra Parte Contratante a afastar-se do seu modelo de TBI. Tome-se como exemplo o já citado TBI entre Portugal e a Alemanha, de 16 de Setembro de 1980. Dispõe ele, no artigo 10.°, que, falhadas as negociações para o efeito, a solução dos litígios deve ser remetida para um tribunal arbitral *ad hoc*, cujas regras de composição e de funcionamento já estão, pelo menos no essencial, disciplinadas nesse preceito do próprio TBI.

No caso de as garantias contenciosas conferidas ao expropriado implicarem o recurso a tribunais nacionais do Estado de acolhimento, faz parte do mínimo internacional de protecção aos estrangeiros, como vimos, o reconhecimento ao expropriado do direito a um julgamento célere e equitativo, com respeito pelo princípio do contraditório e por todas as garantias de defesa, inclusive a assistência de um advogado por si livremente escolhido, e de intérpretes para ele entender e se fazer entender convenientemente ao longo do processo[997]. BUERGENTHAL chega a utilizar, para referir essa situação, a expressão *"grau mínimo de justiça"* (*"minimum standard of justice"*), reconhecido aos estrangeiros pelo Direito Internacional[998].

---

[995] Veja-se AMERASINGHE, *Investment*, pgs. 1448-1449; BROCHES, *Convention*, pgs. 331 e segs.; BANZ, pgs. 101 e segs.; e DOLZER/STEVENS, pgs. 129 e segs.

[996] AMERASINGHE, *op.cit.*, pgs. 1451.

[997] Cfr. BANZ, pgs. 96 e segs.

[998] *International Human Rights*, pgs. 13 e 15.

A expropriação lícita

7. Idem: E) **A indemnização**

7.1. *Observações de natureza terminológica*

A condição de licitude da expropriação que agora vamos estudar deve ser designada de *indemnização*. A este propósito, impõem-se duas prevenções sobre a terminologia adoptada.

A primeira é a de que *compensation* em inglês se traduz para português por *indemnização* e não por *compensação*. É importante dizê-lo, porque na terminologia jurídica portuguesa indemnização e compensação não são vocábulos sinónimos.

A segunda é a de que, a nosso ver, é redundante falar em "justa indemnização" – em Direito Internacional ou em Direito interno. Por isso, evitaremos essa expressão. De facto, indemnização vem do latim *in + demne*, que significa reparar, apagar o dano[999], o que, portanto, quer dizer que a ideia de justiça já está no âmago do conceito de indemnização e, portanto, é co-natural ao princípio da indemnização. Por outras palavras, em Direito *não há indemnização se ela não for justa*[1000]

7.2. *O dever de indemnizar*

O dever do Estado expropriante de indemnizar o expropriado pela expropriação, bem como o correspondente direito deste à indemnização, encontram-se hoje acolhidos, sem reservas, pelo costume internacional geral[1001].

Além disso, e como já atrás demonstrámos, o reconhecimento do direito de propriedade privada ao indivíduo, nos termos em que ele é feito pelo moderno Direito Internacional, acarreta o reconhecimento do

---

[999] *Grande Dicionário da Língua Portuguesa*, coordenação de JOSÉ PEDRO MACHADO, vol. III, Lisboa, 1991, pg. 408.

[1000] Entre nós, aceitou-o expressamente o Tribunal Constitucional, num dos seus melhores acórdãos sobre a matéria – Acórdão n.° 3/88, pg. 2462.

[1001] A questão é pacífica hoje na doutrina: v., por todos, MOSLER, *General Principles*, pg. 98; SEIDL-HOHENVELDERN, *Völkerrecht*, pgs. 359 e segs.; IPSEN, pgs. 614 e segs.; WORTLEY, pgs. 159 e segs.; e WESTON, *Charter*, pgs. 448 e segs.

A construção dogmática

direito do estrangeiro à indemnização por expropriação e do correspondente dever de indemnizar da parte do Estado de acolhimento.

Já há mais de um século e meio, uma nota diplomática, de 7 de Agosto de 1846, do Ministro britânico dos Negócios Estrangeiros PALMERSTON ao Embaixador do Reino Unido em Atenas rezava: "Hoje entendem todos os Estados que, quando um imóvel rústico pertencente a um particular é necessário para fins de grande interesse público ou para a defesa nacional, o direito do particular deve ceder de tal forma perante o interesse público que ele seja compelido pelo Direito a transferir o seu imóvel para a comunidade, sempre com a condição de que terá direito a receber por ele, da comunidade, o seu valor total e justo" ("*full and fair value*")[1002].

Depois, no início deste século, a Conferência de Bruxelas de 1921, convocada para se pronunciar sobre o confisco pela Rússia, após a Revolução de 1917, de bens de nacionais e estrangeiros, decidiu, quanto aos bens dos estrangeiros, que "as expropriações e nacionalizações forçadas, feitas sem qualquer indemnização ou remuneração pela propriedade dos estrangeiros, são totalmente contrárias à prática dos Estados civilizados. Se tais expropriações ocorrerem, há lugar a uma acção de indemnização contra o Governo do respectivo Estado"[1003]. Sob esta pressão, a Rússia indemnizou quase todos os expropriados e, nalguns casos, com uma indemnização de valor igual ao do respectivo bem[1004].

O mesmo fez o México após a maciça vaga de nacionalizações de 1938-40, que incidiram sobretudo sobre propriedades rústicas e participações sociais de empresas petrolíferas estrangeiras. Em 1946, o Reino Unido e a Holanda aceitaram uma indemnização pelo valor dos bens à data da sua expropriação.

Portanto, antes da 2.ª Grande Guerra, encontrava-se sedimentado no Direito Internacional o princípio de que o confisco de propriedade privada (isto é, a expropriação sem indemnização) era ilícito, *mesmo em tempo de Guerra*[1005].

[1002] Cit. em WHITEMAN, *Damages*, pg. 1386.
[1003] O'CONNELL, II, pg. 766.
[1004] O'CONNELL, *loc.cit.*
[1005] Esta questão encontra-se documentada em O'CONNELL, II, pgs. 770 e segs.

A expropriação lícita

Acabada a 2.ª Grande Guerra, foi diferente o comportamento dos Estados Ocidentais e do Leste europeu em face das expropriações e nacionalizações que haviam levado a cabo. Os Estados Ocidentais indemnizaram os interessados, embora na maior parte dos casos segundo critérios ditados pelo respectivo Direito interno. Os Estados de Leste, por sua vez, reagiram de modo não sincronizado. Assim, se a Polónia, por exemplo, acabou por indemnizar as expropriações e, até, por pagar por elas indemnizações mais ou menos adequadas, a Checoslováquia recusou-se a pagar qualquer indemnização pelas expropriações de propriedades de cidadãos alemães e húngaros, embora tenha concluído acordos *lump sum* com o Reino Unido, a França, a Bélgica e a Suíça[1006].

Depois, a incoerência entre as sucessivas Resoluções das Nações Unidas, aprovadas nos anos 60 e 70, não impediu que a maior parte dos Estados saídos da descolonização, com maior ou menor relutância, tivesse aceite indemnizar os estrangeiros pelas expropriações ou nacionalizações efectuadas, ainda que muitas vezes segundo critérios extraídos do respectivo Direito interno, mas sem que desse comportamento fosse fácil, em todos os casos, extrair-se a recusa, ainda que tácita, do dever de indemnizar por força do Direito Internacional[1007].

Por sua vez, a jurisprudência internacional orientou-se também no mesmo sentido. O TPJI, no caso dos *interesses alemães na Alta Silésia*[1008], decidiu que o princípio da *"indemnização total"* fazia parte do costume internacional, e, para o efeito, louvou-se em jurisprudência anterior, do século passado ou do início deste século, inclusive o caso das *propriedades das congregações religiosas em Portugal*, já por nós estudado na Parte I.

Mais recentemente, por exemplo, no *caso Liamco*, como vimos na Parte I, a jurisprudência arbitral entendeu que as Resoluções das Nações Unidas sobre a Soberania Permanente condicionavam esta ao dever de indemnizar as expropriações de propriedade privada de estrangeiros. O mesmo foi decidido, pelos respectivos tribunais arbi-

---

[1006] Sobre esta parte histórica, v. O'CONNELL, II, pgs. 766-768.

[1007] SEIDL-HOHENVELDERN, *op.cit.*, pgs. 360-362.

[1008] Pgs. 3 e segs.

A construção dogmática

trais, embora sem a citação do Direito das Nações Unidas, nos casos *Topco* e *Aminoil*, o que também ficou demonstrado na Parte I.

E note-se que, no plano dos princípios, mesmo a *Doutrina Calvo*, apesar de não se ter visto triunfar no Direito Internacional, não recusava aos estrangeiros o direito à indemnização por expropriação, salvo no caso extremo e raro, que não defendia, mas ao qual podia conduzir, de o Direito interno do Estado de acolhimento o recusar aos respectivos nacionais.

Já nos nossos dias, o direito à indemnização por expropriações encontra-se absolutamente consolidado no Direito Internacional.

Demonstram-no, no plano da jurisprudência arbitral, os inúmeros Acórdãos proferidos a propósito do litígio entre o Irão e os Estados Unidos. De entre eles, merecem destaque dois. O primeiro é o caso *Phelps Dodge*. Aí o Tribunal reconheceu que "constitui um princípio geral do Direito Internacional Público que, mesmo no caso de expropriação lícita, o antigo proprietário tem direito a indemnização (...)"[1009]. O outro caso é o caso *Ebrahimi*, onde o Tribunal repetiu e enfatizou a doutrina do caso anteriormente citado[1010,1011].

Demonstra-o também a jurisprudência do TEDH que, no âmbito do artigo 1.º do PA n.º 1, e não obstante a omissão da referência nele à indemnização pela expropriação, decidiu que, na ausência de indemnização por expropriação, "o artigo 1.º só asseguraria uma protecção ilusória e ineficaz do direito de propriedade"[1012], pelo que o direito à indemnização é "co-substancial" ao direito de propriedade, reconhecido por aquele artigo[1013]. Note-se que neste ponto a CADH foi mais longe do que a CEDH, porque o já citado artigo 21.º da CADH, depois de, no seu n.º 1, reconhecer o direito de propriedade, vem, ele próprio, dispor, no seu n.º 2, que "ninguém pode ser privado da sua propriedade sem o pagamento de *justa indemnização*"[1014].

[1009] § 22.

[1010] § 28.

[1011] Cfr. MOURI, pgs. 332 e segs.

[1012] Casos *James*, § 54, e *Lithgow*, § 121. V. *Comentário Pettiti*, pgs. 990-991; e SUDRE, *Protection*, pg. 72.

[1013] Casos *Erkner*, § 78, e *Poiss*, § 68. Cfr. SUDRE, *op.e loc.cits.*

[1014] O itálico é nosso.

A expropriação lícita

Daqui se pode, pois, concluir que o Direito Internacional consuetudinário, e hoje também de base convencional, impõe há muito, de modo pacífico, aos Estados o dever de indemnizar os estrangeiros por expropriações. E o fundamento desse dever de indemnizar é, note-se, igual para as expropriações *stricto sensu*, as nacionalizações e os actos análogos a uma e a outra. O Direito Internacional, a começar pelos TBI, não estabelecem, para o efeito, qualquer distinção entre aqueles actos[1015]. Os problemas que surgem em matéria de indemnização são, pois, outros, que não quanto à afirmação do princípo de base, do dever de indemnizar. Estudá-los-emos adiante.

7.3. *Actos indemnizáveis e actos não indemnizáveis*

No Capítulo dedicado ao estudo da natureza e do regime do acto de expropriação deixámos esclarecido que nem todas as interferências ou ingerências no direito de propriedade de estrangeiros fazem nascer na esfera jurídica do respectivo Estado o dever de indemnizar. Recapitulando o que então escrevemos, diremos que o Direito Internacional obriga à indemnização pelos seguintes dois grandes tipos de actos:

– actos de privação formal da propriedade;
– e actos análogos ou equivalentes à expropriação e à nacionalização, que diminuem ou esvaziam a substância da propriedade sobre o bem, sem, todavia, retirarem formalmente ao particular a titularidade do direito de propriedade.

Mas o Direito Internacional não obriga à indemnização de actos de mera regulamentação do uso do bem, que se entendem que são lícitos, sem indemnização, por consideração pela função social da propriedade privada na Civilização contemporânea. Todavia, deixámos então claro, com base na doutrina e na jurisprudência, que não é fácil demarcar-se a fronteira entre, por um lado, os actos análogos à expropriação que só diminuem ou esvaziam a substância do direito de pro-

---

[1015] Assim, por todos, BANZ, pgs. 85; SEIDL-HOHENVELDERN, *Völkerrecht*, pgs. 359 e segs.; HERDEGEN, pg. 195; e MOSLER, *General Principles*, pg. 199.

A construção dogmática

priedade, e, por outro lado, os actos de mera regulamentação do uso do bem. Mas tentámos essa demarcação e chamámos também a atenção para a sua importância, dado que ela, no fundo, separa actos que são indemnizáveis de actos que o não são.

Ponhamos agora de lado os actos não indemnizáveis. O que de seguida nos vai ocupar é a indemnização, quando ela é devida.

7.4. *O montante da indemnização devida*

§ 1.º – **Introdução**

E, segundo essa metodologia, o primeiro problema que temos que esclarecer é o do montante devido pela indemnização.

Já foi observado[1016] que, depois da questão do uso da força, nenhuma outra suscitou tanta polémica no Direito Internacional e foi objecto de uma tão vasta bibliografia como a questão do montante devido por uma expropriação, entendendo-se esta sempre com o conceito muito amplo que lhe temos dado neste livro.

Também na prática internacional tem sido a questão do *quantum* da indemnização que maiores dificuldades tem apresentado em matéria de expropriação de propriedade privada de estrangeiros. Tem, pois, razão, MATHIAS HERDEGEN quando afirma que o montante da indemnização devida é o "tema central do Direito Internacional das Expropriações"[1017]. Estamos, por isso, conscientes de que esta é, talvez, a matéria ao mesmo tempo mais importante, mais complexa e mais difícil de todo este livro. Por isso, justifica-se que lhe dediquemos uma atenção profunda.

E, para melhor compreendermos o problema, nada melhor do que começarmos por um breve relance sobre o modo como ele evoluiu ao longo da História até atingir o estado que actualmente apresenta.

[1016] DOLZER, *Foundations*, pgs. 553 e segs.; e SORNARAJAH, *Compensation*, pg. 108.

[1017] Pg. 195.

§ 2.º – A questão antes da 2.ª Grande Guerra

A doutrina tradicional do Direito Internacional em matéria de indemnização devida por uma expropriação lícita exprime-se pela nossa já conhecida *Fórmula Hull*. De harmonia com ela, a indemnização devia ser, à letra, *"prévia, adequada e efectiva"* (*"prompt, adequate and effective"*).

Para fixarmos desde já uma terminologia rigorosa nesta matéria queremos dizer que vamos traduzir *"prompt"* por *"prévia"*, segundo é, desde sempre, tradição no Direito português, por influência do artigo 17.º da Declaração francesa dos Direitos do Homem, que só permitia a expropriação "na condição do pagamento de uma indemnização justa e *prévia*"[1018].

Por seu lado, o adjectivo *"adequate"* traduzi-lo-emos por *"integral"* ou *"total"*. É este, como veremos, o sentido com que HULL criou a sua Fórmula e aquele que é dado hoje pelo Direito Internacional àquele adjectivo[1019].

Contra essa corrente tradicional exprimiu-se, nos fins do século passado, a *Doutrina Calvo*. Já o explicámos na Parte I[1020]. Ela significava que a expropriação da propriedade de estrangeiros não dava lugar a indemnização diferente da que o Direito interno do Estado expropriante estipulasse para os respectivos cidadãos nacionais. Daqui podia resultar que o estrangeiro não tivesse direito a qualquer indemnização por expropriação, caso o Direito interno do Estado expropriante não a previsse para os respectivos nacionais, como à data acontecia com grande parte dos Estados da África, da Ásia e da América Latina.

[1018] O itálico é nosso. E é assim que dispõe expressamente hoje o artigo 11.º da Constituição francesa – v. CHAPUS, II, pgs. 572-573; e BELVA, pgs. 104 e segs. Poder-se-á dizer, no caso português, que o carácter prévio da indemnização se encontra já incluído no adjectivo "justa", com que o artigo 62.º, n.º 2, da Constituição caracteriza a indemnização devida por expropriação. Mas, então, era preferível o Código das Expropriações falar em pagamento "prévio", como manda a tradição, do que utilizar o adjectivo "contemporâneo" – v. o nosso estudo *Expropriação*, pg. 308. Em qualquer caso, nunca traduziríamos *"prompt"* por *"pronta"*, como o faz o modelo português de TBI, no seu artigo 4.º, n.º 1.

[1019] Assim, DOLZER/STEVENS, pgs. 108 e segs.; e *Comentário Pettiti*, pg. 993.

[1020] *Supra*, Parte I, Cap. I, n.º 3.

A *Doutrina Calvo*, contudo, nunca chegou a ser acolhida pelo Direito Internacional, e por duas razões: porque ela quase que se restringiu a alguns Estados da América Latina, e também porque nunca reuniu os requisitos necessários à formação do costume internacional em seu redor, designadamente a *opinio iuris*[1021].

A provar o que se acaba de dizer pode-se afirmar que no período que antecedeu o segundo conflito mundial o problema da fixação do montante da indemnização devida por expropriação à face do Direito Internacional ficou marcado pelo célebre Acórdão proferido pelo TPJI em 13 de Setembro de 1928 no caso da *fábrica de Chorzow*, que opôs a Alemanha e a Polónia[1022].

O Tribunal distinguiu aí, para efeitos de indemnização, a expropriação lícita (*"lawful"*) da ilícita (*"unlawful"*). Deixemos para melhor oportunidade o problema do cálculo do montante da indemnização a pagar por expropriação ilícita. Mas, quanto à expropriação *lícita*, que é a que estamos a estudar aqui, decidiu o Tribunal que ela dava direito a uma indemnização igual "ao valor do bem à data da expropriação", ou seja, uma indemnização *integral*. Para chegar a esta conclusão, o TPJI fundava-se na "prática internacional e, em especial, (...) nas decisões dos tribunais arbitrais".

Poucos anos antes, a jurisprudência arbitral tivera que se debruçar sobre a mesma matéria no Acórdão proferido em 13 de Outubro de 1922 no caso dos *proprietários dos navios noruegueses*, que opôs a Noruega aos Estados Unidos[1023]. Também este caso determinou, de modo profundo, a formação do Direito Internacional da época em matéria de expropriações.

Colocado perante a situação de requisição pelos Estados Unidos de barcos que estavam a ser construídos para quinze cidadãos noruegueses com base em contratos celebrados por eles com estaleiros privados norte-americanos, navios esses de que os Estados Unidos alegavam necessitar em consequência de terem declarado guerra à Alemanha, o Tribunal entendeu que houvera no caso violação de direitos de propriedade já adquiridos pelos cidadãos noruegueses e que, ao contrário do que pretendiam os Estados Unidos, o litígio se regia, não pelo

---

[1021] Por todos, IPSEN, pgs. 613-617.

[1022] Pgs. 1918 e segs. V. *supra*, Parte I, Cap. III, n.º 2 *a*.

[1023] Pgs. 307 e segs.

A expropriação lícita

Direito daquele Estado, mas pelo Direito Internacional. Chegado a esta conclusão, não foi difícil ao Tribunal decidir que os cidadãos norue-gueses tinham direito, à data da requisição, a uma indemnização equi-valente ao "justo valor de mercado da sua propriedade"[1024].

Mas muitos outros tribunais internacionais, de natureza arbitral, decidiram antes da 2.ª Guerra no mesmo sentido. Em bom rigor, a pri-meira manifestação dessa corrente jurisprudencial encontramo-la nós na sentença arbitral da *Jay Commission* de 1794, no caso *Betsey* c. *o Reino Unido*[1025]. Todavia, a mais citada sentença arbitral proferida nesse sentido no início do século é, sem dúvida, a que foi proferida pela *Comissão de Queixas Conjuntas Estados Unidos-Venezuela* ("*US--Venezuela Mixed Claims Commission*"), no caso *Upton*. Aí foi deci-dido que "o direito do Estado de, em caso de necessidade, expropriar propriedade privada para fins de interesse público é indiscutido, desde que acompanhado da correspondente obrigação de pagar uma indem-nização justa ao expropriado"[1026].

No mesmo sentido, merece destaque a sentença da *Comissão de Queixas Conjuntas EUA-Alemanha* ("*US-Germany Mixed Claims Commission*"), segundo a qual a Alemanha devia pagar uma "total, adequada e completa indemnização para a reparação de todos os danos sofridos por cidadãos americanos", tendo esse montante de ser apurado pelo "razoável valor de mercado da propriedade no momento e no local da expropriação"[1027].

Não se conhecem nessa época sentenças judiciais em sentido dife-rente do indicado, talvez porque, como reconheceu mais recentemente a jurisprudência arbitral nos casos Irão-Estados Unidos, já então se entendia que o verbo latino *compensare* significa "*equivaler*" ("*to counterbalance*") e, portanto, logo por aí, o valor da indemnização por uma expropriação lícita devia ser estabelecido em função do "*valor total da propriedade expropriada*"[1028].

[1024] Pg. 340. V. *supra*, Parte I, Cap. III, n.º 4 *b*.

[1025] In *Moore's Arbitrations*, pg. 4216.

[1026] RIAA 1905, pgs. 234 e segs. (236).

[1027] *Administrative Decision* n.º III (*US v. Germany*), RIAA 1923, pgs. 64 e segs. (66).

[1028] Caso *Sedco I*, pg. 184. No mesmo sentido, o voto de vencido do Árbitro RICHARD ALLISON, no caso *Ebrahimi*, § 8.

§ 3.º – A questão após a 2.ª Grande Guerra

Como se imagina pelo que ficou exposto na Parte I deste livro, o período que se seguiu à 2.ª Grande Guerra foi aquele em que o problema da indemnização por expropriação levantou mais viva querela no Direito Internacional, não só quanto ao *se*, mas sobretudo em relação ao *quantum*. Para tal contribuíram três factores: a descolonização, acompanhada, quase sempre, do desejo de retaliação do novo Estado contra o respectivo Estado colonizador pela alegada "exploração colonial" do seu património; a vontade dos novos Estados de afirmarem enfaticamente a sua "soberania permanente" sobre todos os seus recursos naturais e, muito especialmente, sobre os poços de petróleo, quanto aos quais os antigos Estados colonizadores haviam celebrado contratos de concessão de exploração a favor de grandes empresas petrolíferas, sobretudo norte-americanas; e o suporte ideológico-político que a esse movimento dos novos Estados era dado, nas Nações Unidas e fora delas, pela filosofia colectivista e comunista, através sobretudo da União Soviética.

Por isso, vai-se assistir nesta fase, na matéria da indemnização devida por expropriação, e particularmente do seu cômputo, a um confronto vivo e duro entre, digamos que algo forçadamente, três teses.

A primeira, desde logo historicamente, era a tese conhecida abreviadamente como *Fórmula Hull*. Ela retratava a posição tradicional no Direito Internacional, segundo a qual a expropriação só era lícita mediante indemnização *total* ("*full*"), correspondente ao valor de mercado do bem. Exprimia-se, como vimos, pela exigência de uma indemnização "prévia, integral e efectiva" ("*prompt, adequate and effective*")[1029]. E, se os adjectivos "prévia" e "efectiva" têm a ver, respectivamente, com o momento e a forma de pagamento da indemnização, o adjectivo "integral" dizia respeito ao montante propriamente dito e, através dele, esta tese queria significar que a expropriação dava direito a uma indemnização "*total*" ("*full*"), no sentido de integral: total, porque devia traduzir-se num "*valor equivalente ao da propriedade expropriada*".

[1029] DOLZER, *Expropriation*, pg. 206; SEIDL-HOHENVELDERN, *Aliens*, pg. 22.

A expropriação lícita

E, de facto, "adequada", como se disse atrás, queria significar, no entendimento da doutrina e da jurisprudência internacional, *total*[1030].

A segunda e a terceira teses decorrem de engenhosas interpretações das várias Resoluções da Assembleia Geral das Nações Unidas sobre a NOEI, que estudámos na Parte I.

Assim, uma delas, que chamaremos de segunda tese apenas pela cronologia adoptada nesta nossa exposição, é designada pela já nossa conhecida *Doutrina Calvo*. Esta Doutrina fora recuperada neste período, como vimos, por algumas Resoluções da Assembleia Geral das Nações Unidas, sobretudo pela Carta de Direitos e Deveres Económicos dos Estados. Esta tese admitia a ausência de qualquer indemnização para o estrangeiro expropriado. De facto, ao prescrever para o estrangeiro o princípio do tratamento nacional, ela aceitava que este não tivesse direito a qualquer indemnização em caso de expropriação, bastando, para tanto, que o Direito interno dispusesse nesse sentido quanto aos respectivos nacionais[1031].

A *Doutrina Calvo* levava-nos, pois, a uma solução diametralmente oposta à da *Fórmula Hull*.

A terceira tese – se assim se lhe pode chamar, veremos, daí termos dito que é forçado falar de três teses – é conhecida abreviadamente por "*Fórmula NOEI*". Ela extrai o montante da indemnização devida ao estrangeiro por expropriação das Resoluções aprovadas pela Assembleia Geral das Nações Unidas sobre a NOEI que não seguiram o critério da Carta de Direitos e Deveres Económicos dos Estados, particularmente da Resolução n.° 1803.

Com efeito, como mostrámos na Parte I, esta Resolução reconhecia ao estrangeiro expropriado direito a uma indemnização "*apropriada*" ("*appropriate*"). Cedo começou-se a discutir o que é que essa Resolução queria dizer com este adjectivo, porque ele resultava, para aquela Resolução, da aplicação à propriedade privada dos estrangeiros de um regime "*em conformidade com o Direito Internacional*" ao lado do do Direito interno, como também mostrámos. Ora, o Direito Internacional tradicional prescrevia, como se viu, uma indemnização *total*

[1030] V. SEIDL-HOHENVELDERN, *op.e loc.cits.*; e HERDEGEN, pgs. 195 e segs., para além das obras há pouco cits. nesse sentido.

[1031] Assim, BANZ, pgs. 139 e segs., 149.

A construção dogmática

para o estrangeiro expropriado. Portanto, parece que, por aqui, a Resolução n.º 1803 devia ser interpretada como albergando a *Fórmula Hull*. Nem sempre foi esse, porém, o entendimento de alguma doutrina e de alguns Estados, particularmente do Terceiro Mundo. Quando invocavam a Resolução n.º 1803 e não a Carta, eles entendiam que aquela Resolução, ao estipular uma indemnização "apropriada", e não "adequada", como estabelecia a *Fórmula Hull*, queria reconhecer ao expropriado direito a uma indemnização *inferior à indemnização total*[1032].

Deixemos agora de lado a questão pendente, de saber se esta terceira tese merece ser tratada com autonomia. É assunto que ficará para mais tarde.

Pelo que agora nos interessa, e louvando-nos na doutrina de Autores como DOLZER[1033], SEIDL-HOHENVELDERN[1034], e HERDEGEN[1035], entendemos que as diversas Resoluções das Nações Unidas aprovadas depois da 2.ª Guerra sobre a "Soberania Permanente" e a NOEI em nada alteraram o costume internacional vigente antes da sua aprovação. E por quatro razões.

A primeira, e talvez a mais importante, é a de que, segundo o artigo 11.º da Carta da ONU, as Resoluções da Assembleia Geral são meras "recomendações" e, por isso, não obrigam nem vinculam os seus destinatários. O contrário só pode ser entendido em relação às Resoluções que codifiquem, total ou parcialmente, Direito Internacional anterior, particularmente, costume internacional anterior, como vimos ser o caso da que aprovou a DUDH, no entendimento das próprias Resoluções das Nações Unidas que se lhe seguiram, como mostrámos no Capítulo II desta Parte II[1036].

A segunda é a de que, embora os adversários da doutrina tradicional quanto ao montante da indemnização se tenham servido, particularmente nos anos 60 e 70, da Assembleia Geral das Nações Unidas como palco para o seu combate, nada se extrai das Resoluções sucessivamente aprovadas naquele areópago, como atrás se disse, para a for-

---

[1032] Cfr. WESTON, *Charter*, pgs. 448 e segs.

[1033] *Expropriation*, *loc.cit.*

[1034] *Aliens*, *loc.cit.*; e *Völkerrecht*, pgs. 359 e segs.

[1035] *Loc.cit.*

[1036] Assim, *Comentário Wolfrum*, pg. 237; e VERDROSS/SIMMA, pgs. 405-406.

A expropriação lícita

mação do costume internacional na matéria, devido quer à manifesta infixidez e incoerência do disposto naquelas Resoluções sobre o regime da propriedade privada em Direito Internacional, quer à circunstância de muitos dos Estados mais importantes da Comunidade Internacional não terem votado a favor daquelas Resoluções, quer, ainda, à omissão constante nelas de referência à indemnização ou ao seu montante[1037]. Por isso, há quem atribua às Resoluções em causa um mero "efeito retórico"[1038]. Aliás, e como a propósito nota BANZ[1039], não é possível extraírem-se conclusões definitivas sequer da citada ausência nelas de referência à indemnização por expropriação, ou do modo diferente como essa referência aparece nelas contida, como se viu na Parte I, porque tudo isso pode ter ficado a dever-se, não a razões de fundo, mas apenas à momentaneamente diversa relação de forças na redacção daqueles vários documentos.

Depois, a terceira razão. Ela completa e reforça a anterior. De facto, no caso da *plataforma continental do Mar do Norte*, o TIJ decidiu que um costume internacional só deixa de vigorar quando os Estados que participaram na sua formação revelarem, *de modo continuado e persistente*, a intenção de lhe pôr termo[1040]. Ora, não foi o caso, desde logo porque, como há pouco se disse, nem sequer nasceu, à sombra daquelas Resoluções, uma prática uniforme e constante sobre a indemnização e o seu montante. A incoerência e a inconstância delas nessa matéria (basta recordarmos a já referida dessincronização sobre a matéria entre a Resolução n.º 1803 e a Carta de Direitos e Deveres Económicos dos Estados) não permitiam que se pudesse afirmar o nascimento, com base naquelas Resoluções, de um costume contrário ao costume tradicional, que se orientava no sentido da exigência de uma indemnização "prévia, integral e efectiva"[1041].

Por fim, a quarta razão. Em 1965, portanto, a meio do período do exacerbamento nas Nações Unidas do princípio da "Soberania Per-

---

[1037] No mesmo sentido, SCHWEBEL, *Effect*, pg. 302.

[1038] BANZ, pg. 154.

[1039] Pgs. 146-147.

[1040] Ac. 20-2-69, pgs. 6 e segs.

[1041] Assim, sobretudo, DOLZER, *Expropriation, loc.cit.*; e SORNARAJAH, *Compensation*, pgs. 120 e segs.

A *construção dogmática*

manente", era assinada a CADH, que já conhecemos deste livro. Ora, esta Convenção, já se disse atrás, indo para além da CEDH, que, aliás tivera influência na sua redacção, reconheceu, no seu artigo 21.º, logo a seguir ao direito de propriedade, o direito a uma "*justa indemnização*" pela expropriação. É certo que a jurisprudência dos órgãos da Convenção não têm tido oportunidade para dizer como interpretam aquela expressão; mas o facto de se tratar de um pacto regional dos Direitos do Homem, e de se referir a um continente onde, em geral, os Direitos do Homem ainda não alcançaram um elevado grau de protecção, concede especial significado àquele preceito, mesmo levando em conta que a CADH demorou quase dez anos a entrar em vigor e apenas foi ratificada por dezassete Estados[1042].

Pouco se vai poder extrair da jurisprudência internacional, nesta fase, sobre o montante da indemnização por expropriação lícita.

As sentenças que nos podem interessar para esse efeito provêm de tribunais arbitrais e foram sempre proferidas para o apuramento da responsabilidade internacional do Estado por expropriações *ilícitas*, concretamente por nacionalizações, nos anos 70, de direitos dos concessionários privados em contratos de concessão de exploração de recursos petrolíferos. Todavia, e também aqui, algumas dessas sentenças, para definirem essa responsabilidade, tiveram que, antes de mais, estabelecer os critérios do cômputo da indemnização que era previamente devida como requisito da licitude do acto expropriativo, ou seja, que era devida pela expropriação *lícita*.

Assim, no caso *Topco*, que teve a sua origem nas nacionalizações levadas a cabo pela Líbia a partir de 1973[1043], o Árbitro singular DUPUY teve que se basear no artigo 4.º da Resolução n.º 1803 para decidir o litígio. Ele começou por recordar que aquele preceito dispunha que, no caso de nacionalização, expropriação ou requisição, o expropriado tinha direito a uma "indemnização apropriada, em conformidade com as regras em vigor no Estado expropriante no exercício da sua soberania e de harmonia com o Direito Internacional". Daqui o Árbitro concluiu que, tendo aquela Resolução sido aprovada pela maioria dos Estados membros das Nações Unidas, que representava diversas cor-

---

[1042] BUERGENTHAL, *American*, pg. 135.
[1043] V. *supra*, Parte I, Cap. III, n.º 4 *c*.

A expropriação lícita

rentes de opinião, *ela reflectia o costume internacional em vigor à data*. Ou seja, essa Resolução exprimia o "reconhecimento universal" de que as nacionalizações eram lícitas desde que respeitassem as "regras em vigor no Estado nacionalizador, *mas com respeito pelo Direito Internacional*"[1044].

O Árbitro Dupuy não estava a ser muito claro na matéria. De qualquer modo, ao defender que a indemnização, segundo a Resolução n.° 1803, devia ser "apropriada", mas que, em última análise, ela devia ser apurada em função do que dispunha o Direito Internacional à época, ele estava implicitamente a querer dizer que indemnização "*apropriada*" queria significar indemnização "*prévia, integral e efectiva*", porque era essa a posição do Direito Internacional em vigor então, como, por mais de uma vez, recordámos atrás. E essa interpretação reforça-se pelo facto de, logo a seguir[1045], a sentença em causa reconhecer que a Carta de Direitos e Deveres Económicos dos Estados não formou costume, muito menos costume que tivesse derrogado a Resolução n.° 1803, porque aquela Carta não fora jamais aceite pelos Estados ocidentais[1046]. E, como nos mostra Schwebel[1047], essa era também a interpretação que os Estados Unidos davam da Resolução n.° 1803 e das suas relações com a referida Carta[1048].

Menos longe foi o Tribunal Arbitral no caso *Aminoil*. Também neste caso, o Tribunal sentiu-se na necessidade de interpretar o artigo 4.° da Resolução n.° 1803. E, ao fazê-lo, ele começou por reconhecer que aquela disposição não acolhera nem a ideia de que a indemnização por expropriação devia ser meramente "simbólica" nem o entendimento de que se "assimila a expropriação lícita à expropriação ilícita". Todavia, logo a seguir ele recusou uma "discussão teórica abstracta" da questão, para decidir que as concretas circunstâncias daquele caso impunham que a indemnização fosse "apropriada"[1049]. Ou seja, dos três critérios ao seu dispor, o da *Fórmula Hull*, o da *Doutrina Calvo* e o da

---

[1044] O itálico é nosso.
[1045] Pgs. 491-493.
[1046] Desenvolvidamente sobre este ponto, v. WESTON, *Charter*, pgs. 448 e segs.
[1047] *Story*, pg. 465.
[1048] Assim, também o Árbitro ALLISON, *cit.*, § 14.
[1049] Pgs. 601-602.

Fórmula NOEI, o Tribunal optou pelo critério da indemnização "apropriada", sem o fundamentar, ao contrário do que fizera o Árbitro DUPUY no caso anteriormente citado.

Em conclusão, devido ao facto de quer o Direito derivado das Nações Unidas, quer a prática dos Estados, quer a jurisprudência internacional, não terem levado, nesta fase, à criação de Direito Internacional geral contrário à concepção tradicional, de raiz costumeira, segundo a qual o montante da indemnização por expropriação lícita devia ser total, apurado em função do valor da propriedade expropriada, temos de concluir que neste período continuou a vigorar aquele costume[1050].

§ 4.° – O estado da questão no moderno Direito Internacional

O fim do comunismo, pelo menos no Leste europeu, e, por via disso, o termo da guerra fria, vieram alterar substancialmente os dados deste problema. Ou seja, reforçou-se, e até se aprofundou, a regra consuetudinária tradicional, segundo a qual a indemnização devida por expropriação lícita, em face do Direito Internacional, é uma indemnização *total*, equivalente, com pequenas variações que iremos referir, ao valor da propriedade à data da expropriação. Vamos demonstrá-lo com recurso, sucessivamente: à prática dos Estados; às Directivas do Banco Mundial; e à jurisprudência arbitral.

Essa regra só não foi seguida, como se mostrará, pela jurisprudência dos órgãos da Convenção Europeia dos Direitos do Homem. Veremos como é que esse problema se coloca e quais são as consequências que daí se podem tirar para a afirmação do referido costume internacional geral.

I – A prática dos Estados

Os Estados aceitam hoje que a indemnização por expropriação lícita deve ser calculada segundo a *Fórmula Hull*, isto é, deve ser "prévia, integral e efectiva".

[1050] Assim, por todos, SEIDL-HOHENVELDERN, *Aliens*, *loc.cit.*; DOLZER, *Eigentum*, pgs. 33 e segs.; e BANZ, pgs. 168 e segs.

A expropriação lícita

O principal sinal dessa prática dos Estados são os TBI. Já nos referimos a eles, por diversas vezes, como importantes fontes do Direito Internacional convencional e consuetudinário[1051]. Eles têm hoje um grande peso na concertação das divergências de interesses entre Estados numa matéria tão relevante para as relações internacionais no Mundo contemporâneo como é o investimento estrangeiro.

Pois um largo número de TBI incorpora, de há muito, não só uma cláusula de expropriação, como já antes fizemos notar, mas, incluída ou não nessa cláusula, uma cláusula de indemnização por expropriação. Desse modo os TBI tentam prevenir duas situações.

Primeiro, procuram evitar o recurso, pelos Estados em vias de desenvolvimento, particularmente pelos novos Estados saídos da descolonização na África e na Ásia, aos critérios de determinação do conteúdo do dever de indemnizar e, particularmente, de fixação do montante da indemnização, propostos pelo Direito interno, com base no já várias vezes citado artigo 2.º, n.º 2, c, da Carta de Direitos e Deveres Económicos dos Estados[1052].

Depois, como muito bem observa HERDEGEN[1053], os TBI surgem-nos como uma defesa dos Estados industrializados contra uma possível alegação pelos Estados em vias de desenvolvimento da incerteza do costume internacional na matéria, incerteza que hoje não existe, como se vai ver, mas que estes Estados podem ser tentados a invocar para fugirem às suas obrigações.

Por isso, em 1991, último ano a quem se referem as estatísticas disponíveis[1054], mais de 195 TBI haviam incluído uma cláusula estipulando uma indemnização *"prévia, integral e efectiva"* em caso de expropriação. E esse número estava a aumentar de modo muito acentuado[1055]. Muitas vezes, essa mesma ideia era expressa com o recurso a outros adjectivos, como os de indemnização *"justa"* (*"just"*), *"total"* (*"full"*), *"razoável"* (*"reasonable"*), ou *"justa e equitativa"* (*"fair and equitable"*)[1056].

[1051] Sobretudo Parte I, Cap. II, n.º 3.2.

[1052] DOLZER/STEVENS, pgs. 108-109.

[1053] Pgs. 205 e segs.

[1054] Fonte: opinião dissidente, já citada, do Juiz ALLISON no caso *Ebrahimi*, § 19.

[1055] *Op.cit.* na n. anterior e SHIHATA, *Legal Treatment*, pg. 52.

[1056] Para maiores desenvolvimentos, DOLZER/STEVENS, pg. 109.

RIESENFELD mostra-nos mesmo que é com esse sentido, de indemnização prévia, integral e efectiva, que o modelo-tipo dos TBI celebrados pelos Estados Unidos exige uma indemnização *"adequada"*[1057].

Note-se que vários desses TBI, sem prejuízo de serem puros tratados de Direito Internacional, têm relevância para o *Direito Comunitário*. De facto, a Convenção de Lomé IV, de 1989, no seu Capítulo III, dedicado aos "investimentos", repetidamente obriga as Partes Contratantes a concederem "tratamento justo e equitativo" e "garantias" aos investidores, "sem discriminação" (arts. 258.°, *b*, 259.°, *c* e *e*, 261.°, n.° 2, e 274.°). No artigo 260.°, afirma-se a necessidade de promover e proteger os investimentos de cada parte nos territórios respectivos e de, para isso, fomentar a celebração de TBI. Na sequência desse preceito, a Convenção contém, em anexo, uma Declaração em que as Partes Contratantes se comprometem a celebrar um modelo de TBI que reforce a "protecção" do investidor especialmente "em caso de expropriação e nacionalização"[1058].

Como se disse, os TBI, para além de vigorarem como Direito Internacional convencional, são fonte de costume internacional geral, formado na base da prática dos Estados. De facto, do conjunto global dos TBI em questão pode-se extrair já uma *opinio iuris* em torno da cláusula de indemnização definida segundo a *Fórmula Hull*, pesem embora as diferenças terminológicas apontadas. Foi a conclusão a que chegou, com base numa argumentação irrebatível, o Juiz ALLISON, na sua já referida opinião dissidente no caso *Ebrahimi*[1059].

Aliás, era a essa conclusão a que formalmente chegara já o Banco Mundial em 1992. Confrontado com a existência, nessa data, como se disse, de 195 TBI que haviam adoptado a cláusula de indemnização "prévia, integral e efectiva", aquele Banco concluía que desses TBI se extraía o compromisso "de cada um e de todos esses Estados de não expropriarem (...) salvo com uma indemnização prévia, integral e efectiva", que equivalia "ao *valor de mercado do investimento expropriado*"[1060].

[1057] Pg. 249.

[1058] Anexo LIII, n.° 1, III.

[1059] Especialmente, § 19 e n. 38.

[1060] BANCO MUNDIAL, pg. 50, com itálico nosso. No mesmo sentido, SHIHATA, *Legal Treatment*, pg. 52, n. 12.

A expropriação lícita

Essa conclusão é confirmada e robustecida pelo exame da prática dos mais importantes Estados, a começar pelos Estados Unidos.

De facto, segundo o § 712, n.º 1, al. *c*, do *Restatement*[1061], uma das condições da licitude da expropriação *lato sensu* (*"taking"*) de proprie-dade privada de estrangeiros é a *"indemnização justa"* (*"just compensation"*). Esta exigência ganha especial força jurídica porque se encontra acolhida no 5.º Aditamento à Constituição dos Estados Unidos. Reza ele: "A propriedade privada nunca será expropriada por utilidade pública sem justa indemnização". E o mesmo *Restatement* mostra-nos que esta regra tem sido respeitada pelos Estados Unidos tanto no plano das relações internacionais, materializadas na protecção diplomática e nos TBI, como no seu Direito interno, como querendo significar que os estrangeiros, em caso de privação da sua propriedade, têm o direito de receber uma indemnização definida segundo a *Fórmula Hull*, isto é, "prévia, integral e efectiva", designadamente, uma indemnização cor-respondente ao *"justo valor de mercado"* (*"fair market value"*) do bem, calculado *à data da expropriação* e pago *em moeda convertível* sem quaisquer restrições de repatriação[1062].

Para os Estados Unidos, essa regra limita-se a reflectir o costume internacional geral na matéria.

Mas a conclusão de que a *Fórmula Hull* se encontra hoje coberta pela *opinio iuris* é ainda mais reforçada pelo comportamento recente de alguns Estados que, tradicionalmente, marcaram decisivamente a rejei-ção, a nível da Comunidade Internacional, da *Fórmula Hull*. Foi o caso da ainda antiga União Soviética, que estivera por detrás de todas as Resoluções das Nações Unidas que, ou minimalizavam o montante da indemnização devida, ou conduziam mesmo à inexistência de qualquer indemnização à luz do Direito Internacional.

De facto, a ex-URSS aderiu em 1990 à *Fórmula Hull*, quando, no TBI concluído, em 14 de Dezembro desse ano, com a Coreia[1063], acei-tou, no artigo 5.º, n.º 1, que a expropriação, a nacionalização e os actos análogos a uma e a outra (*"measures having effect equivalent to natio-nalisation and expropriation"*) deviam ser acompanhados de uma

---

[1061] II, pg. 196.

[1062] Pgs. 198-199 e 206-209.

[1063] ILM 1991, pg. 766.

A construção dogmática

indemnização prévia, integral e efectiva (*"prompt, adequate and effective compensation"*).

Mas, pouco depois, a ex-URSS foi mais longe, e vazou aquela Fórmula, por essas mesmas palavras, na nova *Lei de Investimento Estrangeiro na URSS*, de 5 de Julho de 1991 (art. 7.°).

Depois do desmembramento da ex-URSS, e iniciado o processo de democratização de todo o Leste europeu, a Rússia manteve em vigor essa legislação, e outros Estados, quer da extinta URSS, a começar pelos Estados bálticos, quer do antigo Leste europeu, foram aprovando novas leis de protecção ao investimento estrangeiro de idêntico teor, que asseguravam ao investidor estrangeiro, em caso de expropriação, uma indemnização *"justa"*, *"prévia"*, *"livremente transferível"*, *"pelo actual valor da propriedade"* – é o caso, especialmente, dos novos Códigos de Investimento Estrangeiro da República Checa, da Hungria e da Bulgária[1064].

Note-se que essa orientação tem sólido fundamento no respectivo Direito Constitucional. De facto, muitos desses Estados inseriram nas suas novas Constituições a garantia, em caso de privação da propriedade, de uma indemnização *"justa"* ou *"pelo valor do mercado"* do bem expropriado, a conceder tanto a nacionais como a estrangeiros, mas manifestamente com vista a cativar o investimento estrangeiro, de que tanto carecem para a recuperação das respectivas Economias: é o caso, especialmente, das Constituições da Roménia, de 1991 (art. 41.°, n.° 4), da Estónia, de 1992 (art. 32.°), de Montenegro, de 1992 (art. 45.°), e da Rússia, de 1993 (art. 35.°, n.° 3). Essa orientação do Direito Constitucional foi, em muitos casos, acolhida pela lei civil básica e por leis especiais[1065].

Não admira, por isso, que esses Estados tenham generalizado, contemporaneamente, a conclusão de TBI, quer com Estados industrializados, quer entre eles próprios, quer com Estados do Terceiro Mundo, onde se têm incluído cláusulas de indemnização por expropriação que acolhem o critério da indemnização pela *Fórmula Hull*[1066].

[1064] Ver os estudos de CONNER, *passim*, POGANY, pgs. 115 e segs., e MAHMASSANI, pgs. 55 e segs. V. também BUXBAUM/RIESENFELD, pg. 1447.

[1065] Veja-se um estudo exaustivo da matéria em ROGGEMANN, pgs. 17 e segs. e 219 e segs.

[1066] Como no-lo demonstram DOLZER/STEVENS, pg. 108 e segs. V. também *supra*, Parte I, Cap. II, n.° 4.2.

A expropriação lícita

Todavia, as surpresas em matéria de alteração por alguns Estados do seu comportamento tradicional na matéria não ficariam por aqui.

Assim, a China, que durante décadas se recusou a aceitar a sujeição do investimento estrangeiro no seu território ao Direito Internacional, tem vindo nos últimos anos a concluir vários TBI, que incluem uma cláusula de indemnização pelo valor *total* da propriedade expropriada: merecem destaque, nesse sentido, os TBI com a Mongólia, de 1991, com o Vietnam, de 1992, e com o Laos, de 1993[1067].

Depois, refira-se que o País natal de Calvo, a Argentina, que fora durante mais de um século um inflexível defensor da *Doutrina Calvo*, aderiu à *Fórmula Hull* em 1991, quando concluiu o TBI, com os Estados Unidos[1068]. E, indo mais além do que é vulgar nos partidários desta Fórmula, aceitou que os litígios eventualmente emergentes desse TBI fossem todos resolvidos por "arbitragem internacional"[1069].

Também o México, não menos apegado, até há pouco, do que a Argentina, à *Doutrina Calvo*, rejeitou-a, quando, com os Estados Unidos e o Canadá, assinou o Tratado institutivo do NAFTA, em 1992. De facto, o artigo 1110.° daquele Tratado, já por nós referido, depois de dispor, no seu n.° 1, que toda a expropriação, nacionalização ou medida equivalente a uma ou à outra dará lugar a indemnização, acrescenta, no seu n.° 2: "A indemnização será equivalente ao *justo valor de mercado do investimento expropriado, calculado à data da expropriação* (...)"[1070].

E, como dissemos atrás, mais recentemente ainda, tem vindo a aprofundar-se o chamado *"diálogo"* ou *"cooperação Sul-Sul"*, traduzido, especialmente, em TBI celebrados *entre os próprios Estados do Terceiro Mundo*. Ora, como já sublinhámos[1071], uma das mais notáveis especificidades desses TBI reside no facto de eles reproduzirem muitas das cláusulas dos TBI clássicos, celebrados pelos Estados industrializados, inclusive a cláusula da indemnização segundo a *Fórmula Hull*.

Mais recentemente, o *Tratado da Carta da Energia*, na sua cláusula sobre expropriação (art. 13.°), exige, para a licitude desta, que ela

---

[1067] V. o respectivo artigo 4.°, n.° 2. Cfr. DOLZER/STEVENS, pgs. 109-110.
[1068] TBI de 14-11-91, artigo IV, n.° 1, ILM 1992, pg. 131.
[1069] *Loc.cit.*
[1070] O itálico é nosso.
[1071] *Supra*, Parte I, Cap. II, n.° 4.3.

A construção dogmática

seja acompanhada do pagamento de uma indemnização *"prévia, integral* e *efectiva"*[1072]. E também o último Projecto do *Acordo Multilateral de Investimento*, da OCDE, na sua cláusula de "expropriação e indemnização" (ponto IV, 2), prevê a indemnização *"prévia, integral* e *efectiva"* como condição da licitude da expropriação, nacionalização ou "outras medidas equivalentes".

Note-se que *o modelo português de TBI tem acompanhado esta evolução do Direito Internacional.* O artigo 4.º (a cláusula de expropriação) dispõe, no seu n.º 2, 2.ª parte, que a indemnização deverá ser *"adequada"*, tendo desse modo, e incompreensivelmente, evitado o adjectivo *"justa"*, que consta do artigo 62.º, n.º 2, da Constituição e que figura em outros TBI que Portugal concluiu e onde não consegue fazer triunfar o seu modelo: recorde-se, outra vez, o citado artigo 4.º, n.º 2, do TBI Portugal-Alemanha, de 1980. E a observação é tanto mais pertinente quanto é certo que, na sua 1.ª parte, o mesmo artigo 4.º, n.º 2, do modelo português dispõe que "a indemnização deverá corresponder ao *valor de mercado"* dos "investimentos expropriados". Ou seja, o montante acaba por ser definido pelo critério da *Fórmula Hull,* do valor *integral* do bem, embora a redacção pudesse ser mais cuidada.

Tudo isto permite-nos, portanto, concluir que a prática dos Estados fez com que praticamente toda a Comunidade Internacional se deixasse envolver pela regra, hoje uma regra firme do costume internacional geral, da indemnização *integral* por expropriação, nos termos da *Fórmula Hull.*

II – As Directivas do Banco Mundial

Também o Banco Mundial aderiu formalmente à *Fórmula Hull* recentemente, em 1992, embora já mesmo antes se inclinasse para ela[1073]. De facto, nesse ano ele aprovou as suas *Directivas sobre o Tratamento do Investimento Directo Estrangeiro,* conhecidas vulgarmente apenas por *Directivas*[1074].

[1072] A versão oficial portuguesa do Tratado fala em "rápida, adequada e efectiva".
[1073] SHIHATA, *Legal Treatment,* pg. 52; do mesmo Autor, *Trends,* pg. 48.
[1074] In BANCO MUNDIAL, *loc.cit.* Cfr. DOLZER/STEVENS, pg. 51, n. 142.

Nessas Directivas, mais concretamente, no seu artigo 4.°, já citado, dispõe-se o seguinte:

IV

Expropriação e modificações unilaterais ou rescisões de contratos

1. Um Estado não pode *expropriar* ou, *de qualquer modo, apropriar-se*, no todo ou em parte, de um investimento privado estrangeiro no seu território, ou tomar *medidas com efeitos similares*, excepto (...) mediante o pagamento de indemnização *apropriada* (...).

2. A indemnização por um investimento específico que tenha sido expropriado por um Estado será considerada (...) *"apropriada"* se for *adequada, efectiva* e *prévia"*.

3. A indemnização será considerada *"adequada"* se for baseada no *justo valor de mercado* (*"fair market value"*) do investimento expropriado, tal como esse valor é determinado imediatamente antes do momento da expropriação ou do momento em que se torna do conhecimento público a decisão de expropriar.

(...) [1075]

É curioso notar que o Banco Mundial considera indemnização *apropriada* sinónimo de indemnização *prévia, adequada* e *efectiva*, o que, como se viu, não parece ser a orientação do Direito derivado das Nações Unidas, e confere especial significado e importância àquelas Directivas. Por outro lado, merece destaque especial o facto de o transcrito artigo das Directivas empregar em sinonímia indemnização *"apropriada"*, *"adequada"*, e calculada segundo o *"justo valor de mercado"* do bem ou do direito expropriado[1076]. Tudo isto permite-nos tomar, finalmente, posição sobre a questão que deixáramos em aberto, de saber se, ao lado da *Doutrina Calvo* e da *Fórmula Hull*, existe uma autónoma *Fórmula NOEI* para o cálculo da indemnização devida por expropriação, segundo a qual a indemnização a pagar seria "apropriada", com o sentido de indemnização *inferior ao montante "total"*. A resposta é negativa: indemnização *apropriada* é, afinal, o mesmo que indemnização *adequada* ou *total*. Portanto, a *Fórmula NOEI* não tem autonomia em relação à *Fórmula Hull*.

[1075] Os itálicos são nossos.

[1076] Assim, DOLZER/STEVENS, pg. 111; e SORNARAJAH, *International Law*, pgs. 359 e segs.

A construção dogmática

É certo que aquelas Directivas, como tais, não obrigam os Estados membros do Banco Mundial. Todavia, elas foram aprovadas sem reservas pelos então 171 Estados membros do Banco Mundial, o que as torna na mais importante fonte do Direito Internacional em matéria de indemnização por expropriação, nacionalização ou actos análogos[1077]. SHIHATA sublinha a grande consensualidade que lhes está subjacente e mostra que elas estão a ser cumpridas pela generalidade dos Estados que a elas aderiram, e atribui isso ao facto de elas "tentarem, através das suas disposições, um equilíbrio que visa a promoção do investimento directo estrangeiro mas reconhece os interesses legítimos dos Estados de acolhimento e as dificuldades com que se debatem os Estados de acolhimento em vias de desenvolvimento"[1078].

III – A jurisprudência arbitral

Também a jurisprudência arbitral tem chegado, nos tempos hodiernos, à conclusão de que o montante da indemnização devida por expropriação lícita é uma indemnização total. O percurso que ela tem seguido para chegar a esse resultado tem sido, todavia, condicionado pelas circunstâncias concretas de cada caso concreto sobre o qual os tribunais têm sido chamados a pronunciar-se, o que, aliás, é característico da função jurisdicional.

Nesse quadro, merece destaque especial o Tribunal Arbitral de Haia, criado para julgar os litígios entre o Irão e os Estados Unidos.

Logo na Parte I ficaram explicadas as razões que levaram à criação deste Tribunal[1079]. Depois, ao longo deste livro, temos vindo a socorrer-nos vulgarmente da sua jurisprudência para o estudo do tema deste livro, com a ajuda, sobretudo, das três obras de base que foram escritas sobre aquele Tribunal e a sua jurisprudência: as monografias de MAAP, de ALDRICH[1080] e, sobretudo, de MOURI. Nunca na História do

---

[1077] Reconhece-o o Juiz ALLISON na opinião dissidente no caso *Ebrahimi*, § 21.

[1078] *Legal Treatment*, pg. 151.

[1079] *Supra*, Parte I, Cap. III, n.° 3 *f.*

[1080] *Jurisprudence*.

A expropriação lícita

Direito Internacional um conflito entre dois Estados, em tempo de Paz, havia dado lugar a um tão grande número de litígios jurídicos entre eles. Houve, por vezes, diferenças profundas entre a matéria de facto subjacente aos vários litígios. E, mesmo no plano do Direito, as questões que eles suscitavam muito raramente eram questões idênticas entre si. Neste lugar, a nós só nos vai interessar averiguar como é que o Tribunal julgou os diversos litígios que lhe foram submetidos *no que toca à definição do critério de fixação do montante da indemnização devida por expropriação lícita*. Nem sempre os Acórdãos do Tribunal se preocuparam em aprofundar o problema da distinção entre a indemnização devida por uma expropriação lícita e a devida por responsabilidade internacional do Estado expropriante pela não observância das condições de licitude de uma expropriação, ou seja, pela expropriação *ilícita*, sendo certo que, como se imagina, era sobre esta última que lhes competia decidir. Mesmo assim, é-nos possível identificar, dentro dos casos julgados por aquele Tribunal, uma série deles que, pelo seu número e pelo seu conteúdo, nos permitem concluir qual tem sido a posição do Tribunal na matéria do apuramento do montante da indemnização devida por expropriações *lícitas*.

Antes, porém, de o fazer, esclareçamos uma questão importante de índole terminológica.

a) *Prevenções de índole terminológica*

Para uma compreensão exacta do que sobre a matéria decidiu o Tribunal nos processos a que nos vamos daqui a pouco referir convém esclarecer uma questão importante no plano da terminologia por ele utilizada.

O facto de o Tribunal funcionar por Secções e também a circunstância de os respectivos Juízes possuírem, de base, formação jurídica bastante diferente entre si, tem levado a que, não raro, haja desencontros de ordem terminológica entre os Acórdãos por eles lavrados. Como nos alerta MOURI, com a autoridade que lhe advém do alto cargo que desempenhou naquele Tribunal, e na mais vasta investigação até agora levada a cabo sobre a jurisprudência do Tribunal em matéria de

A construção dogmática

expropriações[1081], é exactamente no domínio do cálculo da indemnização devida por expropriações lícitas e ilícitas que essa infixidez terminológica mais se faz sentir, ainda mais, porém, no caso das expropriações ilícitas do que das expropriações lícitas, dado que, repete-se, os litígios que foram submetidos ao Tribunal visavam todos apurar, a final, a responsabilidade internacional do Irão por actos *ilícitos* de expropriação (quase sempre, sob a forma de confisco) e foi sempre apenas para chegar a esse resultado que o Tribunal se sentiu na necessidade de determinar, primeiro, qual deveria ter sido o critério à luz do qual se deveria ter, em cada caso concreto, fixado a indemnização que era devida ao expropriado pela expropriação *lícita* do seu direito.

Assim, em matéria de expropriação lícita, o Tribunal, na discussão do montante devido a título de indemnização, tem utilizado três adjectivos diferentes: *"total"* (*"full"*), *"adequada"* (*"adequate"*) e *"apropriada"* (*"appropriate"*). Esta diversidade terminológica no Direito Internacional já vem de longe, mas, como vimos, reforçou-se substancialmente com as Resoluções das Nações Unidas dos anos 60 e 70 e, como já se sublinhou atrás, não era, nelas, casual: ela exprimia, de facto, e quase sempre, a falta de constância da Organização na matéria, fruto da instável relação de forças nesse domínio entre os Estados industrializados e os novos Estados saídos da descolonização no Terceiro Mundo e também da circunstância de cada Resolução ter sido negociada num quadro político específico.

Para o Governo dos Estados Unidos, havia uma grande proximidade, quando não uma sinonímia, entre os três adjectivos: indemnização "apropriada" e indemnização "adequada" eram conceitos "permutáveis" ou "substituíveis"[1082], enquanto que já a Resolução n.º 1803, quando se referia a indemnização "apropriada", queria dizer indemnização computada segundo a *Fórmula Hull*, portanto, indemnização *"total"*. O Tribunal seguiu um caminho mais simples. De facto, e salvo as adaptações que as circunstâncias de cada caso concreto vão impor, como veremos, à distinção entre aqueles adjectivos, podemos dizer que, para ele, a indemnização "adequada" vai significar o mesmo que

---

[1081] Pg. 363.
[1082] MOURI, pg. 363.

indemnização *"total"*[1083] – como mais tarde viriam a entender, como vimos, as citadas Directivas do Banco Mundial. Por sua vez, o adjectivo "apropriada" vai ser utilizado pelo Tribunal de modo mais maleável e, por isso, menos preciso, servindo-se, por vezes, o Tribunal dele para exprimir uma maior "flexibilidade"[1084] no cômputo da indemnização. Todavia, se é certo que, por esse caminho, em pura teoria, o Tribunal pode ser levado a fixar uma indemnização "entre zero, se for justa, e a indemnização total"[1085], na prática, a expressão "apropriada", quando não significou para o Tribunal indemnização *total*, quis dizer, pelo menos, indemnização *"justa"* (*"just"*, *"fair"*) ou *"équa"* ou *"equitativa"* (*"equitable"*)[1086].

Em suma, e como se verá de seguida, não vai ser a terminologia adoptada que vai, só por si, definir os critérios que o Tribunal quis utilizar; vamos ter, sim, que atender é ao conteúdo que o Tribunal, em cada processo, vai mostrar ter querido conceder à terminologia que escolheu, embora isso dificulte o trabalho do investigador.

Vejamos, então, concretamente a doutrina que resulta dos casos que maior interesse apresentam para nós.

b) O caso *American International Group ("AIG")*

O primeiro caso de expropriação a ser decidido pelo Tribunal foi este caso, julgado em 1983[1087]. O Irão alegava que a indemnização que devia ter pago à AIG pela expropriação era apenas uma indemnização *"apropriada"*, que interpretava como devendo ter sido uma indemnização *"parcial"*. Por sua vez, a expropriada contrapunha que a indemnização que o Direito Internacional impunha à data da expropriação era uma indemnização "prévia, integral e efectiva". O Tribunal nem sequer

---

[1083] Reconhecem-no, ainda que receosamente, HIGGINS, pgs. 289-290; e AKEHURST, pg. 94.

[1084] MOURI, pg. 365.

[1085] HIGGINS, pg. 277.

[1086] SCHACHTER, *Question*, pg. 32, e *Compensation*, pg. 127; e HIGGINS, pg. 277.

[1087] Ac. 19-12-83, pg. 96.

A construção dogmática

sentiu a necessidade de se socorrer dos termos do *Tratado de Amizade, Relações Económicas e Direitos Consulares entre os Estados Unidos da América e o Irão*, assinado em 15 de Agosto de 1955, e que entrara em vigor em 16 de Junho de 1957[1088], que, no seu artigo IV, n.º 2, conferia, nesse caso, direito a uma "indemnização *justa*", equivalente ao valor *total* da propriedade expropriada[1089]. Entendeu ele que a questão se resolvia *pelo Direito Internacional consuetudinário*, à face do qual a AIG tinha direito ao "*valor justo do mercado*" ("*fair market value*"). Para o Tribunal, "constitui princípio geral do Direito Internacional que, mesmo no caso de uma expropriação lícita, o antigo proprietário do bem expropriado tem direito a uma indemnização correspondente ao valor da propriedade expropriada", que, por sua vez, "*deve ser avaliado na base do justo valor das acções (...) à data da nacionalização*"[1090,1091].

c) O caso *Tippets*

Este processo foi julgado por Acórdão de 29 de Junho de 1984.

O Tribunal foi aqui mais directamente de encontro ao problema. Nenhuma das partes invocara o Tratado de Amizade. Por isso, o Tribunal decidiu aplicar logo o costume internacional em matéria de cálculo da indemnização devida pela expropriação, louvando-se nos casos dos *proprietários dos navios noruegueses*[1092] e da *fábrica de Chorzow*[1093]. Seguindo por esse caminho e apurado o "valor justo do mercado" da sociedade expropriada (TAMS-AFFA) à data da nacionalização, atribuiu aos expropriados uma indemnização correspondente ao "*valor total*" das acções nacionalizadas[1094].

[1088] UNTS 284, pg. 93.

[1089] O artigo IV, n.º 2, desse Tratado dispunha que nenhuma Parte no Tratado poderia expropriar propriedade pertencente a nacionais da outra Parte sem "o pagamento prévio de uma indemnização justa" ("*just compensation*"), que deveria corresponder ao "*montante total* equivalente ao da propriedade expropriada" (itálico nosso).

[1090] Estava em causa neste litígio a nacionalização de acções da AIG.

[1091] Pgs. 105-106 e 109, com itálicos nossos.

[1092] Ac. 13-10-22 – v. *supra*, Parte I, Cap. III, n.º 4 *b*.

[1093] Ac. 13-9-28 – v. *supra*, Parte I, Cap. III, n.º 2 *a*.

[1094] Pgs. 225-228.

A expropriação lícita

d) O caso *INA*

Neste caso, julgado em 13 de Agosto de 1985, o Tribunal esteve longe de seguir uma linha de raciocínio clara e de observar uma coerência entre a sentença e a sua fundamentação.

De facto, no *obiter dictum* ele parece começar por admitir que, ao menos para as nacionalizações lícitas "de grande escala" (*"large-scale nationalizations"*), o Direito Internacional dispensa uma indemnização de montante *total* (*"full"*) ou sequer *"adequado"* (*"adequate"*). Todavia, o Tribunal acabou por não decidir desse modo: ele reconheceu que o expropriado tinha direito, à data da nacionalização, a uma indemnização *total* (*"full"*), embora não com base no costume internacional mas no Tratado de Amizade, que, com o conteúdo que há pouco indicámos, considerou aplicável ao caso, ao contrário do que o Tribunal havia decidido no caso *AIG*, como vimos. Ou seja, o Tribunal entendeu que o Tratado de Amizade, como *lex specialis* na matéria, prevalecia sobre o costume internacional geral[1095]. Pelo que se apura da leitura do Acórdão, este foi elaborado sob uma forte tensão entre o pensamento diferente de dois grandes nomes da doutrina, que intervieram como Árbitros neste processo: o Juiz LAGERGREN, que entendia que a "nacionalização de grande escala" dava direito a uma indemnização igual ao "justo valor de mercado" do bem, mas descontando dele um montante correspondente a "todas as circunstâncias" do caso – o que se traduzia na prática, embora LAGERGREN não o defendesse de modo expresso, na flexibilização do critério ditado pelo costume internacional e, por via disso, no apuramento de um montante inferior ao correspondente à indemnização total[1096]; e o Juiz HOLTZMANN, que entendia que a este caso se aplicava, simplesmente, o costume internacional, como, em seu entender, já acontecera nos casos que anteriormente citámos, e que aquele impunha uma indemnização *"apropriada"*, no sentido de *"total"*[1097].

[1095] Pgs. 378-379.
[1096] Opinião dissidente, pg. 390.
[1097] Opinião dissidente, pg. 401.

A construção dogmática

e) O caso *SEDCO I*

Este processo foi julgado em 27 de Março de 1986.

Discutia-se nele a indemnização que era devida por um *acto análogo à expropriação* (*"discrete expropriation"*). Ao argumento do Irão, de que ao caso se aplicava o Tratado de Amizade, mas que este absorvera o costume internacional na matéria – curiosamente, um argumento novo, por confronto com a posição que o Irão adoptara nos casos anteriores –, respondeu o Tribunal que ele não precisava de levar em conta o referido Tratado, porque este cedia perante o costume internacional. E, segundo o Tribunal, o costume "desde antes da 2.ª Grande Guerra" que impõe uma indemnização correspondente ao "valor total" da propriedade expropriada[1098]. Colocando depois a si próprio a questão de saber se a Resolução n.º 1803 não terá provocado "erosão" nesse costume, o Tribunal decidiu que aquela Resolução prescreveu indemnização "apropriada" para o caso de nacionalizações "formais, sistemáticas, de larga escala, e de um inteiro sector económico, industrial ou de recursos naturais". Não diz, porém, em que consiste essa indemnização "apropriada". Em qualquer caso, na hipótese de um acto análogo à expropriação, como era o caso concreto, "de harmonia com o costume internacional (...) deverá ser paga pela propriedade expropriada uma indemnização *total, independentemente de a expropriação ser lícita ou ilícita"*[1099].

Mas, neste caso, o Tribunal invoca, pela primeira vez, para fundamentar a sua decisão, este argumento suplementar: a prática do Tribunal, ou seja, a sua jurisprudência. De facto, segundo esta sentença, a indemnização "total" era devida neste processo também porque ela já correspondia à "prática deste Tribunal". E, nota o Tribunal, ele, em nenhum caso anteriormente julgado, arbitrara uma indemnização "parcial", ou inferior à total, *mesmo em hipóteses de "nacionalizações de larga escala"*[1100].

[1098] Pg. 184.

[1099] Pg. 187. Os itálicos são nossos.

[1100] Pg. 189.

A expropriação lícita

f) O caso *Sola Tiles*

Quando em 22 de Abril de 1987 decidiu este caso, o Tribunal voltou a invocar a "prática do Tribunal", mas agora como argumento principal para chegar à conclusão de que, por uma expropriação lícita, era devida uma indemnização *total* ou *integral*. Todavia, o Tribunal reconheceu que a igual resultado teria chegado pela via do costume internacional ou do Tratado de Amizade. E adiantou um argumento novo, que até então não utilizara em qualquer outro caso: discutindo os adjectivos "prévia, total e efectiva", "justa" (*"fair"* ou *"just"*) e "apropriada", o Tribunal decidiu que, sempre que a jurisprudência internacional, arbitral ou judicial, utilizou essas expressões – e citou o emprego do adjectivo "apropriada" nos casos *Topco* e *Aminoil* –, ela concedeu pela expropriação lícita uma indemnização correspondente "ao *valor total* da propriedade expropriada"[1101].

g) O caso *Amoco*

Neste processo, julgado em 14 de Julho de 1987, o Tribunal tratou com maior pormenor do que nos casos anteriores o problema da fixação do montante da indemnização devida por expropriação lícita.

Ele começou por prevenir aí que era necessário estabelecer uma distinção "clara", uma distinção "substancial", entre a expropriação lícita (*"lawful"*) e a ilícita (*"unlawful"*, *"wrongful"*)[1102]. Esta última gera responsabilidade internacional do Estado e fica sujeita às regras que disciplinam esta. Veremos mais tarde quais são as consequências daquela distinção, quando estudarmos o regime da expropriação ilícita, mas adiantamos desde já que, em matéria de cálculo do montante da indemnização devida por expropriação ilícita, este Acórdão constitui um marco fundamental no Direito Internacional contemporâneo.

Quanto à expropriação lícita, e dizendo pretender seguir a doutrina do caso *Chorzow*, o Tribunal, no caso em apreço, é da opinião de

---

[1101] §§ 192-195. O itálico é nosso.
[1102] Pg. 116.

que ela dá lugar a uma indemnização *total*. O Tribunal entende que "o pagamento prévio de uma *indemnização justa*" constituía já, à data, uma "*regra geral do costume internacional*". Ele não esconde que certas Resoluções das Nações Unidas vieram suscitar dúvidas quanto a essa regra, como a que aprovou a Carta de Direitos e Deveres Económicos dos Estados, mas logo a seguir acrescenta que outras Resoluções acabariam por "confirmar a existência daquela regra", como a Resolução n.° 1803[1103]. Essa indemnização, assim calculada, deve corresponder ao *valor de mercado do bem à data da expropriação*. Esse valor, na expropriação lícita, corresponde "à medida e ao limite" da indemnização devida, ao contrário do que sucede quanto à expropriação ilícita, quanto à qual esse valor constitui apenas uma parte do montante da indemnização devida. Recordamos que neste Acórdão os Árbitros entenderam que a rescisão unilateral de um contrato equivalia a uma expropriação ou a uma nacionalização[1104].

Depois, o Tribunal aprofundou neste Acórdão também o modo de computar esse valor de mercado[1105], mas isso será mais adequado tratarmos no número seguinte.

h) O caso *Phillips Petroleum*

Neste processo, decidido em 29 de Junho de 1989, o Tribunal afastou-se, no plano formal, do raciocínio seguido no caso *Amoco*, porque voltou a tomar como ponto de partida para a sua fundamentação o Tratado de Amizade. O Irão, na sua defesa, fizera seu o *obiter dictum* do Juiz LAGERGREN na sua opinião dissidente no caso INA, e sobre a qual nos debruçámos acima, tentando extrair dessa opinião o argumento de que o costume internacional em matéria de fixação do montante da indemnização devida por expropriação lícita havia sofrido alterações.

Perante esta posição, o Tribunal entende que não tem necessidade de se pronunciar sobre se o costume sofreu ou não as alegadas altera-

---

[1103] Pgs. 117 e segs. Os itálicos são nossos.
[1104] Cfr., *supra*, Parte I, Cap. III, n.° 3 *e*.
[1105] §§ 196 e 197.

ções. De facto, para o Tribunal, o Tratado de Amizade, no seu artigo IV, n.º 2, que atrás mencionámos, não fornece apoio à tese do Irão, porque dispõe expressamente que a indemnização deve ser *total*, por referência ao valor do bem à data da expropriação[1106]. Ora, é esta a regra que deve reger o caso em apreço, diz o Tribunal, porque, em seu entender, o Tratado de Amizade, como *lex specialis*, prevalece sobre as "regras gerais" do Direito Internacional, tal como, acrescenta ele, já fora decidido no citado caso *INA*, o que, aliás, corresponde à interpretação que nós próprios demos atrás do Acórdão proferido neste último caso.

Adjacentemente a esta construção, também neste processo o Tribunal quis trazer à colação o caso *Chorzow*. Para o Tribunal, nesse Acórdão o TPJI distinguiu, também para efeitos de cômputo da indemnização devida, a expropriação lícita e a expropriação ilícita. Todavia, na sequência desse raciocínio, diz o Acórdão neste caso *Phillips Petroleum*: "o Acórdão *Chorzow* não fornece qualquer base para a asserção de que uma expropriação lícita exige uma indemnização de montante inferior ao do valor da propriedade à data da sua expropriação"[1107]. Deste modo, o Tribunal estava a reafirmar a interpretação que do Acórdão proferido no caso *Chorzow* já dera no caso *Amoco*, como há pouco demonstrámos, embora, note-se, os Juízes que julgaram os dois processos – *Amoco* e *Phillips Petroleum* – tenham sido diferentes.

i) O caso *Ebrahimi*

Este caso, julgado em 12 de Outubro de 1994, foi, porventura, um dos casos, se não o caso, que levou à mais profunda discussão da problemática jurídico-internacional suscitada pela indemnização devida pela expropriação pelo Irão de bens de cidadãos norte-americanos.

Já conhecemos as linhas gerais deste processo[1108]. Como em todos os casos submetidos ao Tribunal, e como já oportunamente sublinhá-

---

[1106] Pg. 121.

[1107] Pg. 122.

[1108] *Supra*, Parte I, Cap. III, n.º 3 *g*.

A construção dogmática

mos, neste processo estava em discussão uma expropriação ilícita, levada a cabo em 13 de Novembro de 1979. Neste processo concreto, como em muitos outros, essa expropriação assumia a forma de acto equivalente à expropriação, mais concretamente, de expropriação *de facto*, traduzida na ingerência pelo Irão na substância do direito de accionistas de uma sociedade comercial, direito esse que lhes advinha da respectiva participação no capital social. Já o vimos, a vários pretextos, neste livro. E o que cabia ao Tribunal julgar era se procedia o pedido de indemnização dos expropriados e, em caso afirmativo, qual era o seu montante. Só que, como em tantos outros casos, inclusive naqueles que atrás analisámos, também neste caso o Tribunal, para decidir da questão da expropriação ilícita, teve que previamente definir os critérios do cômputo da indemnização devida pela expropriação lícita do direito em causa. E é essa a questão que neste lugar nos interessa.

Como se disse, a discussão deste caso, levada a cabo pelo Tribunal, foi profunda e deu lugar a um Acórdão e a uma opinião dissidente volumosos e de grande riqueza e densidade jurídicas. Com isso ganhou muito, sem dúvida, a doutrina do Direito Internacional, particularmente o Direito Internacional da Propriedade Privada; mas é discutível se, mais uma vez comparando-se o *obiter dictum* do Acórdão com a sua decisão e com a opinião dissidente, se justificavam tantas páginas escritas. Diremos que o Acórdão e a opinião dissidente, mais do que resolver o litígio concreto, quiseram enriquecer a doutrina do Direito Internacional. Se não, vejamos.

O Tribunal começa por rejeitar, com muito maior firmeza do que já fizera no caso *AIG*[1109], a excepção suscitada pelo Irão, segundo a qual a questão da indemnização por expropriação lícita de propriedade de estrangeiros não era uma questão de Direito Internacional, mas sim de Direito interno. E adianta, desde logo, o Tribunal: "Constitui um princípio geral do Direito Internacional Público que, mesmo no caso de expropriação lícita, o anterior titular da propriedade nacionalizada tem o direito de ser indemnizado pelo valor da propriedade expropriada"[1110].

[1109] Caso *AIG*, pg. 105.
[1110] § 72.

A expropriação lícita

O Tribunal louva-se nesta matéria nos seus anteriores Acórdãos proferidos nos casos *Phelps Dodge*[1111]e *Birnbaum*[1112].

Entrando na questão específica do montante da indemnização devida por expropriação lícita, o Acórdão parte do princípio de que "a teoria e a prática do Direito Internacional" não permitem hoje a conclusão de que o critério da indemnização "prévia, integral e efectiva" seja o critério prevalecente[1113]. Mais: louvando-se em SCHACHTER[1114] e BROWNLIE[1115], o Acórdão defende que "nenhuma sentença internacional, judicial ou arbitral, sobre indemnização, adoptou a regra da indemnização "prévia, integral e efectiva" como obrigação internacional". Pelo contrário, o costume internacional "favorece" o critério da indemnização "apropriada"[1116].

O que é para o Tribunal uma indemnização "apropriada" e em que medida é que ela se distingue da indemnização "total"? A essa interrogação responde o Tribunal da seguinte forma: "A gradual progressão desta regra (da indemnização "apropriada") leva a concluir que o montante da indemnização é determinado de modo flexível, isto é, levando-se em conta as circunstâncias concretas de cada caso". Todavia, a prevalência do critério da indemnização "apropriada" não obriga a que o *quantum* da indemnização seja sempre "menos do que total" ou sempre "parcial"[1117]. E, acrescenta o Tribunal, foi esse o critério utilizado pela jurisprudência arbitral nos casos das nacionalizações de companhias petrolíferas pela Líbia e pelo Koweit, particularmente nos casos *Topco*, *Aminoil* e *Liamco*: em todos esses casos, no entender do Acórdão que estamos a apreciar, a *Fórmula Hull* definiu o máximo para a indemnização mas *não impôs* necessariamente, como *não a excluiu*, uma indemnização total[1118].

[1111] Pg. 130.
[1112] § 35.
[1113] § 88.
[1114] *Compensation*, pgs. 123-127.
[1115] *Principles*, pgs. 543-544.
[1116] *Loc.cit.*
[1117] *Loc.cit.*
[1118] §§ 89-93.

A construção dogmática

Todavia, reconhece o Tribunal, nos casos Irão-Estados Unidos já julgados à data deste Acórdão, e dos quais estudámos há pouco alguns dos mais importantes, ele tem entendido, ao contrário, que a indemnização a pagar por uma expropriação *lícita* deve ser uma indemnização *total*, tendo expressamente recusado, em alguns desses casos, uma indemnização parcial ou inferior à total[1119].

Depois destas longas considerações, o Tribunal acaba, todavia, por conceder aos queixosos uma indemnização *total*, pelo menos no que toca aos 19% da sua participação no capital da sociedade em causa (a *Gostaresh Maskan Company*, que era uma grande empresa no sector da construção), e que haviam sido expropriados em 13 de Novembro de 1979[1120], embora esta circunstância não nos interesse neste lugar, porque essa indemnização respeita à expropriação ilícita, já que era esta, e a consequente responsabilidade internacional do Irão, que se discutia, a final, no processo.

Deste Acórdão discordou o Árbitro RICHARD ALLISON, que expôs a sua posição numa longa opinião dissidente. Trata-se, sem dúvida, de uma das mais brilhantes peças produzidas no quadro de toda a vasta jurisprudência arbitral provocada pelo contencioso entre o Irão e os Estados Unidos.

O Juiz ALLISON concorda com a indemnização total, que o Tribunal concedera aos queixosos pelos 19% da sua participação no capital da *Gostaresh Maskan Company*: mais, considera-a uma "conclusão correcta" do Tribunal[1121]. Mas discorda da adopção pelo Acórdão do "*critério amorfo*" da "indemnização *apropriada*", para calcular a indemnização que seria devida, no caso, pela expropriação *lícita*[1122]. Concretamente, não subscreve a afirmação de que a teoria e a prática do Direito Internacional não permitem hoje a conclusão de que o critério da indemnização "prévia, integral e efectiva" seja o critério prevalecente; nem a de que o costume internacional favorece uma indemnização "apropriada"; menos ainda a de que "a gradual progressão desta regra (da indemnização "apropriada") leva a concluir que o

---

[1119] § 94, onde esse ponto se encontra demonstrado com grande desenvolvimento.
[1120] § 175, também assim interpretado no texto citado na nota seguinte.
[1121] § 2 da versão policopiada, autenticada pelo Tribunal.
[1122] *Loc.cit.* Os itálicos são nossos.

montante da indemnização é determinado de modo flexível, isto é, levando-se em conta as circunstâncias concretas de cada caso"[1123].

Aquele Juiz opõe a essa construção estes três argumentos: o Acórdão interpreta erradamente o costume internacional em vigor na matéria[1124]; esquece-se do Tratado de Amizade, que, só por si, e independentemente do costume, como mostrámos, impunha uma indemnização *integral* ou *total* por expropriação lícita[1125]; e confunde as "circunstâncias do caso concreto" (que, diz, sem dúvida todo o juiz deve levar em conta na decisão de um pleito) com as "condições políticas e sociais prevalecentes no Estado expropriante à data da expropriação", e que permitem arbitrariamente ao Estado expropriante recusar o pagamento de uma indemnização total, imposta, diz ALLISON, pelo Direito Internacional[1126].

De seguida, aquele Juiz percorre o Direito Internacional das Expropriações desde o período anterior à 2.ª Grande Guerra, pondo especial ênfase nas nacionalizações líbias e do Koweit (onde, portanto, rebate a tese do Acórdão), nas Directivas do Banco Mundial de 1992, na prática dos Estados, a começar pelos TBI, mas particularmente com base na actual prática dos Estados do Leste europeu[1127], e, sobretudo, na jurisprudência do próprio Tribunal[1128], para concluir que a indemnização "*total*", e não só "apropriada", com o sentido que a esta palavra é dada no Acórdão *Ebrahimi*, é imposta pelo costume internacional em caso de expropriação lícita[1129].

j) Conclusão

A jurisprudência produzida pelo Tribunal Arbitral criado para conhecer dos litígios entre o Irão e os Estados Unidos está a deixar

---

[1123] *Loc.cit.*
[1124] § 3.
[1125] N. 2.
[1126] N. 1.
[1127] §§ 5-22.
[1128] §§ 24-37.
[1129] § 38.

A construção dogmática

marcas profundas na elaboração do moderno Direito Internacional da Propriedade Privada. E por várias razões.

Desde logo, porque nos processos por ele julgados têm intervindo como Juízes, como Advogados, ou como Jurisconsultos, ou têm sido invocados pelas partes, nomes dos mais sonantes da doutrina contemporânea do Direito Internacional, como GARCÍA-AMADOR, ARANGIO--RUIZ, ARECHAGA, LAGERGREN, ALLISON, HENKIN, SCHACHTER, ROUSSEAU, BROWNLIE, AKEHURST, DE VISSCHER, LAUTERPACHT, SHAW, WESTBERG, BROMS, RUDA, HIGGINS, etc. Ora, o prestígio destes nomes não podia deixar de pesar na afirmação pelo Tribunal da sua doutrina na matéria.

Depois, porque, mais do que julgar os casos concretos, já o dissemos, tem sido preocupação do Tribunal recapitular o Direito Internacional em vigor na matéria e contribuir, quando isso se impõe, para a sedimentação e a reelaboração do Direito Internacional que hoje rege o estatuto da propriedade privada dos estrangeiros, particularmente no domínio da indemnização devida por expropriações lícitas e da reparação devida por expropriações ilícitas.

Por tudo isso, convém que sumariemos de seguida as grandes ideias que se devem reter da jurisprudência analisada.

A primeira, é a de que para o Tribunal não faz dúvida de que a expropriação de propriedade privada de estrangeiros, inclusive o montante da indemnização devida pela sua expropriação lícita, se rege pelo Direito Internacional. O Tribunal nem sequer sente a necessidade de discutir esta questão; contenta-se em recordá-lo, como vimos, uma vez ou outra, quando a isso foi solicitado pelo Irão. Este próprio, note-se, nem em todos os processos pôs esse princípio em dúvida.

A segunda é a de que, dentro do Direito Internacional, o Tribunal propende para aplicar à matéria o costume internacional, que entende que é o Direito tradicional neste domínio, o mesmo que já vigora, di-lo, desde mesmo antes da 2.ª Grande Guerra[1130]. Num ou noutro caso, como vimos, o Tribunal entende que esse costume cede perante o Tratado de Amizade celebrado entre o Irão e os Estados Unidos. O Tribunal não fundamenta essa posição, o que se fica a dever ao facto

---

[1130] Assim, LAGERGREN, pg. 10.

A expropriação lícita

de ele menosprezar a relação entre essas duas fontes de Direito, porque, em seu entender, o costume internacional e a cláusula aplicável daquele Tratado coincidiam quanto ao montante da indemnização devida[1131]. Isso quer dizer – e este ponto é muito importante para a determinação das fontes do Direito Internacional que hoje disciplinam o estatuto da propriedade privada de estrangeiros – que o Tribunal, em nenhum dos casos, entendeu dever levar em consideração as Resoluções das Nações Unidas sobre a matéria, aprovadas a partir dos anos 60. Particularmente significativo nesse aspecto é o facto de a Carta de Direitos e Deveres Económicos dos Estados, que, como mostrámos, representara uma tentativa de fazer ressurgir a *Doutrina Calvo, nunca* haver sido sequer mencionada pelo Tribunal e, também, a circunstância de a Resolução n.º 1803, das poucas vezes que foi por ele levada em conta, quase sempre a pedido do Irão, como Estado expropriante, ter sido posta de lado, por o Tribunal ter entendido que ela não interferia com o resultado a que, no seu entendimento, ele era conduzido pelo costume internacional ou pelo Tratado de Amizade, e que era o do reconhecimento ao expropriado do direito, no caso de expropriação lícita, de uma indemnização pelo valor *integral* do bem ou do direito expropriado.

A terceira ideia é a de que os Acórdãos do Tribunal adoptam, do ponto de vista jurídico, estruturas de construção dogmática e linhas de raciocínio poucas vezes coincidentes. É uma consequência natural do facto de o Tribunal ter sido dividido em três Secções, compostas, cada uma delas, como dissemos na Parte I, por um Árbitro indicado por cada um dos Estados em litígio, e por um Árbitro-Presidente de um terceiro Estado, escolhido por comum acordo dos dois primeiros, o que conduziu, necessariamente, a que a formação jurídica de base dos Juízes fosse muito diferente entre si e, por via disso, também o processo intelectivo de cada Secção. Essa disparidade mantinha-se, ou era até reforçada, quando os processos tinham de ser julgados pelo Plenário do Tribunal.

[1131] Esse menosprezo chegou ao ponto de o Tribunal nem sequer ter discutido se o Tratado de Amizade continuava em vigor, o que fora posto em causa pelo TIJ no seu citado Ac. de 24-5-80, no caso do *pessoal diplomático e consular dos Estados Unidos em Teerão*, pg. 28. Cfr. LAGERGREN, pg. 13.

A construção dogmática

No que toca à substância dos Acórdãos estudados, duas conclusões importa reter, de modo especial.

A primeira é a de que, e a reforçar a metodologia que nós próprios temos adoptado neste livro, o Tribunal perfilha um conceito amplo de expropriação, dentro do qual inclui actos diferentes, quer expropriativos, designadamente, e *sem os discriminar*, a expropriação *stricto sensu* e a nacionalização, quer actos análogos a uma e a outra, inclusive na modalidade de expropriação *de facto*. Isso permite-nos concluir, entre o mais, que o Tribunal entende que os critérios de fixação da indemnização devida por actos lícitos de nacionalização e de expropriação, bem como de actos análogos a uns e a outros (por exemplo, a rescisão unilateral de contratos administrativos ou a privação da fruição de direitos sociais), são idênticos. Exemplo mais recente desta orientação é o caso *Ebrahimi*. Curiosamente, este ponto concreto não foi controvertido nem pelas partes, nem pelos Juízes, nem pelos comentadores[1132].

A segunda conclusão é a seguinte: a jurisprudência deste Tribunal reforçou consideravelmente a orientação do Direito Internacional segundo a qual a indemnização devida por uma expropriação lícita é uma indemnização *de montante total* ou *integral*, correspondente ao *valor de mercado do bem expropriado à data da expropriação*. Para o Tribunal essa conclusão corresponde a um *"princípio geral do Direito Internacional, formado por via do costume"*[1133]. A flexibilidade na aplicação concreta deste critério decorre, naturalmente, do apuramento desse valor de mercado em cada caso e da sua adaptação às circunstâncias concretas de cada processo, como, aliás, é próprio e normal da função de julgar; não depende de factores estranhos ao processo, designadamente, não depende de razões de carácter político, ideológico ou económico ligadas ao Estado expropriante, como, tal como mostrámos, foi desejado pelo Irão em alguns processos, servindo-se inclusivamente, para o efeito, da equivocidade semântica da expressão indemnização "apropriada"[1134]. Neste ponto importante, e como observa o Juiz ALLISON na sua referida opinião dissidente, pode-se dizer que, res-

---

[1132] Assim, BANZ, pg. 85; HERDEGEN, pg. 117; SORNARAJAH, *International Law*, pg. 411; e ALDRICH, *Jurisprudence*, pgs. 188 e segs. e 218 e segs.

[1133] *Maxime*, caso *AIG*, *loc.cit.*. Assim, também, LAGERGREN, pg. 10.

[1134] V. especialmente o caso *Ebrahimi*, §§ 106 e segs.

A expropriação lícita

salvadas todas as disparidades formais, tem havido, de facto, uma "total uniformidade nas decisões do Tribunal sobre o montante da indemnização que o Direito Internacional impõe" e que é o montante da *"indemnização total"* ou, o que é dizer o mesmo, *"nunca menos do que a indemnização total"*[1135]. Isso acabou por acontecer, como bem observou o Juiz HOLTZMANN, na citada opinião dissidente no caso *INA*[1136], mesmo quando, no quadro do contencioso entre o Irão e os Estados Unidos (tal como já acontecera com anteriores arbitragens internacionais), o Tribunal utilizou a expressão indemnização "apropriada", que, a final, veio sempre, de forma directa ou indirecta, a servir de fundamento à atribuição de uma indemnização *total ("full")*[1137].

IV – A jurisprudência dos órgãos da Convenção Europeia dos Direitos do Homem

O artigo 1.º do PA n.º 1 à CEDH não contém qualquer referência à indemnização devida por uma expropriação. Neste ponto, a CEDH não seria seguida pela CADH, que, no seu artigo 21.º, n.º 2, exige para a "privação" da propriedade o pagamento de *"justa indemnização"*.

Todavia, como já se disse, os órgãos da CEDH têm reconhecido, sem dificuldade, que a indemnização é uma condição de licitude da expropriação e, mais do que isso, que o direito à indemnização por expropriação é "co-natural" ao direito de propriedade, reconhecido pelo citado artigo 1.º do PA n.º 1[1138].

Mas tanto a Comissão como o TEDH não têm dado quase nenhumas achegas para se concluir como é que se calcula a indemnização devida por uma expropriação lícita à face daquele preceito. O Tribunal tem-se preocupado mais com a indemnização por expropriações *ilícitas*, indemnização essa que lhe tem sido pedida à sombra do artigo 50.º

[1135] §§ 23 e 36. Os itálicos são nossos.

[1136] *Loc.cit.*

[1137] ALLISON louva-se nesta opinião dissidente para fundamentar a sua própria, essa no caso *Ebrahimi* – n. 58.

[1138] Casos *Erkner*, § 78, e *Poiss*, § 68, os dois julgados em 23-4-87. V. também SUDRE, *Protection*, pg. 72.

da CEDH. Mas quando, num momento logicamente *prévio*, tem tido que se debruçar sobre se foi paga ao queixoso a indemnização devida pela expropriação *lícita*, os órgãos da Convenção têm-se esquivado a definir os critérios do cálculo da indemnização devida por esta.

Para começar, os órgãos da Convenção não se ocupam autonomamente do problema da indemnização. Tal como vimos acontecer com a estipulação da utilidade pública como condição de licitude da expropriação, também aqui "a chave do sistema", como se reconhece no Comentário de um dos Juízes à CEDH[1139], é o princípio do "justo equilíbrio": ou seja, a questão de saber qual é o montante da indemnização devida por expropriação lícita não é, para os órgãos da Convenção, uma questão autónoma, a abordar de per si, mas uma questão que deve ser decidida com recurso à proporcionalidade entre o interesse geral prosseguido e o eventual "encargo exorbitante" que o acto de expropriação traz ao particular[1140]. É dentro desta orientação que eles entendem que "sem o pagamento de uma indemnização que esteja *razoavelmente em relação com o valor do bem* a privação da propriedade constituiria normalmente um prejuízo (*"atteinte"*) excessivo, que não se consideraria justificado em face do artigo 1.°"[1141]. Ou, dito doutra forma, é necessário evitar uma "desproporcionalidade manifesta" entre o valor do bem que é objecto da expropriação e a indemnização concedida[1142].

Como se vê, para além de não tratarem com autonomia o problema do montante da indemnização devida, mas só em relação com o princípio da proporcionalidade – o que, metodologicamente, não é necessário e desvaloriza a indemnização como condição autónoma de licitude da expropriação –, a Comissão e o Tribunal fogem a definir o critério do cômputo da indemnização. O melhor que se tem conseguido obter deles é a afirmação de que o artigo 1.° do PA n.° 1 não confere o

---

[1139] *Comentário Pettiti*, pg. 990.

[1140] Assim, também SUDRE, *Protection*, pg. 77.

[1141] Os casos clássicos são os Acórdãos do TEDH nos processos *James*, § 54, e *Lithgow*, § 121. Mais recentemente, são exemplos excelentes dessa orientação, *quase pelas mesmas palavras*, os Acórdãos do TEDH de 9-12-94, caso *Saints Monastères*, §§ 70-71, e 20-11-95, caso *Pressos*, § 38. O itálico é nosso.

[1142] Por exemplo, Relatório da Comissão de 17-12-87, caso *Scotts of Greenbook Ltd. e outros e Lithgow c. Reino Unido*, § 90.

A expropriação lícita

direito a "*uma indemnização integral*", e também aqui com amparo, uma vez mais, na proporcionalidade: os objectivos de utilidade pública prosseguidos pelo acto podem conduzir legitimamente a "uma indemnização *inferior ao valor total do mercado*"[1143].

Mas esse critério não é utilizado pelo Tribunal de modo seguro nem uniforme. Assim, recentemente, no caso *Hentrich*[1144], o Tribunal decidiu que a indemnização devia tomar como base "*o valor venal actual do terreno*"[1145]. E o curioso é que, não sendo normalmente o Tribunal tão generoso nem tão directamente conclusivo (não obstante o critério adoptado mais não traduzir do que o critério geral do Direito Internacional, como se viu atrás), ele não cuidou de demonstrar por que razão, neste caso concreto, se afastava do seu critério normalmente redutor do valor do mercado do bem, sobretudo quando, como o viria a reconhecer mais tarde o Juiz MARTENS na sua opinião dissidente no Acórdão proferido no mesmo caso, mas agora ao abrigo do artigo 50.° da CEDH[1146], o valor do mercado do bem neste caso foi "comunicado de forma pouco elaborada, e, em qualquer caso, não foi pormenorizado" – por outras palavras, aquele valor não estava fundamentado.

A Comissão, por seu lado, foi da opinião, no seu Relatório de 18 de Outubro de 1985, no caso *Howard c. o Reino Unido*[1147], de que "a existência de uma indemnização que reflita ("*reflétant*") o valor do bem expropriado será um elemento importante". Todavia, pouco se pode extrair desta afirmação: não apenas ela não nos aparece retomada de forma a poder concluir-se que traduz uma posição constante da Comissão, como também a expressão "*que reflita* o valor do bem" não nos permite concluir, em definitivo, qual a relação exacta que se quis estabelecer entre a indemnização e aquele valor.

Por outro lado, o montante pode variar em função "da natureza do bem e das circunstâncias da transferência da propriedade". Por isso, "o montante da indemnização devida pode diferir, ressalvadas que estejam

---

[1143] Casos *James* e *Lithgow, locs.cits.* SUDRE, *Protection*, pg. 77, dá a mesma interpretação da jurisprudência do Tribunal.

[1144] Ac. 22-9-94, pg. 593.

[1145] § 71.

[1146] Ac. 3-7-95.

[1147] DR 52, pg. 214.

A construção dogmática

as exigências de um justo equilíbrio, conforme se trate de uma nacionalização ou de outras formas de privação de propriedade": aceita-se que o afastamento em relação ao "valor total de mercado" seja superior nas nacionalizações do que nas simples expropriações[1148].

Nessa medida, e como observam FROWEIN e PEUKERT[1149], tanto a Comissão como o Tribunal parece terem subjacente no seu raciocínio na matéria a distinção entre as medidas individuais (que é a forma que mais comummente, embora não necessariamente, revestem as expropriações) e as medidas com carácter plural (a forma que, na sua generalidade, assumem as nacionalizações, que abrangem, às vezes, mas não necessariamente, parte ou a totalidade de sectores económicos). As medidas individuais dão direito, segundo os órgãos da Convenção, a indemnização mais alta do que as medidas de natureza plural, embora sempre inferior ao valor do mercado do bem – salvo as surpresas, como o referido caso *Hentrich*.

De qualquer modo, note-se, o Tribunal reconhece expressamente que os actos análogos à expropriação dão direito, *só por si*, a indemnização. Já vimos isso no Capítulo anterior. E, o que é importante, ele disse-o expressamente, no caso *Matos e Silva Lda. c. Portugal*, quanto aos dois actos de criação de uma reserva natural, o primeiro, um acto legislativo, o segundo, um regulamento administrativo[1150]. Nessa matéria, a Comissão e o TEDH foram, quanto a actos praticados de harmonia com o Direito português, mais longe do que, a avaliar pelo estado actual da jurisprudência portuguesa, iriam, porventura, os tribunais nacionais, que ainda não afirmaram formalmente o direito à indemnização por servidões de Direito Público, *vistas estas autonomamente em relação a procedimentos expropriativos*, nem mesmo quando elas são criadas por lei, com base, aliás, num preceito claramente inconstitucional: o artigo 8.º, n.º 2, do Código das Expropriações[1151,1152].

[1148] Nesta matéria, é paradigmático o caso *Lithgow*, §§ 121-122. V. SUDRE, *op.e loc.cits.*; e FLAUSS, pg. 205.

[1149] Pg. 811.

[1150] § 79.

[1151] Cfr., *supra*, Cap. III, n.º 5.3.

[1152] Para demonstrarmos o que afirmámos no texto, veja-se aquele que julgámos ser o último Acórdão do Tribunal Constitucional na matéria, aliás, ainda não publicado, o Ac. n.º 267/97, proferido no Proc. n.º 460/95. Não obstante a profundidade com

Toda a referida construção dos órgãos da CEDH tem como fundamento último um "largo poder discricionário" do Estado na fixação das modalidades e das condições da indemnização, que ele poderá determinar em função "das suas necessidades e dos seus recursos", que, por sua vez, podem ser avaliados com base numa "larga margem de apreciação", com a única condição de que não se chegue por aí a uma solução "manifestamente desprovida de base razoável"[1153].

Num breve balanço da posição dos órgãos da CEDH perante o problema em discussão, sublinharemos os seguintes aspectos.

Em primeiro lugar, após ter reconhecido que o artigo 1.º do PA n.º 1 impunha ao Estado expropriante o dever de indemnizar, e que, portanto, a indemnização era uma condição de licitude da expropriação, os órgãos da Convenção, e particularmente o Tribunal, tinham que definir

---

que aborda algumas questões que aí são tratadas, o Acórdão segue um percurso sinuoso, feito de hesitações, contradições e incoerências. Assim, e não obstante reconhecer, por um lado, que "devem ser consideradas, no nosso Direito, como *expropriativas*" e, consequentemente, *sujeitas a indemnização*, as disposições dos planos urbanísticos *que causem danos na esfera jurídica dos particulares*, desde que elas sejam "*especiais e anormais*""; que "a vinculação da Administração por estes princípios (da *justiça*, da *proporcionalidade* e da *igualdade*) exige que o proprietário do terreno seja compensado quando, por razões de interesse público, seja alvo de *sacrifícios violadores de tais princípios*", e que "*a Administração Pública está obrigada a indemnizar os particulares de uma forma justa, sobretudo se àqueles forem impostos encargos especiais ou causados prejuízos anormais*" – não obstante reconhecer tudo isso (e ninguém seria capaz de o escrever de modo mais claro), o Acórdão produz a afirmação, abstracta e categórica, de que "a afectação do solo à RAN (Reserva Agrícola Nacional), *apesar de constituir uma limitação ao uso do solo*, não é uma expropriação e, por isso, *não dá direito a qualquer compensação*". E, se, no fim de tudo, acaba por julgar inconstitucional o artigo 24.º, n.º 5, do Código das Expropriações, louvando-se em ALVES CORREIA (*Código*, pg. 23), fá-lo por força de ter de reconhecer, que, no caso concreto, houvera (diga-se de passagem, com foros de escândalo) "*manipulação* das regras urbanísticas por parte da Administração", através da "classificação *dolosa* por parte de um município, num plano urbanístico por si aprovado, de um terreno como zona verde, *desvalorizando-o, para mais tarde o adquirir, por expropriação, pagando por ele um valor correspondente ao de solo não apto para a construção*", mas não por reconhecer que a servidão, *sozinha*, e *só de per si*, dava lugar a indemnização (os itálicos na transcrição, salvo o último, são nossos). Cfr. os Acórdãos do mesmo Tribunal n.os 262/93, 594/93, 329/94.

[1153] Caso *Lithgow*, § 122.

A construção dogmática

os critérios à luz dos quais se computava a indemnização devida. O reconhecimento da existência de uma "margem de apreciação" do Estado expropriante não apenas não o impedia como, pelo contrário, o impunha, exactamente para que se ficassem a conhecer os *limites objectivos* dessa margem de apreciação, sem o que esta corre o risco de se transformar em puro arbítrio, insindicável pelos órgãos da Convenção e contrário à letra e ao espírito da Convenção. Mas os órgãos da Convenção não têm entendido assim, com evidente prejuízo para a protecção do direito reconhecido pelo artigo 1.º do PA n.º 1[1154]. E a mistura de dois princípios que, tanto em abstracto como na letra e no espírito da Convenção, são diferentes e autónomos – o princípio da indemnização pela expropriação lícita e o princípio da proporcionalidade –, só contribui para prejudicar a abordagem cabal do primeiro, sem prejuízo de se reconhecer que pode haver uma interpenetração entre os dois[1155].

A segunda nota é a de que os órgãos da Convenção, não obstante estarem, sem dúvida, ao par dos progressos do costume internacional (e, dentro deste, do Direito Internacional convencional que o tem gerado, ou seja, especialmente os TBI e as Directivas do Banco Mundial) e da jurisprudência arbitral em matéria de fixação do montante da indemnização e, especialmente, em matéria de elaboração doutrinária dos respectivos critérios propostos, não se esforçam por explicar os critérios de que se servem e ignoram os critérios propostos pelo demais Direito Internacional[1156]. Sabe-se apenas que os órgãos da Convenção nem sequer citam esses critérios, não se sabe por que o fazem e menos ainda se sabe quais são os critérios de que eles próprios partem.

Esta crítica assume uma força redobrada porque é compartilhada por um conhecido especialista em matéria de CEDH e que exerce, há já alguns anos, as funções de Juiz no Tribunal: o francês Louis-Edmond Pettiti. No seu Comentário à CEDH, que tem a vantagem de ser um dos mais recentes e profundos no género, Pettiti reconhece que existe um "Direito Internacional consuetudinário" formado com o conteúdo que revelámos nas páginas anteriores, isto é, que postula uma indem-

---

[1154] Assim, por último, YOUROW, pgs. 140 e segs.

[1155] Assim, também *Comentário Pettiti*, pgs. 990 e segs.

[1156] Particularmente severa é, neste ponto, a recente dissertação exaustiva de GELINSKY, pgs. 165-166.

A expropriação lícita

nização por expropriação calculada com base no valor do bem, e discorda sobre a sua "não invocação" pelo Tribunal[1157]. É isso que explica que os próprios Estados partes no PA n.° 1 tenham perdido a confiança nos órgãos da Convenção quando se trata de definir a indemnização devida por expropriação lícita e, *já depois da respectiva adesão àquele Protocolo*, continuem a celebrar entre si tratados bilaterais visando disciplinar a matéria. Um dos muitos exemplos possíveis é o já citado artigo 4.°, n.° 2, do TBI Portugal-Alemanha, de 1980, onde se exige para a licitude da expropriação, entre o mais, a "indemnização" e, logo a seguir, se estipulam, com pormenor até excessivo, as características que ela deve preencher para ser prévia, integral e efectiva.

A terceira nota é a constatação de que os órgãos da CEDH estão completamente isolados hoje, no Direito Internacional, como se viu pelas páginas que imediatamente antecedem, e como já fora demonstrado no Capítulo anterior[1158], na distinção que estabelecem, para o efeito do cálculo do montante da indemnização, entre expropriações e nacionalizações. Ainda por cima, a fundamentação encontrada no caso *Lithgow*, para explicar aquela distinção ("A avaliação de grandes empresas com vista a nacionalizar-se um inteiro sector industrial representa uma operação bastante mais complexa do que, por exemplo, a avaliação de um terreno expropriado"[1159]), não convence, pelo menos para o fim que está em causa, e ainda menos para justificar o afastamento do Tribunal, também nesta matéria, em relação ao demais Direito Internacional[1160].

A quarta nota toca numa questão mais profunda. É que, especialmente o Tribunal, insiste, para usarmos a expressão do próprio Comentário dirigido pelo Juiz PETTITI[1161], na "confusão enfadonha" entre *"indemnização"* e *"reparação"*[1162]. E, como se acrescenta naquele Comentário, uma coisa "nada tem a ver, do ponto de vista técnico, com

---

[1157] *Comentário Pettiti*, pgs. 992-993.

[1158] V., *supra*, Cap. III, n.° 4.

[1159] § 121. Cfr. SUDRE, *Protection*, pg. 77.

[1160] Assim, também *Comentário Pettiti*, pg. 992; e FROWEIN/PEUKERT, *loc.cit.*

[1161] Pg. 993.

[1162] Exemplo dessa confusão, na doutrina, é a obra de SERMET, pg. 41.

A construção dogmática

a outra"[1163]. Uma coisa é a indemnização como *condição de licitude* da expropriação, portanto, a indemnização por expropriação *lícita* ("*indemnisation*"), outra é a reparação, isto é, a indemnização por expropriação *ilícita*, ou seja, a indemnização para a efectivação da responsabilidade internacional do Estado emergente de uma expropriação que não respeitou as condições da sua licitude, e que só se pode obter, no quadro da CEDH, ao abrigo do seu artigo 50.° ("*réparation*", "*dédommagement*")[1164].

Essa confusão leva a que o Tribunal só num caso tenha compreendido a *distinção entre expropriação lícita e ilícita* para efeitos do cálculo do montante da indemnização, e, mesmo aí, a insistente requerimento da Comissão: no Acórdão proferido no caso *Papamichalopoulos – artigo 50.°*[1165]. Mas, pouco depois, voltou a esquecer a distinção, no caso *Matos e Silva*. Aí, os queixosos, nas suas alegações escritas, haviam defendido duas fórmulas diferentes de cômputo da reparação, conforme o Tribunal entendesse que na situação global decorrente dos actos litigiosos o Estado Português devia uma indemnização a título de expropriação *lícita* ou *ilícita*. Essa distinção materializara-se na avaliação dos respectivos valores. O Estado Português não contestou essa avaliação antes da audiência do julgamento, ao contrário do que é usual fazer-se. Depois, nas suas alegações orais, na audiência do julgamento, os queixosos – neste ponto concreto, por intermédio do seu Consultor Jurídico, o Professor DOLZER –, voltaram a requerer ao Tribunal a consideração no caso concreto das duas hipóteses: a da expropriação lícita ou ilícita. O Estado voltou a não contrariar esta metodologia nem os respectivos valores, limitando-se, desta vez, a afirmar que os valores pedidos eram "desprovidos de fundamento".

O Tribunal, ao pronunciar-se, no seu Acórdão, sobre a reparação pedida, não obstante considerar a avaliação "*pormenorizada*" ("*détail-lée*") – o que, sendo a única expressão que a esse propósito ele utiliza, tem de ser interpretada como querendo significar, pelo menos, que a avaliação merecia credibilidade –, salta sobre a questão da distinção

---

[1163] *Loc.cit.*

[1164] Curiosamente, um dos alvos do *Comentário Pettiti* com essa pertinente crítica é exactamente ... o Juiz PETTITI, na sua opinião dissidente no caso *Lithgow* – v. *Comentário Pettiti*, pg. 993, n. 3. Cfr. SUDRE, *Protection*, pg. 72.

[1165] Ac. 31-10-95, § 36. Ver no § 33 a posição da Comissão.

A expropriação lícita

entre a expropriação lícita e ilícita, não aplicando, de todo, a distinção ao caso concreto, nem justificando essa sua omissão.

Mas, para além dessa evitável "confusão" conceptual entre expropriação lícita e expropriação ilícita, a orientação acabada de referir tem conduzido, por caminhos ínvios, à degradação do exacto conceito e da verdadeira função da indemnização e, portanto, à redução do seu montante, sendo, em grande parte, responsável pelo atraso que a jurisprudência dos órgãos da Convenção, como se viu, revela em confronto com a evolução do demais Direito Internacional.

A última nota, somada às anteriores, vem demonstrar que os nacionais dos Estados partes na Convenção se encontram profundamente desprotegidos no quadro do artigo 1.º do PA n.º 1.

De facto, ao critério que, logo à partida, leva os órgãos da CEDH a calcular um montante para a indemnização por expropriação lícita mais baixo do que o ditado pelo moderno Direito Internacional há que somar a discriminação inversa dos nacionais que, à sombra daquele preceito, é levada a cabo pelos órgãos da Convenção, e, como se demonstrou, em violação do artigo 14.º da Convenção. Isto significa que os nacionais se sentem duplamente desprotegidos quando discutem perante os órgãos da Convenção a indemnização que, à face do artigo 1.º do PA n.º 1, lhes é devida pelo respectivo Estado por uma expropriação lícita: primeiro, porque estes tomam como ponto de partida um montante de indemnização inferior ao montante ditado pela *Fórmula Hull* para o demais Direito Internacional; depois, porque no montante já desse modo reduzido, e que só vale para os estrangeiros, introduzem uma nova redução, só quanto aos nacionais, discriminando estes, em violação da própria Convenção.

Com todas estas observações, e exactamente porque, como dissemos, o direito à indemnização é, para o próprio TEDH, "co-natural" ao direito de propriedade, o enfraquecimento da garantia do primeiro na jurisprudência dos órgãos da CEDH acaba por afectar a própria garantia do direito de propriedade pelo artigo 1.º do PA n.º 1. É o próprio Tribunal a reconhecê-lo quando, no caso *James*, deixou escrito que, na ausência de indemnização, "o artigo 1.º só asseguraria uma protecção fortemente *ilusória* e *ineficaz* do direito de propriedade"[1166].

[1166] § 54, com itálicos nossos. Assim, SUDRE, *op.e loc.cits.*

A construção dogmática

O comportamento, acabado de estudar, dos órgãos da CEDH em face do modo de se calcular a indemnização devida por uma expropriação lícita é tanto mais estranho quanto é certo que não é acompanhado pelos Estados que nela são partes, mesmo quando actuam no quadro da Convenção. O melhor exemplo disso reside na posição que o Reino Unido, a Alemanha e a França adoptaram em face das reservas formuladas por Portugal acerca da indemnização devida por certos tipos de expropriações, quando da sua adesão à CEDH e ao PA n.º 1, em 1978, faz agora vinte anos: aqueles três Estados produziram declarações separadas, segundo as quais Portugal infringiria o Direito Internacional se se recusasse a pagar uma indemnização *"prévia, integral e efectiva"* em caso de expropriação de imóveis de cidadãos estrangeiros, isto é, uma indemnização apurada segundo a *Fórmula Hull*[1167]

§ 5.º – **Conclusão**

Dada a complexidade de que teve que se revestir o tratamento, nas páginas que antecederam, do problema do montante devido a título de indemnização por expropriação lícita, é conveniente que sumariemos agora, em poucas linhas, as conclusões que delas podemos extrair.

Pode-se dizer com segurança, como aliás é reconhecido pela moderna e qualificada doutrina e jurisprudência que citámos, que o Direito Internacional confere hoje ao indivíduo o direito de receber, por expropriação, nacionalização ou actos análogos, uma indemnização de montante *total* ou *integral* por confronto com o valor do bem ou direito expropriado. É esse o Direito Internacional tradicional, que nunca deixou de vigorar, nem mesmo após ter nascido a *Doutrina Calvo*. Hoje, aquele Direito tradicional, de raiz costumeira, exprime-se pela *Fórmula Hull*, que, aliás, quando nasceu, quis, exactamente, acolher o Direito tradicional[1168].

São vários os fundamentos em que se baseia a nossa afirmação de que a *Fórmula Hull* é hoje Direito consuetudinário geral.

[1167] V. fonte em GONÇALVES PEREIRA/FAUSTO DE QUADROS, pg. 624.

[1168] Sobretudo, OPPENHEIM, II, pg. 921; DOLZER, *Eigentum*, pgs. 282 e segs.; e IPSEN, pg. 617.

Antes de mais, a sua generalização progressiva na prática internacional dos Estados, inclusive (o que é muito importante tanto para a formação da *opinio iuris* em torno dessa prática, como para a generalização do costume) na prática de Estados que, tradicionalmente, estiveram sempre na primeira linha do combate contra aquela Fórmula[1169]: é o caso dos Estados do Leste europeu (a começar pela Rússia), da China e dos Estados do Terceiro Mundo, particularmente os afro-asiáticos (já referimos o caso especial de Angola, na Parte I), inclusive nas suas relações entre si.

Mas a integração da *Fórmula Hull* no costume internacional geral decorre também da sua consagração pelo Banco Mundial, com fácil aceitação, e sem reservas, pelos seus Estados membros, que são hoje quase todos os Estados da Comunidade Internacional. E ficará ainda mais consolidada quando os Estados membros da OCDE, e aqueles que, não o sendo, o queiram, se vincularem, em breve, ao referido Acordo Multilateral de Investimento, que aquela Organização está à beira de aprovar.

E foi esse o entendimento – o da consagração da *Fórmula Hull* pelo Direito Internacional consuetudinário geral – que lhe foi dado por vasta e importante jurisprudência arbitral, na qual intervieram muitos dos maiores especialistas contemporâneos em Direito Internacional ou noutros ramos do Direito Público.

Mas a integração da *Fórmula Hull* no costume internacional geral não resulta só da sua aceitação expressa: decorre também, implicitamente, da recusa definitiva da *Doutrina Calvo*. Já atrás se explicou que, como entendem de modo pacífico os Autores, em torno daquela Doutrina nunca se chegou a formar costume internacional, nem mesmo regional, na América Latina. Mas a questão morreu definitivamente com a adesão clara dos mais antigos defensores daquela Doutrina, a Argentina e o México, à *Fórmula Hull*, como demonstrámos[1170].

A circunstância de dizermos que a *Fórmula Hull*, particularmente quando prescreve que o montante da indemnização deve ser *integral*,

---

[1169] V., *supra*, Parte I, Cap. II, n.º 4.3.

[1170] De todos os trabalhos atrás citados, esta evolução pode ser melhor e mais profundamente apreendida na opinião dissidente do Árbitro ALLISON, no caso *Ebrahimi*, § 22.

A construção dogmática

constitui hoje Direito Internacional consuetudinário geral, em nada fica prejudicada pelo facto de, ao longo de todos estes anos, em alguns casos isolados, alguns Estados, e certos arestos da jurisprudência arbitral no litígio Irão-Estados Unidos, terem aceite que a indemnização podia ser "apropriada" e de montante "flexível" ou "segundo as circunstâncias".

O adjectivo "apropriada", como se mostrou, nasceu no Direito derivado das Nações Unidas, num quadro permanente de contradições que o caracterizou e que, por isso, lhe retirou qualquer valor para o efeito de contrariar o costume tradicional. Mas, por outro lado, e como no-lo revela um qualificado especialista africano na matéria, quando alguns Estados, tanto do Terceiro Mundo como, por vezes, os próprios Estados Unidos, continuavam a referir-se à indemnização "apropriada" ou "razoável", queriam dizer indemnização "integral"[1171]. E isso era cada vez mais claro à medida que os anos iam passando sobre as referidas Resoluções das Nações Unidas, correndo esse comportamento dos Estados, aliás, em sintonia com a sua prática internacional, que acima sumariámos[1172]. As Directivas do Banco Mundial, ao fazerem sua essa posição, removeram todas as dúvidas que pudessem subsistir na matéria.

E o mesmo se tem de dizer quanto à jurisprudência arbitral no litígio Irão-Estados Unidos, quando ela, em poucos casos, se serviu dos adjectivos "apropriada" ou "flexível", "segundo as circunstâncias".

Mostrámos que em todos os casos em que o Tribunal Arbitral de Haia se referiu à indemnização "apropriada", ele interpretou-a como indemnização "*total*" ou, pelo menos, como indemnização "*não inferior à total*". Por sua vez, quando foi do entender que o montante devia ser "flexível" e devia ser calculado "segundo as circunstâncias" de cada caso, continuou a não abandonar, *em abstracto*, o critério da indemnização "total" ou "integral", pretendendo apenas significar com isso que, em cada caso, a determinação de um montante *concreto* devia atender às circunstâncias específicas do caso – o que não está, nem pode estar, em discussão.

Para além disso, e como nota o Juiz ALLISON na opinião dissidente no caso *Ebrahimi*, para o princípio da segurança jurídica e para a garan-

---

[1171] MBAYA, pg. 55.
[1172] Assim, também o *Restatement*, vol. 2, pg. 198.

A expropriação lícita

tia ao expropriado do direito à indemnização é melhor essa solução, de se adoptar em abstracto o critério da indemnização *total* e depois, partindo dele, aplicá-lo em cada caso "segundo as circunstâncias", flexibilizando dessa forma a abstracção inicial do critério, do que, logo à partida, adoptar o critério da indemnização "apropriada", como querendo dizer, por definição e por princípio, "flexível", sem qualquer ponto prévio como referência, porque esse critério deixa ao Estado um "subjectivismo" e um "capricho" altamente nocivos[1173].

Agora se compreende melhor, e em definitivo, que, como já deixáramos antever algumas páginas atrás, não é correcto ver-se na chamada *"Fórmula NOEI"* um critério, aceite pelo Direito Internacional com autonomia em relação à *Fórmula Hull*, para o efeito da determinação da indemnização devida por expropriação lícita.

A regra do costume internacional geral, da indemnização total, como ficou claramente demonstrado acima, cobre, *de modo igual*, tanto a expropriação, como a nacionalização, como ainda os actos análogos a uma e a outra, inclusive na modalidade de expropriação *de facto*, incidam eles sobre bens móveis ou imóveis, sobre direitos emergentes de contratos, sobre direitos sociais, ou sobre outro tipo de direitos.

Uma outra conclusão a extrair das páginas anteriores é a de que a jurisprudência do Tribunal Europeu dos Direitos do Homem se deixou atrasar em relação ao costume internacional geral, como mostrámos ser reconhecido expressamente no próprio Comentário recente à CEDH proveniente de um dos seus Juízes, e como é demonstrado, já nos nossos dias, e de forma ainda mais desenvolvida, por uma excelente dissertação dedicada exclusivamente à matéria[1174]. Salvo no caso *Hentrich*, e aí, sem convencer das suas razões os próprios Juízes que intervieram no julgamento, o Tribunal nunca seguiu a *Fórmula Hull*, ou seja, nunca reconheceu que a indemnização devida por expropriação lícita deverá ser total, em função do valor de mercado do bem. Pior ainda, o Tribunal parece não considerar relevante a distinção conceptual entre expropriação *lícita* e *ilícita*, mostra ignorar os critérios propostos pelo Direito Internacional geral para o cômputo da indemnização por expropriação lícita, não diz de que critérios parte, nem explica

---

[1173] § 39.
[1174] GELINSKY, pgs. 165 e segs.

A construção dogmática

ou fundamenta, em cada caso concreto, o caminho que segue, quando segue algum caminho, para chegar a uma posição sobre a matéria. Percebe-se que o Tribunal, ao contrário da evolução do demais Direito Internacional, entende que a indemnização por expropriação lícita deve ser inferior ao valor do bem e que a indemnização por nacionalização deve, por sua vez, ser inferior à indemnização por expropriação, mas não se sabe por que razão é assim, quando deve ser assim, e como se apura a indemnização por expropriação lícita de que o Tribunal parte, em cada caso concreto, para decidir os casos que lhe cabe julgar.

Daí resulta que à livre "margem de apreciação do Estado" no cômputo da indemnização, ao nível do Direito interno, se soma, no plano do Direito Internacional, uma excessiva discricionariedade da parte do Tribunal no cômputo da indemnização devida por expropriação lícita – o que deixa os particulares entregues a uma verdadeira álea, agravada quanto aos cidadãos nacionais do Estado expropriante, que têm, por acréscimo, que contar, em violação da CEDH, como mostrámos, com a discriminação inversa que o Tribunal pratica no cômputo da indemnização devida por expropriação lícita por confronto com os estrangeiros.

A única fundamentação que o Tribunal tenta para justificar o cômputo do montante da indemnização é por ele obtida com recurso ao princípio da proporcionalidade. Mas, como explicámos, a proporcionalidade pode-se revelar adequada para explicar a necessidade da expropriação, fundada na utilidade pública, mas não, e certamente que não só por si, para explicar o montante da indemnização. Para este efeito concreto, o que o Tribunal tinha que fazer era seguir o critério acolhido pelo Direito Internacional geral ou comum ou, não o adoptando, dizer qual era o critério do qual partia. É isso que se censura que não o faça e é isso que conduz o Tribunal a uma conduta quase imprevisível na matéria[1175].

Mas, se é esse o estado do Direito da CEDH sobre a matéria da indemnização devida por expropriação lícita, nesse caso chegamos a uma conclusão arrepiante e que, confessamo-lo, constitui uma das mais tristes surpresas da investigação que estamos a levar a cabo ao longo deste livro: é que, no quadro da indemnização por expropriação *lícita*

[1175] Sobre este ponto, e em consonância connosco, v., muito especialmente, BANZ, pg. 85; *Comentário Pettiti*, pgs. 992 e segs.; e GELINSKY, pg. 152 e segs.

A expropriação lícita

(só esta nos interessa agora), os nacionais dos Estados do Terceiro Mundo (o Laos, o Vietnam, o Burkina-Faso, a Arménia, a Somália, o Gana, etc.) estão melhor protegidos pelo Direito Internacional do que o estão pelo PA n.° 1 à CEDH os nacionais dos Estados partes naquele Protocolo, não obstante todo o peso da Civilização e da Cultura de que estes Estados se orgulham. E essa conclusão decorre, com naturalidade, do facto de aqueles Estados estarem a respeitar a regra do costume internacional geral que postula uma indemnização *total*, e que se encontra materializada nos TBI que celebram, inclusive entre eles próprios, no quadro da *"cooperação Sul-Sul"*, à qual já nos referimos, ou nas Directivas do Banco Mundial, que estão a cumprir. Esta reviravolta nas relações entre o Direito Internacional Europeu dos Direitos do Homem e o demais Direito Internacional dos Direitos do Homem, inimaginável quando os Estados europeus ocidentais votavam nas Nações Unidas, nos anos 60 e 70, contra as Resoluções das Nações Unidas sobre a Soberania Permanente e a NOEI, tem, porém, fácil solução à luz das regras que disciplinam a hierarquia entre as fontes do Direito Internacional.

De facto, numa situação de conflito entre o costume internacional geral e o Direito Internacional convencional particular, de âmbito regional, como é o caso da CEDH e do PA n.° 1, prevalece o primeiro. Por isso, o Direito da CEDH e do seu PA n.° 1, que, no modo como o TEDH o aplica, recusa a *Fórmula Hull*, cede perante o costume internacional geral, que a acolhe. Estamos acompanhados nesta concreta conclusão por um dos maiores nomes da doutrina internacionalista deste século e que ao Direito Internacional da Propriedade Privada dedicou uma atenção muito especial[1176]. Por isso, se o expropriado invocar perante os órgãos da CEDH o costume internacional geral na matéria, estes terão que o aplicar, afastando o critério que os conduza, em seu entender, a interpretar o PA n.° 1 como postulando uma indemnização, por expropriação lícita, inferior à prescrita por aquele costume. E este caminho aproveita aos próprios nacionais do Estado expropriante, que poderão invocar o costume internacional geral perante

---

[1176] LILLICH, comentando o Acórdão no caso *Lithgow*, na Introdução ao vol. IV de *Valuation*, pgs. XIV e segs. Em sentido concordante, LAGERGREN, que já foi Juiz no TEDH – pg. 12.

A construção dogmática

os órgãos da CEDH por força das disposições conjugadas da parte final do artigo 1.º, par. 1, do PA n.º 1 e do artigo 14.º da Convenção.

Caso o Estado expropriante e o Estado do expropriado tenham regulado entre si, através, por exemplo, de um TBI, o problema da indemnização devida por expropriação lícita (o que acontece, como atrás dissemos, com vários Estados partes no PA n.º 1), e esse TBI preveja uma indemnização calculada segundo a *Fórmula Hull*, o expropriado evitará as flutuações dos órgãos da CEDH, e a sua recusa da *Fórmula Hull*, invocando perante o Estado expropriante o respectivo TBI e dispensando, dessa forma, o recurso aos órgãos da CEDH. É o que poderá fazer, por exemplo, um português que se veja expropriado na Alemanha ou um alemão que seja expropriado em Portugal, em face do citado artigo 4.º, n.º 2, do TBI que liga os dois Estados desde 1980, e que manda calcular o montante da indemnização de harmonia com a *Fórmula Hull*. Mas não vemos razões para recusar que, se ele preferir, depois de exauridos os meios internos (art. 26.º da CEDH, que passará a art. 35.º, com a entrada em vigor, em 1 de Novembro de 1998, do PA n.º 11), queixar-se aos órgãos da CEDH (que, para o efeito, será só o Tribunal, quando entrar em vigor o PA n.º 11), à sombra do seu artigo 25.º (que passará a art. 34.º com a entrada em vigor do PA n.º 11), ele possa invocar perante estes o TBI em questão. Nesse caso, os órgãos da Convenção terão que dar prevalência, sobre a CEDH, ao TBI, ou como *lex specialis*, ou como manifestação ou evidência do costume internacional geral. Também por aqui ficará, pois, assegurado o triunfo do costume internacional geral e da *Fórmula Hull*, nele acolhida.

7.5. *O cômputo da indemnização devida*

Uma vez apurado que o montante da indemnização devida ao expropriado por expropriação lícita, segundo o Direito Internacional, é o montante da indemnização total, há que estudar agora como é que ele efectivamente se computa. É que esta questão tem levantado algumas dificuldades, especialmente na jurisprudência internacional.

Como vimos pelo exame demorado do problema à luz da prática e da jurisprudência internacionais, a posição quase unânime nesta matéria aponta no sentido de se fazer equivaler àquele montante "total"

A expropriação lícita

o *valor de mercado do bem ou do direito expropriado, à data da expropriação*. Por vezes, adjectiva-se o valor de mercado de *"justo"* (*"fair"*), mas a aplicação deste adjectivo pela jurisprudência não a tem impedido, como vimos, de atender ao verdadeiro valor *de mercado* do bem, repete-se, à data da expropriação[1177].

A melhor expressão da aplicação desse critério no recente Direito Internacional encontramo-la no Acórdão, já nosso conhecido, proferido no caso *Amoco*. Aí ficou escrito que, na expropriação lícita (no caso concreto, tratava-se da violação de um contrato), o valor de mercado do bem à data da expropriação constituía, simultaneamente, a *"medida"* e o *"limite"* da indemnização devida[1178]. É certo que, como demonstra AMERASINGHE em comentário a este Acórdão, não é fácil a definição do critério de avaliação financeira desse valor de mercado[1179]. Mas numa obra de Direito Público, como é o caso deste livro, é suficiente dizer-se que *o valor do bem é fornecido pelo funcionamento do mercado*. E aí o Tribunal Arbitral de Haia viria a afirmar mais tarde, no caso *Ebrahimi*[1180], que o valor do mercado é "igual ao preço no qual um *hipotético* vendedor e um *hipotético* comprador teriam acordado (...)".

Quando o bem expropriado é um prédio rústico, basta dizer-se isso para se definir ao pormenor o critério do cômputo da indemnização. Mas não no caso de o bem expropriado ser uma sociedade ou as suas acções, cuja avaliação é mais difícil[1181].

Por isso, a jurisprudência internacional tem modernamente aprofundado a definição do modo de se calcular o valor de uma sociedade, para os efeitos acima referidos, até porque têm sido cada vez em maior número os casos em que a expropriação tem incidido sobre sociedades concessionárias (sobretudo nas concessões de exploração de jazidas petrolíferas), as suas partes sociais ou os direitos resultantes da concessão. A recente jurisprudência arbitral no litígio Irão-Estados Unidos demonstrou-nos isso mesmo.

[1177] É essa, recordamo-lo, a posição do *Restatement*, que mostra que o Direito dos Estados Unidos reconhece aos estrangeiros, em caso de expropriação, uma indemnização "justa", calculada em função do "justo valor de mercado do bem" – vol. 2, pg. 198.

[1178] Pg. 269.

[1179] *Assessment*, pg. 61. Cfr. LILLICH, *Valuation*, I, pgs. 96 e segs.

[1180] § 98.

[1181] Assim, AMERASINGHE, *op.cit.*, pg. 59; e BANZ, pg. 85.

A construção dogmática

Assim, a jurisprudência tem entendido que o valor total da sociedade significa o valor do seu activo (*"going concern value"*) e que este valor engloba todos os activos corpóreos e incorpóreos (*"tangible and intangible assets"*), tais como os direitos emergentes de contratos (*"contractual rights"*), a clientela, no sentido amplo da palavra, englobando inclusive o bom nome e o prestígio da sociedade no mercado (*"goodwill"*), e as expectativas de negócio (*"future commercial prospects"*). No caso *Amoco*, o Tribunal chega a usar a expressão *danos emergentes*, mesmo em caso de expropriação lícita, para abarcar os valores corpóreos, os direitos contratuais, e outros valores incorpóreos, inclusive a clientela e as expectativas de negócio[1182].

Todavia, do valor da sociedade, para efeitos da indemnização devida por expropriação lícita, não fazem parte os *lucros cessantes* da sociedade. A esse respeito escreveu-se no mesmo Acórdão *Amoco*: "Embora esses valores (corpóreos e incorpóreos) estejam intimamente ligados à rentabilidade da sociedade, eles não podem e não devem ser confundidos com a capitalização financeira dos rendimentos que podem ser gerados pela sociedade depois da transferência da propriedade resultante da expropriação (*lucrum cessans*)"[1183].

No mesmo sentido, embora de forma menos desenvolvida, decidira o Tribunal nos casos *AIG*[1184] e *Sola Tiles*[1185].

A inclusão dos *lucros cessantes* no cômputo da indemnização por expropriação lícita só foi admitida pela jurisprudência num caso: o caso *Topco*[1186]. E foi defendida também pelo Juiz BROUWER na opinião "concordante"[1187] no referido caso *Amoco*, com invocação, aliás não

---

[1182] Pg. 248, §§ 201-203. Cfr. a opinião dissidente do Juiz ALLISON no caso *Ebrahimi*, § 31.

[1183] Pgs. 269-270 do Acórdão. Para maiores desenvolvimentos, v. AMERASINGHE, *Assessment*, pgs. 55 e segs., e, sobretudo, MOURI, pgs. 419 e segs., e a citada opinião dissidente do Juiz ALLISON no caso *Ebrahimi*, §§ 32 e 33.

[1184] Pg. 106.

[1185] Pgs. 240-242.

[1186] Pg. 20.

[1187] Como bem nota AMERASINGHE, *Assessment*, pg. 59, n. 6, em bom rigor trata-se de uma opinião *dissidente*, porque, embora o Juiz em causa tenha votado o Acórdão, naquela opinião discorda de *todos* os pontos votados ...

A expropriação lícita

fundamentada, do caso *Chorzow*[1188]. Na doutrina, é curiosa a posição de AMERASINGHE[1189]: embora concorde em que, à partida, não devem ser incluídos na indemnização por expropriação lícita os lucros cessantes, ele inclina-se para admitir, quando a expropriação incida sobre direitos emergentes de *contratos de concessão*, que os lucros cessantes sejam englobados nos danos emergentes a indemnizar, porque, nessa hipótese, a expropriação tem como objecto "um conjunto global de direitos, inclusive direitos de propriedade, e isso pode englobar o direito a obter lucros futuros".

Não escondemos que esta última posição nos impressiona, exactamente porque o que se pretende com o cômputo da indemnização por expropriação lícita é a determinação de um valor "justo" – e nesse ponto estão todos, doutrina e jurisprudência, de acordo. Todavia, parece-nos mais prudente e mais conforme com o rigor dos princípios, como nota BANZ[1190], reconhecer que, não havendo ilicitude no acto, não faz sentido o expropriante dever indemnizar lucros eventualmente não realizados após ter pago, *à data da expropriação*, o valor de mercado do bem *nessa data*, mesmo através do artifício de os integrar no cômputo dos danos emergentes.

De qualquer modo, o valor da sociedade para o efeito de se computar a indemnização total devida pela sua expropriação lícita é interpretado, como se vê, em termos muito amplos[1191]. E a complexidade de que se reveste na prática o processo do cálculo desse valor leva AMERASINGHE a afirmar que "a fixação da indemnização total depara-se, hoje, com variáveis e não constitui, decerto, um processo muito científico"[1192].

Passando da jurisprudência internacional à prática dos Estados, DOLZER e STEVENS[1193] demonstram-nos que muitos TBI interpretam a indemnização "adequada", da *Fórmula Hull*, como se referindo ao *"justo valor de mercado"*, ou ao *"valor genuíno"*, ao *"valor de mer-*

[1188] Pgs. 300-304.

[1189] *Op.cit.*, pgs. 59-60.

[1190] Pg. 169.

[1191] Assim, também a opinião dissidente do Juiz ALLISON no caso *Ebrahimi* – § 31.

[1192] *Assessment*, pg. 59.

[1193] Pg. 109.

cado", ao "*valor integral e genuíno*" ("*full and genuine value*"), ao "*valor real*" ("*valeur réelle*").

Por sua vez, tanto o *Tratado da Carta da Energia* como o Projecto do *Acordo Multilateral de Investimento* mandam computar a indemnização integral pelo "*justo valor de mercado*" do investimento expropriado (respectivamente, art. 13.°, e ponto IV, 2).

Também as citadas *Directivas do Banco Mundial* dispõem sobre esta matéria. Como mostrámos, elas entendem que a expropriação, no sentido lato que temos dado a esta palavra, impõe uma indemnização "apropriada" ou "adequada", devendo esses adjectivos ser interpretados como querendo significar uma indemnização *total* ou *integral*, calculada em função do "*justo valor de mercado*" ("*fair market value*") do bem[1194]. Note-se que a simples referência ao "*justo*" valor de mercado permite, no caso concreto, o cômputo de uma indemnização que possa, porventura, não coincidir em absoluto com o *valor matemático integral* do bem. Isso nada mais quer dizer do que, como mostrámos, que a *Fórmula Hull* não rejeita a ideia da flexibilidade no cômputo da indemnização e, embora parta, *sem concessões*, da ideia de que a indemnização, enquanto "*adequada*" ("*adequate*"), tenha de ser *total* ou *integral*, a inoculação do princípio da *justiça* no cálculo desse valor integral pode levar, *no caso concreto*, à determinação para a indemnização por expropriação lícita de um valor não absolutamente coincidente com o valor matemático integral do bem.

É importante que se o diga, porque esta ideia reforça a nossa afirmação, feita alguns Capítulos atrás, e repetida ainda há pouco, segundo a qual não há razões para se criar, entre a *Doutrina Calvo* e a *Fórmula Hull*, um *tertium genus*, designado por *Fórmula NOEI*, com o conteúdo segundo o qual as Resoluções das Nações Unidas que falam de uma indemnização "apropriada" querem dizer indemnização "flexível", isto é, *necessariamente inferior* ao valor integral de mercado do bem. Voltamos a afirmar que esse terceiro critério não existe, nem é necessário, porque a referida flexibilização no cômputo do concreto valor da indemnização, a partir do valor integral do bem, é permitida pela própria *Fórmula Hull*, ao integrar como elemento interpretativo do adjec-

---

[1194] Em sentido idêntico, as duas únicas obras que se pronunciam sobre essas Directivas: DOLZER/STEVENS, *loc.cit.*; e SHIHATA, *Trends*, pgs. 47 e segs.

tivo "*adequate*" ("*adequada*", "*total*", "*integral*") a ideia de *justiça* ("*justo* valor de mercado"), que torna possível temperar a abstracção do adjectivo "total" ou "integral", obviamente que sem se repudiar, como base, o valor *total* ou *integral* do bem, pelo contrário, tomando-se esse valor sempre como ponto de referência e de partida, mesmo quando com ele não coincida em absoluto.

E é isso mesmo que pretendem significar as Directivas do Banco Mundial, nos trechos transcritos. A reforçar essa tese, note-se que aquelas Directivas acrescentam, logo a seguir, que a determinação pelo Estado expropriante do "justo valor de mercado" será aceite "desde que essa determinação respeite *os critérios razoáveis* relacionados com o valor de mercado do seu investimento". E adiantam que "esse valor será *o que um comprador interessado pagaria a um vendedor interessado* depois de tomar em consideração a natureza do investimento, as circunstâncias em que este evoluiria no futuro e as suas características específicas, incluindo o período de tempo de duração do investimento, a proporção do activo no investimento total e outros factores relevantes que sejam pertinentes em cada caso concreto" (transcrito art. 4.°, no seu n.° 5)[1195].

Igual interpretação, no sentido da flexibilização do valor "total" ou "integral" de mercado do bem no quadro do respeito pela *Fórmula Hull*, se poderia extrair do uso, há pouco por nós referido, pelos TBI, das expressões "*justo* valor de mercado", "valor *genuíno*", "valor integral e *genuíno*", etc.

Uma nota final sobre o *momento* ao qual o valor a calcular deve ser referido.

De harmonia com a *Fórmula Hull*, que, também neste domínio, vale como costume internacional, a indemnização deve ser "*prévia*" ("*prompt*"), isto é, deve ser posta ao dispor do expropriado *no momento da expropriação* e *na íntegra*. Por isso, e paralelamente, o momento ao qual o cálculo do valor da expropriação se refere não pode deixar de ser o *momento em que o acto expropriativo começa a produzir os seus efeitos*.

[1195] O itálico é nosso. No mesmo sentido da nossa interpretação, SHIHATA, *loc.cit.*, e DOLZER/STEVENS, pg. 111.

A construção dogmática

Assim, no caso de expropriação *stricto sensu* e de nacionalização, esse momento é o da entrada em vigor do acto, legislativo ou administrativo, que expropria ou nacionaliza. No caso de Portugal, será, em princípio, pelos motivos já expostos, o *momento da entrada em vigor do acto de declaração de utilidade pública para expropriação*.

Assim já decidira a jurisprudência internacional nos casos dos *proprietários dos navios noruegueses*[1196], *Chorzow*[1197], *Amco*[1198] e *Liamco*[1199]. Mais recentemente, de entre os casos que opuseram o Irão aos Estados Unidos, também foi decidido dessa forma, por exemplo, nos casos *AIG*[1200], *INA*[1201], *Amoco*[1202] e *Phillips Petroleum*[1203]. Todavia, no caso *William L. Pereira Associates*[1204], onde houve um puro e simples confisco pelo Irão, o Tribunal tomou, para o efeito, como referência, um momento *anterior* ao da entrada em vigor do acto em causa, ou seja, a data em que os Guardas Islâmicos Revolucionários publicaram *uma notícia* a dar conta de que aquela sociedade ia ser confiscada.

No mesmo sentido se orientam os TBI, que, quando prevêem esta questão, definem, em regra, o momento da publicação oficial do acto de expropriação como sendo aquele que deve ser tomado como ponto de referência para o efeito do cálculo do montante da indemnização[1205].

Curiosamente, é original, para melhor, o sistema do modelo português de TBI, de tal forma que, por ter sido transposto para o artigo 4.°, n.° 2, do já citado TBI com a Alemanha, de 1980, merece citação destacada na obra de BANZ[1206]. De facto, de harmonia com este preceito e com o artigo 4.°, n.° 2, do modelo português de TBI, a indemnização

---

[1196] Pgs. 334-335 e 338.

[1197] Pgs. 46-54.

[1198] § 186.

[1199] Pgs. 153-160.

[1200] Pg. 106.

[1201] Pg. 379.

[1202] Pgs. 247-248. No mesmo sentido da nossa interpretação, veja-se a opinião dissidente do Juiz ALLISON no caso *Ebrahimi*, § 31. MOURI, todavia, exprime, sem razão, reservas quanto a essa interpretação – pgs. 501-502.

[1203] Pg. 122.

[1204] Ac. 19-3-84, pgs. 226-227.

[1205] BANZ, pg. 87.

[1206] *Loc.cit.*

A expropriação lícita

será calculada em função do "valor do mercado" com referência "à data *imediatamente anterior* ao momento em que a expropriação *tenha sido do conhecimento público*". Este momento pode ser, pois, anterior ao da publicação e da entrada em vigor do acto de declaração de utilidade pública ou equivalente. A intenção parece ser a de evitar que um mero indício, da parte do Estado, de que o bem vai ser expropriado, leve à depreciação do valor do bem.

No caso de actos análogos à expropriação ou à nacionalização, também aqui se respeita a imposição da *Fórmula Hull*.

Primeiro, no que toca ao cômputo do valor *total* a indemnizar. Parece óbvio que esse valor terá de corresponder apenas à *intensidade da interferência na substância* do direito afectado, ou seja, deverá cobrir apenas o *valor da substância do direito atingida*, tomando-se como padrão, sempre, o valor *de mercado* do bem ou do direito – trate- -se de simples diminuição da substância ou de perda total de substância, como acontece na expropriação *de facto*. Neste último caso, é razoável pensar-se que o valor a indemnizar não andará longe do que seria devido em caso de expropriação formal do bem ou do direito, isto é, da sua expropriação *stricto sensu* ou da sua nacionalização. Não encon- tramos na prática internacional dos Estados critérios expressamente construídos sobre esta concreta matéria. Na doutrina, descobrimos apenas alguns vagos contributos de BANZ[1207]. Por sua vez, na jurispru- dência, apenas se pronuncia sobre a matéria o Juiz ALLISON, na sua opi- nião dissidente no caso *Ebrahimi*[1208]. Num caso e noutro, o cômputo da indemnização por actos análogos é abordada em termos coincidentes com os que acima propomos. Aliás, diga-se de passagem, no Direito interno alemão, é essa mesma a orientação que prevalece[1209].

Depois, no que respeita à *data* a tomar como ponto de referência. Ou seja, o valor da indemnização devida é calculado em função da *data em que se verificou a interferência* no uso, na fruição, na posse do bem, ou no poder de dele dispor. Assim, por exemplo, nos casos *Sedco*[1210],

---

[1207] Pg. 85.
[1208] § 75.
[1209] V. OSSENBÜHL, pgs. 220 e segs.
[1210] Pgs. 273-279.

A construção dogmática

Starrett[1211] e *Ebrahimi*[1212], o Tribunal entendeu que a expropriação se verificou à data da nomeação pelo Irão de um Administrador para a respectiva Sociedade.

Note-se que a doutrina aceita, sem os discutir, estes critérios adoptados (com os poucos desvios pontuais referidos) pela jurisprudência, pela prática dos Estados e pelo Banco Mundial[1213].

7.6. *O pagamento da indemnização devida*

A *Fórmula Hull* não prescreveu apenas o critério do cálculo do *montante* e do *cômputo* da indemnização, através do adjectivo "integral": mediante os outros dois dos seus adjectivos (indemnização "*prévia*" ("*prompt*") e "*efectiva*" ("*effective*") ela estipula também, e sobretudo, as condições de *pagamento* da indemnização, para que esta preencha os requisitos de condição de licitude da expropriação. Vejamos isto mais aprofundadamente.

Para que a indemnização seja imediata, o respectivo pagamento tem, antes de mais, de ser, ele próprio, *prévio*. E o que significa pagamento *prévio*?

Significa pagamento *imediato*, isto é, *à data do acto da expropriação*, nos termos em que essa data deve ser determinada, como explicámos no número anterior, e significa pagamento *integral* do montante devido.

Mais uma vez, a prática dos Estados, através dos TBI, ajuda-nos a compreender melhor este requisito.

A regra é os TBI exigirem o pagamento da indemnização *na íntegra* e *à data do acto expropriativo*. O atraso no pagamento, desde que moderado, é considerado desculpável se não houver "culpa" da parte do Estado devedor[1214]. Para se evitar essa situação, alguns TBI disciplinam a mora no pagamento da indemnização devida[1215].

[1211] Pgs. 155-156.

[1212] § 79.

[1213] V., por todos, BANZ, pg. 85; AMERASINGHE, *Assessment*, pgs. 56-57; e MOURI, pgs. 501 e segs. Mais atrasado no tempo, também LILLICH, *op.e loc.cits.*

[1214] BANZ, pg. 88.

[1215] BANZ, pgs. 88-89.

A expropriação lícita

Um exemplo, pouco explicável à luz dos princípios, de pagamento atrasado que foi julgado desculpável, foi o que esteve subjacente ao caso *Amoco*, como mostrámos na Parte I[1216].

A prática diplomática da Alemanha consiste em exigir nos TBI que o pagamento seja efectuado "sem atraso", ou que o Estado de acolhimento "consigne antecipadamente" o montante correspondente à indemnização que eventualmente tiver que pagar, para que o pagamento possa ser imediato[1217]. Mais generosa foi ela para com Portugal, dado que o artigo 4.º, n.º 2, do TBI Alemanha-Portugal contenta-se com exigir que o pagamento seja feito "sem demora injustificada".

É quase singular o TBI entre os Estados Unidos e o Egipto, de 1982, onde o Egipto conseguiu, antevendo dificuldades orçamentais e burocráticas, que ficasse clausulado que o adjectivo *"prompt"* (*"prévio"*) "não significa necessariamente (pagamento) instantâneo". Todavia, note-se, o *Restatement* mostra que os Estados Unidos se sentem obrigados a pagar *de imediato* a indemnização devida por expropriação lícita de propriedade privada de estrangeiros, claro, se outra coisa não for acordada[1218].

O Reino Unido exige normalmente, nos TBI que celebra, que o pagamento seja prévio ou imediato. Excepcionalmente aceitou – sublinhando de forma expressa o carácter "excepcional" da concessão – no TBI com a Serra Leoa que o pagamento pudesse ser efectuado em "prestações razoáveis", provadas que ficaram, pela Serra Leoa, as dificuldades do seu Direito Orçamental em possibilitar o pagamento imediato e integral de indemnizações eventualmente devidas[1219].

Entre o momento do nascimento da obrigação de indemnizar e a data efectiva do pagamento, aquela obrigação vence juros. Como o princípio é o do pagamento imediato e integral, e a sanção pela violação desse princípio, se outra coisa não for acordada, é a ilicitude da expropriação, o que nos faz transportar para uma situação jurídica totalmente diferente, que é a da responsabilidade internacional do

---

[1216] *Supra*, Parte I, Cap. III, n.º 3 *f*.

[1217] P.ex., o TBI, de 1979, Alemanha-Roménia, artigo 3.º, n.º 1. Cfr. DOLZER/STEVENS, pg. 112.

[1218] Vol. 2, pgs. 199 e 208.

[1219] TBI de 1981, artigo 6.º, n.º 2. Cfr. DOLZER/STEVENS, pg. 113.

A construção dogmática

Estado por expropriação *ilícita*, poucos TBI dispõem sobre a forma de se computar o juro devido. Todavia, os Estados Unidos, a Alemanha e o Reino Unido incluem às vezes, nos TBI que concluem, a previsão do pagamento de um juro "normal", ou pela "taxa comercial", ou pela "taxa razoável de mercado", ou pela "taxa normal nos bancos", em caso de atraso do pagamento imediato e integral[1220].

Mas o costume internacional, traduzido na *Fórmula Hull*, não se contenta, como dissemos, com que o pagamento seja imediato e integral: torna-se também necessário que ele seja *"efectivo"*. Caso contrário, é o próprio carácter "efectivo" da indemnização, imposto por aquela Fórmula, que fica posto em causa. E, pelo significado que na prática é dado à expressão "pagamento efectivo", vê-se que de nada bastará que o pagamento seja prévio se não for, simultaneamente, efectivo.

Por pagamento efectivo quer-se dizer, desde logo pelo modo como os TBI têm interpretado essa expressão, três coisas: pagamento *em moeda disponível*, pagamento livremente *transferível* para o exterior, e pagamento *em moeda convertível*[1221].

Pagamento *em moeda disponível* quer significar pagamento em dinheiro, ou em títulos com garantias adequadas dadas pelo Estado, ou em contas imediatamente movimentáveis pelo expropriado[1222].

Pagamento *livremente transferível* para o exterior significa que o expropriado tem de poder, se o desejar, logo após o pagamento, transferir o montante integral da indemnização para qualquer país, à sua escolha, e nem sequer necessariamente para o país da sua nacionalidade. Como demonstra BANZ com base na prática dos Estados traduzida nos TBI, o que leva os Estados da nacionalidade do investidor a exigirem a previsão deste requisito para o pagamento da indemnização é o receio de que, já após o pagamento da indemnização, ao expropriado seja vedada, por razões de índole política ou por pressão da opinião pública, a transferência do montante para fora do País[1223]. Por isso, entende-se comummente, e há TBI onde isso ficou estipulado, que

---

[1220] BANZ, pg. 89; e DOLZER/STEVENS, pgs. 113-114.

[1221] V. HERDEGEN, pgs. 195 e segs.; DOLZER/STEVENS, pgs. 112-113; e BANZ, pgs. 90 e segs. É a posição também do *Restatement* – vol. II, pgs. 199 e 208.

[1222] BANZ, pg. 90; e FRICK, pg. 220.

[1223] Pg. 91.

A expropriação lícita

eventuais limitações ou dificuldades de carácter financeiro ou administrativo previstas no Direito do Estado de acolhimento para a transferência de capitais para o estrangeiro não se aplicam à transferência de montantes indemnizatórios devidos ao investidor estrangeiro por efeito de expropriação. Isso não impede, todavia, que alguns TBI consintam num prazo máximo "razoável" para a transferência, que, em regra, não excede dois meses, ou, que, em alternativa, dispensem o investidor de quaisquer encargos por uma transferência atrasada[1224].

Tem sido a Alemanha o Estado que mais repetidamente tem exigido a inclusão nos TBI desta cláusula de livre transferência do montante da indemnização para o exterior e, sobretudo, a subtracção da transferência da indemnização ao regime jurídico geral da transferência de capitais para o estrangeiro em vigor no Estado de acolhimento. Esta última condição, curiosamente, a Alemanha só não conseguiu ver aceite no TBI concluído com Portugal, e por expressa oposição deste[1225]. Todavia, a questão encontra-se hoje ultrapassada pelo Direito Comunitário, que se aplica aos dois Estados[1226]. Será por isso também que Portugal alterou essa sua posição no seu modelo actual de TBI, como adiante mostraremos.

Por fim, o pagamento *em moeda convertível* quer dizer que a indemnização deve ser paga numa moeda de livre convertibilidade. Em grande parte, este requisito já se encontra coberto pelo anterior, o da livre transferência do montante para o exterior.

Há TBI em que ficou logo estipulada a moeda em que o montante da indemnização seria convertível: o marco alemão, no exemplo do TBI entre a Alemanha e o Paquistão, de 1959[1227].

[1224] Cfr. BANZ, *loc.cit.*

[1225] Em bom rigor, Portugal nem sequer concedeu à Alemanha a "livre transferência" do pagamento. Igual comportamento só adoptaram para com a Alemanha a Roménia, a Tanzânia e o Zaire. Cfr. BANZ, pgs. 91, ns. 511-517.

[1226] Particularmente, pelos artigos 67.º (hoje, 56.º) e seguintes do Tratado CE, sobre liberdade de circulação de "capitais e pagamentos".

[1227] Cfr. BANZ, pgs. 91, n. 511, e 179.

A *construção dogmática*

Também em matéria de pagamento da indemnização pode ficar acordada num TBI uma *cláusula de Nação mais favorecida*. Nesse caso, ela deverá ser respeitada, nos termos gerais[1228,1229].

Convém, para terminar, ver qual é o sistema de pagamento da indemnização proposto pelo modelo português de TBI.

A já referida cláusula de expropriação, inserta no seu artigo 4.º, estabelece, no seu n.º 1, como vimos, que a indemnização deve ser *"pronta"*, querendo-se dizer com isso, em melhor português, que ela deve ser *"prévia"*. Depois, o n.º 2 do mesmo artigo acrescenta que "A indemnização deverá ser paga *sem demora*, vencerá *juros à taxa bancária usual* até à data da sua liquidação e deverá ser *pronta, efectiva*, adequada e *livremente transferível"*[1230].

Depois, o artigo 6.º, que regula as *"transferências"*, estabelece, no seu n.º 1, que cada Parte Contratante garantirá aos investidores da outra Parte Contratante a "livre transferência das importâncias relacionadas com os investimentos", nomeadamente: "das indemnizações (...) previstas nos artigos 4.º (...)" (al. *e*). E adianta, no seu n.º 2, que "as transferências referidas neste artigo serão efectuadas *sem demora*, em *moeda convertível*, à *taxa de câmbio aplicável na data da transferência"*[1231]. E pormenoriza ainda, o n.º 3, que transferência "sem demora" significa feita, no máximo, dentro de 60 dias "a contar da data de apresentação do requerimento de transferência".

[1228] BANZ, pg. 92.

[1229] Um apanhado geral doutros pormenores relativos à matéria tratada no texto, que, todavia, não interessam ao objecto deste livro, pode encontrar-se nas *ops.cits.* de BANZ, HERDEGEN, FRICK e DOLZER/STEVENS.

[1230] Os itálicos são nossos.

[1231] Os itálicos são nossos.

CAPÍTULO V

A EXPROPRIAÇÃO ILÍCITA

1. Razão de ordem. A expropriação ilícita e a responsabilidade internacional do Estado

O desrespeito pelas condições de licitude da expropriação torna a expropriação ilícita. Como tal, faz incorrer o respectivo Estado em responsabilidade internacional, por violação da obrigação imposta pelo Direito Internacional de respeitar na expropriação as respectivas condições de licitude[1232]. No fundo, trata-se de aplicar aqui os princípios gerais da teoria da responsabilidade internacional do Estado. De facto, o artigo 1.º do último Projecto da Comissão de Direito Internacional (CDI) sobre Responsabilidade Internacional do Estado, já apresentado à Assembleia Geral das Nações Unidas para aprovação[1233] (que, portanto, será aqui citado sempre nessa sua última versão), estabelece que "todo o facto internacionalmente ilícito de um Estado gera a responsabilidade internacional desse Estado".

Mas a necessidade de se distinguir a expropriação lícita da ilícita não resulta apenas do respectivo diferente fundamento jurídico: como nota MOURI, com base no estado actual do Direito Internacional na matéria[1234], ela decorre também do diferente regime jurídico que se aplica a uma e a outra, diferença essa que se traduz, sobretudo, nas regras de

---

[1232] Por todos, MOURI, pgs. 321-324.

[1233] Doc. A/51/332.

[1234] Pg. 321.

A construção dogmática

cálculo da indemnização devida pela expropriação ilícita por confronto com a que é imposta pela expropriação lícita.

Neste Capítulo vamos estudar o regime jurídico da expropriação ilícita. Quanto à responsabilidade internacional do Estado que dela advém, vamos restringir a nossa investigação estritamente ao que for necessário para compreendermos as regras que disciplinam o regime da expropriação ilícita e do consequente dever de reparar a ilicitude. Isto quer dizer que não terá aqui qualquer cabimento uma teoria geral da responsabilidade internacional do Estado, matéria à qual, aliás, a doutrina, ainda que não em Portugal, tem dedicado importância e sobre a qual reina consenso no Direito Internacional[1235], salvo algumas especificidades trazidas pelos novos passos (novos, e parece que decisivos) dados no sentido da codificação das regras sobre a matéria pela CDI e que, enquanto disserem respeito ao tema deste livro, serão por nós adiante consideradas. Assim, por exemplo, e levando essa ressalva até às últimas consequências, não nos vamos ocupar da responsabilidade por crimes internacionais. A própria CDI, no seu citado último Projecto, trata-a à parte, num capítulo autónomo: o Capítulo IV.

2. Noção e fundamento da responsabilidade internacional do Estado

O Direito Internacional continua a apresentar a teoria da responsabilidade internacional do Estado na sua forma mais clássica: continua-se a falar de responsabilidade internacional apenas *do Estado* e continua-se também a referir a responsabilidade do Estado como relação de Estado para Estado, ou seja, parece continuar-se a conceber o Estado como responsável por um seu facto ilícito apenas perante outro Estado e não perante sujeitos de Direito Internacional diferentes do Estado.

[1235] Muito especialmente, ROUSSEAU, V, pgs. 5 e segs.; GUGGENHEIM, II, pgs. 1 e segs.; GARCÍA-AMADOR, *Changing Law*; ZEMANEK, *Responsibility*, pgs. 362 e segs.; WOLFRUM, *Reparation*, pgs. 352 e segs.; CARREAU, pgs. 417 e segs.; COMBACAU/SUR, pgs. 530 e segs.; DIEZ DE VELASCO, *Instituciones*, pgs. 707 e segs.; CARRILLO SALCEDO, *Curso*, pgs. 179 e segs.; ALLOTT, pgs. 1 e segs.; e bibl. seleccionada em todas essas obras.

A expropriação ilícita

Quanto à primeira das duas ideias, ela não é correcta no moderno Direito Internacional, que admite também a responsabilidade do indivíduo e das Organizações Internacionais. Todavia, não se deve diluir a responsabilidade internacional do Estado, do indivíduo e das Organizações Internacionais, numa mesma e homogénea Teoria Geral da Responsabilidade Internacional, dado que cada uma delas, como bem observa OPPENHEIM[1236], tem o seu regime jurídico próprio. De qualquer modo, neste Capítulo só nos interessa a responsabilidade internacional *do Estado*, pelo que será só dela que nos ocuparemos. E a existência dessa responsabilidade não suscita dúvidas, dado que o princípio da responsabilidade internacional do Estado constitui hoje *costume internacional*, como é expressamente admitido pelo artigo 38.º do referido Projecto da CDI[1237], e como há muito é reconhecido pela doutrina[1238].

Quanto à segunda ideia, ela já não é válida no plano do Direito Internacional. É certo que o citado Projecto da CDI só se refere ao "Estado ofendido" ou "Estado lesado" ("*injured State*") (art. 40.º). Mas a única conclusão que se pode extrair daí é que aquele Projecto só quis regular a responsabilidade do Estado para com outro Estado, e não que ele tenha querido excluir que o Estado seja responsável perante outros sujeitos, por exemplo, perante o indivíduo, quando este seja o titular do direito infringido. A interpretação oposta só se concebia em face da visão clássica, segundo a qual o indivíduo não era sujeito do Direito Internacional[1239]. Veremos isso melhor adiante, e, insistimos, sempre tanto quando tal nos interessar neste livro.

A consideração pela soberania do Estado no Direito Internacional tem levado, ao longo da evolução do Direito Internacional, a uma relutância em se considerar o Estado responsável pelos seus actos (acções

---

[1236] II, pgs. 500 e 503 e segs., com vasta bibl. sobre o assunto.

[1237] Dispõe esse preceito que "As regras do Direito Internacional *consuetudinário* continuarão a reger as consequências jurídicas de um acto internacionalmente ilícito de um Estado não disciplinadas nos preceitos desta Parte" (o itálico é nosso). O que deve ser interpretado como querendo dizer que *em toda a parte disciplinada pelo Projecto da CDI* este codifica o costume internacional.

[1238] GUGGENHEIM, II, pgs. 1 e segs.; ROUSSEAU, V, pgs. 6 e segs., 9 e segs.; e OPPENHEIM, *loc.cit.*

[1239] Em parte, essa posição clássica mantém-se em ROUSSEAU, *loc.cit.*

A construção dogmática

ou omissões) na esfera internacional[1240]. Por isso, a teoria da responsabilidade internacional tem progredido, e ganho densidade jurídica, na proporção em que, paralelamente, se tem vindo a aprofundar a teoria da limitação da soberania do Estado, ou, dito de outra forma (e para se empregar uma feliz expressão, usada muito recentemente por um grande nome da doutrina internacionalista), a "relativização da soberania do Estado"[1241].

A construção da teoria da limitação, ou da relativização, da soberania do Estado no Direito Internacional não tem de ser feita neste trabalho. Ela constitui, aliás, uma questão já assente no Direito Internacional contemporâneo[1242]. Além disso, já a tentámos, nós próprio, na nossa dissertação de doutoramento[1243] e, em co-autoria, no *Manual*[1244].

Para se fugir a essa questão, durante muito tempo o resultado que hoje se pretende alcançar com a teoria da responsabilidade internacional do Estado foi obtido pelo recurso à *teoria do abuso do Direito* em Direito Internacional[1245]. Mas hoje, como se disse, constitui um princípio geral do Direito Internacional consuetudinário que o Estado responde pelos seus actos ou omissões que infrinjam o Direito Internacional[1246]. É assim, aliás, que ele se encontra acolhido no artigo 38.° do Projecto da CDI.

A responsabilidade internacional do Estado tem como fundamento a violação pelo Estado de uma obrigação imposta pelo Direito Internacional e gera o dever de reparar essa violação. A forma dessa reparação pode resultar do costume internacional, de tratados celebrados sobre a matéria ou, quando for o caso, de sentenças jurisdicionais (judiciais ou arbitrais).

[1240] ZEMANEK, pg. 362.

[1241] SCHACHTER, *Sovereignty*, pg. 675.

[1242] V., modernamente, e por todos, HENKIN, *Mythology*, pgs. 351 e segs., e SCHACHTER, *op.e locs.cits.*

[1243] *Direito das Comunidades Europeias*, pgs. 179 e segs., com vasta bibl. aí cit., que continua, na matéria, a ser actual.

[1244] Pgs. 660 e segs.

[1245] V. BROWNLIE, *System*, pg. 51 e os casos aí cits.; e DIEZ DE VELASCO, *Instituciones*, pgs. 724-725.

[1246] *Restatement*, vol. 2, pg. 168, sob o § 702.

A expropriação ilícita

No caso de expropriação ilícita, o fundamento da responsabilidade daí emergente para o Estado expropriante será o acto ilícito de expropriação – isto é, o acto de expropriação que não tenha respeitado as condições da sua licitude, atrás estudadas –, que gerará o dever de reparar essa violação do Direito Internacional.

3. Natureza e formas de responsabilidade internacional do Estado

Devido à instabilidade da terminologia jurídica de língua inglesa sobre a matéria, gerou-se uma "confusão", para utilizarmos a expressão de um estudo recente[1247], no tratamento da responsabilidade internacional do Estado. Essa confusão nasceu na doutrina norte-americana. Mas, dado o grande peso que a doutrina dos Estados Unidos tem vindo a ganhar nesta área do Direito Internacional, ela generalizou-se nas obras de língua inglesa e tem mesmo ameaçado passar para a terminologia continental europeia, de raiz romana.

De facto, a doutrina de língua inglesa distingue *international responsibility* e *international liability* do Estado. Não encontramos nela um critério uniforme de distinção entre os dois conceitos, o que mais dificulta o tratamento do tema; mas é possível dizer-se que, pelo menos tendencialmente, por *international responsibility* se quer significar responsabilidade *por factos ilícitos*, enquanto que por *international liability* ou *strict liability* (embora estas duas expressões nem sempre sejam sinónimas) se pretende designar o somatório do que nos sistemas jurídicos latinos se chama vulgarmente de responsabilidade por actos lícitos e responsabilidade pelo risco. Para só referir Autores contemporâneos e obras recentes, diremos que, com maior ou menor precisão, é nesses termos que se ocupam da matéria OPPENHEIM[1248], BROWNLIE[1249], ZEMANEK[1250], WOLFRUM[1251], LEFENER (que demonstra que no domínio da responsabilidade internacional por danos causados ao Ambiente a

---

[1247] HORBACH, pgs. 47 e segs.
[1248] II, pgs. 510-511.
[1249] *System*, pgs. 35 e segs.
[1250] *Responsibility*, pg. 363.
[1251] *United Nations*, II, pgs. 1095 e segs.

doutrina fala, de um modo geral, em *international liability*, para designar os prejuízos resultantes de facto não ilícito ou do risco do respectivo Estado[1252]), BOYLE (que, aliás, curiosamente, questiona a diferença da terminologia[1253]) e FAWCETT (que, no estudo da Directiva n.° 92/59/CEE, do Conselho[1254], que responsabiliza o produtor por prejuízos causados, por risco, por um produto defeituoso, utiliza a expressão *international liability*[1255]). Note-se, contudo, e a provar exactamente a referida infixidez terminológica na matéria, que BEDJAOUI, escrevendo na *Encyclopedia*[1256] exaustivamente sobre o tema, reconhece que o somatório das duas palavras em língua inglesa, "*responsibility*" e "*liability*", corresponde nos sistemas jurídicos derivados do Direito Romano a uma palavra só – "*responsabilidade*" – e, por sua vez, dá-nos, na terminologia inglesa, uma definição de *responsibility of States* diferente da que acima mostrámos ser adoptada pelos outros Autores citados: de facto, para aquele Autor, "*responsibility*" seria um género resultante da soma de *culpa* ("*fault*") e "*strict liability*".

Todavia, sem prejuízo de se reconhecer que, como observa OPPENHEIM[1257], também neste domínio o Direito Internacional não está obrigado a absorver na sua pureza os conceitos e, sequer, a terminologia do Direito interno (o que, aliás, nesta matéria não seria fácil, como se vê, pela diferença que se manifesta entre os conceitos adoptados pelos sistemas do *common law* e de matriz românica), não só se impõe, a bem do rigor dos conceitos e dos institutos, uma maior exactidão na terminologia, como não vemos razões para raciocinar sobre a responsabilidade internacional do Estado pondo de lado a terminologia tradicional do Direito Comum da Responsabilidade Civil no Direito português. É o que vamos de seguida fazer, embora, diga-se desde já, sem o recurso ao Direito Privado, desde logo porque isso é desadequado e desnecessário. Sublinhe-se que o mesmo caminho é seguido, com uma

---

[1252] Pgs. 1 e segs., 8 e segs. e 47 e segs.

[1253] Pgs. 1 e segs.

[1254] JOCE 992, L 228/24. Cfr. com o Regulamento CEE do Conselho n.° 339/93, JOCE 1993, L 40/1.

[1255] Pgs. 29 e segs.

[1256] Pgs. 358 e segs.

[1257] II, pgs. 509-510.

A expropriação ilícita

abordagem actual e pormenorizada da questão, pelo Professor argentino JÚLIO BARBOZA[1258], com a particularidade de ter sido um dos Autores do segundo ao décimo primeiro dos Relatórios apresentados à Comissão de Direito Internacional sobre prejuízos causados por actos *não ilícitos* ("actos não proibidos pelo Direito Internacional")[1259].

Como nos mostram BEDJAOUI[1260] e ZEMANEK[1261], ao longo deste século foram-se desenvolvendo duas concepções diferentes acerca da natureza da responsabilidade internacional do Estado.

Uma, louvava-se na transposição levada a cabo por GRÓCIO da teoria da responsabilidade por culpa, tal como ela era construída no velho Direito Romano, e, por conseguinte, defendia que o Estado só podia ser responsabilizado à face do Direito Internacional com base num facto ilícito *culposo*. A responsabilidade do Estado tinha, portanto, de ser sempre uma responsabilidade subjectiva, no sentido em que os sistemas jurídicos de origem românica utilizam esta expressão. Esta orientação foi adoptada, há um quarto de século, pelos Juízes AMMOUN e CASTRO, nas respectivas opiniões dissidentes no caso *Fasla*, julgado pelo TIJ em 1973[1262].

Todavia, acabou por triunfar, sobretudo a partir da 2.ª Grande Guerra, a outra corrente, que se reclamava do pensamento de ANZILOTTI, e segundo a qual para que um Estado se constitua em responsabilidade internacional basta que lhe seja imputável um facto que, à face do Direito Internacional, se possa qualificar de facto *ilícito*, independentemente de haver ou não culpa[1263].

Esta segunda orientação invocava a seu favor duas razões: uma, convincente – a necessidade de não se restringir de mais a responsabilidade internacional do Estado, o que seria contrário à evolução progressiva do Direito Internacional; outra, menos convincente – a impos-

---

[1258] Pgs. 302 e segs.

[1259] O último desses Relatórios é o *Eleventh Report on International Liability for Injurious Consequences Arising out of Acts not Prohibited by International Law*, UN Doc. A/CN.4/468 (1995).

[1260] Pgs. 358-359.

[1261] Pg. 365.

[1262] Pg. 289.

[1263] OPPENHEIM, II, pg. 508; e, mais recentemente, COMBACAU/SUR, pg. 549.

A construção dogmática

sibilidade de se colocar o problema da culpa, que, por definição, implica um juízo subjectivo, quanto a pessoas colectivas, como é o caso do Estado, soberano ou não[1264]. Dizemos que esta última razão é menos convincente, porque não encontramos razões jurídicas para se recusar em Direito Internacional a imputação ao Estado de factos culposos dos seus agentes, do mesmo modo como ela não é recusada no Direito Administrativo interno: neste, a responsabilidade do Estado pode nascer em factos ilícitos culposos dos seus agentes, o que quer dizer que factos culposos podem ser imputados ao Estado[1265].

A tese de que a responsabilidade internacional do Estado se funda na ilicitude e dispensa a culpa do Estado acabou por ser consagrada nos trabalhos preparatórios da codificação sobre Responsabilidade Internacional do Estado, que, como se disse, vêm tendo lugar sob a égide da Comissão de Direito Internacional. Já no seu projecto de 1978, esta falava em "facto ilícito", sem exigir necessariamente a culpa[1266]. Esta posição é mantida no último Projecto, ao qual já nos referimos, mais concretamente, no seu artigo 1.º A culpa deve, pois, ser considerada apenas para a *graduação* da responsabilidade, não para a sua existência[1267].

Acessoriamente, a responsabilidade internacional do Estado poderá revestir a forma de responsabilidade objectiva, por "acto não proibido pelo Direito Internacional", como se afirma nos onze relatórios, acima referidos, que sobre a matéria têm sido elaborados também pela Comissão do Direito Internacional para designar o risco.

A responsabilidade por risco tem um fundamento exclusivamente convencional. Com vista a responsabilizar o Estado por factos casuais, o Direito Internacional passou a aceitar que o Estado deve responder por prejuízos causados por factos não ilícitos. Como nota a doutrina, é

[1264] Hoje, esta razão é ainda invocada, com forte convicção, por DINH/DAILLER/PELLET, pg. 717-718.

[1265] É o que dispõe, entre nós, o Decreto-Lei n.º 48051, de 21 de Novembro de 1967, no seu artigo 2.º, n.º 1 – v. MARCELLO CAETANO/FREITAS DO AMARAL, II, pgs. 1199-1202; FREITAS DO AMARAL, III, pgs. 501 e segs.; e a nossa Introdução à obra por nós coordenada, *Responsabilidade civil*, pgs. 11 e segs. No sentido da nossa posição do texto, DIEZ DE VELASCO, *Instituciones*, pg. 719; JORGE MIRANDA, *Direito Internacional*, pg. 356; e AZEREDO LOPES, *passim*.

[1266] COMBACAU/SUR, pgs. 519-520; e ZEMANEK, pg. 366.

[1267] DINH/DAILLER/PELLET, *loc.cit.*

374

A expropriação ilícita

a consagração no Direito Internacional do princípio da responsabilidade objectiva[1268]. Vejamos alguns exemplos de actividades que podem gerar responsabilidade internacional do Estado por risco: as operações das forças *peace-keeping* das Nações Unidas, as actividades do Estado no espaço extra-atmosférico (*"outer space"*)[1269]; as actividades do Estado no mar alto, por exemplo, as actividades susceptíveis de poluir o mar e as actividades com navios nucleares[1270]; algumas actividades de índole técnica levadas a cabo por Organizações Internacionais de carácter técnico, por exemplo, a EURÁTOMO e a Agência Internacional de Energia Atómica; etc.[1271]

Mas a responsabilidade por risco não nos interessa neste livro. Por isso não voltaremos a ela.

Não se fala, em Direito Internacional, em responsabilidade por factos lícitos, no sentido em que este instituto é conhecido pelos sistemas jurídicos de raiz românica. E isso é particularmente relevante para o Direito Internacional da Propriedade Privada.

De facto, se a expropriação reúne os requisitos que o Direito Internacional impõe para a sua licitude, diz-se que ela é um facto lícito, sem ser necessário lançar mão do instituto da responsabilidade. De facto, este pressupõe em Direito Internacional a constituição de uma situação de *ilicitude*, resultante do desrespeito por alguma das condições de *licitude* do acto de expropriação, por exemplo, a do pagamento de uma indemnização prévia, integral e efectiva, situação em que nasce, não o dever de indemnizar a expropriação, mas o dever de reparar o prejuízo. Ora, se a expropriação é lícita não há facto ilícito, logo, o Estado não se constitui em responsabilidade internacional, e, portanto, não nasce o dever de reparar. Só no caso de violação de algum dos requisitos de licitude da expropriação é que o Estado respectivo se constituirá em responsabili-

---

[1268] CARREAU, pgs. 421-422; ZEMANEK, pg. 366.

[1269] Sobre esta matéria existe uma importante *Convenção das Nações Unidas sobre a Responsabilidade ("Liability") Internacional por prejuízos causados por objectos espaciais*, assinada em 29-3-72 (UNTS, vol. 961, n.° 13.810).

[1270] V. a *Convenção de Montego Bay*, de 1982, artigo 139.°

[1271] Ver sobre esta matéria WOLFRUM, *United Nations*, II, pgs. 1095-1100; CHENG, pgs. 145 e segs.; LEFEBER, especialmente pgs. 229 e segs.; OPPENHEIM, II, pgs. 510-511; e BARBOZA, pgs. 331 e segs. e 392 e segs.

A construção dogmática

dade internacional – mas, nesse caso, por facto *ilícito*, traduzido, exactamente, na infracção das condições de licitude da expropriação.

É essa, aliás, a orientação da jurisprudência internacional mais recente, no litígio Irão-Estados Unidos. Quando o Tribunal encarregado de julgar esses casos distingue as expropriações em lícitas e ilícitas está a pensar apenas no preenchimento ou não, pelos actos de expropriação, dos respectivos requisitos de licitude. A diferença entre as duas situações releva apenas para o efeito do modo e do cômputo da reparação devida por uma expropriação ilícita por confronto com a indemnização que é imposta no caso de uma expropriação lícita[1272].

E é essa também a orientação da actividade codificadora da CDI. De facto, no último Relatório por ela elaborado, e submetido à Assembleia Geral das Nações Unidas em 1996, sobre "Responsabilidade internacional por prejuízos causados por actos *não proibidos* pelo Direito Internacional" ("*International Responsibility for Injurious Consequences of Actions Not Prohibited by International Law*"), especifica-se, logo no seu artigo 1.º, que esse Relatório se aplica a actividades não proibidas pelo Direito Internacional, mas "que envolvem o risco de causar prejuízos transfronteiriços", e a actividades não proibidas pelo Direito Internacional que, embora não envolvam aquele risco, causem aquele tipo de prejuízos[1273].

Isto significa que, por "actos não proibidos pelo Direito Internacional", quer-se significar simplesmente actos não ilícitos, sobretudo actos que envolvam risco, mas, em caso algum, actos lícitos, do género dos que, no Direito Administrativo de tipo francês, geram a chamada responsabilidade por actos lícitos, por exemplo, actos de expropriação lícita. Por isso, como dissemos atrás, a expropriação lícita nunca é tratada pelo Direito Internacional no quadro da teoria da responsabilidade por actos lícitos. Por outras palavras, a licitude da expropriação não é concebida pelo Direito Internacional no quadro da teoria da responsabilidade.

[1272] Por todos, MOURI, pgs. 3201 e segs. Na jurisprudência, v., em especial, o caso *Ebrahimi*, §§ 94 e segs, e a opinião dissidente nesse caso do Juiz ALLISON, §§ 9 e segs.

[1273] Já assim concluíam ZEMANEK e SALMON com base nos primeiros projectos da CDI sobre a matéria – pg. 31.

A expropriação ilícita

4. Os pressupostos da responsabilidade internacional do Estado

São quatro os pressupostos[1274] da responsabilidade internacional do Estado por expropriação ilícita, a saber:

a) o facto ilícito;
b) a imputabilidade ao Estado;
c) o nexo de causalidade;
d) o prejuízo.

Só após estarem preenchidos estes quatro pressupostos é que nasce a responsabilidade e o consequente dever de reparar.
Vejamos cada um deles de per si.

4.1. *O facto ilícito*

O facto ilícito encontra-se previsto como primeiro pressuposto da responsabilidade internacional do Estado nos artigos 1.º e 2.º do último Projecto da CDI, já aqui citado.

Os artigos 3.º e 16.º do mesmo Projecto acrescentam que ele deve, sob a forma de uma acção ou omissão, traduzir-se numa "violação de uma obrigação internacional do Estado". Essa obrigação tem de resultar de uma regra do Direito Internacional, seja uma regra costumeira, uma regra convencional, ou um princípio geral do Direito, não ficando a responsabilidade alterada pela diferente fonte da obrigação violada (art. 17.º)[1275].

O artigo 4.º do Projecto da CDI retrata, pois, nesta matéria, uma evidência: o facto ilícito (no nosso caso, uma expropriação ilícita) tem de o ser *em face do Direito Internacional*, não sendo essa qualificação afectada pela eventual qualificação do mesmo acto como *lícito* pelo respectivo Direito interno[1276].

[1274] Parece-nos mais adequado tratá-los como tais do que como "elementos constitutivos", como o faz ROUSSEAU, V, pgs. 11 e segs.

[1275] Assim, ROUSSEAU, V, pgs. 11-12; e OPPENHEIM, II, pgs. 502-503.

[1276] CARREAU, pg. 418.

De harmonia com o artigo 25.° do Projecto, quando a violação da obrigação internacional é *duradoira* ou *contínua*, ela ocorre, para efeitos jurídicos, no momento em que a violação se inicia: é então que se consome o facto ilícito e nasce a responsabilidade. Esta regra assume particular importância para a expropriação ilícita: a responsabilidade internacional nasce, pois, nesse caso, no momento em que se inicia a infracção a qualquer das condições de licitude da expropriação, por exemplo, no momento em que, de harmonia com o respectivo Direito interno, passou a ser devida por uma expropriação uma indemnização prévia, integral e efectiva e ela não foi paga com esses requisitos – no caso português, será o momento da entrada em vigor da declaração de utilidade pública para expropriação.

Os artigos 29.° a 34.° do Projecto da CDI prevêem como condições de exclusão da ilicitude as seguintes: o consentimento da parte do Estado lesado, as represálias, o caso fortuito ou de força maior, o estado de extrema aflição ("*distress*"), o estado de necessidade e a legítima defesa[1277]. Todavia, a exclusão da ilicitude por alguma destas circunstâncias não extingue o dever de indemnizar – assim dispõe o artigo 35.°

Como já se disse, a culpa não constitui pressuposto da responsabilidade internacional do Estado. Por isso, o Projecto da CDI nunca exige que o facto ilícito seja culposo.

4.2. *A imputabilidade ao Estado*

A desnecessidade da culpa não exclui que o facto ilícito tenha de ser imputável a um Estado, como sujeito do Direito Internacional, para que este seja responsável por ele. Este requisito vem, pois, dizer-nos quem deverá responder pelo facto ilícito, mesmo que não seja o seu autor[1278].

Quais são os comportamentos imputáveis a um Estado, em termos da sua autoria, para o efeito de o responsabilizarem internacionalmente?

[1277] Já era esse o sentido da doutrina e da jurisprudência internacional – v. CARREAU, pgs. 420-421.

[1278] COMBACAU/SUR, pg. 535; e OPPENHEIM, II, pgs. 500 e segs.

A expropriação ilícita

Esta matéria encontra-se regulada no Capítulo II do Projecto da CDI, que tem por título *"O "acto do Estado" em Direito Internacional"*. Nesse Capítulo definem-se os actos que são imputáveis ao Estado como sujeito do Direito Internacional. E daí se conclui o seguinte:

– o Estado responde internacionalmente pelos actos de qualquer dos seus órgãos, desde que estes actuem como tais. Os órgãos podem pertencer a qualquer dos Poderes do Estado, a saber, os Poderes "Constituinte, Legislativo, Administrativo, Judicial, ou outro", independentemente da natureza interna ou internacional da sua competência e da sua posição na hierarquia do Estado. É o respectivo Direito interno que regula a organização do Estado (arts. 5.º e 6.º);

– o Estado responde internacionalmente pelos actos de qualquer sua pessoa colectiva local, desde que actue como tal (art. 7.º, n.º 1);

– o Estado responde internacionalmente pelos actos de qualquer entidade, singular ou colectiva, mesmo que não possa ser entendida, segundo o seu Direito interno, como fazendo parte da "estrutura formal do Estado" ou não possa ser qualificada de pessoa colectiva local, desde que exerça poderes de autoridade, possa vincular o Estado no plano internacional e actue como tal (art. 7.º, n.º 2);

– o Estado responde internacionalmente pelos actos de qualquer pessoa, singular ou colectiva, que actue em nome do Estado ou exerça poderes de autoridade (art. 8.º);

– o Estado responde internacionalmente pelos actos de órgãos pertencentes a um outro Estado ou a uma Organização Internacional, mas que actuem em seu nome ou para si (art. 9.º);

– o Estado responde internacionalmente pelos actos dos órgãos, das pessoas colectivas e doutras entidades acima referidas, mesmo que eles excedam as suas atribuições ou a sua competência (art. 10.º);

– o Estado responde internacionalmente pelos actos de um movimento insurreccional depois de este ter conquistado o governo do Estado (art. 15.º);

A construção dogmática

– o Estado, todavia, não responde internacionalmente por actos de indivíduos ou grupos de indivíduos que não actuem em nome do Estado – digamos, numa expressão mais curta, que não responde por actos de particulares (art. 11.º).

Esta orientação já vinha, no essencial, de Projectos anteriores da CDI sobre Responsabilidade Internacional, desde o segundo (o *"Projecto Ago"*[1279]) e o terceiro[1280] projectos[1281].

Isto quer dizer que o Estado é responsável, à face do Direito Internacional, não só pelos actos dos seus órgãos, serviços e agentes, como também pelos actos de outras entidades públicas pertencentes, de algum modo, à sua organização interna, mesmo que independentes, e até por actos de outros Estados ou de Organizações Internacionais que actuem para ele. No primeiro caso, a doutrina fala em responsabilidade *"originária"* ou *"directa"*[1282]; no segundo, em responsabilidade *"vicária"* ou *"indirecta"*[1283].

Por que é que o Estado responde internacionalmente pela conduta dos órgãos, serviços e agentes das pessoas colectivas diferentes do Estado-Administração, inclusive das pessoas colectivas locais, isto é, autarquias locais ou regiões autónomas? Porque essas entidades não são sujeitos do Direito Internacional e, portanto, não respondem directamente, em face do Direito Internacional, pelos seus actos. A situação será diferente se o Direito interno do Estado conferir a qualquer dessas entidades, por exemplo, a um Estado federado ou a uma região autónoma, capacidade internacional, em termos tais que, à luz do Direito Internacional, ela possa ser demandada directamente pelos respectivos actos[1284].

A relevância de tudo o que ficou dito para o nosso livro é muito simples: por uma expropriação ilícita é responsável, perante o Direito

---

[1279] YILC 1970-II, pgs. 187-195.

[1280] YILC 1971-II, pgs. 214-224.

[1281] V., sobre esta matéria, BROWNLIE, *System*, pg. 36; OPPENHEIM, II, pgs. 501-502; COMBACAU/SUR, pgs. 535 e segs.; CARREAU, pgs. 422 e segs.; e ROUSSEAU, V, pgs. 27 e segs.

[1282] OPPENHEIM, *loc.cit.*

[1283] ROUSSEAU, *loc.cit.*

[1284] Assim, COMBACAU/SUR, pg. 536; e ROUSSEAU, V, pgs. 28 e segs.

A expropriação ilícita

Internacional, o Estado soberano a cuja organização interna pertença a entidade autora do acto de expropriação, mesmo nos Estados onde têm competência para declarar a utilidade pública da expropriação pessoas colectivas distintas do Estado-Administração – por exemplo, autarquias locais ou regiões autónomas. É o que acontece em Portugal com as regiões autónomas. Por outro lado, é irrelevante a fonte legislativa, administrativa ou jurisdicional da expropriação ilícita, o mesmo é dizer, é irrelevante saber-se de que Poder provém, em última análise, o acto ilícito da expropriação[1285].

4.3. *O nexo de causalidade*

Quanto a este pressuposto, não há nada a dizer de específico no que toca à responsabilidade emergente de uma expropriação ilícita.

É necessária uma relação de causa-efeito entre o acto imputado ao Estado e o prejuízo causado. No nosso caso, é necessária essa relação entre o acto de expropriação e o prejuízo traduzido na privação da propriedade, por exemplo, sem o sucedâneo do pagamento de uma indemnização prévia, integral e efectiva[1286].

4.4. *O prejuízo*

Também é pressuposto da responsabilidade internacional do Estado o prejuízo.

Note-se, todavia, que esta questão não é pacífica na doutrina. Vamos examiná-la só na medida em que ela nos interessa neste livro.

Para um pequeno sector da doutrina, dentro do qual avulta o nome de ZEMANEK, da Escola de Viena[1287], o prejuízo não constitui pressuposto da responsabilidade internacional do Estado. Aquele Autor fundamenta a sua posição nas seguintes razões: a jurisprudência do TIJ no caso do *estreito de Corfu*[1288]; e o facto de os projectos da CDI sobre a

---

[1285] Assim, CARREAU, pgs. 423 e segs.
[1286] BROWNLIE, *System*, pg. 38.
[1287] Pg. 365.
[1288] Pg. 35.

A construção dogmática

codificação nesta matéria não exigirem o prejuízo, que só releva para o efeito da reparação, concretamente, do âmbito e da forma da reparação.

Todavia, com a doutrina largamente dominante, entendemos que, como é da essência da teoria geral da responsabilidade, o prejuízo é um pressuposto essencial da constituição do Estado em situação de responsabilidade internacional. Como adiante veremos, quando nos debruçarmos sobre a reparação, o *Dicionário Basdevant*[1289] liga intrinsecamente a responsabilidade ao prejuízo. Assim não acontecerá apenas quando o lesado seja um outro Estado[1290]. E é esse exactamente o argumento que destrói as razões invocadas por ZEMANEK em sentido contrário. Ou seja, tanto no caso do *estreito de Corfu*[1291]como nos projectos da CDI, apenas esteve ou tem estado, respectivamente, em discussão a responsabilidade do Estado por violação de obrigações internacionais *para com um outro Estado*: em nenhum dos dois casos, pois, se sustentou que, quando o lesado não for o Estado, e for, por exemplo, o indivíduo, há responsabilidade internacional da parte do Estado infractor sem haver prejuízo. E, como observa BROWNLIE[1292], a prática internacional confirma essa doutrina, porque os Estados efectivam a responsabilidade doutros Estados por prejuízos causados aos nacionais dos primeiros, e fazem-no mesmo quando são eles próprios, Estados, as vítimas directas do ilícito internacional.

Note-se que, modernamente, DIEZ DE VELASCO vai mesmo mais longe, entendendo que a exigência do prejuízo se encontra integrada na exigência do facto ilícito como pressuposto autónomo da responsabilidade internacional do Estado[1293].

As características do prejuízo como pressuposto da responsabilidade internacional do Estado, perante outro Estado, perante o indivíduo, ou perante qualquer outro sujeito do Direito Internacional, são as

---

[1289] Pg. 528.

[1290] Nesse sentido, ROUSSEAU, V, pg. 12; MERON, pg. 201; CARREAU, pg. 427; COMBACAU/SUR, pgs. 550 e 553; e WOLFRUM, de forma menos convicta, *Reparation*, pg. 352.

[1291] Assim, o comentário a esse Acórdão de BERNHARDT, in *Encyclopedia*, t. 2, pgs. 61 e segs. (62-63).

[1292] *System*, pgs. 31 e segs.

[1293] *Instituciones*, pg. 724.

A expropriação ilícita

seguintes: o prejuízo deve consistir na violação de um direito subjectivo, deve ser individualizado ou individualizável, deve ser directo e pode ser material ou moral[1294].

No caso de expropriação ilícita, o prejuízo para o expropriado consiste na privação dos seus direitos sobre o seu bem ou na afectação da substância desses direitos.

Aplicam-se à expropriação ilícita em Direito Internacional todas as comuns classificações de prejuízos, especialmente as que distinguem os prejuízos em materiais e morais e em danos emergentes e lucros cessantes. Esta última classificação parece, aliás, que fora estudada por S. TOMÁS DE AQUINO a pensar principalmente na violação do direito de propriedade privada. Dizia, de facto, ele que "O dano pode causar-se de dois modos: já privando alguém do que tem, já impedindo-o de adquirir o que estava a caminho de ter"[1295].

5. A efectivação da responsabilidade internacional do Estado

5.1. *O dever de reparar*

O Estado que se constitui em responsabilidade internacional está investido, *ipso iure*, no dever de reparar o facto ilícito e, com isso, o dano causado. Esse dever é imposto, desde logo, pelo costume internacional (como corolário, aliás, de constituir também costume internacional o próprio princípio da responsabilidade internacional do Estado, como vimos atrás)[1296]. Como tal, já fora reconhecido pelo TPJI no caso da *fábrica de Chorzow*. De facto, no seu Acórdão de 13 de Setembro de 1928, estudado na Parte I, aquele Tribunal reconhecera que "É um princípio do Direito Internacional que a violação de um compromisso gera a obrigação de reparar de forma adequada"[1297]. Nos nossos dias,

---

[1294] CARREAU, §§ 1100-1110.

[1295] Cit. por CASTRO MENDES, pg. 29.

[1296] Por todos, MOSLER, *General Principles*, pg. 97; TRASSL, pgs. 53 e segs.; AMERASINGHE, *State Responsibility*, pgs. 142 e segs.; ROUSSEAU, V, pgs. 210 e segs.; e CARREAU, pg. 449.

[1297] Pg. 21.

A construção dogmática

essa posição foi reafirmada pelo TIJ no já citado caso do *pessoal diplomático e consular dos Estados Unidos em Teerão*[1298] e no caso das *actividades militares e para-militares em e contra a Nicarágua*[1299]. E foi sempre essa a posição do *Restatement*[1300].

Hoje, esse princípio figura no artigo 42.° do Projecto da CDI.

Na Parte II desse Projecto impõe-se ao Estado, antes mesmo do dever de reparação, o dever de cessar de imediato a sua conduta ilícita (art. 41.°) e o dever de cumprir a própria obrigação violada (art. 36.°, n.° 2). Este ponto merece uma ênfase especial: a reparação não dispensa, pelo contrário, deve ser precedida, da imediata cessação da conduta ilícita e da execução específica da obrigação infringida.

O dever de reparar nasce no momento em que se dá a violação da obrigação internacional infringida. E, como já se disse atrás, essa violação ocorre no momento da prática do facto ilícito, no caso de violação instantânea, ou no momento em que esse facto ilícito se inicia, no caso de violação contínua – assim dispõem, respectivamente, os artigos 24.° e 25.°, n.° 1, do Projecto da CDI.

O caso de expropriação ilícita é, por definição, um caso de violação contínua. Por exemplo, o não pagamento de uma indemnização que reúna os requisitos da *Fórmula Hull* gera, só por si, a ilicitude da expropriação, que se inicia no momento em que o pagamento da indemnização devia ter tido lugar.

5.2. *Pressuposto do dever de reparar*

O dever de reparar o facto ilícito segundo o Direito Internacional tem um pressuposto: o da prévia exaustão dos meios internos. Melhor dito, o dever de reparar, *em conformidade com o Direito Internacional*, só nasce se o lesado tiver previamente exaurido os meios internos de modo a tentar obter a reparação segundo o Direito interno do Estado infractor.

É o que consta hoje do artigo 22.° do Projecto da CDI, que, também aqui, acolhe Direito tradicional.

[1298] Ac. 24-5-80, pgs. 44-45.
[1299] Ac. 27-6-86, pg. 149.
[1300] Sob o § 702, v., especialmente, pg. 168.

A expropriação ilícita

Já por mais de uma vez estudámos anteriormente o princípio da exaustão dos meios internos, quer em geral[1301], quer quanto à CEDH[1302]. O que então escrevemos continua a ser actual e a corresponder ao nosso pensamento. Concretamente, ele em nada foi alterado pelos trabalhos de codificação em curso, por parte da CDI, do Direito Internacional da Responsabilidade Internacional do Estado. Por isso, remetemos o leitor para esses estudos.

Limitar-nos-emos aqui a recordar que esse princípio, com o conteúdo e o alcance que lhe demos, consiste numa regra costumeira do Direito Internacional, que, como tal, foi reconhecida em 1939 pelo TPJI no caso dos *caminhos de ferro de Panevezys-Saldutiskis*[1303]. Mais tarde, o TIJ reforçaria essa orientação nos casos *Ambatielos*[1304] e *Interhandel*[1305,1306].

Depois, ele seria expressamente acolhido pela Resolução n.º 1803 da Assembleia Geral das Nações Unidas relativa à Soberania Permanente sobre os Recursos Naturais, no seu artigo 4.º

Como demonstrámos há anos, a regra da exigência da prévia exaustão dos meios internos tem de ser entendida com ponderação[1307]. Ela tem de ser respeitada se o indivíduo tiver ao seu dispor, na ordem interna do Estado infractor, meios verosímeis, idóneos e eficazes à obtenção da reparação do ilícito. É o que ficou condensado numa fórmula que se tornou de citação obrigatória na doutrina e que se deve ao Secretário de Estado norte-americano HAMILTON FISH, ainda no século XIX: "Um indivíduo lesado, no Estado estrangeiro, não é obrigado a exaurir a justiça quando não há justiça a exaurir"[1308]. O mesmo se pode dizer do lesado quanto ao seu próprio Estado.

[1301] *Exaustão*.

[1302] *Princípio*.

[1303] Pgs. 4 e segs. V. o comentário de RIEDEL, in *Encyclopedia*, t. 2, pgs. 224-225.

[1304] Pgs. 10 e segs. V. o comentário de WÜHLER, in *Encyclopedia*, t. 2, pgs. 13 e segs.

[1305] Pgs. 6 e segs. V. o comentário de WEBER, in *Encyclopedia*, t. 2, pgs. 136 e segs.

[1306] ROUSSEAU, V, pgs. 156 e segs.; e CARREAU, pg. 440.

[1307] *Princípio*, pgs. 133 e segs.

[1308] Cit. por CARREAU, pg. 441.

A construção dogmática

A jurisprudência dos órgãos da CEDH, na aplicação do actual artigo 26.° daquela Convenção, que impõe a prévia exaustão dos meios internos como requisito da admissão da queixa à Comissão, prevista no actual artigo 25.° da mesma CEDH, tem dispensado a exaustão, ainda que com algumas flutuações de critério, quando os meios internos não são aptos a propiciar ao lesado, rapidamente e de modo eficaz, a reparação do ilícito. Assim, por exemplo, no citado caso *Matos e Silva*, quer na deliberação da Comissão sob a admissibilidade da queixa, quer no Relatório final da Comissão, quer no Acórdão do Tribunal, não só foi rejeitada a excepção repetidamente suscitada pelo Estado Português da não exaustão prévia dos meios internos, como, pelo contrário, foi declarada a violação pelo Estado Português do artigo 6.°, n.° 1, da CEDH, nas palavras do Relatório da Comissão, por *"bloqueio total"* de cinco recursos contenciosos, desde 1983, no Supremo Tribunal Administrativo, e que, à data da deliberação sobre a admissibilidade da queixa, se encontravam todos pendentes ainda em 1.ª instância[1309].

Além disso, há casos em que a prévia exaustão dos meios internos será dispensada de forma expressa.

É o caso, para começar, do Direito Internacional convencional bilateral, exactamente na matéria de investimento estrangeiro. De facto, cada vez mais os TBI conferem acesso imediato ao indivíduo a meios jurisdicionais arbitrais para efectivarem, em primeira e última instância, a responsabilidade internacional do Estado de acolhimento, quando muito subordinado, às vezes, a prévia negociação entre os dois respectivos Estados (o nacional e o de acolhimento), negociação que, contudo, nunca se confunde com a prévia exaustão de meios internos[1310].

Depois, o princípio da exaustão dos meios internos não se aplica no Direito Comunitário, que permite, em certos casos, o acesso pessoal

---

[1309] Respectivamente, §§ 2 da matéria de direito da deliberação sobre a admissibilidade, 79 do Relatório e 70 do Acórdão. Note-se que à data do Acórdão o atraso dos processos contenciosos no STA já ia em *13 anos e 4 meses* (§ 69 do Acórdão).

[1310] Veja-se a demonstração disso em DOLZER/STEVENS, pgs. 122 e segs. e 130 e segs.; ROUSSEAU, V, pgs. 152 e segs.; e CARREAU, pg. 441. É essa também a orientação do modelo português de TBI, mas só quanto aos litígios entre as Partes Contratantes, não necessariamente quanto aos litígios entre uma Parte Contratante e um investidor da outra Parte Contratante (cfr. o art. 8.°, n.ºs 1 e 2, com o art. 9.°, n.ºs 1 e 2).

A expropriação ilícita

e directo do indivíduo aos Tribunais Comunitários. E não se aplica, concretamente, para o indivíduo efectivar a responsabilidade quer das Comunidades, quer dos Estados, porque o Direito Comunitário propicia, para esse efeito, o acesso pessoal e directo a meios jurisdicionais.

De facto, o indivíduo pode, para efectivar a responsabilidade extracontratual da Comunidade, propor directamente junto do Tribunal de Justiça das Comunidades uma acção de responsabilidade contra ela, de harmonia com os artigos 235.° (ex-artigo 178.°) e 288.° (ex--artigo 215.°), pars. 2 e 3, CE.

Por sua vez, para efectivar a responsabilidade extracontratual de um Estado por violação do Direito Comunitário, ele pode optar entre a solução clássica de interpor uma acção de responsabilidade extracontratual contra o respectivo Estado nos respectivos tribunais internos com base na sentença declarativa de incumprimento obtida nos termos do actual artigo 228.° do Tratado CE, ou a solução nova, aberta, à margem do Tratado, pelo Tribunal de Justiça a partir do caso *Francovich*, que consiste em o lesado efectivar a responsabilidade do respectivo Estado nos seus, deste, tribunais nacionais sem a necessidade de prévia sentença declarativa do incumprimento proferida ao abrigo do artigo 228.°, e sendo essa responsabilidade aferida, não em face do respectivo Direito interno, mas *em face do Direito Comunitário*. Voltaremos a este tema adiante[1311].

5.3. *A protecção diplomática*

§ 1.° – **Origem e fundamento**

Uma vez esgotados pelo lesado os meios internos, e caso a violação da obrigação internacional não tenha sido por essa via reparada, o Estado do lesado tem o direito de lhe assegurar protecção diplomática[1312].

[1311] Sobretudo, *infra*, n.° 5.6, § 3.°, IV.

[1312] Acerca do instituto da protecção diplomática, sobre o qual nos vamos debruçar de seguida, ver os exaustivos estudos de GARCÍA-AMADOR, *Changing Law*, I, pgs. 39 e segs. e 79 e segs.; JIMENEZ DE ARECHAGA, *Diplomatic Protection*, pgs. 71 e segs.; WEISS, pgs. 643 e segs.; HANZ, *passim*; DOLZER, *Diplomatic Protection*, pgs. 121 e segs.; DIEZ DE VELASCO, *Reflexiones*, pgs. 616 e segs.; OSCHMANN, pgs. 132 e segs.; IPSEN, pgs. 523 e segs.; e, sobretudo, GECK, pgs. 99 e segs.

A construção dogmática

A exaustão dos meios internos constitui, pois, um "requisito prévio" da protecção diplomática[1313].

Se examinarmos a prática internacional e a doutrina concluiremos que existem dois entendimentos diferentes de protecção diplomática.

Num sentido amplo, entende-se por protecção diplomática toda a assistência concedida por um Estado, através da sua Diplomacia, a nacionais seus, sediados ou com interesses no estrangeiro. É, mais ou menos, como o *Dicionário Basdevant* define aquele instituto: "a acção de um Governo perante um outro Governo estrangeiro com o fim de reclamar o respeito dos seus nacionais ou, excepcionalmente, de outras pessoas, ou o respeito pelo Direito Internacional, ou para obter certas vantagens a seu favor"[1314]. Este entendimento amplo de protecção diplomática é pouco utilizado e ganha em extensão o que perde em precisão e rigor, mas encontra uma expressão adequada, embora alargada por confronto com as regras clássicas, no artigo 20.º (ex-art. 8.º-C) do Tratado CE, introduzido nele pelo TUE no quadro da "cidadania da União"[1315].

Num sentido mais restrito, a protecção diplomática já nos surge ligada ao instituto da responsabilidade internacional do Estado. Com este significado, a protecção diplomática consiste na protecção concedida por um Estado aos seus nacionais, pessoas singulares ou colectivas, contra uma violação do Direito Internacional por um outro sujeito do Direito Internacional, em regra, pelo Estado[1316]. Ou, numa fórmula mais elaborada, adoptada pelo TPJI no caso *Mavromatis*[1317], "*é um princípio elementar do Direito Internacional* que o Estado está autorizado a proteger os seus nacionais lesados por actos contrários ao Direito Internacional, cometidos por um outro Estado, contra os quais eles não puderam obter reparação pelas vias ordinárias"[1318].

[1313] GECK, pg. 110; e IPSEN, pgs. 523 e segs.

[1314] Pg. 485. É também a definição de que parte, na doutrina espanhola, DIEZ DE VELASCO, *Instituciones*, pg. 616.

[1315] V. as anotações ao ex-artigo 8.º-C em GRABITZ/HILF.

[1316] GECK, pg. 100; ROUSSEAU, V, pg. 97; e CARREAU, pg. 432.

[1317] Ac. 8-8-24, excepção preliminar, pg. 12, com comentário de DOEHRING, in *Encyclopedia*, t. 2, pgs. 182 e segs. O itálico é nosso.

[1318] O mesmo Tribunal retomaria depois essa definição nos casos dos *empréstimos sérvios* (Ac. 12-7-29, pgs. 3 e segs.) e dos *caminhos de ferro Panevezys* (pgs. 16 e segs.).

A expropriação ilícita

Como se imagina, é este o sentido de protecção diplomática que nos interessa neste livro.

Veremos adiante os meios pelos quais se pode exercer a protecção diplomática.

O instituto da protecção diplomática foi, como se disse, construído para a protecção de nacionais do respectivo Estado perante outros sujeitos do Direito Internacional, especialmente, outros Estados. Mas o Direito Internacional também admite a protecção diplomática por um Estado *de estrangeiros* que se encontrem sob a sua jurisdição[1319]. Todavia, não é a protecção diplomática de estrangeiros – que o TPJI no citado caso *Panevezys*[1320] considerou excepcional por confronto com a protecção diplomática devida pelo Estado aos seus próprios nacionais – que nos interessa nesta monografia. Por isso, deixá-la-emos de lado.

Como bem nota SEIDL-HOHENVELDERN, o instituto da protecção diplomática surgiu sobretudo para a protecção pelo Estado dos seus nacionais contra actos que violam, exactamente, a sua propriedade privada[1321].

A protecção diplomática tem a sua origem no costume internacional, onde nasce como um "corolário processual da responsabilidade jurídica dos sujeitos do Direito Internacional Público"[1322]. Ou seja, como os cidadãos, esgotados os meios internos do Estado infractor, não gozam, em regra, de acesso a instâncias internacionais, é aos respectivos Estados que compete efectivar a responsabilidade internacional do Estado infractor pela violação dos direitos dos seus nacionais[1323]. De harmonia com essa regra do costume internacional, o Estado tem o *direito*, mas não o dever, de assegurar protecção diplomática aos seus nacionais. O Direito Internacional não concebe a protecção diplomática como um dever do Estado, sem prejuízo de o seu Direito interno lhe poder impor esse dever[1324].

São raros os Estados cujas Constituições reconhecem aos seus cidadãos o *direito* à protecção diplomática da parte do seu respectivo

---

[1319] DOLZER, *Diplomatic Protection*, pg. 121.

[1320] *Loc.cit.*

[1321] *Diplomatische Schutz*, pg. 115. Assim, também, GECK, pg. 101.

[1322] GECK, pg. 100.

[1323] GECK, *loc.cit.*; IPSEN, pgs. 523 e segs.; ROUSSEAU, V, pgs. 99 e segs.; e CARREAU, pgs. 432 e segs.

[1324] DIEZ DE VELASCO, *Instituciones*, pg. 618; e GECK, *loc.cit.*

A construção dogmática

Estado e, correspondentemente, impõem ao respectivo Estado o *dever* de lhes assegurar protecção diplomática. Isso não preocupa certo sector da doutrina, como WILHELM GECK, que entende que "uma sociedade verdadeiramente democrática, que considere os cidadãos não como meros objectos do poder estadual mas como elementos constituintes do Estado, aceitará, ao menos, um *dever moral* de protecção contra poderes externos". Por isso, deve-se entender que vigora nesses Estados um "direito com fonte constitucional, um *direito não escrito*, à protecção diplomática"[1325].

Não é esse, porém, o caso de Portugal, que reconhece aos seus cidadãos um *direito fundamental à protecção diplomática*, na 1.ª parte do artigo 14.º da Constituição, embora com uma redacção pouco feliz.

Todavia, o *direito* do Estado de conceder protecção diplomática aos seus cidadãos, que lhe é reconhecido pelo Direito Internacional, não se deve confundir com o *dever* que lhe pode incumbir no plano interno, por força expressa do respectivo Direito Constitucional ou com fundamento na orientação doutrinária acima indicada, na ausência de referência explícita à protecção diplomática no texto constitucional. Só no primeiro caso estamos perante matéria de Direito Internacional.

§ 2.º – A natureza jurídica da protecção diplomática

I – A teoria da substituição do indivíduo pelo Estado. Crítica

Questão controversa na doutrina é a da natureza jurídica, para o Direito Internacional, da protecção diplomática conferida por um Estado ao seu nacional. Trata-se de uma questão muito complexa e que tem, desde sempre, preocupado de modo especial os autores alemães. Ainda há pouco ela foi objecto de exaustivo estudo num Colóquio organizado pelo Europa-Institut da Universidade do Sarre, em 1996[1326]. Em confronto encontram-se duas teorias.

[1325] Pg. 106, com itálicos nossos. Assim, também, DIEZ DE VELASCO, *Reflexiones*, pgs. 377 e segs., e *Instituciones*, pgs. 616 e segs.

[1326] In *Colóquio Sarre 1996*.

A expropriação ilícita

A primeira, a tese clássica, assenta na ideia de que o indivíduo nunca é sujeito do Direito Internacional. Por isso, não há litígios entre um indivíduo e outro Estado, só há litígios entre Estados, como defendia VATTEL[1327]. A relação de responsabilidade internacional é uma relação exclusivamente entre Estados. Sendo assim, quando um indivíduo é lesado por um ilícito internacional, é-o *de facto*; *de jure*, o lesado é o respectivo Estado nacional. Não sendo o indivíduo sujeito de direitos substantivos, reconhecidos pelo Direito Internacional, o direito violado foi-o o do Estado, não daquele. Por conseguinte, e paralelamente, não é o indivíduo que tem o direito de exigir do Estado infractor a respectiva reparação; é o respectivo Estado. Dá-se, portanto, a *substituição* completa, a *sub-rogação*, do indivíduo, que materialmente foi objecto do facto ilícito, pelo seu Estado nacional.

A seu favor esta doutrina invoca alguns importantes arestos internacionais, onde se decidiu que "o Estado está, de facto, a exercer um direito *seu* – o direito de assegurar, na pessoa dos seus nacionais, o respeito pelas regras do Direito Internacional": os casos, já nossos conhecidos, *Mavromatis*[1328], dos *empréstimos sérvios*[1329], *Panevezys*[1330], *Nottebohm*[1331] e *Barcelona Traction*, bem como a declaração, neste processo, do Juiz MORELLI[1332].

Esta teoria tem duas importantes consequências.

A primeira é a de que, segundo ela, o exercício da protecção diplomática é absolutamente discricionário. Porque o Estado não está obrigado pelo Direito Internacional a conceder protecção diplomática ao seu nacional (pode, eventualmente, está-lo pelo Direito interno, mas essa consideração não releva para o Direito Internacional), por um lado, ele pode recusá-la quando ela lhe for pedida; por outro, ele não está vinculado por uma eventual renúncia pelo indivíduo lesado, por exemplo, um investidor, à indemnização devida pelo Estado infractor.

[1327] Livro II, Cap. 7, Secção 81, e Cap. 18, Secção 346.

[1328] Pg. 12.

[1329] Pg. 17.

[1330] Pg. 18.

[1331] Pg. 24.

[1332] Pgs. 222 e 226. Um estudo desenvolvido deste Acórdão na perspectiva da responsabilidade internacional do Estado encontramo-lo em ROUSSEAU, V, pgs. 141 e segs.

A construção dogmática

A segunda consequência é a de que o Estado, em bom rigor, não exige do Estado infractor que ele repare um dano sofrido pelo indivíduo, mas, antes, que repare um prejuízo sofrido, *de iure, por si, Estado nacional* daquele indivíduo. A prová-lo está o facto de o Estado poder contentar-se com uma reparação meramente simbólica e poder, em caso de obter uma reparação monetária, diz esta doutrina, não transferir para o indivíduo lesado o montante recebido.

Que dizer desta tese?

Desde logo, que ela é contrária ao estado actual do Direito Internacional e não está de acordo com a prática internacional contemporânea.

Em primeiro lugar, é contrária ao estado actual do Direito Internacional. De facto, não se verifica hoje o pressuposto de que ela parte: o indivíduo é hoje sujeito do Direito Internacional. Por isso, sempre que o ilícito internacional dirigido *de facto* ao indivíduo violar *de iure* um direito que o Direito Internacional lhe confere, a ele indivíduo, falta o pressuposto em que essa construção assenta e ela não procede[1333]. Será o caso de uma expropriação ilícita, que violará o direito de propriedade privada, que é reconhecido ao estrangeiro pelo Direito Internacional, como vimos neste livro. Nesse caso, é óbvio que o Estado expropriante se constitui em responsabilidade internacional *directamente para com o indivíduo lesado*, titular do direito expropriado.

Mas a doutrina exposta também não é conforme, como bem observam COMBACAU e SUR[1334], com a actual prática internacional. De facto, a tese da substituição não consegue explicar por que razão, hoje, na grande maioria dos casos, a reparação pedida pelo Estado do expropriado corresponde ao montante do prejuízo sofrido por este ou, pelo menos, à reparação reclamada por este ao respectivo Estado nacional.

Ela também não consegue explicar por que razão o Estado nacional, tantas vezes, primeiro paga ao lesado a indemnização por este exigida, *mesmo quando o Direito nacional não a impõe*, e só depois reclama do Estado infractor a indemnização no montante já pago[1335].

A alegada discricionariedade na exigência, pelo Estado nacional, da reparação devida, não é confirmada pela prática internacional. De

---

[1333] Assim, GECK, pg. 112.
[1334] Pgs. 532-533.
[1335] COMBACAU/SUR, *loc.cit.*

A expropriação ilícita

um modo generalizado, os Estados sentem-se obrigados a requerer do Estado autor do ilícito a reparação que entendem ser devida ou, ao menos, a obter deste a conclusão de um acordo *lump sum*. E o rigor posto no cômputo da indemnização a fixar nesse acordo leva-os, de uma forma geral, a encarregar a Administração Pública respectiva de calcular, com a exactidão possível, a indemnização que cabe no caso concreto[1336].

Também da jurisprudência internacional pouco se pode extrair a favor dessa teoria, ao contrário do que ela pretende. Analisados com atenção os casos acima referidos – sobretudo os mais citados de entre eles, os casos *Mavromatis* e *Panevezys* –, vê-se, pelos próprios textos desses Acórdãos, que acima transcrevemos, que o direito, cujo titular o Tribunal considerou ser o Estado, foi *"o direito de assegurar, na pessoa dos seus nacionais, o respeito pelas regras do Direito Internacional"*, o que suscita a dúvida sobre se esses Acórdãos não quiseram reconhecer ao Estado apenas o direito *adjectivo*, ou processual, de garantir na esfera internacional o direito *substantivo*, ou material, que, nessa hipótese, continuaria na titularidade do indivíduo.

De qualquer modo, algumas outras sentenças judiciais, entre as mais recentes, vieram expressamente contrariar a doutrina que se pretende atribuir aos arestos acima referidos. É o caso, como sublinha GECK[1337], do Acórdão do TIJ no já citado caso *Interhandel*[1338], onde se afirmou a existência de um *"direito substantivo"* na titularidade do indivíduo, por detrás do *"direito adjectivo"* ou *" processual"* de protecção diplomática da parte do seu Estado nacional em relação ao Estado infractor.

Por fim, a teoria que estamos a apreciar significa, de facto, a consagração, na matéria, da *Doutrina Calvo*. Com efeito, os Estados que aderem a essa teoria incluem nos contratos com investidores estrangeiros uma cláusula – chamada *Cláusula Calvo*[1339] –, segundo a qual os litígios emergentes desses contratos serão resolvidos pelos tribunais nacionais

---

[1336] Assim, GECK, pg. 112 e bibl. cit. nas pgs. 112 a 116; e LILLICH, *Lump sum*, pg. 368.

[1337] Pg. 112.

[1338] Pg. 27.

[1339] V., *supra*, Cap. I, n.º 5.2.

dos primeiros e com renúncia, pelos particulares, a meios diferentes dos previstos no Direito nacional dos Estados de acolhimento.

Ora, nesta segunda parte, a respectiva cláusula é nula, porque viola o direito do Estado nacional, de raiz consuetudinária, à protecção diplomática[1340].

Note-se, aliás, que, mesmo na hipótese da procedência desta teoria, aquela cláusula seria sempre nula, dado que, nessa situação, o particular estava a renunciar a um direito que não lhe pertencia, porque ele teria passado para a titularidade do Estado[1341].

Por isso, não tem havido modernamente sentenças de tribunais internacionais reconhecendo a validade da *Cláusula Calvo*[1342].

II – A teoria da sobreposição do direito substantivo do indivíduo e do direito processual de protecção diplomática do Estado nacional. Crítica

Mais adequada à realidade internacional hodierna e aos próprios princípios parece-nos ser a teoria que reconhece que o Estado não se substitui ao indivíduo no direito a exigir a reparação do ilícito, mas que, continuando o indivíduo a ser o único titular do direito substantivo infringido e, portanto, o verdadeiro sujeito do direito à indemnização, a esse direito se soma o direito do Estado à protecção diplomática do seu nacional. Temos, deste modo, a sobreposição, a cumulação, de dois direitos: o direito *substantivo* violado, cujo único titular continua a ser o indivíduo, e o direito à *protecção diplomática*, cuja natureza vamos de seguida examinar, mas de que é sujeito apenas o Estado. É esta, modernamente, a posição defendida por DOEHRING, MOSLER, SEIDL--HOHENVELDERN, BERNHARDT, KLEIN, KOKOTT[1343] e GECK[1344].

[1340] Assim, GECK, pg. 112; e COMBACAU/SUR, pgs. 532-533.

[1341] CARREAU, pg. 444.

[1342] É também a conclusão a que hoje chega CARREAU, pgs. 444-445.

[1343] V. a posição de todos esses Autores em DOEHRING, *Handelt*, pgs. 13 e segs., e a discussão dessa comunicação, pgs. 21 e segs. e 139.

[1344] Pg. 113.

A expropriação ilícita

Desde logo, esta é a única orientação compatível com a personalidade internacional do indivíduo, quando o direito substantivo violado pelo facto ilícito é um direito reconhecido directamente ao indivíduo. É o caso do direito à propriedade privada.

De facto, reconhecer que o Estado se substitui ao indivíduo na titularidade do direito substantivo que a este é conferido por uma norma internacional (por exemplo, pelo art. 17.º da DUDH ou pelo art. 1.º do PA n.º 1 à CEDH) é incompatível com a letra e o espírito daquela norma. Dito doutra forma, ao se outorgar um direito substantivo ao indivíduo está-se a recusar a ideia de que o titular do direito à reparação pela violação daquele direito é o Estado e não o próprio indivíduo[1345].

O direito de protecção diplomática do Estado em relação ao seu cidadão tem, portanto, de ser visto como um mero direito *adjectivo*, ou *processual* (*"Prozesshandschaft"*, na terminologia jurídica alemã[1346]), destinado a permitir a efectivação e o exercício do respectivo direito substantivo. De facto, não tendo o indivíduo, no estado actual da evolução do Direito Internacional, senão em casos excepcionais, acesso pessoal a meios de carácter jurisdicional com vista a garantir o respeito pelos direitos de natureza substantiva que a norma internacional lhe confere directamente, ou, dito mais simplesmente, não gozando ele do direito adjectivo necessário à garantia do direito substantivo que, em cada caso, o Direito Internacional lhe atribui, é necessário que seja o Estado a assegurar essa garantia através do direito à protecção diplomática. É assim que deve ser interpretado o facto de o artigo 62.º da CEDH não excluir expressamente a protecção diplomática.

Portanto, e para concluir, o Estado não se pode substituir ao indivíduo, titular do direito *substantivo* violado, porque isso seria infringir a norma internacional que confere a este último esse direito; mas pode exercer o direito *adjectivo* da protecção diplomática para suprir as carências actuais do Direito Internacional, que não reconhece ao indivíduo meios adjectivos próprios para fazer valer os seus direitos substantivos, quando desrespeitados. Os dois direitos somam-se, pois[1347].

[1345] Assim, GECK, pg. 112.

[1346] GECK, pg. 112.

[1347] DOEHRING, *Handelt*, pg. 20.

A construção dogmática

Portanto, para se sustentar esta teoria nem é necessário discutir-se se o direito de protecção diplomática do Estado, mais do que um direito de natureza adjectiva, não consiste, ele próprio, num direito material ou substantivo, concretamente, no caso de o ilícito internacional violar o direito fundamental do indivíduo à propriedade privada, como vimos ter sido admitido no caso *Interhandel* e, mais recentemente, defende um Autor de nomeada, e que a esta matéria dedicou muitos dos seus estudos: o Professor de Viena IGNAZ SEIDL-HOHENVELDERN[1348]. Para ele, quando o Estado do lesado reclama do Estado infractor reparação para a violação de propriedade privada de um seu cidadão está também a exercer um "direito próprio de protecção do património nacional" ("*Nationalvermögen*"), sendo este património nacional composto pelo somatório de todos os bens dos seus cidadãos, quer estes residam no território do seu Estado nacional, quer no estrangeiro.

Salvo o devido respeito, não convence o argumento de que o Estado tenha, reconhecido pelo Direito Internacional, um direito de propriedade privada seu sobre todo o "património nacional". Mas, acima de tudo, esta construção não é necessária, como se disse, para se chegar à tese da cumulação de direitos com vista a explicar-se a natureza jurídica da protecção diplomática, nem tão-pouco esta fica, de algum modo, enfraquecida na sua função por, à face daquela teoria, revestir a natureza de simples direito adjectivo.

III – Posição adoptada

A querela a que acabámos de assistir é extremamente rica. Há que tomar posição acerca dela. A favor dessa necessidade joga também o facto de haver aspectos importantes a considerar, que são olvidados, ou, ao menos, subestimados, pelas correntes em confronto, inclusive pelos grandes nomes da doutrina que sobre elas se debruçam – dizemo--lo com o devido respeito.

Pelas críticas que dirigimos à teoria da substituição e pelo modo como expusemos a teoria da cumulação já demos a entender que, no essencial, aderimos a esta, e pelos próprios fundamentos em que ela se

---

[1348] *Schutz*, pgs. 115-116.

A expropriação ilícita

baseia. A adesão à teoria da cumulação traduz-se numa consequência natural do facto de o indivíduo ser hoje sujeito do Direito Internacional e, portanto, o Estado a quem o facto ilícito é imputado se constituir, nessa situação, em responsabilidade internacional *directamente* para com o indivíduo titular do direito violado.

Entendemos, porém, que não se pode ficar por aqui. Há que flexibilizar a teoria da cumulação para se a adaptar ao estado actual do Direito Internacional, especialmente no que toca aos meios que este propicia para a efectivação da responsabilidade internacional do Estado e, de modo ainda mais particular, no que respeita ao acesso que ao indivíduo é hoje concedido a instâncias internacionais para a efectivação dessa responsabilidade e à consequente prática internacional. E, nesse sentido, impressiona-nos a orientação que na matéria adopta KARL DOEHRING, Professor jubilado da Universidade de Heidelberga e um dos mais brilhantes nomes da doutrina contemporânea alemã de Direito Público.

Como já dissemos, também DOEHRING adopta a teoria da sobreposição. Todavia, ele introduz-lhe um acrescento, que suaviza a rigidez daquela teoria na sua fórmula original[1349].

DOEHRING distingue três categorias de direitos fundamentais que são reconhecidos ao indivíduo pelo Direito Internacional.

A primeira categoria é composta por direitos que lhe são conferidos por normas imperativas do Direito Internacional, ou seja, pelo *ius cogens*[1350]. São direitos absolutos para o Estado, isto é, *indisponíveis* por ele[1351], mas, se não todos, pelo menos alguns deles, *renunciáveis* pelo indivíduo. Uma das formas, por exemplo, pelas quais o indivíduo pode renunciar a um desses direitos consiste em ele se recusar, quando

---

[1349] V. as seguintes obras do Autor: *Berufung*, pgs. 357-358; e *Handelt*, pgs. 13 e segs.

[1350] Continua em aberto na doutrina a questão de saber quais são as regras que compõem o Direito Internacional cogente, embora haja um núcleo que, de modo consensual, merece essa qualificação. Todavia, como se vai ver, essa questão não nos interessa neste livro. Sobre a matéria, veja-se a obra clássica e exaustiva de KADEL--BACH, *passim*, e IPSEN, pgs. 163 e segs. Em Portugal, ver JORGE MIRANDA, *Direito Internacional*, pgs. 146 e segs.; ANDRÉ GONÇALVES PEREIRA/FAUSTO DE QUADROS, pgs. 277 e segs.; e CORREIA BAPTISTA, pgs. 267 e segs.

[1351] V. o *Restatement*, § 702, comentário *n*.

A *construção dogmática*

esse direito é violado por um outro Estado, a exaurir os meios internos do Estado infractor a fim de poder, no plano internacional, efectivar a sua responsabilidade internacional: tanto basta para que ele não possa valer-se da protecção diplomática do Estado nacional, isto é, para que o indivíduo não possa fazer valer o seu direito de harmonia com o Direito Internacional. DOEHRING inclui dentro desta primeira categoria os direitos à vida e à autodeterminação. O Estado não pode, no exercício da protecção diplomática, dispor perante um terceiro Estado de qualquer desses direitos: se o faz, infringe o Direito Internacional, produzindo essa violação efeitos *erga omnes* porque, repete-se, se trata de direitos aceites pelo *ius cogens*[1352].

A segunda categoria desses direitos é a dos direitos que DOEHRING qualifica de direitos "*de natureza dispositiva*". São direitos que não só são *renunciáveis* pelo indivíduo mas também são *disponíveis* pelo Estado. É o caso, para aquele Autor, da maior parte dos direitos elencados nos Pactos de 1966; é o caso também do direito de propriedade privada. No estado actual do Direito Internacional, o Estado pode dispor, diz DOEHRING, de qualquer desses direitos e, claro, o indivíduo também pode renunciar a eles.

Pensemos, e por todas as razões, concretamente, no direito de propriedade privada. Em princípio, e em regra, o Estado pode dispor do direito do expropriado à indemnização, por exemplo, através de um acordo *lump sum*, pelo qual pode renunciar a toda ou a parte da indemnização a que um seu cidadão tem direito em relação a um outro Estado por causa de uma expropriação ilícita levada a cabo por este. O expropriado pode, é certo, propor depois uma acção de responsabilidade extracontratual contra o seu Estado, nos respectivos tribunais internos, para receber deste a reparação a que tem direito por causa da expropriação; mas isso é um problema *de Direito interno*, logo, um problema que escapa ao Direito Internacional, e, como tal, o recurso a esse meio só será possível se o Direito interno o admitir e nos termos em que o admitir.

O fundamento, para DOEHRING, da natureza dispositiva desses direitos reside na prática internacional, traduzida, por exemplo, em vários tratados concluídos entre as duas Guerras e depois da 2.ª Guerra,

---

[1352] Por todos, KADELBACH, pgs. 324 e segs.

especialmente os Tratados de Paz de 1947[1353], para além de um grande número de acordos *lump sum* concluídos desde o famoso *Jay Treaty*, de 1794, celebrado entre os Estados Unidos e o Reino Unido, ao qual já nos referimos na Parte I[1354].

A terceira categoria é constituída por "direitos" que, em bom rigor, já não são direitos do indivíduo mas meras "obrigações" ou "encargos do Estado". É o caso, para DOEHRING, sobretudo, dos direitos "sociais", por exemplo, os dos artigos 22.° e 23.° da DUDH: respectivamente, o "direito à segurança social" e o "direito ao emprego". Aquele Professor não explica, porém, por que razão aqueles "direitos" não são verdadeiros direitos[1355].

DOEHRING apresentou esta fórmula da teoria da sobreposição no recente Colóquio de 1996, na Universidade do Sarre[1356], depois de anos antes haver enunciado aquela classificação dos direitos nas três categorias referidas[1357]. Naquele Colóquio, conseguiu a adesão à sua tese de outros nomes importantes da doutrina, que também sempre foram partidários da teoria da sobreposição, como BERNHARDT, KLEIN e KOKOTT[1358].

Também a nós nos parece que a teoria da sobreposição só explica a natureza jurídica da protecção diplomática com a formulação que DOEHRING dá à versão clássica dessa teoria.

Poder-se-á ser tentado a dizer, contra essa orientação, que é difícil definir-se a fronteira que separa as três categorias de direitos. É verdade: o próprio DOEHRING o reconhece[1359]. Mas isso, só por si, não retira validade e procedência àquela construção.

Já não se poderá dizer que a disponibilidade do direito pelo Estado, na segunda e na terceira categorias de direitos, põe em causa o princípio da sobreposição. Não o põe em causa, de facto, quando muito retira eficácia ao reconhecimento do direito substantivo pelo Direito

---

[1353] Ver pormenores em VON PUTTKAMMER, pgs. 121-122; SEIDL-HOHENVELDERN, *Aliens*, pg. 22; e ANGEL, pgs. 27 e segs.

[1354] *Supra*, Parte I, Cap. II, n.° 3.4.

[1355] *Berufung*, pg. 358.

[1356] *Handelt*, pgs. 13 e segs.

[1357] *Berufung*, pgs. 357-358.

[1358] *Handelt*, discussão da comunicação de DOEHRING, pgs. 21 e segs.

[1359] *Berufung*, loc.cit.; e *Handelt*, loc.cit.

A construção dogmática

Internacional quando o Direito interno não conferir ao indivíduo os meios adequados à obtenção do Estado nacional da reparação que o indivíduo não obteve directamente do Estado infractor porque o Estado nacional dispôs, no todo ou em parte, do direito em causa. Reside aí, porventura, alguma fragilidade na tese da disponibilidade, mas, temos que o reconhecer, ela não decorre do valor intrínseco da corrente doutrinária da sobreposição, em si, mas, sim, da organização actual da Comunidade Internacional.

Pensemos no que nos interessa, isto é, no direito de propriedade privada.

Sem prejuízo de existir uma sobreposição do direito substantivo do indivíduo (o direito de propriedade privada) e do direito adjectivo do Estado, o primeiro, para além de ser renunciável pelo indivíduo perante o Direito Internacional (pense-se outra vez na não exaustão por este dos meios internos em caso de expropriação desse direito), é também, em princípio, disponível pelo Estado. A prática internacional tornou muito frequentes os acordos *lump sum* como forma de os Estados, pela via negocial, resolverem litígios envolvendo direitos seus ou dos seus cidadãos[1360]. Quanto aos litígios emergentes da violação por um Estado da propriedade privada de estrangeiros, o recurso aos acordos de indemnização global tem sido utilizado sobretudo para o Estado expropriante indemnizar nacionalizações "em larga escala" através do pagamento ao expropriado ou aos expropriados, através do respectivo Estado nacional, de montantes que podem ser inferiores ao montante devido ao expropriado pelas regras do Direito Internacional sobre indemnização por expropriações ilícitas, o que, mesmo assim, não impede o Estado nacional de, numa situação extrema e pouco vulgar, aceitar uma indemnização irrisória ou, até, decidir não aceitar qualquer indemnização[1361]. Isto não quer dizer que o direito substantivo do indivíduo à propriedade privada e à indemnização não exista, como pretende a tese da substituição; quer apenas dizer que, embora existindo, ele é disponível pelo respectivo Estado nacional. De facto, através do acordo *lump sum*, este vai obter um montante de indemnização para o expropriado, inferior – em princípio, mas não necessariamente, repete-se – ao que lhe era devido

---

[1360] V. *supra*, Parte I, Cap. II, n.° 3.4.
[1361] SEIDL-HOHENVELDERN, *Aliens*, pg. 22.

A *expropriação ilícita*

pelo Estado expropriante. É esse, aliás, o interesse do Estado expropriante em celebrar o acordo de indemnização global, mas, para o Estado nacional do expropriado é essa, por vezes, a única forma de assegurar uma indemnização devida aos seus cidadãos. O Estado nacional repartirá depois esse montante pelo lesado ou pelos lesados segundo os seus próprios critérios nacionais.

O acordo de indemnização global é, pois, um mero *expediente processual*, ainda que lícito à luz do Direito Internacional, de se resolver o litígio entre o Estado expropriante e o cidadão expropriado no quadro da protecção diplomática, e que se fica a dever ao estado actual de evolução do Direito Internacional[1362]. De facto, este, em princípio e em regra, ainda não propicia ao expropriado meios de acesso pessoal a órgãos jurisdicionais para ser ele próprio a pedir a condenação do Estado expropriante no pagamento da indemnização devida. Não significa, portanto, que o Estado se substitua ao seu cidadão na titularidade do seu direito; significa apenas que ele se serve desse mecanismo processual para garantir um direito que é *do expropriado* e que este não pode garantir directamente.

Só que, ao aceitar uma indemnização inferior à devida ao expropriado, ou até ao renunciar, por completo, àquela indemnização, o Estado respectivo está a dispor do direito deste à indemnização e, reflexamente, do seu direito à propriedade. Nesse caso, o Direito Internacional cessa a sua função, não, outra vez, porque recuse que o indivíduo seja o titular do direito à propriedade, e ao correspondente direito à indemnização pela expropriação ilícita, mas porque não fornece ao indivíduo outros meios de garantia daquele seu direito. O indivíduo pode então exigir do Estado nacional, a nível interno, uma indemnização pela violação *pelo Estado nacional* do seu direito de propriedade, mas só se o Direito interno lho permitir e nos termos em que lho permitir. Em qualquer caso, esse é um problema do Direito interno, não do Direito Internacional.

Portanto, nessa hipótese tudo se vai desenvolver, *ao nível do Direito interno*, no quadro de uma normal situação de responsabilidade do Estado nacional pela violação, *por si*, do direito à propriedade pri-

---

[1362] Assim, SEIDL-HOHENVELDERN, *Aliens*, pg. 22; LILLICH/WESTON, pgs. 111 e segs. e 207 e segs.

A construção dogmática

vada de um seu cidadão. Isso significa que, caso o Direito interno não faculte ao cidadão a obtenção, *do seu Estado nacional*, de uma indemnização justa pela expropriação, ele pode, *no quadro do sistema nacional de garantias ao dispor dos cidadãos do Estado nacional para a salvaguarda e a efectivação dos direitos e das liberdades que lhes são reconhecidos na ordem interna, de fonte interna ou internacional*, servir-se dos meios jurisdicionais que o Direito Internacional eventualmente ponha ao seu dispor para o efeito. Por exemplo, se o Estado nacional for parte no PA n.° 1 à CEDH e tiver aceite a competência da Comissão, segundo o artigo 25.° da CEDH, e a jurisdição do Tribunal, de harmonia com o artigo 46.° da mesma Convenção (enquanto não entrar em vigor o Protocolo n.° 11 à CEDH, que funde aqueles dois órgãos num único Tribunal e torna obrigatória a sua jurisdição para os Estados partes na CEDH), o indivíduo poderá queixar-se aos órgãos da CEDH da violação, *pelo seu Estado nacional*, do artigo 1.° do PA n.° 1.

Que fique bem claro, porém, que nesse caso o acesso do expropriado a meios jurisdicionais internacionais não tem lugar para a efectivação da responsabilidade *do Estado estrangeiro expropriante*, porque o Direito Internacional não lhe faculta esse acesso (situação essa que, precisamente por isso, torna o direito de indemnização do expropriado disponível pelo respectivo Estado nacional), mas, sim, no quadro da efectivação da responsabilidade *do respectivo Estado nacional*.

Situação similar ocorrerá no caso, aliás curioso, de o Estado nacional, depois de haver obtido *alguma* indemnização do Estado expropriante através de um acordo *lump sum*, não ter pago nenhuma indemnização ao expropriado, seu cidadão nacional. *Quid iuris*, nesse caso?

Temos de distinguir duas hipóteses.

Se no acordo *lump sum* tiver ficado expressamente consignado que o destinatário último da indemnização era o expropriado, nesse caso, este poderá invocar, perante os seus tribunais nacionais, e segundo o respectivo Direito interno, a violação pelo seu Estado nacional *daquela cláusula do acordo lump sum*.

Se, porém, não tiver ficado expressamente estipulado no acordo *lump sum* que o beneficiário da indemnização era o expropriado, ou se, tendo-o ficado, por alguma razão o Estado nacional não pagar ao expropriado uma indemnização que seja *justa*, nem mesmo através dos respectivos tribunais nacionais, o expropriado, caso o seu Estado seja

A expropriação ilícita

parte no PA n.º 1 e tiver aceite a competência da Comissão e a jurisdição do Tribunal (a hipótese, neste ponto, é idêntica à acima referida), pode queixar-se aos órgãos da Convenção da violação, *pelo seu Estado nacional*, do artigo 1.º do PA n.º 1.

Sendo o acordo *lump sum* um mero expediente processual, ele limita-se a exprimir uma solução de compromisso em cada caso concreto, não cria qualquer costume internacional. Entendem assim a doutrina[1363] e a jurisprudência, merecendo, dentro desta, destaque o Acórdão do TIJ no caso *Barcelona Traction*[1364], o Acórdão arbitral no caso *Topco*[1365] e a já citada opinião dissidente do Juiz ALLISON no caso *Ebrahimi*, no quadro do contencioso Irão-Estados Unidos[1366]. E MATHIAS HERDEGEN, em obra recente, confirma essa tese com novos argumentos. Diz ele que a indemnização estipulada num acordo *lump sum* oscila, em média, entre 20% e 80% da indemnização total ou integral que era devida, o que não permite extrair qualquer fixidez do conteúdo daqueles tratados. Por outro lado, a sua utilização tem vindo, com o tempo, a confinar-se cada vez mais às expropriações de bens de estrangeiros levadas a cabo no quadro de processos puramente políticos, designadamente, de índole revolucionária[1367].

Pela mesma razão, o Estado nacional, ao aceitar pela expropriação um montante indemnizatório inferior ao devido pelo Estado expropriante, ou nenhum montante, contra o costume internacional estabelecido em torno do montante que é devido à luz do Direito Internacional, não está a rejeitar esse costume: nem o costume sobre o modo de se computar a indemnização, nem o costume que reconhece ao indivíduo o direito à propriedade privada[1368].

Queremos, todavia, dizer que há uma área importante em que não acompanhamos a construção de DOEHRING: é quando ele entende que o direito de propriedade privada e, portanto, o consequente direito à

[1363] SEIDL-HOHENVELDERN, *op.e loc.cits.*, e *International Economic Law*, pg. 148; BROWNLIE, *Principles*, pg. 534; HERDEGEN, pgs. 196-197.

[1364] Pgs. 3 e segs.

[1365] Pg. 14.

[1366] Pg. 5, n. 12.

[1367] *Loc.cit.*

[1368] Assim, também, SEIDL-HOHENVELDERN, *International*, *loc.cit.*; e HERDEGEN, *loc.cit.*

A construção dogmática

indemnização pela sua violação, é um direito disponível pelo Estado *mesmo quando ele é reconhecido ao estrangeiro pelo artigo 1.° do PA n.° 1 à CEDH* – disse-o ele no Colóquio de Sarre[1369]. Essa posição contou, nessa ocasião, com a oposição do Professor BERNHARDT, Vice-Presidente do Tribunal Europeu dos Direitos do Homem, com o fundamento de que ela violava a "garantia da propriedade privada", conferida por aquele preceito[1370]. Tem razão BERNHARDT, mas não é essa a forma adequada para se contrariar a referida posição de DOEHRING. E o que está aqui em causa é muito mais complexo.

O direito de propriedade privada reconhecido pelo artigo 1.° do PA n.° 1 à CEDH não pode ser considerado um direito disponível pelo Estado nacional do expropriado nos casos em que o indivíduo goze, contra o Estado terceiro, o Estado expropriante, do direito de queixa individual à Comissão e do acesso posterior ao Tribunal, o que, desde a entrada em vigor da Convenção, acontecerá sempre que o Estado infractor, ou seja, neste caso, o Estado expropriante, tiver reconhecido a competência da Comissão, para os efeitos do artigo 25.° da CEDH, e a jurisdição obrigatória do Tribunal, para os efeitos do artigo 46.° da CEDH[1371], e, em breve, quando entrar em vigor o PA n.° 11, acontecerá independentemente da vontade do Estado infractor, porque aquele Protocolo, que, repete-se, funde a actual Comissão e o Tribunal num único órgão, o Tribunal, torna obrigatória, no novo artigo 34.° que introduz na Convenção, a jurisdição deste para todos os Estados partes que ratificarem aquele Protocolo, salvo a reserva admitida no artigo 6.° do mesmo Protocolo[1372]. Considerar que nessa situação o Estado nacional teria o direito de dispor do direito de propriedade do indivíduo expropriado, por um lado, equivaleria a admitir uma infracção ao Direito Internacional, traduzida na violação das garantias jurisdicionais conferidas pelo Direito Internacional (no caso, a CEDH) ao próprio indivíduo para que ele efectivasse pessoalmente a responsabilidade do Estado expropriante; mas, por outro lado, traduzir-se-ia num contra-senso, porque o Estado estaria a dispor do direito substitutivo do indivíduo no exercício por aquele de um direito

---

[1369] *Handelt*, pg. 25.
[1370] *Colóquio Sarre 1966*, pgs. 25-26.
[1371] V. GONÇALVES PEREIRA/FAUSTO DE QUADROS, pgs. 610-611.
[1372] DRZEMCZEWSKI, pgs. 60 e segs.; entre nós, v. CAMPOS, pg. 186.

A *expropriação ilícita*

processual (segundo esta teoria, da sobreposição) que o Direito Internacional, neste caso, conferiu directamente *ao próprio indivíduo*, através dos actuais artigos 25.° e 46.° e do futuro artigo 34.° da CEDH.

Portanto, o que contraria, no quadro da CEDH, a tese de DOEHRING do carácter disponível do direito de propriedade privada não é, como pretende BERNHARDT, directamente o artigo 1.° do PA n.° 1, são as garantias jurisdicionais conferidas nos artigos 25.° e 46.° do actual texto da CEDH, e no artigo 34.° da Convenção após a entrada em vigor do PA n.° 11, e pelos quais o estrangeiro pode efectivar *pessoalmente* a responsabilidade *internacional* do Estado expropriante pela violação do direito *substantivo* reconhecido no artigo 1.° do PA n.° 1. Aliás, esta construção é confirmada pela prática dos Estados partes na CEDH e no PA n.° 1: não se conhecem acordos *lump sum* entre eles, pelos quais eles tenham disposto do direito de propriedade dos respectivos nacionais. Este argumento fecha, com coerência, a alteração que, em nossa opinião, deve ser introduzida na construção de DOEHRING e dá-lhe ainda maior solidez jurídica.

Mas o problema levantado não se cinge ao artigo 1.° do PA n.° 1 à CEDH: coloca-se quanto a todos os casos em que o Direito Internacional reconheça ao indivíduo acesso pessoal a meios jurisdicionais para a efectivação da responsabilidade internacional do Estado por uma expropriação ilícita. E quais são esses casos?

Além da CEDH, é o caso da CADH; e são os casos em que o indivíduo tem acesso a tribunais arbitrais, ou seja, o CIRDI e os tribunais arbitrais *ad hoc* previstos por TBI e por contratos de investimento para a solução dos respectivos litígios. Em todos os casos, repetimos, em que o indivíduo tiver, de facto, acesso pessoal a esses meios jurisdicionais (com ou sem a obrigação de previamente exaurir os meios internos, isso é irrelevante para esta matéria), o Estado nacional não pode, no exercício do direito de protecção diplomática, dispor do direito de propriedade reconhecido ao indivíduo e, portanto, do seu direito à reparação pelo Estado expropriante da expropriação ilícita. Por isso, nesses casos, o direito de propriedade sobe, na construção de DOEHRING, da segunda para a primeira categoria, isto é, passa a ser um direito indisponível pelo Estado ainda que renunciável pelo seu titular.

Note-se, todavia, que a prática dos Estados na matéria nos obriga a fazer aqui uma pequena precisão. Muitas vezes os TBI, ainda que

A construção dogmática

admitindo a solução arbitral para os litígios emergentes de uma expropriação ilícita, fazem depender essa solução do insucesso de uma prévia negociação diplomática. É o que nos demonstram DOLZER e STEVENS[1373]; é o que nos mostra o modelo português de TBI, no seu artigo 8.º, e alguns TBI celebrados pelo nosso País, por exemplo, o TBI Portugal-Alemanha, no seu artigo 10.º, n.ºs 1 e 2. Neste caso, a garantia de acesso pessoal do indivíduo a meios jurisdicionais (nesta hipótese, um tribunal arbitral) não tolhe o poder de o Estado nacional dispor do direito à indemnização, do indivíduo lesado, no quadro da negociação diplomática, e *até se constatar o seu insucesso*, negociação essa que o próprio Direito Internacional (neste caso, o concreto TBI) considera *prévia* ao exercício do direito de acesso pessoal do indivíduo à jurisdição arbitral.

A construção de DOEHRING tem, pois, de ser alterada por forma a acolher, na sua primeira categoria, não só os direitos reconhecidos pelo *ius cogens*, como também os direitos fundamentais que, pelas razões enunciadas, e nas condições referidas, *não são disponíveis* pelo Estado nacional – será o caso do direito de propriedade privada na hipótese referida[1374].

Nessa situação, não está, porém, em crise a teoria da sobreposição. O que acontece é que o direito de protecção diplomática do Estado se limita então a ser um direito de *assistência* e *acompanhamento* ao indivíduo no exercício por este das suas garantias jurisdicionais contra o Estado infractor. A protecção diplomática nasceu no Direito Internacional, como vimos, para suprir a carência nele de meios que permitissem ao próprio titular do direito – o indivíduo – efectivar a res-

---

[1373] Pgs. 119 e segs.

[1374] Note-se que o direito de propriedade privada reconhecido no artigo 1.º do PA n.º 1 será um direito indisponível, independentemente dessa nossa construção, se se entender que é aceite pelo *ius cogens* regional, restrito à CEDH, como defendemos num estudo publicado na Alemanha – *Convention*, pg. 559. A prática dos Estados tem aceite essa construção porque eles, no espaço da Convenção, e como há pouco se disse, não têm celebrado acordos *lump sum* que envolvam o direito de propriedade, já que aqueles acordos, por violarem o *ius cogens*, seriam nulos, por força dos artigos 53.º e 64.º da Convenção de Viena sobre o Direito dos Tratados – v. GONÇALVES PEREIRA/FAUSTO DE QUADROS, pg. 280.

A *expropriação ilícita*

ponsabilidade internacional do Estado infractor[1375]. Ora, nos casos em que *o próprio Direito Internacional* reconhece ao indivíduo o direito adjectivo ou processual, necessário à garantia do seu direito substantivo – neste caso, o direito de propriedade e, através dele, o direito à reparação da violação ilícita daquele direito –, o direito de protecção diplomática perde o seu carácter processual ou adjectivo, *hoc sensu*, e dilui-se no referido direito de assistência e acompanhamento. No fundo, regressamos à tal concepção ampla de protecção diplomática, que, logo no início, dissemos ser adoptada pelo *Dicionário Basdevant*, e que nos nossos dias foi acolhida, por exemplo, pelo TUE.

Diga-se, para concluir, que, por razões similares, será também essa a concepção de protecção diplomática no Direito Comunitário.

GECK[1376] afirma que os Estados não têm o direito de protecção diplomática dos seus nacionais no âmbito do Direito Comunitário. A afirmação é verdadeira quanto à protecção diplomática concebida em termos clássicos, e no domínio material do Direito Comunitário, porque o cidadão de um Estado membro da União goza, à face do Direito Comunitário, de uma ampla capacidade judiciária activa e, particularmente, como já se disse, e ainda melhor se explicará adiante, pode efectivar directamente, *em conformidade com o Direito Comunitário*, a responsabilidade tanto da Comunidade como de um Estado membro por facto ilícito que viole o Direito Comunitário.

Mas a afirmação não é verdadeira, mesmo nesses casos, quando a protecção diplomática for entendida como simples assistência e acompanhamento pelo Estado ao seu cidadão para o exercício dos seus direitos, inclusive, para a efectivação das suas garantias jurisdicionais em caso de ilícito imputável à União ou a um outro Estado membro.

E a afirmação será ainda menos verdadeira à face do artigo 20.º do TCE, introduzido nele pelo TUE, revisto pelo Tratado de Amesterdão – embora este argumento não seja oponível a GECK, que produziu a afirmação em causa antes da entrada em vigor do TUE.

De facto, aquele artigo 20.º cria um conceito *alargado* de protecção diplomática, no sentido clássico do instituto. Ou seja, através dele,

---

[1375] Expressamente assim, KLEIN, MURSWIEK e JAENICKE no *Colóquio Sarre 1966*, pgs. 21-24.
[1376] Pgs. 115-116.

A construção dogmática

o Direito Comunitário confere a cada Estado membro o direito de protecção diplomática dos seus nacionais e também, em pé de igualdade, dos cidadãos de qualquer dos outros Estados membros, a pedido destes, perante Estados terceiros. Como se mostrou, o instituto da protecção diplomática nasceu no Direito Internacional para a protecção pelo Estado apenas dos seus cidadãos nacionais[1377]. E é dessa forma que a temos encarado neste livro. A protecção diplomática por um Estado de estrangeiros, ou seja, de nacionais de outros Estados, ou de apátridas, tem sido admitida no Direito Internacional só "ocasionalmente" e a título excepcional[1378]. Ora, o artigo 20.° do TCE vai para além da concepção clássica da protecção diplomática, ao conferir a cada Estado membro o direito de proteger diplomaticamente, perante Estados terceiros, também os cidadãos dos outros Estados membros da União, ou seja, indivíduos que não deixaram de ser para o Estado em causa *estrangeiros*, embora essa protecção seja prevista no âmbito de uma cidadania comum da União, a "cidadania europeia"[1379].

Note-se que a protecção diplomática, assim prevista naquele artigo 20.°, se constitui um *direito* de cada Estado membro em relação aos Estados terceiros, e, nessa medida, se rege pelo *Direito Internacional*, consiste também num seu *dever* para com os nacionais doutros Estados membros e, nessa medida, obedece ao *Direito Comunitário*, inclusive para efeitos da sua garantia[1380].

Infelizmente, o Projecto da CDI sobre a Responsabilidade Internacional, a que nos temos referido, parece não acolher esta tese da sobreposição. De facto, o seu artigo 40.° refere-se só ao *"Estado lesado"* (*"injured State"*) e no seu longo texto nunca parece admitir a construção, que está subjacente à teoria da sobreposição, de que, nos casos em que o facto ilícito lese um direito reconhecido ao indivíduo

---

[1377] Por isso, a "nacionalidade" é um dos primeiros "pré-requisitos" da protecção diplomática no Direito Internacional – v., por todos, GECK, pgs. 103 e segs.; e DOLZER, *Diplomatic Protection*, pg. 121.

[1378] DOLZER, *op.e loc.cits*.; e JIMENEZ DE ARECHAGA, *Diplomatic Protection*, pgs. 73 e segs.

[1379] Sobre a protecção diplomática no Direito Comunitário, veja-se WEYLAND, pgs. 63 e segs.

[1380] A interpretação que damos no texto do artigo 8.°-C do TCE é corroborada por GRABITZ/HILF nas anotações àquele preceito.

A expropriação ilícita

(no nosso caso, o direito à propriedade privada), *o lesado é o indivíduo*, sendo o Estado um simples titular de um mero direito adjectivo ou processual de efectivação da responsabilidade internacional pela violação daquele direito.

Resta-nos a esperança de que a Assembleia Geral das Nações Unidas corrija essa posição do Projecto ou que, ao menos, se dê ao texto final codificador que resultar daquele Projecto o entendimento, que atrás admitimos, de que ele só disciplina a responsabilidade internacional do Estado pela violação dos direitos *doutro Estado* e não do indivíduo, passando-se depois à codificação da Responsabilidade Internacional por violação pelo Estado dos direitos do indivíduo.

§ 3.° – Relação entre o Direito Internacional e o Direito interno em matéria de protecção diplomática. Em especial, o caso português

Independentemente de à face do Direito Internacional a protecção diplomática dever ser concebida, nos termos referidos, como um direito do Estado, pode, porém, na pura ordem interna do Estado respectivo, ele aparecer-nos como um seu *dever* para com o seu cidadão. Já explicámos isso atrás. Isso acontecerá se o Direito interno respectivo impuser ao Estado um *dever* de protecção diplomática dos seus nacionais ou, o que, pelo menos para os efeitos aqui pretendidos, tem de ser considerado o mesmo, conferir ao nacional, pessoa singular ou colectiva, um *direito* fundamental à protecção diplomática. Como atrás se disse, não é vulgar as Constituições estaduais incluírem o direito à protecção diplomática no rol dos direitos fundamentais reconhecidos aos respectivos cidadãos. Todavia, tal como também já ficou referido, um vasto sector da doutrina entende que existe um *direito fundamental "não escrito"* à protecção diplomática e um correspondente *dever do Estado*. Outros, como os Professores ECKART KLEIN[1381] e PETER BADURA[1382], sustentam que esse direito do indivíduo, e o correlativo dever do Estado, nascem na ordem interna independentemente de norma posi-

---

[1381] *Anspruch*, pgs. 125 e segs.
[1382] *Staatsrecht*, pg. 747.

tiva expressa, porque aquele direito estará incluído no "*direito do cidadão à cidadania ou à nacionalidade*". O problema coloca-se na Alemanha porque a Lei Fundamental de Bona, ao contrário do que fazia a Constituição de Weimar (art. 112.°, n.° 2), não confere aos cidadãos, expressamente, um direito à protecção diplomática, nem impõe, formalmente, ao Estado o respectivo dever. Não obstante isso, com os fundamentos referidos, ou com base num geral "*dever de protecção*" ("*Schutzpflicht*") dos direitos fundamentais, que incumbe ao Estado, para alguns com base última no artigo 1.°, n.° 1, 2.ª parte, da Lei Fundamental, a doutrina e a jurisprudência de Direito Constitucional criaram na Alemanha um *dever* do Estado de protecção diplomática dos seus cidadãos no estrangeiro[1383].

Note-se, todavia, para sermos mais rigorosos, que, para a jurisprudência, esse dever é, por vezes, construído como um dever enfraquecido do Estado, sob a fórmula de "*dever discricionário*" ou "*dever de exercício discricionário*". Tomemos como referência dois Acórdãos exemplares.

O primeiro é o Acórdão do Supremo Tribunal Administrativo federal (*Bundesverwaltungsgericht* – BVerwG) de 24 de Fevereiro de 1981[1384], proferido no caso do célebre prisioneiro de guerra RUDOLF HESS. Discutiam-se aí dois aspectos complementares: tanto o *dever* da Alemanha de assegurar protecção diplomática aos seus cidadãos perante terceiros Estados como o *direito* do indivíduo àquela protecção. O Tribunal decidiu, sem negar a existência desse dever e deste direito, que o Estado gozava de "ampla discricionariedade" no cumprimento daquele dever e que podia levar em conta, nesse cumprimento, os interesses *políticos* do Estado Alemão.

O segundo, mais recente, é o Acórdão do Tribunal Constitucional federal (*Bundesverfassungsgericht* – BVerfG) de 8 de Setembro de 1993[1385].

[1383] Para além das obras citadas nas duas notas anteriores, v., especialmente, ISENSEE, pgs. 183-184; DIETLEIN, pgs. 5 e segs.; e MAUNZ/DÜRIG, anotação 48 ao artigo 1.°

[1384] Pg. 11.

[1385] Pgs. 826 e segs.

A expropriação ilícita

Esse processo nasceu duma "queixa constitucional" dirigida por um cidadão alemão, que pedia ao Tribunal que considerasse inconstitucional a omissão, pelos órgãos competentes do Estado, do cumprimento do dever de lhe concederem protecção diplomática contra a Polónia em matéria de protecção à sua propriedade privada. O Tribunal indeferiu a queixa constitucional com o fundamento de que a protecção diplomática não consiste, no Direito alemão, nem num *direito absoluto* do indivíduo, nem num *dever vinculado* da parte do Estado: traduz-se, sim, num *dever de exercício discricionário* da parte do Estado. Este é livre de decidir sobre o exercício desse direito, em conformidade com as "conveniências da sua política externa". Por isso, e levando esse raciocínio até às suas últimas consequências, o Tribunal recusou que o queixoso tivesse, à face do Direito Constitucional, direito a uma indemnização pela alegada omissão da protecção diplomática.

Sublinhe-se que da jurisprudência citada não é legítimo extrair-se qualquer conclusão relativamente às duas teorias que se confrontam *no Direito Internacional* sobre a natureza jurídica da protecção diplomática. É que os arestos referidos discutem apenas o problema da natureza jurídica da protecção diplomática *em face do Direito interno* e os dois níveis são totalmente independentes um do outro.

Esses problemas não se colocam em Portugal, porque a nossa Constituição protege, na matéria, os cidadãos portugueses melhor do que a Lei Fundamental de Bona.

De facto, e como já vimos, em Portugal a Constituição de 1976 confere, *de modo expresso*, aos cidadãos portugueses, no artigo 14.º, 1.ª parte, um *direito fundamental à protecção diplomática*. Note-se, porém, que esta afirmação é feita por nós com base exclusivamente na letra daquele preceito. De facto, o legislador constituinte não percebeu o que estava em causa, concretamente, não teve consciência que estava a referir-se aí ao instituto da protecção diplomática, expressão que, aliás, nunca foi utilizada nos trabalhos preparatórios do preceito. Aliás, a discussão do preceito na Comissão Eventual de Revisão Constitucional foi totalmente estéril, desde logo porque fortemente politizada[1386].

[1386] Veja-se o Parecer da Comissão dos Direitos e Deveres Fundamentais no *Diário da Assembleia Constituinte* de 13-8-75, pgs. 785 e segs., e de 21-8-75, pgs. 917-919.

A construção dogmática

Na sequência desse desinteresse do legislador constituinte pelo instituto da protecção diplomática, há que referir que não encontramos em Portugal nenhum estudo monográfico consagrado à protecção diplomática nem nenhuma sentença judicial sobre a matéria. É preocupante que assim seja, dado que, sendo Portugal um país de emigração e não de imigração, devia haver entre nós uma maior sensibilidade para os problemas jurídicos em torno da protecção diplomática devida pelo Estado (com ou sem o art. 14.º, 1.ª parte, da Constituição, mas sobretudo com ele) aos milhões de portugueses que vivem ou trabalham no estrangeiro, para não falar nos problemas jurídicos que continuam em aberto em torno da protecção e da garantia devida pelo Estado aos direitos dos cidadãos portugueses nos ex-territórios portugueses descolonizados em África, ou ocupados por Estados estrangeiros na península do Industão ou em Timor.

De qualquer modo, note-se, se é certo que a regulamentação interna de um direito do cidadão, e do correspondente dever do Estado, à protecção diplomática, reforça a protecção pelo Estado dos direitos substantivos do cidadão perante Estados terceiros (por exemplo, do direito à propriedade privada, reconhecido aos cidadãos portugueses no artigo 62.º, n.º 1, da Constituição), ela tem de ser vista como absolutamente independente da disciplina que ao instituto da protecção diplomática é conferida pelo Direito Internacional, onde ela é concebida como um mero *direito* do Estado, como explicámos. Precisamente por isso, o regime do direito constitucional à protecção diplomática rege-se só pelo Direito interno, inclusive no que toca à fiscalização do seu respeito pelos órgãos do Poder.

Daí que, do reconhecimento aos cidadãos portugueses do direito à protecção diplomática, tal como ele é efectivado pelo artigo 14.º, 1.ª parte, da CRP, e ainda por cima nos termos amplos em que isso acontece ["(...) gozam de protecção do Estado para o exercício dos seus direitos (...)"], se deve extrair que, independentemente do *direito* à protecção diplomática que para o Estado português nasce no plano do Direito Internacional, incumbe-lhe também, por força daquele preceito constitucional, no plano interno, um amplo *dever* de protecção diplomática, que é o correspondente ao *direito* dos cidadãos portugueses à protecção diplomática da parte do seu Estado nacional, na mesma amplitude com que esse direito é conferido por aquele preceito constitucional.

412

A expropriação ilícita

Dessa constatação resultam três consequências importantes.

A primeira é a de que, se no plano do exercício pelo Estado Português do seu direito à protecção diplomática *de harmonia com o Direito Internacional*, ele deve respeitar o requisito da prévia exaustão pelo cidadão português dos meios internos do Estado de acolhimento, no nosso caso, do Estado expropriante, exactamente porque isso lhe é imposto pelo Direito Internacional (a não ser que o Estado Português e o Estado de acolhimento tenham previamente acordado entre si, por exemplo, através de um TBI, em dispensar reciprocamente os respectivos cidadãos da exaustão prévia dos meios internos, como estudámos), no plano do respeito pelo Estado Português do *direito do seu cidadão* à protecção diplomática, tal como esse direito se encontra desenhado no citado *artigo 14.°, 1.ª parte, da CRP*, ele deve conceder a necessária e adequada assistência ao seu cidadão para que este possa exaurir, de forma adequada e eficaz, esses meios internos na ordem interna do Estado expropriante.

A segunda consequência, que de certo modo completa a conclusão anterior, é a de que, se, *por força do Direito Internacional*, o Estado Português só pode lançar mão dos meios de protecção diplomática (e veremos adiante quais eles são) depois de o seu cidadão ter esgotado, sem êxito, os meios internos do Estado expropriante (tanto quanto os deve esgotar, como atrás estudámos), acontece que, *por força do Direito interno português*, concretamente, *por imposição do referido artigo 14.°, 1.ª parte, da Constituição*, o cidadão português tem o direito de exigir do Estado Português que, mesmo antes de ele exaurir os meios internos, ou até sem o fazer, utilize, em relação ao Estado expropriante, os meios de assistência e acompanhamento que, *sem se confundirem com os meios de protecção diplomática facultados pelo Direito Internacional*, sejam adequados à protecção e à garantia do direito do cidadão, violado pelo Estado expropriante no caso concreto. Esses meios poderão consistir na negociação diplomática, nos bons ofícios ou em outras formas de persuasão, que preencham a tal noção de assistência ou de acompanhamento. Igual comportamento deverá o Estado Português observar nos casos em que, no plano do Direito Internacional, o seu direito de protecção diplomática não se pode traduzir num efectivo direito processual, porque este está directamente conferido ao cidadão através das garantias jurisdicionais que o próprio Direito Internacional lhe reconhece, nos casos atrás referidos.

A construção dogmática

A terceira, e última, consequência, que, como mostrámos, resultava já dos próprios termos em que o Direito Internacional regula o instituto da protecção diplomática, mas que é expressamente assumida como corolário do reconhecimento aos cidadãos portugueses do direito à protecção diplomática, tal como ele é efectuado pelo artigo 14.º, 1.ª parte, da CRP, é a de que, em caso de confisco, nacionalização, expropriação, ou actos análogos, de bens de cidadãos portugueses no estrangeiro, se o Estado Português renunciar, expressa ou tacitamente, à indemnização a que o respectivo cidadão tem direito de harmonia com o Direito Internacional, ou negociar com o Estado expropriante uma indemnização inferior à devida, por exemplo, através de um acordo *lump sum*, ou, mesmo sem ir tão longe, de qualquer modo não observar, tanto no tempo como no modo, a diligência necessária, medida pelo critério do homem prudente, no exercício do seu direito à protecção diplomática *no plano do Direito Internacional*, o cidadão português em causa não está vinculado por esse comportamento do seu Estado no plano internacional, e, por conseguinte, com base no artigo 14.º, 1.ª parte, da CRP, pode, através de uma acção de responsabilidade civil extracontratual a propor em tribunais internos contra o Estado Português, reclamar deste a *totalidade* da indemnização a que tem direito pela expropriação ilícita, responsabilidade essa que, na última hipótese acima aventada, será agravada pela falta de diligência, se não pela omissão total, no cumprimento do *dever* que decorre para o Estado do citado preceito constitucional. A essa responsabilidade extracontratual aplicar-se-á o Direito interno português vigente na matéria.

Todavia, se o Direito interno não der solução ao caso, designadamente não propiciar, de modo eficaz, a reparação total pela expropriação ilícita, poderá o cidadão português, exauridos os meios internos, ou provado que seja que essa exaustão não é possível, efectivar a responsabilidade internacional do Estado Português, se, por exemplo, em termos similares àqueles aos quais, a outro título, nos referimos atrás, o direito violado pela omissão da protecção diplomática for algum dos arrolados na CEDH ou nos seus Protocolos, onde Portugal é parte, por exemplo, e, neste caso, o direito à propriedade privada.

A expropriação ilícita

5.4. *Em especial, a reparação*

§ 1.° – O princípio da reparação: a reparação como restauração natural

Segundo o *Dicionário Basdevant*, a reparação consiste na "prestação fornecida ou a fornecer a um Estado ou a uma Organização Internacional em compensação por um prejuízo sofrido e que consiste no restabelecimento da situação anterior ao acto ilícito (*restitutio in integrum*) ou no pagamento de uma indemnização pecuniária"[1387]. Mas trata-se de uma noção a vários títulos desactualizada e inadequada ao moderno Direito Internacional, como vamos mostrar adiante. É mais correcto dizer-se, muito simplesmente, que a reparação consiste na *remoção de todas as consequências jurídicas do facto ilícito, e, consequentemente, na reposição da situação tal como ela se encontraria se o ilícito não tivesse sido cometido*, ou seja, da *situação hipotética actual*. Nesse sentido, é muito mais expressivo, desde logo na sua etimologia, o vocábulo, de raiz românica, reparação[1388].

A reparação é, desta forma, uma consequência jurídica necessária do facto ilícito internacional[1389]. No Acórdão que é considerado o aresto mais importante na jurisprudência clássica sobre a matéria, o proferido pelo TPJI, em 1928, no já citado caso da *fábrica de Chorzow*, ficou afirmado que "é um *princípio do Direito Internacional* que a violação de uma obrigação faz nascer a obrigação de reparar de forma adequada"[1390].

Por seu lado, o problema da reparação só se coloca no quadro da expropriação *ilícita*, ou seja, numa situação de responsabilidade internacional do Estado, pelo que não se confunde com a indemnização

---

[1387] Pg. 528.

[1388] De *"umfassende Wiedergutmachung"* (*"reparação total"*) em Direito Internacional fala-nos hoje HERDEGEN, pg. 195. No Direito Administrativo alemão, veja-se, assim, OSSENBÜHL, pg. 105.

[1389] OPPENHEIM, I, pgs. 528 e segs.; MOSLER, *General Principles*, pgs. 97--98; DIEZ DE VELASCO, *Instituciones*, pgs. 747 e segs.; WOLFRUM, *Reparation*, pg. 352; ROUSSEAU, V, pg. 210; e as duas excelentes dissertações, publicadas no mesmo ano, de 1938, de REITZER e PESONNAZ.

[1390] Pg. 47.

A construção dogmática

devida por expropriação *lícita*, onde, segundo o Direito Internacional, como vimos, não se pode falar de responsabilidade – assim decidiu, avisadamente, a jurisprudência arbitral no caso *Amoco*[1391]. E essa distinção é muito importante porque, tal como foi enfaticamente sublinhado no mesmo Acórdão, mas já havia sido embrionariamente sustentado no caso *Sedco*[1392], há uma diferença substancial, quer na sua função, quer no seu montante, entre a indemnização devida por expropriação lícita e a reparação imposta pela expropriação ilícita.

Como se disse, a função da reparação é a de *restabelecer a situação hipotética em que se encontraria o lesado à data da reparação se o facto ilícito não tivesse sido praticado*.

A função da reparação é, pois, no Direito Internacional, a da *restauração natural*. A concepção da reparação nesses termos constitui hoje um princípio geral do Direito Internacional e uma regra básica do costume internacional. Ela é entendida desse modo pelo Direito Internacional tradicional, que foi acolhido e resumido, de forma muito expressiva, no referido Acórdão do TPJI no caso da *fábrica de Chorzow*. Aí os Juízes decidiram que "(...) a reparação deve, na medida do possível, *remover todas as consequências* do acto ilícito e *restabelecer* a situação que *teria provavelmente existido* ("*have existed*", "*aurait existé*") se o referido acto *não tivesse sido praticado* ("*had not been committed*", "*n'avait pas été commis*")"[1393]. Desde esse Acórdão, esta doutrina passou a servir de padrão para a definição da função da reparação em Direito Internacional.

No mesmo sentido se orientara a jurisprudência arbitral, em 1922, no célebre caso, já nosso conhecido, dos *proprietários dos navios noruegueses*. Ali, havia ficado decidido que o princípio da reparação como restauração natural constituía, já então, uma regra do costume internacional geral[1394].

Também nessa orientação se situou a célebre opinião dissidente do Juiz AMMOUN no caso *Fasla*, decidido pelo TIJ no Acórdão de 12

[1391] Pg. 246, especialmente §§ 192-193.

[1392] Pg. 203. Cfr., sobre a matéria desta nota e da nota anterior, AMERASINGHE, *Assessment*, pg. 56.

[1393] Os itálicos são nossos.

[1394] Pgs. 307 e segs.

A expropriação ilícita

de Julho de 1973[1395]. Escreveu ele aí: "O princípio revelado pela prática internacional é o de que o lesado deve ser colocado na situação em que *se encontraria* ("*in which he would have been*") se o acto ilícito *não tivesse sido praticado* ("*had not occurred*"): a reparação tem de se aproximar tanto quanto possível do prejuízo sofrido. *A reparação deve ser o equivalente ao prejuízo*"[1396].

A jurisprudência posterior, dentro da qual se destacam os casos *Amoco*[1397], *Sedco*[1398] e *Philips*[1399], no litígio Irão-Estados Unidos, e *Papamichalopoulos – art. 50.º*[1400], julgado pelo TEDH, louvando-se no Acórdão proferido no caso *Chorzow*, tem entendido que não basta reconstituir a situação *ex ante*, é necessário também indemnizar os prejuízos sofridos pelo lesado *desde a data da prática do facto ilícito até à data da reparação*.

E é, de facto, essa a moderna concepção da reparação em Direito Internacional: demonstra-o, compendiando o estado actual do Direito Internacional, o Professor WOLFRUM[1401]. Por isso, não admira que tenha sido essa a função que à reparação veio a atribuir a CDI na versão final do seu Projecto de codificação, a que nos temos vindo a referir, quando afirma que a reparação tem de ser uma "*reparação total*" ("*full reparation*") (art. 42.º, n.º 1) e que o Direito interno dos Estados não pode obstar a que essa "*reparação total*" seja concedida ao lesado (art. 42.º, n.º 4)[1402].

§ 2.º – A distinção entre a reparação e o cumprimento da obrigação infringida

Para se compreender a reparação no Direito Internacional é necessário começar por não se a confundir com o cumprimento *ex post* da

---

[1395] Pg. 245.

[1396] Os itálicos são nossos. No m. sent. da nossa interpretação, PERSONNAZ, pg. 98.

[1397] Pgs. 247-248.

[1398] Pg. 180.

[1399] Pgs. 120-121.

[1400] Ac. 31-10-95,§§ 34-40.

[1401] *Reparation*, pg. 352.

[1402] Os itálicos são nossos.

A construção dogmática

própria obrigação que era imposta pelo Direito Internacional e que foi violada pelo acto ilícito. O cumprimento dessa obrigação, que se traduz numa forma de execução específica, não se enquadra na teoria da responsabilidade internacional do Estado. Temos, portanto, diante de nós, *duas obrigações distintas*: a obrigação de cumprir a própria obrigação violada, e cuja violação constitui o acto ilícito, e a obrigação, ou o dever, de reparar o prejuízo emergente desse acto ilícito[1403].

É o que dispõe hoje, expressamente, o último Projecto da CDI. De facto, o artigo 36.º, depois de estabelecer no seu n.º 1 que

> 1. A responsabilidade internacional de um Estado que, de harmonia com as disposições da Parte I, resulta de um acto internacional ilícito cometido por um Estado, implica as consequências jurídicas definidas nesta Parte,

acrescenta no seu n.º 2:

> 2. As consequências jurídicas referidas no n.º 1 são sem prejuízo da obrigação continuada do Estado que cometeu o acto internacionalmente ilícito de cumprir a obrigação que foi violada.

Não menos claro é o artigo 41.º do mesmo Projecto, que estabelece:

> *Artigo 41.º*
> *Cessação da conduta ilícita*
>
> Um Estado cuja conduta constitui um acto internacionalmente ilícito com um carácter continuado está obrigado a cessar essa conduta, sem prejuízo da responsabilidade já entretanto ocorrida.

Se o Estado autor do ilícito não cumprir voluntariamente a própria obrigação infringida, o Estado lesado está autorizado a lançar mão de represálias, como decorre dos artigos 47.º a 50.º do referido Projecto.

O acto ilícito tem, pois, uma *dupla sanção*: a reparação do prejuízo emergente no quadro da responsabilidade internacional e, também, antes dela, a execução específica da obrigação violada.

Recente jurisprudência do TIJ consagrou essa dupla sanção: referimo-nos aos já citados Acórdãos proferidos nos casos do *pessoal diplomático e consular dos Estados Unidos em Teerão*[1404] e das *actividades*

[1403] WOLFRUM, *loc.cit.*; ROUSSEAU, *loc.cit.*; e CARREAU, pg. 449.
[1404] § 3.

A expropriação ilícita

militares e para-militares em e contra a Nicarágua[1405]. Note-se, porém, que o cumprimento da própria obrigação infringida só faz sentido quando a violação consistir na omissão contínua ou continuada de uma obrigação de *facere*; não tem, pois, interesse para a expropriação ilícita.

É, aliás, nestes termos que a execução específica tem vindo a ser defendida pelo Tribunal de Justiça das Comunidades Europeias na sua jurisprudência mais recente.

Assim, no célebre caso *Francovich*, o Tribunal, depois de estipular que "incumbe aos órgãos jurisdicionais nacionais encarregues de aplicar (...) as disposições do Direito Comunitário *assegurar o pleno efeito dessas normas* e proteger os direitos que as mesmas conferem aos particulares", remata o seu raciocínio afirmando que "A obrigação de os Estados membros repararem estes prejuízos tem igualmente o seu fundamento no artigo 5.º do Tratado, nos termos do qual os Estados membros são obrigados a tomar *todas as medidas gerais ou particulares adequadas para assegurar a execução das obrigações que lhes incumbem por força do Direito Comunitário*"[1406].

Igual doutrina foi, ainda mais recentemente, sustentada por aquele Tribunal nos casos *Van Schijndel e Van Veen*[1407] e *Peterbroeck*[1408].

5.5. *Idem:* A) *Formas de reparação*

§ 1.º – Introdução

São vários os modos, ou as formas, de reparar o ilícito internacional.

De harmonia com o Direito Internacional tradicional, codificado agora no artigo 42.º, n.º 1, do Projecto da CDI, eles são os seguintes:

a) a restituição em espécie;

b) a indemnização;

c) a satisfação; e

d) a garantia da não repetição do acto ilícito.

[1405] Pg. 149. Cfr. DIEZ DE VELASCO, *Instituciones*, pg. 748.

[1406] Ac. 19-11-91, §§ 32 e 33, com itálicos nossos.

[1407] Ac. 14-12-95, § 1 e segs.

[1408] Ac. 14-12-95, § 1 e segs.

A construção dogmática

Como se dispõe naquele preceito e no artigo 41.°, estas formas de reparação podem ser adoptadas em separado ou cumulativamente.

Como princípios gerais comuns a todas aquelas formas, o mesmo artigo 42.°, nos seus n.ºs 3 e 4, estabelece que em caso algum a reparação resultará na privação à população do Estado infractor dos seus meios de subsistência e que, como se disse já, *o Estado infractor não pode invocar o seu Direito interno para obviar ao objectivo último da reparação*, que é, como mostrámos, a *"reparação total"*[1409].

Vamos examinar de seguida cada uma das referidas formas de reparação.

§ 2.° – A restituição em espécie

A primeira forma de reparação classicamente apresentada pelo Direito Internacional consiste na restituição em espécie (*"restitution in kind"*), também chamada, por vezes, de *restitutio in integrum*[1410].

A origem da teorização desta forma de reparação no Direito Internacional é atribuída a ANZILOTTI[1411].

Mais tarde, ela seria acolhida no Acórdão proferido no caso *Chorzow*, quando ele definiu, como se disse, a reparação e a sua função. De facto, depois de nele se estabelecer que, como acima transcrevemos, "(...) a reparação deve, na medida do possível, remover *todas* as consequências do acto ilícito e restabelecer a situação que *teria provavelmente existido* se o referido acto *não tivesse sido praticado"*, acrescentam os Juízes o seguinte: "Restituição em espécie, *ou*, se ela não for possível, pagamento de uma importância *igual ao valor* que teria a restituição em espécie; *e* pagamento, se for o caso, de *prejuízos por perdas e danos sofridos* e que *não foram cobertos* pela restituição em espécie ou pela importância paga em lugar dela"[1412].

Este trecho exige algumas explicações.

[1409] O itálico é nosso.

[1410] THOMSEN, pg. 376; PERSONNAZ, pg. 171; e DIEZ DE VELASCO, *Instituciones*, pgs. 747 e segs.

[1411] Pgs. 427-428. Cfr., modernamente, IOVANE, pg. 173.

[1412] Pg. 47. Os itálicos são nossos.

A expropriação ilícita

A primeira é a de que o âmbito desta forma de reparação se encontra nos nossos dias definido com clareza no artigo 43.° do Projecto da CDI, para o qual o conceito de restituição em espécie consiste no "restabelecimento da situação que *existia antes* (*"which existed before"*) do acto ilícito ter sido cometido, desde que a restituição em espécie: a) não seja materialmente impossível; (...)" [1413]. Ou seja, e como nos mostram SABINE THOMSEN[1414] e IOVANE[1415] ao estudar os trabalhos preparatórios daquele preceito, ele pretende alcançar a "reconstituição da situação *ex ante*".

Nestes termos, a restituição em espécie é a primeira forma de reparação admitida pelo Direito Internacional. Como tal, ela é privilegiada, dentro dos modos de reparação, nos artigos 42.°, 43.° e 44.°, n.° 1, *in fine*, do citado Projecto da CDI.

Quando a restituição em espécie não for possível, ela será substituída pelo seu equivalente monetário – é o que dispõe o Acórdão do caso *Chorzow*.

A questão que se pode colocar é a de saber como é que a restituição em espécie, entendida como mera reconstituição da situação *ex ante*, pode permitir alcançar a função da reparação, que é a da restauração natural, quando é certo que ela não cobre a situação litigiosa ocorrida entre o momento do facto ilícito e o momento da reparação. Esta interrogação tem duas respostas.

Em primeiro lugar, há casos em que, conforme as circunstâncias, a mera restituição em espécie permite, de facto, alcançar a restauração natural. Pense-se no Acórdão proferido pelo TIJ, em 1962, no caso *Preah Vihear*: o Tribunal condenou o Cambodja (hoje Kampuchea) a abandonar o templo por ele ocupado ilicitamente na Tailândia e a devolver todos os objectos de culto que ele havia retirado do templo e

---

[1413] O itálico é nosso. As outras três alíneas não interessam ao que se discute no texto, mas de todo o modo aqui ficam resumidas: a restituição em espécie não deve violar uma norma de *ius cogens* (*b*); não deve propiciar ao *"injured State"* (já explicámos o entendimento que deve ser dado a esta expressão) uma situação económica melhor do que aquela que ele obteria pela indemnização pecuniária (*"compensation"*) (*c*); não deve afectar a "independência política ou a estabilidade económica "do Estado responsável (*d*).

[1414] Pg. 376.

[1415] Pgs. 167 e segs.

A construção dogmática

entendeu que, dessa forma, o ilícito ficava totalmente reparado[1416]. Ou pense-se no já estudado caso *Papamichalopoulos*, no qual, o TEDH, decidindo sobre o artigo 50.º da CEDH, condenou o Estado grego a, em alternativa ao pagamento de uma indemnização pecuniária, devolver, aos proprietários dos terrenos ocupados, esses terrenos com os edifícios e a base naval aí entretanto construídos pelo Estado grego, valendo os edifícios e a base naval como complemento do restabelecimento da situação *ex ante*, e perfazendo-se desse modo, com expressa invocação do caso *Chorzow*, a restauração natural[1417].

Depois, tanto na letra do Acórdão *Chorzow* como na do artigo 42.º do Projecto da CDI, expressamente se admite que a restituição em espécie seja *completada* por outras formas de reparação, por forma a se alcançar, no conjunto, a restauração natural: no caso *Chorzow*, através da indemnização dos prejuízos "que não foram cobertos pela restituição em espécie" (como se viu pelo trecho atrás transcrito), e, no artigo 42.º do Projecto da CDI, pelas outras formas de reparação aí previstas para além da restituição em espécie, e às quais já nos referimos atrás.

Entendida nesses termos a restituição em espécie, ela não levará nunca à confusão entre a indemnização devida por expropriação lícita e a reparação devida pela expropriação ilícita.

Assim, por exemplo, no caso *Amoco*, o Tribunal Arbitral estabeleceu a seguinte distinção entre a indemnização por expropriação lícita e a reparação por expropriação ilícita: na primeira, "a indemnização limita-se ao valor do bem *à data da expropriação*, isto é, *o justo preço do bem expropriado*"; enquanto que, na segunda, aquele valor "é *apenas uma parte* da reparação a ser paga"[1418]. De facto, pela expropriação ilícita, e de harmonia com esse Acórdão, que, para o efeito, se louva no caso *Chorzow*, à restituição em espécie ou ao seu equivalente monetário somar-se-á necessariamente a indemnização pelos prejuízos sofridos pelo expropriado desde a data da expropriação até à data da repa-

---

[1416] Pgs. 6 e segs. Veja-se o comentário de RUSTENMEYER, in *Encyclopedia*, t. 2, pgs. 273-274.

[1417] §§ 36-39.

[1418] § 193.

ração[1419]. É esse também o entendimento que daquele Acórdão dão AMERASINGHE[1420] e MOURI[1421].

A divergência entre esta interpretação e a do Projecto da CDI, enquanto este não exclui que a restituição em espécie possa, só por si, reparar o ilícito, é meramente aparente: como se disse, e pelas razões então apontadas, aquele não considera o prejuízo como pressuposto necessário da responsabilidade internacional do Estado. Por isso, ele admite, através da restituição em espécie, que a reparação não tenha de englobar a situação litigiosa entre o momento da prática do acto ilícito e o momento da reparação, contentando-se, nesse caso, com a reconstituição da situação *à data* (melhor, "*antes*") do acto ilícito. Mas, na hipótese de haver prejuízos, aquele Projecto permite alcançar a restauração natural, através da soma da restituição em espécie com outras formas de reparação, mais uma vez, no quadro da filosofia do caso *Chorzow*[1422].

Como veremos, a restituição em espécie, embora tivesse sido privilegiada como forma de reparação no caso *Chorzow* e no Projecto da CDI, tem perdido importância na prática a favor da indemnização pecuniária[1423]. A razão é simples, e estava já admitida no caso *Chorzow*: vulgarmente é impossível a restituição em espécie, como adiante mostraremos.

Há, porém, indícios, ainda muito embrionários e em princípio de execução, de que os Estados da Europa Central e do Leste, que estão muito preocupados em reparar depressa os confiscos, as nacionalizações e as expropriações levados a cabo durante o período em que viveram em Ditadura marxista (actos esses que, na sua maior parte, tiveram como objectivo aplicar aos lesados sanções de carácter político ou foram levados a cabo com invocação de uma abstracta "reforma agrária"), preferem esta forma de reparação, sob a forma da *reversão* dos bens aos seus antigos proprietários, desde logo, para não sobrecarregarem os seus magros Orçamentos. É o que se pode ver da Lei

---

[1419] §§ 194-197.
[1420] *Assessment*, pg. 56.
[1421] Pg. 377.
[1422] Cfr. ROUSSEAU, V, pgs. 214 e segs.
[1423] Ver os exemplos dados por ROUSSEAU, V, pgs. 215-216.

A construção dogmática

n.º 87/1991, chamada *Lei das Reabilitações Extrajudiciais*, da antiga Checoslováquia[1424].

Mas a reversão será estudada daqui a pouco, à parte.

§ 3.º – A indemnização

I – Função da indemnização

A indemnização em dinheiro (que chamaremos aqui só de indemnização) constitui a segunda modalidade classicamente admitida como reparação do ilícito internacional. Mas é, de longe, a mais importante e a que é mais praticada.

Desde logo, porque é de aplicação mais fácil do que a restituição em espécie. Já GRÓCIO afirmava que "o dinheiro é a medida comum de coisas com valor"[1425].

Depois, porque, como fora reconhecido no velho caso *Chorzow*, a restituição em espécie nem sempre é possível, melhor dito, poucas vezes é possível.

A impossibilidade de se recorrer à restituição em espécie pode assumir uma tripla modalidade[1426].

Pode ser, antes de mais, uma impossibilidade *física* ou *material*. Por exemplo, se o facto ilícito consistiu no afundamento de um navio ou na demolição de um prédio urbano, a restituição não é possível na prática, por razões materiais.

Pode ser, depois, uma impossibilidade *jurídica*. É o caso de um imóvel ter sido entretanto alienado pelo Estado expropriante a terceiros de boa fé – tem sido o caso muito vulgar de bens confiscados por anti-

---

[1424] A aplicação desta Lei tem, todavia, suscitado algumas dificuldades no âmbito da sua compatibilidade com o Direito Internacional, embora sem qualquer ligação com a matéria tratada no texto, como se pode ver pela Comunicação n.º 586/1994 da Comissão dos Direitos Humanos das Nações Unidas, de 23-7-96 – Doc. CCPR/ /C/57/D/586/1994, de 25-7-96.

[1425] Cit. por MOSLER, *General Principles*, pg. 97.

[1426] Ver ROUSSEAU, V, pgs. 215 e segs.; REITZER, pgs. 171 e segs.; e PERSONNAZ, pgs. 74 e segs.

A expropriação ilícita

gos territórios coloniais, logo a seguir à sua ascensão à independência, a cidadãos do antigo Estado colonizador. É o caso, também, de prejuízos causados por actos jurídicos (legislativos, administrativos ou judiciais) cuja revogação ou anulação não seja possível, ou já não seja possível, de harmonia com o Direito interno do Estado infractor.

E – embora o problema nos apareça raramente colocado nestes termos – pode ser também uma impossibilidade *política*. Estamos a pensar, outra vez, no confisco de bens de cidadãos do antigo Estado colonizador pelo novo Estado acabado de ascender à independência. Foi uma situação comum nos casos de descolonização, agravada quando o antigo Estado descolonizador não acautelou devidamente, nos tratados de descolonização, ou em acordos complementares, a propriedade dos bens dos seus cidadãos que continuaram sob a jurisdição do novo Estado, ou, quando, tendo-o acautelado, depois não exerceu eficazmente o direito de protecção diplomática dos mesmos cidadãos em face dos actos de expropriação ou nacionalização ilícita, que, nesses casos, assumiram, quase sempre, a natureza de confisco. Numa situação destas, em que tantas vezes o indivíduo lesado teve que sair do território do novo Estado precipitadamente e com risco para a sua integridade física e passou a ser *persona non grata* para as autoridades do novo Estado, pelo simples facto da sua nacionalidade, é de elementar bom senso reconhecer que a restituição em espécie, ou seja, neste caso, a devolução do bem confiscado ao lesado é ineficaz como reparação do prejuízo, e por puras razões políticas. Também nesta hipótese, pois, se impõe que a restituição em espécie seja substituída pela indemnização.

Um caso recente em que a jurisprudência internacional adoptou uma posição curiosa nesta matéria foi o caso *Papamichalopoulos*, já referido por nós, a vários títulos, ao longo deste livro. No recente Acórdão sobre o artigo 50.º da CEDH, o TEDH declarou verificado que nos terrenos ocupados pela Marinha grega tinha sido entretanto instalada uma base naval e uma estação de vilegiatura para os Oficiais da Marinha. Ora, o Tribunal, num julgamento simultaneamente prudente e inteligente, deixou ao Estado grego a escolha, no prazo de seis meses, entre ou a restituição em espécie (na qual a atribuição aos lesados dos edifícios entretanto construídos nos terrenos "os compensaria integralmente das consequências da alegada perda de uso e de fruição" dos terrenos desde a data da sua ocupação até à data do Acórdão) ou o paga-

A construção dogmática

mento de uma indemnização em dinheiro, cujo montante logo ficou fixado[1427].

Tem, por isso, razão a doutrina francesa, aqui representada por ROUSSEAU[1428] e CARREAU[1429], e parte da doutrina italiana, como se pode ver modernamente por IOVANE[1430], quando afirmam que a restituição em espécie não é o modo normal de reparação em Direito Internacional, e particularmente quando a responsabilidade internacional do Estado emerge de expropriação ilícita. Por isso, aqueles Autores recusam-se mesmo a ver nela um princípio geral do Direito Internacional, após estarem de acordo, todavia, em que o dever de reparar, esse, é imposto por um princípio geral do Direito Internacional.

O que afirmamos não é prejudicado pelo facto de a doutrina clássica admitir como forma de reparação a *reversão* do bem expropriado a favor do seu antigo titular[1431], ou de, como atrás dissemos, esta estar a ser uma forma privilegiada de que lançam mão, sempre que é possível, os Estados da Europa Central e do Leste, após a sua recente democratização, com vista a, simultaneamente, repararem actos ilícitos de privação de propriedade praticados no passado e não terem, para o efeito, de sobrecarregar as suas ainda pobres Finanças[1432]. Todavia, a prática mostra que a simples reversão do bem, desde logo, por causa da deterioração deste a partir da data da expropriação ilícita (trate-se de um imóvel expropriado ou ocupado ou trate-se de uma sociedade nacionalizada), não permite, só por si, a reconstituição da situação hipotética actual[1433]. Por isso, como bem observa CARREAU[1434], nunca uma pessoa singular ou colectiva, cujos direitos foram "nacionalizados" ou "expropriados", alguma vez beneficiou de uma restituição em espécie com vista à plena restauração dos seus direitos, mesmo quando,

---

[1427] Ac. *art. 50.º*, §§ 36-39.

[1428] V, pg. 215.

[1429] Pgs. 453-454.

[1430] Pgs. 167 e segs.

[1431] Por todos, ROUSSEAU, V, pgs. 215 e segs., ainda que com reservas.

[1432] V. o já citado Relatório do Instituto de Direito do Leste, de Munique, e também SOUTHERN, especialmente pgs. 695-697; TOMUSCHAT (ed.), *Eigentum*, sobretudo Parte I; e ROGGEMANN, especialmente pgs. 219 e segs.

[1433] ROUSSEAU, V, pg. 215.

[1434] Pg. 453.

A expropriação ilícita

como também veremos, a jurisprudência arbitral, excepcionalmente, decidiu nesse sentido em relação a algumas expropriações ou nacionalizações de direitos contratuais emergentes de contratos de concessão[1435].

Por isso, sempre que o prejuízo causado seja susceptível de avaliação pecuniária a forma adequada de reparação é a indemnização[1436]. Isso explica, só por si, que esta seja a forma mais vulgar de reparação do prejuízo, tal como, aliás, também acontece no Direito interno. REITZER[1437] e ROUSSEAU[1438] mostram-nos que já no século passado assim entendia a jurisprudência arbitral.

É, pois, nesse sentido que deve ser interpretado o carácter subsidiário da indemnização, como forma de reparação, em relação à restituição em espécie, previsto no artigo 44.°, n.° 1, *in fine*, do Projecto da CDI.

II – O montante da indemnização e o seu cômputo

a) Problema de método

Vamos examinar esta matéria de seguida apenas em função do Direito Internacional *geral*. No quadro do Direito Internacional particular o problema reveste-se para nós de especial interesse em sede da Convenção Europeia dos Direitos do Homem. Todavia, nesse âmbito, o problema da fixação do montante da indemnização e do seu cômputo merecerá da nossa parte uma atenção mais profunda numa perspectiva diferente: a do acesso do indivíduo aos órgãos daquela Convenção para o efeito de efectivar a responsabilidade internacional do Estado por expropriação ilícita. Por isso, deixaremos para então, ainda dentro deste Capítulo, o estudo da matéria a que se refere a epígrafe deste número no que toca à CEDH. Nessa altura veremos se as conclusões a que neste número vamos chegar se harmonizam com aquelas a que iremos ser conduzidos no quadro do estudo da aplicação do artigo 50.° da CEDH.

[1435] Assim, CARREAU, pg. 453.

[1436] ROUSSEAU, loc.cit.; e DIEZ DE VELASCO, *Instituciones*, pgs. 748 e segs.

[1437] Pgs. 175 e segs.

[1438] *Loc.cit.*

A construção dogmática

Uma palavra para explicar por que razão, dentro do Direito Internacional particular, não consideraremos o problema à face da CADH: é que os órgãos dessa Convenção nunca tiveram que julgar qualquer caso de violação do direito de propriedade privada.

b) *A questão antes da 2.ª Grande Guerra*

A fixação do montante da indemnização devida por uma expropriação ilícita e os critérios adequados para o computar têm suscitado muito menor controvérsia do que a gerada em torno da expropriação *lícita* ao longo da evolução do Direito Internacional.

Desde logo, tanto a prática dos Estados, como a doutrina e a jurisprudência convêm no ponto de partida, segundo o qual o montante da indemnização por expropriação ilícita nunca poderá ser inferior ao montante devido a título de indemnização por uma expropriação lícita, isto é, ao montante do valor do bem à data da expropriação. Isso decorre, aliás, e directamente, da fórmula adoptada pelo TPJI no caso *Chorzow*, da restauração da situação hipotética actual, segundo a qual, como mostrámos, a indemnização deverá corresponder ao equivalente à restituição em espécie e a ele deverá *acrescer* o montante dos prejuízos, sempre com o objectivo de se alcançar a reposição da situação hipotética actual. Foi essa a decisão que o Tribunal tomou quando condenou, naquele processo, a Polónia por ter infringido as suas obrigações para com a Alemanha ao abrigo da Convenção de Genebra sobre a Alta Silésia, de 15 de Maio de 1922[1439].

Já antes, porém, no caso dos *proprietários dos navios noruegueses*, o mesmo Tribunal decidira que eram devidos pelos Estados Unidos, aos cidadãos noruegueses lesados, "juros" desde a data em que devia ter-lhes sido paga a indemnização integral a que tinham direito pela requisição.

[1439] V. esta questão desenvolvida em WOLFRUM, *Reparation*, pg. 352; THOMSEN, pg. 377; AMERASINGHE, *Assessment*, pg. 56; e o Juiz ALLISON, cit., § 5.

A expropriação ilícita

c) A questão depois da 2.ª Grande Guerra

A primeira vez em que, após a 2.ª Grande Guerra, a questão da indemnização por expropriação ilícita veio para o primeiro plano das preocupações do Direito Internacional foi quando das nacionalizações cubanas de bens de cidadãos norte-americanos, particularmente da nacionalização, em 1960, de vários bancos: o *Chase Manhattan Bank (Chase)*, o *First National City Bank of New York (Citibank)* e o *First National Bank of Boston (Boston)*, para além de outros casos já indicados na Parte I.

Os proprietários dos bancos, que não foram indemnizados, propuseram em tribunais americanos acções visando obter uma indemnização pelo "valor integral" dos bens confiscados. Não nos interessa aqui o complexo percurso seguido pelos respectivos processos, tão-pouco as diversas questões jurídicas que neles foram suscitadas[1440]. Com respeito especificamente à questão sobre a qual estamos debruçados neste lugar, importa reter que o *Supreme Court* era da opinião de que o Direito Internacional reconhecia aos lesados direito a uma indemnização pelo valor "integral" dos bens nacionalizados. Para aquele Tribunal, as Resoluções das Nações Unidas que entretanto vinham sendo aprovadas, à época, sobre a "Soberania Permanente" e a NOEI "não reflectiam correctamente o Direito Internacional (...). Há um consenso entre os Estados segundo o qual tem de ser paga, *em quaisquer circunstâncias*, uma indemnização *total*", entendia o *Supreme Court*. Todavia, "nas circunstâncias concretas dos casos", o Tribunal atribuiu aos lesados uma indemnização inferior àquele valor, chamando-lhe indemnização "apropriada", e, como se explicou atrás[1441], julgando os litígios à luz do Direito interno dos Estados Unidos e não do Direito Internacional[1442].

Note-se que esta posição do *Supreme Court*, segundo a qual a indemnização por expropriação ilícita deve, à partida, por influência do Direito Internacional, ser integral, isto é, deve cobrir todos os prejuízos avaliados e demonstrados no processo, foi sempre a posição da

---

[1440] Veja-se sobre isso, sobretudo, RABINOWITZ, pgs. 133 e segs.

[1441] *Supra*, Parte I, Cap. III, n.º 1.

[1442] Cfr. RABINOWITZ, especialmente pgs. 137, 147 e 153-154.

Comissão dos Estados Unidos para a Apreciação das Queixas de Estrangeiros (Foreign Claims Settlement Commission of the United States – FCSC)[1443], e foi por ela aplicada mais tarde, com invocação do costume internacional geral, por exemplo, no caso das nacionalizações de bens de cidadãos norte-americanos no ex-Vietnam do Sul, após o termo da guerra naquele território[1444], e corresponde à posição tradicional do *Restatement*[1445].

Maior importância para o Direito Internacional teve, contudo, a jurisprudência arbitral relativa aos litígios suscitados pelas nacionalizações líbias e do Koweit nos anos 70, dado que elas coincidiram mais no tempo, como sublinhámos quando nos debruçámos atrás sobre a indemnização devida por expropriação lícita, com o empolamento nas Nações Unidas da "Soberania Permanente"[1446].

Logo num dos primeiros e famosos casos de nacionalizações levadas a cabo pela Líbia, o caso *BP*[1447], o Árbitro singular LAGERGREN concluíra que a *restitutio in integrum* não era possível nesse caso e reconhecera que a empresa lesada tinha direito, em seu lugar, a uma indemnização por prejuízos, a serem liquidados em sentença posterior. Note-se que a Líbia não contestou esse princípio[1448].

Pouco depois, no caso *Liamco*, também já nosso conhecido[1449], o Árbitro singular MAHMASSANI, concluiu que, também aqui, era "praticamente impossível" a restituição em espécie. Por isso, e louvando-se expressamente nas Resoluções das Nações Unidas sobre a "Soberania Permanente" e sobre a NOEI, reconheceu que o Direito Internacional impunha, por nacionalizações ilícitas, o pagamento de uma indemnização que englobasse *todos* os prejuízos, ou seja, tanto o *lucrum cessans* como o *damnum emergens*. Todavia, depois de declarar que não era esse o sentido do Direito líbio, concedeu aos lesados uma "indemniza-

---

[1443] LILLICH, *Valuation*, pgs. 95 e segs.

[1444] BROWN, pg. 151.

[1445] §§ 711 e 712, especialmente pgs. 187 e 198-199.

[1446] V. a história geral dos processos nascidos das nacionalizações líbias em DOLZER, *Libya-Oil*, BOWETT, e GRUSS.

[1447] Pg. 357. V., *supra*, Parte I, Cap. III, n.º 3, *e*. Cfr. BOWETT, pgs. 5 e segs., e GRUSS, pgs. 782 e segs.

[1448] *Loc.cit.*

[1449] *Supra*, Parte I, Cap. III, n.º 3, *e*.

A expropriação ilícita

ção equitativa" ("*equitable compensation*"), que ele teve o cuidado de aproximar do *total* dos prejuízos, calculados a partir do valor do bem nacionalizado[1450,1451].

No caso *Topco*, em que também esta empresa viu expropriada a sua concessão de exploração de jazidas petrolíferas na Líbia[1452], o Árbitro singular DUPUY seguiu o seguinte raciocínio, que merece ser destacado. Reconheceu ele que tinha de partir do nível de indemnização fornecido pela interpretação da Resolução n.° 1803 da Assembleia Geral das Nações Unidas. Mas, logo a seguir, confessou que *eram compatíveis com essa Resolução* os princípios definidos pelo TPJI no caso *Chorzow* sobre a reparação, desde logo, o princípio-base segundo o qual "a reparação deve, na medida do possível, remover todas as consequências do acto ilícito e restabelecer a situação que, com toda a probabilidade, teria existido se ele não tivesse sido cometido" (...)[1453]. Por isso, e na sequência desse raciocínio, concluiu que a restauração natural era a sanção "normal" para a responsabilidade internacional emergente de uma nacionalização ilícita e que ela só podia ser recusada quando fosse impossível. Com base nesta linha de raciocínio, concedeu neste caso à lesada a restauração natural[1454]. Todavia, esta nunca chegou a efectuar-se, porque o litígio acabou por se resolver mediante acordo entre as partes[1455].

Quando das nacionalizações do Koweit, os Árbitros que julgaram o caso *Aminoil*, também por nós já estudado[1456], consideraram que as Resoluções das Nações Unidas sobre a "Soberania Permanente" e a NOEI não os proibiam de atender ao nível de indemnização facultado pelo Direito Internacional – o que também merece ser sublinhado. Todavia, adiantaram, nenhuma daquelas Resoluções logrou obter acei-

---

[1450] Pgs. 209 e segs. Cfr. GRUSS, *loc.cit.*

[1451] Note-se que MEHREN e KOURIDES criticam severamente os Árbitros LAGERGREN e MAHMASSANI por terem recusado, nos casos *BP* e *Liamco*, a restituição *in integrum*, o que não consideram justificado – pgs. 533 e segs.

[1452] V., *supra*, Parte I, Cap. III, n.° 3, *c*.

[1453] Caso *Topco*, pgs. 497-498. Cfr. DOLZER, *op.e loc.cits.*, e GRUSS, *loc.cit.*

[1454] Pgs. 507-508. V. GRUSS, pgs. 799 e segs.

[1455] Por todos, e como já vimos atrás, CARREAU, pgs. 453-454.

[1456] *Supra*, Parte I, Cap. III, n.° 3, *d*.

A construção dogmática

tação generalizada e, além disso, elas não eram coerentes entre si[1457] – o que também nós já repetidamente destacámos ao longo deste livro. Por isso, recusaram-se a adoptar, de modo expresso, como ponto de partida, as *Fórmulas Calvo*, *Hull* ou *NOEI* (adaptadas, obviamente, ao carácter ilícito da expropriação, já que elas foram concebidas para o cômputo de indemnizações por actos *lícitos* de expropriação), mas acabaram por decidir de modo muito próximo do da *Fórmula Hull*: ou seja, à lesada foi reconhecido o direito de obter uma indemnização igual ao valor que as partes sociais nacionalizadas tinham à data da nacionalização acrescida de uma indemnização pelos lucros cessantes[1458]. Note-se que, entretanto, em 1973, no já referido caso *Fasla*, julgado pelo TIJ, o Juiz AMMOUN, na sua citada opinião dissidente, deixara entendido que a regra da *"reparação total"*, ou seja, "equivalente" a todos os prejuízos sofridos pelo lesado, no quadro da reconstituição da situação hipotética actual, constituía, já então, costume internacional[1459].

d) Em especial, a moderna jurisprudência arbitral

Também nesta matéria, tal como já acontecera com a definição dos critérios de fixação do montante e de cômputo da indemnização por expropriação lícita[1460], a jurisprudência arbitral do Tribunal de Haia, criado para julgar os processos nascidos no quadro do litígio entre o Irão e os Estados Unidos, deu um sensível salto qualitativo em frente. Nesses processos, como aliás se disse, estavam em causa, muitas vezes, rescisões, chamadas pelo Governo do Irão "anulações", de contratos de concessão, sem indemnização, ou a afectação da titularidade de participações sociais.

Debruçando-nos, como é óbvio, apenas sobre os Acórdãos que se pronunciaram sobre a indemnização devida por expropriação ilícita e não apenas, ou não de todo, por expropriação lícita, o primeiro caso que merece referência é o caso *AIG*, já nosso conhecido.

[1457] Pgs. 601-602.

[1458] Pgs. 612-613. Cfr. YOUNG/OWEN, pgs. 3 e segs., e o Juiz ALLISON, cit., § 16.

[1459] Pg. 245.

[1460] *Supra*, Cap. IV, n.° 7.4, § 4.°, III, e n.° 7.5.

A expropriação ilícita

Para o cálculo da indemnização devida, o Tribunal partiu do "justo valor de mercado das acções (...) à data da nacionalização"[1461], como atrás dissemos. Esse valor não pode, porém, ser calculado apenas com base no "valor líquido declarado" (*"net book value"*) das acções, porque se deve atender também a elementos como a clientela (*"good-will"*) e a "rentabilidade futura" (*"future profitability"*), caso a sociedade não tivesse sido impedida de continuar a sua actividade sob a administração anterior"[1462,1463].

No caso *Sedco*, o Tribunal não teve que decidir como se computava a indemnização devida por expropriação ilícita, tendo-se limitado a afirmar, como oportunamente mostrámos, que, tanto no caso de expropriação lícita como ilícita, a indemnização devia ser *"integral"* (*"full"*). E o Tribunal recordou que, ele próprio, nos casos que já havia decidido de "nacionalizações de larga escala de uma indústria inteira", na prática nunca arbitrara, em nenhum caso, uma indemnização inferior à *"total"*[1464]. Note-se que neste processo estava em causa um acto análogo à expropriação ou uma quase-expropriação (*"discrete expropriation"*)[1465].

Nos casos *Sola Tiles* e *Amoco*, o Tribunal tomou como ponto de partida a doutrina do caso *Chorzow*, o que lhe permitiu dar a estes dois Acórdãos, sobretudo ao do caso *Amoco*, uma densidade doutrinária que a sua anterior jurisprudência ainda não havia conhecido.

No caso *Sola Tiles*, o Tribunal orientou-se em sentido idêntico ao adoptado no já referido caso *AIG*. Assim, decidiu que a indemnização por expropriação ilícita devia cobrir *integralmente* os prejuízos, o que englobava, desde logo, o valor *actual* das acções, a *clientela* e os *lucros cessantes* (*"lost future profits"*)[1466]. É essa a conclusão a extrair do Acórdão, votado por maioria, embora ele, na sua fundamentação, empregue, por vezes, em sinonímia as expressões indemnização *"integral"* (*"full"* ou

---

[1461] Pgs. 105-106.

[1462] Pg. 106. Assim, MOURI, pgs. 371 e segs.

[1463] Desde já deixamos claro que, como adiante explicaremos, esta "rentabilidade futura" não pode ser reconduzida, na jurisprudência daquele Tribunal, à categoria de lucros cessantes.

[1464] Pgs. 187 e 189.

[1465] Pg. 188. V. MOURI, pgs. 373 e segs.

[1466] Pgs. 236-237 e 240-242.

"adequate") e indemnização *"apropriada"* (*"appropriate"*)[1467] – o que, como já vimos ao longo deste livro, não assume grande relevância na jurisprudência daquele Tribunal, já que aquilo que ele chama de indemnização *"apropriada"* não se afasta da indemnização *"total"* ou *integral*[1468].

No caso *Amoco*, como explicámos quando nos debruçámos sobre a indemnização como condição de licitude da expropriação, o Tribunal preocupou-se muito em sublinhar a necessidade de se distinguir a expropriação lícita da ilícita para efeitos de indemnização. E a diferença é a seguinte: na expropriação *lícita* a "medida" e o "limite" da indemnização são fornecidos pelo *"valor do bem à data da expropriação"*, enquanto que na expropriação *ilícita* "esse valor é, ou pode ser, *apenas uma parte* da reparação devida". Neste último caso, a medida da indemnização é dada pelos "prejuízos *actuais*", isto é, *à data da reparação*, o que engloba tanto os danos emergentes como os lucros cessantes[1469]. Só assim, afirma o Tribunal, com invocação, uma vez mais, do caso *Chorzow*, a indemnização cumprirá a sua função, que é a de "eliminar todas as consequências do acto ilícito e restabelecer a situação que, com toda a probabilidade, teria existido se esse acto não tivesse sido praticado"[1470].

Dito de outra forma, e compendiando a doutrina que decorre do caso *Amoco*, resulta dele que a indemnização devida por uma expropriação *lícita* tem como medida o valor de mercado do bem à data da expropriação, não pode ser inferior ao "equivalente integral" do bem expropriado, e, para ser uma indemnização "total", deve englobar todos os danos emergentes, inclusive, todos os activos corpóreos e incorpóreos, tais como a clientela e as expectativas de negócio futuro[1471]. No que expressamente toca às "expectativas de negócio" (*"future prospects"*), elas, sendo diferentes dos lucros cessantes (*"future profits"*, *"lost profits"*), integram o valor do bem expropriado para o efeito de serem incluídas nele quando do cálculo da indemnização devida por expropriação *lícita*[1472].

[1467] Assim, também, MOURI, pg. 368.

[1468] Recordamos o Acórdão no caso *Ebrahimi*, §§ 88 e 98.

[1469] Pgs. 247-248, especialmente § 197. Os itálicos são nossos.

[1470] *Loc.cit.*, especialmente § 199.

[1471] §§ 200-203. Cfr. MOURI, pgs. 375-379, e AMERASINGHE, *Assessment*, pgs. 56 e segs.

[1472] Especialmente §§ 201 e 203.

A expropriação ilícita

Diferentemente, quanto à indemnização devida por uma expropriação *ilícita*, ela deve incluir, não só o valor integral da propriedade à data da expropriação, calculado nos termos latos acima referidos, como também *todos os prejuízos sofridos até à data da reparação*, inclusive os lucros cessantes, isto é, os lucros que o lesado fundamente não obteve desde a data da expropriação até à data da sua avaliação[1473].

As expectativas de negócio futuro (*"future commercial prospects"*), que, repete-se, têm de ser indemnizadas no caso de expropriação *lícita*, distinguem-se dos lucros cessantes (*"loss of future profits"*), que têm de ser incluídos na indemnização por expropriação *ilícita*, de harmonia com o seguinte critério, definido pelo Tribunal: as primeiras encontravam-se já contabilizadas no activo da sociedade à data da expropriação e esta demonstrava capacidade de as satisfazer, sendo, portanto, um valor certo ou, pelo menos, mais do que provável; os segundos, correspondem a lucros que a sociedade obteria se continuasse na titularidade do bem ou direito expropriado e que, agora, vão para o património do expropriante, tendo, todavia, para entrarem no cômputo da indemnização, de apresentar algum grau de certeza e não podem ser especulativos[1474, 1475].

A mesma doutrina o Tribunal repeti-la-ia pouco depois, embora com menor desenvoltura, no caso *Philips Petroleum*[1476].

No caso *Ebrahimi*, julgado mais recentemente, e que também já conhecemos, o Tribunal reconheceu, à partida, que o valor da indemnização por expropriação ilícita devia ser *"total"* (*"full"*), embora logo a seguir tenha acrescentado que a indemnização "deve ser apropriada (*"appropriate"*) para reflectir os factos pertinentes e as circunstâncias de cada caso"[1477]. Todavia, e a provar que, à partida, indemnização "apropriada" não quer dizer para o Tribunal, necessariamente, indem-

---

[1473] *Loc.cit.* O Acórdão marcou como limite temporal para o cálculo dos prejuízos, nuns casos, a data da sua avaliação, noutros, o da efectiva reparação, devendo esta ser entendida como a data do pagamento da indemnização.

[1474] Pgs. 248-249.

[1475] Ver interpretação idêntica à nossa da doutrina que, em globo, se extrai do caso *Amoco*, sobretudo, em MOURI, pgs. 408 e segs. e 438 e segs.; AMERASINGHE, *Assessment*, pgs. 56-61; e o Juiz ALLISON, cit., §§ 31 e segs.

[1476] Pgs. 120-121.

[1477] § 95.

A construção dogmática

nização inferior à "integral", ele logo a seguir acrescenta que esta deve ser calculada na base do "justo valor de mercado" do bem, que tem de ser "igual ao preço no qual um hipotético vendedor e um hipotético comprador teriam acordado, devendo esse preço corresponder à soma do valor de reposição dos valores corpóreos da sociedade e dos valores incorpóreos, inclusive da clientela, se os houver"[1478].

Todavia, como os lesados não haviam pedido indemnização por lucros cessantes mas apenas por danos emergentes, o Tribunal, embora reconhecendo, em abstracto, que a expropriação ilícita (e não a lícita) confere direito à indemnização *também por lucros cessantes*[1479], atribuiu aos lesados uma indemnização correspondente ao montante *total* dos prejuízos apurados, neste caso, apenas de todos os danos emergentes[1480,1481].

Ainda mais clara tem sido, porém, nessa mesma linha de orientação, a jurisprudência dos Tribunais arbitrais do CIRDI, no quadro do Banco Mundial.

Assim, por exemplo, o Tribunal criado por aquele Centro para julgar o caso *Amco Asia Corporation c. República da Indonésia* concluiu, em matéria de expropriação ilícita, que "a indemnização integral dos prejuízos, que inclua o *damnum emergens* e o *lucrum cessans*, constitui um *princípio comum dos principais sistemas de Direito interno* e, por conseguinte, um *princípio geral de Direito que deve ser considerado como fonte do Direito Internacional*[1482]. Trata-se de uma fundamentação jurídica nova para a indemnização total, nunca antes dada pela jurisprudência internacional, porque não chega à indemnização através do costume mas dos princípios gerais do Direito[1483].

O mesmo decidiu o Tribunal Arbitral criado também pelo CIRDI no caso *Letco c. a Libéria*. Curiosamente, o Tribunal aplicou ao litígio o Direito da Libéria, que ele considerou estar "conforme com os princípios do Direito Internacional Público aceites de modo generalizado",

---

[1478] § 98. Sobre a clientela, cfr. §§ 154 e segs.

[1479] § 96.

[1480] § 175.

[1481] Cfr., *supra*, Parte I, Cap. III, 3, *g*.

[1482] Ac. 20-11-84, pgs. 1036 e segs., parcialmente revogado, mas não na parte que nos interessa, pelo Ac. 5-6-90. Os itálicos são nossos.

[1483] Assim também, e particularmente depois de confrontar este Acórdão com a jurisprudência nos casos Irão-Estados Unidos, WESTBERG, pgs. 5-8 e 15-16.

A expropriação ilícita

e, desse modo, considerou ter a *Letco* direito "ao valor *total* do seu investimento na concessão de exploração florestal expropriada bem como aos *danos emergentes* e aos *lucros cessantes*"[1484].

Igual doutrina foi sustentada pelo Tribunal Arbitral que, mais recentemente, decidiu o caso *Asian Agricultural Products Limited c. o Sri Lanka*[1485,1486].

e) Conclusão

Como dissemos atrás, a definição do montante da indemnização devida por uma expropriação ilícita, bem como o modo de o computar, não suscitam tantas dificuldades como as que são colocadas quanto à indemnização devida por uma expropriação lícita. Isso mesmo acaba de ser demonstrado pelo percurso que acabámos de fazer por diversas épocas do Direito Internacional. Sumariemos agora os resultados da investigação levada a cabo nas páginas anteriores.

A grande conclusão a extrair de tudo o que ficou dito é a de que a indemnização deve ser *total* ou *integral*, ou seja, deve cobrir *todos* os prejuízos emergentes da expropriação e até à data da reparação, ou, ao menos, até à data da sua avaliação. Por outras palavras, ela deve reparar o prejuízo sofrido pelo lesado na sua *integralidade*, deve ser o *equivalente* ao prejuízo. Isso decorre, desde logo, da função da indemnização como forma de reparação no quadro da responsabilidade internacional do Estado, emergente do acto ilícito de expropriação. Ou seja, só dessa forma a indemnização apagará *todas* as consequências da expropriação ilícita e reporá a situação hipotética actual, isto é, reporá a situação do expropriado no estado em que ela se encontraria caso o acto ilícito não tivesse sido praticado. Esta construção da indemnização por expropriação ilícita ficou modelarmente definida desde o Acórdão proferido no caso *Chorzow* e hoje vigora como costume internacional geral. E, note-se, não temos falado dos prejuízos morais, porque a indemnização é uma forma de reparação específica de prejuízos mate-

---

[1484] Ac. 31-3-86, pgs. 658 e 670. Os itálicos são nossos.

[1485] Ac. 27-6-90, pg. 565.

[1486] V. os citados Acórdãos do CIRDI analisados por ZIADÉ, pgs. 514 e segs.

A construção dogmática

riais ou susceptíveis de avaliação pecuniária, como atrás dissemos. A reparação, entendida como o temos feito, engloba também os prejuízos morais, mas quanto a ela fala-se em *satisfação*, como adiante veremos.

Nessa linha de orientação, e concentrando-nos outra vez apenas sobre os prejuízos materiais, o ponto de partida do cálculo da indemnização devida por expropriação ilícita é o valor integral do bem à data da expropriação, ou seja, o valor da indemnização por expropriação lícita[1487]. Nem podia ser doutro modo, sob pena de se ter de chegar à conclusão absurda de que as consequências jurídicas da ilicitude eram menos graves do que as da licitude[1488].

Por isso mesmo, e tal como sucede com a expropriação lícita, a indemnização a pagar por uma expropriação ilícita tem de cobrir todos os danos emergentes. Nesse aspecto, é modelar a doutrina que vimos ter sido sustentada no caso *Amoco*.

Mas, além disso, a indemnização por expropriação ilícita engloba também os lucros cessantes, o que só excepcionalmente, e em moldes ainda por esclarecer, alguns Autores admitem que deve acontecer também na expropriação lícita. Para além deles, e como se fez questão de sublinhar no mesmo caso *Amoco*, ela engloba também outros prejuízos que se demonstre terem resultado da expropriação ilícita em causa[1489]; só assim, de facto, a reparação cumprirá a sua função de remover *todas* as consequências do acto ilícito[1490].

Desde o já longínquo Acórdão proferido no caso *Chorzow* tem sido este o estado da doutrina e da jurisprudência em matéria de cálculo da indemnização devida por expropriação ilícita. Depois, o TIJ, em 1973, no referido caso *Fasla*, afirmou expressamente a natureza costumeira geral dessa regra. Mas, modernamente, ela ficou consolidada no referido caso *Amoco*, cujo Acórdão exprime, como bem notam CARREAU[1491] e HERDEGEN[1492], o estado do Direito Internacional contempo-

---

[1487] HERDEGEN, pg. 197.

[1488] Assim, também, CARREAU, *loc.cit.*

[1489] Assim, e na esteira do caso *Amoco*, AMERASINGHE, *Assessment*, pg. 59.

[1490] Expressamente assim, CARREAU, *loc.cit.*; HERDEGEN, pg. 197; e ROUSSEAU, V, pgs. 222 e segs., que vai ao ponto de enunciar os métodos económico-financeiros de cômputo dos prejuízos, o que não interessa à nossa formação jurídica.

[1491] *Loc.cit.* e bibl. aí cit.

[1492] Pgs. 196-197.

râneo em matéria de fixação do montante da indemnização devida por nacionalizações, expropriações ou actos análogos ilícitos. Podemos, pois, dizer que aquele Acórdão esclareceu, sedimentou e consolidou o costume internacional geral nesta matéria.

Nada disso nos impede de reconhecer duas coisas.

A primeira é a de que a obrigação de indemnizar todos os prejuízos refere-se, obviamente, aos prejuízos que o Tribunal entende estarem avaliados e provados, e não aos prejuízos alegados pelo lesado.

A segunda é a de que a aplicação a certo caso concreto das regras acima definidas pode impor alguma flexibilidade, em consequência da necessidade de se atender às especiais circunstâncias de cada caso[1493]. Todavia, é justo dizer-se que o critério que, nos nossos dias, a jurisprudência arbitral nos casos Irão-Estados Unidos e a jurisprudência dos tribunais arbitrais criados pelo CIRDI têm utilizado parte sempre do princípio de base de que a indemnização por expropriação ilícita deve ser integral, isto é, deve cobrir todos os prejuízos, isto é, todos os danos emergentes e todos os lucros cessantes, bem como outros que eventualmente não caibam nessas categorias (o que conceptualmente é difícil de admitir). O objectivo último é sempre o que fora proposto para a indemnização, como forma de reparação, no caso *Chorzow*, ou seja, o da *restauração natural*, com a amplitude com que esta ficou definida no caso *Amoco*. Este critério, repete-se, encontra-se, pois, já coberto pelo costume internacional.

Na jurisprudência do CIRDI tem havido a tentação de qualificar mais como *princípio geral de Direito* do que como costume internacional a regra segundo a qual a indemnização por uma expropriação ilícita deve cobrir *na íntegra* todos os danos emergentes e todos os lucros cessantes. Não há aqui qualquer divergência substancial entre as duas posições. Acontece, apenas, que o artigo 42.º, n.º 2, *in fine*, da *Convenção de Washington*, de 1965, que criou o CIRDI, dispõe que o Tribunal Arbitral deve decidir os litígios, que lhe forem submetidos, na ausência de Direito fixado pelas partes, segundo "os princípios do Direito Internacional". Ora, daí decorre que a jurisprudência do CIRDI se preocupa

---

[1493] Assim, quanto à jurisprudência arbitral dos casos Irão-Estados Unidos, MOURI, pgs. 320 e segs. e 374 e segs.; e AMERASINGHE, *Issues*, pgs. 22 e segs.

muito mais em apurar os princípios gerais do Direito Internacional do que as regras que decorrem do costume ou dos tratados[1494].

Todavia, fora do CIRDI, não há qualquer vantagem em se qualificar aquela regra costumeira como princípio geral de Direito, levando-se em conta, pelo menos para as correntes não jusnaturalistas, a inferioridade intrínseca desta fonte, em Direito Internacional, por confronto com o costume ou o tratado[1495].

Note-se, a terminar, que, na sua essência, os resultados obtidos pelo Direito Internacional na matéria são acolhidos, ainda que de forma muito sintética, nos trabalhos de codificação das Nações Unidas sobre Responsabilidade Internacional dos Estados, como se pode ver pelo último projecto da CDI sobre a matéria, com o qual temos vindo a trabalhar ao longo deste livro.

De facto, segundo reza o seu artigo 44.º, n.º 2, a "indemnização cobre *todos* os prejuízos economicamente avaliáveis sofridos pelo Estado lesado e pode incluir juros e, se for o caso, lucros cessantes"[1496], tendo, pouco antes, o artigo 42.º, n.º 4, estabelecido que o Estado infractor não pode invocar disposições do seu Direito interno para fugir ao respeito por aquela regra, isto é, para não conceder "reparação total" ("*full reparation*").

Podemos, pois, concluir dizendo que aquele preceito se limita a codificar uma regra que já hoje vigora como costume internacional geral.

§ 4.º – A satisfação

O dever de reparar os prejuízos resultantes do ilícito internacional abrange também os danos morais sofridos pelo lesado[1497].

[1494] Assim, também AMERASINGHE, *Investment*, pg. 1449.

[1495] Assim, o *Comentário Simma* à Carta da ONU, pgs. 991-992, inclusive com recurso aos trabalhos preparatórios da Carta e do artigo 38.º do ETIJ; e GONÇALVES PEREIRA/FAUSTO DE QUADROS, pgs. 258-259.

[1496] O itálico é nosso. Voltamos a recordar que a referência ao "Estado lesado" ("*injured State*") se deve ao facto de o Projecto se ocupar apenas, na orientação tradicional, da responsabilidade internacional do Estado por actos seus que lesem direitos *só de outros Estados* e nunca de outros sujeitos.

[1497] COMBACAU/SUR, pg. 552.

A fórmula do Acórdão no caso *Chorzow* não exclui, nem na sua letra nem no seu espírito, a reparação dos danos morais.

Também no Direito Internacional os danos morais são de natureza díspar, pelo que não são susceptíveis nem de definição nem de classificação prévias. Eles vão desde a ofensa à honra, ao bom nome e à reputação de um particular, pessoa singular ou colectiva, até à dor e ao sofrimento psíquico e moral que lhe é imposto por factos tão diferentes como a morte de um familiar ou de um amigo ou, pelo que nos interessa, a privação ilícita da sua propriedade, nomeadamente sem indemnização, particularmente (e já entramos aí na graduação quantitativa do prejuízo) quando o não pagamento atempado da indemnização por expropriação lícita impôs ao lesado restrições no seu habitual modo de viver, frustrou-lhe legítimas expectativas de melhoria do seu nível, físico e psíquico, de vida, ou, de qualquer modo, nele provocou os referidos sentimentos de constrangimento psíquico.

A jurisprudência internacional admite desde sempre a satisfação pelo Estado dos danos morais causados a pessoas privadas, com a condição de que o "sofrimento moral" seja "real e verdadeiro e não apenas sentimental e vago"[1498] – o que suscita o inevitável mas difícil problema da demonstração dos danos morais e da sua extensão. É curioso notar que um dos casos clássicos de condenação de um Estado em danos morais envolveu Portugal: foi a sentença arbitral proferida em 10 de Junho de 1931 no caso *Campbell*, que opôs o Reino Unido a Portugal, e onde o Árbitro, o Conde DE WIART, atribuiu uma indemnização ao autor, um súbdito britânico, por danos morais por ele sofridos na sequência de "dificuldades, maus tratos e vexames" de que ele fora vítima da parte das autoridades portuguesas no Zambeze, em Moçambique[1499].

A satisfação por danos morais reveste carácter político quando o lesado é, não um indivíduo, mas um outro Estado ou uma Organização Internacional. Nesse caso, pode revestir as formas de pedido de desculpas, de aplicação de sanções internas aos agentes responsáveis, que podem ir ao extremo da sua exoneração do cargo, se ela for possível à face do Direito interno, ou de simples declaração ou constatação da

---

[1498] V., com pormenor, ROUSSEAU, V, pgs. 226-227.
[1499] Pgs. 1154-1158.

ofensa por um tribunal internacional. Esta última hipótese aconteceu no caso do *estreito de Corfu*, onde o TIJ decidiu, após haver declarado a violação da soberania da Albânia pelo Reino Unido, que, como pedira a Albânia, essa declaração "constituía em si mesmo uma satisfação apropriada"[1500]. Mais recentemente, o mesmo se passou no caso *Rainbow Warrior*, em que o Árbitro entendeu que quatro declarações, por si feitas, de violação substancial pela França das suas obrigações para com a Nova Zelândia constituíam, "nas circunstâncias concretas, uma satisfação apropriada para os prejuízos jurídicos e morais causados à Nova Zelândia"[1501,1502].

A satisfação por danos morais é um dos pontos em que o Projecto da CDI inova.

De facto, no seu artigo 45.°, n.° 1, ele enfatiza que ela deve ter lugar "na medida necessária para se alcançar a reparação total" dos prejuízos sofridos pelo Estado lesado, isto é, *deve ser enquadrada no conjunto global da reparação devida ao lesado*.

Quanto às formas de satisfação, reguladas no n.° 2 do mesmo artigo, o Projecto recapitula as formas acima indicadas, com a indicação suplementar de que nenhuma forma de satisfação imposta ao Estado infractor deve atentar contra a sua "dignidade", isto é, não deve ser para este humilhante ou vexatória.

§ 5.° – **A garantia da não repetição do facto ilícito**

O artigo 42.°, n.° 1, *in fine*, e o artigo 46.° do Projecto da CDI prevêem, como última forma de reparação devida ao Estado lesado, a garantia da não repetição do acto ilícito, "se isso for apropriado" ao caso.

Trata-se de mais uma forma de satisfação política dada pelo Estado infractor ao Estado lesado. É sobretudo nesta forma de reparação que se está a pensar quando se admite que um Estado se possa considerar internacionalmente responsável para com outro Estado *sem que tenha causado a este prejuízo material*[1503]. Todavia, nem pelo Projecto da CDI

[1500] Pgs. 35-36.
[1501] Ac. 30-4-90, § 123.
[1502] Cfr. sobre esta matéria CARREAU, pg. 450; e COMBACAU/SUR, pg. 552.
[1503] MERON, pg. 201.

A expropriação ilícita

nem pelo Direito Internacional tradicional parece ser uma forma adequada de reparação quando o lesado seja um indivíduo. E, pelo seu reduzido significado, compreende-se que a doutrina não se lhe refira.

§ 6.º – A reversão

O Direito Internacional Público não prevê expressamente um *direito à reversão* do bem expropriado, na titularidade do anterior proprietário desse bem, no caso de ao bem ser dado pelo Estado expropriante um fim diferente daquele para o qual ele foi expropriado. Mas nem por isso se deve entender que aquele direito não é invocável à face do Direito Internacional. De facto, o direito à reversão, antes de se encontrar eventualmente consagrado em *lex scripta*, é, acima de tudo, uma exigência do princípio da boa fé: se o bem foi expropriado por ser alegadamente necessário para um concreto fim de interesse público, para uma concreta utilidade pública, que tem de ser invocada e demonstrada no acto de expropriação, a afectação do bem, no todo ou em parte, pelo expropriante, a outro fim, público ou privado, ou a sua não afectação a qualquer fim concreto, faz nascer na titularidade do ex-titular do bem ou do direito expropriado o direito à reversão deste[1504]. E, sendo a boa fé um princípio geral de Direito, este raciocínio vale para todo o Direito, interno ou Internacional (quanto a este último, ele é, aliás, como tal reconhecido na Convenção de Viena sobre o Direito dos Tratados, 3.º considerando do preâmbulo e art. 26.º).

É esse o caminho ideal para se fundamentar o direito de reversão; mas ao mesmo resultado se chega, seguindo-se um percurso paralelo ao do Direito Administrativo interno: pela teoria da *perda de causa* do acto de expropriação[1505]; ou pela teoria do *enriquecimento sem causa*

[1504] O direito de reversão tem sido suscitado apenas quanto à situação de expropriação do direito de propriedade sobre o bem – é o caso, p.ex., do artigo 5.º, n.º 1, do nosso Código das Expropriações. Mas não há razões para, com a mesma fundamentação jurídica, se não o admitir, em Direito Internacional como no Direito Administrativo interno, no caso de actos análogos à expropriação, com o sentido e o alcance que a esta noção temos dado neste livro. Ainda menos se compreenderia que não se reconhecesse ao particular o direito à reversão em caso de nacionalização.

[1505] Note-se que é por isso que o Direito Administrativo Comparado das Expropriações fala em expropriação *por causa* de utilidade pública – v., p.ex., o nosso

ou do *locupletamento à custa alheia*, no caso, à custa do expropriado[1506], sempre que o expropriante, após não ter pago pela expropriação uma indemnização justa (ou seja, calculada segundo a *Fórmula Hull*), também não restitui ao expropriado o bem que se tornou desnecessário para o fim, inicialmente invocado, de utilidade pública; ou pela teoria da *garantia do direito de propriedade* pelo Direito Internacional, tal como mostrámos ela existir[1507], e que é análoga à garantia constitucional do direito de propriedade e à sua "função de protecção" ("*Schutzfunktion*") no Direito interno[1508].

Mas neste lugar não nos interessa o direito de reversão do bem expropriado mas a reversão como *forma de reparação* de uma expropriação ilícita.

O Capítulo II do Projecto da CDI, e, particularmente, o seu artigo 43.°, não a autonomizam no elenco dos meios ou das formas de reparação. Mas isso não impede que se a veja como uma modalidade de restituição em espécie, como mostrámos, há pouco, ser a orientação clássica da doutrina. Não nos repetiremos sobre o que então escrevemos. Só sublinharemos agora que a reversão, como meio de reparação da expropriação ilícita à face do Direito Internacional, está a ter grande utilização no Leste europeu[1509], inclusive no antigo território da Alemanha de

---

Código das Expropriações, artigo 1.°, e a *Ley de Expropiación Forzosa* espanhola, de 16-12-54, justamente considerada um dos melhores e tecnicamente mais perfeitos Códigos de Expropriações do mundo, que exige para a expropriação uma "causa de utilidade pública ou interesse social" (art. 1.°, n.° 1) (veja-se PERA VERDAGUER, pgs. 29 e segs.). A *causa expropriandi* da declaração de utilidade pública é uma modalidade de causa do acto administrativo. Sobre o conceito de causa do acto administrativo, veja-se ANDRÉ GONÇALVES PEREIRA, pgs. 110 e segs., especialmente 122- -124 e 128-129, inclusive a ligação entre o pensamento do Autor e o de MARCELLO CAETANO, pg. 250. Ver também os nossos estudos *Expropriação*, pg. 309, e *Direito de reversão*, pg. 108.

[1506] Sobre o enriquecimento sem causa na teoria da responsabilidade internacional do Estado e como princípio geral de Direito, v. MOSLER, *General Principles*, pg. 98; SORNARAJAH, *Pursuit*, pg. 210; RODRIGUES IGLÉSIAS, especialmente pgs. 387 e segs.; e, por último, DIEZ DE VELASCO, *Instituciones*, pg. 309.

[1507] *Supra*, Cap. II, n.° 2.2, II.

[1508] V. o nosso estudo *Direito de reversão*, pg. 104.

[1509] Para além das ops. já cits. atrás sobre esta matéria, v., muito especialmente quanto às Repúblicas Checa e Eslovaca, HOSKOVA, pgs. 608 e segs.

Leste, após a reunificação da Alemanha, já tendo sido como tal reconhecida pelo Tribunal Constitucional federal[1510].

Além disso, a reversão tem cabimento como forma de reparação ao abrigo do artigo 50.° da CEDH, como já dissemos ter o TEDH aceite no caso *Papamichalopoulos – artigo 50.°*

Sendo a reversão uma forma de restituição em espécie, deve-se-lhe aplicar o que sobre esta dispõe o Acórdão *Chorzow* e que é admitido pelo artigo 42.°, n.° 1, do Projecto da CDI, ou seja, a reversão deve ser completada por uma indemnização pelo valor dos prejuízos não cobertos pela restituição em espécie, como forma de se alcançar a restauração natural.

§ 7.° – Conclusão

Em jeito de conclusão quanto às formas de reparação dos prejuízos causados por uma expropriação, queremos sublinhar que constitui hoje regra de Direito Internacional, de raiz consuetudinária, que a reparação, no seu conjunto, deve remover *todas* as consequências do facto ilícito, ou seja, deve repor o expropriado no hipotético estado em que ele se encontraria caso a expropriação ilícita não tivesse ocorrido. A restauração natural, como reposição da situação hipotética actual, é, pois, hoje, uma regra do costume internacional geral.

Essa regra encontra-se agora codificada no artigo 42.°, n.° 4, do Projecto da CDI, que expressamente dispõe que o Estado infractor não poderá invocar o seu Direito interno para impedir a *"reparação total"* (*"full reparation"*) e, mais tarde, acentuada no artigo 45.°, n.° 1, do mesmo Projecto, quando ele dispõe que preside à satisfação dos danos morais a ideia de contribuir para a *"reparação total"* dos *prejuízos sofridos pelo lesado.*

Portanto, toda aquela construção que levámos a cabo especificamente quanto à indemnização, porque ela é a forma mais vulgar de reparação, aplica-se à reparação no seu globo. É nesse sentido que deve ser

---

[1510] V., por último, a recentíssima obra de SACHS, anotações 187 e segs. ao artigo 14.° da Lei Fundamental de Bona, especialmente 191-192; e CZERWENKA, *passim.*

A construção dogmática

interpretada a feliz frase, também por nós já citada, que MATHIAS HERDEGEN[1511] utiliza nesta matéria, da *"umfassende Wiedergutmachung"*, isto é, da *reparação que abarque, na íntegra, o conjunto global dos prejuízos sofridos pelo lesado*. Para aquele Autor, é esse o conteúdo do dever de reparar. No fundo, e mais uma vez, trata-se apenas de manter viva a doutrina do caso *Chorzow*.

Quando o Estado infractor não respeitar voluntariamente o princípio da reparação total, o Estado do lesado tem o direito de adoptar represálias contra ele, com vista a repor a legalidade – é o que dispõem os artigos 47.º a 50.º do Projecto da CDI.

5.6. *Idem:* B) *Os meios de reparação*

§ 1.º – **Introdução**

Vejamos agora os instrumentos que o Direito Internacional faculta para se obter a reparação de uma expropriação ilícita.

§ 2.º – **Os meios facultados pela protecção diplomática. Em especial, os acordos** *lump sum*

O Estado pode tentar obter a reparação pela via da protecção diplomática. Quais são os meios que esta lhe faculta para o efeito? São a negociação, as represálias, a retorsão e os meios judiciais[1512].

Pergunta-se se o Estado não poderá lançar mão, também aqui, dos meios previstos no artigo 33.º da Carta das Nações Unidas para a resolução pacífica dos litígios. As opiniões dividem-se: uns, como COT e PELLET, no seu Comentário[1513], louvando-se na doutrina clássica, entendem que um Estado só pode utilizar os meios que aquele preceito

---

[1511] Pg. 195.

[1512] Assim, GECK, p. 116; CARREAU, § 1140; e DIEZ DE VELASCO, *Instituciones*, pgs. 618-619.

[1513] Pg. 571.

A expropriação ilícita

da Carta enuncia quando existir, como aí se afirma, "uma ameaça à paz e à segurança internacionais". Sendo assim, eles não teriam cabimento na generalidade dos casos de responsabilidade internacional do Estado por facto ilícito, inclusivamente, por expropriação ilícita. Outros, ao contrário[1514], são da opinião de que o Estado, no exercício do seu direito de protecção diplomática, goza da liberdade de escolher os meios que entender mais adequados à efectivação da responsabilidade internacional e que esses meios podem, portanto, ser os do artigo 33.°, ou outros[1515].

Dos meios enunciados, o que é mais vulgar e se tem revelado mais eficaz é o da negociação. No que toca à responsabilidade internacional do Estado emergente concretamente de uma expropriação ilícita, os TBI privilegiam claramente a negociação como forma de resolver os litígios surgidos entre o Estado de acolhimento e o investidor estrangeiro, inclusivamente pelo facto de uma expropriação ilícita e, concretamente, com vista a permitir ao particular obter a reparação dos prejuízos sofridos[1516]. É também essa a orientação adoptada pelo modelo português de TBI, no seu artigo 8.°, bem como a prática internacional do Estado Português, como se pode ver, a título de exemplo, pelo artigo 10.°, n.° 1, do referido TBI Portugal-Alemanha, de 1980.

A negociação diplomática para o efeito de o Estado nacional do expropriado obter do Estado expropriante a reparação devida ao expropriado (segundo a teoria que adoptámos, a teoria da sobreposição) pela expropriação ilícita pode conduzir à celebração entre os dois Estados de um acordo *lump sum*. Já estudámos desenvolvidamente estes acordos ao longo deste livro em mais do que um lugar: a propósito da História da prática dos Estados em matéria de protecção da propriedade privada[1517], e, depois, a propósito da natureza jurídica da protecção diplomática[1518]. Por isso, agora vamos apenas compendiar as ideias que aqui nos interessa recordar.

[1514] Por exemplo, *Comentário Pettiti*, pg. 911.

[1515] Sobre o artigo 33.° da Carta, v. GONÇALVES PEREIRA/FAUSTO DE QUADROS, pgs. 511-514.

[1516] V. DOLZER/STEVENS, pgs. 121 e segs.

[1517] *Supra*, Parte I, Cap. II, n.° 3.4.

[1518] *Supra*, n.° 5.3, § 2.°.

Os acordos *lump sum* têm sido utilizados para a efectivação da responsabilidade internacional do Estado por facto ilícito. É nesse quadro que eles se devem considerar como estando previstos na cláusula geral do artigo 37.° do Projecto da CDI. Têm-se revelado particularmente úteis, sobretudo a partir da 2.ª Grande Guerra, para a reparação de prejuízos causados a indivíduos por expropriações ilícitas. Como já se explicou, através deles, o indivíduo acaba por receber muitas vezes – mas não sempre, nem necessariamente – uma indemnização inferior àquela que lhe é devida pelo Direito Internacional consuetudinário, ou seja, uma indemnização integral, computada segundo a *Fórmula Hull*. Mas, mesmo assim, eles podem ser a única saída para o impasse surgido nas negociações entre o Estado responsável pela expropriação ilícita, que não quer indemnizar pela expropriação, ou que não aceita fazê-lo segundo a referida regra do Direito Internacional, e o Estado nacional do expropriado, que não abdica de ver respeitado o Direito Internacional vigente na matéria. Este último é livre de negociar com o Estado expropriante o montante da indemnização que entender, e até de prescindir da indemnização. Estará nesse caso a dispor, no plano do Direito Internacional, do direito do seu nacional à indemnização, direito que o Direito Internacional confere directamente a este. Esse direito de dispor do direito do indivíduo à indemnização por expropriação ilícita é reconhecido ao Estado. Nesse caso, resta ao indivíduo lesado apenas o direito de reclamar *do seu Estado nacional*, na sua ordem interna, e de harmonia com o respectivo Direito interno, a indemnização a que se sentir com direito da parte do Estado expropriante por causa da expropriação. Já estudámos atrás esta questão com desenvolvimento.

Ou seja, e como também ficou oportunamente escrito neste livro, o acordo *lump sum* não passa de um *expediente processual* para se ultrapassar a situação resultante (quando ela, de facto, se verificar) de o titular do direito violado, o indivíduo, não gozar de garantias adjectivas que lhe permitam efectivar, ele próprio, o seu direito à indemnização, reconhecido pelo Direito Internacional. Como tal, não criam costume internacional em qualquer aspecto, inclusive, quanto ao montante da indemnização ou quanto às formas do seu pagamento. Aliás, neste ponto concreto, ficou já provada neste livro a grande flutuação dos montantes neles negociados a título de indemnização, que podem variar entre a estipulação da ausência de qualquer montante indemnizatório e a fixação de uma indemnização integral ou total[1519,1520], embora o mais frequente, segundo as estatísticas, e como também já se disse, seja o montante negociado situar-se entre 20% e 80% do montante devido segundo a *Fórmula Hull*[1521]. Aliás, a jurisprudência internacional, sempre que foi chamada a pronunciar-se sobre o assunto, decidiu nesse sentido, ou seja, no sentido de que os acordos *lump sum* não eram fonte de costume internacional[1522,1523].

§ 3.º – O acesso pessoal do indivíduo a sistemas jurisdicionais internacionais

I – Colocação do problema

Mas a reparação também pode ser pedida pessoalmente pelo próprio indivíduo a órgãos jurisdicionais internacionais.

Frise-se, porém, que acesso *pessoal* do indivíduo pode não querer dizer acesso *directo*: por exemplo, não haverá acesso directo do indivíduo a meios jurisdicionais internacionais sempre que este deva, segundo o próprio Direito Internacional aplicável, exaurir previamente os meios internos do Estado expropriante.

Temos que distinguir aqui dois tipos de sistemas jurisdicionais: a jurisdição voluntária, ou arbitral, e os sistemas jurisdicionais internacionais permanentes.

[1519] LILLICH/WESTON, I, pgs. 206 e segs.

[1520] Pode perguntar-se qual é o interesse do Estado nacional do indivíduo em aceitar a recusa de qualquer montante de indemnização, ainda por cima sabendo que o indivíduo pode vir a pedir-lhe, a ele, em tribunais nacionais, a indemnização que lhe é devida, e qual é o interesse do Estado expropriante em conceder, por um acordo *lump sum*, uma indemnização *integral*. A primeira hipótese, aliás muitíssimo rara, só ocorreu no quadro de um vasto leque de concessões recíprocas entre os dois Estados; a segunda, pode interessar ao Estado expropriante se, em troca, obtiver, por exemplo, um prazo longo para o pagamento da indemnização – assim, SEIDL-HOHENVELDERN, *Völkerrecht*, pg. 362; e LILLICH/WESTON, I, pgs. 218 e segs.

[1521] HERDEGEN, pgs. 196-197. Cfr., todavia, COMBACAU/SUR, pg. 522.

[1522] Veja-se a jurisprudência citada *supra*, n.º 5.3, § 2.º, III.

[1523] Ver mais pormenores sobre as questões aqui tratadas em LILLICH, *Lump sum*, pgs. 368 e segs.

A construção dogmática

Comecemos pela primeira.

Desde já adiantamos que, de entre os segundos, só nos ocuparemos do sistema instituído pela CEDH, porque no âmbito do outro sistema jurisdicional permanente que reconhece acesso pessoal ao indivíduo – o da CADH – nunca houve oportunidade, como já dissemos, para se decidir sobre a reparação devida por uma expropriação.

II – Os tribunais arbitrais internacionais

Encontra-se muito generalizado hoje o recurso à jurisdição arbitral internacional para a resolução de litígios emergentes da responsabilidade internacional do Estado por expropriação ilícita.

Até à entrada em vigor da *Convenção de Washington*, que criou o CIRDI, os TBI previam usualmente a sujeição a tribunais arbitrais *ad hoc* dos litígios que viessem a nascer *entre as Partes Contratantes* naqueles Tratados[1524]. Após a entrada em vigor do CIRDI, porém, os Estados, ao concluírem os TBI, podem evitar disciplinar o mecanismo arbitral, remetendo simplesmente a solução dos litígios para o CIRDI e para as suas regras processuais. É o que fazem muito frequentemente[1525].

Já explicámos neste livro como nasceu o CIRDI[1526]. Para que o CIRDI se considere competente para conhecer um litígio proveniente de uma expropriação ilícita é necessário que se preencham três requisitos, definidos no artigo 25.°, n.° 1, daquela Convenção: um, que é prévio, traduz-se no acordo escrito pelo qual as partes consentem em que o litígio seja submetido ao Centro; outro, é um requisito *ratione personae*, e consiste na necessidade de uma das partes no litígio ser um Estado que seja parte na Convenção de Washington e, outra, um nacional de um dos Estados partes na mesma Convenção; e o terceiro, é um requisito *ratione materiae*, e divide-se em duas exigências, a saber, o litígio deve ser um "litígio jurídico" e deve ter a sua origem directa num "investimento", embora, lamentavelmente, aquela Convenção não dê a definição de qualquer dessas duas expressões[1527].

[1524] DOLZER/STEVENS, pg. 130.

[1525] DOLZER/STEVENS, *loc.cit.*

[1526] V., *supra*, Parte I, Cap. I, n.° 6.

[1527] No mesmo sentido, AMERASINGHE, *Investment*, pg. 1449.

A expropriação ilícita

O CIRDI rege-se por regras processuais que a Convenção de Washington estipula, tanto para a conciliação como para a arbitragem (especialmente, os arts. 32.° a 35.° e 41.° a 47.°). Quanto ao Direito substantivo aplicável aos litígios, ele consiste no Direito do Estado parte no litígio e no Direito Internacional Público, a não ser que as partes tenham conferido ao Tribunal poderes para julgar *ex aequo et bono* (arts. 41.° e 42.°)[1528].

As sentenças do Tribunal do CIRDI são obrigatórias e os Estados partes na Convenção obrigam-se a dar-lhe execução na sua ordem interna "como se se tratasse de uma sentença final de um tribunal do respectivo Estado" (ver os arts. 53.° a 55.°)[1529,1530].

O CIRDI não tem a importância que o Banco Mundial desejou quando promoveu a sua criação, porque, como já se disse, em 1991 só 96 Estados eram partes na Convenção e apenas 26 litígios haviam sido confiados à decisão daquele Centro[1531]. Todavia, o facto de o *Tratado da Carta da Energia* e o Projecto do *Acordo Multilateral de Investimento* darem *ao investidor* a *escolha*, para a resolução dos litígios que oponham o Estado de acolhimento e o investidor, ele próprio, entre os meios internos do Estado de acolhimento *ou* o CIRDI (respectivamente, art. 26.°, n.ᵒˢ 2 e 4, e ponto V, D, 2), poderá, não só conceder maior relevância prática àquele Centro, como também, através disso, consolidar a prática internacional da solução dos litígios provocados por uma expropriação ilícita através da arbitragem internacional.

Quando os TBI continuam a prever a solução dos litígios por tribunais arbitrais *ad hoc*, há nessa matéria alguns pontos a sublinhar.

Primeiro, o recurso ao tribunal *ad hoc* é subsidiário do recurso ao CIRDI e só se verificará se este não puder decidir o litígio concreto em virtude de não se preencher, no caso, algum dos três requisitos, acima enumerados, da sua competência: tomemos como exemplo o TBI Portugal-Alemanha, artigo 10.°, n.ᵒˢ 3 a 6.

[1528] V. AMERASINGHE, *op.e loc.cits.*; DOLZER/STEVENS, pgs. 129 e segs.; BANZ, pgs. 101 e segs.; e HIRSCH, *passim*.

[1529] V., especialmente, BROCHES, *Awards*, pgs. 288 e segs.

[1530] Sobre aspectos complementares da reparação através do CIRDI, v. os estudos recentes de SCHREUER, pgs. 37 e segs., e LAMM/SMUTNY, pgs. 64 e segs. Em geral sobre a arbitragem pelo CIRDI, v., por último, HIRSCH, pgs. 7 e segs.

[1531] Assim, AMERASINGHE, *op.cit.*, pg. 1451.

A construção dogmática

Depois, são os próprios TBI que definem as regras processuais dos tribunais *ad hoc* ou, então, deixam ao respectivo tribunal o encargo de o fazer[1532]. Especial cuidado é, em qualquer caso, tomado pelo próprio TBI com a composição do tribunal. Pelo menos quando o litígio se desenrola entre Estados (e não entre um Estado e um nacional de outro Estado), o tribunal é composto por um árbitro designado por cada uma das duas partes em litígio, e o terceiro é escolhido pelos dois de comum acordo ou, não havendo acordo, é designado pelo Presidente do TIJ ou, caso este esteja impedido ou for nacional de qualquer dos Estados envolvidos, pelo Vice-Presidente. É este, na sua essência, o sistema de composição do tribunal, definido também no modelo português de TBI (art. 8.°). No que toca ao Direito substantivo pelo qual os litígios devem ser resolvidos, a orientação dominante é muito próxima da que consta da Convenção de Washington, ou seja, os TBI mandam aplicar aos litígios o Direito eventualmente previsto neles e noutros TBI concluídos pelas Partes Contratantes com terceiros Estados, bem como o Direito Internacional Público[1533].

Como já vimos ao longo deste livro, várias sentenças arbitrais importantes foram proferidas ao longo dos tempos em matéria de protecção da propriedade privada. Todavia, a jurisprudência arbitral mais rica, desde sempre, sobre a matéria, inclusive no domínio da reparação dos prejuízos causados por expropriação ilícita, foi a que recentemente produziu o Tribunal Arbitral de Haia, criado nos termos especiais que já conhecemos, para decidir os processos nascidos no complexo e vasto litígio entre o Irão e os Estados Unidos. Essa jurisprudência tem contribuído, desde logo, para a afirmação e a consolidação do moderno Direito Internacional da Propriedade Privada, nos vários aspectos referidos ao longo deste livro. E a matéria da reparação tem sido, como se viu, das que mais tem ganho com o labor doutrinário daquele Tribunal.

Uma palavra final para se ver como é que o modelo português de TBI prevê o recurso à arbitragem internacional para o efeito de resolver os litígios surgidos a propósito de uma expropriação ilícita.

[1532] DOLZER/STEVENS, pgs. 125 e segs.
[1533] V. os exemplos dados por DOLZER/STEVENS, pgs. 128-129.

A expropriação ilícita

Quando esses litígios eclodem *entre as duas Partes Contratantes* (portanto, os Estados signatários de cada TBI), já vimos quais são os meios que o artigo 8.º prevê para a sua resolução: primeiro, a negociação diplomática; falhada essa, o recurso a um tribunal *ad hoc*, que será constituído nos termos atrás referidos, que definirá as suas regras processuais e cuja sentença será obrigatória para as partes.

Quando, diferentemente, os litígios opuserem *um dos Estados partes ao nacional do outro Estado parte*, falhadas as negociações entre os litigantes – aquele Estado e este particular –, cada um destes poderá optar por submeter o diferendo ou aos tribunais do Estado no território do qual "se situe o investimento", ou ao CIRDI, sem que – sublinhe-se – neste último caso se exija a prévia exaustão dos meios internos do Estado infractor. Como se disse atrás, enquanto o litígio estiver pendente de sentença arbitral, nenhum dos Estados partes no TBI poderá recorrer aos meios da protecção diplomática. Poderá fazê-lo concluída a arbitragem, se a parte que tiver decaído não acatar a sentença. Esta, aliás, é obrigatória. Tudo isto se encontra regulado no artigo 9.º daquele TBI.

Não nos interessa considerar neste ponto deste livro o Tribunal Arbitral de Paris, que actua no quadro da Câmara de Comércio Internacional (com a sigla francesa CCI ou a sigla inglesa ICC), que também tem a sua sede em Paris. De facto, segundo CREMADES[1534] e STÖDTER[1535], aquele Tribunal leva a cabo uma "arbitragem comercial", querendo-se dizer com isso que os litígios que ele julga caem no puro âmbito do Direito Privado e os Estados que neles intervêm não o fazem no exercício dos seus poderes soberanos[1536]. Portanto, não são litígios de Direito Internacional Público, quando muito o são de Direito Internacional Privado[1537]. Tanto basta para que não tenhamos que nos preocupar com aquele Tribunal neste livro.

[1534] Pg. 674.

[1535] Pg. 1067.

[1536] CREMADES, *loc.cit.*

[1537] Assim, CREMADES, pgs. 674-675; e STÖDTER, pgs. 1067-1068.

III – A reparação no quadro da Convenção Europeia dos Direitos do Homem

A – *Introdução*

A responsabilidade do Estado por violação do direito à proprie-dade privada reconhecido pelo artigo 1.° do PA n.° 1 à CEDH pode ser efectivada através do artigo 50.° da CEDH pelo próprio indivíduo lesado, diz, como veremos, este último preceito. Só que, para que o indivíduo possa lançar mão do meio de reparação previsto nesse artigo, tem de preencher vários requisitos, que provam, não só que o seu acesso aos meios jurisdicionais previstos pela CEDH para a reparação da violação à CEDH ou aos seus Protocolos não é directo ou imediato (ainda que seja pessoal), como também que pode o Estado infractor ser parte na CEDH e nos seus Protocolos, inclusive no PA n.° 1, e o lesado não beneficiar de qualquer acesso ao sistema jurisdicional previsto na CEDH, enquanto não entrar em vigor, em Novembro de 1998, o PA n.° 11, nos termos do artigo 4.° do mesmo Protocolo (após o que, adiante-se desde já, aquele art. 50.° passará a ter o n.° 41.°).

Vamos estudar este meio de reparação com maior desenvolvi-mento, por várias razões: devido à sua importância para Portugal, como Estado parte naquela Convenção e no PA n.° 1; devido ao novo fôlego que a Convenção pretende conceder-se a si própria com a próxima entrada em vigor do referido PA n.° 11 à Convenção[1538], que funde a Comissão e o Tribunal num único Tribunal, que continua a chamar-se Tribunal Europeu dos Direitos do Homem (novo Título II da CEDH, arts. 19.° e seguintes); e devido também à circunstância, que não tem explicação, de, vinte anos após a adesão do nosso País à Convenção (aliás, uma adesão turbulenta[1539]), não haver ainda nenhum estudo de fundo em língua portuguesa sobre este meio de reparação.

[1538] Sobre o PA n.° 11 veja-se o recente estudo de DRZEMCZEWSKI, pgs. 59 e segs.

[1539] V. GONÇALVES PEREIRA/FAUSTO DE QUADROS, pg. 624; JORGE MIRANDA, *Direito Internacional*, pgs. 328 e segs.; e MARIA JOSÉ MORAIS PIRES, pgs. 388-390.

A expropriação ilícita

B – *O fundamento do direito à reparação*

O artigo 1.º do PA n.º 1 à CEDH reconhece o direito à propriedade privada, nas circunstâncias que estudámos atrás, mas nada dispõe
expressamente sobre a reparação devida pela violação daquele direito
– reparação que, no quadro da CEDH, aparece sempre designada
pela doutrina, indistintamente, como veremos, de "indemnização"[1540]
(*"indemnité"*, *"dédommagement"*, *"Entschädigung"*), independentemente
da terminologia utilizada pelo próprio texto da CEDH, nas suas versões
que fazem fé, como iremos estudar. Para se perceber isso é necessário
começar por se compreender a sistematização daquela Convenção e
dos seus Protocolos.

De facto, os autores daquela e destes pretenderam elencar numa e
noutros os direitos, as liberdades e as garantias que desejaram consagrar nos respectivos textos[1541], deixando apenas para um artigo a disciplina da reparação pela infracção a qualquer desses direitos, liberdades
e garantias. Esse preceito é o *artigo 50.º* da Convenção, que dispõe, nas
duas versões oficiais:

Article 41
Si la décision de la Cour déclare qu'une décision prise ou une mesure
ordonné par une autorité judiciaire ou toute autre autorité d'une Partie
Contractante se trouve entièrement ou partiellement en opposition avec des
obligations découlant de la présente Convention, et si le droit interne de
ladite Partie ne permet qu'imparfaitement d'effacer les conséquences de
cette décision ou de cette mesure, la décision de la Cour accorde, s'il y a lieu,
à la partie lésée une *satisfaction équitable*.

Article 41
If the Court finds that a decision or a measure taken by a legal authority or any other authority of a High Contracting Party is completely or par-
tially in conflict with the obligations arising from the present Convention,

---

[1540] *Comentário Pettiti*, pgs. 812 e segs.; e FROWEIN/PEUKERT, pgs. 667 e segs.

[1541] Somente por cautela recordamos que essa afirmação deve ser interpretada
sem prejuízo de se reconhecer que, para além de elencar direitos, liberdades e garantias, tanto a Convenção como os Protocolos também regulam questões institucionais e
processuais – v. GONÇALVES PEREIRA/FAUSTO DE QUADROS, pgs. 612-615,
onde, todavia, ainda se não estuda o PA n.º 11.

and if the internal law of the said Party allows only partial reparation to be made for the consequences of this decision or measure, the decision of the Court shall, if necessary, afford *just satisfaction* to the injured party.[1542]

Este preceito será substituído quando o PA n.° 11 entrar em vigor, como se disse já, pelo novo *artigo 41.°* da CEDH, que, no essencial, diz o mesmo, mas com a seguinte redacção:

Article 41
Satisfaction équitable

Si la Cour déclare qu'il y a eu violation de la Convention ou de ses protocoles, et si le droit interne de la Haute Partie contractante ne permet d'effacer qu'imparfaitement les conséquences de cette violation, la Cour accorde à la partie lésée, s'il y a lieu, une satisfaction équitable.

Article 41
Just satisfaction

If the Court finds that there has been a violation of the Convention or the Protocols thereto, and if the internal law of the High Contracting Party concerned allows only partial reparation to be made, the Court shall, if necessary, afford just satisfaction to the injured party.

De qualquer modo, como o artigo 50.° ainda continua em vigor quando concluímos este livro, será sobre ele que basearemos o nosso estudo.

Isto significa que o fundamento do direito à indemnização por actos *lícitos* de ingerência na propriedade privada tem de ser encontrado no artigo 1.° do PA n.° 1, como estudámos atrás. Mas o fundamento do direito à reparação devida pela violação, portanto, *ilícita*, do direito à propriedade privada, tal como este se encontra reconhecido naquele preceito, por exemplo, por infracção ao direito à justa indemnização por expropriação, tem como fundamento, no sistema daquela Convenção, o artigo 50.°, enriquecido com a jurisprudência do TEDH, que se foi formando em seu redor. Já não se trata, pois, de um direito à indemnização devida por expropriação *lícita*; trata-se, agora, de um direito à reparação por violação do direito à propriedade privada, no quadro da responsabilidade internacional do respectivo Estado por uma

---

[1542] Os itálicos são nossos.

A expropriação ilícita

expropriação *ilícita*. O estudo deste último direito à reparação implica, pois, a análise do artigo 50.º, o que vamos fazer de seguida, e, pelas razões apontadas, com desenvolvimento, embora sempre com respeito pelos limites impostos pelo objecto do estudo neste livro.

C – *A génese do artigo 50.º (futuro art. 41.º) da CEDH*

Para se compreender o artigo 50.º é indispensável estudar-se a sua génese.

A origem remota deste preceito, a avaliar pelos seus trabalhos preparatórios, remonta a projectos apresentados pelo Movimento Europeu.

De facto, era na Resolução aprovada por aquele Movimento em Maio de 1948, na sequência do Congresso de Haia desse ano[1543], que se fazia pela primeira vez referência a um Tribunal, que, segundo essa Resolução, deveria ter competência para aplicar "as sanções necessárias" para fazer respeitar a Carta relativa aos Direitos do Homem, cuja elaboração fora proposta naquele Congresso.

Logo a seguir, em Julho de 1949, o Movimento Europeu apresentou ao Conselho de Ministros do Conselho da Europa, cujo Estatuto fora aprovado nesse mesmo ano[1544], um projecto de convenção, onde se previa que aquele Tribunal pudesse "aplicar medidas de reparação, ou impor ao respectivo Estado a adopção de medidas penais ou administrativas contra toda a pessoa responsável pela violação, ou a anulação, a suspensão ou a correcção da decisão impugnada"[1545].

Contudo, logo na primeira sessão da Assembleia Parlamentar do Conselho da Europa, que teve lugar em Agosto e Setembro de 1949, se viu que aqueles projectos, no que aqui nos interessa, não colhiam o

---

[1543] Sobre o Congresso de Haia de 1948, v. POIDEVIN; ZORGBIDE; GONÇALVES PEREIRA/FAUSTO DE QUADROS, pgs. 595-596; e OPPERMANN, *Europarecht*, pgs. 7 e segs.

[1544] CARSTENS, pgs. 3 e segs.; DUCLOS, pgs. 1 e segs.; GONÇALVES PEREIRA/FAUSTO DE QUADROS, *loc.cit.*

[1545] *Recueil des "travaux préparatoires" de la Convention Européenne des Droits de l'Homme*, I, Amesterdão, 1975, pgs. 301 e segs. (doravante esta obra será citada pela sua sigla usual, TP).

A construção dogmática

apoio de muitos dos Estados fundadores do Conselho da Europa, que não pretendiam que o Tribunal tivesse poderes tão extensos em relação aos Estados, particularmente, poderes injuntivos. Por isso, não obstante o projecto de Relatório da Comissão de Assuntos Jurídicos e Administrativos daquela Assembleia, redigido pelo Professor PIERRE-HENRI TEITGEN, previsse que o Acórdão do Tribunal pudesse ordenar ao Estado em causa que anulasse, suspendesse ou corrigisse a decisão em questão, reparasse o prejuízo causado, ou aplicasse sanções penais, administrativas ou civis à pessoa ou às pessoas responsáveis[1546], o certo é que tanto o Relatório final aprovado por aquela Comissão e submetido por ela à Assembleia Parlamentar em 5 de Setembro de 1949[1547], como a Recomendação n.º 38, aprovada por esta em 8 do mesmo mês[1548], omitiam qualquer referência àqueles poderes de injunção.

Em Fevereiro do ano seguinte, 1950, o Comité de Peritos de Direitos do Homem, na sua primeira sessão, retoma o assunto, ainda que de forma muito mais atenuada. Aquele Comité debruça-se sobre a atribuição ao Tribunal de "competência para conceder indemnizações, restauração *in natura* (*restitutio in integrum*) ou reparações morais"[1549]. Mas nem mesmo esta fórmula obteve consenso. Por isso, um dos seus membros, PERASSI, foi encarregado de encontrar uma solução de compromisso entre as diversas posições em confronto. Foi essa a solução que acabou por ser aceite, já que a redacção que o artigo 50.º veio, a final, a ter, acolhe-a, no essencial: a única diferença significativa reside no facto de que, enquanto que na proposta de PERASSI se fazia referência ao "Direito Constitucional", no texto final do artigo 50.º se substituiu essa expressão por "Direito interno"[1550].

O texto aprovado com base naquela proposta foi aceite pelo Sub-Comité de redacção no artigo 39.º do projecto de Convenção que aquele Comité de Peritos apresentou ao Conselho de Ministros em

---

[1546] TP, I, 213.

[1547] TP, I, 217-235.

[1548] TP, II, 275-283.

[1549] TP, III, 37. Na terminologia jurídica portuguesa, a restauração natural visa reconstituir "a situação que existiria se não se tivesse verificado o evento que obriga à reparação" (art. 562.º do Código Civil) e não se confunde com a *restitutio in integrum* – v., por último, RITA AMARAL CABRAL, pgs. 216 e segs.

[1550] TP, III, 231.

A expropriação ilícita

Março de 1950[1551]. Para tranquilizar os espíritos discordantes, o Comité de Peritos, no relatório que antecedia aquele projecto, deixava claro que, segundo o texto por ele aprovado, o Tribunal não teria "nomeadamente o poder de anular ou de modificar actos que emanassem dos órgãos dos Estados signatários"[1552].

As razões pelas quais o texto apresentado por PERASSI acabou por permitir o acordo que as tentativas anteriores não haviam conseguido foram duas: a primeira, claro, era o facto de ele não conceder ao Tribunal qualquer poder injuntivo em relação aos órgãos estaduais, e, muito menos, o poder de anular normas ou actos de Direito interno contrários à Convenção; a segunda, não menos importante, era a de que esse texto se inspirava em disposições que constavam de tratados internacionais anteriores, e que na matéria haviam dado boas provas: era o caso do artigo 10.º do Tratado Germano-Suíço de Arbitragem e de Conciliação, de 1921, e o artigo 32.º do Acto Geral de Genebra para a solução pacífica dos diferendos internacionais, de 1928. Esta última razão é expressamente confessada num dos primeiros acórdãos em que o TEDH se viria a debruçar sobre o artigo 50.º da CEDH – o Acórdão proferido no caso *Lawless I* [1553]. E, da conjugação do texto do Acórdão com as declarações de voto dos juízes HOLMBÄCK, ROSS e WOLD, apreendemos a ideia de que a redacção do artigo 50.º se inspirara directamente em disposições que constavam de vários tratados de arbitragem e que visavam prevenir a situação em que um Estado, embora desejasse respeitar os seus compromissos internacionais, se encontrava impedido de o fazer, por força do seu Direito Constitucional, sem rever previamente a sua Constituição. Aquelas disposições vinham, pois, permitir que os Estados nessa situação substituíssem as obrigações que lhes decorriam dos tratados pela obrigação de pagar à parte lesada "uma indemnização justa (*"just satisfaction"*, *"satisfaction équitable"*) de uma outra natureza".

Note-se, todavia, que, quando o Conselho de Ministros submeteu ao parecer da Assembleia Parlamentar o seu projecto de Convenção, na sessão daquela Assembleia de Agosto de 1950, TEITGEN tentou recuperar a sua proposta, acima referida, que ia no sentido de o Tribunal ter

---

[1551] TP, IV, 75.
[1552] TP, IV, 45.
[1553] Ac. 14-11-60, § 16.

A construção dogmática

competência para anular as normas ou os actos impugnados pelos lesados, para além de poder atribuir-lhes uma indemnização[1554]. Mas, também desta vez, aquela proposta esbarrou na oposição da parte de alguns Estados membros do Conselho da Europa. Por isso, a Comissão de Assuntos Jurídicos e Administrativos sugeriu à Assembleia que não alterasse o projecto vindo do Conselho de Ministros[1555]. E assim se fez[1556].

D – *Relação entre o artigo 50.° da CEDH e o artigo 1.° do Protocolo Adicional n.° 1*

A relação entre o artigo 50.° da CEDH (ou, recordamo-lo, o seu futuro art. 41.°) e o artigo 1.° do PA n.° 1 é, pois, clara. Já o explicámos, pelo que agora há apenas que recapitular o que já ficou dito.

Do artigo 1.° do PA n.° 1 resulta, como no Capítulo III desta Parte II vimos, que a ingerência na propriedade privada, que vá para além da mera regulamentação do exercício desse direito (a chamada abreviadamente, neste livro, expropriação lícita), confere ao particular direito à indemnização como condição da licitude da ingerência. Assim decidiu o Tribunal, por exemplo, como então mostrámos, no caso *Matos e Silva, Lda. c. Portugal*, onde ele foi da opinião de que os actos de declaração de utilidade pública e de servidões, legais e administrativas, impostos ao imóvel em causa, conferiam aos particulares, ao abrigo daquele preceito do artigo 1.° do PA n.° 1, direito a indemnização pelo Estado Português[1557].

Mas, se a licitude da ingerência não for respeitada e, por isso, o Estado incorrer em situação de responsabilidade internacional por um acto ilícito de expropriação, nesse caso o lesado tem direito à reparação com fundamento no artigo 50.° da CEDH.

Fica, pois, clara a distinção entre o direito à indemnização por expropriação *lícita*, que decorre para o indivíduo do artigo 1.° do PA

[1554] TP, VI, 15.

[1555] TP, VI, 65.

[1556] Sobre a história do artigo 50.°, veja-se, por último, o *Comentário Pettiti*, pgs. 809-810; e FROWEIN/PEUKERT, pgs. 668 e segs.

[1557] §§ 79 e 92.

A expropriação ilícita

n.º 1, e o direito à reparação por expropriação *ilícita*, que lhe é reconhecido pelo artigo 50.º da CEDH, por efeito da violação de alguma das condições fixadas no artigo 1.º do PA n.º 1 para a licitude da expropriação. Neste Capítulo só nos ocuparemos do segundo.

E – *Os pressupostos processuais da aplicação do artigo 50.º*

O artigo 50.º submete a atribuição pelo Tribunal de uma indemnização ao lesado a uma série de requisitos. Digamos que esses requisitos valem como verdadeiros pressupostos processuais da consideração pelo Tribunal do pedido de indemnização. Ou seja, se qualquer desses requisitos se não verificar, o Tribunal nem sequer entra no exame da procedência do pedido de indemnização.

São eles:

a) a existência de um lesado;

b) a declaração pelo Tribunal da existência de violação à Convenção;

c) a impossibilidade para o lesado de obter, de harmonia com o seu Direito interno, uma reparação *total* ou *completa* das consequências da violação.

Note-se que, após a substituição a que o PA n.º 11 procederá, do actual artigo 50.º pelo futuro artigo 41.º, já atrás transcrito, estes pressupostos manter-se-ão os mesmos, dado que o diferente teor dos dois preceitos não toca na sua substância.

Vamos examinar, então, cada um dos três requisitos referidos.

a) Existência de um lesado

Para começar, tem que existir um lesado com a violação à Convenção. Digamos que este requisito corresponde a um pressuposto processual de *legitimidade activa* quanto à garantia conferida pelo artigo 50.º

A legitimidade de uma pessoa para se considerar lesada pela violação da Convenção, para os efeitos do artigo 50.º, afere-se pelos mesmos critérios que presidem à definição do conceito de "vítima" para os efeitos do artigo 25.º da Convenção, e que levam a considerar vítima

A construção dogmática

toda a pessoa, singular ou colectiva, afectada directamente pela violação à Convenção (*vítima directa*), bem como toda a pessoa que alegue um vínculo especial, designadamente de parentesco ou de sociedade, com a vítima directa, de tal modo que demonstre que a violação lhe causou prejuízo (*vítima indirecta ou potencial*)[1558,1559]. Tem sido essa a orientação constante da jurisprudência do TEDH, especialmente desde o caso *De Wilde, Ooms e Versyp*[1560].

Os requisitos do conceito de vítima e, portanto, de lesado, para os efeitos do artigo 50.°, não coincidem necessariamente com os requisitos da legitimidade activa fixados pelo Direito interno. Daí que possa a legitimidade para requerer a indemnização a que se refere o artigo 50.° da CEDH diferir da legitimidade para requerer medidas análogas à face do respectivo Direito interno, ou da legitimidade das pessoas respectivas para intervirem nos processos ou procedimentos que correram, ou correm, os seus trâmites na ordem interna do Estado infractor, qualquer que seja a natureza desses processos ou procedimentos[1561,1562].

b) Declaração pelo Tribunal de existência de violação à Convenção

O segundo requisito consiste na existência de uma infracção à Convenção, declarada pelo Tribunal por acórdão seu, na sequência do processo iniciado na Comissão, nos termos dos artigos 25.° e seguintes da CEDH.

A referência às regras processuais dos artigos 25.° e seguintes da CEDH engloba três exigências: para que o lesado obtenha a declaração de violação à Convenção é necessário, antes de mais, que ele esgote os

---

[1558] VELU/ERGEC, pgs. 800 e segs. e 1036; FROWEIN/PEUKERT, pg. 668.

[1559] A definição de vítima pensada para o artigo 25.° e acolhida na jurisprudência dos órgãos da Convenção aproxima-se da definição de recorrente não privilegiado no artigo 230.° (ex-173.°), par. 2, do Tratado CE.

[1560] Ac. 10-3-72, pgs. 10-11.

[1561] Assim, Ac. 26-10-88, caso *Norris*, pg. 15.

[1562] No mesmo sentido, VELU/ERGEC, pg. 799, com apoio na jurisprudência da Comissão e do Tribunal.

[1563] V. o nosso estudo *Princípio da exaustão*, pgs. 133 e segs. Com referência ao Direito português, e num caso em que uma das violações alegadas era a do artigo 1.°

A expropriação ilícita

meios internos do Estado infractor (art. 25.°) ou que demonstre que não os pode exaurir[1563]; depois, é indispensável que o Estado infractor tenha reconhecido a competência da Comissão para os efeitos do artigo 25.°, sem o que o lesado não tem acesso à Comissão; e, por fim, é preciso que ele tenha aceite a jurisdição obrigatória do Tribunal para os efeitos do artigo 46.°, sem o que o lesado não tem acesso ao Tribunal.

Note-se, todavia, que, como já explicámos neste Capítulo, após a entrada em vigor do PA n.° 11, a jurisdição do Tribunal, que substituirá a actual Comissão e o actual Tribunal, será *obrigatória* para os Estados, deixando de se aplicar as referidas exigências dos actuais artigos 25.° e 46.°, salvo nas hipóteses transitórias previstas no artigo 6.° daquele PA n.° 11. A partir de então, só será, pois, necessária a prévia exaustão dos meios internos (art. 35.°, depois do PA n.° 11). Mas, enquanto o PA n.° 11 não entrar em vigor, só reunidos aqueles três requisitos é que o indivíduo poderá preencher este pressuposto processual do artigo 50.°, que consiste na declaração pelo Tribunal da existência da infracção. Tudo isto prova, primeiro, que o acesso do indivíduo ao sistema jurisdicional da CEDH não é directo ou imediato, porque ele tem de ser precedido de prévia exaustão dos meios internos do Estado infractor; e, segundo, que, enquanto não entrar em vigor o PA n.° 11, pode este ser parte na CEDH e nos seus Protocolos e o indivíduo não ter acesso nem à Comissão nem ao Tribunal se o Estado infractor não tiver produzido as declarações dos artigos 25.° e 46.° da CEDH.

Não raro, o lesado pede ao Tribunal que declare a existência de mais do que uma violação à Convenção, melhor dito, de violação a mais do que um dos direitos reconhecidos pela Convenção. Nesse caso, bastará a declaração da existência de uma só das violações alegadas para que o lesado tenha legitimidade para formular o pedido de indemnização a que se refere o artigo 50.°

O acto lesivo da parte do Estado que o Tribunal pode, para o efeito, considerar uma infracção à Convenção pode provir do Poder Legislativo, do Poder Administrativo ou do Poder Judicial – basta que ele seja imputável ao Estado respectivo como sujeito do Direito Internacional. E a

---

do PA n.° 1, quer a Comissão, quer o Tribunal, consideraram justificada a não exaustão por paralisia da justiça nacional – v. caso *Matos e Silva*, Deliberação da Comissão sobre a admissibilidade, matéria de Direito, § 1, e Acórdão do TEDH, §§ 57-59, 72-75 e 93.

"decisão" ou "providência" ("disposição", na tradução portuguesa do art. 50.°) em questão (expressão que o art. 41.°, que ocupará o lugar do art. 50.° após a entrada em vigor do PA n.° 11, substitui, de modo muito mais eficaz, por "violação da Convenção ou dos seus Protocolos") poderá ter conteúdo positivo ou negativo, podendo, por exemplo, neste último caso, assumir a forma de uma omissão legislativa[1564].

Por seu lado, não é necessário que a violação já se tenha consumado: o Tribunal já concedeu uma indemnização no âmbito do artigo 50.° por uma infracção à Convenção meramente potencial[1565] – que, aliás, depois se não veio a concretizar[1566].

c) *Impossibilidade para o lesado de obter, de harmonia com o respectivo Direito interno, uma reparação integral das consequências da violação*

Segundo o artigo 50.°, o Tribunal só concederá a indemnização "se o Direito interno da Parte Contratante *só por forma imperfeita* permitir remediar as consequências" da violação à Convenção[1567].

Embora este ponto não apareça desta forma referido na doutrina, queremos frisar que, em boa verdade, este pressuposto resulta da aplicação do princípio da exaustão e, portanto, será fiscalizável pela Comissão logo na sua deliberação sobre a admissibilidade da queixa: de facto, se a Comissão verificar que havia um meio nacional de reparação das consequências da infracção, e estiver demonstrado que esse meio permite ao queixoso, *de forma perfeita, célere e eficaz*, reparar internamente, *na íntegra*, essas consequências, provavelmente a queixa nem sequer será admitida pela Comissão e, portanto, não chegará ao Tribunal. Por exemplo, como já escrevemos no passado[1568], não poderá ser exigida a exaustão e, também, não poderá ser entendido que não se preenche este pressuposto processual do artigo 50.°, se estiver sedi-

---

[1564] Caso *Lawless I*, cit., § 22.
[1565] Ac. 26-3-85, *X e Y*, §§ 126-128.
[1566] V. *Comentário Pettiti*, pg. 811.
[1567] O itálico é nosso.
[1568] *Princípio da exaustão*, pgs. 136-137 e 142.

A expropriação ilícita

mentada, na ordem interna do Estado infractor, uma prática administrativa ou uma corrente jurisprudencial contrária à reparação *integral* das consequências da violação, quer em abstracto, quer nas circunstâncias concretas do caso em discussão.

Tanto do teor do preceito transcrito, como da interpretação que a doutrina[1569] e a jurisprudência do Tribunal[1570] lhe dão, extrai-se, desde logo, que o escopo último deste preceito é o de facultar a restauração natural do lesado. Portanto, quando o Direito interno não permite ao lesado alcançar a restauração natural, ou, por maioria de razão, não lhe permite, de todo, alcançar qualquer reparação, deve o Tribunal considerar preenchido este requisito. A essas situações deve ser equiparada a de a restauração natural ser, pela sua própria natureza, impossível, ou, entretanto, se ter tornado impossível, inclusive no caso de essa impossibilidade resultar da própria natureza da violação[1571].

Por isso, o facto de o Direito interno permitir apenas uma reparação parcial ou incompleta (*"ein unvollendete Wiedergutmachung"*, dizem, com todo o rigor, FROWEIN e PEUKERT[1572]) não impede que o lesado se sirva do artigo 50.º, como resulta, desde logo, da redacção deste preceito. Esse facto poderá, quando muito, ser levado em conta para a quantificação da indemnização a atribuir ao lesado. Por isso, não se compreende a corrente jurisprudencial em sentido contrário, ainda que minoritária[1573].

Note-se, aliás, que, mesmo quando a restauração natural for possível à face do Direito interno, deve o Tribunal considerar preenchido este pressuposto processual sempre que a reparação segundo o Direito interno não seja possível *até à data* do Acórdão do Tribunal sobre o pedido de indemnização formulado à luz daquele preceito[1574].

[1569] *Comentário Pettiti*, pgs. 811-812; FROWEIN/PEUKERT, anotações 26 e segs. ao artigo 50.º; e COHEN-JONATHAN, *Convention*, pg. 213.

[1570] Acs. 27-6-68, *Neumeister*, § 40, e 28-6-78, *König*, § 15, mas, muito especialmente, Ac. 31-10-95, *Papamichalopoulos – artigo 50.º*, § 36.

[1571] V., sobre o último ponto, os Acs. *Lawless I*, § 20; 27-6-68, *Neumeister*, § 15; e 23-11-76, *Engel e outros*, § 13.

[1572] Pg. 670.

[1573] Acs. 1-7-61, *Lawless II*, §§ 40-41; 7-5-74, *Neumeister – art. 50.º*, § 14; 7-12-76, *Handyside*, § 10; 26-6-91, *Letellier*, § 62.

[1574] Assim, FROWEIN/PEUKERT, *loc.cit.*

A construção dogmática

No que toca especialmente à violaçãso do direito de propriedade privada, deve entender-se, como o fazem Frowein e Peukert[1575], que a restauração natural, quando a violação se traduzir num acto de privação, impõe a *reversão* do bem expropriado (completada, se necessário, com outra forma de reparação). Por isso, sempre que o Direito interno não propicie, ou não possa propiciar ao lesado, na íntegra, antes da sentença do Tribunal no âmbito do artigo 50.°, a reversão, com referência à data actual, deve o Tribunal considerar preenchido este pressuposto processual.

d) Dispensa da exaustão dos meios internos

A aplicação do artigo 50.° não se encontra sujeita à prévia exaustão dos meios internos em relação ao pedido de indemnização. O Tribunal defendeu esse ponto de vista em todos os casos em que os Estados réus deduziram a excepção da exaustão. As razões nas quais se alicerça essa posição do Tribunal são duas: primeiro, o artigo 26.° (futuro art. 35.°) não se aplica à decisão de fundo sobre o processo, portanto, ao processo de concessão da indemnização regulada no artigo 50.°; depois, tendo-se já exigido a exaustão quanto à declaração da infracção, é excessivo impô-la uma segunda vez, para além do que isso iria atrasar ainda mais o processo perante os órgãos da Convenção, um processo que, lamentavelmente, dura, em regra, muitos anos[1576], pelo menos enquanto não entrar em vigor o Protocolo n.° 11.

Por isso, o Tribunal não deixa de aplicar o artigo 50.° se estiver convencido de que o lesado podia ter proposto, de harmonia com o respectivo Direito interno, uma acção de indemnização[1577] – a não ser, claro, que vá tão longe nesse convencimento que entenda que essa acção teria permitido ao lesado obter de modo rápido e eficaz uma reparação *total* das consequências da violação, caso em que, como acima mostrámos, nem sequer se debruçará sobre a procedência do

---

[1575] *Loc.cit.*

[1576] *Lawless I*, §§ 15-16; e Ac. 25-3-83, caso *Minelli*, § 66.

[1577] V., por exemplo, *Lawless I*, loc.cit.; Acs. 10-11-69, *Matzenetter*, § 44; e 8-6-76, *Engel e outros*, § 13.

pedido de indemnização. Quando muito, perante a eventualidade de o lesado vir a obter, num futuro próximo, segundo o seu Direito interno, uma indemnização pelos prejuízos decorrentes da violação à Convenção, o Tribunal suspende a instância quanto ao pedido de indemnização formulado em face do artigo 50.°, mesmo após ter, porventura, já declarado a existência da violação à Convenção em Acórdão autónomo[1578].

Parece-nos que esta orientação do Tribunal não é isenta de críticas.

De facto, a partir do momento em que o Tribunal não submete a decisão sobre a indemnização, em face do artigo 50.°, à regra da exaustão dos meios internos, não faz sentido que ele atrase ainda mais aquela decisão com fundamento no facto de, no Estado respectivo, o lesado poder vir a obter, ou estar prestes a obter, provimento numa acção de indemnização. E duas razões reforçam este nosso pensamento.

Em primeiro lugar, o Tribunal pode estar a facultar por essa via, ao Estado respectivo, sem o querer, um meio de, atrasando o processo interno de reparação, retardar a própria decisão à face do artigo 50.° – o que será uma triste ironia nos casos, que ocorreram não raro, em que o fundamento, ou um dos fundamentos, do pedido de indemnização for exactamente o atraso no funcionamento dos tribunais, em infracção ao artigo 6.°, n.° 1, da CEDH.

Depois, sendo as causas de pedir diferentes na acção de indemnização do Direito interno e no pedido de indemnização à luz do artigo 50.° da CEDH, não se compreende que o Tribunal faça depender, de algum modo, este daquela.

F – *Os elementos constitutivos do direito à indemnização*

Parte da doutrina considera "condições" da concessão da indemnização ao somatório dos pressupostos processuais acabados de estudar e da matéria sobre a qual nos vamos debruçar neste número[1579]. Da nossa parte, não seguiremos essa metodologia.

[1578] V., por todos, o Ac. 24-11-86, *Unterpertinger*, § 35.

[1579] V., especialmente, VELU/ERGEC, pgs. 1031 e segs. e 1034 e segs.

A *construção dogmática*

Com efeito, não obstante o Tribunal não proceder formalmente a essa distinção quando julga à face do artigo 50.°, a leitura dos Acórdãos proferidos nesse âmbito mostra-nos que os requisitos que enunciámos no número anterior (letra E) tem para o Tribunal o valor de verdadeiros pressupostos processuais, isto é, de condições de admissão liminar do pedido de indemnização, enquanto que ele só concede a indemnização quando verifica que estão reunidos os elementos que fazem nascer, que criam, aquele direito – ou seja, ainda que menos rigorosamente, "condições"[1580] de concessão da indemnização.

Esses elementos são dois, a saber:

a) o prejuízo; e

b) o nexo de causalidade entre a violação alegada e o prejuízo.

a) *O prejuízo*

É o lesado, que requer a indemnização, que tem de alegar o prejuízo e de o provar como prejuízo *real* e não apenas eventual – é este o entendimento pacífico do Tribunal[1581]. O simples facto de esta exigência não ser respeitada levou já o Tribunal a recusar a indemnização, tanto por prejuízos materiais[1582], como por prejuízos morais[1583]. Por isso, o lesado tem interesse em computar, especificar e pormenorizar os prejuízos.

Não se pode confundir a exigência de um lesado, como pressuposto processual da garantia conferida pelo artigo 50.°, com a exigência do prejuízo como requisito da concessão da indemnização por violação do respectivo direito reconhecido pela CEDH e pelos seus Protocolos. Se quem requer a indemnização ao abrigo do artigo 50.° não demonstra que foi lesado com a violação da Convenção, o pedido de indemnização pode ser liminarmente rejeitado. Em bom rigor, a

---

[1580] P.ex., *Comentário Pettiti*, pgs. 812 e segs.

[1581] Acs. 1-7-61, *Lawless II (fundo)*, § 40; *Neumeister*, § 19; 6-11-80, *Guzzardi*, § 114; 10-12-82, *Corigliano*, § 57; e 29-5-86, *Deumeland*, § 96.

[1582] P.ex., Acs. 6-11-80, *Sunday Times (art. 50.°)*, § 23, e 13-8-81, *Young, James e Webster*, § 96.

[1583] Ac. 9-10-79, *Airey*, §§ 136 e 139.

A expropriação ilícita

verificação desse requisito começa por ser levada a cabo ainda pela Comissão, e logo no início, na deliberação sobre a admissibilidade da queixa, que ela tem de tomar ao abrigo do artigo 25.º da CEDH[1584]. Ao contrário, se o lesado demonstra sê-lo, mas não prova ter sofrido qualquer prejuízo, o pedido, ainda que admitido, não lhe é deferido, ou seja, o Tribunal não atribuirá ao lesado qualquer indemnização.

Mostrando um espírito de compreensão perante a realidade factual que em cada processo se discute, o Tribunal tem admitido algumas, ainda que muito raras, excepções à regra segundo a qual os prejuízos têm de estar computados e demonstrados pelo lesado, quando verifica, em função das circunstâncias do caso concreto, que a demonstração do prejuízo se apresenta como difícil para o requerente. Nessas situações, o Tribunal aceita a presunção *juris tantum* da verificação do prejuízo, alegado pelo requerente de modo mais ou menos abstracto. O Tribunal tem seguido esta orientação especialmente quanto a prejuízos morais, reconhecendo a dificuldade de prova de sentimentos íntimos, como a tristeza, a frustração ou a depressão[1585], e, inclusivamente, rejeitando, nesses casos, a excepção do Estado réu de falta de prova do prejuízo[1586, 1587].

Na apreciação do prejuízo alegado, o Tribunal serve-se de critérios autónomos e próprios, e não de critérios do Direito do Estado réu – foi o que ele deixou claramente enunciado, sobretudo, no já citado caso *Sunday Times*[1588].

Quanto à natureza do prejuízo, há duas importantes classificações a fazer.

A primeira distingue os prejuízos, nos termos gerais do Direito da responsabilidade civil, em prejuízos *materiais* e *morais*.

Quanto aos primeiros, há que distinguir os *danos emergentes* e os *lucros cessantes*. Estes últimos, invocados muitas vezes nos casos de vio-

---

[1584] V. caso *Matos e Silva, Lda.*, Deliberação da Comissão de 29-11-93.

[1585] Os primeiros Acs. nesse sentido foram os *Lawless II*, § 26; *Lawless (fundo)*, § 40; *De Wilde, Ooms e Versyp – artigo 50.º*, § 11. Mais recentemente, v. os Acs. de 15-7-82, *Eckle*, § 37; *Sporrong*, § 28; 1-10-82, *Piersack*, § 23; 25-3-83, *Minelli*, § 8; e 22-5-84, *De Jong*, § 66.

[1586] Ac. 22-5-84, *Van der Sluijs, Zuiderveld e Klappe*, §§ 11(b) e 14.

[1587] V. sobre este ponto, especialmente, *Comentário Pettiti*, pgs. 815 e 820-821.

[1588] § 15.

A construção dogmática

lação ao artigo 1.º do PA n.º 1, são designados vulgarmente, na terminologia do TEDH, de *"perda de oportunidades"* ou *"perda de oportunidades reais"*[1589], e assumem uma gravidade maior se ela provoca no lesado um sentimento de frustração e de impotência perante os prejuízos[1590].

O Tribunal tem aceite também a indemnizabilidade, à face do artigo 50.º, de danos morais, como já se disse atrás. Ele tem considerado como tais os sentimentos de sofrimento psíquico, inquietação, incerteza quanto ao futuro, depressão, abandono, frustração, impotência perante a perduração da violação da Convenção e a perda de oportunidades sobretudo económicas e financeiras, problemas financeiros de diversa índole, deterioração do nível de vida, prejuízo para a saúde física ou psíquica, perda de oportunidades de emprego ou de enriquecimento, etc.[1591].

A segunda classificação separa os prejuízos *stricto sensu* resultantes da violação à Convenção, os encargos (*"frais"*, em francês) (inclusive, os preparos e as custas de processos judiciais e taxas em procedimentos administrativos), as despesas (*"dépens"*, na terminologia francesa) e os juros moratórios[1592]. Entre os encargos e as despesas, incluem-se os honorários e as despesas de advogados e seus conselheiros ou assessores.

Doravante, e salvo referência expressa em contrário, só nos preocuparemos neste estudo com os prejuízos *stricto sensu*, dado que os encargos, as despesas e os juros não interessam directamente ao tratamento do tema deste capítulo.

[1589] Acs. 10-3-80, *König – artigo 50.º*, *passim*; 26-10-88, *Martins Moreira*, § 65, e 28-10-87, *Inze*, § 31. Cfr. VELU/ERGEC, pg. 1036; e FROWEIN/PEUKERT, anotações 56 e seguintes ao artigo 50.º Na perspectiva de *"perda de oportunidades reais"* os lucros cessantes foram objecto de elaborado tratamento jurídico pelos queixosos nos casos *Papamichalopoulos – artigo 50.º* (v. §§ 30-32 do Acórdão) e *Matos e Silva, Lda.* (v., especialmente, §§ 191 e 200 das alegações escritas dos queixosos, e respectivas alegações orais), embora o Tribunal não tenha dado resposta a essa elaboração.

[1590] Ac. 5-10-88, *Weeks – artigo 50.º*, §§ 13-14.

[1591] V. o rol actualizado de jurisprudência nesse sentido no *Comentário Pettiti*, pgs. 820-821.

[1592] V. esta distinção, com interesse para um pedido de indemnização formulado por violação do artigo 1.º do PA n.º 1, no citado caso *Sunday Times*, §§ 14 e 16.

A expropriação ilícita

b) Nexo de causalidade entre a violação da Convenção e o prejuízo

O Tribunal é também severo na exigência de um nexo de causalidade entre a violação por ele declarada e o prejuízo alegado, como o provam vários Acórdãos em que a indemnização foi recusada pelo simples facto de aquele nexo, no entender do Tribunal, não estar demonstrado[1593]. A grande maioria desses Acórdãos respeita à declaração da violação, no quadro do artigo 6.º, n.º 1, da Convenção, de garantias de processo penal.

Pela leitura desses Acórdãos vê-se que o Tribunal adopta uma concepção restrita do nexo de causalidade, por outras palavras, exige que a violação seja *causa directa* do prejuízo invocado. Transposta esta construção para os lucros cessantes, o Tribunal, como já se disse, concede indemnização por lucros cessantes, particularmente sob a forma de "perda de oportunidades", mas rejeita a consideração, para o efeito, de puras especulações, sem qualquer fundamento num juízo de probabilidade, sobre o que seria a situação do lesado caso a violação não tivesse ocorrido[1594].

G – *A indemnização*

a) Introdução

Caso se reunam os pressupostos processuais e se preencham os elementos constitutivos do direito à indemnização, que estudámos há pouco, o Tribunal outorga ao lesado uma indemnização. Repete-se que no léxico da CEDH não se utiliza a palavra reparação.

[1593] Uma lista quase exaustiva desses Acórdãos encontramo-la em dois dos mais recentes comentários à CEDH, os de VELU/ERGEC, pgs. 1039-1040, e de PETTITI, pg. 815. Ver, de entre eles, como os mais expressivos dentro dos mais recentes, especialmente, os de 14-9-87, *De Cubber – artigo 50.º*, § 3; 27-10-87, *Boden*, § 40; 30-11-87, *H. c. Bélgica*, § 59; 26-5-88, *Ekbatani*, § 35; 26-5-88, *Pauwels*, §§ 43 e 46; 21-6-88, *Berrehab*, §§ 33 e 34; 29-3-89, *Bock*, §§ 53-54; e 7-7-89, *Bricmont*, §§ 96-97.

[1594] V., sobretudo, os Acs. 29-5-86, *Feldbrugge*, § 52; 28-8-86, *Kosiek*, § 43; e 17-10-86, *Rees*, § 35.

Vamos estudar de seguida as principais questões que ela coloca com relevância para a epígrafe deste livro.

b) "Indemnização" ou "satisfação"?

As versões oficiais da Convenção empregam, no texto do artigo 50.º, e vão continuar a empregá-las no novo artigo 41.º, as expressões "*satisfaction équitable*" e "*just satisfaction*". Devem estas expressões ser interpretadas à letra? Por outras palavras: o emprego da expressão "satisfação", ainda por cima acrescida, na versão francesa, do adjectivo "equitativa", quer dizer, no espírito e na letra da CEDH, que o Tribunal se deve limitar a conceder ao lesado uma simples compensação pelos prejuízos e, pior, uma compensação meramente simbólica?

Em nosso entender, uma investigação profunda e cuidada conduz-nos a uma resposta negativa.

Nesse sentido, há que sublinhar nesta matéria, desde logo, uma questão de princípio.

Embora o problema não seja visto frequentemente dessa forma pela doutrina especializada, o pedido de indemnização permitido pelo artigo 50.º é dirigido ao Tribunal no quadro de uma verdadeira efectivação da responsabilidade internacional do Estado em causa. O Juiz de Estrasburgo, à face do artigo 50.º, deve começar por *declarar* a violação da CEDH ou de algum dos seus Protocolos (se, claro, entender que ela se verifica). É o próprio artigo 50.º que utiliza esse verbo, o que não deixa dúvidas sobre o carácter meramente *declarativo* do Acórdão, nesta sua primeira fase lógica[1595]. Mas não tem de se ficar por aí: se isso lhe for requerido pelo lesado, e se ele considerar reunidos os elementos constitutivos do direito deste à indemnização, entre os quais, como se viu, se inclui o prejuízo, o Tribunal *deve* conceder ao lesado uma *indemnização* correspondente ao prejuízo provado no processo. Nesta segunda fase lógica do processo, a sentença é *condenatória* do Estado infractor[1596]. De facto, no quadro da responsabilidade internacional do

---

[1595] Por todos, v. SUDRE, *L'influence*, pgs. 269 e segs., com vasta informação doutrinária e jurisprudencial no mesmo sentido.

[1596] Assim, VELU/ERGEC, pgs. 1027 e segs.; e CAMPOS, pg. 185.

A expropriação ilícita

Estado, que se pretende efectivar através do artigo 50.°, e que é subsidiária da teoria geral da responsabilidade civil, os prejuízos só se reparam através de uma verdadeira *indemnização*, no sentido etimológico da palavra, e não de uma mera compensação e, muito menos, de uma simples satisfação. Basta que se recorde, de modo fiel e constante, a doutrina do caso *Chorzow* sobre a função da reparação em Direito Internacional e o modo de calcular os prejuízos no quadro da responsabilidade internacional do Estado por acto ilícito. E o TEDH mostrou, primeiro, no caso *Piersack – artigo 50.°*[1597], depois, ainda mais expressivamente, no recente caso *Papamichalopoulos – artigo 50.°*[1598], que o conceito de reparação de que, pelo menos em teoria, parte na aplicação do artigo 50.°, é aquele que já vimos ter sido consagrado na jurisprudência internacional desde o caso *Chorzow*.

A isso acresce, contudo, que o elemento histórico da interpretação do artigo 50.° impõe que ele seja entendido como obrigando o Tribunal a conceder ao lesado, uma vez verificados todos os elementos constitutivos do direito à indemnização, uma *indemnização*, mais uma vez, no sentido de *indemnização justa*. De facto, como acima mostrámos, a redacção final do artigo 50.° limitou bastante os poderes que a generalidade dos projectos quiseram atribuir ao TEDH no quadro daquele preceito, ao longo dos trabalhos preparatórios da Convenção. Não faz, pois, sentido que o preceito seja objecto, para além disso, de interpretação restritiva, desfavorável ao particular, e, portanto, desfavorável à reparação das violações dos direitos reconhecidos pela Convenção.

Por fim, ao mesmo resultado nos conduz o espírito da Convenção. De facto, ele diz-nos que o que se quis permitir ao Tribunal no artigo 50.° foi que ele atribuísse ao lesado uma indemnização justa. Doutra forma é todo o sistema de protecção e garantia dos direitos reconhecidos pela Convenção que fica posto em causa.

Portanto, a expressão "satisfação equitativa" deve ser interpretada, por todas estas razões, como *indemnização* ou, se se preferir, *indemnização justa*, e, segundo postula o Direito Internacional geral, não necessariamente com o entendimento de indemnização pecuniária, mas com o sentido de reparação *lato sensu*, na esteira da doutrina

---

[1597] Ac. 26-10-84, § 12.
[1598] Ac. 31-10-95, § 36.

do caso *Chorzow*[1599]. A palavra "satisfação" quer significar aí, pois, *indemnização* (no sentido latino da palavra, que equivale a reparação), e o apelo à equidade no adjectivo francês pretende referir-se à justiça, *até para que a versão francesa coincida com a versão inglesa*. É essa também a opinião, mesmo na língua francesa, de renomados especialistas na CEDH, como o Professor COHEN-JONATHAN[1600] e VINCENT BERGER[1601]. Em língua portuguesa, é também essa a posição de um qualificado especialista na matéria, ABEL CAMPOS[1602].

Aliás, como em trabalhos recentes demonstra, entre nós, ANTÓNIO MENEZES CORDEIRO[1603], equidade quer significar, em Direito, exactamente *justiça*[1604].

O conceito de indemnização, na sua etimologia, repete-se uma vez mais, já engloba a ideia de justiça. Por isso, é redundante acrescentar-se o adjectivo "justa" ao substantivo "indemnização", como já reconheceu, muito acertadamente, como mostrámos, o nosso Tribunal Constitucional[1605].

É na concordância com as ideias que vimos defendendo que a versão oficial da CEDH em língua alemã emprega a expressão *"gerechte Entschädigung"*, que se traduz, em rigor, por *"indemnização justa"* – o que é confirmado pelo modo como a doutrina alemã integra aquele conceito[1606].

[1599] Assim, SUDRE, *Protection*, pg. 72.

[1600] *Convention*, pg. 212.

[1601] Pg. 47.

[1602] Pg. 185. Para este Autor, o Acórdão do TEDH, proferido ao abrigo do artigo 50.°, é, mesmo como declarativo, *"obrigatório"* e "como tal se impõe ao Estado *condenado* e a todas as suas autoridades". Nesses termos, "este (o Estado) deve *apagar* as consequências da sua violação (...)", "o que pode passar (...) por uma alteração legislativa". E o Autor demonstra, de seguida, que é diferente o espírito com que os Estados aderem à CEDH e com que entendem cumprir o artigo 50.°: assim, há Estados, como a Suíça, cujo Direito admite a possibilidade da reabertura de um processo, cuja decisão já transitou em julgado, se o TEDH tiver posto em causa o seu carácter equitativo.

[1603] *Anotação*, pg. 161, e *Decisão*, *passim*, especialmente pg. 278.

[1604] O Juiz PETTITI está connosco nesta interpretação do artigo 50.°, porque, no seu recente Comentário, sustenta que ele impõe uma *"indemnité"* e um *"dédommagement"*, que consistem em rigorosas traduções da palavra "indemnização" do vocabulário jurídico da língua portuguesa.

[1605] V., *supra*, Cap. IV, n.° 7.1.

[1606] Por todos, FROWEIN/PEUKERT, pgs. 667 e segs.

A expropriação ilícita

Por isso, mais destoa a versão oficial portuguesa da CEDH quando, de modo totalmente despropositado, traduz *"satisfaction équitable"* e *"just satisfaction"* por *"reparação razoável"*. Mas, como já demonstrámos em vários locais[1607], infelizmente não se pode levar muito a sério a versão oficial em língua portuguesa da CEDH e dos seus Protocolos. É triste ter-se que o dizer, mas a doutrina tem de alertar os nossos concidadãos para os prejuízos que sofrem se se fiarem naquela versão, enquanto o Estado Português não tiver a coragem de a rever de alto a baixo, tantos são os erros de que ela enferma – para o que teria sido uma boa oportunidade a ratificação por Portugal do PA n.º 11. Entretanto, dado que só as versões inglesa e francesa da CEDH e dos seus Protocolos é que fazem fé (ver o último parágrafo da Convenção), *é só a elas que o juiz português se pode ater caso aquelas fontes sejam invocadas em tribunais portugueses.*

Essas expressões utilizadas pelo artigo 50.º só consentem, a nosso ver, uma interpretação: a de que a atribuição da indemnização pressupõe a prévia demonstração do preenchimento dos pressupostos processuais da efectivação da responsabilidade internacional do Estado e dos elementos constitutivos do direito à indemnização – matéria que já estudámos atrás. Nada mais do que isso. Ou seja, se o Tribunal der como verificados aqueles pressupostos processuais e aqueles elementos constitutivos, destacando-se, entre estes últimos, o prejuízo, ele *deve* conceder a indemnização ao requerente, embora tenha o poder discricionário de, na fixação desta, apreciar livremente todas as circunstâncias do caso.

Esse dever resulta para o Tribunal da teoria geral da responsabilidade civil, da qual, repete-se, a responsabilidade internacional do Estado por factos ilícitos é subsidiária; decorre também da doutrina do caso *Chorzow*, que é entendida como princípio geral do Direito Internacional em matéria de reparação, o que o Tribunal aceitou expressamente nos casos *Piersack – artigo 50.º* e *Papamichalopoulos – artigo 50.º*, como ainda há pouco demonstrámos; e não foi nunca posto em causa nos trabalhos preparatórios daquele preceito. Aliás, interpretação contrária esvaziaria de utilidade e de conteúdo o artigo 50.º

[1607] *Princípio da exaustão*, pgs. 119 e segs.; e GONÇALVES PEREIRA/ /FAUSTO DE QUADROS, pgs. 194-195.

A construção dogmática

c) Discricionariedade em matéria de atribuição da indemnização

Nada do que fica dito prejudica o reconhecimento de que o artigo 50.° da CEDH, em matéria de reconhecimento ao indivíduo do direito à indemnização, concede ao Tribunal uma larga margem de discricionariedade[1608]. Desde logo, quanto ao próprio *princípio* do direito à indemnização, o Tribunal só concederá ao requerente ou queixoso a indemnização "se necessário" ou "se houver lugar a ela" (*"if necessary"*, *"s'il y a lieu"*, diz textualmente o art. 50.°). Em si, essas expressões nada têm de extraordinário: só querem significar que a indemnização apenas será concedida se for demonstrado o preenchimento dos elementos constitutivos do direito à indemnização.

Mas não é assim que o Tribunal pensa. A discricionariedade que o artigo 50.° lhe concede tem sido levada por ele ao extremo de, depois de concluir que o lesado tem direito à indemnização, decidir que a simples declaração da violação constitui, em si mesma e só por si, uma indemnização. Em 1995, o Tribunal tinha adoptado essa orientação em 42 de 108 processos possíveis, o que não deixa de ser muito preocupante[1609]. É certo que ele nunca julgou nesse sentido quando o direito violado foi o direito à propriedade privada, onde essa solução seria de todo inaceitável – e o caso *Marckx*, que logo a seguir referiremos, não constitui excepção a essa regra[1610]. Mas, mesmo em relação aos prejuízos morais – quanto aos quais o Tribunal tem muito frequentemente seguido esse caminho[1611] –,

---

[1608] O Tribunal reconhece-o nos Acs. 17-1-70, *Delcourt*, § 114; e *Handyside*, § 9.

[1609] V. este ponto desenvolvido em COHEN-JONATHAN, *Convention*, pg. 214.

[1610] V. uma lista quase exaustiva dos Acórdãos em que o TEDH assim decidiu em VELU/ERGEC, pgs. 1036-1037. Por sua vez, o *Comentário Pettiti* agrupa os casos onde o Tribunal optou por essa solução – pgs. 815-816 –, e por aí se vê que na sua esmagadora maioria os casos em questão nascem da violação de normas de processo civil ou de processo penal.

[1611] O caso paradigmático é o do Ac. de 13-6-79, *Marckx*, onde se discutia a conformidade com a CEDH da lei belga sobre mães solteiras e crianças nascidas fora do casamento, e onde os queixosos tinham pedido a indemnização de apenas 1 Franco Belga e só por danos morais. O Tribunal decidiu, com certeza também que em função da exígua indemnização requerida, que a simples declaração da infracção já servia de indemnização aos queixosos, que, embora alegassem a violação também dos artigos 8.° e 14.° da CEDH e 1.° do PA n.° 1, em bom rigor, como dissemos, só pediam indemnização por danos morais – assim, também BERGER, pg. 47.

A expropriação ilícita

parece-nos que a atitude do Tribunal, para além de dificilmente explicável em face da própria função da reparação e, concretamente, da indemnização, contraria manifestamente a letra, e também o espírito, do artigo 50.°[1612], mesmo reconhecendo-se que ele, nalguns dos casos (poucos) em que fundamentou essa sua atitude, o fez com referência ao comportamento processual do lesado ou à gravidade, à duração ou às consequências da violação[1613].

Para além disso, e para reforçar a tese de que a linha de orientação que o Tribunal segue na matéria é, do ponto de vista jurídico, errada, note-se que, como bem observam os Juízes GANSHOF VAN DER MEERSCH e EVRIGENS nos seus votos de vencido no caso *De Becker*[1614], o raciocínio do Tribunal ergue uma condição de aplicação do artigo 50.° – a declaração da violação – a, simultaneamente, uma *consequência jurídica* da aplicação do mesmo preceito. Ora, isto distorce por completo a função daquela condição. E, nem se diga, como o faz o Juiz DE MEYER[1615], que a aplicação dessa construção se justifica pelo menos nos casos em que a violação atinge, de modo geral e abstracto, todas as pessoas que se encontram em condições semelhantes à do requerente: é que, como bem se observa no Comentário do Juiz PETTITI[1616], em primeiro lugar, nem em todos os processos em que essa situação se verificou o Tribunal decidiu desse modo; e, além disso, e isto é o mais importante, o facto de haver várias pessoas a serem atingidas por uma violação à Convenção não atenua os prejuízos do requerente, muito menos faz-lhe perder o seu concreto interesse na indemnização.

Já houve um caso contra o Estado Português em que o Tribunal adoptou esta orientação: foi o caso *Lobo Machado*[1617].

[1612] Como bem observa o *Comentário Pettiti*, houve mesmo um caso em que o TEDH confessou ter "pena de imaginar"(!) que uma declaração de violação pudesse fornecer, por si só, uma indemnização dos encargos e das despesas do processo – Ac. 10-11-69, *Matzenetter*, § 16.

[1613] V., p.ex., Acs. 25-4-83, *Van Droogenbroeck – artigo 50.°*, § 45; 2-8-84, *Malone*, § 9; e 30-9-85, *Can*, § 113.

[1614] Ac. 27-3-62.

[1615] Ac. 26-3-82, *Adoff*.

[1616] Pg. 814.

[1617] Ac. 20-2-96.

A *construção dogmática*

Daqui se conclui, portanto, que a orientação do Tribunal de decidir que a simples declaração da violação à Convenção possa valer como indemnização pelos prejuízos resultantes do acto ilícito, desde logo, viola a letra e o espírito do artigo 50.º da Convenção. Além disso, porém, não tem base jurídica. Mas tudo isso é agravado pelo facto de o Tribunal quase nunca se preocupar em fornecer os fundamentos jurídicos dessa sua orientação e não revelar uma preocupação de coerência quando decide enveredar por esse caminho.

De tudo isso resulta, a final, uma completa subversão da função da reparação que o artigo 50.º visa, porque, *no plano do Direito Internacional* (veremos adiante a razão da ressalva), o lesado não tem qualquer outro meio de obter a indemnização que o Tribunal lhe recusou, não obstante haver declarado a violação à Convenção. É certo que, como veremos, a sentença de declaração da infracção é executória, de per si, na ordem interna[1618]. Mas é-o no quadro de uma obrigação de resultado e, além disso, ela não constitui título para qualquer meio processual a propor pelo lesado contra o Estado infractor na ordem interna deste, ao contrário, por exemplo, do que acontece com a sentença do Tribunal de Justiça das Comunidades Europeias que declare o incumprimento do Estado, à sombra do artigo 228.º (ex-art. 171.º) CE, que constitui título bastante para a propositura pelo interessado de uma acção de indemnização por responsabilidade civil extracontratual contra o Estado incumpridor nos respectivos tribunais nacionais, como defendêramos já em 1984[1619] e hoje é admitido pela generalidade da doutrina europeia[1620], sem prejuízo da nova orientação jurisprudencial entretanto criada na matéria pelo TJ, e à qual nos referiremos adiante.

Resumindo e concluindo, nessa hipótese o Tribunal nega ao lesado, no quadro do Direito Internacional, o direito à reparação que o artigo 50.º lhe garante.

A discricionariedade do Tribunal em matéria de concessão da indemnização a que se refere o artigo 50.º tem-se manifestado também – sem falar na fixação do próprio montante da indemnização, questão à qual dedicaremos adiante algumas linhas – na depreciação dos danos

---

[1618] Assim, por todos, POLAKIEWICZ, sobretudo pgs. 215 e segs.

[1619] Dissertação de doutoramento, pg. 441.

[1620] Por todos, e por último, GRABITZ/HILF, anotações 8 e segs. ao artigo 171.º CE.

A expropriação ilícita

morais e no cálculo dos encargos e das despesas a indemnizar. Neste último caso, o Tribunal considera-se totalmente desvinculado dos critérios nacionais do requerente[1621] e permite-se, por exemplo, opinar sobre se cada caso justifica ou não a existência de mais do que um advogado, quer no que toca ao processo que correu perante os órgãos da Convenção, quer, o que é mais estranho, no que se refere ao processo, ou aos processos, que correram, ou correm, perante os tribunais nacionais[1622]. Ressalvados, obviamente, os casos em que tiver existido manifesto exagero da parte do requerente quanto aos encargos dos processos, por si alegados para os efeitos do artigo 50.º – exagero que, de qualquer modo, deve ser concretamente demonstrado pelo Tribunal –, cremos que é manifestamente excessivo o Tribunal imiscuir-se na apreciação dos meios que o requerente entende adequados à defesa dos seus direitos, assim como é discutível, do ponto de vista deontológico, se lhe é legítimo entrar na quantificação dos honorários dos advogados, quantificação essa que estes estão no direito de levar a cabo de harmonia com as respectivas tabelas nacionais, aprovadas pelas competentes associações profissionais de advogados nos respectivos Estados, ou, ao menos, em conformidade com os usos em vigor nos respectivos Estados.

Voltaremos, adiante, à discricionariedade que o Tribunal adopta em matéria de cômputo dos prejuízos.

d) *Formas de indemnização*

Como foi atrás demonstrado, nos trabalhos preparatórios da Convenção ficou excluída a atribuição ao TEDH de competência para, no âmbito do artigo 50.º, fiscalizar a legalidade das normas ou dos actos estaduais que infrinjam a Convenção ou, sequer, para dirigir injunções aos Estados.

[1621] Caso *Eckle*, §§ 26-51; e Ac. 8-7-86, *Lingens*, § 53.

[1622] Curiosamente, esta questão suscitou-se em dois casos em que o réu era o Estado Português, e nos quais o Tribunal foi do entender, sem dizer porquê, que a importância do litígio justificava a presença de dois advogados, tendo, para o efeito, condenado o Estado a pagar os respectivos honorários, ainda que de montante inferior aos requeridos pelo lesado – Acs. 8-7-87, *Baraona*, § 63, e 26-10-88, *Martins Moreira*, § 70.

A construção dogmática

Por isso, a indemnização que o Tribunal atribui ao abrigo daquele preceito tem-se traduzido necessariamente numa indemnização pecuniária (excluindo o caso anómalo, já estudado, de o Tribunal considerar como indemnização a simples declaração da infracção). O fundamento invocado pelo Tribunal para esta atitude reside no carácter meramente *declarativo* do Acórdão *enquanto Acórdão que declara a infracção*: tendo este que se resumir a *declarar* a violação, fica aos Estados a livre escolha dos meios pelos quais eles devem executar o Acórdão, ressalvada a competência de fiscalização do Comité de Ministros. Para o efeito, louva-se o Tribunal nos artigos 53.º e 54.º da CEDH[1623].

Foi com base neste raciocínio que o TEDH, ao longo destas décadas, se julgou sempre incompetente para impor aos Estados comportamentos, para lhes dirigir injunções, ou, sequer, para lhes formular directivas[1624]. Segundo o Tribunal, não é ele que tem competência para tal, mas sim o Conselho de Ministros, ao abrigo do artigo 54.º, que comete a este último a responsabilidade de velar pela execução do acórdão do Tribunal.

Assim, por exemplo, no domínio dos processos sancionadores instaurados pelos Estados contra particulares, o TEDH declarou-se sempre incompetente para recomendar aos Estados a revogação ou a anulação de uma sanção disciplinar ou penal – algo que frequentemente lhe é pedido[1625]. Do mesmo modo, o Tribunal recusa-se a recomendar aos Estados infractores alterações legislativas[1626] ou medidas de carácter diplomático[1627] com vista a reparar a infracção[1628].

[1623] Paradigmáticos dessa orientação são os Acs. 13-6-79, *Marckx*, e 24-2-83, *Dudgeon*, §§ 15 e 16.

[1624] Assim, SUDRE, *op.e loc.cits.*

[1625] V., especialmente, os Acs. 16-7-71, *Ringeisen*, § 13; 6-2-76, *Schmidt et Dhalström*, § 45; 18-1-78, *Irlanda*, § 9; 13-7-83, *Zimmermann et Steiner*, § 78; 24-10-83, *Albert e Le Compte – artigo 50.º*, § 41; e 8-12-83, *Axen*, § 17. Ver mais exemplos do que se diz no texto no *Comentário Pettiti*, pg. 819, e em SUDRE, *L'influence*, pg. 269.

[1626] Ac. 18-10-82, *X – artigo 50.º*, §§ 13-15.

[1627] Acs. 10-12-82, *Corigliano*, § 53, e 18-12-86, *Bozano*, § 60. Para mais pormenores sobre esta matéria e sobre a da nota anterior, COHEN-JONATHAN, *Convention*, pgs. 215-216.

[1628] V. SUDRE, *op.e loc.cits.*

A expropriação ilícita

Mas, voltando à orientação que é a regra no Tribunal, pergunta-se: são procedentes os fundamentos jurídicos invocados pelo Tribunal para esse seu comportamento?

Em nosso entender, não. O Tribunal simplifica demasiado a matéria e confunde questões diferentes.

Não se põe em causa que o Acórdão que verifica a violação, repete-se, é, quanto à infracção à CEDH, e do ponto de vista do Tribunal (que não do ponto de vista do Estado infractor, como já se disse e voltará a ver-se), um Acórdão meramente declarativo: isso resulta do próprio teor literal do artigo 50.°, e é confirmado pelo recurso ao elemento histórico, como demonstrámos quando atrás fizemos referência aos trabalhos preparatórios daquele preceito. Só que o artigo 50.° prevê *dois momentos lógicos diferentes* no Acórdão do Tribunal: o primeiro, o da *declaração*, propriamente dita, da violação; o segundo, o da *atribuição* de uma indemnização. O Tribunal tem consciência da distinção, no plano lógico, desses dois momentos, de tal forma que muitas vezes o Tribunal os transforma em dois momentos também *cronologicamente* diferentes: quando ele declara a violação por um Acórdão e "reserva" para Acórdão posterior a determinação da indemnização. O Tribunal tem seguido essa orientação especialmente quando declara a violação ao direito de propriedade privada, reconhecido pelo artigo 1.° do PA n.° 1, como daqui a pouco veremos. Portanto, não se devendo confundir, nem lógica nem, por vezes, cronologicamente, a declaração da violação com a atribuição da indemnização, e sendo inquestionável que *é no quadro desta última* que se discute se o Tribunal se deve limitar a fixar uma indemnização monetária ou se, indo mais além, pode estipular as medidas que o Estado infractor deve adoptar para repor a legalidade e reparar os efeitos da violação (já que a História do preceito exclui do Tribunal, em termos definitivos, como atrás mostrámos, a competência para a fiscalização da legalidade de normas ou de actos estaduais), não ficam dúvidas de que, mesmo que se venha a entender em termos restritos o alcance do Acórdão de declaração da violação, o Tribunal pode, *no âmbito da atribuição da indemnização*, prescrever aquelas medidas.

Embora esse argumento, para nós, seja decisivo, note-se que é possível chegar-se a esse resultado mesmo sem sairmos do quadro do conteúdo declarativo do Acórdão.

A construção dogmática

De facto, a circunstância de o Acórdão declarar a violação não o impede, juridicamente, de fixar, ao menos a título de recomendação ou de directiva, as medidas que o Estado deve adoptar para remover os efeitos da infracção. E, sem prejuízo da distinção jurídica que existe entre os mecanismos da CEDH e da Ordem Jurídica da União Europeia, pensamos que o TEDH deve adoptar nesta matéria um comportamento análogo ao do Tribunal de Justiça das Comunidades Europeias no quadro do processo por incumprimento, disciplinado nos artigos 226.º a 228.º do Tratado CE, depois da revisão de Amesterdão.

De facto, embora desde logo, pela letra do artigo 228.º, n.º 1, não se ponha em causa que o Acórdão do Tribunal de Justiça proferido ao abrigo daquele preceito tem efeito meramente declarativo do incumprimento[1629], aquele Tribunal tem entendido que daquele Acórdão resulta para o Estado infractor um "dever de comportamento"[1630] e que, para tanto, o Tribunal pode estipular as medidas concretas que ele deve adoptar para repor a legalidade, independentemente de o Estado estar, por si próprio, obrigado a remover da Ordem Jurídica todas as normas e todos os actos em que se traduziu o incumprimento[1631].

Note-se que o Juiz DE MEYER já sustentou, em declaração de voto produzida no caso *Pretto e outros*[1632], que o TEDH devia, pelo menos em determinadas circunstâncias, poder dirigir injunções aos Estados, isto é, condená-los por actos devidos.

Aplicada à violação do artigo 1.º do PA n.º 1, esta construção levaria a que o TEDH, ao aplicar o artigo 50.º, pudesse, em lugar ou para além de atribuir uma indemnização pecuniária ao lesado, impor ao Estado, conforme o caso, ou o pagamento da indemnização devida pela nacionalização, pela expropriação, ou pela servidão, ou a reversão do bem, ou a revogação da nacionalização, da expropriação ou da servi-

---

[1629] Veja-se, nesse sentido, o nosso estudo *Incumprimento*, pg. 207 e bibl. aí cit., especialmente MARIA JOSÉ RANGEL DE MESQUITA, pgs. 47 e segs. Mais recentemente, v. GRABITZ/HILF, anotações 8 e segs. ao artigo 171.º

[1630] Assim, PESCATORE, pgs. 15 e segs.; CHEVALLIER/CONSTANTINESCO, pg. 427; GRABITZ/HILF, *loc.cit.*; e o nosso estudo *Incumprimento*, pgs. 207 e segs.

[1631] V. jurisprudência e doutrina cits. no nosso estudo cit. na n. anterior, pg. 207, n. 6; e GRABITZ/HILF, *loc.cit.*

[1632] Ac. 8-12-83.

A expropriação ilícita

dão, ou a conformação desses actos com princípios que o TEDH julga de respeitar no acto de expropriação, como sejam, os princípios da proporcionalidade, da igualdade, da boa fé, da justiça, etc. Merece particular destaque o facto de um dos melhores Comentários à Convenção – o de FROWEIN e PEUKERT[1633] – entender que é possível, em face do artigo 50.°, o Tribunal condenar o Estado a, a título de indemnização, proceder à reversão ao particular do bem expropriado.

Nesse caso, aliás, não se estaria sequer a sair do conceito clássico de reparação, dado que esta, como acima se viu, pode englobar, no quadro da doutrina do caso *Chorzow*, a reversão do bem expropriado, e é assim que alguns dos Estados do Leste europeu a têm entendido modernamente.

Todavia, o TEDH, mesmo sem ir para além da fixação de uma indemnização meramente monetária, repete-se, pode eventualmente estipular as modalidades e as condições do seu pagamento: lugar de pagamento, unidade monetária, impenhorabilidade da indemnização, etc.

e) *Cômputo dos prejuízos*

Como já ficou dito atrás, o TEDH concede indemnização tanto por danos materiais como por danos morais e, dentro dos primeiros, quer por danos emergentes como por lucros cessantes.

O cômputo da indemnização consiste, como atrás se disse, num dos domínios em que o Tribunal, na aplicação do artigo 50.°, se tem concedido uma grande margem de discricionariedade. E é de realçar que, sendo essa a questão mais importante para o lesado quando este se socorre daquele preceito, é talvez nela, a fixação do montante concreto da indemnização a atribuir, que o Tribunal se reserva uma maior dose de discricionariedade na aplicação daquele preceito, beneficiando para o efeito, desde logo, quer da redacção desse artigo (como acima mostrámos), quer da ausência de definição nele de *qualquer critério* para o cálculo da indemnização.

O Tribunal concretiza essa discricionariedade através da ideia de que só concede a indemnização "se houver lugar a ela" (o que, aliás, não se discute e é expressamente ressalvado, como vimos, pela própria

---

[1633] Pgs. 710 e segs.

483

A construção dogmática

letra do art. 50.°) e de que, quando entende concedê-la, atenderá às "circunstâncias" de cada caso, quanto às quais se reserva uma ampla "margem de apreciação"[1634], na qual não se sente vinculado por regras de Direito interno[1635].

Mas o Tribunal vai ainda mais longe no exercício dessa discricionariedade, porque nunca explica como chega ao montante que arbitra, mesmo quando ele diverge, ou diverge bastante, do montante pedido pelo lesado – o que acontece na esmagadora maioria dos casos. É um dos seus mais conhecidos juízes, o Professor PETTITI, a reconhecê-lo, quando, no seu Comentário recente, escreve, impressivamente: "Dos Acórdãos do Tribunal não é possível extrair-se com precisão o método utilizado para quantificar as indemnizações"[1636].

É certo que, por vezes, também o lesado não demonstra como calculou o montante da indemnização que pede e, às vezes, nem quantifica globalmente os prejuízos que alega. Mas quando ele procede de outra forma, isto é, quando demonstra estarem reunidos os elementos constitutivos do direito à indemnização e apresenta uma discriminação fundamentada dos prejuízos a cuja reparação se sente com direito, ao Tribunal só resta uma de duas atitudes possíveis: ou ele discorda do montante pedido (por exemplo, em função da contestação do Estado réu no processo) e então deve dizer por que razão o faz e como é que chega a um montante diferente do montante pedido; ou concorda com ele, e não há razão então para não arbitrar a indemnização requerida. E, se houver razões para tal, o mínimo que se pode esperar do Tribunal é que ele diz quais elas são.

Isso é assim, sem dúvida, pelo menos quanto aos prejuízos materiais e, dentro destes, com os danos emergentes. Todavia, o Tribunal, apegando-se estritamente, e em excesso, à ideia de "satisfação equitativa", e não a interpretando como "indemnização justa" – e já vimos o erro em que se funda esta distinção *artificial* –, tem, quase sistematica-

---

[1634] Acs. 25-4-78, *Tyrer*, § 45; *Sunday Times – artigo 50.°*, cit., § 15 *in fine*; *Guzzardi*, § 114; 24-2-83, *Dudgeon – artigo 50.°*; 24-10-83, *Silver e outros – artigo 50.°*, § 9. Note-se que em nenhum desses casos o direito violado pelo Estado era o direito de propriedade privada.

[1635] Por todos, Ac. 22-6-89, *Langborger*, § 47.

[1636] Pg. 822.

A expropriação ilícita

mente, depreciado o montante dos prejuízos demonstrados e outorgado indemnizações bastante inferiores às pedidas pelos lesados, e, o que é pior, tem-no feito, quase sempre, sem fundamentação, ou com fundamentação insuficiente e, sobretudo, não convincente.

Esta orientação do Tribunal viola, desde logo, o próprio artigo 50.º

De facto, como estudámos atrás, para que o Tribunal conceda indemnização ao abrigo do artigo 50.º da CEDH é necessário, entre outros requisitos, que o respectivo Direito interno não propicie ao lesado a *restauração natural*. Mas isso significa que o escopo último da indemnização a outorgar de harmonia com aquele preceito é exactamente *o de propiciar ao lesado a restauração natural que o respectivo Direito interno não lhe permite alcançar*. É isso que, inclusivamente, vai explicar os efeitos que da declaração da violação advêm para o Estado infractor, como daqui a pouco veremos. Por restauração natural quer-se dizer, como repetidamente já mostrámos neste livro, que o lesado deve ser colocado na situação em que hipoteticamente ele estaria à data da reparação caso a concreta violação à Convenção não tivesse sido cometida. Já vimos que, no demais Direito Internacional, é essa a regra ditada pelo costume.

O Tribunal concorda com essa orientação, como atrás vimos, e fê-la sua nos casos *Piersack* e *Papamichalopoulos*, neste último com invocação expressa do caso *Chorzow*. Mais: no caso *Windisch – artigo 50.º*[1637], onde o Tribunal deferiu o pedido do requerente no sentido de declarar que a Áustria violara o artigo 6.º, n.º 1, da CEDH, e de, correspondentemente, esta ser condenada a pagar-lhe uma indemnização nos termos do artigo 50.º, o Tribunal, louvando-se no citado caso *Piersack*, ordenou a *restitutio in integrum*, ou seja, a restituição em espécie, que se traduziu na repetição pura e simples do seu processo penal, agora com respeito por todas as garantias que o artigo 6.º, n.º 1, lhe conferia, e que a Justiça austríaca não respeitara no primeiro processo[1638].

Todavia, e outra vez com observância pela doutrina do caso *Chorzow*, e pelo demais Direito Internacional aplicável, que se ergueu

---

[1637] Ac. 28-6-93.
[1638] Veja-se este caso estudado em JACOBS/WHITE, pg. 391.
[1639] Assim, COHEN-JONATHAN, *Convention*, pg. 213.

A construção dogmática

com base nela, quando a restituição em espécie não for possível, nesse caso ela deverá ser substituída pelo seu equivalente monetário, isto é, por uma indemnização, *hoc sensu*, em dinheiro, e não por uma mera compensação simbólica pelos prejuízos dados como provados[1639].

Por isso, a afirmação do *Comentário Pettiti*, segundo a qual "não há dificuldade especial quando o requerente invocou e quantificou um montante exacto de dano material"[1640], é exacta, do ponto de vista lógico, mas não tem vindo a ser seguida pelo Tribunal.

Se não, veja-se, indo nós cingirmo-nos apenas aos pedidos de indemnização formulados à sombra do artigo 50.° nos casos em que o direito cuja violação foi declarada pelo Tribunal foi o direito de propriedade privada, reconhecido no artigo 1.° do PA n.° 1, e restringindo a nossa pesquisa aos prejuízos materiais, que são, obviamente, a mais importante componente do prejuízo que se pretende reparar com recurso àquele preceito.

No caso *Sporrong*, os queixosos fundavam o seu pedido de indemnização dos prejuízos materiais essencialmente no facto de a "autorização para expropriação" do imóvel não haver permitido um seu aproveitamento mais do que "medíocre", dado que, com aquela autorização pendente, nem os proprietários haviam podido investir no imóvel, nem os interessados na sua aquisição se dispunham a fazer o negócio, em suma, houvera uma perda do uso normal do bem, traduzido em danos emergentes e lucros cessantes[1641].

Com base, essencialmente, nesta construção, pediam uma indemnização pecuniária, por prejuízo material, de *24.196.843* coroas suecas, devidamente avaliada e pormenorizada[1642].

O Governo sueco contrariou a tese dos queixosos de que um "lucro não realizado" (isto é, um lucro cessante), fosse indemnizável. Para ele, o valor a atender era o do imóvel *à data* da autorização para expropriar[1643].

O Tribunal interpreta as duas posições em confronto como sendo a teoria da "*reconstituição da situação hipotética*" (a dos queixosos) e

---

[1640] Pg. 821.
[1641] Ac. *artigo 50.°*, 18-12-84, § 9.
[1642] § 11.
[1643] § 13.

a teoria do *"uso efectivo"* (a do Governo)[1644]. Perante elas, adopta uma posição emblemática do seu comportamento na aplicação, em muitos casos, do artigo 50.° Diz ele textualmente: *"O Tribunal julga inadequados os métodos propostos, mas não crê dever definir um outro"*[1645]. Por isso, atribui aos queixosos uma "satisfação" de *1.000.000* de coroas suecas, sem qualquer explicação sobre o modo como chegou a esse montante[1646].

No caso *Hentrich*, o Tribunal, no seu Acórdão de fundo[1647], entendeu que o artigo 1.° do PA n.° 1 fora violado por "preempção do seu (da queixosa) bem pela Administração fiscal". Mas reservou para novo Acórdão o cômputo da indemnização, por não o considerar em estado de ser decidido e para facultar às partes um prazo para elas tentarem uma solução amigável para o litígio. Essa tentativa falhou. Por isso, o Tribunal viu-se confrontado com um pedido de indemnização dos requerentes de *2.875.550* francos franceses pela privação do bem, mais *200.000* FRF pela "perda do seu uso"[1648].

O Governo francês entendia que "a melhor forma de reparação consistiria, em princípio, na reversão do terreno para o particular". Todavia, teve de reconhecer que essa reversão não era possível, porque o imóvel entretanto entrara para o domínio público do Estado. Por isso, o Governo, com base numa avaliação cuidada e pormenorizada, entendia que a indemnização por ele devida não excedia *130.000* FRF[1649].

O Tribunal recorda que, já no seu Acórdão sobre a questão de fundo[1650], decidira que, "na impossibilidade da reversão do bem para o particular, "o cálculo do prejuízo material deve tomar como ponto de partida o *valor venal actual* do terreno""[1651]. Por isso, baseando-se na "equidade", mas não dizendo nada mais para fundamentar a sua decisão, atribui à queixosa, "pela perda do bem e pela privação do seu uso", o valor de *1.000.000* FRF. Comparado quer com o caso anteriomente estudado,

---

[1644] §§ 29-30.

[1645] § 31. O itálico é nosso.

[1646] § 32.

[1647] Ac. 22-12-94, §§ 34-61.

[1648] Ac. *artigo 50.°*, 3-7-95, § 9.

[1649] § 10.

[1650] § 71.

[1651] Ac. *artigo 50.°*, § 11. O itálico é nosso.

A construção dogmática

o caso *Sporrong*, quer com os casos que a seguir vamos referir, este Acórdão é absolutamente inédito e encontra-se deslocado na jurisprudência do Tribunal: ele parte, para o cômputo da indemnização por violação do artigo 1.º do PA n.º 1, do *"valor venal actual"* do terreno, embora depois não diga como o calculou, e atribui à queixosa uma indemnização numa proporção, por confronto com o montante pedido pelo particular, extremamente elevada para o que é hábito na sua jurisprudência – embora da matéria de direito e de facto tratada no Acórdão resulte que o montante apurado é mais do que justo. A forma demasiado rápida e fácil como o Tribunal chegou ao valor que fixou (sobretudo por confronto com o que é seu hábito nestas situações) mereceu áspera crítica do Juiz MARTENS, na sua opinião dissidente, como mostrámos atrás[1652].

No caso das *Raffineries Grecques*[1653], o Governo grego, depois do derrube da "ditadura dos coronéis", rescindira um contrato concluído pelo governo ditatorial com um particular, que assumira o compromisso de instalar uma refinaria de petróleo.

O Tribunal entendeu que essa rescisão violara o artigo 1.º do PA n.º 1

Os queixosos pediam pelo prejuízo material uma indemnização correspondente ao valor apurado por um tribunal arbitral que fora criado, para o efeito, na Grécia, mas cuja sentença não fora executada pelo Governo, ou seja, *175.869.155,78 dracmas gregos*, mais *24.282.694,28 dólares americanos*, mais *959.652,81 francos franceses*[1654].

O Governo respondeu que os queixosos não haviam esgotado os meios internos adequados para a efectivação da responsabilidade do Estado. Se o Tribunal, porém, assim não entendesse, a simples declaração da violação, ao abrigo do artigo 50.º, constituiria uma reparação suficiente para os queixosos[1655].

A Comissão recordou que a indemnização, para os efeitos do artigo 50.º, *não tem de ser "necessariamente integral"*[1656].

O Tribunal, mais uma vez sem tomar posição sobre esses diversos pontos de vista, mas adoptando como referência os referidos valores

---

[1652] *Supra*, Cap. IV, n.º 7.4, § 4.º, IV.

[1653] Ac. 9-12-94.

[1654] § 77.

[1655] § 78.

[1656] § 79. O itálico é nosso.

A expropriação ilícita

apurados por arbitragem, atribuiu aos queixosos *116.273.642 dracmas*, mais *16.054.165 dólares*, mais *614.627 FRF*[1657].

No caso *Papamichalopoulos*, já profundamente escalpelizado neste livro, o Tribunal, no Acórdão de fundo, fora confrontado com o pedido dos queixosos de restituição, ou reversão, dos terrenos ocupados, acrescida de uma indemnização de *17.459.080.000* dracmas pela privação do seu uso, ou, em alternativa, uma soma correspondente ao valor *actual* dos terrenos, ou seja, *11.639.547.000* dracmas[1658].

O Governo considerou esse cálculo "arbitrário e totalmente ilógico" – sem dizer porquê. Além disso, segundo ele, os queixosos tinham meios internos adequados para obterem a indemnização a que se sentissem com direito[1659].

A Comissão propôs uma "peritagem" (*"expertise"*) para avaliar os prejuízos materiais[1660]. Foi o que o Tribunal decidiu fazer, reservando, portanto, a decisão sobre os prejuízos materiais para Acórdão posterior e convidando as partes a tentarem, entretanto, um acordo[1661].

Não tendo havido esse acordo, e depois de mil e uma peripécias em torno do funcionamento da peritagem[1662], o Tribunal proferiu o seu Acórdão sob o artigo 50.° Aí constatou que os peritos haviam chegado aos seguintes valores:

– valor *actual* dos terrenos sem mais-valia: 3.800.000.000 dracmas;

– valor *actual* dos terrenos com mais-valia: 4.560.000.000 dracmas;

– valor *actual* dos terrenos sem mais-valia acrescido do custo dos edifícios construídos pela Marinha nos terrenos ocupados: 5.151.000.000 dracmas;

– valor *actual* dos terrenos com mais-valia acrescido do custo e do valor dos edifícios construídos: 6.273.490.000 dracmas[1663].

[1657] § 81.
[1658] § 48.
[1659] *Loc.cit.*
[1660] *Loc.cit.*
[1661] § 49.
[1662] Ac. 31-10-95, §§ 18 e segs.
[1663] § 27.

A construção dogmática

O Governo dispunha-se a pagar aos queixosos os valores *actuais* de *312.000.000* dracmas pelos cerca de 10 hectares do imóvel mais *1.525.500.000* dracmas pelos edifícios[1664].

Os queixosos, por seu lado, pediam: a *restituição* dos seus terrenos, acrescida de uma indemnização por perda de uso, de *26.680.071.000* dracmas; ou, subsidiariamente, o valor dos terrenos e dos edifícios (*16.169.740.000* dracmas), mais uma indemnização por perda de uso (*26.680.071.000* dracmas), isto é, *42.849.811.000* dracmas[1665].

A Comissão foi da opinião de que "a satisfação equitativa neste caso devia consistir numa indemnização correspondente ao *valor total actual* dos terrenos litigiosos"[1666].

O Tribunal entende dever partir do conceito de reparação definido pelo Acórdão do TIJ no caso *Chorzow*, que já examinámos, ou seja, do conceito de *restauração natural*[1667]. Por isso, ele sublinha que não pode ater-se ao valor dos terrenos à data dos actos litigiosos mas que deve atender ao seu valor *actual* e que os edifícios constituem uma parte da restauração natural, imposta pela doutrina do caso *Chorzow*[1668].

Sendo assim, o Tribunal declara rever-se nos valores apurados pelos peritos, embora não se preocupe muito em dizer porquê. E, talvez por isso, também não concede, de modo exacto, os montantes obtidos por essa via: ou seja, atribui aos queixosos *4.200.000.000* dracmas pelos terrenos e *1.351.000.000* dracmas pelos edifícios[1669]. O Tribunal não especifica, designadamente, se no montante atribuído há que distinguir danos emergentes e lucros cessantes.

Note-se que em todos os casos não atendemos aos juros de mora que o Tribunal concedeu aos queixosos e, como prevíramos, só nos debruçámos sobre os prejuízos materiais.

Como se vê, o Tribunal, agindo com grande discricionariedade, quase não fundamenta as suas posições, não explica os seus critérios e, mais do que isso, não segue, nos diversos casos, uma orientação coe-

---

[1664] § 29.
[1665] § 32.
[1666] § 33. O itálico é nosso.
[1667] §§ 34-36.
[1668] §§ 37-38.
[1669] §§ 39-40.

A expropriação ilícita

rente. Porquê é que no caso *Hentrich* decidiu partir, para o cômputo da indemnização ao abrigo do artigo 50.°, do *"valor venal actual"* do terreno? Porquê não adoptou esse critério nos outros casos referidos? Porquê é que só no caso *Papamichalopoulos* invocou o caso *Chorzow*, quando, fora da jurisprudência dos órgãos da CEDH, há muito que no Direito Internacional, como já se viu neste livro, esse caso já servia de padrão para o cálculo da reparação devida por expropriação ilícita? E, sobretudo, qual é, de facto, e definitivamente, o critério do Tribunal para o cômputo dos prejuízos materiais para os efeitos do artigo 50.°?

Tudo isto está por esclarecer.

O mesmo tem acontecido, muito concretamente, em matéria de indemnização pelos lucros cessantes e quanto aos danos morais. Com base no facto de esses prejuízos não serem susceptíveis de uma quantificação tão exacta e objectiva como os danos emergentes, o Tribunal procede a uma "avaliação em equidade", em face das circunstâncias do caso concreto, chegando a valores quase sempre mais baixos, ou muito mais baixos, dos que os apresentados pelo lesado, e sem que explique as razões da discrepância.

Quanto aos lucros cessantes, o Tribunal tem procurado reparar as expectativas frustradas, ou seja, uma "verdadeira perda de oportunidades" da parte do lesado em consequência da violação da Convenção[1670]. O Tribunal não aproveitou nenhum dos casos acabados de referir, de indemnização por violação do direito à propriedade privada, para definir a sua doutrina sobre os critérios de reparabilidade dos lucros cessantes. Fê-lo vagamente no caso *Sunday Times – artigo 50.°*[1671]. Todavia, noutros casos, em que estavam em causa outros direitos, o Tribunal concedeu algumas vezes indemnização por lucros cessantes, traduzidos em fenómenos diversos; por exemplo, a perda de remunerações ou outros benefícios financeiros, mas futuros, os juros do prejuízo ou os efeitos da inflação, as expectativas frustradas por efeito de impedimento de acesso a um tribunal ou do carácter não equitativo do processo ou do atraso excessivo do processo, etc.[1672].

[1670] *Pretto e outros*, § 12; e Ac. 2-3-87, *Monnell e Morris*, § 43.

[1671] § 25.

[1672] Ver os casos *De Wilde*, §§ 10-11; Ac. 25-2-82, *Campbell e Cosans*, § 35; *König – artigo 50.°*; onde o Tribunal considerou lucros cessantes indemnizáveis a

A construção dogmática

Também na questão de saber qual é o grau de probabilidade de efectiva concretização no futuro que o Tribunal atribui às oportunidades perdidas, às expectativas frustradas, por efeito da violação, reina na jurisprudência uma grande incerteza[1673]. Nalguns casos, o Tribunal chegou mesmo a atribuir indemnizações "não obstante a perspectiva da sua (das expectativas frustradas) concretização ser duvidosa"[1674], ainda que no caso concreto fosse justo, o que contraria a cerimónia que o Tribunal põe, como dissemos, na outorga de indemnizações à face do artigo 50.º

A gravidade da infracção pode-se reflectir no montante da indemnização a outorgar[1675]. E, ao menos nesse caso, seria bom que o Tribunal atribuísse indemnizações verdadeiramente justas e não, ao contrário, depreciadas[1676], para que, ao menos então, a letra e o espírito do artigo 50.º fossem respeitados.

Ao contrário, podem contribuir para a redução da indemnização a conceder pelo Tribunal vários factores: por exemplo, o facto de o requerente não ter lançado mão de meios, reais ou potenciais, que podiam ter diminuído os seus prejuízos[1677] – o que, convenhamos, configura uma nova área de larguíssima discricionariedade para o Tribunal –, bem como o facto de o lesado já haver obtido uma reparação parcial em conformidade com e por aplicação do seu Direito interno.

Deixámos de propósito para o fim deste número o já referido caso *Matos e Silva*. Como atrás dissemos, foi até hoje o único caso julgado pelo TEDH contra Portugal por violação do artigo 1.º do PA n.º 1, para além de outras infracções. Mas foi também, seguramente, pela matéria de facto e pela matéria de direito, dos mais complexos casos submetidos aos órgãos da Convenção.

---

perda de empregos e carreiras e a não venda de uma clínica; 28-11-84, *Rasmussen*, §§ 44-45; 18-12-86, *Bozano*, § 38; 21-2-84, *Oztürk*, § 12; *Monnell e Morris*, § 43; e *De Jong*, § 65. Cfr. FROWEIN/PEUKERT, pgs. 710-711.

[1673] Assim, *Comentário Pettiti*, pg. 822.

[1674] A título de exemplo, casos *Sunday Times – artigo 50.º*, § 25; e Ac. 22-10-81, *Dudgeon*, § 11.

[1675] Por exemplo, Ac. 25-3-83, *Minelli*, § 31.

[1676] Assim, o Juiz PETTITI no seu referido *Comentário*, *loc.cit.*

[1677] Ac. 21-2-75, *Golder*, § 26; e *Sporrong*, § 28.

A expropriação ilícita

Já nos debruçámos sobre este caso a outros títulos, neste livro[1678]. Ele interessa-nos agora, neste lugar, porque ele foi um dos casos em que a discricionariedade do Tribunal, na aplicação do artigo 50.º, foi levada mais longe, e em evidente dessintonia com a letra e com o espírito da Convenção.

Voltamos a recordar, como já o fizemos atrás, que interviemos neste processo do lado dos queixosos. Por outro lado, à data da conclusão deste livro o processo não está ainda encerrado. Por ambas as razões, vamo-nos cingir só ao que interessa, e, quanto aos factos objectivos, vamo-nos ater rigorosamente (sem repetirmos o que já atrás escrevemos) às peças processuais, que citaremos, voltando a insistir em que, nos termos das regras que disciplinam o funcionamento dos órgãos da Convenção, *todas* as peças processuais, as publicadas ou as não publicadas, são de consulta pública no Secretariado do Tribunal.

Tal como já decidira, *por unanimidade*, quando da deliberação sobre a admissibilidade da queixa, a Comissão, no seu Relatório, depois de rejeitar, também por unanimidade, todas as excepções suscitadas pelo Estado Português, declarou verificadas *todas* as violações arguidas pelos queixosos, a saber: por 19 votos contra 3, violação do artigo 6.º, n.º 1; por 21 votos contra 1, violação do artigo 1.º do PA n.º 1, no qual ficava integrada também a violação do artigo 14.º da CEDH combinado com o artigo 1.º do PA n.º 1[1679].

Poucas vezes um caso tão complexo fora decidido no Relatório da Comissão por maiorias tão expressivas. Além disso, poucas vezes um Relatório da Comissão sobre um caso deste género atingira um tão grande grau de pormenor na matéria de facto, e uma tão grande densidade e profundidade no tratamento da matéria de direito.

Recapitulemos rapidamente a matéria de facto e de direito que nos interessa agora, neste lugar.

Quanto ao artigo 6.º, n.º 1, da CEDH, a Comissão deu como provados no seu Relatório que os cinco recursos estavam à data totalmente parados no Supremo Tribunal Administrativo; que este não respeitara regras processuais básicas da lei portuguesa; que o Governo sonegara

---

[1678] *Supra*, Cap. III, n.º 4, e, particularmente, n.º 5.5, I.
[1679] §§ 83, 112 e 115-120.

A construção dogmática

uma petição judicial ao Supremo, recusara-se sempre a enviar o processo instrutor ao Tribunal, deixara passar cinco anos para confessar o "extravio" da petição, após doze notificações, em vão, do Tribunal, mas que este, também, não agira com a diligência necessária na matéria e como lhe era imposto por lei – para concluir pelo *"bloqueio total"* (*"blocage total"*) dos recursos no Supremo (expressão que, com essa dureza, não se encontra empregue em qualquer outro Relatório análogo da Comissão, e muito menos quando estava em causa um Tribunal superior) e pela *"recusa de acesso"* dos queixosos à justiça (configurando a violação de um "direito ao tribunal" na titularidade dos queixosos, à face do art. 6.º, n.º 1, da CEDH), o que, *só por si, esvaziara o conteúdo do próprio direito substantivo atingido, ou seja, o direito de propriedade privada*[1680].

Por sua vez, no que se refere ao artigo 1.º do PA n.º 1, a Comissão entendeu que, pelo menos, o terceiro acto litigioso (o Decreto-Lei n.º 173/84), que se intitulava de "expropriação", não era um mero acto de regulamentação do uso, portanto, violava o direito de propriedade privada aí reconhecido; que a proibição de expansão das actividades dos queixosos no imóvel e *a proibição de construir*, trazidas pelos actos de criação da reserva natural, *"limitaram, sem dúvida, o direito do primeiro requerente de usar do seu bem"*; que os queixosos não haviam recebido ainda qualquer indemnização, que lhes era devida, por qualquer dos cinco actos; ora, tudo isso, somado ao bloqueio total dos processos em tribunal, se traduzira numa *"carga desproporcionada para o direito dos queixosos"*, pelo que o Estado Português infringira o artigo 1.º do PA n.º 1[1681].

Nas suas alegações escritas perante o Tribunal, os queixosos aprofundaram as violações dadas como verificadas pela Comissão; robusteceram a fundamentação da violação do artigo 14.º combinada com a

---

[1680] Relatório de 21-2-95 – v. toda a Parte II e, depois, os §§ 69 e segs., especialmente os §§ 79-82. A tese de que com a violação do *"direito a um tribunal"* se infringe *o próprio direito substantivo* que se pretende efectivar através do acesso aos tribunais, neste caso, o direito à propriedade privada, constitui uma das melhores construções dos órgãos da Convenção – v. Ac. *Golder*, pg. 18, invocado no § 80 do Relatório da Comissão no caso *Matos e Silva* e, depois, retomado e desenvolvido nas alegações escritas dos queixosos perante o Tribunal, §§ 52-53.

[1681] §§ 90 e segs., especialmente §§ 100-111, com itálicos nossos.

violação do artigo 1.° do PA n.° 1, tendo para o efeito junto documentos oficiais, alguns com fonte no próprio Governo, e vasta prova documental, que demonstravam que nos terrenos confinantes ao imóvel dos queixosos, alguns deles situados na pequena parcela da reserva natural que cobria os terrenos que não os dos queixosos, tinham vindo, desde há muito, a ser consentidos, por órgãos do Estado, índices elevados de urbanização e de construção, enquanto que aos queixosos era imposta, discriminatoriamente, uma proibição total de edificar e a ameaça de proibição de toda a "intervenção humana"; e construíram, nos termos já explicados, a tese da expropriação *de facto*[1682].

Para o efeito do artigo 50.°, os queixosos juntaram uma avaliação no que toca aos prejuízos materiais, levada a cabo por uma entidade especializada, pertencente ao Grupo da Caixa Geral de Depósitos (uma sociedade de capitais públicos), e que concluía que os queixosos tinham direito, como indemnização por prejuízos materiais, *a título principal*, ao montante de *20.458.463.000$00*, calculado na base do valor do imóvel *à data da primeira declaração de utilidade pública*, em 1 de Março de 1983, apurado segundo os critérios do Código das Expropriações e da jurisprudência do Tribunal Constitucional, e *actualizada* à data da avaliação (15 de Dezembro de 1995) segundo os mesmos critérios; ou, *a título subsidiário*, a *um montante, por acaso igual*, resultante da soma do valor actual do imóvel, ou seja, dos *danos emergentes* (*12.687.240.000$00*), e do valor dos *lucros cessantes*, traduzidos na "perda real de oportunidades de venda", para se utilizar uma expressão, como se viu, cara ao Tribunal. Todos esses cálculos estavam documentados, e pormenorizadamente fundamentados nos seus aspectos económico-financeiros e jurídicos. Foi com base nessa avaliação que foi formulado o pedido de reparação dos prejuízos materiais[1683]. Repare-se que as duas formas propostas para o cômputo da indemnização, mas mais a primeira do que a segunda, eram compatíveis com a doutrina do caso *Chorzow*, que o Tribunal, pouco antes, *pelo menos no plano dos princípios*, mostrara perfilhar, no caso *Papamichalopoulos – artigo 50.°*, embora apenas neste caso.

[1682] V. as referidas alegações, §§ 54 e segs., 174 e segs., 175 e segs., e os documentos anexos às alegações aí citadas.

[1683] §§ 206 e segs. das alegações escritas, especialmente §§ 214 e segs.

A construção dogmática

Nos três meses que mediaram entre a apresentação desta avaliação para os efeitos do artigo 50.° e a audiência do julgamento, o Estado podia entregar no Tribunal uma contestação a essa avaliação. Porém, não o fez. Portanto, chegados à audiência do julgamento, havia um pedido de indemnização dos queixosos não contestado pelo Estado[1684].

Naquela audiência, os queixosos reiteraram o pedido formulado, com base na avaliação que haviam juntado. Eles deixaram ao Tribunal a escolha entre dois caminhos possíveis, com base na orientação do Direito Internacional na matéria: ou o Tribunal entendia que a situação global resultante do litígio era uma situação *lícita*, e nesse caso aos particulares devia ser concedida uma indemnização computada segundo o critério que a avaliação designa de principal, isto é, o valor do imóvel à data do primeiro acto litigioso, da primeira declaração de utilidade pública, actualizado segundo os critérios estipulados para o efeito pelo próprio Direito interno português; ou a considerava uma situação de expropriação *ilícita*, e, nesse caso, a indemnização a conceder devia ser a que a avaliação computara pelo critério designado de subsidiário, isto é, devia abranger os danos emergentes e os lucros cessantes resultantes da situação litigiosa no seu globo[1685].

O Estado continuou a não contestar a avaliação dos prejuízos materiais apresentada pelos queixosos, mas juntou ao processo uma avaliação, *do imóvel*, levada a cabo dois anos antes, em 1994, pelo Ministério das Obras Públicas, e que atribuía aos terrenos o valor de *300.000.000$00.*

Segundo as regras processuais vigentes no Tribunal, os queixosos, por respeito pelo princípio do contraditório, produziram dias depois, quanto a essa avaliação, as seguintes observações[1686]: a avaliação apresentada pelo Estado era uma avaliação *do imóvel*, não uma contra-avaliação *dos prejuízos materiais* para o efeito do artigo 50.°; ela não era minimamente credível, e a melhor prova disso é que o Estado não a apresentara nunca aos queixosos; ela violava o Código português das Expropriações e a jurisprudência do Tribunal Constitucional, porque

---

[1684] Cfr. *Comentário Pettiti*, pg. 814.

[1685] V., neste ponto, as alegações orais do Professor DOLZER na audiência de julgamento, constantes da acta da audiência, também ela de consulta pública.

[1686] Observações escritas de 19-4-96, §§ 21 e segs.

A expropriação ilícita

avaliara o imóvel em 1994, isto é, *já na pendência da situação ilícita, ou seja, quando sobre o imóvel já pendiam*, e há muitos anos, três declarações de utilidade pública e uma série intensíssima de proibições trazidas pelos dois actos que criaram a reserva natural, enquanto que a avaliação devia tomar como ponto de referência *a data da primeira declaração de utilidade pública*, em 1983[1687]; mesmo assim, ela violava os artigos 24.° a 26.° do Código das Expropriações de 1991, que, entre o mais, mandam atender, na avaliação de uma "zona verde", ao valor médio das construções existentes ou que seja possível edificar nas parcelas situadas numa área envolvente cujo perímetro exterior se situe a 300 metros do limite da parcela expropriada"[1688].

Ora, esse valor, pelo menos na parcela do imóvel que o próprio Governo considerara, nas negociações com os particulares, urbanizáveis e edificáveis, era não inferior a *10.000$00/m2*, segundo a avaliação da Caixa Geral de Depósitos, enquanto que a avaliação do Ministério das Obras Públicas atribuía a cada m2 desse terreno o valor de *50$00/m2*; por fim, essa avaliação do Ministério das Obras Públicas dizia haver uma outra avaliação, de um ano antes, da Direcção-Geral do Património do Estado, que atribuía ao imóvel, mesmo já na pendência dos actos litigiosos, o valor de *1.100.136.000$00*. Ora o Estado estava a ignorar essa avaliação, que dava um valor quatro vezes superior ao valor por si invocado na avaliação referida na audiência.

Note-se, a título de curiosidade, que, a solicitação do Tribunal em plena audiência do julgamento, tanto os queixosos *como o Estado* esti-

---

[1687] Esse comportamento da Administração, de primeiro desvalorizar o terreno para depois o adquirir por um montante mais baixo (comportamento que não se adjectivará aqui, mas que viola frontalmente, pelo menos, o princípio da boa fé, que não carece de consagração em lei positiva para obrigar a Administração, mas que agora consta expressamente do artigo 6.°-A do CPA e do artigo 266.°, n.° 2, da CRP, depois da revisão de 1997), encontra-se prevenido pelo Direito positivo das Expropriações vigente entre nós – veja-se, por último, o Ac. do TConst. de 19-3-97, n.° 267/97, ainda não publicado, que, na sua fundamentação, e, louvando-se, entre o mais, em ALVES CORREIA, qualifica esse comportamento, com justa severidade, de "*manipulação (...) por parte da Administração*" (§ 11 do Acórdão, com itálico nosso). Sobre a subordinação da Administração Pública ao princípio da boa fé e a consequente concepção do Estado como "pessoa de bem", com interesse para o que atrás e no texto dissemos, veja-se o que escrevemos há dez anos em *O concurso*, pgs. 725-728.

[1688] Cfr. PERESTRELO DE OLIVEIRA, pgs. 88-96.

A construção dogmática

veram de acordo em que os queixosos haviam utilizado, na ordem interna portuguesa, os meios contenciosos adequados e que não havia, no Direito português, qualquer meio que permitisse aos queixosos obter uma reparação imediata da situação ilícita criada.

O Tribunal, quanto à questão de fundo, reafirmou, como fizera a Comissão, a total procedência das razões dos queixosos, com pequenos pormenores, como atrás se explicou.

Recapitulando, voltou a rejeitar todas as excepções preliminares que o Estado apresentara, e que eram, no essencial, as mesmas desde a fase da admissibilidade da queixa na Comissão[1689].

Confirmou a violação do artigo 6.°, n.° 1, da CEDH, não, como o fizera a Comissão, por "recusa de acesso" à justiça, mas por "atraso na duração dos processos contenciosos"[1690], embora logo a seguir se fosse contradizer, ao afirmar, depois de constatar que os cinco recursos pendentes no Supremo Tribunal Administrativo estavam parados e ainda à espera de julgamento, que "apesar da existência, em teoria, de recurso contra os actos litigiosos, na prática, *tudo se passou como se para eles (os queixosos) não existisse nenhum recurso disponível*".[1691]

Confirmou a violação do artigo 1.° do PA n.° 1, mas agravando-a em relação ao que decidira a Comissão. De facto, esta não deixara claro se, para além do terceiro acto litigioso, algum outro violava, de facto, aquele preceito. O Tribunal, ao contrário, julgou, de forma expressa, que *todos os cinco actos* – dois de declaração de utilidade pública para expropriação, um de expropriação, e dois de criação de servidões, uma legal, outra administrativa, chamadas reservas naturais –, violaram aquele preceito[1692], fizeram o direito de propriedade *"perder a sua substância"* e tornaram-no *"precário"* e *"incerto"*[1693].

Quanto à violação combinada do artigo 14.° da CEDH e do artigo 1.° do PA n.° 1, o Tribunal manteve a posição da Comissão[1694].

[1689] §§ 57-59 e 70.
[1690] §§ 60 e segs.
[1691] § 75. O itálico é nosso.
[1692] § 79.
[1693] §§ 79, 85 e 92, com itálicos nossos.
[1694] §§ 94-96.

A expropriação ilícita

Passando para o artigo 50.°, parecia, por conseguinte, que o Tribunal, ou iria conceder uma indemnização tomando como ponto de partida o pedido dos queixosos, dado que o Estado não apresentara uma contra-avaliação dos prejuízos e o Tribunal não punha em causa a credibilidade da avaliação dos queixosos, pelo contrário, considerava-a "pormenorizada" (*"détaillée"*)[1695]; ou, ao menos, como o fizera em alguns outros casos análogos, reservaria a fixação da indemnização para novo Acórdão, dando entretanto às partes a oportunidade de tentarem um acordo e, eventualmente, ordenando o Tribunal uma peritagem, como acontecera no caso *Papamichalopoulos*, ou como sucedera, por razões bem menos necessárias, e por montantes muito mais baixos, no caso *Hentrich*[1696].

Mas não. Depois de declarar cometidas pelo Estado Português *todas* as infracções invocadas pelos queixosos, e, particularmente, a violação do artigo 1.° do PA n.° 1, com fundamento na *"perda de substância"* do direito de propriedade; depois de reconhecer que os queixosos tinham direito à indemnização, segundo o Direito português, *por cada um* dos cinco actos litigiosos, mas que não lhes fora paga qualquer indemnização; depois de reconhecer que, desde 1983, nem lhes fora paga ainda qualquer indemnização, nem as garantias contenciosas haviam produzido qualquer efeito ["(...) apesar da existência, em teoria, de recurso contra os actos litigiosos, *na prática tudo se passou como se para eles (queixosos) não existisse qualquer recurso disponível"*[1697]], o que tornara o direito de propriedade sobre o imóvel *"precário"* e *"incerto"* – depois de tudo isso, o Tribunal dedica à sua decisão sobre o artigo 50.° apenas onze linhas[1698]. Aí resolve conceder uma indemnização de *10.000.000$00*, apenas pela *"situação de incerteza provocada pelo longo atraso do processo* (sic) *e pelos entraves trazidos à livre utilização do bem"*[1699]. Ficou, portanto, por indemnizar a "perda da substância" dos direitos sobre o bem e toda a situação ilícita

---

[1695] § 98. Cfr. *Comentário Pettiti*, pg. 814.

[1696] Cfr. o Acórdão de declaração de violação, de 22-9-94, § 71, e o Acórdão sobre o artigo 50.°, de 3-7-95, §§ 9-11, e a respectiva opinião dissidente do Juiz MARTENS.

[1697] § 79. Todos os itálicos são nossos.

[1698] § 101.

[1699] *Loc.cit.*

A construção dogmática

globalmente resultante do facto de por nenhum dos cinco actos litigiosos ter sido paga aos queixosos qualquer indemnização, à qual o Tribunal, repete-se, os considerou com direito desde 1983, nem ter, na prática, como entendeu, estado à disposição dos queixosos qualquer garantia contenciosa para corrigirem a situação na ordem interna portuguesa. Para o efeito do cômputo daquele montante, o Tribunal limitou-se a afirmar que "os métodos de avaliação propostos pelos requerentes não são (...) adequados"[1700].

Ora, o Tribunal não fundamenta nenhuma dessas conclusões: não diz como é que chegou ao montante apurado pela incerteza do Direito; não diz por que razão não estipulou a indemnização devida pelo conjunto das infracções que declarou, especialmente pela situação ilícita decorrente do facto de, por cinco actos de expropriação ou análogos, os queixosos não haverem ainda, há tantos anos, recebido qualquer indemnização; não diz por que razão não considera adequados os métodos de avaliação propostos pelos queixosos; não diz de que outros métodos de avaliação ele próprio parte; não diz o que pensa da distinção entre situação lícita e situação ilícita, apresentada pelos queixosos. Enfim, ele não fundamenta minimamente a sua decisão.

A única interpretação que o Acórdão nesta matéria consente é a de que o Tribunal deixou ao Estado Português o encargo de concluir as expropriações e indemnizá-las pelos meios do Direito interno português, no quadro, como veremos, dos efeitos materiais atribuíveis à parte declarativa do Acórdão. E foi essa a interpretação do Acórdão que o Estado deu a conhecer pouco depois, por escrito, e em termos oficiais, aos queixosos. Mas o comportamento normal do Tribunal, à face do artigo 50.º, devia ter sido o de fixar, *ele próprio*, nem que fosse com recurso a novo Acórdão posterior, a indemnização *justa*, isto é, *integral*, devida pelo Estado pelos prejuízos provados, causados por todas as infracções que declarou verificadas, e não apenas pela "*incerteza*", pelo "*atraso*" e pelos "*entraves*". Agindo como agiu, o Tribunal actuou de forma incoerente com a orientação que seguiu noutros casos a que nos referimos (particularmente no caso *Papamichalopoulos*), entre os quais, é certo, por sua vez, e como se demonstrou, a coerência já não fora grande. Ou seja, na discricionariedade utilizada e no desrespeito

---

[1700] *Loc.cit.*

A expropriação ilícita

pela garantia concedida aos particulares pelo artigo 50.°, este Acórdão marca um sensível e preocupante retrocesso em relação aos Acórdãos anteriores, estudados neste número, onde o pedido de indemnização se fundara também na violação do artigo 1.° do PA n.° 1. E a provar o erro no caminho escolhido está o facto de o Estado Português, à data do encerramento deste livro, *ainda não ter cumprido o Acórdão*: só em Novembro de 1997 pagou a quantia em que foi condenado pela "incerteza" do direito, e que devia ter pago até 16 de Dezembro de 1996, e ainda não indemnizou os queixosos, segundo o Direito português, pelas expropriações e pelas servidões, cuja existência nunca negou, nem no processo perante os órgãos da CEDH, nem nos processos contenciosos internos.

H – *Questões de índole processual em torno da aplicação do artigo 50.°*

Pelo espírito e pela letra do artigo 50.°, o Tribunal deveria, no mesmo Acórdão, decidir sobre a existência da violação à CEDH ou aos seus Protocolos e, caso concluísse pela positiva, conceder a reparação correspondente.

Contudo, durante muito tempo, em regra, o Tribunal diferiu para um acórdão posterior a questão da reparação[1701]. Ao proceder desse modo, o Tribunal agia com uma intenção recta: muitas vezes, os queixosos fornecem elementos insuficientes para o Tribunal se poder pronunciar sobre o pedido de indemnização, pelo que o Tribunal não se sentia em condições de julgar esse pedido, mas também não queria rejeitá-lo, porque reconhecia, em princípio, a sua procedência. Restava-lhe, pois, suster a decisão sobre esse pedido e requerer às partes elementos complementares. Mas isso conduzia a um protelamento do processo, que era tanto mais grave quanto é certo que, quando este chega a esta fase, já muitos anos estão decorridos sobre a entrada da queixa na Comissão. E a esses anos havia que acrescentar eventualmente o período de tempo perdido no respectivo Estado com a tentativa de exaustão dos meios internos, particularmente quando o reque-

---

[1701] ENRICHMAS/SANSOTTA, pgs. 691 e segs.

A construção dogmática

rente se queixava, também, do atraso na justiça do Estado infractor, ou seja, de violação do artigo 6.º, n.º 1, da Convenção. Isto é particularmente exacto nos processos em que o requerente pede ao Tribunal a declaração da violação pelo Estado, ao abrigo do artigo 50.º, do direito à propriedade privada, porque, em quase todos esses processos, ao pedido de declaração de violação do artigo 1.º do PA n.º 1 se tem somado o pedido de declaração de violação do artigo 6.º, n.º 1, da Convenção.

Por isso, o que ontem era a regra passou a ser agora a excepção, voltando-se ao que parecia ser o espírito e a letra do artigo 50.º da CEDH. Ou seja, o Tribunal hoje decide, na generalidade dos casos, no mesmo acórdão sobre a verificação da infracção e sobre o pedido de indemnização. Foi essa a intenção[1702] da redacção dada, após sucessivas revisões, na revisão em vigor, de 2 de Outubro de 1994, ao artigo 56.º, n.º 1, do Regulamento do Tribunal (Parte B), que dispõe como segue:

Artigo 56.º
(Acórdão relativo à aplicação do art. 50.º da Convenção)

1. Se a Secção declara uma violação à Convenção, ela decide *pelo mesmo Acórdão* sobre a aplicação do artigo 50.º da Convenção, no caso de essa questão, após ter sido suscitada de harmonia com o artigo 52.º do presente Regulamento, estiver em condições de ser decidida (*"être en état"*); se não, *sustém-na* no todo ou em parte e define o procedimento a adoptar (...). (...)[1703, 1704].

Este preceito mantém-se no artigo 63.º do Projecto da revisão do Regulamento do Tribunal que está em curso na sequência da assinatura do PA n.º 11, por forma a entrar em vigor, com este, no próximo dia 1 de Novembro de 1998.

Essa nova atitude do Tribunal, ditada pelo preceito transcrito, tem-no feito até pronunciar-se sobre a questão da indemnização mesmo antes de as partes haverem esgotado a discussão da questão[1705, 1706].

[1702] Assim, VELU/ERGEC, *op.cit.*, pg. 1028; e EISSEN, pg. 1571.

[1703] Os itálicos são nossos.

[1704] Cfr. COHEN-JONATHAN, *Convention*, pg. 212.

[1705] Casos *Adoff*, § 85, e Acs. 25-4-83, *Pakelli*, § 101; 22-10-84, *Sramek*, § 59; e 18-12-84, *Sporrong e Lönnroth – artigo 50.º*, § 95.

[1706] No m. sent., *Comentário Pettiti*, pg. 824.

A expropriação ilícita

Todavia, algumas vezes, o Tribunal, depois de declarar verificada a infracção, ainda hoje sustém a decisão sobre o pedido de indemnização. Fá-lo, umas vezes, devido à complexidade do caso e ao elevado montante da indemnização pedida[1707]; outras, porque descobre que o requerente ainda não esgotou os meios que, segundo o seu Direito interno, lhe permitem ser ressarcido dos prejuízos invocados[1708]; outras, por fim, porque acredita que ainda é possível uma solução amigável entre o requerente e o Estado infractor[1709]. Se essa solução amigável for encontrada, o Tribunal terá de homologar o respectivo acordo, o que fará após se ter certificado do seu carácter *"justo"* (*"équitable"*). Todavia, nunca o Tribunal se recusou a homologar um acordo dessa natureza.

Para evitar a complexidade da fixação de uma indemnização, o Tribunal tem vindo a desejar, e a estimular, os acordos entre as partes, após ter sustido a decisão sobre o pedido de indemnização. Ele espera, desse modo, inclusivamente, atenuar o crescente aumento do número de processos pendentes. Todavia, dessa orientação do Tribunal tem resultado, muitas vezes, um atraso no processo, por vezes demasiado longo: mais de dois anos nos citados casos *Sporrong* e *Papamichalopoulos*, e quase três anos no caso *De Cubber*[1710]. Mas não tem de ser necessariamente assim: veja-se o caso *Saints Monastères*. Por Acórdão de 9 de Dezembro de 1994, o Tribunal declarara que o Estado grego violara, entre outros direitos dos queixosos, os reconhecidos nos artigos 6.º, n.º 1, e 1.º do PA n.º 1 à CEDH[1711]. Todavia, deixara para um Acórdão posterior a questão do artigo 50.º, "levando em conta a eventualidade de um acordo entre o Estado réu e os interessados"[1712]. E neste caso valeu a pena: o Estado grego mostrou ter aprendido a lição que o Tribunal lhe quis dar no caso *Papamichalopoulos – artigo 50.º* De facto, antes de o Tribunal proferir um segundo Acórdão, agora sobre o artigo 50.º, melhor dito, sobre a segunda parte desse artigo, o

---

[1707] Caso *Lithgow*.
[1708] Caso *Engel e outros*, § 14.
[1709] Casos *Piersack, passim*, e, mais recentemente, *Papamichalopoulos*, § 49.
[1710] Ac. *artigo 50.º*, 14-9-87.
[1711] Pg. 41.
[1712] § 100.

A construção dogmática

Estado grego tentou, e conseguiu, chegar a acordo com os queixosos, *mesmo se, para tanto, teve de fazer aprovar no Parlamento uma lei que alterou o seu Direito interno para o pôr em conformidade com o Acórdão do TEDH que declarara as violações à CEDH.*

O acordo foi homologado pelo Tribunal[1713].

Note-se, a terminar, que o pedido de uma indemnização justa não é visto pelo Tribunal como uma nova queixa, para os efeitos do artigo 25.° da CEDH. De facto, ele considera-o "não como um processo novo, que releva do Título III da Convenção, mas como a última fase do processo instaurado no Tribunal de harmonia com o Título IV, na sequência da que começou com a queixa inicial apresentada à Comissão" – assim decidiu o Tribunal nos casos *De Wilde, Ooms e Versyp*[1714] e *Neumeister*[1715]. A grande consequência disso é que a admissão de um pedido dessa natureza não se encontra sujeita à exaustão dos meios internos, prevista no artigo 26.° da Convenção, como atrás já se disse. Todavia, o Tribunal, algumas vezes, em tal situação, tem entendido (também aqui sem cuidar de explicar o critério de que parte) que, em nome de uma boa administração da justiça, deve suster a decisão do pedido até à decisão dos tribunais nacionais[1716]. Mas há que deixar claro que essa orientação, porque, em bom rigor, vai contra o princípio da não aplicação da regra da exaustão dos meios internos ao pedido de indemnização, merece o nosso frontal desacordo[1717].

Aliás, mesmo que o requerente já tenha intentado, ou visto provida, uma acção de responsabilidade contra o Estado nos seus tribunais nacionais, isso só será razão para o TEDH, respectivamente, suster a decisão do pedido formulado segundo o artigo 50.°, ou negar-lhe provimento, *se a causa de pedir dos dois meios for a mesma.* Ou seja, devendo o pedido de indemnização, formulado ao abrigo do artigo 50.°, ter necessariamente como causa de pedir a violação de algum dos direitos reconhecidos pela CEDH ou pelos seus Protocolos, o Tribunal só poderá indeferi-lo com fundamento no provimento de um pedido

---

[1713] Ac. de 1-9-97.

[1714] § 15.

[1715] § 30.

[1716] Por exemplo, caso *Eckle*, § 14.

[1717] Assim, também, VELU/ERGEC, pg. 1033.

A expropriação ilícita

análogo, ou suster a sua decisão com fundamento na pendência de um pedido análogo, em tribunais nacionais, se a causa de pedir destes últimos pedidos tiver sido, fundadamente, a mesma.

I – *Conclusão: apreciação global da garantia conferida pelo artigo 50.°*

Considerando tudo o que ficou escrito nas páginas anteriores sobre o artigo 50.° (futuro art. 41.°) da CEDH, como garantia do direito à propriedade privada reconhecido no artigo 1.° do PA n.° 1 àquela Convenção, podemos agora proceder a um balanço global da eficácia desta garantia, ou seja, deste meio de reparação da expropriação que viole o artigo 1.° do PA n.° 1. Para esse balanço é decisivo o modo como vimos aquele artigo estar a ser interpretado pela jurisprudência do Tribunal e o elevado grau de discricionariedade que este a si se concede nessa interpretação. Mas são também importantes as reflexões que, muito recentemente, acerca disso foram dadas à luz numa obra, já nossa conhecida, e que é coordenada e dirigida por um dos seus Juízes, o Professor francês PETTITI[1718].

A primeira nota a deixar para o referido balanço é a de que o artigo 50.°, no seu plano próprio, isto é, *no plano do Direito Internacional*, não está a funcionar como um meio de o lesado obter uma verdadeira reparação justa pela infracção à Convenção. Os órgãos da Convenção, tanto a Comissão como o Tribunal, gostam de sublinhar que "o objectivo da Convenção consiste em proteger direitos, *não teóricos ou ilusórios*, mas *concretos* e *efectivos*"[1719]. Pois bem: o artigo 50.°, do modo como o Tribunal o vem aplicando, não está a conduzir, de um modo geral, à garantia de direitos *concretos* e *efectivos*. Para essa conclusão contribui, sobretudo, o facto de o Tribunal não o estar a aplicar para conceder ao lesado uma autêntica indemnização, *hoc sensu*, pelos prejuízos por ele sofridos com a violação à Convenção (o que contraria,

---

[1718] Sobretudo pg. 826.

[1719] Sobretudo Acs. 9-10-79, *Airey*, § 24, e 13-5-80, *Artico*, § 33, e Relatório da Comissão no caso *Matos e Silva*, § 81. O *Comentário Pettiti* apoia, de modo expresso, essa posição – *loc.cit.*

A construção dogmática

desde logo, a letra do preceito – com base nos esclarecimentos que a tal respeito produzimos atrás –, o seu espírito e a História da sua elaboração), mas, tão-somente, uma simples compensação por esses prejuízos, uma mera satisfação. Só isso explica a profunda disparidade, que, quase sempre, se verifica, entre os prejuízos demonstrados e o montante da indemnização arbitrada, disparidade, ainda por cima, que o Tribunal entende nem sequer fundamentar, nem mesmo, note-se, quando o Estado réu não contestou o montante pedido pelo queixoso ou não contrariou a avaliação por este produzida[1720]; a sistemática não consideração dos critérios fornecidos pelo respectivo Direito interno para o cômputo da indemnização, pelo menos quando esses critérios teriam permitido ao Tribunal chegar a um montante mais elevado de indemnização do que aquele ao qual ele é conduzido pelo seu juízo discricionário; e a situação extrema, eivada de uma grande dose de romantismo, da consideração da mera declaração da violação como valendo, por si só, como uma indemnização ... Recorde-se que em nenhum dos meios de reparação atrás estudados, e em nenhuma outra área do Direito Internacional, se admite esta última forma como forma autónoma e exclusiva de reparação.

A segunda nota é a de que, sendo a atribuição de uma indemnização ao lesado, ao abrigo do artigo 50.º da CEDH, a única sanção que o sistema da Convenção, no plano dela e, portanto, do Direito Internacional, permite ao Tribunal aplicar ao Estado que infrinja a Convenção e os seus Protocolos, e, simultaneamente, a única reparação que pode conceder ao lesado pela violação do seu direito, o desvio pelo Tribunal do seu dever de outorgar uma indemnização justa à sombra daquele preceito põe em causa a própria força jurídica dos direitos, das liberdades e das garantias reconhecidos pela Convenção e pelos Protocolos, porque enfraquece, na prática, o poder de coerção dos órgãos da Convenção sobre os Estados

---

[1720] Assim, também o Juiz PETTITI, *loc.cit.*, que se interroga sobre se este comportamento se deve à subestimação pelo Tribunal da competência que o artigo 50.º lhe confere ou ao seu excesso de trabalho – em qualquer caso, duas razões pouco convincentes para o fim em vista. Note-se que foi esse o comportamento do Tribunal também no caso *Matos e Silva*, onde, como se disse, o Estado Português não contrariou a avaliação dos prejuízos apresentada pelos queixosos, avaliação essa que o Tribunal considerou "pormenorizada".

A expropriação ilícita

infractores. No fundo, o que está mais uma vez em causa, como há pouco mostrámos ser defendido pela Comissão e pelo Tribunal, é que, convém nunca esquecê-lo, "o escopo da Convenção consiste em proteger direitos, não teóricos ou ilusórios, mas *concretos* e *efectivos*".

A terceira e última nota aplica ao concreto direito de propriedade privada o que acaba de ser dito em abstracto. Ou seja, os progressos alcançados pela jurisprudência da Comissão e do Tribunal na definição do conteúdo do direito à propriedade privada e do regime jurídico da sua protecção, tal como este está reconhecido no artigo 1.º do PA n.º 1, apresentam-se como meramente platónicos, se, pela violação declarada, o Tribunal vai conceder ao lesado, por vezes, uma mera compensação simbólica e não uma verdadeira reparação ou, dito de modo redundante, não uma indemnização justa[1721].

De facto, estarem os órgãos da Convenção a aprofundar a protecção da propriedade privada através dos institutos dos actos análogos à expropriação e da expropriação *de facto*, por um lado, como se viu neste livro, e, por outro lado, e ao mesmo tempo, persistir o Tribunal na recusa da concessão de uma reparação integral pela expropriação ilícita, equivale a conceder uma ilusória e fictícia protecção ao direito de propriedade privada. É o próprio direito substantivo à propriedade privada, reconhecido no artigo 1.º do PA n.º 1, que, dessa forma, é atingido.

Torna-se, pois, necessário que o Tribunal reveja o seu modo de actuar à sombra do artigo 50.º para que a garantia da indemnização aí prevista e, como demonstrámos, por via disso, todo o sistema de protecção e salvaguarda dos direitos, das liberdades e das garantias reconhecidos na Convenção, funcione de modo eficaz.

Só este Tribunal não adopta hoje, no plano do Direito Internacional, o critério da reparação *total* ou *integral* dos prejuízos, critério esse que, como mostrámos, a jurisprudência arbitral e a prática dos Estados aceita hoje, pacificamente, como sendo imposto pelo costume internacional geral.

O TEDH não desconhece a doutrina do caso *Chorzow* – a prova está em que a invocou formalmente no caso *Papamichalopoulos – artigo 50.º* E, embora por um caminho diferente, ele chegou, no caso

---

[1721] Ver os dados estatísticos arrolados no *Comentário Pettiti*, pgs. 827-842, e, mais recentemente, os exemplos dados por FROWEIN/PEUKERT, pgs. 710 e segs.

Hentrich, a um resultado próximo daquele a que essa doutrina conduziria, quando, no Acórdão sobre a questão da violação do artigo 1.° do PA n.° 1[1722], reconheceu que "o cálculo do prejuízo material deve *partir* do *valor venal actual* do terreno" e, depois, no Acórdão sobre o artigo 50.°[1723], concedeu, como já dissemos, ao lesado uma indemnização que um dos próprios Juízes que subscreveram o Acórdão considerou não estar demonstrada no processo[1724].

Todavia, o Tribunal não aplica, em princípio, nem a doutrina *Chorzow*, nem a orientação do "valor venal actual", porque em nenhum outro caso se lhe referiu, nem mesmo como ponto de referência ou como hipótese de trabalho. E não se pode deixar de estranhar que, dada a enorme importância e relevância que a doutrina *Chorzow* obteve no Direito Internacional, só o TEDH se permita não levar em consideração a fórmula de reparação ínsita nessa doutrina e, sobretudo, sem dizer porquê.

Ainda mais estranho, no entanto, é que o Tribunal não tenha a diligência de explicar qual é o critério jurídico que ele adopta para computar a reparação devida por facto ilícito, concretamente, pela violação do artigo 1.° do PA n.° 1. Do exame dos mais importantes casos julgados à sombra deste preceito, como atrás se viu, não se extrai qualquer linha coerente sobre o modo de se computar a indemnização devida pelo Estado infractor por uma expropriação ilícita, à sombra do artigo 50.°

Tal como mostrámos acontecer com a expropriação lícita[1725], também aqui a jurisprudência do TEDH viola costume internacional geral. E este costume encontra-se agora consolidado e reforçado, porque ficou codificado no Projecto da CDI apresentado, já na sua versão final, à Assembleia Geral das Nações Unidas, particularmente no seu artigo 42.°, já por nós analisado atrás. A jurisprudência do TEDH infringe, pois, uma fonte de grau superior. E, se o lesado invocar perante o Tribunal o referido costume, este, à face das regras sobre hierarquia de fontes do Direito Internacional, terá que o aplicar, afastando a sua orientação contrária ao costume internacional geral. O Professor LILLICH, que

---

[1722] Ac. 22-9-94, § 71, com itálico nosso.

[1723] Ac. 3-7-95, §§ 9-11.

[1724] Opinião dissidente do Juiz MARTENS, sobretudo parágrafos 4 e 5.

[1725] *Supra*, Cap. III, 7.4, § 4.°-IV e § 5.°

A expropriação ilícita

mostrámos dizer o mesmo quanto à indemnização por expropriação lícita, reafirma essa ideia também quanto à indemnização concedida por aquele Tribunal por expropriação ilícita: escreve ele que a indemnização, tal como é computada pelo TEDH ao abrigo do artigo 50.°, coloca o "Direito Europeu convencional" em violação do costume internacional geral e dos "princípios gerais do Direito", fontes de Direito às quais o Direito da CEDH se deve subordinar[1726].

Esta situação de violação da CEDH, tal como o Tribunal aplica o seu artigo 50.°, ao Direito Internacional, leva o investidor estrangeiro a fugir do domínio de aplicação daquela Convenção, tal como já mostrámos ele fazer quanto ao artigo 1.° do PA n.° 1. De facto, Estados membros da CEDH e partes no artigo 1.° do PA n.° 1 concluem TBI pelos quais tacitamente retiram do âmbito de aplicação da CEDH litígios nascidos em expropriações ilícitas, para os submeterem ao demais Direito Internacional, designadamente através da arbitragem[1727]. É o que resulta, por exemplo, do já referido modelo de TBI celebrado por Portugal, pelo qual o investidor estrangeiro tem a possibilidade, nos termos já indicados, de entregar a resolução do litígio ao CIRDI (artigo 9.°, n.° 2, *b*). Ora, já vimos que a jurisprudência do CIRDI é mais favorável, e está mais estabilizada do que a do TEDH à sombra do artigo 50.°, porque propicia ao investidor uma reparação *integral* dos prejuízos. Como concretização desse modelo, embora com teor não absolutamente coincidente com ele, recordemos o TBI entre Portugal e a Alemanha que, no seu artigo 10.°, n.os 2 a 6, prevê a resolução pelo CIRDI dos litígios emergentes da aplicação do TBI ou, caso isso não seja possível, por um tribunal arbitral *ad hoc*. Só que esta solução, se é boa para o investidor estrangeiro, agrava a situação do expropriado nacional do Estado expropriante. De facto, este, para além de não poder beneficiar da reparação *integral* que o seu Estado assegurou ao estrangeiro pelo TBI,

---

[1726] Introdução ao vol. IV de *Valuation*, pgs. XIV e segs. No mesmo sentido, LAGERGREN, pg. 12, com a experiência que lhe advém do facto de, como já se disse, ter sido Juiz tanto no TEDH como no Tribunal de Haia criado para julgar os litígios entre o Irão e os Estados Unidos.

[1727] Confira-se isso em DOLZER/STEVENS, pgs. 129 e segs., ver os Estados que têm celebrado entre si TBI a pgs. 286 e segs.; e em BANZ, respectivamente, pgs. 100 e segs. e Anexos 1 e 2.

A construção dogmática

também pode não ter acesso à jurisdição arbitral, com a mesma generosidade com que a concede o TBI, ao estrangeiro. Numa e noutra situação, o nacional pode invocar, desde logo em tribunais nacionais, a violação do princípio da não-discriminação, que lhe é reconhecido pelo artigo 14.° da CEDH.

Do mesmo modo, na hipótese de o Estado expropriante e o Estado do expropriado serem, os dois, Estados membros da União Europeia, caso a expropriação faça nascer uma relação de Direito Comunitário, o expropriado só ganhará em efectivar a responsabilidade do Estado expropriante em conformidade com o Direito Comunitário, como mostraremos, em vez de o fazer à sombra da CEDH, dado que o Direito Comunitário lhe propicia uma reparação mais justa do que a jurisprudência do TEDH à luz do artigo 50.° da CEDH.

Para se reforçar a demonstração de como o sistema de reparação definido no artigo 50.° da CEDH e à sua sombra se encontra hoje isolado no Direito Internacional, diremos que a CADH, que, como explicámos, tomou, na sua feitura, como modelo a CEDH, no artigo homólogo ao artigo 50.°, estipula, de modo diferente deste, primeiro, que o Tribunal deverá tentar a execução específica da obrigação violada, isto é, deverá assegurar o gozo *do próprio direito fundamental violado*, e, depois, complementar ou sucedaneamente, que ele deverá atribuir ao lesado uma *"indemnização justa"*. Dispõe, com efeito, o seu artigo 63.°, n.° 1 (na versão portuguesa, que, devido ao facto de o Brasil ser parte nessa Convenção, é versão autêntica da CADH, juntamente com as versões espanhola, inglesa e francesa):

> Quando decidir que houve violação de um direito ou liberdade protegidos nesta Convenção, o Tribunal determinará *que se assegure ao prejudicado o gozo do seu direito ou liberdade violados.* Determinará também, se isso for procedente, que sejam reparadas as consequências da medida ou situação que haja configurado a violação desses direitos, bem como o pagamento de *indemnização justa* à parte lesada.[1728]

Só não estudámos separadamente o sistema de reparação da responsabilidade internacional do Estado por factos ilícitos definido na CADH porque nunca, até hoje, o Tribunal Inter-Americano dos Direi-

---

[1728] Os itálicos são nossos.

A expropriação ilícita

tos do Homem foi solicitado a conceder uma reparação por expropriação ilícita, por outras palavras, por violação do direito à propriedade privada[1729], reconhecido, como vimos, no artigo 21.°, n.° 1, daquela Convenção.

Diga-se, aliás, que a maior perfeição do sistema de reparação definido no artigo 63.°, n.° 1, da CADH, por confronto com o do artigo 50.° (futuro art. 41.°) da CEDH, torna-se ainda mais evidente se se atentar noutras cláusulas da CADH. Assim, segundo o n.° 2 do mesmo artigo 63.°, o Tribunal Inter-Americano dos Direitos do Homem pode, no quadro da reparação, decretar providências cautelares, para evitar prejuízos irreparáveis ao lesado, o que não é reconhecido ao TEDH; a competência consultiva conferida pelo artigo 64.° da CADH ao respectivo Tribunal é muito mais vasta do que a atribuída ao TEDH pelo artigo 1.° do PA n.° 2 à CEDH (que é transferido, sem alterações, pelo PA n.° 11 para o art. 47.° da CEDH), desde logo, porque o Tribunal Inter-Americano pode verificar da compatibilidade do próprio Direito interno dos Estados membros, *inclusive do seu Direito Constitucional*, com a CADH[1730]; e o sistema de execução das sentenças do Tribunal definido no artigo 68.°, n.° 2, da CADH não existe na CEDH.

Por todas estas razões, pelo menos por via do seu artigo 50.°, é excessiva a recente afirmação do Tribunal, no caso *Loizidou*[1731], segundo a qual a CEDH constitui "um instrumento constitucional da ordem pública europeia": a *"ordem pública europeia"* não pode erguer-se sobre um sistema de reparação da responsabilidade do Estado por violação dos direitos reconhecidos pela CEDH e pelos seus Protocolos que é contrário a todo o demais Direito Internacional, inclusive ao costume internacional geral, e em prejuízo do indivíduo[1732]. Talvez se chegue lá pela

---

[1729] A esta conclusão chegámos através de uma análise exaustiva da jurisprudência daquele Tribunal e ela ser-nos-ia depois confirmada pelo Professor ANTÓNIO CANSADO TRINDADE, Juiz daquele Tribunal por indicação do Brasil. Aqui fica-lhe registado o nosso agradecimento.

[1730] Ficou célebre o Parecer de 19-1-84 do Tribunal Inter-Americano, em que ele considerou a proposta de revisão dos artigos 14.° e 15.° da Constituição da Costa Rica, em matéria de nacionalidade, contrários à CADH, pelo que esta teve que a abandonar, de harmonia com o artigo 2.° da CADH – pgs. 1 e segs.

[1731] Ac. 18-12-96, § 75.

[1732] Veja-se sobre este ponto SUDRE, *Ordre public*, pgs. 39 e segs.

A *construção dogmática*

via do Direito Comunitário, mas não pela da CEDH. A correcção desse sistema na CEDH poderia provir ou dos Estados ou do próprio Tribunal: não veio dos Estados, porque estes não quiseram alterar o artigo 50.º quando, pelo PA n.º 11, o substituíram pelo novo artigo 41.º; também não virá do Tribunal, porque, como bem observa um especialista qualificado na matéria, DRZEMCZEWSKI[1733], o recente alargamento maciço do Conselho da Europa aos Estados da Europa Central e de Leste levou a que se tornassem partes na CEDH Estados com um nível muito baixo de protecção jurídica dos direitos fundamentais. Não obstante o progresso verificado nesses Estados, na matéria, após a sua recente democratização, com reflexos, desde logo, no respectivo Direito Constitucional (como se viu neste livro, a começar pelo tratamento aí dado ao direito de propriedade privada), eles são juridicamente responsáveis por situações de grave violação dos direitos fundamentais durante o período da Ditadura, situações que perduram, e que agora começam a ser colocadas pelos lesados aos órgãos da Convenção. Ora, isso tem vindo a traduzir-se numa progressiva diminuição do grau de exigência, pelos órgãos da Convenção, do respeito pelos direitos consagrados na CEDH e nos seus Protocolos e, por via disso, também num menor rigor do respectivo sistema de garantia. A manter-se essa orientação, e não obstante os progressos trazidos, nos planos formal e processual, pelo PA n.º 11, é o próprio grau de protecção e de garantia anteriormente alcançado pela CEDH em relação aos direitos elencados nela e nos seus Protocolos que se encontra ameaçado[1734].

J – *Idem: o artigo 50.º e o Direito interno*

Note-se que, como nos competia segundo a metodologia adoptada, estudámos acima o artigo 50.º apenas à luz do Direito Internacional, isto é, como meio de reparação *no plano do Direito Internacional*. Mas, à margem do Direito Internacional, ainda que com fundamento

---

[1733] Pg. 73.

[1734] No essencial, comunga das nossas preocupações quanto à garantia conferida pelo artigo 50.º da CEDH a recente e excelente dissertação, já citada, de GELINSKY, pgs. 152 e segs. e 165 e segs.

A *expropriação ilícita*

último nele, e, conçretamente, na Convenção, as obrigações resultantes para o Estado infractor, *na sua ordem interna*, do Acórdão proferido ao abrigo do artigo 50.° permitem ao lesado, *subsidiariamente*, obter a reparação *integral* dos prejuízos se, portanto, o Tribunal não lha tiver concedido ao abrigo daquele artigo.

Esta questão tem a ver com os efeitos dos Acórdãos do TEDH e, neste caso concreto, com as obrigações que, do Acórdão proferido ao abrigo do artigo 50.°, *enquanto ele declara a violação* (portanto, ao abrigo da primeira parte daquele preceito), resultam para o Estado infractor *no plano do seu Direito interno* ou, se se preferir, *na sua ordem interna*.

De facto, como nos demonstra POLAKIEWICZ[1735], na sua excelente dissertação universitária dedicada exaustivamente ao tema, o Acórdão proferido ao abrigo do artigo 50.° produz, desde logo na sua parte *declarativa*, efeito de *caso julgado*. Com isso, o Autor pretende significar que a simples declaração da violação ao abrigo daquele artigo tem um *triplo efeito* e um efeito *automático*: o de obrigar o Estado a *pôr, de imediato, termo* à violação da Convenção; o da *restauração natural*, isto é, o de constituir o Estado no dever de, em conformidade com o respectivo Direito interno, *apagar todas as consequências* da violação[1736]; e o de conferir ao lesado a garantia da *não repetição* do ilícito declarado.

Todas essas obrigações decorrem para o Estado infractor por força do art. 53.° da CEDH. E o facto de se tratarem de obrigações *de resultado* (que, portanto, deixam ao Estado a escolha dos meios adequados à reparação do ilícito na ordem interna) não impede que elas devam sem cumpridas pelo Estado infractor no quadro da teoria da responsabilidade internacional do Estado por factos ilícitos, e, portanto, que o resultado a atingir deva ser o da *restauração natural, tal como esta é imposta pelo Direito Internacional*, desde logo, porque o fundamento último dessas obrigações de resultado reside num preceito de Direito Internacional: o referido artigo 53.° da CEDH. Qualificada doutrina e jurisprudência nacional de Estados partes na CEDH chegam a equipa-

---

[1735] Pgs. 32, 215 e segs. e 364, com vasta doutrina e jurisprudência conformes, tanto do TEDH como de tribunais nacionais. No mesmo sentido, FROWEIN/PEUKERT, sobretudo pgs. 726 e segs.; e *Comentário Pettiti*, pgs. 848 e segs.

[1736] Já vimos ser essa também a posição de CAMPOS, pg. 185.

A construção dogmática

rar os efeitos da declaração da violação, decidida pelo TEDH ao abrigo do art. 50.°, aos efeitos da declaração do incumprimento, decidida pelo TJ das Comunidades Europeias à sombra do art. 228.° (antigo art. 171.°), n.° 1, CE [1737, 1738].

O TEDH aceitou essa construção, ainda que de forma, porventura, nem sempre uniforme e igualmente categórica, nos casos, já nossos conhecidos, *Irlanda*[1739], *Marckx*[1740] e *Norris*[1741], como no-lo demonstra POLAKIEWICZ na sua citada dissertação[1742]. Também a têm aceite e aplicado tribunais internos de Estados membros, como exaustivamente está provado na mesma obra[1743].

Estes efeitos do Acórdão proferido ao abrigo do art. 50.°, na parte declarativa da infracção, permitirão suavizar as consequências da insuficiência da indemnização atribuída pelo Tribunal ao abrigo da segunda parte daquele artigo, em violação, nos termos atrás estudados, do Direito Internacional geral. Atenuar-se-ão, desse modo, as consequências do facto de o TEDH, ainda no plano do Direito Internacional e com base na CEDH, não respeitar o costume internacional geral em matéria de função e âmbito da reparação. Assim, por exemplo, no caso *Matos e Silva*, é no cumprimento e na execução da parte declarativa do Acórdão (que, como se disse, declarou violados os arts. 6.°, n.° 1, 1.° do PA n.° 1, e não recusou a violação do art. 14.° da CEDH combinado com o art. 1.° do PA n.° 1), que o Estado Português, *servindo-se dos meios do seu Direito interno*, está *obrigado* a promover a *restauração natural* dos lesados. Aliás, neste ponto o Direito interno português e o Direito Internacional contemporâneo estão sintonizados, porque também o art. 562.° do Código Civil, que enuncia um princípio geral do Direito português, impõe a restauração natural dos lesados. Ou seja, o Estado Português, *nesse caso concreto*, deve ir mais além do que ape-

---

[1737] Veja-se o apanhado dessa posição em POLAKIEWICZ, pgs. 229 e segs.

[1738] Sobre os efeitos do Acórdão do TJ de harmonia com o art. 228.°, n.° 1, CE, v. o nosso estudo *Incumprimento*, pgs. 207 e segs.; e M. J. RANGEL DE MESQUITA, pgs. 47 e segs.

[1739] § 239.

[1740] § 58.

[1741] § 50.

[1742] Pgs. 223 e segs.

[1743] Pgs. 219 e segs.

A expropriação ilícita

nas indemnizar as três declarações de utilidade pública de harmonia com o Código das Expropriações, pois, em face da parte declarativa do Acórdão proferido ao abrigo do art. 50.º, e por força e com fundamento no art. 53.º da CEDH, o Estado Português está obrigado também a indemnizar as duas reservas, e, de um modo geral, a *apagar as consequências jurídicas de todas as violações declaradas pelo Tribunal*, o que é bastante mais do que pagar as indemnizações devidas pelas expropriações e pelas reservas, desde a primeira declaração de utilidade pública, ocorrida em 1 de Março de 1983. Ou seja, ele tem de reparar, na íntegra, os danos emergentes e os lucros cessantes causados pela situação ilícita global. Todavia, como atrás se explicou, nada disso foi feito, ou sequer tentado, pelo Estado Português, pelo menos até ao encerramento deste livro.

Este triplo efeito da parte declarativa do Acórdão proferido ao abrigo do art. 50.º reveste-se de particular importância quando o Tribunal opta, como vimos, por considerar uma "satisfação equitativa" a mera declaração da infracção. Nesse caso, o Estado terá de conceder ao lesado uma reparação total pelos prejuízos, *à luz do seu Direito interno*, prejuízos esses que o Tribunal entendeu que, *à luz do Direito Internacional*, ficavam reparados pela simples declaração da violação à Convenção.

O cumprimento pelo Estado, nesses termos, da declaração de violação levada a cabo pelo Tribunal engloba a revogação, a abrogação, a anulação ou a modificação do Direito interno incompatível, seja de que grau for, e a adopção das medidas legislativas, regulamentares e administrativas necessárias e adequadas à restauração natural do lesado.

Esse triplo efeito encontra-se também subjacente ao pensamento do Tribunal quando ele declara a infracção e depois, nos termos atrás indicados, reserva para um segundo acórdão a questão da indemnização devida: ele espera, nesses casos, que o Estado infractor, espontaneamente, extraia os efeitos devidos da declaração da infracção[1744].

Ao Conselho de Ministros cabe a fiscalização política do cumprimento do art. 53.º, segundo dispõe o art. 54.º, enquanto que ao Tribunal compete a sua fiscalização jurídica. E a responsabilidade de um e

---

[1744] Assim, POLAKIEWICZ, sobretudo pgs. 215 e segs., e jurisprudência e doutrina aí cits., especialmente, no último caso, as obras de RESS, VELU, STÖCKER e ERGEC.

A construção dogmática

de outro (e, portanto, o âmbito da fiscalização que lhes compete) deve entender-se em sentido amplo, enquanto o Tribunal mantiver os critérios restritivos na concessão da indemnização à face do art. 50.º e, portanto, enquanto o lesado tiver de recorrer mais frequentemente, e mais necessariamente, a título subsidiário, ao triplo efeito do Acórdão declarativo da infracção na ordem interna como única forma de colmatar a insuficiência da indemnização outorgada pelo TEDH por confronto com a reparação integral, a que, por força do Direito Internacional geral, o lesado tem direito[1745].

IV – A reparação através do Direito Comunitário

Não versando este livro sobre o Direito Comunitário mas sobre o Direito Internacional, temo-nos ocupado só episodicamente das questões que o seu tema suscita em sede de Direito Comunitário, e apenas quando a importância da matéria o justifique. Nem mais se torna necessário, aliás, dado que, como já dissemos, a protecção da propriedade privada em Direito Comunitário ou não ganhou até hoje grande importância na jurisprudência dos Tribunais Comunitários, ou é subsidiária, através do disposto no artigo 6.º, n.º 2, do TUE, depois da revisão de Amesterdão, da protecção da propriedade privada consagrada pela CEDH. Todavia, neste último caso, há que deixar claro que o juiz comunitário não aplica a CEDH como tal, mas como elemento do Direito Comunitário e numa lógica comunitária[1746], embora se reconheça que isso pode conduzir a divergências na sua aplicação pelos Tribunais de Estrasburgo e do Luxemburgo. Todavia, o facto de o Direito Comunitário ainda não possuir um regime próprio de protecção do direito de propriedade privada não é tranquilizante para o jurista, pelo que se acabou de dizer no número anterior quanto às insuficiências da garantia daquele direito, tal como ela é conferida pelos órgãos da CEDH à sombra do artigo 50.º daquela Convenção.

[1745] POLAKIEWICZ, pgs. 226 e segs.; FROWEIN/PEUKERT, *loc.cit.*; e as *ops.cits.* nessas duas obras.

[1746] Assim, sobretudo, e por último, BONICHOT, pgs. 321 e segs.; antes, os nossos *Sumários desenvolvidos de lições*, §§ 41-42.

A expropriação ilícita

Por tudo isso, não encontramos no Direito Comunitário nenhum aresto jurisprudencial em que se tenha discutido a reparação por uma expropriação ilícita à pura luz do Direito Comunitário, desde logo, e numa primeira hipótese, por o acto de expropriação consistir num acto imputável a uma das Comunidades. Embora essa situação nunca se tenha verificado até hoje, nada impede, em teoria, que ela ocorra: ou seja, que seja imputável à Comunidade (concentrando-nos agora na que mais nos interessa, que é a CE) um acto de expropriação (com o sentido amplo que a esta noção temos dado neste livro), pelo qual ela entenda prosseguir algum dos fins que lhe são impostos pelos artigos 2.º e 3.º do TCE.

Nessa hipótese, o expropriado poderá lançar mão, para obter a reparação da expropriação ilícita, da acção de responsabilidade extra-contratual da Comunidade, disciplinada nos artigos 235.º e 288.º, pars. 2 e 3, do Tratado CE, e 43.º do Estatuto do Tribunal de Justiça. Essa acção de responsabilidade é autónoma dos recursos de anulação ou de omissão, previstos, respectivamente, nos artigos 230.º e 232.º do Tratado CE, pelo que não se exige a interposição prévia de um ou de outro – é a orientação dominante na doutrina[1747], bem como a jurisprudência actual do TJ, representada no caso *Lütticke*[1748], mas desenvolvida no Acórdão paradigmático sobre a responsabilidade extracontratual da Comunidade, proferido no caso *Schöppenstedt*[1749].

O TJ é muito rigoroso na exigência da prova dos prejuízos alegados pelo lesado no quadro de uma acção de responsabilidade extracontratual. Mas ele reconhece que, uma vez provado o prejuízo, e que ele é *real* e *certo*, a reparação deve englobar tanto os danos emergentes como os lucros cessantes e, neste caso, por analogia com o que se passa com a violação dos *"contratos comerciais"*[1750].

A outra hipótese em que uma expropriação ilícita pode cair no âmbito do Direito Comunitário é, mais uma vez falando em teoria, aquela em que a expropriação pode ser levada a cabo *por um Estado membro* em violação do Direito Comunitário. Na medida em que o

---

[1747] Por último, GUICHOT, pgs. 898 e segs.

[1748] Ac. 28-4-71, considerando 6.

[1749] Ac. 2-12-71, considerando 11. Cfr., entre nós, LUÍSA DUARTE, pgs. 85 e segs.

[1750] FINES, pg. 412.

A construção dogmática

direito de propriedade é reconhecido ao indivíduo pelo Direito Comunitário por remissão para o artigo 1.º do PA n.º 1 à CEDH, hoje com base em preceito escrito – o artigo 6.º, n.º 2, do TUE –, a violação daquele direito gerará, em princípio, responsabilidade internacional do Estado expropriante, a ser efectivada no âmbito da CEDH. Mas, na hipótese de o Estado infractor ser membro da UE mas não ser parte no artigo 1.º do PA n.º 1, ou não ter aceite a competência da Comissão ou a jurisdição do Tribunal nos termos, respectivamente, dos artigos 25.º e 46.º da CEDH (enquanto o PA n.º 11 não entrar em vigor), e a violação do direito de propriedade privada se enquadrar *numa relação de Direito Comunitário*[1751], nesse caso a violação do artigo 1.º do PA n.º 1, por remissão do artigo 6.º, n.º 2, do TUE, constituirá o Estado infractor em situação de responsabilidade por violação *do Direito Comunitário*.

No estado actual de elaboração do instituto da responsabilidade do Estado por violação do Direito Comunitário, tal como ela foi levada a cabo pelo TJ desde o já citado caso *Francovich*, essa responsabilidade é uma responsabilidade *comunitária*, a aferir *segundo o Direito Comunitário*. Essa responsabilidade é efectivável pelo lesado sem necessidade de prévia sentença declarativa de incumprimento a coberto do artigo 228.º do Tratado CE e rege-se, nos seus aspectos *processuais*, pelo Direito nacional do Estado infractor, inclusive, quanto à definição do tribunal competente; mas, nos seus aspectos *substantivos*, designadamente, quanto à definição do conteúdo do dever de reparar, rege-se pelo Direito Comunitário. O que quer dizer que *é o Direito Comunitário, segundo esta orientação jurisprudencial, a definir o montante da reparação devida pelo expropriante*.

O TJ ainda não enunciou, porém, os critérios de definição da reparação devida em tais circunstâncias, concretamente, do montante da indemnização a pagar pelos danos provados no processo. Nos casos *Brasserie du pêcheur*[1752], *Palmisani*[1753] e *Maso*[1754], o TJ defendeu que a

---

[1751] Veja-se a razão de ser do itálico no Acórdão, muito recente, do TJ, de 29-5-97, caso *Kremzow*, ainda não publicado.

[1752] Ac. 5-3-96, § 31.

[1753] Ac. 10-7-97, § 26.

[1754] Ac. 10-7-97, § 36.

A expropriação ilícita

"medida da reparação" deve ser "adequada". Só no caso *Bonifaci II*[1755], o TJ pareceu aproximar-se da construção da *restauração natural*, ao pretender que "remediar as consequências indemnizáveis da violação do Direito Comunitário" equivale a *"garantir aos trabalhadores os direitos de que teriam beneficiado se a directiva tivesse sido transposta no prazo prescrito"*. Esta última orientação foi adoptada pelo TJ em situação análoga, da reparação dos prejuízos causados por incumprimento da Directiva n.º 76/207, e na execução dessa mesma Directiva. Ela aponta para a *"compensação integral dos danos efectivamente sofridos"* e para a *"reparação integral do prejuízo sofrido"*, com fundamento, entre o mais, no princípio da *"efectiva igualdade de oportunidades"*[1756].

Tudo isto parece indiciar, como já atrás dissemos, que o sistema de reparação por via do Direito Comunitário é mais favorável ao lesado do que o da CEDH[1757]. Acontece, porém, que esse sistema não se aplica aos direitos constantes da CEDH e dos seus Protocolos (e não obstante o disposto no art. 6.º, n.º 2, do TUE), pelo menos quando a violação de algum desses direitos não se integrar *numa relação de Direito Comunitário*, como há pouco dissemos. Mais uma razão para, como há muito tempo vem sendo reclamado, o Direito Comunitário, se possível através dos próprios Tratados, adoptar *o seu próprio rol de direitos fundamentais*, acompanhado da previsão de um mecanismo que permita ao cidadão de um Estado membro efectivar perante os Tribunais Comunitários a responsabilidade *do seu próprio Estado nacional* pela violação de algum dos direitos daquele rol. Compreende-se, porém, o melindre desta solução, já que, no dia em que ela for adoptada, a CEDH perderá utilidade para os cidadãos dos Estados membros da União Europeia que forem partes também naquela Convenção.

[1755] Ac. 4-10-97, § 51.

[1756] Ac. 2-8-93, caso *Marshall II*, §§ 17 e segs., especialmente 34. Os itálicos são nossos.

[1757] Para maiores desenvolvimentos sobre este ponto do plano deste livro, que aqui não são necessários, remetemos o leitor para a comunicação que, contemporaneamente, apresentámos ao III Colóquio Hispano-Luso de Direito Administrativo, que teve lugar em Outubro de 1997 na Universidade de Valladolid, Espanha – v. *Responsabilidade dos poderes públicos*. Já afloráramos, porém, a questão na Introdução à colectânea de estudos por nós coordenada, *Responsabilidade civil*, pgs. 13 e segs., com citação de mais bibl., inclusive em língua portuguesa.

A construção dogmática

Nada do que fica dito é prejudicado pela introdução de dois novos preceitos nos Tratados, sobre a matéria, pelo Tratado de Amesterdão, de 1997: os artigos 7.º e 46.º, *d*, do TUE. Quanto ao último, fica-se à espera de que com o tempo se venha a esclarecer a sua relação com os artigos 6.º, n.º 2, do TUE e 309.º do TCE; quanto ao primeiro, cujo âmbito de aplicação é substancialmente alargado pelo artigo 309.º do TCE, ele parece conferir uma garantia meramente *política* do "princípio" do respeito pelos direitos fundamentais, o que, para além de carecer de uma explicação acerca do seu âmbito, pode não assegurar qualquer reparação *jurídica* pela violação de qualquer desses direitos – a não ser que a jurisprudência comunitária outra coisa venha a entender.

PARTE III

CONCLUSÕES

1. Resultados da investigação

À medida que progredíamos na investigação que levámos a cabo nas duas Partes anteriores fomos formulando as conclusões parcelares a que íamos chegando acerca das diversas matérias sobre as quais tivemos que nos debruçar aí, mais especialmente na Parte II, quando tentámos a construção dogmática do regime da protecção da propriedade privada pelo Direito Internacional, e sobretudo acerca das questões mais controversas e mais complexas que o tema do livro ia colocando. Por isso, limitar-nos-emos agora a sintetizar as grandes conclusões que há que retirar da pesquisa levada a cabo até agora neste trabalho.

A primeira conclusão global a extrair deste livro é a de que, pesem embora as conhecidas limitações na organização da Comunidade Internacional, o grau de protecção da propriedade privada no moderno Direito Internacional é bem maior do que o era logo a seguir à Segunda Guerra e, o que é ainda mais de realçar, é muito maior do que o grau de protecção que algumas Ordens Jurídicas nacionais ainda hoje concedem ao direito de propriedade privada dos respectivos nacionais. Isso decorre, desde logo, do facto de áreas importantes desse regime jurídico se encontrarem hoje cobertas pelo costume internacional geral ou comum.

Existe hoje uma regra do Direito Internacional consuetudinário que impõe um grau mínimo de protecção a estrangeiros. Aliás, a *Doutrina Calvo* nunca conseguiu, pelo seu lado, impor-se como costume internacional. Esse grau mínimo, tal como o construímos, é composto por direitos que, quase todos, vigoram hoje como *ius cogens*. Todavia, a procura de um grau mínimo internacional, com esse conteúdo, vai perdendo importância no Direito Internacional dos nossos dias. De facto, os Estados da Comunidade Internacional, incluindo os Estados do Terceiro Mundo e os Estados da Europa Central e do Leste, reconhecem aos estrangeiros um nível de protecção que ultrapassa as

A protecção da propriedade privada

exigências da teoria do grau mínimo internacional, repete-se, com o conteúdo que lhe demos.

Do grau mínimo de protecção internacional do estrangeiro não faz parte o direito de propriedade privada. Pouco se perde, porém, com isso: aquele direito é reconhecido hoje directamente ao indivíduo, pelo Direito Internacional, como um seu verdadeiro direito fundamental. Assim acontece pelo menos desde que a DUDH incluiu nela o seu artigo 17.° Esse direito confere *ao próprio indivíduo* um direito e, o que é mais de realçar, um direito civil, isto é, um direito *pessoal*, por outras palavras, um direito de personalidade (e não um mero direito económico).

Aquela Declaração foi aprovada por uma Resolução das Nações Unidas que é *obrigatória* para os Estados, que estes têm entendido como tal, e que o próprio Direito derivado posterior da Organização assim interpretou.

Mesmo que se venha a entender que o direito à propriedade privada não faz parte dos direitos de raiz costumeira que a DUDH codificou – o que, como mostrámos, não é a orientação dominante –, aquele direito não mais deixou de ser considerado, pelas Nações Unidas, como um direito fundamental do indivíduo, e como um direito pessoal. E, se, repete-se, a sua raiz não era até então consuetudinária mas apenas convencional – o que é questionável –, o direito de propriedade privada passou, a partir de então, a estar acolhido pelo costume internacional geral, por força de uma intensa prática internacional dos Estados, bem como das Organizações Internacionais, a começar pela ONU.

Esse acolhimento do direito de propriedade privada pelo costume internacional geral ou comum ficou solidificado pelo seu reconhecimento nos três grandes pactos regionais sobre Direitos do Homem, a saber, a CEDH, a CADH e a CAfrDH, e pelo seu aprofundamento pelo Direito Comunitário.

O reconhecimento ao indivíduo do direito de propriedade privada pelo Direito Internacional tem como co-natural a si o reconhecimento da função social daquele direito que, portanto, também ela é imposta pelo costume internacional geral ou comum. Assim concebido, o direito de propriedade privada é visto pelo moderno Direito Internacional, a começar pelo Direito derivado das Nações Unidas, como um direito pessoal e, nalguns casos, como uma das expressões do próprio direito à vida. De facto, e como nos demonstram BUERGENTHAL e

Conclusões

SHELTON[1758], a Comissão dos Direitos do Homem das Nações Unidas concebe hoje o direito de propriedade privada do indivíduo como um *corolário do seu "direito à vida"*. E essa tese tem por detrás de si uma construção profunda: a da *"indivisibilidade"* dos Direitos do Homem e a *"interdependência"* entre os direitos civis e políticos, por um lado, e os direitos económicos, sociais e culturais, por outro. Aquela indivisibilidade e esta interdependência, acrescenta a Comissão dos Direitos do Homem, fazem *"parte da civilização moderna"*[1759,1760].

É também uma regra do costume internacional geral o princípio segundo o qual todo o Estado, soberano ou não, tem o direito de disciplinar o regime jurídico da propriedade no seu território, inclusive de estrangeiros. Esse direito inclui o direito de expropriar os bens daqueles para um fim de utilidade pública.

Todavia, o direito de expropriar é disponível pelo Estado, portanto, é por ele renunciável. Também a faculdade de renunciar àquele direito se encontra acolhida hoje no costume internacional geral.

O conceito de expropriação admitido, para esse efeito, pelo Direito Internacional, desde logo, pela prática dos Estados, traduzida nos TBI, e consagrado por vasta e rica jurisprudência internacional, tem um âmbito muito vasto. A intenção do Direito Internacional é, aí, clara: alargando o conceito de expropriação ele está a alargar o âmbito e o conteúdo do direito de propriedade privada que quer proteger. Já o deixámos explicado logo na Introdução deste livro.

Por isso, esse conceito amplo de expropriação foi consagrado pelo Banco Mundial, nas suas citadas *Directivas*, de 1992 (às quais aderiu a generalidade dos Estados da Comunidade Internacional), foi renovado no *Tratado sobre a Carta da Energia*, de 1994, e vai figurar no *Acordo Multilateral de Investimento*, um Tratado pioneiro no seu género, e que a OCDE espera concluir em Abril de 1998 para vigorar

---

[1758] Pg. 427.

[1759] BUERGENTHAL/SHELTON, *loc.cit.* Ver a citação feita *supra*, Parte II, Cap. II, n.° 4.

[1760] Sublinhe-se a enorme importância destas afirmações, sabendo-se do elevado peso dos Estados do Terceiro Mundo naquela Comissão. Não há dúvida de que o Direito Internacional, também em matéria de Direitos do Homem, está a mudar muito e depressa ...

A protecção da propriedade privada

entre os Estados membros da OCDE (entre os quais Portugal) e outros Estados que, embora não sendo membros daquela Organização, a ele queiram aderir.

O conceito de expropriação de que o Direito Internacional se serve engloba, antes de mais, sob a designação unitária de *"privação"*, os actos ablativos da propriedade, ou seja, a expropriação propriamente dita e a nacionalização, entre as quais o Direito Internacional não estabelece, aliás, hoje, diferença de regime. Uma e outra podem incidir, tradicionalmente, sobre o direito de propriedade como direito real máximo, sobre direitos reais menores e sobre outros direitos, merecendo, dentro destes, destaque especial os direitos emergentes de contratos, especialmente de contratos de concessão, e os direitos sociais, sob a designação genérica, para a doutrina de língua inglesa, de "direitos contratuais". Todavia, outra novidade que o citado projecto do *Acordo Multilateral de Investimento* da OCDE traz, e esta ainda mais retumbante, reside na extensão do direito de propriedade privada, que vem proteger, de tal modo que ele engloba todos os *direitos subjectivos de conteúdo patrimonial*, com o sentido de todos os *direitos económicos*.

Mas esse conceito lato de expropriação engloba também "actos" ou "medidas", "análogas" ou "equivalentes" à expropriação e à nacionalização, assim chamados porque "afectam", no sentido de que "diminuem" ou "esvaziam", a substância, ou o conteúdo essencial, do direito de propriedade. Essas medidas podem revestir formas e modalidades muito diversas, desde requisições, servidões públicas, ou outras restrições sobre bens móveis e imóveis, até interferências em direitos sociais, inclusive na administração de sociedades. No caso extremo de a medida esvaziar a substância, ou o conteúdo essencial, do direito, a jurisprudência internacional, com base, desde logo, na prática dos Estados, considera haver uma expropriação *de facto*, isto é, equipara *em absoluto* à expropriação ou à nacionalização, para efeitos de regime jurídico, essa ingerência no direito de propriedade privada. Alguns dos casos extremos de actos equivalentes à expropriação ou à nacionalização são o da privação dos direitos de usar, fruir e dispor de um imóvel e o da violação de contratos, públicos ou privados, pelo Estado (*"breach of the contract"*), inclusivamente sob a forma de "rescisão" ou "anulação" unilateral, conforme vimos pela prática internacional dos Estados, pelas *Directivas do Banco Mundial* e pela jurisprudência arbitral.

526

Conclusões

A prática internacional do Estado Português já acolheu, e há muito, essa construção.

O Direito Internacional não se tem preocupado com a expropriação ou com os actos análogos ou equivalentes, tanto para o fim de estabelecer o seu conceito, mas, sobretudo, o que se compreende, com o objectivo de definir o respectivo regime, especialmente para demarcar o conteúdo protegido do direito de propriedade e de, por aí, estabelecer a fronteira entre os actos indemnizáveis e não indemnizáveis e para fixar as condições da licitude da expropriação.

O Direito Internacional consuetudinário aceita a licitude da expropriação, desde que se preencham as condições de licitude que na devida altura estudámos. Dentro delas merece destaque, como desenvolvidamente demonstrámos, a indemnização. Pode-se dizer que, modernamente, o Direito Internacional consuetudinário geral impõe que a indemnização seja "prévia, integral e efectiva", ou seja, que o pagamento da indemnização seja definido pela *Fórmula Hull*. A prática recente dos Estados, reforçada pela sua adesão livre às citadas *Directivas do Banco Mundial* de 1992, e a moderna jurisprudência internacional, dentro da qual se destaca a vasta e rica jurisprudência do Tribunal Arbitral de Haia sobre o litígio Irão-Estados Unidos, ainda mais robusteceram e consolidaram a tripla regra expressa naquela Fórmula, que, em bom rigor, como demonstrámos, corresponde ao Direito Internacional tradicional. Dentro daquela Fórmula, por sua vez, merece destaque o requisito da "integralidade" ou da "totalidade" da indemnização, o que quer dizer que ela se computa pelo valor de mercado do bem ou do direito expropriado. Sublinhe-se que Portugal faz sua essa corrente através do seu modelo de TBI e dos TBI que tem concluído.

A *Fórmula Hull* nunca deixou de vigorar, nem mesmo após a aprovação das Resoluções das Nações Unidas sobre a "Soberania Permanente" e a NOEI, que, pelas razões explicadas nas Partes I e II, nunca formaram costume internacional. Se dúvidas houvesse, aí estão os mesmos Estados afro-asiáticos e da Europa Central e do Leste, que ontem votaram aquelas Resoluções, a celebrar hoje, mesmo entre si, no âmbito da referida "*cooperação Sul-Sul*", TBI em que abraçam a *Fórmula Hull*.

É certo que, como se mostrou, se afasta dessa orientação, ditada pelo costume internacional geral, a jurisprudência dos órgãos da CEDH, que, dentro da infixidez que a caracteriza na matéria, não segue

A protecção da propriedade privada

a *Fórmula Hull*, pelo menos quanto ao *montante* da indemnização devida. Sublinhámos na devida altura o paradoxo que representa os Estados do Terceiro Mundo, da Europa Central e do Leste, e da América Latina, se reconhecerem hoje, mesmo *entre si*, aos respectivos cidadãos, pela expropriação lícita, o direito a uma indemnização total, que é recusada pela CEDH aos cidadãos dos Estados da Velha Europa (a mesma Europa que levou a Civilização ao Mundo), o que inclusivamente leva estes mesmos, para melhor protegerem os seus cidadãos, *a afastarem na matéria a CEDH*, através de TBI concluídos entre eles e que continuam em vigor, ou a acelerarem a preparação do referido *Acordo Multilateral de Investimento* da OCDE, ao qual, como se disse, poderão aderir mesmo Estados não membros daquela Organização, e que adoptam, aqueles e este, a regra da indemnização "prévia, integral e efectiva". Todavia, pelas razões que também demonstrámos, a recusa dos órgãos da CEDH em adoptarem a *Fórmula Hull* cede perante regra contrária do costume internacional geral, segundo as normas gerais sobre hierarquia das fontes do Direito Internacional.

Também pertence ao costume internacional a regra segundo a qual a expropriação ilícita gera responsabilidade internacional para o Estado expropriante, pela qual nasce na esfera jurídica deste o dever de reparar o prejuízo causado ao expropriado e, na esfera jurídica do último, o correspondente direito à reparação.

O princípio da reparação é uma regra de Direito Internacional cogente. Por sua vez, o dever de reparar é imposto pelo Direito Internacional geral de carácter consuetudinário e encontra-se, como tal, acolhido no Projecto final de codificação do Direito da Responsabilidade Internacional do Estado por actos ilícitos, que a CDI submeteu já à Assembleia Geral das Nações Unidas para aprovação. Já há setenta anos fora, nessa qualidade, acolhido pelo TPJI, no caso *Chorzow*. O âmbito de reparação que o Direito Internacional postula pelo ilícito internacional (portanto, também por expropriação ilícita, abarcando esta o conceito amplo de expropriação com o qual temos lidado ao longo deste livro) é o da reparação *total*, através da figura da *restauração natural*, e estende-se aos próprios danos morais. Ou seja, o Estado expropriante é obrigado a remover *todas* as consequências jurídicas da expropriação ilícita, ou, dito de outra forma, deve colocar o expropriado na situação actual *hipotética*, isto é, deve repô-lo na situação em

Conclusões

que ele actualmente *se encontraria* se a expropriação ilícita não se tivesse verificado. A restauração natural impõe, pois, que o Estado expropriante repare *todos* os prejuízos resultantes da expropriação ilícita, ou seja, tanto os danos emergentes como os lucros cessantes causados ao expropriado e que se dêem como provados. Essa posição do costume internacional geral, que foi desse modo formulada pela primeira vez no referido caso *Chorzow*, foi, também ela, fortalecida e desenvolvida pela moderna jurisprudência internacional, e encontra-se hoje formalmente consagrada pelo referido Projecto da CDI, com expressa proibição de invocação de norma interna de sentido contrário.

Da investigação levada a cabo no Capítulo V da Parte II deste livro viu-se que só o TEDH, embora mostre não desconhecer a doutrina do caso *Chorzow*, não respeita a regra da restauração natural em caso de expropriação ilícita, que substitui por uma "satisfação" aleatória, muitas vezes simbólica e quase sempre não fundamentada. Em tudo o que a reparação, assim apurada pelo TEDH, se afastar do costume internacional geral acima referido, existe um conflito entre a CEDH e a sua jurisprudência, por um lado, e o referido costume geral, por outro, conflito esse que tem de ser resolvido pela prevalência do costume geral, segundo as regras gerais sobre hierarquia das fontes do Direito Internacional. E também aqui há a registar a desconfiança e a insatisfação dos próprios Estados partes na CEDH e no PA n.º 1 com o sistema de reparação definido no artigo 50.º (futuro art. 41.º, após entrar em vigor, em Novembro de 1998, o PA n.º 11) da CEDH e com os critérios da sua aplicação pelo TEDH, porque eles mantêm em vigor, ou continuam a celebrar, TBI que retiram aos órgãos da CEDH a definição do conteúdo e da forma da reparação devida por expropriação ilícita, conferindo-a a outros meios internacionais de solução de litígios, inclusive à jurisdição arbitral do CIRDI ou a tribunais arbitrais *ad hoc*. Vimos que também o Estado Português perfilha esta orientação. E esse afastamento e alheamento dos Estados partes na CEDH e no PA n.º 1 em relação aos critérios de reparação definidos pelos órgãos da CEDH mais se acentuará quando aqueles de entre eles que são membros da OCDE, ou *mesmo os que o não são*, aderirem ao referido *Acordo Multilateral de Investimento*, que, como mostrámos, no seu Projecto postula a *reparação total* dos prejuízos em caso de expropriação ilícita, bem como quando os Estados membros da União Europeia virem o TJ aprofundar a corrente jurisprudencial iniciada com

A protecção da propriedade privada

o caso *Francovich* e alargá-la à responsabilidade do Estado pela violação também do direito de propriedade, como direito fundamental reconhecido *pela própria Ordem Jurídica da União Europeia*, enquanto (o que será a solução ideal) os Tratados Comunitários, à medida que se vão constitucionalizando, não incluírem o seu próprio catálogo de direitos fundamentais, entre os quais figurará, por certo, o direito de propriedade privada.

Sublinhe-se que aquilo que fica dito quanto ao artigo 50.º da CEDH não é prejudicado pelo facto de a simples declaração da violação do artigo 1.º do PA n.º 1, proferida pelo Acórdão lavrado pelo TEDH ao abrigo do artigo 50.º, impor ao Estado expropriante, *por si própria*, e entre outras obrigações, a de conceder ao expropriado a *restauração natural*, isto é, a *reparação total*, pelos meios do respectivo Direito interno.

Por fim, há que sublinhar que se encontra em formação uma regra consuetudinária, outra vez por via convencional, e que, sobretudo esta, determinará uma profunda alteração no sistema de organização da Comunidade Internacional, segundo a qual a responsabilidade internacional do Estado emergente de uma expropriação ilícita é apreciada por jurisdição arbitral. Esse costume está a nascer da prática internacional dos Estados, mais uma vez concretizada sobretudo em TBI (com a adesão, também aqui, da prática diplomática portuguesa), e do *Acordo Multilateral de Investimento* da OCDE, pelo que se vê do seu Projecto. Quando este costume se solidificar, ao reconhecer-se, por aí, um mais generalizado acesso pessoal do indivíduo a meios jurisdicionais internacionais, estar-se-ão a provocar três fenómenos que terão enorme impacto na estrutura clássica da Comunidade Internacional: uma maior jurisdicionalização da Comunidade Internacional, concretamente, neste caso, em matéria de garantia de direitos fundamentais; sempre que o acesso pessoal do indivíduo à jurisdição arbitral dispensar a prévia exaustão dos meios internos (como vimos ser feito hoje pelos TBI), a eliminação de um dos últimos postulados clássicos da soberania dos Estados no plano internacional, que constituía pressuposto da protecção diplomática, mas que, simultaneamente, se apresentava como um dos travões ao dispor do Estado expropriante para a efectivação da garantia internacional do direito do indivíduo; e o apagamento do instituto da protecção diplomática, pelo menos na sua visão clássica, que, *no plano do Direito Internacional*, deixa a protecção e a garantia dos direitos do indivíduo perante actos ilícitos da parte do Estado expro-

Conclusões

priante à mercê de uma grande discricionariedade da parte do Estado nacional.

2. Excurso: relevância dos resultados da investigação para o Direito interno português

2.1. *Introdução*

Em bom rigor esta monografia devia terminar aqui: cumprimos o plano da investigação que nos propusemos levar a cabo quanto à epígrafe deste livro e extraímos dela as conclusões que ela propiciou. Todavia, decidimos ir um pouco mais longe. Perante a complexidade e a riqueza dos resultados a que pesquisa ao longo deste livro nos conduziu entendemos que devemos tentar averiguar se eles não podem dar algum contributo para o enriquecimento do Direito interno português em geral, mas, particularmente, do seu Direito Constitucional e por via deste, e mais acentuadamente ainda, do seu Direito Administrativo. É isso, pois, que nos propomos fazer de seguida. Queremos, porém, deixar claro que nos abalançamos a essa tarefa um pouco à margem da epígrafe do livro: de facto, em boa verdade estamos a extravasar do tema da protecção da propriedade privada *em Direito Internacional* ou *pelo Direito Internacional*. Por isso dizemos, cremos que a propósito, que o fazemos a título de excurso. O que tem a vantagem de também deixar clara a afirmação de que as considerações que a esse título vamos produzir não devem ser interpretadas fora do contexto das conclusões, melhor ainda, devem ser vistas apenas como um complemento (ainda que de um complemento importante) das conclusões deste livro.

2.2. *O actual estado das relações entre o Direito Internacional e o Direito Interno*

Um dos traços mais marcantes da recente evolução do Direito Internacional tem sido a perda de actualidade da querela clássica entre o monismo e o dualismo no quadro das relações entre o Direito

A protecção da propriedade privada

Internacional e o Direito interno[1761]. Para tanto tem contribuído o facto de se terem destruído os dois mais importantes pilares filosófico-jurídicos sobre os quais assentava tradicionalmente a concepção dualista daquelas relações: a teoria do voluntarismo e a posição dos Estados da Europa Central e do Leste, especialmente da ex-União Soviética, bem como dos novos Estados nascidos da descolonização do pós-guerra, perante o moderno Direito Internacional.

Em primeiro lugar, perdeu sentido, e por isso perdeu adeptos, a visão voluntarista das relações entre o Direito Internacional e o Direito interno. Recordamos[1762] que aquela concepção se fundava essencialmente no conceito de soberania absoluta e indivisível dos Estados. Uma vez aceite, quer pelo Direito Constitucional Comparado, quer pelo Direito Internacional[1763], que este já não assenta sobre aquele conceito, desmoronaram-se os alicerces sobre os quais se erguia a construção do voluntarismo.

Por outro lado, uma das grandes manifestações do voluntarismo, que simultaneamente exprimia a necessidade dessa construção para o Direito Internacional, residia na concepção do costume como pacto tácito. Essa concepção vivia quase exclusivamente da adesão que lhe davam os Estados do Leste europeu, a começar pela doutrina soviética, e os Estados nascidos da descolonização.

Ora, os Estados do Leste europeu, mais uma vez a começar pela Rússia, abandonaram a tese do pacto tácito logo a seguir à sua democratização, não sendo por acaso que o fizeram ao mesmo tempo que recusavam a concepção da soberania absoluta e indivisível. Para eles, o costume passou a obrigar como tal, e eles aceitam hoje o costume internacional tradicional: bom exemplo disso encontrou-se, aliás, neste

---

[1761] Para uma visão global da questão, PARTSCH, *International Law*, especialmente pg. 255; SHAW, pgs. 100 e segs.; por último, FROWEIN, *Implementation*, pg. 85, e *Völkerrecht*, pgs. 46 e segs.

[1762] GONÇALVES PEREIRA/FAUSTO DE QUADROS, pgs. 58-66 e bibl. aí seleccionada.

[1763] Por todos, veja-se sobre esta matéria, numa visão tradicional, CARRILLO SALCEDO, *Soberania*, e, numa concepção moderna, SCHACHTER, *Sovereignty*, pgs. 671 e segs., e HENKIN, *Mithology*, pgs. 351 e segs. Veja-se, também, a nossa dissertação de doutoramento, pgs. 336 e segs.

Conclusões

livro, em matéria de protecção internacional da propriedade privada[1764,1765].

O segundo pilar da oposição clássica entre o monismo e o dualismo que foi destruído foi o da posição tradicional dos novos Estados saídos da descolonização perante o Direito Internacional. Esta questão surge na sequência da que acabámos de enunciar.

Com efeito, aqueles Estados, por um lado, perfilhavam uma visão absoluta da sua soberania, estimulados pelas Nações Unidas, especialmente pelas Resoluções da Assembleia Geral, já nossas conhecidas, sobre a Soberania Permanente sobre os Recursos Naturais e sobre a NOEI. Por outro lado, e para fugirem à vinculação do Direito Internacional tradicional, de base fundamentalmente costumeira, seguiam a orientação que explicava o costume pela teoria do pacto tácito[1766].

Como este livro, a título de exemplo, demonstrou, aqueles Estados têm vindo a abandonar progressivamente essa atitude. Recordamos que numerosos TBI têm sido concluídos por eles com os Estados industrializados, e, mais modernamente, entre eles próprios, onde eles aceitam princípios tradicionais do Direito Internacional, formados, desde logo, pela via do costume: o direito à propriedade privada de estrangeiros, a não discriminação destes por confronto com os nacionais, a possibilidade de renúncia ao direito de expropriar e de nacionalizar, a indemnização por expropriação lícita (incluindo nesta, repete-se, também a nacionalização e actos análogos ou equivalentes à expropriação e à nacionalização, inclusive a rescisão de contratos ou a interferência em direitos sociais) segundo a *Fórmula Hull*, o dever de reparar segundo o critério da reparação total ou da restauração natural, etc.

Isto não quer dizer que o Direito Internacional e o Direito interno não continuem a ser duas Ordens Jurídicas separadas e distintas,

---

[1764] V., por exemplo, *supra*, Parte I, Cap. II, n.° 4.2.

[1765] Assim, muito especialmente, McWHINNEY, que demonstra que ainda antes da dissolução da União Soviética, ela, já na fase da *Perestroika*, adoptara um "novo" e "contemporâneo" Direito Internacional, que assentava num "Direito Internacional consuetudinário promovido" ("*up-graded*"), que correspondia ao clássico costume internacional, tal como sempre o haviam entendido os adversários da teoria do pacto tácito, acrescido das modernas aquisições do Direito Internacional consuetudinário – pgs. 12, 15 e 16.

[1766] Exaustivamente, SCHWEITZER, pgs. 349 e segs.

A *protecção da propriedade privada*

mesmo para a maior parte dos partidários do monismo integral (que nada tem a ver, e por isso não deve ser confundido, com o monismo *radical*, de KELSEN), mas quer dizer que o antagonismo, a antinomia, fundada em postulados filosófico-jurídicos diferentes, entre os dois sistemas, imposta pelo voluntarismo, desapareceu[1767].

Por isso, nos nossos dias assiste-se a um esforço crescente no sentido de se afirmar a *"interdependência"* entre aquelas duas Ordens Jurídicas, com base em regras definidas nelas próprias, uma em relação à outra.

Ou seja, e quanto à relevância do Direito Internacional na ordem interna – única perspectiva daquela interdependência que nos interessa neste livro –, estamos a assistir crescentemente à ponderação, se não à aplicação, do Direito Internacional na ordem interna *mesmo para além dos sistemas clássicos de recepção do Direito Internacional na ordem interna.*

Essa orientação encontra-se espelhada na Resolução aprovada pelo Instituto de Direito Internacional, na sua reunião de Milão, em Setembro de 1993. No seu artigo 1.° deixou-se escrito o seguinte:

> Os tribunais nacionais devem ser dotados pelo seu Direito interno de competência para interpretar e aplicar o Direito Internacional com total independência.

Trata-se, no fundo, de aprofundar, nos tempos modernos, a velha máxima dos juízes britânicos, segundo a qual *"international law forms part of the law of the land"*[1768].

[1767] Regressamos, desse modo, à construção de VERDROSS, proposta há mais de setenta anos – *Einheit, passim*.

[1768] Esta tese da "interdependência" entre o Direito Internacional e o Direito interno, na esteira da referida Resolução de Milão, de 1993, tem sido desenvolvida com particular brilho pelo Professor FROWEIN – ver os dois estudos há pouco citados, o primeiro dos quais corresponde a uma notável comunicação apresentada no Congresso das Nações Unidas sobre Direito Internacional Público, com o qual a Organização assinalou o seu 50.° aniversário, e onde aquela tese mereceu o aplauso e a concordância de quase todos os participantes, em número de muitas centenas. No m. sent., PARTSCH, *op.cit.*, pg. 255, que também emprega os vocábulos "complementariedade", "interacção", "relação dialéctica", e WOLFRUM, *Verhältnis* (estudo no prelo, gentilmente cedido pelo Autor, o que fica aqui penhoradamente agradecido). Na Península Ibérica, esta questão é tratada por CARRILLO SALCEDO, *Curso*, pg. 149.

Conclusões

2.3. *O princípio da harmonia da Constituição com o Direito Internacional*

A orientação acabada de referir tem várias manifestações práticas e diversas concretizações. Mas, uma delas, e talvez a mais importante, é o chamado *dever de conformidade* ou *princípio da harmonia da Constituição com o Direito Internacional* (*"Völkerrechtsfreundlichkeit der Verfassung"*, na terminologia alemã). Preferiremos a segunda fórmula, desde logo porque ela está mais perto da expressão em língua alemã, embora queiramos advertir de que a expressão "dever de conformidade" exprime, com rigor, aquilo que está verdadeiramente aqui em causa.

Esta construção não visa apenas os direitos fundamentais, mas está pensada também e sobretudo para eles. Deste modo, ela *impõe* que a Constituição e, por via dela, todo o demais Direito interno acolham os direitos fundamentais reconhecidos por todo, ou por parte, do Direito Internacional, ou que, ao menos, uma e outro sejam interpretados e aplicados em matéria de direitos fundamentais *em conformidade com o Direito Internacional*, subentendendo-se sempre que o Direito Internacional seja mais favorável aos direitos fundamentais dos cidadãos do respectivo Estado.

Fala-se então, como o faz SOMMERMANN, num estudo notável sobre o tema, no *nível garantido de protecção dos direitos fundamentais pelo Direito Internacional como medida para a concretização da Constituição*. E, na sequência disso, exige-se a *aplicação da Constituição em conformidade com o Direito Internacional dos Direitos do Homem* (*"Die Menschenrechtsfreundlichkeit des Grundgesetzes"*)[1769].

Com este sentido e alcance, o princípio da harmonia constitui, reconhece-o um renomado constitucionalista alemão, "um traço essencial do Estado moderno"[1770].

Daqui resulta que, se, pelo mecanismo clássico da *recepção* do Direito Internacional na ordem interna, aquele só se vai aplicar aos *estrangeiros* que se encontrem sob a jurisdição do respectivo Estado (salvo se o próprio Direito Internacional previr a sua aplicação aos

---

[1769] SOMMERMANN, pgs. 395 e segs. e, sobretudo, 414 e segs., onde se pode ver desenvolvido o pensamento que acima, no texto, defendemos.

[1770] KLEIN, *Gedanken*, pg. 1301.

A protecção da propriedade privada

nacionais), pelo princípio da *harmonia* o Direito Internacional vai definir o nível de protecção que o Direito interno deve conferir aos respectivos *nacionais*.

A fundamentação abstracta da construção dogmática do princípio da harmonia está feita: encontramo-la, por exemplo, em FROWEIN[1771], SOMMERMANN[1772] e TOMUSCHAT[1773]. Ela surge-nos na sequência, exactamente, da referida interdependência entre as duas Ordens Jurídicas. Mas, neste livro, ela não é necessária.

É que a Constituição Portuguesa acolhe, de modo expresso, a referida construção, ou seja, *prescreve, de modo directo, o dever de a Constituição se harmonizar com o Direito Internacional em matéria de direitos fundamentais*. Podemos, por isso, passar directamente à análise do princípio da harmonia pelo prisma da Constituição Portuguesa.

2.4. *O princípio da harmonia da Constituição Portuguesa com o Direito Internacional em matéria de direitos fundamentais*

Para o exame desse problema na Constituição de 1976 temos de levar em conta três preceitos: o artigo 8.°, n.° 1, o artigo 16.°, n.° 1, e o artigo 16.°, n.° 2.

Dispõe o primeiro:

Artigo 8.°
Direito internacional

1. As normas e os princípios de Direito Internacional geral ou comum fazem *parte integrante* do Direito português.

(...).

Reza o segundo, na parte que nos interessa:

Artigo 16.°
Âmbito e sentido dos direitos fundamentais

1. Os direitos fundamentais consagrados na Constituição não excluem *quaisquer outros* constantes (...) das regras aplicáveis de Direito Internacional.

(...).

[1771] *Völkerrecht*, pgs. 51 e segs.

[1772] *Loc.cit.*

[1773] *Entscheidung*, pgs. 488 e segs.

Conclusões

Por fim, estabelece o artigo 16.°, n.° 2:

Artigo 16.°

(...)

2. Os preceitos constitucionais e legais relativos aos direitos fundamentais devem ser *interpretados e integrados de harmonia com a Declaração Universal dos Direitos do Homem.*[1774]

A função desses preceitos, no quadro do princípio da harmonia da Constituição com o Direito Internacional, não é a mesma: os artigos 8.°, n.° 1, e 16.°, n.° 1, *constitucionalizam* direitos fundamentais reconhecidos pelo Direito Internacional, nos termos que adiante estudaremos; enquanto o artigo 16.°, n.° 2, fixa como *medida* ou *nível de interpretação* o Direito Internacional, neste caso, a DUDH. É aquilo que SOMMERMANN, partindo do Direito Constitucional alemão, mas levando em conta as experiências constitucionais estrangeiras, *inclusive a portuguesa*, designa, respectivamente, de *"Konstitutionalisierung der Menschenrechte"* e *"Menschenrechte als Auslegungsmassstab"*[1775]. São, no fundo, duas manifestações diferentes do princípio da harmonia da Constituição com o Direito Internacional no domínio dos direitos fundamentais.

2.5. *Idem: A) A constitucionalização dos direitos fundamentais reconhecidos pelo Direito Internacional*

A constitucionalização dos direitos fundamentais reconhecidos pelo Direito Internacional é, sem dúvida, a mais intensa das duas referidas expressões do princípio da harmonia. Como se disse, ela é levada a cabo na CRP pelos artigos 8.°, n.° 1, e 16.°, n.° 1.

Este problema não pode ser estudado sem levarmos em conta o Direito Constitucional alemão, no qual, manifestamente, o legislador constituinte português de 1976 se inspirou. E, nesse ponto, concentrar-nos-emos apenas no artigo 8.°, n.° 1, dado que o artigo 16.°, n.° 1, se limita a aplicar aquele à matéria concreta dos direitos fundamentais, só com a novidade de alargar as fontes do Direito Internacional aplicáveis.

[1774] Os itálicos de todas as transcrições são nossos.

[1775] Pgs. 399 e 402-403.

A protecção da propriedade privada

O artigo 8.°, n.° 1, teve como fonte directa o artigo 25.° da Lei Fundamental de Bona ("*Grundgesetz*", GG). Dispõe ele:

Artigo 25.°
O Direito Internacional como parte integrante
do Direito federal

As regras gerais do Direito Internacional fazem parte integrante do Direito da Federação. Elas prevalecem sobre a Lei e conferem directamente direitos e deveres aos habitantes do território da Federação.

Num rápido confronto entre os dois preceitos vemos que o artigo 8.°, n.° 1, da CRP coincide, praticamente, com a 1.ª frase do artigo 25.° da GG (veremos adiante se pequenas diferenças de semântica são relevantes).

Quanto à 2.ª frase do artigo 25.° da GG verificamos que o legislador constituinte português a não transpôs para o artigo 8.°, n.° 1. A não transposição da segunda parte dessa 2.ª frase do artigo 25.° da GG não é relevante, porque a aplicabilidade directa, melhor dito, o efeito directo, que aí se atribui às regras gerais do Direito Internacional sobre direitos fundamentais em relação a nacionais e estrangeiros ("*Bewohner*", "*habitantes*") é alcançada, na CRP, pelo seu artigo 18.°, n.° 1, embora, neste caso, com uma redacção menos feliz.

Pelo contrário, a não transposição para o artigo 8.°, n.° 1, da CRP, da primeira parte da 2.ª frase do artigo 25.° GG tem um grande significado jurídico. Naquele trecho o artigo 25.° da GG confere grau supralegal, mas infraconstitucional, às regras gerais do Direito Internacional. É a interpretação pacífica que lhe dá a doutrina, que, todavia, sublinha que o problema não tem sido suscitado na prática[1776]. Portanto, *a contrario*, resulta que o legislador constituinte português quis dar às normas e aos princípios do Direito Internacional contemplados no artigo 8.°, n.° 1, pelo menos grau constitucional, embora a interpretação rigorosa da expressão "parte integrante do Direito português", quando esta não é acompanhada da expressa estipulação do grau infraconstitucional daquelas regras, como acontece no artigo 25.° da GG, bem como, desde logo, a relação que há que estabelecer entre o artigo 8.°, n.° 1, por um lado, e o artigo 16.°, n.ᵒˢ 1 e 2, por outro, nos leve a defen-

---

[1776] VON MÜNCH/KUNIG, anotação 37 ao artigo 25.°; e TOMUSCHAT, *Entscheidung*, pg. 491.

Conclusões

der que as regras a que se refere o artigo 8.°, n.° 1, têm na ordem interna portuguesa valor supraconstitucional[1777].

Vejamos rapidamente o significado, o conteúdo e o alcance do artigo 8.°, n.° 1. Fá-lo-emos recorrendo, de modo constante, à elaboração que o artigo 25.° da GG obteve na doutrina e na jurisprudência na Alemanha, não apenas por fidelidade àquela que foi a fonte directa do preceito português, como também porque este não tem sido objecto praticamente de nenhuma atenção em Portugal na perspectiva que nos interessa neste lugar.

Os artigos 8.°, n.° 1, 16.°, n.° 1, e 16.°, n.° 2, mais do que consagrarem o princípio da harmonia da Constituição com o Direito Internacional, revelam a *inclinação*, ou a *"tendência", da Constituição Portuguesa para o Direito Internacional ("völkerrechtliche Tendenz"*, dizem VON MÜNCH e KUNIG no seu comentário ao art. 25.° [1778]), ou incorpora uma *"directiva" para a Constituição*, como pretende STERN[1779], e procedem à *"abertura internacional da ordem constitucional"* (para utilizarmos uma expressão cara a grandes nomes da doutrina constitucionalista alemã[1780]), neste caso, da ordem constitucional portuguesa.

Concretamente quanto ao artigo 8.°, n.° 1, o princípio da harmonia tem um triplo significado jurídico.

Em primeiro lugar, ele quer dizer que todos os Poderes do Estado Português, designadamente os Poderes Constituinte, Legislativo, Administrativo e Judicial, estão obrigados a respeitar e a executar as normas e os princípios do Direito Internacional geral, afastando as normas e os princípios contrários mesmo da própria Constituição (embora,

---

[1777] Remetemos para o que sobre isso se disse em GONÇALVES PEREIRA/ /FAUSTO DE QUADROS, pgs. 116 e segs. Entretanto, parecem estar próximos desta posição CANOTILHO/MOREIRA, anotação II ao artigo 8.°. E é também essa a interpretação que do preceito se dá numa obra estrangeira: DELMAS-MARTY, pg. 174.

[1778] I, pg. 26. Assim também, STERN, III/1, pg. 1243; e KLEIN, *Gedanken*, pg. 1301. No mesmo sent., Ac. do Tribunal Constitucional federal (*Bundesverfassungsgericht*) de 4-5-71, pgs. 75-80.

[1779] *Loc.cit.*

[1780] MOSLER, *Übertragung*, pgs. 622 e segs.; TOMUSCHAT, *op.cit.*, pg. 488; STERN, III/1, pgs. 248-249; e KLEIN, *Gedanken*, pgs. 1301 e segs. Timidamente em sentido similar, com a ajuda também do artigo 29.°, n.° 2, da CRP, CANOTILHO/ /MOREIRA, anotação II ao artigo 8.°

A *protecção da propriedade privada*

como veremos, o problema do conflito do Direito Internacional com a Constituição em matéria de direitos fundamentais se coloque só quanto a questões pontuais). Mais concretamente, o juiz português, a começar pelo juiz constitucional, tem o dever de aplicar *ex officio* na ordem interna os direitos reconhecidos pelas normas e pelos princípios do Direito Internacional geral, *com o conteúdo e com o alcance que ele, Direito Internacional, lhes dá.*

Em segundo lugar, aquele preceito é uma pedra angular na formação e modelação do Direito português, porque impõe ao Legislador, constituinte e não constituinte, à Administração e aos Tribunais (bem como às entidades privadas, por força do art. 18.°, n.° 1, *in fine*), o dever de conformarem permanentemente o Direito interno, na sua criação, na sua interpretação e na sua aplicação, com as regras em causa do Direito Internacional. Esse dever engloba o dever de remover da Ordem Jurídica portuguesa todas as normas, inclusive constitucionais, e todos os actos que contrariem as regras e os princípios gerais do Direito Internacional. Também este ponto é pacífico na doutrina alemã[1781], tendo sido sufragado por um importante Acórdão do Tribunal Constitucional federal[1782]. Portanto, os direitos fundamentais reconhecidos aos cidadãos portugueses e aos estrangeiros sob jurisdição portuguesa pelas regras e pelos princípios do Direito Internacional geral representam o "compromisso mínimo"[1783], o "nível mínimo"[1784], da Constituição em matéria de direitos fundamentais. E note-se que o preceito em causa, o artigo 8.°, n.° 1, pelo menos em matéria de direitos fundamentais, bem como o artigo 16.° da CRP, constituem *limites materiais da revisão constitucional*, por força do artigo 288.°, al. *d*, do texto constitucional, e também da al. *e* do mesmo preceito no que toca aos direitos dos trabalhadores, pelas razões expostas por GOMES CANOTILHO e VITAL MOREIRA[1785].

Em terceiro lugar, a violação por qualquer dos referidos Poderes das normas e dos princípios a que o artigo 8.°, n.° 1, se refere, gera uma

---

[1781] Veja-se VON MÜNCH/KUNIG, II, pg. 196.

[1782] Ac. 31-3-87, pg. 18.

[1783] SOMMERMANN, pg. 421.

[1784] VON MÜNCH/KUNIG, *loc.cit.*

[1785] Anotação IX ao artigo 288.°

Conclusões

dupla responsabilidade: uma responsabilidade no plano interno, por violação do Direito Internacional recebido na ordem interna, e a efectivar segundo os meios próprios do Direito interno português; e uma responsabilidade do Estado Português no plano internacional, mas só se Portugal estiver internacionalmente vinculado à norma ou ao princípio em causa. Nesse caso, esta última responsabilidade efectivar-se-á no quadro do Direito Internacional. Note-se que na Alemanha a garantia dos direitos reconhecidos pelas regras do Direito Internacional recebidas na ordem interna à sombra do artigo 25.° da GG é reforçada pela "queixa constitucional", que se estende àqueles direitos[1786].

Mas o que está englobado no artigo 8.°, n.° 1, quando ele se refere a "normas e princípios de Direito Internacional geral ou comum"?

A nosso ver, o costume internacional geral; o costume internacional particular, embora neste ponto, na interpretação do artigo 25.° da GG, a doutrina e a jurisprudência alemãs estejam divididas[1787]; os tratados internacionais que sejam Direito Internacional geral ou comum, como a Carta das Nações Unidas e os Pactos de 1966[1788]; a Declaração Universal dos Direitos do Homem, sem necessidade de se discutir, para este efeito, se ela codificou costume pré-existente, ou se ela vale, por si, como costume; e os princípios gerais de Direito, no sentido do artigo 38.°, n.° 1, c, do Estatuto do TIJ[1789]. Com interesse para nós neste lugar, pensamos que também devem caber na previsão do artigo 8.°, n.° 1, as referidas *Directivas do Banco Mundial* de 1992, em função ou da adesão a elas da generalidade dos Estados da Comunidade Internacional, ou da consolidação por elas do costume internacional geral

---

[1786] TOMUSCHAT, *op.cit.*, pg. 493, e jurisprudência aí cit.

[1787] Mas predomina a tese afirmativa pelo menos quanto ao costume não bilateral ou local. Nesse sentido, TOMUSCHAT, *op.cit.*, pg. 491 (que observa, e bem, que o costume "geral ou comum" não tem de ser "universal"), e a vasta doutrina cit. na n. 26, bem como o Ac. do Tribunal Constitucional federal de 21-5-87, pg. 1463. Em sentido contrário, IPSEN, pg. 1088, e VON MÜNCH/KUNIG, II, pg. 199, e as ops.cits. nesta última, embora algumas delas, como as de TOMUSCHAT, RUDOLF e ZULEEG, estejam aí catalogadas em sentido inverso ao que delas, de facto, resulta.

[1788] Contra, a doutrina alemã – v., p.ex., TOMUSCHAT, pg. 491-492, e VON MÜNCH/KUNIG, II, pg. 200.

[1789] Assim, QUARITSCH, *Status*, pg. 678. Cfr. GONÇALVES PEREIRA/ /FAUSTO DE QUADROS, pgs. 108 e segs.

A protecção da propriedade privada

pré-existente (tendo este particular importância para nós em matéria do âmbito protegido do direito de propriedade e, paralelamente, do conceito de expropriação admitido, e do acolhimento da *Fórmula Hull*)[1790], bem como os Tratados multilaterais gerais, com ou sem vocação universal, que, do mesmo modo, acolham, ou aprofundem, costume internacional geral pré-existente, ou seja, e na construção de BAXTER[1791], os Tratados multilaterais que "evidenciem" costume internacional geral – é o caso do *Tratado sobre a Carta da Energia* e do *Acordo Multilateral de Investimento*, quando entrarem em vigor. Note-se que, no caso português, a eventual exclusão dos tratados internacionais do âmbito deste artigo não produz quaisquer efeitos, porque o artigo 16.º, n.º 1, ao dispor que vigoram em Portugal os direitos fundamentais constantes "das regras aplicáveis de Direito Internacional", engloba *todas* as fontes do Direito Internacional, mesmo sem carácter geral, como é o caso do costume bilateral ou local (este, já incluído no art. 8.º, n.º 1) e os tratados bilaterais, porque, também aqui, *ubi lex non distinguet* ... [1792]. Aliás, como bem demonstra BACELAR DE GOUVEIA[1793] com recurso aos trabalhos da Assembleia Constituinte, foi intenção do legislador constituinte dar um sentido tão amplo ao artigo 16.º, n.º 1.

Entre essas fontes excluídas pelo artigo 8.º, n.º 1, mas incluídas na letra do artigo 16.º, n.º 1, contam-se, por exemplo, os actos unilaterais das Organizações Internacionais, como é o caso das Resoluções das Nações Unidas, inclusive da DUDH, e das citadas *Directivas do Banco Mundial*, caso se entenda que aquela e estas esgotam a sua natureza em actos unilaterais e, para o que aqui nos interessa de modo directo, se se entender, com o que não concordamos, que uma e outras não cabem na previsão do artigo 8.º, n.º 1.

Note-se que, no âmbito quer do artigo 8.º, n.º 1, quer do artigo 16.º, n.º 1, e pelo que diz respeito ao Direito Internacional verdadeiramente

---

[1790] Mais uma vez, v. SHIHATA, *Legal Treatment*, sobretudo, pgs. 3 e segs.

[1791] Pgs. 275 e segs.

[1792] Aceita este conteúdo amplo para o artigo 25.º da GG, incluindo nele o costume regional e a DUDH, esta, enquanto codifica costume internacional, WOLFRUM, *Verhältnis*. Entre nós, v. GONÇALVES PEREIRA/FAUSTO DE QUADROS, pgs. 117-118 e os Autores aí citados.

[1793] Pgs. 338-339.

Conclusões

geral, não é necessário que Portugal esteja internacionalmente vinculado às normas e aos princípios em causa para que eles vigorem, através desses preceitos, em Portugal. É assim que deve ser entendida, desde logo, a cláusula geral de recepção plena incluída no artigo 8.º, n.º 1, e formulada nos termos amplíssimos como se encontra[1794]. Mas o mesmo não diremos de um e de outro desses dois preceitos enquanto eles abrangem Direito Internacional *particular*: as regras "aplicáveis" de Direito Internacional têm de provir, então, de fontes às quais Portugal esteja vinculado internacionalmente. De contrário, vigorariam em Portugal direitos fundamentais constantes, por exemplo, de um tratado bilateral entre o Laos e o Vietnam, ou nascidos num costume local que obriga, por exemplo, alguns Estados árabes, o que seria um absurdo.

Como dissemos, o artigo 16.º, n.º 1, não merece, em face do disposto no artigo 8.º, n.º 1, exame especial, já que concretiza, quanto aos direitos fundamentais, o que já resultava do artigo 8.º, n.º 1. Há, porém, uma diferença importante, entre os dois artigos: é a de que o artigo 16.º, n.º 1, alarga a harmonia da Constituição com o Direito Internacional aos direitos fundamentais reconhecidos por *qualquer* fonte do Direito Internacional[1795], inclusive, por exemplo, um tratado bilateral sobre direitos fundamentais. Foi isso o que o legislador constituinte quis[1796], para além de que, no que toca aos tratados, não se pode esquecer que a Convenção de Viena de 1969 prescreve dois princípios importantes: o princípio *pacta sunt servanda*, corolário do princípio da boa fé (art. 26.º); e o princípio segundo o qual, na mesma linha de orientação, nenhum Estado pode invocar uma regra de Direito interno para fugir ao cumprimento pontual e integral de um tratado internacional (art. 27.º).

[1794] Assim, também, quanto ao artigo 25.º da GG, VON MÜNCH/KUNIG, II, pg. 199; e MAUNZ/DÜRIG, anotação 17 ao artigo 25.º da GG. No mesmo sentido, entre nós, JORGE MIRANDA, *Direito Internacional*, pg. 180; e GONÇALVES PEREIRA/FAUSTO DE QUADROS, pgs. 109-110.

[1795] Assim, CANOTILHO/MOREIRA, anotação I ao artigo 16.º; e GONÇALVES PEREIRA/FAUSTO DE QUADROS, pg. 117.

[1796] Mais uma vez servimo-nos do apanhado que BACELAR DE GOUVEIA, *loc.cit.*, faz dos trabalhos da Assembleia Constituinte, inclusive, neste caso particular, das intervenções dos Deputados FREITAS DO AMARAL, VITAL MOREIRA e BARBOSA DE MELO.

A protecção da propriedade privada

Acrescente-se, para concluir, que, como já se disse, na Alemanha a "queixa constitucional" se aplica também aos direitos acolhidos na ordem interna por via do artigo 25.° GG. Ela reforça, pois, a penetração do Direito Internacional dos Direitos do Homem na ordem constitucional interna. Um privilégio que os cidadãos portugueses e os estrangeiros sob a jurisdição de Portugal não têm ...

Isto era o que havia a dizer, com interesse para este livro, sobre a constitucionalização dos direitos fundamentais reconhecidos pelo Direito Internacional.

2.6. *Idem: B) A interpretação conforme da Constituição com o Direito Internacional dos Direitos do Homem*

Mas, como dissemos, o princípio da harmonia da Constituição com o Direito Internacional assume também uma outra manifestação, quer em abstracto, quer em concreto quanto à Constituição Portuguesa: *a interpretação conforme da Constituição com as regras sobre Direitos do Homem constantes do Direito Internacional*. Nesses termos, a interpretação conforme surge-nos como um "princípio vinculativo da interpretação da Constituição"[1797].

Na CRP é expressão dessa orientação o artigo 16.°, n.° 2, já atrás transcrito. Segundo ele, a própria Constituição, e a lei, devem ser interpretadas e integradas, em matéria de direitos fundamentais, em conformidade com a DUDH.

SOMMERMANN cita especialmente este preceito da Constituição Portuguesa como postulando a interpretação conforme da Constituição com o Direito Internacional, melhor, como um caso de *fixação pela Constituição de um nível ou de uma medida de interpretação da Constituição, em matéria de direitos fundamentais, nível ou medida definidos pelo Direito Internacional*[1798]. E, para reforçar essa citação, louva-se na doutrina de GOMES CANOTILHO e VITAL MOREIRA[1799], e

---

[1797] SOMMERMANN, pgs. 417 e segs.

[1798] Pgs. 402 e segs.

[1799] 2.ª ed., vol. I, pgs. 159 e segs.; hoje, anotação IV ao artigo 16.°

Conclusões

JORGE MIRANDA[1800], destacando a qualificação que este último faz das disposições da DUDH como *"princípios constitucionais"* (*"Verfassungs-grundsätze"*, na citação)[1801]. O Autor alemão poderia ter acrescentado que aquele ilustre Professor português de Direito Constitucional escrevera, contemporaneamente, que o artigo 16.°, n.° 2, procede à *"recepção formal"* da DUDH[1802]. Embora isto pouco releve para o caso, em função do que fica dito, nós preferimos afirmar que a "recepção formal" do Direito Internacional, pela via da constitucionalização dos direitos fundamentais reconhecidos pelas regras e pelos princípios do Direito Internacional, é levada a cabo pelos artigos 8.°, n.° 1, e 16.°, n.° 1, sendo mais modesta a ambição do artigo 16.°, n.° 2: apenas a de impor à Constituição a sua interpretação conforme com a DUDH, como, aliás, JORGE MIRANDA reconhece na mesma obra e na mesma página, pouco antes[1803]. Deve-se entender que, também por aqui, o Direito Internacional, neste caso, a DUDH, confere à Constituição e, por aí, aos Poderes do Estado, o *grau mínimo* de reconhecimento dos direitos fundamentais nela consagrados, claro, se um mínimo mais elevado não resultar do Direito Internacional contemplado, em globo, nos artigos 8.°, n.° 1, e 16.°, n.° 1.

Note-se, todavia, que, a partir do momento em que os artigos 8.°, n.° 1, e 16.°, n.° 1, pela sua grande amplitude, já abarcam a DUDH (o art. 8.°, n.° 1, se se entender que ela é Direito Internacional geral ou comum, ou o artigo 16.°, n.° 1, no caso contrário), o artigo 16.°, n.° 2, ao impor a interpretação conforme da Constituição com a DUDH, perde importância e interesse, porque o artigo 8.°, n.° 1, ou o artigo 16.°, n.° 1, vão mais longe e constitucionalizam os direitos arrolados naquela Declaração.

[1800] *DUDH e Constituição*, pg. 60.

[1801] SOMMERMANN, pg. 403. O itálico é nosso.

[1802] *Constituição de 1976*, pg. 324. O A. mantém essa afirmação no *Manual*, II, pg. 37, embora integre a *"recepção formal"* da DUDH numa *"necessária harmonia valorativa"* da Constituição com a DUDH – os itálicos são nossos.

[1803] *Constituição de 1976*, *loc.cit.* Do mesmo modo, o *Manual*, trecho transcrito na n. anterior, e IV, pgs. 146-149.

A protecção da propriedade privada

2.7. *O princípio da harmonia como princípio geral do Direito Internacional*

O princípio da harmonia da Constituição com o Direito Internacional, particularmente no domínio dos direitos fundamentais, e independentemente das formas que assuma, de entre as duas que atrás referimos, não se encontra consagrado apenas na Lei Fundamental de Bona e na CRP: como nos mostra SOMMERMANN no seu pormenorizado estudo, cuja importância nunca será de mais enaltecer[1804], ele está também acolhido nas Constituições da Espanha, de 1978 (cujo art. 10.°, n.° 2, se inspirou no art. 16.°, n.° 2, da CRP, embora tenha um âmbito de aplicação mais vasto[1805]), da Suíça, de 1874, da Guatemala, de 1986, e do Peru, de 1979[1806]. A elas acrescentaremos nós o artigo 9.° da Constituição da Lituânia, de 1991, quanto aos tratados internacionais, e o artigo 233.° da mais recente Constituição da África do Sul, de 1996[1807]. Além disso, embora com reservas e de modo não constante, aquele princípio tem sido admitido na jurisprudência constitucional da Áustria, dos Países Baixos, da França, neste caso, especialmente em relação à CEDH[1808], e também

---

[1804] Pgs. 402 e segs.

[1805] MANGAS MARTIN, pg. 150.

[1806] Veja-se o apanhado de SOMMERMANN, pgs. 399 e segs.

[1807] Merece ser destacado o sistema, que julgámos quase original, desta Constituição na matéria: depois de atribuir, no artigo 232.°, ao Direito Internacional *consuetudinário* valor infralegal ["O Direito Internacional consuetudinário é Direito na República enquanto não for *desconforme* (*"inconsistent"*) com a Constituição ou com uma Lei do Parlamento"], ela, logo a seguir, no citado artigo 233.°, impõe a "todos os tribunais", *na "interpretação" de "qualquer norma"* (*"any legislation"*) e quando esteja em causa a aplicação de qualquer regra do *Direito Internacional, em geral*, o dever de "preferir (*"every court must prefer"*) uma interpretação razoável (*"reasonable"*) da norma que seja conforme (*"consistent"*) com o Direito Internacional a qualquer outra interpretação que seja desconforme (*"inconsistent"*) com o Direito Internacional" (os itálicos são nossos). O carácter extremamente compromissório desta Constituição entre correntes divergentes acerca dos direitos fundamentais parece explicar a dissonância entre os dois artigos.

[1808] Ver sobre isto as excelentes reflexões de SUDRE, *L'influence*, pgs. 266 e segs., que concebe a CEDH como "o instrumento de harmonização de efeito mínimo do Direito interno dos Estados partes", correspondente ao *mínimo* de protecção a que estes estão obrigados, e mostra que é assim que a CEDH é aplicada em França.

Conclusões

do Canadá[1809]. Pode-se, por isso, afirmar que, com base na prática dos Estados, aquele princípio já vale como *princípio geral do Direito Internacional*, tal como ele se integra no artigo 38.°, n.° 1, *c*, do ETIJ, como fonte do Direito Internacional[1810]. Nesse caso, o princípio da harmonia não resultará da livre iniciativa do legislador constituinte nacional mas ser-lhe-á *imposto pelo próprio Direito Internacional*, fechando-se, desse modo, com coerência, o círculo iniciado com a teoria da interdependência entre o Direito Internacional e o Direito interno, como demonstrámos no início desta Parte III, pela evolução moderna das doutrinas sobre as relações entre as duas Ordens Jurídicas.

Repetimos, porém, que o problema não tem, em princípio, relevância especificamente para o caso português: o princípio da harmonia da Constituição com o Direito Internacional em matéria de direitos fundamentais resulta, em Portugal, *da própria Constituição*, melhor, de uma autolimitação voluntária, da Constituição, através dos artigos 8.°, n.° 1, e 16.°, n.°s 1 e 2, com o sentido que atrás lhes demos. Através daqueles três preceitos, mas sobretudo através da constitucionalização levada a cabo pelos artigos 8.°, n.° 1, e 16.°, n.° 1, o legislador constituinte quis alargar o âmbito da Constituição *formal* sobre direitos fundamentais[1811], incluindo nela também os direitos, as liberdades e as garantias reconhecidos pelo Direito Internacional, e dando-lhes valor supraconstitucional, na condição, claro, de estes serem mais favoráveis ao indivíduo do que os direitos conferidos pelo texto constitucional.

Por isso, só no caso de se vir a entender que estes preceitos não acolhem expressamente o princípio da harmonia, numa adesão voluntária do legislador constituinte a ele – o que constituiria uma evidente distorção daqueles preceitos –, é que caberia invocar, na ordem interna, o princípio da harmonia como tendo por fonte *directa* o Direito Internacional, como seu princípio geral, nos termos há pouco referidos.

[1809] SOMMERMANN, *loc.cit.*

[1810] Não é necessário, por isso, colocar-se a questão de saber se essa prática dos Estados não estará a gerar um costume internacional – questão que, aliás, seria pertinente.

[1811] Assim, AFONSO QUEIRÓ, pg. 236; e PAULO OTERO, pg. 613, embora, como se vê do texto, não acompanhemos o Autor em todo o seu raciocínio.

A protecção da propriedade privada

2.8. *O princípio da harmonia: notas finais*

O princípio da harmonia da Constituição com o Direito Internacional constitui um dos instrumentos mais importantes da afirmação da *universalidade dos Direitos do Homem*.

A universalidade dos Direitos do Homem, embora há muito defendida na doutrina[1812], não é hoje uma questão meramente científica ou académica: ela foi expressamente afirmada na *Declaração de Viena* e no *Programa de Acção*, aprovados na Conferência Mundial sobre Direitos do Homem, promovida pelas Nações Unidas, em 1993, na capital da Áustria. Aqueles dois documentos enfatizaram a ideia de que todos os Direitos do Homem são *universais, indivisíveis, interdependentes* e *interligados*[1813]. É claro que, como bem nota modernamente VAN DIJK[1814], a *universalidade* dos Direitos do Homem, ou seja, a sua *"validade universal"*, não impõe necessariamente uma *uniformidade* na sua interpretação e na sua aplicação, isto é, na interpretação e na aplicação das normas que os consagram. Mas ela exige o reconhecimento universal desses direitos, de alguns mais do que doutros (sendo particularmente exigente quanto aos direitos fundamentais que estão acolhidos pelo *ius cogens*), e, em qualquer caso, um respeito igual pelo *conteúdo essencial* dos direitos e pelas suas garantias procedimentais e jurisdicionais.

É esta universalidade dos Direitos do Homem, sobretudo ela, que nos está a conduzir à edificação de um *Direito Internacional Universal*, expressão que foi muito cara à Escola de Viena, na era de ALFRED VERDROSS[1815], e, na sua esteira, aos seus discípulos[1816], com a prudência que ainda hoje exige o emprego desta noção[1817].

[1812] V., hoje, TAVERNIER, pg. 379. Entre nós, GONÇALVES PEREIRA/ /FAUSTO DE QUADROS, pgs. 661 e 670.

[1813] Cfr. SHAW, pgs. 208-209.

[1814] Pgs. 35 e segs.

[1815] Os fundamentos do pensamento daquele Professor na matéria encontramo-los na sua obra clássica *Verfassung*. V. também, do mesmo Autor, *Quellen*, epígrafe, e VERDROSS/SIMMA, epígrafe.

[1816] Cfr. GONÇALVES PEREIRA/FAUSTO DE QUADROS, pgs. 659 e segs., especialmente 670-671.

[1817] À "universalidade do Direito Internacional" refere-se actualmente, entre nós, também JORGE MIRANDA – *Direito Internacional*, pg. 180 –, embora ele recuse a

Conclusões

A elaboração desse Direito Internacional Universal é, em grande medida, produto do "constitucionalismo emergente da Ordem Mundial", a que se refere MCWHINNEY[1818], outra vez na esteira de VERDROSS. Essa constitucionalização do Direito Internacional não o pretende aproximar de um Direito Estadual, mas quer significar que há nele áreas (e não apenas normas e princípios avulsos) que progressivamente vão obtendo o consenso dos Estados à escala mundial. E entre essas áreas figura o Direito Internacional dos Direitos do Homem, pelo menos quanto a alguns direitos fundamentais. Era sobretudo nesse sentido que um dos maiores discípulos de Verdross, TRUYOL Y SERRA, se referia, num estudo publicado em Lisboa já há quatro décadas, à existência de uma "Comunidade universal"[1819].

A protecção dos direitos fundamentais no Direito Internacional, com este sentido, e com este alto nível que lhe é propiciado pelo princípio da harmonia, ocupa um lugar importante na edificação de uma Nova Ordem Mundial (NOM), no dealbar de um novo milénio – já não apenas uma NOEI, com o sentido que lhe deram as Resoluções das Nações Unidas que estudámos na Parte I deste livro, mas também uma Ordem política[1820]. E é com esse sentido extremamente ambicioso que HENKIN e HARGROVE demonstram que os Direitos do Homem constituirão a grande "agenda para o próximo século"[1821], ou que MAHONEY prevê que a causa dos Direitos do Homem se traduzirá no século XXI num "desafio global"[1822].

Essa NOM, assim concebida, nasce de uma forte inoculação de valores éticos no Direito Internacional.

A doutrina fala hoje na "ética internacional", na "ética nas relações internacionais", na "moralidade política" do Direito Internacional, especialmente nesta "era nuclear"[1823], na "moralidade política em face

---

"conformidade" da Constituição com o Direito Internacional nessa obra – pgs. 169-170 –, para, no *Manual*, admitir a referida "harmonia valorativa", como vimos – II, pgs. 37-39 –, e a "interpretação e a integração da Constituição em conformidade com a Declaração Universal dos Direitos do Homem" – IV, pgs. 146-149.

[1818] Pg. 55 e segs.

[1819] *Genèse*, epígrafe.

[1820] GONÇALVES PEREIRA/FAUSTO DE QUADROS, pgs. 667-668.

[1821] *Agenda*, pgs. 7 e segs.

[1822] Pgs. 5 e segs.

[1823] MEYERS, Partes I, II e III.

A protecção da propriedade privada

do realismo político"[1824]. Os Autores anglo-americanos, tanto de Ciência Política como de Direito Internacional, por sua vez, destacam, uns, a "ética das relações internacionais"[1825]; outros, fazem depender directamente o Direito Internacional da "moralidade internacional"[1826]; outros, insistem na necessidade de compatibilizar (dentro de um "Código de Paz") "ética e segurança", entendendo que existe uma "herança ética" da Comunidade Internacional, de que fazem parte os Direitos do Homem com um "nível de elevada moral" ("*high moral standard*")[1827]; outros, por seu lado, fazem questão em encontrar uma "ética de responsabilidade" nas relações internacionais, desde logo, aprofundando a distinção entre a licitude e a ilicitude na actuação dos Estados no plano internacional, vendo no Estado uma "Comunidade moral" e remontando-se à distinção estabelecida por MAX WEBER, numa aula na Universidade de Munique, em 1918, entre "ética de ultimato" ou "ética de intenção" ("*Gesinnungsethik*") e "ética de responsabilidade"[1828]. Por sua vez, na vizinha Espanha, TRUYOL Y SERRA estabelece uma ligação necessária entre "ética e Sociedade Internacional"[1829]. De qualquer modo, o melhor ensinamento contemporâneo sobre a matéria vem do Professor da Universidade de Colúmbia, LOUIS HENKIN, que, numa obra maravilhosa, onde a experiência da Vida se alia ao talento científico, nos dá um panorama excelente do Direito Internacional como um sistema jurídico sofrendo, "na viragem do século", uma forte influência "da Política e dos Valores"[1830].

Ora, pelo princípio da harmonia da Constituição com o Direito Internacional, a ética do Direito Internacional conduz-nos ao enriquecimento ético do próprio Direito Constitucional. Esta ideia vai de encontro à concepção moderna do Direito Constitucional como pretendendo conceder ao "Estado constitucional uma dimensão ética"[1831]. Ou

---

[1824] KIPNIS/MEYERS.

[1825] GIESEN, *passim*.

[1826] NARDIN, especialmente pgs. 223 e segs.

[1827] JONES, sobretudo pgs. 22 e segs. e 41 e segs.

[1828] MAX WEBER, cit. por WARNER, pgs. 1 e segs., 9 e segs. e 104 e segs.

[1829] *Ética*, epígrafe e pgs. 90 e segs.

[1830] *International Law*, epígrafe, pgs. 99 e segs., 144 e segs., 165 e segs., e 279 e segs., mas especialmente 168 e segs.

[1831] JANIS, pg. 392.

Conclusões

seja, a Constituição deve nortear-se por um conjunto de valores e fornecê-los à ordem interna, de grau constitucional ou não[1832]. Ora, e especificamente no que diz respeito aos direitos fundamentais, o princípio da harmonia, ao conduzir ao alargamento do acervo dos direitos fundamentais reconhecidos pela ordem constitucional interna, está a reforçar essa dimensão ética do Estado constitucional. No fundo, no cerne da "ética na Comunidade Internacional" estão os valores da Democracia, do primado do Direito e o mais alto nível possível da salvaguarda e do respeito pelos direitos fundamentais do indivíduo.

Como se disse logo no início desta Parte III, o princípio da harmonia é uma das mais importantes concretizações do fenómeno mais vasto da interdependência entre o Direito Internacional e o Direito interno. Também na matéria da protecção dos direitos fundamentais essa interdependência é real, isto é, ela é *recíproca*: tanto o Direito Internacional contribui para a elevação do nível de salvaguarda e protecção dos direitos fundamentais na ordem interna dos Estados, através do princípio da harmonia da Constituição com o Direito Internacional, como o Direito interno fornece achegas para o enriquecimento do Direito Internacional na matéria. Esta segunda perspectiva é menos referida em relação ao Direito Internacional, mas é expressamente assumida em relação ao Direito Comunitário, quando o artigo 6.° (antigo art. F), n.° 2, do Tratado da União Europeia, dispõe que "A União Europeia respeitará os direitos fundamentais (...) tal como resultam das *tradições constitucionais comuns aos Estados membros* (...)"[1833]. É certo que não é fácil, dado o elevado grau de protecção já conferido directamente pelo Direito Internacional aos direitos fundamentais, como este livro mostrou em relação ao direito de propriedade privada, que o Direito estadual venha, por si, a elevar o nível de protecção que o Direito Internacional reconhece, ele próprio, aos direitos fundamentais, o que nada tem a ver com a maior densificação que, sem dúvida, o Direito estadual confere ao conteúdo de alguns desses direitos. Mas, no plano teórico, a hipótese tem de se manter em aberto. E há que reconhecer que, do efeito recíproco dessa interdependência, o que se pretende alcançar, conscientemente, numa total comunhão entre o Direito

---

[1832] VAN HOOF, pg. 879.
[1833] O itálico é nosso.

A protecção da propriedade privada

Constitucional e o Direito Internacional (no caso concreto referido, também o Direito Comunitário), é, de facto, em cada momento, quanto a cada um dos direitos fundamentais, e tanto na ordem interna como na ordem internacional, *o mais alto nível possível de protecção e de garantia*.

2.9. *O juiz português perante o Direito Internacional da Propriedade Privada*

O juiz português subestima, por princípio, o Direito Internacional como fonte do Direito português – e o mesmo se poderia afirmar, já fora do âmbito deste livro, quanto ao Direito Comunitário. Diríamos que ainda lhe causa repulsa que fontes *supra-estaduais* do Direito se apresentem como fontes do Direito *estadual*. Este problema, pela sua importância, mereceria um tratamento especial, que, todavia, não se justifica neste livro, muito menos neste lugar, onde apenas estamos a compendiar as conclusões da nossa investigação sobre o tema desta monografia. Exemplos desse comportamento da parte dos nossos Tribunais, mesmo de Tribunais superiores, não faltariam. Limitamo-nos, nesta obra, a alertar para o facto de o juiz português ir ter de alterar essa conduta, desde logo, para cumprir e fazer cumprir a própria Constituição, da qual é o primeiro garante.

No que toca ao respeito pelo juiz português (e, obviamente, pelos demais Poderes do Estado Português) do Direito Internacional dos Direitos do Homem, o problema encontra-se, como se mostrou, extremamente facilitado: para o fundamentar não é necessário recorrer-se à construção teórica da "interdependência" entre o Direito Internacional e o Direito interno, basta invocar o dever de conformidade, ou princípio da harmonia da Constituição com o Direito Internacional, *tal como ele se encontra expressamente acolhido na própria Constituição da República*. Voltamos a dizer que a inscrição, de modo expresso, no texto constitucional, do princípio da harmonia se traduziu numa autolimitação da Constituição (pleonasticamente se chamará, por isso, de *autolimitação voluntária* da Constituição). E essa autolimitação foi conscientemente desejada pelo legislador constituinte, inclusive na sua vasta amplitude, como se demonstrou pelo confronto do artigo 8.º,

Conclusões

n.º 1, com o artigo 25.º da GG, que inspirou o primeiro, mas que fica aquém daquele, bem como pelo acrescento, ao artigo 8.º, n.º 1, do artigo 16.º, com os seus n.ᵒˢ 1 e 2. Não conhecemos outra Constituição que contenha três preceitos distintos sobre o princípio da harmonia, ainda por cima com o âmbito tão vasto que mostrámos o legislador constituinte ter querido dar-lhes, especialmente, ao artigo 16.º, n.º 1.

Mas, mesmo assim, o princípio da harmonia não aparece assumido pela jurisprudência como tal, nem nos surge, sequer, aplicado com o conteúdo e o alcance que ele impõe, por força dos preceitos constitucionais citados.

Demonstra-o ANTÓNIO VITORINO, num estudo dedicado a domínios vizinhos deste. Depois de examinar a jurisprudência constitucional portuguesa sobre os Direitos do Homem, ele conclui que o Tribunal Constitucional, na esteira da Comissão Constitucional, ainda não erigiu as convenções internacionais sobre Direitos do Homem "em *padrão autónomo e directo para um juízo de constitucionalidade sobre as normas legais internas*". Quando muito, leva-os em conta apenas como "*elementos coadjuvantes e clarificadores da interpretação* dos preceitos da Constituição relativos aos direitos fundamentais"[1834]. Essa conclusão daquele Autor está conforme com a jurisprudência que ele analisa no seu estudo, tanto da Comissão Constitucional, como do Tribunal Constitucional. Mas com um aditamento que nós fazemos: no que toca ao direito de propriedade privada, aí, o Tribunal Constitucional não tem invocado o Direito Internacional nem sequer como "elemento coadjuvante" ou "clarificador" do artigo 62.º Ou seja, nessa matéria, *pura e simplesmente, tem ignorado o Direito Internacional*. E, quando uma única vez, esteve perto do problema[1835], pagou o preço de uma interpretação excessivamente literal e, portanto, manifestamente infeliz, do artigo 17.º, n.º 2, da DUDH, para satisfazer o seu desejo de não querer ir ao fundo da questão.

Mas é necessário que os tribunais portugueses, por sua iniciativa, ou espicaçados pela doutrina, ou a isso solicitados pelas partes nos litígios, acolham formalmente e apliquem o *dever de conformidade da Constituição (e, com ela, de todas as fontes infraconstitucionais, inclusive das*

[1834] Especialmente, pg. 54. Os itálicos são nossos.
[1835] Ac. n.º 14/84, pgs. 4187 e segs. Cfr. ANTÓNIO VITORINO, pg. 59.

A protecção da propriedade privada

suas próprias sentenças), com o Direito Internacional, tal como mostrámos ele estar consagrado, e sem cerimónia, nos artigos 8.º, n.º 1, e 16.º, n.ᵒˢ 1 e 2, da CRP. E, aí, como se disse, está tudo por fazer: a questão encontra-se totalmente em aberto na nossa jurisprudência.

Note-se que, como se viu, um sector da doutrina e da jurisprudência tende a considerar que *todo* o Direito Internacional dos Direitos do Homem – erguido sobre os artigos 55.º, al. *c*, da Carta da ONU, a DUDH e os Pactos de 1966 – é hoje Direito Internacional consuetudinário geral ou comum. Por essa via, todas as normas e princípios do Direito Internacional dos Direitos do Homem vigorariam automaticamente na ordem interna portuguesa com grau supraconstitucional, por força do artigo 8.º, n.º 1, da CRP. Isto é: este preceito constitucionalizaria *todos* os direitos fundamentais reconhecidos ao indivíduo pelo Direito Internacional, dando-lhes prevalência sobre todo o Direito interno português, inclusive de grau constitucional, entenda-se, sempre e só quando o Direito Internacional fosse mais favorável aos direitos em causa, por respeito pelo princípio da Democracia e pela congruência democrática do sistema constitucional, da qual fazem parte os citados preceitos da CRP.

Essa posição é, sem dúvida, muito cómoda e resolveria, de uma vez por todas, o problema do dever de conformidade do Direito português, com base na Constituição, com o Direito Internacional em matéria de Direitos do Homem. Mas, como então dissemos, nós não perfilhamos a corrente segundo a qual todo o Direito Internacional dos Direitos do Homem é costume internacional geral, aliás minoritária na doutrina e demasiado ambiciosa em face do estado actual de evolução do Direito Internacional. De qualquer modo, esta questão perde interesse em face do modo como a nossa Constituição consagra o princípio da harmonia e, mais do que isso, regula a própria vigência do Direito Internacional na ordem interna, porque, como mostrámos atrás, se o artigo 8.º, n.º 1, só engloba o costume internacional, os princípios gerais de Direito e alguns tratados internacionais, o artigo 16.º, n.º 1, abarca *todas* as fontes do Direito Internacional, dando-lhes vigência na ordem interna portuguesa com grau supraconstitucional. Em face do artigo 16.º, n.º 1, como dissemos, perde até relevância o artigo 16.º, n.º 2, enquanto este impõe a interpretação conforme da Constituição e da lei com a DUDH, em matéria de direitos fundamentais. De facto, já

Conclusões

tendo os direitos fundamentais constantes da DUDH sido constitucionalizados pelo artigo 8.°, n.° 1, se se entender que a DUDH é Direito Internacional geral ou comum, ou, pelo menos, pelo artigo 16.°, n.° 1, no caso contrário (como mostrámos, há pouco, ser a posição de JORGE MIRANDA, embora com a invocação do n.° 2 e não do n.° 1 do art. 16.°), o artigo 16.°, n.° 2, ao impor menos do que a referida constitucionalização (isto é, a mera *interpretação conforme* da Constituição e da lei com aquela Declaração), perde, em grande parte, utilidade.

Portanto, o que há que examinar aqui é se, à face do princípio da harmonia, tal como a Constituição o acolhe, o Direito Internacional da Propriedade Privada, isto é, o regime definido pelo Direito Internacional para o direito da propriedade privada, obriga o juiz português e, em caso afirmativo, em que termos.

Vimos que o direito à propriedade privada, com a sua função social, é reconhecido hoje ao indivíduo como direito fundamental pelo costume internacional geral ou comum.

Esse reconhecimento engloba a caracterização desse direito como direito *pessoal* (isto é, direito "civil") do indivíduo, feita, desde logo, pelo artigo 17.° da DUDH.

Isto quer dizer que a caracterização do direito de propriedade privada como mero direito *económico*, como o faz o artigo 62.° da CRP (no que, como mostrámos, a nossa Constituição se encontra atrasada mesmo em relação a muitas das novas Constituições dos Estados da Europa Central e do Leste), deve ser afastada pelo juiz português em nome da vigência daquele costume internacional em Portugal através do artigo 8.°, n.° 1, e, no caso específico da interpretação do artigo 17.° da DUDH (que, repetimos, qualifica o direito de propriedade como direito pessoal), também através do artigo 16.°, n.° 2, da CRP. Além disso, o princípio da harmonia impõe ao legislador constituinte o dever de integrar o direito de propriedade no Título II, Capítulo I, ou seja, de o qualificar como direito pessoal. Enquanto o não fizer, o regime jurídico geral e básico dos direitos fundamentais – tanto o regime *material*, como o regime *orgânico-formal*, como, ainda, o regime da *revisão constitucional*, enunciados, o primeiro, no Título I da Parte I (arts. 12.° a 23.°), o segundo, no artigo 165.°, n.° 1, *b*, e, o último, no artigo 288.°, *d*, da CRP –, aplica-se também ao regime jurídico do direito de propriedade privada, com toda a amplitude que para ele resulta do Direito Internacional (portanto, incluindo naquele

A protecção da propriedade privada

direito, por exemplo, o direito à indemnização prévia, integral e efectiva por expropriação lícita e a garantia da restauração natural em caso de expropriação ilícita), e aplica-se-lhe, *não por analogia* com os direitos, liberdades e garantias, mas pelo facto de aquele direito, por força do princípio da harmonia, dever ser considerado como estando arrolado, *por direito próprio*, no Título II, Capítulo I, da CRP. Há que extrair daí todas as consequências jurídicas, inclusive a de que, nomeadamente, o artigo 18.º, e, incluída neste, *a protecção do conteúdo essencial do direito fundamental*, garantida pelo seu n.º 3, se aplica também ao direito de propriedade privada[1836].

Note-se que a questão da qualificação do direito de propriedade privada como direito *pessoal* ou como direito *económico* não constitui uma mera questão de semântica: por trás dela esconde-se toda uma diferente concepção filosófico-política acerca da propriedade privada, que, depois, se vai projectar no regime jurídico do direito de propriedade privada no Direito interno, particularmente no Direito Constitucional e no Direito Administrativo e, dentro deste, especialmente, no Direito do Ordenamento do Território, no Direito do Urbanismo, no Direito do Ambiente e no Direito dos Contratos Administrativos, para além, claro, do Direito das Expropriações.

O costume internacional geral postula, como se viu, um conceito muito lato de expropriação. Esse costume nasceu, desde logo, da prática internacional dos Estados, traduzida nos TBI, e foi acolhido generosamente pela moderna jurisprudência internacional. Mais recentemente, ele ficou consagrado e desenvolvido no Direito derivado do Banco Mundial (e também no *Tratado sobre a Carta da Energia*, pese embora a menor relevância deste Tratado, devido ao seu objecto muito circunscrito), e está em vias de obter formulação expressa no *Acordo Multilateral de Investimento*.

[1836] Esta exigência é tanto mais oportuna quanto é certo que a revisão constitucional de 1997 veio conferir, inexplicavelmente, apenas aos direitos *pessoais*, as garantias a que se refere o novo n.º 5 do artigo 20.º Aliás, sem resultado: não só esse preceito, quanto à garantia contenciosa, viola o artigo 6.º, n.º 1, da CEDH, que vigora na ordem interna *para todos os direitos fundamentais*, por força do artigo 16.º, n.º 1, da CRP, como também porque, no essencial, o n.º 4 do mesmo artigo 20.º repete o citado n.º 5, e sem aquela restrição.

Conclusões

Portugal respeita e aplica esse costume, através do seu modelo de TBI, através dos TBI que tem celebrado fora desse modelo, através da sua livre adesão às *Directivas do Banco Mundial* e ao *Tratado sobre a Carta da Energia* e à aceitação por ele do Projecto do *Acordo Multilateral de Investimento*.

Segundo esse costume, são actos de expropriação tanto actos de "privação" de propriedade, isto é, a expropriação propriamente dita e a nacionalização (ambas com o mesmo regime jurídico), como os actos análogos ou equivalentes a elas. Nos actos análogos, incluem-se actos que afectam (diminuindo-o ou esvaziando-o) o conteúdo essencial, ou a substância, do direito de propriedade, como é o caso, por exemplo, de servidões ou restrições de Direito Público (de fonte legal, regulamentar ou administrativa), requisições, actos que desrespeitam direitos adquiridos de boa fé ou expectativas jurídicas legitimamente criadas, interferências em direitos sociais, inclusive na administração de sociedades, afectação de direitos contratuais, designadamente a violação de contratos administrativos (incluindo a oneração anormal ou desproporcionada da situação jurídica do contraente privado e, por maioria de razão, a rescisão unilateral do contrato, podendo-se presumir, pela prática internacional, que a violação de contratos assumirá uma dimensão maior em contratos de concessão, de empreitada de obras públicas ou em puros contratos de investimento), etc. Quando esses actos vão ao extremo de esvaziar a substância do direito, fala-se em actos *equivalentes* à expropriação ou à nacionalização, com ou sem recurso à construção da expropriação *de facto*.

O *conteúdo essencial*, ou a *substância*, do direito de propriedade é constituído pelo conjunto das faculdades de *usar, fruir* e *dispor* do bem, e, quando exercido sobre um imóvel, engloba o direito de edificar (*ius aedificandi*). Note-se que nenhuma norma do Direito Internacional positivo e nenhum aresto da jurisprudência internacional excluem da substância do direito de propriedade o direito de edificar, confirmando, desse modo, os resultados a que nos conduzem o Direito Civil Comparado e o Direito Administrativo Comparado. Pelo contrário, a jurisprudência internacional, quando foi chamada a pronunciar-se sobre a questão, fê-lo claramente pela positiva, como sucedeu com os órgãos da CEDH no caso *Matos e Silva*, como mostrámos.

Este conceito lato de expropriação é conscientemente assumido pelo Direito Internacional com um duplo intuito: o de alargar o con-

557

A protecção da propriedade privada

teúdo do direito de propriedade protegido (que, para o Direito Internacional, se identifica com o conceito de direitos subjectivos de conteúdo ou natureza patrimonial, como vai ser expressamente assumido no *Acordo Multilateral de Investimento*[1837]) e o de estender o âmbito das interferências no direito de propriedade que dão lugar a indemnização (por oposição às medidas de mera regulamentação do uso do bem, ou do exercício do direito, que não são indemnizáveis).

Daqui decorre, para o Direito Português, que, por força do princípio da harmonia, *o direito de propriedade privada, reconhecido no artigo 62.° da CRP, deve ser interpretado como o somatório dos diversos direitos de conteúdo patrimonial, tenham ou não natureza real*, ou, dito doutra forma, o *conjunto das situações jurídicas privadas de conteúdo económico*[1838]. E a expropriação desses direitos, tanto para o efeito da demarcação do seu conceito como para o da definição do seu regime jurídico, tem de ser entendida no mesmo sentido lato que nos é fornecido pelo Direito Internacional, *mesmo contra Direito interno eventualmente de sentido contrário*.

Faz parte do reconhecimento do direito de propriedade privada pelo Direito Internacional a definição por este das condições de licitude que estudámos oportunamente, e que resultam, ou do costume internacional, ou do Direito convencional, e que, portanto, obrigam Portugal por via dos artigos 8.°, n.° 1, e 16.°, n.° 1, da CRP. Mas, dentro delas, merecem destaque duas.

Primeiro, o direito do expropriado a um procedimento equitativo, prévio à expropriação, e o seu direito a garantias contenciosas que lhe facultem o acesso a tribunais imparciais e independentes e a um julgamento célere, se a expropriação der lugar a um contencioso.

Mas a condição de licitude que maior destaque obtém é a indemnização calculada pelo critério da *Fórmula Hull*, isto é, a indemnização prévia, integral (isto é, calculada em função do *valor de mercado do bem*) e efectiva. A *Fórmula Hull* está há muito acolhida no costume internacional geral ou comum, mas foi consolidada, como tal, pela moderna prática internacional dos Estados, mesmo os do Terceiro Mundo e da Europa Central e do Leste, e acolhida, com profundo e

---

[1837] Doc. DAFFE/MAI/NM(97)1 da OCDE, *cit.*, Parte II, n.° 2, de 9-9-97.
[1838] Cfr. *supra*, Introdução, n.° 2.

Conclusões

denso tratamento doutrinário, pela moderna jurisprudência internacional. Portanto, a regra da indemnização "prévia, integral e efectiva" vigora no Direito interno, com origem no Direito Internacional, através do artigo 8.°, n.° 1. Por isso, é dever de todos os Poderes do Estado, inclusive do Poder Judicial, conformar o Direito positivo português com as imposições do Direito Internacional na matéria. Por outras palavras, violam o Direito Internacional acolhido na ordem interna por aquele preceito (ou pelo art. 16.°, n.° 1), e constituem, portanto, o Estado em responsabilidade extracontratual de Direito *interno* (independentemente de também constituírem o Estado Português em responsabilidade *internacional*) todas as normas, todos os actos e todas as sentenças judiciais que, em Portugal, por um acto, ainda que lícito, de expropriação, de nacionalização, ou por um acto análogo ou equivalente, prescrevam uma indemnização não imediata (isto é, não paga na totalidade à data *da constituição da relação de expropriação*, se não num momento anterior, do próprio *anúncio oficial da intenção de expropriar*, como mostrámos ser aceite pela prática internacional do Estado Português), inferior à integral (isto é, inferior por referência ao *valor de mercado* do bem expropriado) e não paga de modo efectivo (isto é, *não disponível imediatamente* em dinheiro ou equivalente).

O Estado Português aderiu formalmente, na sua prática internacional, a esta interpretação do conteúdo e do âmbito da indemnização por expropriação lícita, como ficou demonstrado[1839,1840].

[1839] Por isso, já em 1984 eram pouco ambiciosas as conclusões a que chegavam, sobre a matéria, FREITAS DO AMARAL e ROBIN DE ANDRADE, quando se contentavam, para a licitude da expropriação em face do Direito Internacional, com uma *"compensação* ou indemnização, *não propriamente justa*, mas ao menos *razoável* ou *aceitável"* – pgs. 50-51, com itálicos nossos.

[1840] Não deixa de ser curioso que o Tribunal Constitucional, ainda que por uma só vez, no Acórdão n.° 452/95, para acolher a sua concepção tradicional da indemnização por expropriação lícita como *reconstituição, em termos de valor, da posição de proprietário que o expropriado detinha*, tenha utilizado, ainda que sem recorrer ao Direito Internacional, vocabulário que este livro mostrou ser muito caro ao Direito Internacional e que, em contrapartida, é muito raro na terminologia jurídica portuguesa: diz ele que a expropriação dá direito à indemnização *"total* ou *integral* do dano suportado pelo particular" – pg. 13.909 (os itálicos são nossos). Cfr. o nosso estudo *Direito das Expropriações*, pg. 153.

A protecção da propriedade privada

Também é imposto ao Estado Português pelo costume internacional geral ou comum o dever de reparar a expropriação ilícita, isto é, a expropriação que não tiver respeitado alguma das condições definidas pelo Direito Internacional para a sua licitude. Aliás, o princípio da reparação tem mesmo valor de *ius cogens*, sem prejuízo de o direito do indivíduo à reparação em Direito Internacional ser disponível pelo Estado Português no exercício por este da protecção diplomática, com o âmbito e com as consequências oportunamente estudados. No plano do Direito Internacional, a protecção diplomática do Estado Português aos seus cidadãos é um *direito* seu, mas, no plano do Direito interno, a protecção diplomática constitui um *dever do Estado* para com os cidadãos portugueses, imposta pelo artigo 14.º da Constituição, e que tem como contrapartida um *direito fundamental* destes à protecção diplomática. No caso de omissão contínua do dever de protecção diplomática estaremos, para o efeito da definição da responsabilidade internacional do Estado português, perante uma *violação contínua* desse dever[1841].

A função da reparação (que condiciona o seu conteúdo, as suas formas e os seus meios) é a da *restauração natural*, dito por outras palavras, ela deve repor o lesado na *situação hipotética actual*, isto é, na situação em que ele se encontraria se a expropriação ilícita não tivesse ocorrido. Isto quer dizer que a reparação por expropriação ilícita (e também aqui estamos a empregar o vocábulo expropriação no sentido muito amplo que mostrámos dar-lhe o Direito Internacional, de modo a englobar a expropriação *stricto sensu*, a nacionalização e a díspar panóplia de actos análogos e equivalentes àquela e a esta, tais como os caracterizámos neste livro) deve ser *total*, ou seja, deve englobar a totalidade dos prejuízos, isto é, dos danos emergentes e dos lucros cessantes, e não deve excluir os danos morais. Este modo de conceber a função e de computar o âmbito da reparação é prescrito pelo costume internacional, como uma das suas mais importantes aquisições, e desde há setenta anos, isto é, desde o caso *Chorzow*. Esse costume, como tal, foi codificado pelo último Projecto da CDI sobre a Responsabilidade Internacional dos Estados, pendente de aprovação na Assembleia Geral das Nações Unidas. Note-se que esse Projecto estipula, complementarmente, o que

---

[1841] Sobre a *violação contínua* ou *violação continuada* veja-se a nosso estudo *Princípio da exaustão*, pg. 135.

Conclusões

era desnecessário: que a reparação, desse modo definida, obriga os Estados *mesmo contra o respectivo Direito interno, se este for contrário.* É curioso notar que para o Direito Internacional e, concretamente, para o referido Projecto da CDI, a reparação pode ter como um dos seus instrumentos a restituição do bem ao expropriado, isto é, a sua reversão, como, também isso, era já admitido no Acórdão *Chorzow*.

Ora, com esta concepção, com esta função e com este alcance, a reparação por expropriação ilícita vigora na ordem interna portuguesa por via do artigo 8.º, n.º 1. Também aqui, os Poderes dos Estados, inclusive o Poder Administrativo e o Poder Judicial, estão obrigados a respeitar essa regra de fonte consuetudinária. Dir-se-á que o Direito Internacional, nesta matéria, não inova na ordem interna, porque o artigo 562.º do Código Civil já impunha a restauração natural. Há, porém, uma diferença importante: a regra internacional da restauração natural, que entra na ordem interna por via do artigo 8.º, n.º 1, tem no Direito português um grau supraconstitucional, e encontra-se a coberto, por via do referido Projecto de codificação da CDI, de expressa proibição de Direito interno em sentido contrário. Ora, o citado preceito do Código Civil deve ser interpretado e aplicado de harmonia (e, portanto, *com a força jurídica*) da citada regra de Direito Internacional.

Como já se disse atrás, para se chegar ao respeito da parte do juiz nacional (e, com ele, da parte dos outros Poderes do Estado) pelo Direito Internacional da Propriedade Privada, isto é, pelo regime a que o Direito Internacional sujeita o direito fundamental de propriedade privada, não é necessário seguir-se a via da *recepção* do Direito Internacional na ordem interna, disciplinada, em globo, no artigo 8.º da CRP. Além disso, por essa via, o juiz português é obrigado a aplicar o Direito Internacional da Propriedade Privada *só aos estrangeiros* que se encontrem sob a jurisdição de Portugal, dado que o Direito Internacional só se aplica a estrangeiros, salvo se ele próprio prever a sua aplicação a nacionais – é o caso, por exemplo, como já se disse neste livro, da CEDH e dos seus Protocolos.

Mas, mais do que receber o Direito Internacional da Propriedade Privada, a Constituição consagra também o caminho *do princípio da harmonia* da Constituição com o Direito Internacional. Por esse caminho, esta, desde logo, como se viu, *constitucionaliza* os direitos fundamentais reconhecidos pelo Direito Internacional, com o conteúdo e o

A protecção da propriedade privada

regime que este lhes confere. Ou seja, por essa via, a Constituição reconhece, *aos próprios cidadãos portugueses*, o superior grau de protecção e de garantia que o Direito Internacional confere aos direitos fundamentais. Tudo isso vale também para o direito de propriedade privada.

Note-se que, em qualquer caso, e mesmo num plano abstracto, a técnica da harmonia apresenta duas grandes vantagens sobre a técnica da recepção: primeiro, o princípio da harmonia não enfrenta os desencontros que se verificam na doutrina sobre o modo de dar relevância ao Direito Internacional na ordem interna, à sombra do artigo 8.°, n.ᵒˢ 1 e 2, não obstante esses desencontros serem hoje pequenos; depois, a via do dever de conformidade ou do princípio da harmonia impõe uma *modelação em bloco* da Ordem Jurídica Portuguesa com o Direito Internacional em matéria de direitos fundamentais, o que, ao mesmo tempo que permite um suave nivelamento global da ordem interna pelo grau mais favorável do Direito Internacional, evita a possível ruptura entre as duas Ordens Jurídicas a que o sistema, mais formal e mais abstracto, da recepção, chamado da *"relevância"*, pode conduzir. A modelação propiciada pelo princípio da harmonia continua a ser uma expressão do monismo com primado do Direito Internacional adoptado pela nossa Constituição para o efeito de disciplinar o sistema de relevância do Direito Internacional na ordem interna, mas é expressão de um monismo *para harmonizar* e não de um monismo *para impor*.

Contudo, haveria ainda uma terceira via, ainda mais cómoda, que embora dispense a construção global do princípio da harmonia, ainda se serve deste princípio, para se alcançar, pelo menos em grande parte, os mesmos resultados, concretamente, para se chegar ao dever de os Poderes do Estado Português respeitarem o Direito Internacional da Propriedade Privada quanto aos cidadãos nacionais: é a via, pura e simples, do princípio da igualdade entre nacionais e estrangeiros. Ou, dito doutra forma, a via da *não-discriminação dos nacionais por confronto com os estrangeiros*.

Portugal está obrigado a observar, quanto à propriedade privada *de estrangeiros*, o princípio da não-discriminação, por força do artigo 7.° da DUDH, reforçado pelo artigo 2.°, par. 2, da mesma DUDH. Como vimos, esse princípio faz mesmo parte do *ius cogens*. Por força exclusiva *do Direito Internacional*, o Estado Português está proibido de *discriminar* os nacionais por confronto com os estrangeiros apenas no

Conclusões

âmbito da CEDH (por virtude do seu art. 14.°, e, no caso da propriedade privada, por efeito combinado do art. 1.° do PA n.° 1 com aquele art. 14.°) e do Direito Comunitário (por imposição do art. 12.° CE, com a nova numeração que lhe foi dada pelo Tratado de Amesterdão). Mas o princípio da harmonia da Constituição com o Direito Internacional leva ao nascimento na ordem interna portuguesa de um *direito fundamental dos cidadãos portugueses à não-discriminação em relação aos estrangeiros*. Esse direito (que parece não resultar do art. 13.° da CRP, porque este apenas prevê a igualdade *entre os cidadãos portugueses*, mesmo quando proíbe a discriminação em razão do "território de origem"[1842]), nasce, como direito *pessoal*, pela constitucionalização do direito à não-discriminação (reconhecido nos arts. 7.° e 2.°, par. 2, da DUDH), levada a cabo pelo artigo 8.°, n.° 1, ou pelo artigo 16.°, n.° 1, da CRP, considerando, ainda por cima, que aquele direito constitui elemento integrante do grau mínimo internacional de protecção dos estrangeiros; e também pela interpretação conforme da Constituição com aquele preceito da DUDH, por efeito do artigo 16.°, n.° 2, da CRP.

Portanto, o direito dos cidadãos portugueses à não-discriminação por confronto com os estrangeiros, ao qual os artigos 8.°, n.° 1, e 16.°, n.ºs 1 e 2, da CRP, dão grau supraconstitucional na ordem interna portuguesa, *obriga o Estado Português a reconhecer aos seus nacionais tudo o que ele, em matéria de protecção da propriedade privada, por fonte interna ou internacional, confere, ou está obrigado a conferir, aos estrangeiros.* E, de entre o Direito de fonte internacional, que é o que nos interessa neste livro (designadamente, os TBI, as *Directivas do Banco Mundial*, o *Tratado da Carta de Energia*, que Portugal já ratificou, e o *Acordo Multilateral de Investimento*, que Portugal está a negociar), essa afirmação engloba tudo o que já foi arrolado no n.° 1 desta Parte III, e que agora se sumaria:

– o reconhecimento do direito de propriedade privada como direito pessoal, com o sentido e o alcance que atrás lhe demos, e com as devidas consequências em matéria de regime jurídico-constitucional desse direito;

[1842] Parece ser essa a posição também de JORGE MIRANDA, *Manual*, IV, pg. 207, e de GOMES CANOTILHO/VITAL MOREIRA, anotações ao artigo 13.°

A protecção da propriedade privada

- o reconhecimento do direito de propriedade privada entendido como o somatório dos diversos direitos de conteúdo patrimonial;
- o reconhecimento de que o conceito de expropriação engloba a expropriação *stricto sensu*, a nacionalização, e actos análogos ou equivalentes a uma e a outra, tais como neste livro os caracterizámos;
- o reconhecimento de que a expropriação, para ser lícita, deve respeitar as condições de licitude que estudámos, designadamente, a indemnização prévia, integral e efectiva, a garantia de um procedimento equitativo e o acesso a meios jurisdicionais céleres, independentes e imparciais, inclusive à arbitragem;
- o reconhecimento de que a expropriação ilícita faz nascer para o Estado o dever de reparar o ilícito segundo o critério da restauração natural;
- o reconhecimento de que, em qualquer caso, e *no mínimo*, os cidadãos nacionais devem gozar dos direitos incluídos no grau mínimo internacional de protecção dos estrangeiros (grau esse que é conferido aos estrangeiros pelo costume internacional e cujo conteúdo é, na sua generalidade, Direito cogente).

As normas constitucionais que violem os direitos fundamentais reconhecidos aos cidadãos portugueses através do princípio da harmonia da Constituição com o Direito Internacional, com o significado que demos a este princípio ao longo desta Parte III, são normas *inconstitucionais*, por violarem direitos reconhecidos por regras e princípios aos quais a própria Constituição confere grau supraconstitucional. É certo que o princípio da harmonia, como dissemos atrás, está desenhado com vista a alcançar-se uma espontânea e suave modelação global da Constituição com o Direito Internacional, em suma, uma *harmonização* daquela com este, e, por isso, é-lhe, em princípio, avessa a ideia de conflito entre normas constitucionais e normas de Direito Internacional que ela própria acolhe com força supraconstitucional. Mas, quando esse conflito de facto ocorra, por o legislador constituinte não ter harmonizado o texto constitucional com o Direito Internacional acolhido por força do princípio da harmonia, há que enfrentá-lo e resolvê-lo, e não se vê que se o possa fazer de modo diverso do do juízo de inconstitucionalidade[1843]. Não faz sentido discutir-se neste livro, e ainda por cima nestas páginas conclusivas, a problemática das normas constitucionais inconstitucionais. Diremos apenas, e só como complemento do reconhecimento da existência das acima referidas normas constitucionais inconstitucionais, que a afirmação da sua existência não significa, a nosso ver, nenhuma contradição nos termos[1844]. Mas chame-se-lhe, se se quiser, inconstitucionalidade *atípica*[1845], e para se evitar a utilização da expressão, que os dicionários ainda não registam, de *insupraconstitucionalidade*.

Por sua vez, os actos legislativos, regulamentares, administrativos e jurisdicionais, bem como os contratos administrativos, que violem aqueles direitos são também materialmente inconstitucionais, gerando essa inconstitucionalidade, pelo menos quando é atingido o *conteúdo essencial* dos direitos, a sanção da inexistência. Seguimos, nesta matéria, como já o fizemos no passado[1846], a construção de MARCELO REBELO DE SOUSA quanto ao valor dos actos inconstitucionais[1847]. Sublinhe-se, todavia, que esta matéria não é hoje de tratamento apenas doutrinário, pelo menos no que toca aos actos administrativos. De facto, o Código do Procedimento Administrativo, no seu artigo 133.º, n.º 2, *d*, fere com a sanção da nulidade por natureza os actos administrativos "que ofendam o conteúdo essencial de um direito fundamental"[1848]. Note-se que a reforçada protecção que o legislador confere neste preceito ao *conteúdo essencial* do direito fundamental, na esteira do que já resultava do artigo 18.º, n.º 3, *in fine*, da CRP (funcionando a referência, na parte final dessa disposição, a "preceitos constitucio-

---

[1843] Não vemos que o que se diz no texto esteja em contradição com o pensamento de JORGE MIRANDA, *Manual*, II, pgs. 320-321, e de REBELO DE SOUSA, pgs. 128 e segs.

[1844] Assim, também PAULO OTERO, pgs. 614-615.

[1845] Expressão a outro título utilizada por GONÇALVES PEREIRA/FAUSTO DE QUADROS, pg. 123.

[1846] P.ex., *Expropriação*, pg. 311. É também esse o nosso ensino oral em Direito Administrativo.

[1847] Pgs. 103 e segs., 155 e segs., 313 e segs., 324 e segs., 330 e segs. e 333 e segs.

[1848] O CPA acolheu aqui, e bem, o pensamento do seu Autor – v. FREITAS DO AMARAL, III, pg. 334.

A *protecção da propriedade privada*

nais", como remissão, neste caso concreto, e, se se vir que ela é necessária, para o art. 62.º, n.º 1, 1.ª parte), facilita a nossa tarefa de, quanto ao direito de propriedade privada, entender que o Direito interno português, nesses preceitos, confere acolhimento à tese, que vimos já estar consolidada no moderno Direito Internacional, segundo a qual a afectação do conteúdo essencial daquele direito é reconduzível a um conceito lato de expropriação. Mas, pelo que toca à inexistência do acto administrativo, ou à sua nulidade, se não se admitir a sua inexistência, para os efeitos para os quais aqui nos ocupamos de uma ou de outra, é de salientar que o conteúdo essencial de um direito fundamental deve ser entendido não apenas em sentido *material* ou *substancial* (e, dessa forma, quanto ao direito de propriedade, ele será composto pelas faculdades de usar, fruir e dispor do bem, bem como pelo direito à indemnização por expropriação lícita) como também em sentido *jurídico* (e, por aí, ele será composto pelos princípios fundamentais que protegem e garantem o direito de propriedade, no exercício do Poder Administrativo, isto é, pelos princípios arrolados nos arts. 3.º a 6.º-A e 12.º do CPA, e que têm, todos, fonte constitucional, particularmente, nos arts. 13.º, 18.º, 20.º, n.ºs 4 e 5, e 266.º, n.ºs 1 e 2, da CRP)[1849].

Não vamos aqui discutir se a sanção para o vício previsto no artigo 133.º, n.º 2, *d*, do CPA, não devia ser o da inexistência: é questão que é deslocada tratar neste lugar. Aliás, ela perde relevância no Direito Administrativo português, porque a distinção entre o regime jurídico dos actos nulos e inexistentes praticamente se limita hoje à

[1849] Note-se que o Parecer da Procuradoria-Geral da República n.º 68/94, de 7 de Fevereiro, reconhece que existe "a garantia de *um mínimo de conteúdo útil* e constitucionalmente relevante" para o direito de propriedade. Mas, não obstante o brilho do Parecer, ele chega a essa conclusão por um percurso intelectivo discutível e eivado de excesso de prudência que, desde logo, o faz perder essa oportunidade para definir esse "mínimo de contéudo útil", embora pareça claro que ele aceita que desse mínimo de conteúdo útil faz parte também o *ius aedificandi* (aliás, uma questão que não suscita qualquer dúvida e que FREITAS DO AMARAL deixou brilhantemente encerrada na apreciação da dissertação de doutoramento de Alves Correia, in RFDUL 1991, pgs. 91 e segs. (99 e segs.)). Dada a extrema dificuldade em se consultar os Pareceres da PGR, desde logo porque, em grande número, eles estão inéditos, citamos o Parecer acima referido com base nas referências que a ele são feitas em GARCIA MARQUES/JOSÉ MEIRIM/LUÍS SILVEIRA, *PGR – Pareceres*, III, pgs. 252-253.

Conclusões

possibilidade de produção, pelos actos nulos, dos efeitos jurídicos a que se refere o artigo 134.°, n.° 3, do CPA – aliás, uma solução muito discutível, em face quer da ineficácia *ab initio* do acto nulo, quer da eficácia *ex tunc* da declaração de nulidade, que consistem em duas características essenciais, e não contestadas, do regime dos actos nulos (e dos actos inexistentes).

A inconstitucionalidade por violação dos direitos que são reconhecidos aos cidadãos portugueses através do princípio da harmonia estende-se, portanto, ao próprio *caso resolvido administrativo* e ao *caso julgado*. E se ao primeiro se aplica, contra a orientação que, com MARCELO REBELO DE SOUSA, defendemos, o regime da nulidade, tal como o artigo 134.° do CPA o define (inclusive com o seu n.° 3), não se vê razão para se não aplicar o regime da inexistência ao caso julgado inconstitucional.

Note-se que, por força do artigo 204.° da Constituição (do qual constitui concretização, aliás desnecessária, o art. 4.°, n.° 3, 1.ª parte, do ETAF), o juiz português tem o dever de, *ex officio*, recusar a aplicação de qualquer norma de fonte interna que, nos termos acabados de analisar, seja inconstitucional.

Para terminar, sublinhamos que grande parte do que se acaba de discutir perderá interesse se, como se prevê no Projecto do *Acordo Multilateral de Investimento*, este se vier a aplicar aos investidores tanto estrangeiros como *nacionais*[1850]. Nesse caso, se Portugal ratificar o Acordo, o Acordo vigorará em Portugal através do artigo 8.°, n.° 2, da CRP, pelo que o investidor nacional verá, subitamente, e simplesmente por essa via, o seu direito de propriedade privada alcançar o grau de protecção que, no n.° 1 desta Parte, vimos ser aquele que o Direito Internacional hoje confere àquele direito, e que o referido Acordo Multilateral acolhe, o que provocará um autêntico efeito telúrico na ordem interna portuguesa ...; se Portugal, ao contrário não ratificar o Acordo, então, o regime de protecção definido naquele Acordo para o direito de propriedade privada aplicar-se-á também ao cidadão nacional, mas agora através do princípio da harmonia, extraído, então, do artigo 16.°, n.° 1, da CRP.

[1850] Doc.cit., ponto III, *Performance requirements*.

2.10. *Epílogo*

Como acima se sublinhou, o estudo do tema deste livro terminou, em bom rigor, com o n.° 1 desta Parte III. Todas as páginas que se lhe seguiram pretenderam apenas, já à margem do objecto desta monografia, e, por isso, a título de excurso, estabelecer a ponte entre ele e o Direito interno português, por outras palavras, pretenderam tentar explicar em que medida e de que forma é que os resultados da investigação levada a cabo no quadro da epígrafe desta obra ganham relevância e significado para o Direito português.

Para se tirar pleno proveito dos resultados fornecidos por este livro falta o resto: falta passar a ponte e atingir-se a outra margem. E atingir-se a outra margem significa, neste caso concreto, examinar-se o exacto estado do Direito positivo português em face do Direito Internacional da Propriedade Privada, que vigora na ordem interna por força do dever de conformidade, ou do princípio da harmonia, da Constituição com o Direito Internacional. Por outras palavras, significa, antes de mais, examinar em que medida é que o concreto Direito positivo de fonte interna – isto é, o Direito Constitucional, de modo especial o Direito Administrativo (sobretudo, mas não apenas, através dos ramos especiais do Direito do Ordenamento do Território, do Direito do Urbanismo, do Direito do Ambiente e do Direito dos Contratos Administrativos), mas também o próprio Direito Civil, em alguns dos seus aspectos –, respeita o Direito Internacional que regula o regime jurídico da propriedade privada e que obriga Portugal; mas significa também proceder-se a idêntica investigação em relação à actividade administrativa e à jurisprudência de todos os nossos tribunais.

Essa pesquisa está por fazer e reveste-se de um enorme fascínio. Ela imporá, para começar, que, partindo-se do Direito Constitucional e percorrendo-se todos os outros domínios da Ordem Jurídica portuguesa, mas especialmente os acima referidos, se retrate, com pormenor, como é que todos os Poderes do Estado lidam em Portugal com o direito de propriedade privada, entendido este tal como o mostrámos ele ser concebido no moderno Direito Internacional, isto é, no sentido amplo de conjunto de todos os direitos subjectivos privados de conteúdo económico ou natureza patrimonial.

Conclusões

Todavia, esse percurso, escapa totalmente ao objecto deste livro, muito embora esteja facilitado pela investigação que nele levámos a cabo. Mas ele terá de ser feito, mais tarde ou mais cedo, tanto para o enriquecimento do Direito Público português como para o aperfeiçoamento do sistema nacional de protecção e garantia dos direitos fundamentais. Decerto que alguém o fará; construída agora a ponte, ligar-se-ão então as duas margens[1851].

[1851] Como aperitivo para o desbravamento dessa outra margem aqui fica a primeira sugestão de itinerário: o exame do recente Acórdão n.° 24/98, do Tribunal Constitucional, de 22-1-98, no chamado caso das *portagens*. Ele merece que tenhamos suspendido a edição deste livro para introduzirmos, à última hora, esta nota, já que o Acórdão é posterior ao termo da nossa investigação. Sem nos pronunciarmos sobre o fundo da questão, diremos que o pedido do Presidente da República de apreciação da constitucionalidade das normas em causa, ainda que timidamente, invoca, através de uma argumentação bem elaborada, se *não a CEDH*, ao menos a doutrina e a jurisprudência dos Estados partes naquela Convenção e no seu PA n.° 1, e, já nessa medida, ele é quase inovador na prática constitucional portuguesa. Este livro mostrou, porém, que o pedido do Presidente da República teria caminhos mais seguros e argumentos mais sólidos a seu favor, pelo menos no que toca à invocação expressa, em matéria de protecção do direito de propriedade privada, do Direito Internacional que vincula Portugal (v. § 2 do Acórdão, n.° A, 1, *a*). O Tribunal, mesmo assim, passou ao lado da matéria (v., sobretudo, o seu § 18), tendo desperdiçado uma excelente oportunidade para esclarecer a posição do Direito Constitucional português sobre aquela questão de Direito.

ENGLISH SUMMARY

The reason that has led the author to write this book at this time is the lack, in legal literature, of a work studying the current state of the protection of private property by International Law, taking into consideration the recent and profound evolution of International Law in this field.

Introduction (pp.1-10) demonstrates that the concept of private property used by International Law is an aggregate of property rights and contractual rights, notwithstanding the recent trend, evidenced both by the Bilateral Investment Treaties (BITs) and by the OECD Multilateral Agreement on Investment, to include all the private rights of economic nature or contents.

The book is divided into 3 Parts.

Part I (pp. 11 ff.) deals with the History of protection of the private property of foreigners by International Law. Part I has three Chapters. Chapter I studies the evolution of positive International Law in this field, throughout five phases and since Roman Law (p. 13). The Chapter deals with the topmost points of the evolution of International Law, including the *Calvo Doctrine* and the *Hull Formula*. Special attention is paid to the periods running from 1948 to 1962 (pp. 20-27), from 1962 to 1986 (pp. 27-36) and from 1986 to the present day (pp. 37-42). An important landmark of the whole of these periods was the recognition of the right to private property by the 1948 Universal Declaration on Human Rights (Art. 17). At a later phase, that Declaration was considered binding in International Law by the subsequent United Nations' secondary law. However, neither the lack of a reference to that right in the 1966 Covenants nor the various UN Resolutions of the 60's and 70's on "Permanent Sovereignty" and on the NIEO have brought to light any custom contrary to the recognition of that right by the 1948 Universal Declaration – largely because those Resolutions were inconsistent and contradictory. The UN General Assembly Resolution 41/132 of 1986 consolidated the balance between the respect for the foreigners' right to own private property and the respect for the States' rights over their natural resources. That balance is nowadays paramount in International Law, in consonance with international jurisprudence and the international practice of the States.

571

A protecção da propriedade privada

Part I, Chapter II (pp. 43 ff.) deals with the international practice of the States. It shows that even the communist States have not adopted an outright position against compensation of aliens for acts of deprivation (pp. 45-47). The classic instruments of the States' practice in this field are the BITs, the stabilisation clauses and the lump sum agreements (pp. 47-60). The modern practice of States, including the practice of the Eastern and Central European States, of the Third World States and of China, has granted a high level of protection to the private property of foreigners, especially through the BITs, that have adopted the *Hull Formula* with absolute rejection of the *Calvo Doctrine* (pp. 60-65). The climax of that evolution was the OECD Draft Multilateral Investment Agreement that followed the Energy Charter Treaty (pp. 65 ff.)

Part I, Chapter III (pp. 71 ff.) deals with the evolution of the protection of private property in international jurisprudence, using as benchmark the most significant cases decided by the PCIJ, by the ICJ and by arbitration. In the latter case, an analysis is made of arbitral judgements since the beginning of this century and up to the Iran-US Claims Tribunal (pp. 81-110).

Part II deals with the legal science framework of the system of protection of private property in modern International Law (pp. 112 ff.). *Part II* is divided into 5 Chapters.

Chapter I (pp. 113 ff.) deals with the statute of foreigners under present International Law. The most important question raised therein is the degree of protection afforded to aliens by modern International Law (pp. 126 ff.) In that connection, the work studies the opposition between the theories of "national treatment" and of the "international minimum standard" (pp. 127 ff.). The author has adopted the latter theory with the contents described in pages 139 to 144. Nevertheless, the author shows that the opposition between those two theories has nowadays been superseded by Comparative Constitutional Law because, on the one hand, the *Calvo Doctrine* has been abandoned by the modern international practice of the States and, on the other hand, the States – including the Central and Eastern European States, the Third World States and China – afford to foreigners a degree of protection beyond the international minimum standard (pp. 144 ff.). In that part of the book, the author studies the special cases of Germany and Portugal (pp. 145-146) and the requirements of the EU Law (pp. 147-148).

Part II, Chapter II (pp. 149 ff.) considers whether International Law confers a fundamental right to own private property directly to individuals. The answer is affirmative in the light of common or general International Law, at least since the Universal Declaration on Human Rights, following which the personal right to private property became part of customary international law. The UN Resolutions on Permanent Sovereignty and on the NIEO have not extinguished that custom, if for no other reason because those Resolutions were inconsistent and contradictory. Conversely, subsequent UN Resolutions and Conventions approved under the aegis of the United Nations and other International Organisations, specifically conferred to individuals the right to own private property. The States' international practice under the BITs confirms this conclusion, inclusive in the case of the Central and Eastern European States and the Third World States (pp. 152-165). In particular International Law, both the European Convention on Human Rights, the American Convention on Human Rights and the African Charter on Human Rights recognise the personal right of private property (pp. 165 ff.) The same conclusion stems from the EU Law (pp. 172 ff.).

The recognition of the social function of private property is also embodied in customary international law (pp. 178 ff.), as well as its classification as a "civil" right (and not just an economic right) (pp. 182 ff.).

Part II, Chapter III (pp. 187 ff.) deals with the concept and the regime of expropriation. In International Law, expropriation is a broad concept that includes, with a legal regime that is nowadays virtually uniform, the expropriation *stricto sensu*, the nationalisation and measures "similar" or "equivalent" to the expropriation *stricto sensu* and to the nationalisation (pp. 190 ff.).

The latter measures are of different types, such as Public Law servitudes, breaches of contracts and interference with contractual rights, including rights to and over securities or rights over the management of companies. This broad concept, as so defined, is nowadays generally accepted by the international practice of the States through the BITs, as well as by other conventional International Law (pp. 205 ff.).

International Law awards great importance to the characterisation of the measures similar or equivalent to the expropriation *stricto sensu* or to the nationalisation, in order to distinguish them from the measures simply regulating the use of assets. While the first type of such measures entails the right to receive compensation, the second type does not. The criterion for that distinction must be as objective as possible. This book adopts the following criterion: the measures similar or equivalent to the expropriation *stricto sensu* reduce or deplete, respectively, the substance or essential contents of the right of property. As specifically recognised by the jurisprudence of the Commission and the Court of Strasbourg, as well as of the Iran-US Claims Tribunal, that substance comprises the rights of use, enjoyment and disposal of the asset. The external expression of the reduction or depletion of the substance is the reduction of the market value of the asset. The concept of *de facto* expropriation occurs whenever the measure totally depletes the substance of right of property, leaving

A protecção da propriedade privada

to its owner only a formal title to the right over the asset. This concept has been specifically defined by the Commission and the Court of Strasbourg and by the Iran-US Claims Tribunal (pp. 205-267).

The conclusion of Chapter III leaves it clear that the fundamental basis for the State's right to expropriate private property is the social function of private property, and that such fundamental basis is also acknowledged by customary international law (pp. 268 ff.). However, even in such understanding, the State may waive that right (pp. 272 ff.).

Part II, Chapter IV, deals with the lawfulness of the expropriation requirements. Such requirements are : public utility of the expropriation, that must be assessed with regard to its proportionality, i.e., with the idea of "fair balance" between the requirements of public interest and the interference with the rights of the proprietor (pp. 279 ff.); the non-discrimination of foreigners (pp. 283 ff.); the non-violation of opposite international commitments undertaken by the host State (pp. 293 ff.); the legal protection of the proprietor, which includes due process of law and judicial review (pp. 295 ff.); and compensation in accordance with the *Hull Formula*. Insofar as the latter is concerned, a detailed research starting with the period prior to World War II, and thereafter covering the post-war period, the UN Resolutions, the States' practice through the BITs, the World Bank 1992 Directives and international jurisprudence, especially the jurisprudence of the Court of Strasbourg and of the Iran-US Claims Tribunal, shows that the *Hull Formula* has for long been part of traditional law and of customary international law, the three elements of that *Formula* having, in the meantime, been the object of in-depth and comprehensive doctrinal production: compensation must be "prompt", "adequate" (i.e. "full") and "effective" (pp. 299 ff.). The Court of Strasbourg is the sole institution that has not adopted the full compensation criterion, as construed by Art. 1 of Protocol 1 to the European Convention, falling behind, for example, of the American Convention on Human Rights. But the jurisprudence of that Court yields to general customary international law to the contrary and to BITs whereby the States parties to that Protocol have mutually agreed on full compensation for deprivation of assets of their citizens. Under the provisions of Art. 1 of Protocol 1, the assessment criterion for full compensation applies both to nationals and to foreigners, because Art. 14 of the Convention prohibits any discrimination between nationals and aliens, also for the purposes of enforcement of Art. 1 of Protocol 1 (pp. 339 ff.).

Part II, Chapter V (pp. 367 ff.) deals with unlawful expropriation and the States' international responsibility arising therefrom. The Chapter starts by outlining a general theory of the States' international responsibility. The principle of reparation of an international injury is *ius cogens*, but the right to

English Summary

obtain reparation is not, since it may be disposed of by the State of nationality of the injured individual, through a lump sum agreement, for example. In any case, the right to obtain reparation is the rule in general customary international law and has accordingly been codified in the ILC Final Draft on the International Responsibility of States (pp. 142 and 396 ff.).

Provided that all internal remedies have been exhausted, the State's international responsibility is effected through diplomatic protection (pp. 387 ff.). The International Law perception of diplomatic protection is that such protection constitutes a right rather than a duty of the national State, without prejudice, however, to the fact that, in the internal level, its Constitutional Law may impose upon the State the duty to grant diplomatic protection to its citizens – as in the case of the Portuguese Constitution and also in accordance with the German doctrine and jurisprudence based in the *Grundgesetz* (pp. 409 ff.). Insofar as the legal nature of diplomatic protection is concerned, the debate focuses on two different theories: the theory of the substitution of the individual by the State and the theory of the superposition of the individual's substantive right with the national State's procedural right of diplomatic protection (pp. 390 ff.). The author decided to adopt the second theory, but not in its classic formulation. It is considered that the substantive right to own private property (thus including therein the right to obtain reparation for an unlawful expropriation) may be disposed of by the State in the exercise of its procedural right of diplomatic protection, through a lump sum agreement. In that case, the owner of an expropriated asset may only obtain from his national State the reparation to which he is entitled, through the internal law of that State and only if and to the extent in which such reparation is allowed by the internal law (pp. 396 ff.).

However, the right of private property may not be disposed of by the national State where International Law grants to the injured individual personal access to international judicial remedies, including arbitration, in a way such that he himself may render effective the international responsibility of the expropriating State. In that case, the national State's right of diplomatic protection will be diluted and reduced to a mere right to assist the injured individual in his recourse to the judicial remedies made available to him by International Law (pp. 404-409). In their turn, the lump sum agreements are a mere procedural means and, accordingly, neither their existence nor their contents are covered by customary international law (p. 403).

The purpose of reparation in International Law is to situate the injured individual back in the position in which he would have been if the violation of International Law had not occurred. That is the International Law understanding since the case of the *Chorzow factory*. This customary rule has

A protecção da propriedade privada

now been codified in the ILC Draft on International Responsibility (pp. 415 ff.). The duty to repair the damage arising from the unlawful act must not be confused with the obligation imposed by International Law, to fulfil the violated obligation itself (pp. 417 ff.). Among the forms of reparation (pp. 419 ff.), emphasis must be given to compensation. The calculation of compensation as a form of reparation should be made following the full reparation criterion. That is to say, compensation must cover all actual damages (*damnum emergens*) and all lost profits (*lucrum cessans*) arising from the unlawful act. This conclusion has been reached following a research that started with International Law prior to World War II and up to the modern arbitral jurisprudence, namely the jurisprudence of the Iran-US Claims Tribunal and of the ICSID. The criterion of full reparation has also been adopted in the aforesaid ILC Draft (pp. 424 ff.).

The means to obtain the reparation are those afforded by diplomatic protection, among which prominence should be given to the lump sum agreements and also to the injured individual's own and personal access to international judicial systems (pp. 446 ff.). Among the latter, the study focuses on the courts of arbitration (and, as part of these, the ICSID and the *ad hoc* courts of arbitration, in particular) and, lastly, on the system established by the European Convention. An in-depth study of the latter has been made, leading to the conclusion, following an exhaustive study of the jurisprudence of the Court of Strasbourg, that the reparation afforded by Art. 50 of the European Convention (Art. 41 upon entry into force of Protocol 11), does not comply with the full reparation criterion imposed by other International Law (pp. 454-512). But, if the Court of Strasbourg does not grant to the injured individual the full reparation imposed by the other International Law and arising from a violation of the European Convention, it should be considered, on the basis of the jurisprudence of that Court and of the internal Courts of the Member States that the mere finding by the Court of Strasbourg, under Art. 50, of a violation of the European Convention imposes upon the infringing State the duty to immediately cease such violation and to grant full reparation to the injured individual, in accordance with the means of the respective internal law (pp. 512 ff.)

Reparation may also be granted through EU Law. In the first place, if the expropriation is attributable to the European Community. In that case, the damaged person may bring up the extra-contractual judicial proceedings provided for in Arts. 235 and 288, paragraphs 2 and 3, EC, subsequent to the Amsterdam Treaty. In the second place, if expropriation has been carried out by a Member State in violation of Community Law and if it falls within the scope of a Community Law relation. In that case, and following the jurisprudence that started with the *Francovich* Judgement, the responsibility

English Summary

of the expropriating State will be assessed in accordance with Community Law and will generate the duty of reparation in accordance with the Community Law criteria (pp. 516 ff.)

Part III (pp. 521 ff.) enunciates the conclusions of the research carried out. It demonstrates the relevance of the research results to Portuguese internal Law. Art. 8, nr. 1 and Art. 16 of the Portuguese Constitution adopt the principle of harmonisation or duty of conformity of the Constitution with International Law. That principle is two-fold : Art. 8, nr. 1 (inspired on art. 25 of the German *Grundgesetz*) and art. 16, nr. 1, enshrine in the Constitution the fundamental rights recognised by International Law as a whole, and give them a supra-constitutional level in Portugal's internal order; Art. 16, nr. 2, specifies that the Portuguese Constitution and the Portuguese internal Law on fundamental rights must be construed in conformity with the Universal Declaration on Human Rights. As a result, the high degree of protection afforded by modern International Law to the right to own private property is thereby directly binding upon the Portuguese State, which – both as regards Portuguese nationals and foreigners – must give to it prevalence over Portuguese legislation eventually less favourable to the right of private property right (pp. 552 ff.). Besides, the principle of non-discrimination between nationals and foreigners, as a principle that, by force of the aforesaid Articles of the Portuguese Constitution, is in force in the Portuguese internal order, makes it binding upon the Portuguese State to grant to its citizens the same degree of protection of their private property that the State is bound to grant to aliens, under International Law, or the same degree of protection that the Portuguese State effectively grants to foreigners, if higher (pp. 562 ff.). On the basis of this book, future research must deal with the question of knowing to what extent, by force of the aforesaid principle of harmonisation and, accordingly, by imposition of modern International Law on private property – almost entirely derived from custom – the Portuguese Law and jurisprudence should be amended in order to respect the higher degree of protection of private property afforded by International Law to both the Portuguese nationals and to the foreigners subject to the jurisdiction of the Portuguese State; such research must take into consideration the most recent developments on this subject*.

---

* The facts and the law which have recently been established by the European Commission on Human Rights (Report of 21-2-95, Application nr. 15777/89) and by the Court of Strasbourg (Judgement of 16-9-96, Reports 1996 – IV, pp. 1092 ff.) in the case *Matos e Silva, Lda., and Others v. Portugal*, as well as the contents and the extent of the violations of the European Convention found in that case by both organs and the Portuguese State's continued refusal to comply with the Judgement of the Court, at least by the date of completion of this book (31-12-97), constitute a good example that such research is both imperative and urgent.

JURISPRUDÊNCIA CITADA

1. TRIBUNAIS INTERNACIONAIS

I – Tribunal Permanente de Justiça Internacional

Parecer 7-2-23, *decretos sobre nacionalidade em Tunísia e em Marrocos*, PCIJ, Série B, 1923, n.° 4.

Parecer 10-9-23, *colonos alemães na Polónia*, PCIJ, Série B, 1923, n.° 6.

Parecer 15-9-23, *aquisição da nacionalidade polaca*, PCIJ, Série B, 1923, n.° 7.

Ac. 8-8-24, *concessões Mavromatis*, PCIJ, Série A, 1924, n.° 2.

Ac. 25-5-26, *certos interesses alemães na Alta Silésia polaca (questão de fundo)*, PCIJ, Série A, 1926, n.° 7.

Ac. 26-7-27 *(mesmo caso do Ac. cit. de 25-5-26)*, Série A, 1927, n.° 8.

Ac. 21-11-27, *idem*, Série A, 1927, n.° 12.

Ac. 26-4-28, *minorias na Alta Silésia*, PCIJ, Série A, 1928, n.° 15.

Ac. 13-9-28, *fábrica de Chorzow*, PCIJ, Série A, 1928, n.° 17.

Ac. 12-7-29, *empréstimos sérvios*, PCIJ, Série A, 1929, n.° 20.

Ac. 25-5-29, *execução do Acórdão no caso da fábrica de Chorzow*, Série A, 1929, n.° 21.

Parecer 4-2-32, *cidadãos polacos em Danzig*, PCIJ, Séries A/B, 1932, n.° 44.

Ac. 12-12-34, *Oscar Chinn*, PCIJ, Séries A/B, 1933-34, n.° 63.

Parecer 6-4-35, *escolas para as minorias na Albânia*, PCIJ, Séries A/B, 1935, n.° 64.

Ac. 28-2-39, *Panevezys-Saldutiskis*, PCIJ, Séries A/B, 1939, n.° 76.

II – Tribunal Internacional de Justiça

Parecer 11-4-49, *reparação dos prejuízos sofridos ao serviço das Nações Unidas*, ICJ Reports 1949, pgs. 174 e segs.

Ac. 15-12-49, *estreito de Corfu*, ICJ Reports 1949, pgs. 4 e segs.

Parecer 28-5-51, *reservas à Convenção do Genocídio*, ICJ Reports 1951, pgs. 15 e segs.

A protecção da propriedade privada

Ac. 13-6-51, *Haya de la Torre*, ICJ Reports 1951, pgs. 71 e segs.

Ac. 22-7-52, *Anglo-Iranian Oil Co.*, ICJ Reports 1952, pgs. 93 e segs.

Ac. 27-8-52, *direitos dos cidadãos dos Estados Unidos em Marrocos*, ICJ Reports 1952, pgs. 176 e segs.

Ac. 19-5-53, *Ambatielos*, ICJ Reports 1953, pgs. 10 e segs.

Ac. 6-4-55, *Nottebohm*, ICJ Reports 1955, pgs. 4 e segs.

Ac. 21-3-59, *Interhandel*, ICJ Reports 1959, pgs. 6 e segs.

Ac. 15-6-62, *templo de Preah Vihear*, ICJ Reports 1962, pgs. 6 e segs.

Ac. 5-7-64, *Barcelona Traction (questões preliminares)*, ICJ Reports 1964, pgs. 6 e segs.

Ac. 20-2-69, *plataforma continental do Mar do Norte*, ICJ Reports 1969, pgs. 3 e segs.

Ac. 5-2-70, *Barcelona Traction (2.ª fase)*, ICJ Reports 1970, pgs. 3 e segs.

Parecer 21-6-71, *Sudoeste Africano / Namíbia*, ICJ Reports 1971, pgs. 16 e segs.

Ac. 12-7-73, *Fasla*, ICJ Reports 1973, pgs. 166 e segs.

Ac. 24-5-80, *pessoal diplomático e consular dos Estados Unidos em Teerão*, ICJ Reports 1980, pgs. 3 e segs.

Ac. 27-6-86, *actividades militares e para-militares em e contra a Nicarágua*, ICJ Reports 1986, pgs. 126 e segs.

III – Tribunal de Justiça das Comunidades Europeias

Ac. 13-2-69, *Walt Wilhelm*, Rec. 1969, pgs. 1 e segs.

Ac. 17-12-70, *Internationale Handelsgesellschaft*, Col. 1970, pgs. 1125 e segs.

Ac. 28-4-71, *Lütticke*, Col. 1971, pgs. 325 e segs.

Ac. 2-12-71, *Schöppenstedt*, Col. 1971, pgs. 375 e segs.

Ac. 14-5-74, *Nold*, Col. 1974, pgs. 491 e segs.

Ac. 7-2-79, *Knoors*, Rec. 1979, pgs. 399 e segs.

Ac. 7-2-79, *Auer*, Rec. 1979, pgs. 437 e segs.

Ac. 13-12-79, *Hauer*, Rec. 1979, pgs. 3727 e segs.

Ac. 11-7-89, *Schräder*, Col. 1989, pgs. 2237 e segs.

Ac. 13-7-89, *Wachauf*, Col. 1989, pgs. 2609 e segs.

Ac. 19-11-91, *Francovich*, Col. 1991, pgs. I-5357 e segs.

Ac. 10-1-92, *Kühn*, Col. 1992, pgs. 35 e segs.

Ac. 2-8-93, *Marshall II*, Col. 1993, pgs. 1054 e segs.

Ac. 14-12-95, *Peterbroeck*, Col. 1995, pgs. I-4615 e segs.

Ac. 14-12-95, *Van Schijndel e Van Veen*, Col. 1995, pgs. I-4729 e segs.

Jurisprudência citada

Ac. 5-3-95, *Brasserie du pêcheur*, Col. 1996, pgs. I-1029 e segs
Ac. 29-5-97, *Kremzov*, ainda não publicado.
Ac. 10-7-97, *Palmisani*, ainda não publicado.
Ac. 10-7-97, *Maso*, ainda não publicado.
Ac. 4-10-97, *Bonifaci II*, ainda não publicado.

IV – Tribunal Europeu dos Direitos do Homem

Ac. 14-11-60, *Lawless I c. Irlanda*, Série A, 1.
Ac. 7-4-61, *Lawless II c. Irlanda*, Série A, 2.
Ac. 1-7-61, *Lawless (fundo) c. Irlanda*, Série A, 3.
Ac. 27-3-62, *De Becker c. Bélgica*, Série A, 4.
Ac. 27-6-68, *Neumeister c. Áustria*, Série A, 8.
Ac. 23-7-68, *Linguistique Belge (fundo) c. Bélgica*, Série A, 6.
Ac. 10-11-69, *Stögmüller c. Áustria*, Série A, 9.
Ac. 10-11-69, *Matzenetter c. Áustria*, Série A, 10.
Ac. 17-1-70, *Delcourt c. Bélgica*, Série A, 11.
Ac. 16-7-71, *Ringeisen c. Áustria*, Série A, 13.
Ac. 10-3-72, *De Wilde, Ooms et Versyp – art. 50.° c. Bélgica*, Série A, 14.
Ac. 23-6-73, *Ringeisen c. Áustria*, Série A, 16.
Ac. 7-5-74, *Neumeister – art. 50.° c. Áustria*, Série A, 17.
Ac. 21-1-75, *Golder c. Reino Unido*, Série A, 18.
Ac. 6-2-76, *Schmidt et Dhalström c. Suécia*, Série A, 21.
Ac. 8-6-76, *Engel e outros c. Países Baixos*, Série A, 22.
Ac. 23-11-76, *Engel e outros – art. 50.° c. Países Baixos*, Série A, 22.
Ac. 7-12-76, *Handyside c. Reino Unido*, Série A, 24.
Ac. 18-1-78, *Irlanda c. Reino Unido*, Série A, 25.
Ac. 25-4-78, *Tyrer c. Reino Unido*, Série A, 26.
Ac. 28-6-78, *König c. Alemanha*, Série A, 27.
Ac. 26-4-79, *Sunday Times I c. Reino Unido*, Série A, 30.
Ac. 13-6-79, *Marckx c. Bélgica*, Série A, 31.
Ac. 9-10-79, *Airey c. Irlanda*, Série A, 32.
Ac. 10-3-80, *König – art. 50.° c. Alemanha*, Série A, 36.
Ac. 13-5-80, *Artico c. Itália*, Série A, 37.
Ac. 6-11-80, *Sunday Times – art. 50.° c. Reino Unido*, Série A, 38.
Ac. 6-11-80, *Guzzardi c. Itália*, Série A, 39.
Ac. 13-8-81, *Young, James et Webster*, Série A, 44.
Ac. 22-10-81, *Dudgeon c. Reino Unido*, Série A, 45.
Ac. 25-2-82, *Campbell et Cosans c. Reino Unido*, Série A, 48.

A protecção da propriedade privada

Ac. 26-3-82, *Adoff c. Áustria*, Série A, 49.

Ac. 15-7-82, *Eckle c. Alemanha*, Série A, 51.

Ac. 23-9-82, *Sporrong e Lönnroth c. Suécia*, Série A, 52.

Ac. 1-10-82, *Piersack c. Bélgica*, Série A, 53.

Ac. 18-10-82, *X – art. 50.º c. Reino Unido*, Série A, 55.

Ac. 10-12-82, *Corigliano c. Itália*, Série A, 57.

Ac. 24-2-83, *Dudgeon – art. 50.º c. Reino Unido*, Série A, 59.

Ac. 25-3-83, *Minelli c. Suíça*, Série A, 62.

Ac. 25-4-83, *Van Droogenbroeck – art. 50.º c. Bélgica*, Série A, 63.

Ac. 25-4-83, *Pakelli c. Alemanha*, Série A, 64.

Ac. 13-7-83, *Zimmermann et Steiner c. Suíça*, Série A, 66.

Ac. 24-10-83, *Silver e outros – art. 50.º c. Reino Unido*, Série A, 67.

Ac. 24-10-83, *Albert e Le Compte – art. 50.º c. Bélgica*, Série A, 68.

Ac. 8-12-83, *Pretto e outros c. Itália*, Série A, 71.

Ac. 8-12-83, *Axen c. Alemanha*, Série A, 72.

Ac. 21-2-84, *Oztürk c. Alemanha*, Série A, 73.

Ac. 22-5-84, *De Jong, Baljet e Van den Brink c. Países Baixos*, Série A, 77.

Ac. 22-5-84, *Van der Sluijs, Zuiderveld e Klappe c. Países Baixos*, Série A, 78.

Ac. 2-8-84, *Malone c. Reino Unido*, Série A, 82.

Ac. 22-10-84, *Sramek c. Áustria*, Série A, 84.

Ac. 26-10-84, *Piersack – art. 50.º c. Bélgica*, Série A, 85.

Ac. 28-11-84, *Rasmussen c. Dinamarca*, Série A, 87.

Ac. 18-12-84, *Sporrong e Lönnroth – art. 50.º c. Suécia*, Série A, 88.

Ac. 26-3-85, *X e Y c. Países Baixos*, Série A, 91.

Ac. 30-9-85, *Can c. Áustria*, Série A, 96.

Ac. 21-2-86, *James e outros c. Reino Unido*, Série A, 98.

Ac. 29-5-86, *Feldbrugge c. Países Baixos*, Série A, 99.

Ac. 29-5-86, *Deumeland c. Alemanha*, Série A, 100.

Ac. 26-6-86, *Van Marle e outros c. Países Baixos*, Série A, 101.

Ac. 8-7-86, *Lithgow e outros c. Reino Unido*, Série A, 102.

Ac. 8-7-86, *Lingens c. Áustria*, Série A, 103.

Ac. 28-8-86, *Kosiek c. Alemanha*, Série A, 105.

Ac. 17-10-86, *Rees c. Reino Unido*, Série A, 106.

Ac. 24-10-86, *Agosi c. Itália*, Série A, 108.

Ac. 24-11-86, *Unterpertinger c. Áustria*, Série A, 110.

Ac. 18-12-86, *Bozano c. França*, Série A, 111.

Ac. 2-3-87, *Monnell e Morris c. Reino Unido*, Série A, 115.

Ac. 23-4-87, *Erkner et Hofauer c. Áustria*, Série A, 117-B.

Ac. 23-4-87, *Poiss c. Áustria*, Série A, 117-C.

Ac. 8-7-87, *Baraona c. Portugal*, Série A, 122.

Jurisprudência citada

Ac. 14-9-87, *De Cubber – art. 50.º c. Bélgica*, Série A, 124-B.
Ac. 29-9-87, *Erkner e Hofauer – art. 50.º c. Áustria*, Série A, 124-D.
Ac. 29-9-87, *Poiss – art. 50.º c. Áustria*, Série A, 124-E.
Ac. 27-10-87, *Boden c. Suécia*, Série A, 125-B.
Ac. 28-10-87, *Inze c. Áustria*, Série A, 126.
Ac. 30-11-87, *H. c. Bélgica*, Série A, 127-B.
Ac. 26-5-88, *Ekbatani c. Suécia*, Série A, 134.
Ac. 26-5-88, *Pauwels c. Bélgica*, Série A, 135.
Ac. 21-6-88, *Berrehab c. Países Baixos*, Série A, 138.
Ac. 5-10-88, *Weeks – art. 50.º c. Reino Unido*, Série A, 143-A.
Ac. 26-10-88, *Norris c. Irlanda*, Série A, 142.
Ac. 26-10-88, *Martins Moreira c. Portugal*, Série A, 143.
Ac. 29-3-89, *Bock c. Alemanha*, Série A, 150.
Ac. 22-6-89, *Langborger c. Suécia*, Série A, 155.
Ac. 7-7-89, *Bricmont c. Bélgica*, Série A, 158.
Ac. 7-7-89, *Tre Traktörer Aktiebolag c. Suécia*, Série A, 159.
Ac. 25-10-89, *Allan Jacobson c. Suécia*, Série A, 163.
Ac. 19-12-89, *Mellacher e outros c. Áustria*, Série A, 169.
Ac. 18-2-91, *Fredin c. Suécia*, Série A, 192.
Ac. 26-6-91, *Letellier c. França*, Série A, 207.
Ac. 29-10-91, *Helmers c. Suécia*, Série A, 212-A.
Ac. 30-10-91, *Wiesinger c. Áustria*, Série A, 213.
Ac. 29-11-91, *Pine Valley Development, Ltd. e outros c. Irlanda*, Série A, 222.
Ac. 24-6-93, *Papamichalopoulos e outros c. Grécia*, Série A, 260-B.
Ac. 28-6-93, *Windisch – art. 50.º c. Áustria*, Série A, 255-D.
Ac. 22-9-94, *Hentrich c. França*, Série A, 296-A.
Ac. 9-12-94, *Les Saints Monastères c. Grécia*, Série A, 301-A.
Ac. 9-12-94, *Raffineries Grecques Stran e Stretis Andreadis c. Grécia*, Série A, 301-B.
Ac. 23-3-95, *Loizidou c. Turquia*, Série A, 310.
Ac. 3-7-95, *Hentrich – art. 50.º c. França*, Série A, 320-A.
Ac. 31-10-95, *Papamichalopoulos e outros – art. 50.º c. Grécia*, Série A, 330-B.
Ac. 20-11-95, *Pressos Compania Naviera e outros c. Bélgica*, Série A, 332.
Ac. 20-2-96, *Lobo Machado c. Portugal*, Rec. 1996-I, pgs. 195 e segs.
Ac. 23-4-96, *Phocas c. França*, Rec. 1996-II, pgs. 519 e segs.
Ac. 16-9-96, *Matos e Silva, Lda., e outros c. Portugal*, Rec. 1996-IV, pgs. 1092 e segs.
Ac. 18-12-96, *Loizidou c. Turquia*, Rec. 1996-VI, pgs. 2216 e segs.
Ac. 1-9-97, *Les Saints Monastères – art. 50.º c. Grécia*, ainda não publicado.

A protecção da propriedade privada

V – Tribunal Inter-Americano dos Direitos do Homem

Parecer 19-1-84, CIDH 1984, Série A, 4.

VI – Tribunais arbitrais

A) *Tribunal Arbitral de Haia criado para julgar os litígios entre o Irão e os Estados Unidos*

Ac. 30-12-82, *Harza Engineering Co. c. Irão*, Iran-U.S.C.T.R. 1, pgs. 499 e segs.

Ac. 19-12-83, *American International Group, Inc. ("AIG") c. Irão*, Iran-U.S.C.T.R. 4, pgs. 96 e segs.

Ac. 19-12-83, *Starrett Housing Corporation c. Irão*, Iran-U.S.C.T.R. 4, pgs. 122 e segs.

Ac. 19-3-84, *William L. Pereira Associates c. Irão*, Iran-U.S.C.T.R. 5, pgs. 198 e segs.

Ac. 22-6-84, *Sea-Land Service, Inc. c. Irão*, Iran-U.S.C.T.R. 6, pgs. 149 e segs.

Ac. 29-6-84, *Tippetts, Abbett, McCarthy, Stratton c. TAMS-AFFA Consulting Engineers of Iran*, Iran-U.S.C.T.R. 6, pgs. 219 e segs.

Ac. 13-8-85, *INA Corporation c. Irão*, Iran-U.S.C.T.R. 8, pgs. 373 e segs.

Ac. 13-1-86, *Iran Chevron Oil Company c. Irão*, Iran-U.S.C.T.R. 10, pgs. 357 e segs.

Ac. 19-3-86, *Phelps Dodge Corporation and Overseas Private Investment Corporation c. Irão*, Iran-U.S.C.T.R. 10, pgs. 121 e segs.

Ac. 27-3-86, *Sedco Inc. I c. National Iranian Oil Co.*, Iran-U.S.C.T.R. 10, pgs. 180 e segs.

Ac. 8-8-86, *Payne (Thomas Earl) c. Irão*, Iran-U.S.C.T.R. 12, pgs. 3 e segs.

Ac. 22-4-87, *Sola Tiles, Inc. c. Irão*, Iran-U.S.C.T.R. 14, pgs. 223 e segs.

Ac. 29-4-87, *Otis Elevator Co. c. Irão*, Iran-U.S.C.T.R. 14, pgs. 283 e segs.

Ac. 14-7-87, *Amoco International Finance Corp. c. Irão*, Iran-U.S.C.T.R. 15, pgs. 189 e segs.

Ac. 14-7-87, *Mobil Oil Iran c. Irão*, Iran-U.S.C.T.R. 16, pgs. 3 e segs.

Ac. 14-7-87, *Short (Alfred L. W.)*, Iran-U.S.C.T.R. 16, pgs. 76 e segs.

Ac. 11-11-87, *Eastman Kodak Co. c. Irão*, Iran-U.S.C.T.R. 17, pgs. 153 e segs.

Ac. 28-6-88, *Motorola, Inc. c. Iran National Airlines Corporation*, Iran-U.S.C.T.R. 19, pgs. 73 e segs.

Jurisprudência citada

Ac. 29-6-89, *Phillips Petroleum Co. Iran c. Irão*, Iran-U.S.C.T.R. 21, pgs. 79 e segs.

Ac. 6-7-93, *Birnbaum (Harold) c. Irão*, Proc. n.º 549-967-2, ainda não publicado.

Ac. 30-6-94, *Khosrowshahi (Faith Lita) c. Irão*, Proc. n.º 558-178-2, ainda não publicado.

Ac. 12-10-94, *Ebrahimi (Shahin Shaine) c. Irão*, Proc. n.º 560-44/46/47-3, ainda não publicado.

B) *Tribunais do CIRDI do Banco Mundial*

Ac. 20-11-84, *Amco Asia Corporation c. Indonésia*, ILM 1985, pgs. 1036 e segs., parcialmente revogado pelo Ac. de 5-6-90, International Arbitration Reports n.º 11, Secção D.

Ac. 31-3-86, *Lyberian Eastern Timber Corporation ("Letco") c. Libéria*, ILM 1987, pgs. 647 e segs.

Ac. 27-6-90, *Asian Agricultural Products Limited c. Sri Lanka*, ICSID Rev. – For. Inv. L. J. 1991, pgs. 526 e segs.

C) *Outros tribunais arbitrais*

Ac. 1-9-20, *propriedades expropriadas a congregações religiosas em Portugal (França, Reino Unido e Espanha c. Portugal)*, RIAA 1948, pgs. 7 e segs.

Ac. 13-10-22, *proprietários dos navios noruegueses*, RIAA 1922, pgs. 307 e segs.

Administration Decision n.º III, de 11-12-23, *EUA c. Alemanha*, RIAA 1923, pgs. 64 e segs.

Sentença 1-5-25, *bens britânicos no Marrocos espanhol*, RIAA 1925, pgs. 615 e segs.

Sentença 27-9-28, *Goldenberg (Alemanha c. Roménia)*, RIAA II, pg. 901 e segs.

Sentença 10-6-31, *Campbell*, RSA II, pgs. 1154 e segs.

Ac. 29-6-33, *Sabla (EUA c. Panamá)*, RIAA VI, pgs. 358 e segs.

Ac. 15-3-63, *Saphire International Petroleum Limited c. National Iranian Oil Company*, ILR 1967, pgs. 136 e segs.

Sentença 10-10-73, *British Petroleum Exploration Co. Lybia ("BP") c. Líbia*, ILR 53, pgs. 297 e segs.

Sentença 19-1-77, *Texaco Overseas Petroleum Company and Californian Asiatic Company c. Líbia ("Topco", ou "Texaco", ou "Texaco/Calasiatic")*, ILM 1978, pgs. 1 e segs.

A protecção da propriedade privada

Sentença 12-4-77, *Lybian American Oil Company ("Liamco") c. Líbia*, ILM 1981, pgs. 1 e segs.

Ac. 24-3-82, *American Independent Oil Company* ("Aminoil") *c. Koweit*, ILM 1982, pgs. 1036 e segs.

Sentença 30-4-90, *Rainbow Warrior*, JDI 1990, pgs. 861 e segs.

2. TRIBUNAIS NACIONAIS

I – Tribunais americanos

Supreme Court

Ac. 23-3-64, *Banco Nacional de Cuba c. Sabbatino*, AJIL 1964, pgs. 779 e segs.

Ac. 24-2-76, *Alfred Dunhill of London Inc. c. República de Cuba*, AJIL 1976, pgs. 828 e segs.

II – Tribunais alemães

A) *Tribunal Constitucional federal (Bundesverfassungsgericht)*

Ac. 30-6-64, BVerfGE 18, pgs. 112 e segs.

Ac. 14-5-68, BVerfGE 23, pgs. 288 e segs.

Ac. 4-5-71, BVerfGE 31, pgs. 58 e segs.

Ac. 13-12-77, BVerfGE 46, pgs. 342 e segs.

Ac. 31-3-87, BVerfGE 75, pgs. 17 e segs.

Ac. 21-5-87, NJW 1988, pgs. 1462 e segs.

Ac. 8-9-93, ZaöRV 1995, pgs. 825 e segs.

B) *Supremo Tribunal Administrativo federal (Bundesverwaltungsgericht)*

Ac. 24-2-81, BVerwGE 62, pgs. 11 e segs.

III – Tribunais portugueses

A) *Tribunal Constitucional*

Ac. 8-2-84, n.º 14/84, Diário da República, II Série, 10-5-84, pgs. 4187 e segs.

Jurisprudência citada

Ac. 8-6-88, n.º 3/88, Diário da República, I Série, 29-6-88, pgs. 2469 e segs.
Ac. 30-3-93, n.º 262/93, Diário da República, II Série, 21-7-93, pgs. 7750 e segs.
Ac. 28-10-93, n.º 594/93, Diário da República, II Série, 29-4-94, pgs. 3885 e segs.
Ac. 13-4-94, n.º 329/94, Diário da República, II Série, 30-8-94, pgs. 8996(2) e segs.
Ac. 6-7-95, n.º 452/95, Diário da República, II Série, 21-11-95, pgs. 13.897 e segs.
Ac. 19-3-97, n.º 267/97, ainda não publicado.
Ac. 22-1-98, n.º 24/98, ainda não publicado.

B) *Supremo Tribunal de Justiça*

Ac. 3-2-61, *Corticeiros do Pombal, Limitada*, BMJ 104, pgs. 231 e segs.
Ac. 26-5-72, *Celnorte*, BMJ 217, pgs. 58 e segs.
Ac. 31-1-75, *Sotágua*, BMJ 243, pgs. 159 e segs.
Ac. 4-1-79, *Plano da Rua da Constituição (Porto)*, BMJ 283, pgs. 172 e segs.
Ac. 26-4-83, *Parque de Campismo de Sales*, BMJ 326, pgs. 412 e segs.
Ac. 5-5-88, *Maria Luísa Freire e outros*, BMJ 377, pgs. 495 e segs.
Ac. 18-1-96, *José da Silva*, CJ 1996-I, pgs. I-45 e segs.

C) *Supremo Tribunal Administrativo*

Ac. 19-1-80, 1.ª Secção, *Sociedade de Investimentos Urbanos Santar*, AD 227, pgs. 1265 e segs.
Ac. 13-10-88, 1.ª Secção, *Maria Felismina Matos Batista*, AD 363, pgs. 285 e segs.
Ac. 19-1-89, 1.ª Secção, *Maria Vieira da Maia*, AD 341, pgs. 575 e segs.
Ac. 14-11-96, 1.ª Secção, *Manuel Ferreira*, ainda não publicado.

BIBLIOGRAFIA CONSULTADA

ACHOUR, Y. B. – *Souveraineté étatique et protection internationale des minorités*, RdC 1994-I, pgs. 321 e segs.

AICHER, Josef – *Das Eigentum als subjektives Recht*, Berlim, 1975.

AKEHURST, Ian – *A Modern Introduction to International Law*, 5.ª ed., Oxford, 1984.

ALDRICH, George – *The Jurisprudence of the Iran-United States Claims Tribunal*, Oxford, 1996.
– *What Constitutes a Compensable Taking of Property? The Decisions of the Iran-United States Claims Tribunal*, AJIL 1994, pgs. 585 e segs.

ALLOTT, Philip – *State Responsibility and the Unmaking of International Law*, HILJ 1988, pgs. 1 e segs.

ALT, Olav – *Neue Schiedssprüche zum Recht der Verstaatlichung*, OZöRV 1985, pgs. 265 e segs.

ALVES CORREIA, Fernando – *As garantias do particular na expropriação por utilidade pública*, Coimbra, 1982.
– *Código das Expropriações e outra legislação sobre expropriações por utilidade pública*, Lisboa, 1992.

AMARAL CABRAL, Rita – *Anotação ao Acórdão do Tribunal Arbitral de 31-3-93*, ROA 1995, pgs. 191 e segs.

AMERASINGHE, C. F. – *Assessment of Compensation for Expropriated Foreign Property: Three Critical Problems*, Essays Tieya, Dordrecht, 1993, pgs. 55 e segs.
– *Investment Disputes, Convention and International Centre for the Settlement of*, Encyclopedia - NS, II (1995), pgs. 1447 e segs.

– *Issues of Compensation for the Taking of Alien Property in the Light of Recent Cases and Practice*, ICLQ 1992, pgs. 62 e segs.

– *State Responsibility for Injuries to Aliens*, Oxford, 1967.

ANDERSON, Bentley – *The Angolan Foreign Investment Law: A Comparative Legal Perspective*, ICSID Review - For. Inv. L. J. 1993, pgs. 292 e segs.

ANGEL, Danielle – *Réparation en vertu du traité de paix avec l'Italie*, diss., Genebra, 1967.

ANZILOTTI, Dionisio – *Corso di diritto internazionale*, 4.ª ed., reimpr., vol. I, Pádua, 1964.

ARNOLD, Rainer – *Aliens*, Encyclopedia, t. 8 (1985), pgs. 6 e segs.

ARTIS, M., e LEE, N. – *The Economics of the European Union*, Oxford, 1994.

ASANTE, S. – *Stability of Contractual Relations in the Transnational Investment Process*, ICLQ 1979, pgs. 401 e segs.

AUST, Manfred, e JACOBS, Rainer – *Die Enteignungsentschädigung*, 3.ª ed., Berlim, 1991.

AZEREDO LOPES, José – *O problema da imputação de condutas ao Estado (na teoria da responsabilidade internacional por factos ilícitos)*, diss. inédita, policopiada, Porto, 1990.

BACELAR DE GOUVEIA, Jorge – *Os direitos fundamentais atípicos*, diss., Lisboa, 1995.

BADURA, Peter – *Eigentum*, Benda/Maihofer/Vogel (eds.), Handbuch des Verfassungsrechts, 2.ª ed., Munique, 1974, pgs. 327 e segs.

– *Staatsrecht*, 2.ª ed., Munique, 1996.

BANCO MUNDIAL – *Legal Framework for the Treatment of Foreign Investment*, 2 vols., Washington, 1992.

BANZ, Michael – *Völkerrechtlicher Eigentumsschutz durch Investitions-schutzabkommen*, Berlim, 1988.

BARBOZA, Julio – *International Liability for the Injurious Consequences of Acts Not Prohibited by International Law and Protection of the Environment*, RdC 1994-III, pgs. 291 e segs.

BARNES, Javier, e GUICHOT, Emilio – *La jurisprudencia del Tribunal Europeo de Derechos Humanos sobre la propiedad privada*, Javier

Bibliografia consultada

Barnes (ed.), Propiedad, expropiación y responsabilidad, Madrid, 1995, pgs. 124 e segs.

BASDEVANT, Jules – *Règles générales du droit de la paix*, RdC 1936-IV, pgs. 475 e segs.

BATTIS, Ulrich, KRAUTZBERGER, Michael, e LÖHR, Rolf-Peter – *Baugesetzbuch*, 5.ª ed., Munique, 1996.

BAXTER, R. – *Multilateral Treaties as Evidence of Customary International Law*, BYIL 1965-66, pgs. 275 e segs.

BEDJAOUI, Mohammed – *Responsibility of States: Fault and Strict Liability*, Encyclopedia, t. 10 (1987), pgs. 358 e segs.

BELLO, Emmanuel – *Human Rights, African Developments*, Encyclopedia, t. 8 (1985), pgs. 284 e segs.

BELVA, Lucien – *L'expropriation pour cause d'utilité publique*, 2.ª ed., Bruxelas, 1980.

BERBER, Friedrich – *Lehrbuch des Völkerrechts*, t. I, 2.ª ed., Munique, 1975.

BERGER, Vincent - *La jurisprudence de la Cour européenne des droits de l'homme relative à l'article 1 du Protocole nº 1*, Guido Gerin (ed.), Il diritto di proprietà nel quadro della convenzione europea dei diritti dell'uomo, Pádua, 1989, pgs. 39 e segs.

BERNHARDT, Rudolf – *Customary International Law*, Encyclopedia, t. 7 (1984), pgs. 61 e segs.

BINDSCHEDLER, Rudolf – *La protection de la propriété privée en droit international public*, RdC 1956-II, pgs. 173 e segs.

BISHOP, W. – *General Course of Public International Law*, RdC 1965-II, pgs. 147 e segs.

BLUMENWITZ, D. – *Treaties of Friendship, Commerce and Navigation*, Encyclopedia, t. 7 (1984), pgs. 484 e segs.

BÖCKSTIEGEL, Karl-Heinz – *Die allgemeinen Grundsätze des Völkerrechts über Eigentumsentziehung*, Berlim, 1963.

BODENHEIMER, Edgar – *Static and Dynamic Natural Law*, ÖZöR 1973, pgs. 13 e segs.

BOGUSLAWSKIJ, Mark – *Die Rechtslage für ausländische Investitionen in den Nachfolgestaaten der Sowjetunion*, Munique, 1993.

BONICHOT, Jean-Claude – *L'application de la CEDH par des juridictions nationales, par l'intermédiaire de la Cour de Justice des Communautés européennes*, RUDH 1991, pgs. 317 e segs.

BOWETT, D. W. – *Libyan Nationalization of American Oil Companies' Assets*, CLJ 1978, pgs. 5 e segs.

BOYLE, A. E. – *State Responsibility and International Liability for Injurious Consequences of Acts not Prohibited by International Law: A Necessary Distinction?*, ICLQ 1990, pgs. 1 e segs.

BREMS, Eva – *The Margin of Appreciation Doctrine in the Case-Law of the European Court of Human Rights*, ZaöRV 1996, pgs. 240 e segs.

BROCHES, Aron – *Awards Rendered Pursuant to the ICSID Convention: Binding Force, Finality, Recognition, Enforcement, Execution*, ICSID Rev. - For. Inv. L.J. 1987, pgs. 287 e segs.
– *The Convention on the Settlement of Investment Disputes between States and Nationals of Other States*, RdC 1972-II, pgs. 331 e segs.

BROMS, Bengt – *Natural Resources, Sovereignty over*, Encyclopedia, t. 10 (1987), pgs. 306 e segs.

BROWN, J. J. – *The Jurisprudence of the Foreign Claims Settlement Commission: Vietnam Claims*, VJIL 1986, pgs. 99 e segs.

BROWN, W. – *The King's Friends: The Composition and Motives of the American Loyalist Claimants*, Providence, 1965.

BROWNLIE, Ian – *Legal Status of Natural Resources in International Law (Some Aspects)*, RdC 1979-I, pgs. 245 e segs.
– *Principles of Public International Law*, 4.ª ed., Oxford, 1990.
– *System of the Law of Nations – State Responsibility*, Part I, Oxford, 1983.

BUERGENTHAL, Thomas – *American Convention on Human Rights*, Encyclopedia - NS, II (1995), pgs. 131 e segs.
– *International Human Rights*, 2.ª ed., Minnesota, 1995.
– *The Copenhagen CSCE Meeting: A New Public Order for Europe*, HRLJ 1990, pgs. 217 e segs.

BUERGENTHAL, Thomas, e NORRIS, Robert – *Human Rights: The Inter--American System*, 3 vols., Nova Iorque, 1982-83.

BUERGENTHAL, Thomas, e SHELTON, Dinah – *Protecting Human Rights in the Americas: Cases and Materials*, Kehl, 1995.

Bibliografia consultada

BULLINGTON, J. – *Problems of International Law in the Mexican Constitution of 1917*, AJIL 1927, pgs. 685 e segs.

BURDEAU, Georges – *Droit International et Contrats d'États – La sentence Aminoil contre Koweit du 24 mars 1982*, AFDI 1982, pgs. 454 e segs.

BUXBAUM, Richard, e RIESENFELD, Stefan – *Investment Codes*, Encyclopedia – NS, II (1995), pgs. 1439 e segs.

CABRAL BARRETO, Irineu – *Convenção Europeia dos Direitos do Homem*, Lisboa, 1995.

CAETANO, Marcello – *Tratado de Direito Administrativo*, Lisboa, 1944.

CAETANO, Marcello, e FREITAS DO AMARAL, Diogo – *Manual de Direito Administrativo*, 2 vols., 9.ª e 10.ª eds., 1970-1973.

CALVO, Carlos – *Le droit international théorique et pratique précédé d'un exposé historique des progrès de la science du droit des gens*, 6 vols., 5.ª ed., Paris, 1896.

CAMPOS, Abel – *A protecção dos Direitos Humanos na Europa: as instituições e o recurso supranacional*, Universidade Portucalense (ed.), Direitos Humanos: A Promessa do século XXI, Porto, 1997, pgs. 181 e segs.

CAPELO DE SOUSA, Rabindranath – *O direito geral de personalidade*, Coimbra, 1995.

CARREAU, Dominique – *Droit international*, 4.ª ed., Paris, 1994.

CARREAU, Dominique, FLORY, Thiébaut, e JUILLARD, Patrick – *Droit international économique*, 3.ª ed., Paris, 1990.

CARRILLO SALCEDO, Juan – *Curso de Derecho Internacional Público*, Madrid, 1992.
– *Human Rights, Universal Declaration (1948)*, Encyclopedia, t. 8 (1985), pgs. 303 e segs.
– *Soberanía del Estado y Derecho Internacional*, 2.ª ed., Madrid, 1976.

CARSTENS, Karl – *Das Recht des Europarates*, Colónia, 1956.

CASSESE, Antonio – *Self-determination of Peoples*, Louis Henkin (ed.), The International Bill of Rights, Nova Iorque, 1981, pgs. 92 e segs.

CASSIN, Réné – *La Déclaration universelle et la mise en oeuvre des droits de l'homme*, RdC 1951-II, pgs. 237 e segs.

CASTAÑEDA, J. – *La Charte des droits et devoirs économiques des États*, AFDI 1974, pgs. 31 e segs.

CASTRO MENDES, João de – *Do conceito jurídico de prejuízo*, Lisboa, 1953.

CATRANIS, Alexander – *Probleme der Nationalisierung ausländischer Unternehmen vor internationalen Schiedsgerichten*, RIW 1982, pgs. 19 e segs.

CECCHERINI, Grazia – *Nuova ricerche in tema di risarcimento in forma specifica*, Contrato e impresa 1991, pgs. 783 e segs.

CHAPUS, René – *Droit administratif général*, t. 2, 6.ª ed., Paris, 1992.

CHEHAB, M. – *La Charte africaine des droits de l'homme et des peuples*, RevEgypt 1985, pgs. 149 e segs.

CHENG, Bin – *International Responsibility and Liability of States for National Activities in Outer Space Especially by Non-Governmental Entities*, Essays Tjeya, pgs. 145 e segs.

CHEVALLIER, Roger-Michel, e CONSTANTINESCO, Vlad – Anotação aos Acs. do TJCE nos casos da Publicidade de Bebidas Alcoólicas, Recueil Dalloz Sirey 1983 Jur., pgs. 426 e segs.

COHEN-JONATHAN, Gérard – *Aspects européens des droits fondamentaux*, Paris, 1966.
– *La Convention européenne des droits de l'homme*, Paris, 1989.
– *L'incidence de la Convention Européenne des Droits de l'Homme sur les Communautés Européennes*, AE 1981, pgs. 79 e segs.
– *L'arbitrage Texaco-Calasiatic contre Gouvernement Libyen*, AFDI 1977, pgs. 452 e segs.

COMBACAU, Jean, e SUR, Serge – *Droit international public*, Paris, 1993.

CONDORELLI, Luigi – *La proprietà nella Convenzione Europea dei Diritti dell'Uomo*, RivDI 1970, pgs. 175 e segs.

CONNER, James – *Recent Developments in Eastern European Laws on Investments by Foreign Firms*, ICSID Rev. - For. Inv. L. J. 1989, pgs. 241 e segs.

CORREIA BAPTISTA, Eduardo – Ius cogens *em Direito Internacional*, diss., Lisboa, 1997.

COT, Jean-Pierre, e PELLET, Alain – *La Charte des Nations Unies*, 2.ª ed., Paris, 1991.

CREMADES, Bernardo – *Commercial Arbitration*, Encyclopedia – NS, I (1992), pgs. 674 e segs.

CRIBBET, John – *Concepts in Transition: The Search for a New Definition of Property*, UILR 1986, pgs. 1 e segs.

CUNHA, Paulo – *Teoria Geral do Direito Civil*, lições policopiadas, Lisboa, 1972-73.

CZERWENKA, Beate – *Rückgabe enteigneter Unternehmen in den neuen Bundesländern*, Heidelberga, 1991.

DAVIDSON, Scott – *The Inter-American Court of Human Rights*, Aldershot, 1992.

DE LA PRADELLE, A., e POLITIS, N. – *Recueil des arbitrages internationaux*, vol. I, 2.ª ed., Paris, 1957.

DELMAS-MARTY, Mireille – *The European Convention for the Protection of Human Rights: International Protection versus National Restrictions*, tradução inglesa, Dordrecht, 1992.

DE MEYER, Jan – *Le droit de propriété dans la jurisprudence de la Cour Européenne des Droits de l'Homme*, Universidade Católica de Lovaina – Faculdade de Direito, Le droit de propriété en Europe occidentale et orientale, Bruxelas, 1995, pgs. 55 e segs.

DE VISSCHER, Paul – *L'affaire Nottebohm*, RGDIP 1956, pgs. 238 e segs.

DIETLEIN, Johannes – *Die Lehre von den grundrechtlichen Schutzpflichten*, Berlim, 1992.

DIEZ DE VELASCO, Manuel – *Instituciones de Derecho Internacional Público*, 10.ª ed., t. I, Madrid, 1994.
– *Reflexiones sobre la "Protección Diplomática"*, Manuel Medina et al. (eds.), Libro-Homenaje al Profesor D. Antonio Truyol y Serra, vol. I, Madrid, 1986, pgs. 377 e segs.

DINH, Nguyen Quoc, DAILLER, Patrick, PELLET, Alain – *Droit International Public*, 4.ª ed., Paris, 1992.

DI SALVIA, Michele – *Lineamenti di diritto europeo dei diritti dell'uomo*, Pádua, 1991.

DOEHRING, Karl – *Die allgemeinen Regeln des völkerrechtlichen Fremdenrechts und das deutsche Verfassungsrecht*, Berlim, 1963.
– *Die undifferenzierte Berufung auf Menschenrechte*, Festschrift Bernhardt, pgs. 355 e segs.

– Handelt es sich bei einem Recht, das durch diplomatischen Schutz eingefordert wird, um ein solches, das dem die Protektion ausüben-den Staat zusteht, oder geht es um die Erzwingung von Rechten des betroffenen Individuums?, Colóquio Sarre 1996, pgs. 13 e segs.

DOLZER, Rudolf – *Diplomatic Protection of Foreign Nationals*, Encyclo-pedia, t. 10 (1987), pgs. 121 e segs.
– *Eigentum, Enteignung und Entschädigung im geltenden Völkerrecht*, Berlim, 1985.
– *Eigentumschutz als Abwägungsgebot. Bemerkung zur Art. 1 der ersten Zusatzprotokolls der EMRK*, Festschrift Zeidler, t. II, pgs. 1677 e segs.
– *Expropriation and Nationalization*, Encyclopedia, t. 8 (1985), pgs. 214 e segs.
– *Indirect Expropriation of Alien Property*, ICSID Rev. - For. Inv. L. J. 1986, pgs. 41 e segs.
– *Libya-Oil Companies Arbitration*, Encyclopedia, t. 2 (1981), pgs. 168 e segs.
– *Menschenrechte und Fremdenrechte*, Essays Louis Sohn, pgs. 69 e segs.
– *New Foundations of the Law of Expropriation of Alien Property*, AJIL 1981, pgs. 553 e segs.

DOLZER, Rudolf, e STEVENS, Margrete – *Bilateral Investment Treaties*, Haia, 1995.

DRUCKNER, Alfred – *Compensation between Communist States*, ICLQ 1961, pgs. 238 e segs.

DRZEMCZEWSKI, Andrew – *Protocole nº 11 à la CEDH: préparation à l'entrée en vigueur*, EJIL 1997, pgs. 59 e segs.

DUARTE, Maria Luísa – *A acção de indemnização por responsabilidade extracontratual da Comunidade Económica Europeia*, ROA 1993, pgs. 83 e segs.

DUCLOS, Pierre – *Le Conseil de l'Europe*, 3.ª ed., Paris, 1970.

EIDE, Asbjorn – *Universal Declaration on Human Rights – Commentary*, Oslo, 1992.

EISELE, H. A. F. – *L'affaire Oscar Chinn*, Paris, 1970.

EISSEN, M. A. – *La Cour européenne des droits de l'homme*, RDP 1986, pgs. 1539 e segs.

Bibliografia consultada

ENRICHMAS, M. e SANSOTTA, S. – *Aperçu statistique de la Cour européenne des droits de l'homme*, Studies Wiarda, pgs. 691 e segs.

EPSTEIN, Richard – *Takings – Private Property and the Power of Eminent Domain*, Cambridge, 1985.

ERMACORA, Felix – *The Protection of Minorities before the United Nations*, RdC 1983-IV, pgs. 247 e segs.

ESCOBAR. Alejandro – *Introductory Note on Bilateral Investment Treaties Recently Concluded by Latin American States*, ICSID Rev. – For. Inv. L. J. 1996, pgs. 86 e segs.

FACHIRI, A. – *Expropriation and International Law*, BYIL 1925, pgs. 159 e segs.

FATOUROS, A. – *International Law and the Internationalized Contract*, AJIL 1980, pgs. 134 e segs.

FAWCETT, J. J. – *Products Liability in Private International Law: A European Perspective*, RdC 1993-I, pgs. 9 e segs.

FEIGE, Konrad – *Der Gleichheitssatzes im Recht der EWG*, Tubinga, 1973.

FINES, Francette – *Étude de la responsabilité extracontractuelle de la CEE*, Paris, 1990.

FISCHER, P. – *Die internationale Konzessionen*, Colónia, 1974.

FLAUSS, J. F. – *Les mutations de propriété dans les pays d'Europe centrale et orientale (PECO) à l'épreuve de l'article 1er. du Protocole Additionnel*, Jacques Velu et al. (eds.), La mise en oeuvre interne de la CEDH, Bruxelas, 1994, pgs. 199 e segs.

FOUILLOUX, Gérard – *La nationalisation et le droit international public*, Paris, 1962.

FRANCIONI, Francesco – *Compensation for Nationalization of Foreign Property: The Borderland Between Law and Equity*, ICLQ 1975, pgs. 257 e segs.

FREEMAN, A. – *Human Rights and the Rights of Aliens*, Am. Soc. Int. L. Proc. 1951, pgs. 120 e segs.
– *Recent Aspects of the Calvo Clause and the Challenge to International Law*, AJIL 1946, pgs. 121 e segs.
– *The International Responsibility of States for Denial of Justice*, Lígia, 1938.

FREITAS DO AMARAL, Diogo – *Curso de Direito Administrativo*, vol. I, 2.ª ed., e vols. II, III e IV, Lisboa, 1988-1994.

FREITAS DO AMARAL, Diogo, e FERNANDES, José Pedro – *Comentário à Lei dos Terrenos do Domínio Hídrico*, Coimbra, 1978.

FREITAS DO AMARAL, Diogo, e ROBIN DE ANDRADE, José – *As indemnizações por nacionalização em Portugal*, ROA 1989, pgs. 5 e segs.

FRICK, Helmut – *Bilateraler Investitionsschutz in Entwicklungsländern. Ein Vergleich der Vertragssysteme der Vereinigten Staaten von Amerika und der Bundesrepublik Deutschland*, Berlim, 1975.

FRIEDMANN, W. – *The Changing Dimensions of International Law*, CLR 1962, pgs. 1147 e segs.

FROMONT, Michel – *La garantie du droit de propriété selon la Cour Européenne des droits de l'homme*, W. Fiedler e G. Ress (eds.), Gedächtnisschrift für Wilhelm Karl Geck, Colónia, 1989, pgs. 213 e segs.

FROWEIN, Jochen A. – Jus cogens, Encyclopedia, t. 7 (1984), pgs. 324 e segs.
– *The European and the American Conventions on Human Rights – A Comparison*, HRLJ 1980, pgs. 44 e segs.
– *The Implementation and Promotion of International Law through National Courts*, Proceedings of the United Nations Congress on Public International Law, Nova Iorque, 1995, pgs. 85 e segs.
– *The Protection of Property*, Macdonald/Matscher/Petzold, The European System for the Protection of Human Rights, Dordrecht, 1993, pgs. 515 e segs.
– *Völkerrecht und Verfassungsrecht am Ende des 20. Jahrhunderts*, Max-Planck-Gesellschaft Spiegel 1997-2, pgs. 46 e segs.

FROWEIN, J. A., e PEUKERT, W. – *Europäische MenschenRechtsKonvention*, 2.ª ed., Kehl, 1996.

GARCÍA-AMADOR, F. V. – *Calvo Doctrine, Calvo Clause*, Encyclopedia, t. 8 (1985), pgs. 62 e segs.
– *The Changing Law of International Claims*, 2 vols., Nova Iorque, 1984.
– *The Proposed New International Economic Order: A New Approach to the Law Governing Nationalization and Compensation*, The Lawyer of the Americas 1980, pgs. 1 e segs.

Bibliografia consultada

GARCÍA-AMADOR, F. V.; SOHN, L.; e BAXTER, R. – *Recent Codification of the Law of State Responsibility for Injuries to Aliens*, Nova Iorque, 1974.

GARCÍA DE ENTERRÍA, Eduardo, e FERNÁNDEZ, Tomás-Ramón – *Curso de derecho administrativo*, 2 vols., 4.ª e 6.ª eds., Madrid, reimpr., 1994.

GARRIDO FALLA, Fernando – *Tratado de Derecho Administrativo*, 2 vols., 9.ª e 11.ª eds., Madrid, 1989.

GECK, Wilhelm K. – *Diplomatic Protection*, Encyclopedia, t. 10 (1987), pgs. 99 e segs.

GELINSKY, Katja – *Der Schutz des Eigentums gemäss Art. 1 der ersten Zusatzprotokolls zur Europäischen Menschenrechtskonvention*, Berlim, 1996.

GIDEL, G. – *L'arrêt n° 7 de la Cour Permanente de Justice Internationale*, RDI 1927, pgs. 76 e segs.

GIEGERICH, Thomas – *Verfassungsgerichtliche Kontrolle der auswärtigen Gewalt in europäisch-atlantischen Verfassungsstaat: vergleichende Bestandsaufnahme mit Ausblick auf die neuen Demokratien in Mittel- und Osteuropa*, ZaöRV 1997, pgs. 409 e segs.

GIESEN, Klaus-Gerd – *L'ethique des relations internationales*, Bruxelas, 1992.

GITTLEMAN, R. – *The African Charter on Human and Peoples' Rights: A Legal Analysis*, VJIL 1982, pgs. 667 e segs.

GOMES CANOTILHO, J. J., e MOREIRA, Vital – *Constituição da República Portuguesa anotada*, 3.ª ed., Coimbra, 1993.

GONÇALVES PEREIRA, André – *Erro e ilegalidade no acto administrativo*, Lisboa, 1962.

GONÇALVES PEREIRA, André, e QUADROS, Fausto de – *Manual de Direito Internacional Público*, 3.ª ed., Coimbra, 1993, reimpr., 1997.

GOODRICH, Laland; HAMBRO, Eduard; e SIMONS, Anne – *Charter of the United Nations – Commentary and Documents*, 3.ª ed., Nova Iorque, 1969.

GRABITZ, Eberhardt, e HILF, Meinhard – *Kommentar zur Europäischen Union*, 10.ª ed., Munique, 1996.

GRAHAM, D. – *The Calvo Clause, Its Current Status as a Contractual Renunciation of Diplomatic Protection*, TILJ 1971, pgs. 289 e segs.

GREENWOOD, C. – *State Contracts in International Law – The Libyan Oil Arbitrations*, BYIL 1982, pgs. 27 e segs.

GRÓCIO, Hugo – De iure belli ac pacis, Libri tres, Ultrajicti, 1696-1703.

GROS-ESPIELL, Hector – *Le système interaméricain comme régime régional de protection internationale des droits de l'homme*, RdC 1975-II, pgs. 1 e segs.

GRUSS, H.-J. – *Enteignung und Aufhebung von Erdölkonzessionen*, ZaöRV 1979, pgs. 782 e segs.

GUGGENHEIM, Paul – *Contribution à l'histoire des sources du droit des gens*, RdC 1958-II, pgs. 85 e segs.
– *Traité de droit international public*, 2 vols., 1.ª e 2.ª eds., Genebra, 1953--1967.

GUICHOT, Emilio – *La responsabilidad extracontratual de la Comunidad Europea*, Javier Barnes (ed.), Propiedad, expropiación y responsabilidad, Madrid, 1995, pgs. 895 e segs.

GURADZE, Heinz – *Die Europäische Menschenrechtskonvention*, Berlim, 1968.

HAILBRONNER, Kay – *Ausländerrecht*, 2.ª ed., Heidelberga, 1989.

HALLEBEEK, Jan – *Thomas Aquina's Theory of Property*, IJ 1987, pgs. 99 e segs.

HANZ, M. – *Zum völkerrechtlichen Aktivlegitimation zum Schutz der Menschenrechte*, Munique, 1985.

HARTMANN, Gode – *Nationalisierung und Enteignung im Völkerrecht*, Berlim, 1977.

HAURIOU, Maurice – *Précis de droit administratif*, 9.ª ed., Paris, 1919.

HEFELE, Robert – *Ermittlung der Entschädigung bei Enteignung von Direktinvestitionen im Ausland nach modernem Völkerrecht*, Munique, 1991.

HEFTI, Thomas – *La protection de la propriété étrangère en droit international public*, Zurique, 1989.

Bibliografia consultada

HENKIN, Louis – *Human Rights*, Encyclopedia, t. 8 (1985), pgs. 268 e segs.
– *International Law: Politics and Values*, Dordrecht, 1995.
– *The International Bill of Rights*, Nova Iorque, 1981.
– *The Mithology of Sovereignty*, Essays Tieya, pgs. 351 e segs.

HENKIN, Louis, e HARGROVE, John – *Human Rights: an Agenda for the Next Century*, Washington, 1994.

HENKIN, Louis, e ROSENTHAL, Albert – *Constitutionalism and Rights*, Nova Iorque, 1990.

HERDEGEN, Matthias – *Internationales Wirtschaftsrecht*, 2.ª ed., Munique, 1995.

HIGGINS, Rosalyn – *The Taking of Property by the State: Recent Developments in International Law*, RdC 1982-III, pgs. 259 e segs.

HIRSCH, Moshe – *The Arbitration Mechanism of the International Centre of the Settlement of Investment Disputes*, Dordrecht, 1994.

HORBACH, N. L. – *The Confusion about State Responsibility and International Liability*, LJIL 1991, pgs. 47 e segs.

HOSKOVA, Mahulena – *The Evolving Regime of the New Property Law in the Czech and Slovak Federal Republic*, AUJILP 1992, pgs. 605 e segs.

HOSSAIN, Kamal – *Legal Aspects of the New International Economic Order*, Londres, 1980.

HULL, William – *The two Hague Conferences and their Contributions to International Law*, Nova Iorque, 1970.

HYDE, James – *Permanent Sovereignty over Natural Wealth and Resources*, AJIL 1956, pgs. 854 e segs.

IOVANE, Massimo – *La riparazione nella teoria e nella prassi dell'illecito internazionale*, Milão, 1990.

IPSEN, Knut – *Völkerrecht*, 3.ª ed., Munique, 1990.

ISENSEE, Josef – *Das Grundrecht als Abwehrrecht und staatliche Schutzpflicht*, Isensee/Kirchhof (eds.), Handbuch des Staatsrechts, t. V, Heidelberga, 1992, pgs. 143 e segs.

JACOBS, Francis, e WHITE, Robin – *The European Convention on Human Rights*, Oxford, 1996.

JAENICKE, Günther – *Der Begriff der Diskriminierung im modernen Völkerrecht*, Berlim, 1940.

JANIS, Mark – *Sovereignty and International Law: Hobbes and Grotius*, Essays Tieya, pgs. 391 e segs.

JESSUP, P. – *A Modern Law of Nations*, Nova Iorque, 1970.

JIMÉNEZ DE ARECHÁGA, E. – *Diplomatic Protection of Shareholders in International Law*, PILJ 1965, pgs. 71 e segs.
– *State Responsibility for the Nationalization of Foreign-Owned Property*, JILP 1978, pgs. 179 e segs.

JONES, Dorothy – *Code of Peace*, Chicago, 1991.

KADELBACH, Stefan – *Zwingendes Völkerrecht*, Berlim, 1992.

KAHN, Philippe – *Contrats d'État et nationalisation. Les apports de la sentence arbitrale du 24 mars 1982*, JDI 1982, pgs. 844 e segs.

KARL, Joachim – *The Promotion and Protection of German Foreign Investment Abroad*, ICSID Rev. - For. Inv. L. J. 1996, pgs. 1 e segs.

KATZAROV, K. – *Zur Theorie der Nationalisierung*, Osteuroparecht 1961, pgs. 199 e segs.

KELSEN, Hans – *Théorie générale du droit international public – problèmes choisis*, RdC 1932-IV, pgs. 121 e segs.

KIMMINICH, Otto – *Das Völkerrecht und die neue Wirtschaftsordnung*, AVR 1982, pgs. 2 e segs.

KIPNIS, Kenneth, e MEYERS, Diana – *Political Realism and International Morality*, Boulder, 1987.

KLEIN, Eckart – *Anspruch auf diplomatischen Schutz?*, Colóquio Sarre 1996, pgs. 125 e segs.
– *Gedanken zur Europäisierung des deutschen Verfassungsrechts*, J. Burmeister, Verfassungsstaatlichkeit – Festschrift für Klaus Stern zum 65. Geburtstag, Munique, 1997, pgs. 1301 e segs.

KÖBLER, Ralf – *Die "clausula rebus sic stantibus" als allgemeiner Rechtsgrundsatz*, Tubinga, 1991.

KOKOTT, Juliane – *Das interamerikanische System zum Schutz der Menschenrechte*, Berlim, 1986.

Bibliografia consultada

– *Die Entwicklung des Eigentumsschutzes in der Rechtsprechung der Supreme Court der USA*, JöRG 1986, pgs. 335 e segs.

KON, S. – *Aspects of Reverse Discrimination in Community Law*, ELR 1981, pgs. 75 e segs.

KRÖGER, Detlef – *La propiedad privada como derecho fundamental de la Unión Europea*, Javier Barnés (ed.), Propiedad, expropiación y responsabilidad, Madrid, 1995, pgs. 89 e segs.

KROHN, Günther, e LÖWISCH, Gottfried – *Eigentumsgarantie, Enteignung, Entschädigung*, 3.ª ed., Colónia, 1984.

KROHN, Günther, e PAPIER, Hans-Jürgen – *Aktuelle Fragen der Staatshaftung und der öffentlich-rechtlichen Entschädigung*, Colónia, 1986.

KUNIG, P. – *The Protection of Human Rights by International Law in Africa*, GYIL 1982, pgs. 138 e segs.

LAGERGREN, Gunnar – *Five Important Cases on Nationalisation of Foreign Property Decided by the Iran-United States Claims Tribunal*, Lund, 1988.

LALIVE, J.-F. – *Un grand arbitrage pétrolier entre un gouvernement et deux sociétés privées étrangères*, RDI 1977, pgs. 319 e segs.

LAMM, Carolyn, e SMUTNY, Abby – *The Implementation of ICSID Arbitration Agreements*, ICSID Rev. - For. Inv. L. J. 1996, pgs. 64 e segs.

LANGE, Hermann – *Schadenersatz*, 2.ª ed., Tubinga, 1990.

LAUBADÈRE, Andrè de; VENEZIA, Jean-Claude; e GAUDEMET, Yves – *Traité de droit administratif*, t. 2, 9.ª ed., Paris, 1992.

LAVIEC, Jean-Pierre – *Protection et promotion des investissements*, Paris, 1985.

LAWSON, Edward – *Encyclopedia of Human Rights*, Nova Iorque, 1991.

LEFEBER, René – *Transboundary Environmental Interference and the Origin of State Liability*, Haia, 1996.

LILLICH, R. B. – *Duties of States regarding the Civil Rights of Aliens*, RdC 1978-III, pgs. 329 e segs.
– *Lump sum agreements*, Encyclopedia, t. 8 (1985), pgs. 368 e segs.

A protecção da propriedade privada

– *The Current Status of the Law of State Responsibility for Injuries to Aliens*, R. Lillich (ed.), International Law of State Responsibility for Injuries to Aliens, 1983, pgs. 1 e segs.
– *The Valuation of Nationalized Property by the Foreign Claims Settlement Commission*, R. Lillich (ed.), The Valuation of Nationalized Property in International Law, vol. I, Charlottesville, 1972, pgs. 95 e segs.
– *Two Perspectives on the Barcelona Traction Case*, AJIL 1971, pgs. 522 e segs.

LILLICH, R. B. (ed.) – *The Valuation of Nationalized Property in International Law*, 4 vols., Charlottesville, 1972-1986.

LILLICH, R. B., e WESTON, B. H. – *International Claims: Their Settlement by Lump Sum Agreements*, 2 vols., Charlottesville, 1975.

LOEWENFELD, E. – *Der Fall Nottebohm*, AVR 1955-56, pgs. 387 e segs.

MACDONALD, R., MATSCHER, F., e PETZOLD, H. – *The European System for the Protection of Human Rights*, Dordrecht, 1993.

MAHLER, Gerhard – *Die Soziallehre der Päpste*, Munique, 1958.

MAHONEY, Kathleen – *Human Rights in the 21$^{st.}$ Century: A Global Challenge*, Dordrecht, 1992.

MAHMASSANI, Maher – *The Legal Framework for Investment in Czechoslovakia*, ICSID Rev. - For. Inv. L. J. 1991, pgs. 65 e segs.

MANGAS MARTIN, A. – *Cuestiones de Derecho internacional público en la Constitución española de 1978*, RFDUL 1980, pgs. 143 e segs.

MANIN, P. – *Le différend franco-algérien relatif aux hidrocarbones*, AFDI 1971, pgs. 819 e segs.

MARQUES GUEDES, Armando – *Direito Internacional Público*, polic., Lisboa, 1985.
– *Natureza jurídica do acto de declaração de utilidade pública ou equivalente*, RFDUL 1949, pgs. 319 e segs.

MAUNZ, T., e DÜRIG, G. – *Grundgesetz-Kommentar*, Munique, 1996.

MAURER, Helmut – *Allgemeines Verwaltungsrecht*, 9.ª ed., Munique, 1994.

MBAYA, E.-R. – *African Charter on Human Rights and Peoples' Rights*, Encyclopedia - NS, I (1992), pgs. 54 e segs.

McDOUGAL, M., LASSWELL, H., e CHEN, L.-C. – *Human Rights and World Public Order*, Yale, 1980.

Bibliografia consultada

McWHINNEY, Edward – *The International Court of Justice and the Western Tradition of International Law*, Dordrecht, 1987.

MEDINA, Manuel – *Nacionalizaciones y acuerdos globales de indemnización*, RAP 1963, pgs. 79 e segs.

MENDELSON, M. – *The UK Nationalisation Cases and the ECHR*, BYIL 1986, pgs. 33 e segs.

MENEZES CORDEIRO, António – *A decisão segundo a equidade*, O Direito 1990, pgs. 261 e segs.
– *Anotação ao Acórdão do Tribunal Arbitral de 31 de Março de 1993*, ROA 1995, pgs. 123 e segs.
– *Constituição patrimonial privada*, Jorge Miranda (coordenador), Estudos sobre a Constituição, vol. III, Lisboa, 1979, pgs. 365 e segs.

MERON, Theodor – *Human Rights and Humanitarian Norms as Customary Law*, Oxford, 1991.

MEYERS, Robert (ed.) – *International Ethics in the Nuclear Age*, Boston, 1987.

MIRANDA, Jorge – *A Constituição de 1976 - Formação, estrutura, princípios fundamentais*, Lisboa, 1978.
– *A Declaração Universal dos Direitos do Homem e a Constituição*, Jorge Miranda (coordenador), Estudos sobre a Constituição, vol. I, Lisboa, 1977, pgs. 49 e segs.
– *A Declaração Universal e os Pactos Internacionais de Direitos do Homem*, Lisboa, 1977.
– *Direito Internacional Público – I*, 2.ª ed., Lisboa, 1995.
– *Direitos fundamentais*, polic., Lisboa, 1987.
– *Manual de Direito Constitucional*, 5 ts., 1.ª a 5.ª eds., Coimbra, 1991-1997.

MO, John – *Some Aspects of the Australia-China Investment Protection Treaty*, JWTL 1991, pgs. 43 e segs.

MORAIS PIRES, Maria José – *As reservas à Convenção Europeia dos Direitos do Homem*, diss., Lisboa, 1997.

MOSLER, Hermann – *Die Übertragung von Hoheitsgewalt*, Isensee//Kirchhof (eds.), Handbuch des Staatsrechts, t. VII, Heidelberga, 1992, pgs. 599 e segs.

A protecção da propriedade privada

– *General Principles of Law*, Encyclopedia, t. 7 (1984), pgs. 89 e segs.
– *Subjects of International Law*, Encyclopedia, t. 7 (1984), pgs. 442 e segs.
– *The International Society as a Legal Community*, Alphen Aan den Rijn, 1980.

MÖSSNER, Jörg – *Hague Peace Conferences of 1899 and 1907*, Encyclopedia, t. 3 (1982), pgs. 204 e segs.

MOTALA, Z. – *Human Rights in Africa. A Cultural, Ideological and Legal Examination*, HICLR 1989, pgs. 373 e segs.

MOURI, Allahyar – *The International Law of Expropriation as Reflected in the Work of the Iran-U.S. Claims Tribunal*, Dordrecht, 1994.

MUCH, C. – *Die afrikanische Charta der Menschenrechte und der Rechte der Völker*, EA 1988, pgs. 17 e segs.

MÜNCH, Fritz – *War, Laws of History*, Encyclopedia, t. 4 (1982) pgs. 326 e segs.

NACIMIENTO, Grace – *Die Amerikanische Deklaration der Rechte und Pflichten des Menschen*, diss., Berlim, 1995.

NARDIN, Terry – *Lei, Moralidade e as Relações entre os Estados*, trad. portuguesa, Rio de Janeiro, 1987.

NIPPOLD, O. – *Die Anfänge des Eigentums bei den Naturvölkern und die Entstehung des Privateigentums*, Haia, 1954.

NOVAK, Manfred – *UNO-Pakt über bürgerliche und politische Rechte und Fakultativprotokoll*, Kehl, 1989.

NÜSSGENS, Karl, e BOUJONG, Karlheinz – *Eigentum, Sozialbindung, Enteignung*, Munique, 1987.

O'CONNELL, D. P. – *A Critique of the Iranian Oil Litigation*, ICLQ 1955, pgs. 267 ss.
– *International Law*, 2 vols., 2.ª ed., Londres, 1970.

OLIVEIRA ASCENSÃO, José de – *A tipicidade dos direitos reais*, Lisboa, 1968.
– *Direito Autoral*, Lisboa, 1989.

OPPENHEIM, Lassa – *International Law*, 2 vols., 9.ª ed., Londres, 1992.

OPPERMANN, Thomas – *Europarecht*, Munique, 1991.

Bibliografia consultada

– *Über die Grundlagen der heutigen Weltwirtschaftsordnung*, Bryde/ /Kunig/Oppermann (eds.), Neuordnung der Weltwirtschaft?, Baden- -Baden, 1986, pgs. 11 e segs.

OSCHMANN, Friedrich – *Calvo-Doktrin und Calvo-Klauseln*, Heidelberga, 1993.

OSSENBÜHL, Fritz – *Staatshaftungsrecht*, 4.ª ed., Munique, 1991.

OSTERLOH, Lerke – *Eigentumschutz, Sozialbindung und Enteignung bei der Nutzung von Boden und Umwelt*, DVBl 1991, pgs. 906 e segs.

OTERO, Paulo – *Declaração Universal dos Direitos do Homem e Constituição: a inconstitucionalidade de normas constitucionais?*, O Direito 1990, pgs. 603 e segs.

OUAKRAT, Philippe – *La pratique du CIRDI*, DPCI 1987, pgs. 273 e segs.

PALMIERI, G. M. – *La Carta africana dei diritti dell'uomo: profili comparatistici*, RSPI 1990, pgs. 61 e segs.

PARTSCH, Karl – *Discrimination against Individuals and Groups*, Encyclopedia, t. 8 (1985), pgs. 134 e segs.
– *Individuals in International Law*, Encyclopedia, t. 8 (1985), pgs. 316 e segs.
– *International Law and Municipal Law*, Encyclopedia, t. 10 (1987), pgs. 238 e segs.
– *Racial and Religious Discrimination*, Encyclopedia, t. 8 (1985), pgs. 447 e segs.

PECOURT GARCIA, E. – *La propiedad privada ante el derecho internacional*, Madrid, 1966.

PERA VERDAGUER, Francisco – *Expropiación forzosa*, 4.ª ed., Barcelona, 1992.

PERESTRELO DE OLIVEIRA, Luís – *Código das Expropriações anotado*, Coimbra, 1992.

PERSONNAZ, J. – *La réparation du préjudice en droit international*, diss., Paris, 1938.

PESCATORE, Pierre – *Responsabilité des États membres en cas de manquement aux règles communautaires*, Il Foro Padano 1972, parte IV, cols. 9 e segs.

A protecção da propriedade privada

PINHEIRO FARINHA, João de Deus – *Convenção Europeia dos Direitos do Homem anotada*, Lisboa, s.d.

PINTO LOUREIRO, João, e DIAS DA FONSECA, Manuel – *Expropriações por utilidade pública*, Coimbra, 1950.

POGANY, Istvan – *Recent Developments in the Law Relating to Foreign Investment in Hungary*, ICSID Rev. - For. Inv. L. J. 1991, pgs. 114 e segs.

POIDEVIN, Raymond (ed.) – *Histoire des débuts de la construction européenne, 1948-1950*, Paris, 1986.

POLAKIEWICZ, Jörg – *Die Verpflichtungen der Staaten aus den Urteilen des europäischen Gerichtshofs für Menschenrechte*, Berlim, 1993.

QUADROS, Fausto de – *Breves reflexões em torno do art. 9.º, n.º 2, do Código das Expropriações*, ROA 1986, pgs. 551 e segs.
– *Der Minderheitenschutz im modernen Völkerrecht*, Festschrift Schambeck, pgs. 853 e segs.
– *Direito das Comunidades Europeias – Sumários desenvolvidos de lições*, Lisboa (AAFDL), 1982-83.
– *Direito das Comunidades Europeias e Direito Internacional Público*, diss., Lisboa, 1984.
– *Direito das Expropriações, Direito do Urbanismo e Direito do Ambiente: algumas questões fundamentais*, Revista Jurídica do Urbanismo e do Ambiente 1995-4, pgs. 147 e segs.
– *Exaustão dos meios internos*, DJAP, vol. IV, Lisboa, 1991, pgs. 268 e segs.
– *Expropriação por utilidade pública*, DJAP, vol. IV, Lisboa, 1991, pgs. 306 e segs.
– *Incumprimento (em Direito Comunitário)*, DJAP, vol. V, Lisboa, 1993, pgs. 304 e segs.
– *La Convention Européenne des Droits de l'Homme: un cas de* ius cogens *regional?*, Festschrift Bernhardt, pgs. 555 e segs.
– *O concurso público na formação do contrato administrativo*, ROA 1987, pgs. 701 e segs.
– *Omissões legislativas sobre direitos fundamentais*, Jorge Miranda (org.), Nos dez anos da Constituição, Lisboa, 1987, pgs. 55 e segs.
– *O princípio da exaustão dos meios internos na Convenção Europeia dos Direitos do Homem e a Ordem Jurídica Portuguesa*, ROA 1990, pgs. 119 e segs.

Bibliografia consultada

– *Princípios fundamentais de Direito Constitucional e de Direito Administrativo em matéria de Direito do Urbanismo*, Diogo Freitas do Amaral (coord.), Direito do Urbanismo, Lisboa, 1989, pgs. 269 e segs.

– *Responsabilidade dos poderes públicos no Direito Comunitário: responsabilidade extracontratual da Comunidade Europeia e responsabilidade dos Estados por incumprimento do Direito Comunitário*, José Luis Martinez Lopez-Muñiz (ed.), Responsabilidad "civil" de las Administraciones Publicas, no prelo.

QUADROS, Fausto de (coord.) – *Responsabilidade civil extracontratual da Administração Pública*, Coimbra, 1995.

QUARITSCH, Helmut – *Der grundrechtliche Status der Ausländer*, Isensee/ /Kirchhof (eds.), Handbuch des Staatsrechts, t. V, Heidelberga, 1992, pgs. 663 e segs.

QUEIRÓ, Afonso – *Lições de Direito Administrativo*, t. I, policop., Coimbra, 1976.

RABINOWITZ, Victor – *The Impact of the Cuban Nationalizations on Compensation and Valuation Standards*, Richard Lillich (ed.), The Valuation of Nationalized Property in International Law, vol. IV, Charlottesville, 1987, pgs. 133 e segs.

RAMBAUD, P. – *Arbitrage, concession et nationalisation: quelques observations sur la sentence B.P.*, AFDI 1981, pgs. 222 e segs.

– *Un arbitrage pétrolier: la sentence Liamco*, AFDI 1980, pgs. 274 e segs.

RANDELZHOFER, Albrecht – *Der Einfluss des Völker- und Europarechts auf das deutsche Ausländerrecht*, Berlim, 1980.

RANGEL DE MESQUITA, Maria José – *Efeitos dos acórdãos do Tribunal de Justiça das Comunidades Europeias proferidas no âmbito de uma acção por incumprimento*, diss., Coimbra, 1997.

RE, E. – *Domestic Adjudication and Lump-Sum Settlement as an Enforcement Technique*, Am. Soc. Int. L. Proc. 1964, pgs. 39 e segs.

REBELO DE SOUSA, Marcelo – *O valor jurídico do acto inconstitucional*, Lisboa, 1989.

REITZER, Ladislas – *La réparation comme conséquence de l'acte illicite en droit international*, diss., Paris, 1938.

RENGELING, Hans-Werner – *Grundrechtsschutz in der Europäischen Gemeinschaft*, Munique, 1993.

RICHTER, Laurent – *Droit des contrats administratifs*, Paris, 1995.

RIDEAU, Joël – *Droit institutionnel de l'Union et des Communautés européennes*, 2.ª ed., Paris, 1996.

RIEDEL, E. – *Entschädigung für Eigentumsentzug nach Art. 1 des ersten Zusatzprotokolls zur EMRK*, EGRZ 1988, pgs. 33 e segs.

RIESENFELD, S. A. – *Foreign Investments*, Encyclopedia, t. 8 (1985), pgs. 246 e segs.

RITCHESON, Charles – *Aftermath of Revolution*, Dallas, 1969.

RODRÍGUEZ IGLESIAS, Gil Carlos – *El enriquecimiento sin causa como fundamento de responsabilidad internacional*, REDI 1982, pgs. 381 e segs.

ROGGEMANN, Herwig (ed.) – *Eigentum in Osteuropa*, Berlim, 1996.

ROTH, Andreas – *The Minimum Standard of International Law Applied to Aliens*, Leiden, 1949.

ROUSSEAU, Charles – *Droit international public*, 2.ª ed., 5 vols:, Paris, 1970-1983.

RUDOLF, Walter – *Neue Staaten und das Völkerrecht*, AVR 1977, pgs. 1 e segs.

RUSSO, Carlo – *L'applicabilité aux nationaux des "principes généraux du droit international" visés à l'art. 1 du Protocole n° 1*, Studies Wiarda, pgs. 547 e segs.

SACHS, Michael – *Grundgesetz - Kommentar*, Munique, 1996.

SALEM, Mahmoud – *Vers un nouvel ordre économique international*, JDI 1975, pgs. 753 e segs.

SAPIENZA, R. – *Sul margine d'apprezzamento statale nel sistema della Convenzione Europea dei diritti dell'uomo*, RivDI 1991, pgs. 571 e segs.

SCHACHTER, Oscar – *International Law in Theory and Practice*, RdC 1982-V, pgs. 9 e segs.
– *Compensation for Expropriation*, AJIL 1984, pgs. 123 e segs.
– *Sovereignty - Then and Now*, Essays Tieya, pgs. 671 e segs.
– *The Evolving International Law of Development*, CJTL 1976, pgs. 1 e segs.

Bibliografia consultada

– *The Obligation to Implement the Convenant in Domestic Law*, Louis Henkin (ed.), The International Bill of Rights – Nova Iorque, 1981, pgs. 311 e segs.

– *The Question of Expropriation/Compensation in the United Nations Code in the Light of Recent State Policy and Practice*, Haia,1989.

SCHANZE, Erich – *Investitionsverträge im internationalen Wirtschaftsrecht*, Francoforte, 1986.

SCHERER, Josef – *Die Wirtschaftsverfassung der EWG*, diss., Baden--Baden, 1970.

SCHEUNER, Ulrich – *Conflict of Treaty Provisions with a Peremptory Norm of General International Law and its Consequences – Comments on Arts. 50, 61 and 67 of the ILC's Draft Articles on the Law of Treaties*, ZaöRV 1967, 520 ss.

SCHLOCHAUER, H.-J. – *Jay Treaty (1974)*, Encyclopedia, t. 1 (1981), pgs. 108 e segs.

SCHREUER, Christoph – *Decisions* ex aequo et bono *under the ICSID Convention*, ICSID Rev. - For. Inv. L. J. 1996, pgs. 37 e segs.

SCHRIJVER, Nico – *Developments in International Investment Law*, Essays Tieya, pgs. 703 e segs.

SCHWARZENBERGER, Georg – *Clausula* rebus sic stantibus, Encyclopedia, t. 7 (1984), pgs. 22 e segs.
– *Foreign Investments and International Law*, Londres, 1969.

SCHWEBEL, Stephen – *The Effect of Resolutions of the U.N. General Assembly on Costumary International Law*, Am. Soc. Int. L. Proc. 1979, pgs. 301 e segs.
– *The Story of the U.N.'s Declaration on Permanent Sovereignty over Natural Resources*, AmBAJ 1963, pgs. 463 e segs.

SCHWEITZER, Michael – *New States and International Law*, Encyclopedia, t. 7 (1984), pgs. 349 e segs.

SCUPIN, Hans-Ulrich – *History of the Law of Nations: 1815 to World War I*, Encyclopedia, t. 7 (1984), pgs. 179 e segs.

SEFERIADES, Stelio – *L'échange des populations*, RdC 1928-IV, pgs. 307 e segs.

SEIDL-HOHENVELDERN, Ignaz – *Aliens, Property*, Encyclopedia, t. 8 (1985), pgs. 20 e segs.
– *Communist Theories on Confiscation and Expropriation. Critical Comments*, AJCL 1958, pgs. 541 e segs.
– *Der diplomatische Schutz für juristische Personen und Aktionäre*, Colóquio Sarre 1996, pgs. 115 e segs.
– *Die "Charta" der wirtschaftlichen Rechte und Pflichten der Staaten*, RIW 1975, pgs. 237 e segs.
– *International Economic Law*, 2.ª ed., Dordrecht, 1992.
– *Investitionen in Entwicklungsländern und das Völkerrecht*, Colónia, 1963.
– *The Social Function of Property and Property Protection in Present-Day International Law*, Essays Panhuys, 1980, pgs. 77 e segs.
– *Völkerrecht*, 8.ª ed., Colónia, 1994.

SEPÚLVEDA, C. – *The Inter-American Commission on Human Rights (1960-1981)*, IYHR 1982, pgs. 46 e segs.

SERMET, Laurent – *La Convention Européenne des Droits de l'Homme et le droit de propriété*, Estrasburgo, 1991.

SHAW, Malcolm – *International Law*, 4.ª ed., Cambridge, 1997.

SHEA, D. – *The Calvo Clause. A Problem of Inter-American and International Law and Diplomacy*, Minneapolis, 1955.

SHIHATA, Ibrahim – *Legal Treatment of Foreign Investment: "The World Bank Guidelines"*, Washington, 1993.
– *Recent Trends relating to Entry of Foreign Direct Investment*, ICSID Rev. – For. Inv. L. J. 1994, pgs. 47 e segs.

SILVA CUNHA, Joaquim – *Direito Internacional Público*, 4.ª ed., Lisboa, 1993.

SILVEIRA, Luís – *Le régime juridique des étrangers en droit portugais*, Jochen Abr. Frowein e Torsten Stein (eds.), Die Rechtsstellung von Ausländern nach staatlichem Recht und Völkerrecht, Berlim, 1987, pgs. 1257 e segs.

SIMMONDS, K.-R. – *Lomé Conventions*, Encyclopedia, t. 6 (1983), pgs. 249 e segs.
– *The Second Lomé Convention: The Innovative Features*, CMLRev 1980, pgs. 415 e segs.

SINCLAIR, Ian – *The Vienna Convention on the Law of Treaties*, 2.ª ed., Manchester, 1984.

Bibliografia consultada

SOHN, Louis, e BUERGENTHAL, Thomas – *International Protection of Human Rights*, Indianapolis, 1973.

SOMMERMANN, Karl-Peter – *Völkerrechtlich garantierte Menschenrechte als Massstab der Verfassungskonkretisierung – Die Menschenrechtsfreundlichkeit des Grundgesetzes*, AöR 1989, pgs. 391 e segs.

SORNARAJAH, M. – *Compensation for Expropriation: The Emergence of New Standards*, JWTL 1979, pgs. 108 e segs.
– *The International Law of Foreign Investment*, Cambridge, 1994.
– *The Pursuit of Nationalized Property*, Dordrecht, 1986.

SOUSA FRANCO, António, e D'OLIVEIRA MARTINS, Guilherme – *A Constituição Económica portuguesa*, Coimbra, 1993.

SOUTHERN, D. B. – *Restitution or Compensation: The Land Question in East Germany*, ICLQ 1993, pgs. 690 e segs.

STERN, Klaus – *Das Staatsrecht der Bundesrepublik Deutschland*, ts. I-III/1, 1.ª e 2.ª eds., Munique, 1980-1988.

STÖDTER, Rolf – *International Chamber of Commerce*, Encyclopedia – NS, II (1995), pgs. 1066 e segs.

STOFFEL, W. – *Die völkervertraglichen Gleichbehandlungsverpflichtungen des Schweiz gegenüber den Ausländer*, diss., Friburgo, 1979.

STOLL, Jutta – *Vereinbarungen zwischen Staat und ausländischem Investor*, Berlin, 1982.

STRUPP, Karl – *Éléments de droit international public*, 2.ª ed., Paris, 1930.

SUDRE, Frédéric – *Droit international et européen des droits de l'homme*, Paris, 1989.
– *Existe-t-il un ordre public européen?*, Paul Tavernier (ed.), Quelle Europe pour les droits de l'homme, Bruxelas, 1996, pgs. 39 e segs.
– *L'influence de la CEDH sur l'ordre juridique interne*, RUDH 1991, pgs. 259 e segs.
– *La protection du droit de propriété par la Cour européenne des droits de l'homme*, Recueil Dalloz Sirey 1988, pgs. 72 e segs.

SUEL, Marc – *La Déclaration des Droits de l'Homme et du Citoyen*, RDP 1974, pgs. 1295 e segs.

TAVERNIER, Paul – *L'ONU et l'affirmation de l'universalité des droits de l'homme*, RTDE 1997, pgs. 379 e segs.

TEBE, John – *The Charter of Economic Rights and Duties of States: A Reflection or Rejection of International Law?*, IL 1975, pgs. 295 e segs.

TÉNÉKIDÈS, G. – *L'action des Nations Unies contre la discrimination raciale*, RdC 1980, pgs. 269 e segs.

TESAURO, G. – *Contratto internazionale di concessione e nazionalizzazione di beni e interesse stranieri*, Il foro italiano 1978, pgs. 267 e segs.
– *Nazionalizzazione e diritto internazionale*, Nápoles, 1976.

TESÓN, Fernando – *State Contracts and Oil Expropriations: The Aminoil-Kuwait Arbitration*, VJIL 1983-84, pgs. 323 e segs.

THOMSEN, Sabine – *Restitution*, Encyclopedia, t. 10 (1987), pgs. 375 e segs.

TOMUSCHAT, Christian – *Die Charta der wirtschaftslichen Rechte und Pflichten der Staaten*, ZaöRV 1976, pgs. 444 e segs.
– *Die staatsrechtliche Entscheidung für die internationale Offenheit*, Isensee/Kirchhof (eds.), Handbuch des Staatsrechts, t. VII, Heidelberga, 1992, pgs. 483 e segs.
– *National Implementation of International Standards on Human Rights*, doc. HR/GENEVA/1983/BP.3, Genebra, 1983.

TOMUSCHAT, Christian (ed.) – *Eigentum im Umbruch*, Berlim, 1996.

TONNERRE, L. – *Les Communautés européennes*, 2 ts., Paris, 1991.

TRASSL, Michael – *Die Wiedergutmachung von Menschenrechtsverletzungen im Völkerrecht*, Berlim, 1994.

TRUYOL Y SERRA, António – *Ética y Sociedad Internacional*, Anales 1996, pgs. 89 e segs.
– *Genèse et fondements spirituels de l'idée d'une Communauté Universelle*, RFDUL 1958, pgs. 119 e segs.

TSCHANZ, Pierre-Yves – *The Contributions of the Aminoil Award to the Law of State Contracts*, IL 1984, pgs. 245 e segs.

TUNKIN, G. I. – *International Law in the International System*, RdC 1975--IV, pgs. 1 e segs.

USTOR, Endre – *Most-Favoured-Nation Clause*, Encyclopedia, t. 8 (1985), pgs. 411 e segs.

Bibliografia consultada

VAGTS, Detlev – *Minimum Standard*, Encyclopedia, t. 8 (1985), pgs. 382 e segs.

VANDEVELDE, K. J. – *United States Investment Treaties: Policy and Practice*, Nova Iorque, 1992.

VAN DIJK, Peter – *General Course on Human Rights: The Law of Human Rights in Europe, Instruments and Procedures for a Uniform Implementation*, Collected Courses of the Academy of European Law 1995 – vol. VI-2, pgs. 1 e segs.

VAN HOOF, G. – *Human Rights in a Multi-Cultural World: The Need for Continued Dialogue*, Essays Tieya, pgs. 877 e segs.

VASAK, Karel – *La Convention Européenne des Droits de l'Homme*, Paris, 1964.

VATTEL, Emmerich – *Le droit des gens*, 2 vols., Londres, 1758.

VELTEN, Rainer – *Die Anwendung des Völkerrechts auf State Contracts in der internationalen Schiedsgerichtsbarkeit*, diss., Kiel, 1987.

VELU, Jacques, e ERGEC, Rusen – *La Convention Européenne des Droits de l'Homme*, Bruxelas, 1990.

VERDROSS, Alfred – *Die Einheit des rechtlichen Weltbildes auf Grundlage der Völkerrechtsverfassung*, Tubinga, 1923.
– *Die Quellen des universellen Völkerrechts*, Friburgo, 1977.
– *Die Verfassung der Völkerrechtsgemeinschaft*, Viena, 1926.
– Jus dispositivum *and* jus cogens *in International Law*, AJIL 1966, pgs. 55 e segs.
– *Les règles internationales concernant le traitement des étrangers*, RdC 1931-III, pgs. 327 e segs.
– *Statisches und dynamisches Naturrecht*, Friburgo, 1971.

VERDROSS, Alfred, e SIMMA, Bruno – *Universelles Völkerrecht*, 3.ª ed., Berlim, 1984.

VEROSTA, Stephan – *History of the Law of Nations: 1648 to 1815*, Encyclopedia, t. 7 (1984), pgs. 160 e segs.

VERWEY, Wil, e SCHRIJVER, Nico – *The Taking of Foreign Property under International Law: A New Legal Perspective?*, NYIL 1984, pgs. 3 e segs.

VERZIJL, J. – *International Law in historical perspective*, 9 vols., Leyden, 1968-1979.

615

A protecção da propriedade privada

VIEIRA DE ANDRADE, José Carlos – *Os direitos fundamentais na Constituição Portuguesa de 1976*, Coimbra, 1983.

VIERDAG, E. W. – *The Concept of Discrimination in International Law*, Haia, 1973.

VITORINO, António – *Protecção constitucional e protecção internacional dos Direitos do Homem: concorrência ou complementariedade?*, Lisboa, 1993.

VON LISZT, F. – *Das Völkerrecht*, 10.ª ed., Berlim, 1915.

VON MEHREN, R., e KOURIDES, P. – *International Arbitrations Between States and Foreign Parties: The Lybian Nationalization Cases*, AJIL 1981, pgs. 533 e segs.

VON MÜNCH, Ingo, e KUNIG, Philip – *Grundgesetz-Kommentar*, 3.ª e 4.ª eds., 3 vols., Munique, 1992-1996.

VON PUTTKAMER, Ellinor – *Peace Treaties of 1947*, Encyclopedia, t. 4 (1982), pgs. 117 e segs.

WÄLDE, Thomas (ed.) – *The Energy Charter Treaty*, Dundee, 1996.

WALDOCK, Claud – *Human Rights in Contemporary International Law and the Significance of the European Convention*, British Institute of International and Comparative Law (ed.), The European Convention on Human Rights, Londres, 1965, pgs. 106 e segs.

WARNER, Daniel – *An Ethic of Responsibility in International Relations*, Boulder, 1991.

WEHBERG, Hans – *La contribution des Conférences de la Haye au progrès du droit international*, RdC 1931-III, pgs. 533 e segs.

WEISS, P. – *Diplomatic Protection of Nationals and International Protection of Human Rights*, HRJ 1971, pgs. 643 e segs.

WELLENS, K. – *Recent Developments towards a United Nations Code of Conduct for Transnational Corporations*, Studia Diplomatica 1981, pgs. 685 e segs.

WENGLER, Wilhelm – *Der Begriff des Völkerrechtssubjekts im Lichte der politischen Gegenwart*, Friedenswarte 1951-53, pgs. 128 e segs.
– *Die Aktivlegitimation zum völkerrechtlichen Schutz von Vermögensanlagen juristischer Personen im Ausland*, NJW 1970, pgs. 1473 e segs.

Bibliografia consultada

WESTBERG, John – *Applicable Law, Expropriatory Takings and Compensation in Cases of Expropriation: ICSID and Iran-United States Claims Tribunal Case Law Compared*, ICSID Rev. – For. Inv. L. J. 1993, pgs. 1 e segs.

WESTON, Burns – *Constructive Takings under International Law*, VJIL 1975, pgs. 103 e segs.
– *The Charter of Economic Rights and Duties of States and the Deprivation of Foreign-Owned Wealth*, AJIL 1981, pgs. 437 e segs.

WEYLAND, Joseph – *La protection diplomatique et consulaire des citoyens de l'Union européenne*, Epaminondas Marias (ed.), European Citizenship, Maastricht, 1994, pgs. 63 e segs.

WHITE, Gilian – *Nationalisation of Foreign Property*, Londres, 1961.

WHITE, Robin – *Expropriation of the Libyan Oil Concessions – Two Conflicting International Arbitrations*, ICLQ 1981, pgs. 1 e segs.

WHITEMAN, M. – *Damages in International Law*, 3 ts., Washington, 1937-1943.
– *Digest of International Law*, 14 vols., Washington, 1963-1971.

WILLIAMS, J. F. – *International Law and the Property of Aliens*, BYIL 1928, pgs. 5 e segs.

WILSON, R. – *United States Commercial Treaties and International Law*, Nova Orleães, 1960.

WOLFRUM, Rüdiger – *Das Verhältnis von Völkerrecht und nationalem Recht*, no prelo (agradece-se ao Autor a oferta do manuscrito do estudo).
– *International Law of Migration Reconsidered under the Challenge of New Population Movements*, GYIL 1995, pgs. 191 e segs.
– *Reparation for Internationally Wrongful Acts*, Encyclopedia, t. 10 (1987), pgs. 352 e segs.

WOLFRUM, Rüdiger (ed.) – *United Nations: Law, Policies and Practice*, 2 vols., Munique, 1995.

WORTLEY, B. A. – *Expropriation in Public International Law*, Cambridge, 1959.

YOUNG, R., e OWEN, W. L. – *Valuation Aspects of the Aminoil Award*, R. Lillich (ed.), The Valuation of Nationalized Property in International Law, vol. IV, Charlottesville, 1987, pgs. 3 e segs.

A protecção da propriedade privada

YOUROW, Howard – *The Margin of Appreciation Doctrine in the Dynamics of European Human Rights Jurisprudence*, Haia, 1996.

ZEMANEK, Karl – *Responsibility of States: General Principles*, Encyclopedia, t. 10 (1987), pgs. 362 e segs.

ZEMANEK, Karl, e SALMON, Jean – *Responsabilité internationale*, Paris, 1987.

ZIADÉ, Nassib – *Some Recent Decisions in ICSID Cases*, ICSID Rev. – For. Inv. L. J. 1991, pgs. 514 e segs.

ZORGBIBE, Charles – *La construction politique de l'Europe (1946-1978)*, Paris, 1978.

ZULEEG, Manfred – *Betrachtungen zum Gleichheitssatz im europäischen Gemeinschaftsrecht*, Festschrift Börner, pgs. 473 e segs.

ÍNDICE IDEOGRÁFICO *

Acordo Multilateral de Investimento – 7, 42, 65-67, 212, 221, 296, 320, 349, 358, 451, 525 e segs., 556 e segs., 563, 567.

Acordos *lump sum* – 20, 46, 56 e segs., 393, 396 e segs., 400 e segs., 446 e segs.

Actos análogos à expropriação e à nacionalização – V. *Expropriação, actos análogos à.*

Actos equivalentes à expropriação e à nacionalização – V. *Expropriação, actos equivalentes à.*

Ambiente – V. *Direito do Ambiente.*

"Anulação" de contratos – V. *Rescisão unilateral de contratos administrativos.*

Arbitragem – 82 e segs., 255 e segs., 259 e segs., 278, 297-298, 319, 322 e segs., 335 e segs., 348 e segs., 429 e segs., 432 e segs., 437 e segs., 450 e segs., 526 e segs., 563-564.

Banco Mundial – V. *CIRDI*; *Directivas do Banco Mundial sobre o Investimento Estrangeiro.*

Carta Europeia da Energia – 41.

CIRDI – 28, 53, 297-298, 436, 437 e segs., 450 e segs.

Cláusula Calvo – 129 e segs., 393-394.

Cláusula de Nação mais favorecida – 286 e segs., 366.

---

* Este índice tem carácter meramente exemplificativo. Por isso, a remissão não será exaustiva mas indicará apenas a sede principal dos assuntos versados. Pela mesma razão, não serão contemplados neste índice nem casos jurisprudenciais nem o Direito positivo, salvo, nesta última hipótese, alguns tratados internacionais mais importantes. Os números remetem para as páginas.

A protecção da propriedade privada

Cláusula *rebus sic stantibus* – 274 e segs.

Cláusulas de estabilização – 54, 86 e segs., 90 e segs., 94 e segs., 105-106, 271 e segs.

"Concessões internacionais" – 55.

Conferências de Haia – 16-17, 20.

Confisco – 82.

Contratos – V. *Direitos contratuais.*

Contratos administrativos – 2, 54, 86, 90, 95, 104, 130, 194, 214, 226, 255 e segs., 321, 330, 338, 351, 355 e segs., 432, 526 e segs., 552 e segs., 565.

Contratos de concessão – 86 e segs., 90 e segs., 94 e segs., 102 e segs., 130 e segs., 255 e segs., 272 e segs., 355 e segs., 426-427, 432, 526 e segs., 557.

Contratos de Direito Privado – 194, 321, 526.

Contratos de empreitadas de obras públicas – V. *Contratos administrativos; Empreitadas de obras públicas.*

"Contratos internacionalizados" – V. *Quase-tratados.*

Contratos de investimento – 248 e segs., 271, 272, 273, 321, 557. V. também *Contratos administrativos.*

Convenção Africana dos Direitos do Homem – 165 e segs., 181.

Convenção Americana dos Direitos do Homem – 165 e segs., 180-181, 184, 302, 312, 510-512.

Convenção Europeia dos Direitos do Homem – 165 e segs., 180, 184, 228 e segs., 288 e segs., 302, 312, 339 e segs., 351 e segs., 395, 402, 454-516, 519, 527 e segs., 558.

Danos morais – 440 e segs., 476 e segs., 528, 560.

Declaração Universal dos Direitos do Homem – 21, 37, 38, 150 e segs., 182 e segs., 523 e segs., 536 e segs.

Dever de conformidade da Constituição com o Direito Internacional – V. *Princípio da harmonia da Constituição com o Direito Internacional.*

Directivas do Banco Mundial sobre o Investimento Estrangeiro – 41-42, 226, 320 e segs., 344, 349-350, 353, 358 e segs., 525 e segs., 541 e segs., 556 e segs., 563.

Índice ideográfico

Direito Administrativo – 2, 556-568.

Direito do Ambiente – 2, 203 e segs., 239 e segs., 342, 371 e segs., 492 e segs., 556-568.

Direito Civil – 4, 557, 560-561, 568.

Direito Comunitário – 147-148, 181, 219-220, 316, 386-387, 407-408, 419, 510-512, 516 e segs., 529-530, 563.

Direito Constitucional – 144 e segs., 342-343, 535 e segs., 556-568.

Direito Económico – 4.

Direito Espacial – 375.

Direito dos Estrangeiros – 113 e segs., 123 e segs., 144 e segs., 523 e segs. V. também *Estrangeiros*.

Direito de expropriar – 268 e segs., 272 e segs.

Direito Internacional do Ambiente – 371 e segs.

Direito Internacional dos Direitos do Homem – 123 e segs., 137, 139 e segs.

Direito Internacional Público, relações com o Direito interno – 531-567.

Direito do Mar – 375.

Direito de nacionalizar – V. *Direito de expropriar*.

Direito Nuclear – 375.

Direito do Ordenamento do Território – 2, 199, 239 e segs., 492 e segs., 556-568.

Direito português – 200 e segs., 215 e segs., 239 e segs., 266-267, 305, 320, 342-343, 360-361, 374, 378, 409 e segs., 443, 452-453, 460, 462-463, 474-475, 492 e segs., 523 e segs., 531 e segs., 552 e segs., 567 e segs.

Direito Privado – 568.

Direito de propriedade privada – 5 e segs., 149 e segs., 524 e segs., 552 e segs.
– conteúdo essencial ou substância do – 215 e segs., 221 e segs., 227 e segs., 263 e segs., 498 e segs., 524, 526, 555 e segs., 565 e segs.
V. também *Propriedade privada*.

Direito de reversão – V. *Reversão*.

Direito Romano – 14.

Direito do Urbanismo – 2, 239 e segs., 492 e segs., 556-568.

A protecção da propriedade privada

Direitos adquiridos – 557.

Direitos contratuais – 6, 86-110, 194, 205 e segs., 255 e segs., 321, 355 e segs., 426-427, 518, 526 e segs., 552 e segs., 556-558.

Direitos sociais – 194, 255 e segs., 355 e segs., 432 e segs., 526 e segs., 557.

Discriminação – V. *Não-discriminação*.

Discriminação inversa – 285.

Doutrina Calvo – 15-16, 18, 36, 127 e segs., 131 e segs., 144, 148, 302, 305 e segs., 319, 321, 337, 348-349, 393-394, 432, 523 e segs.

Due process of law – 295 e segs.

Empreitadas de obras públicas – 248 e segs., 557.

Empresas – V. *Sociedades*.

Estrangeiros – 113 e segs., 122, 123 e segs., 144 e segs., 283 e segs., 523 e segs., 561 e segs.

Expropriação – 75, 102, 104, 109, 187 e segs., 190 e segs., 267 e segs., 303 e segs., 321, 338, 342, 351, 358, 443, 525 e segs., 552 e segs.

   – actos análogos à – 80, 102, 109-110, 187 e segs., 190 e segs., 205-267, 321, 331 e segs., 338, 342, 351, 361-362, 433, 443, 460, 526 e segs., 552 e segs.

   – actos equivalentes à – 77, 102, 187 e segs., 190 e segs., 205 e segs., 321, 371 e segs., 351, 361-362, 526 e segs., 552 e segs.

   – compromissos internacionais anteriores à – 293 e segs.

   – declaração de utilidade pública para – 200 e segs., 239 e segs., 251 e segs., 279 e segs., 559.

   – expropriação e nacionalização – 187 e segs., 190 e segs., 194 e segs., 338, 351, 526 e segs., 552 e segs.

   – expropriação ilícita – 100 e segs., 331 e segs., 335 e segs., 339 e segs., 348 e segs., 367-520, 528 e segs., 559 e segs.

   – expropriação lícita – 100 e segs., 277-368, 375 e segs., 558 e segs.

   – expropriação *stricto sensu* – 194 e segs., 443, 460, 526 e segs., 552 e segs.

Expropriação *de facto* – 227 e segs., 331 e segs., 338, 351, 361-362, 495, 526 e segs., 552 e segs.

Índice ideográfico

Fórmula Hull – 18-19, 305 e segs., 308 e segs., 314-354, 357 e segs., 362 e segs., 432, 443, 527 e segs., 558 e segs.

Fórmula NOEI – 309 e segs., 321-322, 351, 358, 432.

Função social da propriedade privada – 178 e segs., 263 e segs.

Garantias contenciosas – 242-245, 248, 295 e segs., 449 e segs., 462-463, 493-494, 498 e segs., 558, 567.

História do Direito Internacional da Propriedade Privada – 13 e segs.

ICSID – V. *CIRDI*

Indemnização – 97 e segs., 106, 109-110, 299 e segs., 472 e segs., 558 e segs.
- por actos análogos ou equivalentes à expropriação ou à nacionalização – V. *Indemnização por expropriação lícita*; *Indemnização por expropriação ilícita*.
- por expropriação ilícita – 100 e segs., 109-110, 329 e segs., 345 e segs., 415 e segs., 422-423, 424-440, 454 e segs., 528 e segs., 559 e segs. V. também *Reparação*.
- por expropriação lícita – 100 e segs., 109-110, 299-366, 415-416, 422-423, 432 e segs., 460, 527 e segs., 558 e segs.
- por nacionalização – V. *Indemnização por expropriação lícita*; *Indemnização por expropriação ilícita*.

Investimento estrangeiro – 4-5, 66.

Ius aedificandi – 494 e segs., 557, 566.

Judicial review – 295 e segs.

Jurisprudência internacional – 71 e segs., 228 e segs., 259 e segs., 322 e segs., 339 e segs., 449 e segs., 483 e segs. V. também *Arbitragem*.

Litígo Irão-Estados Unidos – 99 e segs., 302, 322 e segs., 350, 432 e segs.

Lump sum – V. Acordos *lump sum*.

A protecção da propriedade privada

Monismo v. dualismo – V. *Direito Internacional Público, relações com o Direito interno*.

Nacionalização – 86, 91 e segs., 96 e segs., 102, 104, 108, 190 e segs., 194 e segs., 205 e segs., 214, 443. V. também *Expropriação*.

Nacionalizações argelinas – 270.

Nacionalizações cubanas – 73, 270, 429-430.

Nacionalizações líbias – 86 e segs., 267 e segs., 274, 430-431.

Nacionalizações pela Indonésia – 270.

Nacionalizações pelo Egipto – 269 e segs.

Nacionalizações pelo Irão – 269.

Nacionalizações pelo Koweit – 90 e segs., 430-431.

Não-discriminação – 283 e segs., 562 e segs.

Nova Ordem Económica Internacional (NOEI) – 30 e segs., 37 e segs., 53, 195, 429, 527 e segs. V. também *Fórmula NOEI*.

Ordenamento do Território – V. *Direito do Ordenamento do Território*.

Pacta sunt servanda – 293 e segs.

Prática internacional dos Estados – 43 e segs., 210 e segs., 287, 314 e segs., 446 e segs., 525 e segs., 556 e segs., 559, 563.

Princípio da harmonia da Constituição com o Direito Internacional – 535-552, 564 e segs.

Princípio da proporcionalidade – 281 e segs., 494, 557.

Privação (da propriedade) – V. *Expropriação*.

Procedimento administrativo – 295 e segs., 558, 564 e segs.

Procedimento equitativo – 295 e segs., 558, 564.

Propriedade privada – 5-7. V. também *Direito da propriedade privada*.

Índice ideográfico

Protecção diplomática – 120 e segs., 387-414, 425, 446 e segs., 560 e segs.
– e Direito português – 409 e segs., 560.

Quase-tratados – 55, 88, 256-257, 273 e segs.

Regulamentação do uso dos bens – 222, 229-230, 263 e segs.

Reparação da expropriação ilícita – 345 e segs., 383 e segs., 415-520, 528 e segs., 559 e segs. V. também *Indemnização*.

Requisição – 84, 306-307, 526, 557.

Rescisão unilateral de contratos administrativos – 194, 256-257, 271 e segs., 321, 330, 338, 355, 432, 488, 526 e segs., 557. V. também *Expropriação, actos análogos à*.

Responsabilidade internacional do Estado – 132, 329 e segs., 345 e segs., 367 e segs., 528 e segs.

Restauração natural – 89, 415 e segs., 423, 437 e segs., 445-446, 483 e segs., 512-516, 519, 528 e segs., 555 e segs., 560 e segs.

Restituição em espécie – 420 e segs., 424-426.

Reversão – 423-424, 426-427, 443 e segs., 482-483, 487, 489, 561.

Servidões de Direito Público – 194, 203 e segs., 215-216, 225-226, 342-343, 460, 494, 515, 526 e segs., 557 e segs. V. também *Expropriação, actos análogos à; Expropriação, actos equivalentes à; Expropriação de facto*.

Soberania Permanente sobre os Recursos Naturais – 23 e segs., 30 e segs., 37 e segs., 53, 195, 429 e segs., 527 e segs.

Sociedades – V. *Direitos contratuais; Direitos sociais; Expropriação – actos análogos à; Expropriação, actos equivalentes à; Expropriação de facto*.

Tratado da Carta de Energia – 41, 66, 212, 320, 358, 451, 525 e segs., 556 e segs., 563.

A protecção da propriedade privada

Tratados bilaterais de investimento (TBI) – 48 e segs., 61 e segs., 68-69, 210 e segs., 271, 272, 295 e segs., 315 e segs., 344-345, 353, 357 e segs., 362 e segs., 447, 450 e segs., 556 e segs. V. também *Prática internacional dos Estados*.

União Europeia – 147 e segs. V. também *Direito Comunitário*.

Urbanismo – V. *Direito do Urbanismo*.

ÍNDICE GERAL

Apresentação VII

Modo de citação de bibliografia e de jurisprudência IX

Abreviaturas utilizadas XI

INTRODUÇÃO

1. Importância actual do tema 1
2. Delimitação do objecto do estudo. Conceitos de Direito interno e de Direito Internacional 3
3. Sistematização adoptada 8
4. Plano da obra 9

PARTE I

A PROPRIEDADE PRIVADA DE ESTRANGEIROS
E O DIREITO INTERNACIONAL AO LONGO DA HISTÓRIA

Capítulo I
A História do moderno Direito Internacional da Propriedade Privada

1. Introdução 13
2. Os primórdios 14
3. Do século XIX até à Revolução Russa de 1917 14
4. A fase de 1917 a 1948 17
5. A fase de 1948 a 1962 20
6. A fase de 1962 a 1986 27
7. A fase de 1986 até aos nossos dias 37

A protecção da propriedade privada

Capítulo II
A prática internacional dos Estados

1. Razão de ordem 43
2. A prática dos Estados durante o período da guerra fria 44
   2.1. A prática dos Estados ocidentais 44
   2.2. A prática dos Estados comunistas 45
3. Os instrumentos dessa prática 47
   3.1. Introdução 47
   3.2. Os tratados bilaterais sobre investimento 48
   3.3. As cláusulas de estabilização 54
   3.4. Os acordos *lump sum* 56
4. A moderna prática dos Estados 60
   4.1. Introdução 60
   4.2. A prática dos Estados da Europa Central e do Leste 61
   4.3. A prática dos Estados do Terceiro Mundo 62
   4.4. A prática dos Estados industrializados 65
5. Conclusão 67

Capítulo III
A jurisprudência internacional

1. Introdução 71
2. A jurisprudência do Tribunal Permanente de Justiça Internacional 74
   a) O caso da *fábrica de Chorzow* 74
   b) O caso *Oscar Chinn* 77
3. A jurisprudência do Tribunal Internacional de Justiça: o caso *Barcelona Traction* 78
4. A jurisprudência arbitral 81
   a) O caso das *propriedades expropriadas a congregações religiosas em Portugal* 82
   b) O caso dos *proprietários dos navios noruegueses* 84
   c) O caso *Topco* 86
   d) O caso *Aminoil* 90
   e) O caso *Liamco* 94
   f) O caso *Amoco* 99
   g) O caso *Ebrahimi* 106

Índice geral

PARTE II

A CONSTRUÇÃO DOGMÁTICA DO REGIME DA PROTECÇÃO DA PROPRIEDADE PRIVADA EM DIREITO INTERNACIONAL

Capítulo I
O problema geral dos estrangeiros em Direito Internacional

1. Razão de ordem. Questão de método 113
2. As origens da protecção dos estrangeiros no Direito Internacional 116
3. Algumas questões fundamentais em torno do estatuto dos estrangeiros em Direito Internacional 117
4. O estatuto dos estrangeiros e o Direito Internacional dos Direitos do Homem 123
5. O grau de protecção dos estrangeiros no Direito Internacional 126
   5.1. Enunciado do problema 126
   5.2. A teoria do tratamento nacional 127
   5.3. A teoria do grau mínimo internacional 131
       I – O mínimo internacional absoluto 133
       II – O mínimo internacional relativo 135
       III – Posição adoptada 139
   5.4. A superação actual das duas teorias 144

Capítulo II
O direito de propriedade privada como direito fundamental do indivíduo para o Direito Internacional

1. Razão de ordem 149
2. Reconhece o Direito Internacional ao indivíduo um direito fundamental à propriedade privada? 149
   2.1. Introdução 149
   2.2. A resposta do Direito Internacional geral ou comum: as teses em presença 150
       I – A tese clássica. Crítica 150
       II – A tese da afirmação do direito do indivíduo à propriedade privada; posição adoptada 152
   2.3. A resposta do Direito Internacional particular 165
   2.4. A questão no Direito Comunitário 172
   2.5. Conclusão 175

A protecção da propriedade privada

3. A função social da propriedade privada no Direito Internacional 178
4. Valor jurídico do direito de propriedade privada no Direito Internacional 182

Capítulo III
A expropriação

1. Razão de ordem 187
2. Questão terminológica 187
3. Definição e modalidades de expropriação: o conceito amplo de expropriação para o Direito Internacional 190
4. Idem: a expropriação *stricto sensu* e a nacionalização 194
5. Idem: os actos análogos à expropriação *stricto sensu* e à nacionalização 205
   5.1. Enunciado da questão 205
   5.2. Observações de natureza terminológica 206
   5.3. Definição de actos análogos 209
   5.4. Admissão do conceito de actos análogos no Direito Internacional 220
   5.5. A expropriação *de facto* 227
      I – A jurisprudência dos órgãos da Convenção Europeia dos Direitos do Homem 228
      II – A jurisprudência arbitral nos casos Irão-Estados Unidos 255
      III – Conclusão 259
   5.6. Os actos análogos e a regulamentação do uso dos bens 263
6. O direito do Estado de expropriar propriedade privada de estrangeiros: seu fundamento 268
7. Pode o Estado renunciar ao seu direito de expropriar propriedade privada de estrangeiros? 272

Capítulo IV
A expropriação lícita

1. Razão de ordem 277
2. As condições de licitude da expropriação 278
3. Idem: A) A utilidade pública da expropriação 279
   3.1. A questão em geral 279
   3.2. Utilidade pública e proporcionalidade 281
4. Idem: B) A não-discriminação 283

630

Índice geral

4.1. Enunciado do problema	283
4.2. O Direito Internacional geral	284
4.3. O Direito Internacional particular	287
4.4. Irrelevância da questão em face do Direito Constitucional dos Estados	293
5. Idem: C) A não violação de compromissos internacionais anteriores assumidos pelo Estado de acolhimento	293
6. Idem: D) A protecção jurídica do expropriado	295
7. Idem: E) A indemnização	299
7.1. Observações de natureza terminológica	299
7.2. O dever de indemnizar	299
7.3. Actos indemnizáveis e actos não indemnizáveis	303
7.4. O montante da indemnização devida	304
§ 1.° – Introdução	304
§ 2.° – A questão antes da 2.ª Grande Guerra	305
§ 3.° – A questão após a 2.ª Grande Guerra	308
§ 4.° – O estado da questão no moderno Direito Internacional	314
I – A prática dos Estados	314
II – As Directivas do Banco Mundial	320
III – A jurisprudência arbitral	322
IV – A jurisprudência dos órgãos da Convenção Europeia dos Direitos do Homem	339
§ 5.° – Conclusão	348
7.5. O cômputo da indemnização devida	354
7.6. O pagamento da indemnização devida	362

Capítulo V
A expropriação ilícita

1. Razão de ordem. A expropriação ilícita e a responsabilidade internacional do Estado	367
2. Noção e fundamento da responsabilidade internacional do Estado	368
3. Natureza e formas de responsabilidade internacional do Estado	371
4. Os pressupostos da responsabilidade internacional do Estado	377
4.1. O facto ilícito	377
4.2. A imputabilidade ao Estado	378
4.3. O nexo de causalidade	381
4.4. O prejuízo	381

A protecção da propriedade privada

5. A efectivação da responsabilidade internacional do Estado 383
   5.1. O dever de reparar 383
   5.2. Pressuposto do dever de reparar 384
   5.3. A protecção diplomática 387
      § 1.º – Origem e fundamento 387
      § 2.º – A natureza jurídica da protecção diplomática 390
         I – A teoria da substituição do indivíduo pelo Estado. Crítica 390
         II – A teoria da sobreposição do direito substantivo do indivíduo e do direito processual de protecção diplomática do Estado nacional. Crítica 394
         III – Posição adoptada 396
      § 3.º – Relação entre o Direito Internacional e o Direito interno em matéria de protecção diplomática. Em especial, o caso português 409
   5.4. Em especial, a reparação 415
      § 1.º – O princípio da reparação: a reparação como restauração natural 415
      § 2.º – A distinção entre a reparação e o cumprimento da obrigação infringida 417
   5.5. Idem: A) Formas de reparação 419
      § 1.º – Introdução 419
      § 2.º – A restituição em espécie 420
      § 3.º – A indemnização 424
         I – Função da indemnização 424
         II – O montante da indemnização e o seu cômputo 427
            a) Problema de método 427
            b) A questão antes da 2.ª Grande Guerra 428
            c) A questão depois da 2.ª Grande Guerra 429
            d) Em especial, a moderna jurisprudência arbitral 432
            e) Conclusão 437
      § 4.º – A satisfação 440
      § 5.º – A garantia da não repetição do facto ilícito 442
      § 6.º – A reversão 443
      § 7.º – Conclusão 445
   5.6. Idem: B) Os meios de reparação 446
      § 1.º – Introdução 446
      § 2.º – Os meios facultados pela protecção diplomática. Em especial, os acordos *lump sum* 446

Índice geral

§ 3.º – O acesso pessoal do indivíduo a sistemas jurisdicionais internacionais 449

    I – Colocação do problema 449

    II – Os tribunais arbitrais internacionais 450

    III – A reparação no quadro da Convenção Europeia dos Direitos do Homem 454

        A – Introdução 454

        B – O fundamento do direito à reparação 455

        C – A génese do artigo 50.º (futuro art. 41.º) da CEDH   457

        D – Relação entre o artigo 50.º da CEDH e o artigo 1.º do Protocolo Adicional n.º 1 460

        E – Os pressupostos processuais da aplicação do artigo 50.º 461

          a) Existência de um lesado 461

          b) Declaração pelo Tribunal de existência de violação à Convenção 462

          c) Impossibilidade para o lesado de obter, de harmonia com o respectivo Direito interno, uma reparação integral das consequências da violação 464

          d) Dispensa da exaustão dos meios internos 466

        F – Os elementos constitutivos do direito à indemnização 467

          a) O prejuízo 468

          b) Nexo de causalidade entre a violação da Convenção e o prejuízo 471

        G – A indemnização 471

          a) Introdução 471

          b) "Indemnização" ou "satisfação"? 472

          c) Discricionariedade em matéria de atribuição da indemnização 476

          d) Formas de indemnização 479

          e) Cômputo dos prejuízos 483

         H – Questões de índole processual em torno da aplicação do artigo 50.º 501

        I – Conclusão: apreciação global da garantia conferida pelo artigo 50.º 505

        J – Idem: o artigo 50.º e o Direito interno 512

    IV – A reparação através do Direito Comunitário 516

A protecção da propriedade privada

PARTE III
CONCLUSÕES

1. Resultados da investigação	523
2. Excurso: relevância dos resultados da investigação para o Direito interno português	531
2.1. Introdução	531
2.2. O actual estado das relações entre o Direito Internacional e o Direito interno	531
2.3. O princípio da harmonia da Constituição com o Direito Internacional	535
2.4. O princípio da harmonia da Constituição Portuguesa com o Direito Internacional em matéria de direitos fundamentais	536
2.5. Idem: A) A constitucionalização dos direitos fundamentais reconhecidos pelo Direito Internacional	537
2.6. Idem: B) A interpretação conforme da Constituição com o Direito Internacional dos Direitos do Homem	544
2.7. O princípio da harmonia como princípio geral do Direito Internacional	546
2.8. O princípio da harmonia: notas finais	548
2.9. O juiz português perante o Direito Internacional da Propriedade Privada	552
2.10. Epílogo	567
English Summary	571
Jurisprudência citada	579
Bibliografia consultada	589
Índice ideográfico	619